邵龙青，辽宁瓦房店人，1978年考入北京大学中文系，1982年到辽宁财经学院任教。主要讲授汉语、写作、形式逻辑等课程，研究方向为应用写作学。1997年由学校、省教育厅聘为教授，历任东北财经大学文化传播系主任、新闻传播学院院长，全国财经院校语文教学研究会副会长等职。公开发表学术论文有《汉语语法分析中的零形式》、《汉语"三式"的对外教学》、《说结构》、《写作与思维》、《写作学几个重要术语定义商兑》、《层次的内涵与分化》、《大学写作教学与写作教材》、《应用写作教学的几点做法》、《大学语文教学改革探赜》、《新论大学写作课的教学宗旨和教材类型》等30余篇。主编教材、论著有《语法、修辞、逻辑》、《语言逻辑》、《中华百科要览（语言文字编）》、《小学语文同义词反义词词典》、《商务应用写作》、《应用写作教程》、《大学国文》等。曾多次荣获省、部、市级优秀教学科研成果奖。另有《隶字异形考辨序》、《乒坛三字经》、《桑榆赋》、《论书诗稿》等近百篇应用文和诗歌散文作品问世。

全国优秀畅销书

高等院校财经专业精品教材

财经应用写作

（第四版）

主　编　邵龙青

副主编　张绍文　韩丽萍

东北财经大学出版社
Dongbei University of Finance & Economics Press

大连

图书在版编目(CIP)数据

财经应用写作 / 邵龙青主编. —4版. —大连：东北财经大学出版社，2016.2

（高等院校财经专业精品教材）

ISBN 978-7-5654-2209-6

Ⅰ．财… Ⅱ．邵… Ⅲ．经济-应用文-写作-高等学校-教材
Ⅳ．H152.3

中国版本图书馆CIP数据核字(2016)第011127号

东北财经大学出版社出版

（大连市黑石礁尖山街217号 邮政编码 116025)

教学支持：（0411）84710309

营 销 部：（0411）84710711

总 编 室：（0411）84710523

网　　址：http：//www.dufep.cn

读者信箱：dufep@dufe.edu.cn

大连永盛印业有限公司印刷　　　东北财经大学出版社发行

幅面尺寸：170mm×240mm　字数：585千字　印张：28 1/4　插页：2

2016年2月第4版　　　　　　　　2016年2月第14次印刷

责任编辑：时　博　赵　楠　　　　责任校对：贝　鑫
　　　　　孟　鑫　郭海雷

封面设计：冀贵收　　　　　　　　版式设计：钟福建

定价：43.00元

序

　　1961年，教育部组织全国文科教材编写，中宣部副部长周扬在讲话中说，文科要培养舞文弄墨之徒，就是要求文科学生都具有较高的写作能力。排除感情色彩，舞文弄墨就是要笔杆子，犹如习武的人要刀枪一样。习文和习武有相通之处。这里至少要求熟练，甚至讲点艺术性。

　　财经应用文写作、法律文书写作、党政机关公文写作等等，都有各自的特点，但更主要的是共同点，这就是写作能力的基本功。犹如十八般武艺招式各异，但都有共同的武术功底、武术基本功。写作基本功的培养训练，主要靠自己，靠主动自觉有意识的学习养成。教师和教材只起指点迷津或者画龙点睛的作用。我上小学四年级时老师讲评作文批评"未没有下雨以前"的事例，时时提醒我写文章要力求干净，不说不必要、没有用的话。那次作文我写的是"没有下雨以前"，不在老师批评之列，可"没有"两个字明显是多余的。后来教大学写作课的时候，我从来不讲怎样写什么之类，也不讲主题、结构等等。这些，中学老师早就讲过，即使有的同学没有学过，也都容易懂。我希望尽可能对同学有些切实的帮助，能让大多数同学都有收益。我把精力用在三个方面：第一，批改作文要考虑作者的程度，使程度不同的同学都有收获。已经写得不错的同学，尽量在立意或者深度方面作些提示，语言表达方面则挑一些细微的毛病，引导他们向更好的方面努力；文字表达没有过关的同学，则主要帮他们疏通文句，引导他们在较短时间内做到通顺清楚。第二，讲评时就命题意图讲普遍的、带有共同性的问题，甚至结合某一篇作文，讲怎样改，尽可能说得比较深刻透彻一些。第三，印发略高于同学水平的范文，重点讲解。写作课是实践课，不但同学要实践，教师也必须实践，只是教师与同学的角度不同。我认为，写作课就应当这样教。写作课的这种教法，在20世纪80年代，就跟邵龙青同志有相同的认识。

　　说到财经应用文写作，我以为有三个显著特点：数字是基础，时效是关键，分析是灵魂。这里以陈云同志1950年1月22日写的《财经旬报》（收入《陈云文选》）为例稍加说明。当时的情况是，中华人民共和国刚刚成立，大陆基本解放，各方面形势发展很快。在物资紧缺的情况下，纸币发行过多，因而造成全国物价猛涨。1949年10月中旬起的两三个月里，担任政务院副总理兼财政经济委员会主任的陈云同志采取了一系列措施，沉重地打击了哄抬物价的投机资本，取得了稳定市场、控制物价的主动权。关于货币发行情况，《财经旬报》说："去年十一月底物价平稳时，发行总额近二万亿元，十二月增发一万亿元，今年一月份已开出支票一万三四千亿元，至十九日实支接近一万亿元。以此计算，五十天中，共增发钞票一倍多。截至目前，发行累计数为四万一千亿元。因此，在物价上反映，十二月上涨百分之十，以十二月底为基期至一月十九日止，全国物价上涨百分之三十。"哪个月钞票发行多少，物价上涨多少，清清楚楚；累计反映出全貌；分阶段比较，变化速度一目了然。这些数字是对钞票发行过多，物价上涨过快的具体表述。这些数字，在当时属于高度机密，如实写出来，供中央主要领导参考。又，"华东、华中地主普遍叫苦，要求尽早土改，因为许多地方的农民实际上少缴甚至不缴租，而地主之公粮负担则不能减少……放在眼前的大问题，是采取什么办法克服因地权不确定而带来的春耕上的危机，即地主无兴趣，农民不下肥"。这段笔墨，言简意赅。在农村收缴公粮问题上说出地主的实际困难，这是陈云同志一贯实事求是、说实话的作风。《财经旬报》属于简报。简报要求准确报告情况，但陈云同志身为主管全国财政经济工作的负责人，在《财经旬报》里表述了对即将到来的春耕的忧虑，则是出于对党的事业的责任心，高瞻远瞩地研究分析的结果。大家可以阅读陈云同志起草的这份简报，细加体味。

　　《财经应用写作》由教学经验丰富的教师编写，理论讲解扼要，以文体为纲，以范文为本，力求实用，同时又力避赘言琐语。读者阅读教材，并且遵循要求完成练习，将可以花费较少的精力而取得比较多的收益。

胡双宝

编写说明

　　一、本书是财经类大学应用写作课实用型教材，提供常见应用文体的知识要点和以财经方面为主的典范例文。对大学生使用较多的应用文，如读书笔记、调查报告、演讲稿、辩论稿、财经论文、新闻报道、申论、博客等，以及各种财经专用文书，介绍格外详备。

　　二、应用写作是一门综合性文化基础课。应用写作水平能反映出人的综合素质，特别是能反映出人的思维水平和语言文字水平。有鉴于此，本书列"写作基础训练"一章，侧重语言文字训练。同时，各章节形式与内容并重，既重视文体格式、语言运用的知识介绍，也重视观察视角、写作思路上的启发指导，启迪习作者追求文体语言形式与思想情感内容的高度完美统一。

　　三、写作训练是写作知识转化为写作能力的必由之路。本书依据教学经验，在各章后列出难度适中、实用性较强的思考练习题。做题和动笔写作是写作教学的重要环节，教学时应当课上理论体系与课下实践体系并重。

　　四、书后列出的概念术语，涉及写作的重要理论、规律和技巧，其内涵外延在书中多有明确的阐释，作为知识点，习作者应当切实掌握。

　　五、参加本书编写的教师多年来一直从事应用写作课的教学，书中吸取了编者近年来写作教学改革的成功经验，荟萃了国内外写作研究的最新成果。书中常用文体种类齐全，释说简要，精选的例文具有典型性、多样性、可参照性。本书既可用作教材，又可作为写作时的案上明鉴，供各行业特别是从事财经工作的文职人员撰写应用文时使用。

编　者

第四版前言

本书 2006 年初版，作为教学实践的产物，受到广大院校师生的重视和认可。国内同行也发表过书评，称这是"一部重理论、讲实效的好教材"。

2010 年再版时，作了局部调整。2013 年第三版，我们根据教学实践，借鉴来自各方的关于进一步完善本书的建议，对原书作了较大的修改，主要是：删节并替换了部分应用文体，更换或增补了大量例文，并对全书从内容到文字重新审视、讨论并修改、润色。

编写一部有适当的理论深度、讲实际效用、具有可读性、能与时俱进的新型教材，是我们始终不渝的薪望。第三版修订时，我们即试图接近这个目标。如探讨应用写作的规律技巧，解析具体篇章，除了从写作学角度作深度阐释外，还尝试运用其他学科的理论，如思维学、语境学、修辞学、逻辑学、哲学、文学、心理学、社会学、经济学乃至政治学等学科的相关理论，对所涉话题和内容作简明扼要的提示、解读；对各种应用文体的语言运用，也均从准确、鲜明、生动、简洁、得体的角度，提出了较高的要求。

事物在发展变化，观念在不断更新。随着教学实践的深入，我们又渐次产生了对本教材作创新型修订的愿望。第四版修订，除了根据 2012 年颁布的《党政机关公文处理工作条例》，对"党政机关公文"一章作了相应改动外，对全书修订的总体构想和初步落实的是：

一、开门见山，直接入题。每种文体介绍基本概念后，舍弃那些不是很必要的常识介绍，直接进入主题，即该文体"应该怎样写"和"怎样才能写得更好"的问题。提要钩玄，一语中的；正反对比，易学易记。这种挑选读者最关心的问题径直作简明回答的写法，节省了读者不少时间和精力，可以收到事半功倍之效。

与此相一致，在不减少教材基本内容的前提下，精简讲解行文和例文字数。

二、取例经典，内容可鉴。这次修订，更换了大批例文。例文很重要，因为那上面体现着"应该怎样写和不应该怎样写"。例文须突出体现该文体共性的东西，读例文即得模式，有举一反三之效；见彼时之文，则知此时之文当如何写。

三、文种周全，不疏巨细。实用文体种类繁多，要尽可能都介绍到。每类下多有小类，正文中没提到，也尽可能在例文或习题中涉及，使其写作特点有所展示。使不同需求的读者，都能很容易找到要找的内容，避免踏破铁鞋，无功而返。

四、学以致用，强化练习。这次修订，对"研讨与练习"的题目作了较大调整、更新，使之更贴近社会实际，切合学生实际，更具有可操作性。通过循序渐进的练习，能真正提高应用写作水平。

五、阐释作文要诀，古为今用。附录增加了《"作文要诀"十二字缩略韵语及相关文论采要》。所精选的古代文论语录，言简意赅，深中肯綮，对应用写作普具指导意义。

六、面向社会实际，提高实用性。充分吸取企事业单位财经应用写作实践者的新鲜经验。如邀请韩丽萍[①]女士担任副主编，参与各章节的改写、修订工作。法律文书、新闻文体，也聘请资深律师、记者参与修订。校园教师与职场战士取长补短，相辅相成，使正文更简明扼要，例文更贴近社会实际。

七、启迪思路，授人以渔。切合题旨，适合情景，是修辞的原则，也是写作应用文的原则。据此，对每种文体，先阐明其题旨（概念、作用、特征），揭示其情景（分类、语境，包括对象、场合、关系），进而推知其当怎样写（要素及组合），才顺理成章，切旨合境，不失题（体）中之义。侧重思路的点拨，逻辑的引导。全书各章节均贯以此道，使读者明作文之本、拟稿之要。悟得此道，读者将举一反三，遇书中未列之文体，亦知当所以作之者。这是交给读者渔具和捕鱼的方法，而不是只给现成的鱼。

八、阐述知识要点，注重逻辑推导。各文体的写作要求，指明该文体的写作要点、写作给力方向。以往坊间同类教材，关于某文体的写作要求，往往只罗列几条使令式语句，缺少论证推理，难记难用。那种写法，学生以为苦，教师以为枯燥，

---

① 韩丽萍，北京大学BiMBA，注册会计师，资深审计师，有国际会计师事务所多年工作经验，曾任上市公司财务总监、执行董事，参与及策划企业香港成功上市的重要过程，撰写过多种流行、实用、有效的财经应用文。

于写作教学无多补益。凡科学，都要归结为几点彼此有联系的思想，如达尔文的进化论、马克思的资本论，为什么写作论可以不然？所以这次修订，借鉴权威科学，在写法上作了创新性改革。各文体的写作要求，不仅道其然，还要道其所以然。不是简单孤立地排列几条，而是揭示其间的内在联系。具体地说，要从文体的概念定义、语境宗旨出发，顾名思义，因器致用，推导出写作要点，即彼此有联系的几点思想，几点要求。语句采用推导式的论述、因果式的说明，而不只是用孤立的祈使句。如新闻报道"消息"、演说类文体"辩论"中所示的那样。由此，知识各部分的阐述，有了内在逻辑联系，成为有机整体，构成知识体系。学生遵循此道，在联系中逻辑清楚地把握知识要点，易学易记，饶有趣味，即使忘记了也可以推求而得。

以上是本次创新型修订构想所追求的八个规准和践行轨迹。

习作者或职场工作者在客观需要写某种实用文时，常常感到无从下笔，特别是深感要写出应用文精品很难。在教材或网络中不难找到自己想要写的文体范文。但范文是彼时彼地彼情彼景下的产物，它虽然显示了该文体的一种写法，可给人以启迪，但写作是一种创作，当下要写之文须要"因地制宜"，适合此时情景，切合此文题旨。从更高的要求来说，写作还须"气盛言宜"（韩愈·答李翊书），彰显独特风格和语言个性。这些都不是"依样画葫芦"所能奏效的，它要求写作者有深厚的基本功。所以，本书除了辟有"写作基础训练"一章外，在本次修订中特别加大了写作基本规律、写前思维与语言运用等知识比例，以及相关研讨与练习题。学员若能重视这些方面的训练，真正从思想深处"打透"，做到"破冰"畅行，则有望获得扎实深厚的写作基本功。

以上实际上是将本书定格于高水准应用文写作教材。试图超越以往忽略写作思维规律的启发，偏重程式，孤立陈述各文体定义、分类、格式、写作要求等的常见写法。定格在高水准，务实亦务虚，力求有理论高度和思想深度，使习作者从立意、选材、构思到用语，都有所依傍。既知其然，又知其所以然；既明其法，又谙其术。这样，经过认真的学习和训练后，庶几写出水准较高的应用文。

本书由邵龙青主编，张绍文、韩丽萍副主编，参加编写的同仁还有：王军、王岩、王姝、关春芳、李帅、李秋、张文锋、张洪波、邵力、贾文思（以姓氏笔画为序）。张绍文、韩丽萍负责本次修订的例文更新和部分章节的改写工作。全书由邵龙青定稿。

在本书编写和修订过程中，语言学家、写作教育家、北京大学出版社资深编审胡双宝先生始终给予热情的关注，提出了许多中肯的意见，并为本书撰写了精辟的序言，谨在此表示衷心的感谢。

编写中我们参阅了大量国内外相关论文、论著和教材，汲取了对本书有用的观点和资料，作为教材，未能一一列出，在此深表谢意！

谨向关心本书并热忱提出中肯宝贵意见的各院校师生和国内同行致以诚挚的谢意！

这次修订，旨在使教材更上一层楼。但限于水平，加之时间仓促，构想未能完全落实，难免有未尽妥当之处，恳望广大师生、专家、学者和同行批评指正。

编　者

2015 年 12 月

目录

绪　论

应用写作是一门综合性文化基础课。简单地说，它是研究应用文的结构形式和写作规律的学科。由于应用文与文字同时产生，人们的工作、学习、生活处处都要用到它，社会生活须臾离不开它，所以，应用写作在各人文科学中处于极为重要的地位。近年来，应用写作学越来越受到国内外高等教育的重视，并成为高校素质教育的重头戏。

与基础写作不同，应用文写作有其特殊的结构形式和写作规律，包括应用文写作的共同规律和各种应用文体的特殊规律。这些形式和规律，因应用文体种类繁多而异彩纷呈，内容丰富而蕴涵深厚。

学习了应用写作知识不等于就掌握了应用写作技能，将知识转化为技能是一个距离又远又近、操作又易又难的辩证升华过程，尤其要成为大手笔，更不是一蹴而就的易事，而对应用文字的超卓追求，似乎从来就没有过顶峰，因而又使得这门看似通俗平易的应用学科实如沧海无涯，其深邃似至今仍未被发现。

这是一门既古老（人类社会最原始的文字即为应用文字）而又年轻的学科。它涉及众多的人文科学，同时又是有着自己特殊的研究对象、特殊的地位和作用、特殊的性质和规律，乃至特殊的学习方法的学科。下面分别阐述。

一、应用写作的研究对象

（一）什么是应用文

应用文是人们在日常生活、工作和学习中根据实际需要而撰写的具有相对固定格式的文体。属于应用类的文体很多，像我们平常写的书信、条据，工作中写的计划、总结，学习中写的读书笔记、实验报告，行政机关使用的公文等，都是应用文。凡在工作、生活、学习、交际中迎合客观需要而撰制的旨在解决具体实际问题且具有社会约定习惯格式的各种文体，都属于应用文。

（二）应用文的种类

应用文种类繁多，可谓森罗万象。对于应用文，人们从不同角度，作了不同的分类。

1.有的从社会功能和应用范围角度把现代应用文体划分为四个大类

新闻文体（消息、通讯、特写等）、理论文体（评论、学术论文、工作研究、理论专著、教材）、记传文体（史书、传记、方志、年鉴、回忆录等）、实务文体（主要用于直接处理日常发生的公、私事务，如通用公文、通用事务文书、法规规章文书、专用文书、社会公关文书、日常生活文书等）。

2.有的从实用出发,把现代应用文体划分为九大类

新闻文体、史传文体、教学文体与学术论文、行政公文、机关事务文书、经济文书、司法文书、日常应用文、对联等。

3.有的依据文章功能、性质和使用对象的不同,把现代应用文体分为三大类

机关应用文体、新闻文体、个人应用文体。每一大类又根据统一的划分标准,分为若干种类别。

4.有的根据工作性质、内容要求以及使用对象的不同,将现代应用文体划分为三大部类

一是公文文书(行政公文、事务文书);二是行业专用文书(如经济文书、法律文书、教育科技文书、新闻出版文书、学术文书、外交文书、军事文书等);三是日常应用文(如书信、电报等)。

横看成岭侧成峰,远近高低各不同。划分出的类别不同,是因为观察的角度不同。不同的分类有助于我们从不同角度更全面地认识对象,犹如大自然中的红玫瑰和紫罗兰等花各呈异彩,散发着不同的芳香,文体分类的多样化也是很自然的现象,我们不能也不宜对不同分类简单地厚此薄彼,或作硬性的统一规定。

上述分类可以说是各有千秋,难定一尊。我们从实用出发,根据应用范围和教学需要,将应用文体分为八大类:行政公文、事务文书、日常应用文、演说类文体、财经应用文、法律文书、新闻报道、文教应用文。

(三)应用文和其他文体的关系

关于文章体裁,通常分为四大文体,即记叙文、议论文、说明文和应用文。这四大文体虽是并列关系,鼎足而四,但实际上划分时所使用的并不是一个标准(如图0-1所示)。

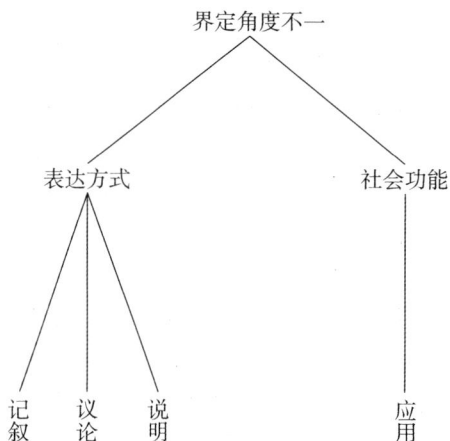

图 0-1　四大文体的关系

记叙文、议论文和说明文是依主要采用哪种表达方式来划分的,而应用文则是依社会功能来划分的。由于划分的标准不一,分出的子项必然有交叉。例如,传记是记叙文,又是应用文;商品说明书是应用文,又是说明文。从逻辑上讲,划分

出的子项必须互补，而不能交叉。为什么文体划分后一文两属，出现交叉？原因就是划分的标准不一。因此，上述关于文体的四分法是不严格的，即不合逻辑的。那么，为什么明知其不可为而为之呢？原因就是社会的需要、实践的需要。因为应用文太重要了，它的种类繁多，覆盖面广，使用频率高，各行各业都离不开它，必须专门研究，作为一门学科专门进行教学。所以，人们就从社会功能的角度把它从文章的海洋中划分出来，作为一个文体范畴，建立一门学科来专门研究和学习。

（四）应用写作的研究对象

应用写作以应用文为研究对象。那么，它主要研究些什么呢？应用文的重要特征之一就是它的程式性，即各有其格式。因此，研究各种应用文的相对固定格式自然就成为应用写作的研究内容，但界域远不止此。因为格式只是表层的东西，只记住格式还不能写出像样的应用文，应用写作还要研究深层的东西，而这个深层领域，其内容是极为丰富而深邃的。概而言之，这个领域既要研究应用文体的一般特点和写作规律，又要研究各种应用文的具体特点和写作规律。也就是说，既要研究应用文体共性的规律，又要研究应用文体个性的规律。此外，对基础写作规律，也要进行研究，因为基础写作规律不但对应用写作适用，而且是应用写作规律之本。再进一层说，无论是基础写作理论还是应用写作理论，都离不开思维和语言这两个互相依赖的心理因素。这正如近人所云："作文之术，诚非一二言能尽，然挈其纲维，不外命意修词二者而已。意立而词从之以生，词具而意缘之以显。二者相倚，不可或离。"（黄侃《文心雕龙札记》）所以，写作思维规律和语言运用规律乃应用写作学所必须研究的更深层的内容。

综上所述，应用写作的研究对象应当包括：

（1）应用文的特点和写作规律（共性特点和规律、个性特点和规律）。这涉及写作内容和形式两个方面。写作内容指写作构成要素的总和，包括写作特性、成分、运动过程等，写作形式是把写作内容诸要素统一起来的结构或表现内容的方式。文章形式由内形式和外形式组成，内形式存在于文章思想观点和材料的表现中，如主题、层次、主次、风格等，外形式表现在段落、过渡、开头、结尾、节奏押韵等外在形态中。写作必须把内形式与外形式有机结合起来，达到水乳交融，天衣无缝。关于不同文体的特点和写作规律，今人研究成果甚多，古人也有不少有价值的见解。如曹丕就说过："奏议宜雅，书论宜理，铭诔尚实，诗赋欲丽。"

（2）基础写作规律。这是指立意、选材、布局谋篇、遣词造句等写作环节的一般规律。今人或概括为意化律、序化律、形化律（见本章研讨与练习）。基础写作是根本，根深才能叶茂。韩愈在《答李翊书》中论"立言"时说："根之茂者其实遂，膏之沃者其光晔。"

（3）语言运用规律。从语体上说，包括口语、书面语的运用；从语言运用层次上说，包括词语、句子、修辞、文体的运用。此外，还有语言习得规律等。

（4）写作思维规律。这是探讨思想形成的规律，尤其侧重于写前思维的研究。写作思维涉及人的经验、知识、理论各个方面，与哲学、逻辑、心理等多种学科相关联。

以上四点都是应用写作的研究对象。其中第一方面虽是表层，但在本书中篇幅居多，第二、三、四方面是深层，其内容除第一章有专述外，还分布于各章节中。由于以上四个方面涉及多种人文科学，诸如语言学、逻辑学、思维学、文学、哲学、心理学、社会学、法学、经济学等，所以应用写作是一门综合性文化基础课，而应用写作能力则是人的各种能力的综合体现。

深刻地认识写作的综合性特征，才能自觉地从多方面入手，有重点地全面地提升自己。为此，这里有必要再作一点展开的阐述：

古人云：文以载道。道即思想，其宗旨在于正确反映客观事物的规律及其内部联系，故所载之道如何，成为评价文章高低的终极标准。

对客观事物反映得正确与否，除与作者所掌握的材料的真伪、表里、偏全、精粗相关外，还与作者的世界观、方法论相关。后者在很大程度上决定和制约人们的认识水平。

所以，科学世界观和方法论的透彻掌握和纯熟运用，与写作水平关系极大。因为理论使人目光远大，气象高旷，思想缜密，条理清晰，而这乃是写作活动的源动力和写作能力的根本。

因此，研究生活中的深沉智慧——辩证唯物论，乃是学习写作的更深层次的功夫，是决定写作者水平高下的更本源的东西。

此外，还有道德修养和各种文化知识的积累，包括文理百科知识，以及丰富的生活经验、各种社会实践等。为什么历史上很多思想家、文学家或哲学家"偶一吟之，便成佳句"？为什么"夫子不言，言必有中"？就是因为他们的文化道德修养深厚，思想臻于成熟，知识已成体系，有敏锐的观察力、高清的鉴别力和深邃的思想力。

正因为此，人们通常把文化积淀，思想修养，特别是哲学修养看作是写作的更深层次、更本源的素养，并把写作能力看做一种综合能力，把学习写作看做一个系统工程。

二、应用写作的地位和作用

（一）应用写作在国内外的地位

1.应用写作在国外

应用写作在国外地位较高，受到了应有的重视。这从中西写作理论的主要差异就可窥见一斑。

中西方写作理论的差异主要表现在两个方面：第一，西方写作学更重视应用写作，中国写作学更重视文学写作；第二，西方论定读者是写作的决定因素，中国则认为作者是文章的主宰。

在西方人的意识里：写作=应用写作（尽管英语中没有"应用写作"一词）。他们压根儿不认为律师、医师、经理、公务员的事务写作比文学写作低一等。在西方，应用写作为主的观念早已形成传统，深入人心。

西方重视应用写作的观念在写作教材中得到了集中、典型的体现。在西方写作书体系中，应用写作占了很大的比重。其写作书体系以基础写作为母系统，以商务、法律、新闻、技术、文学等专业写作为子系统（如图0-2所示）。

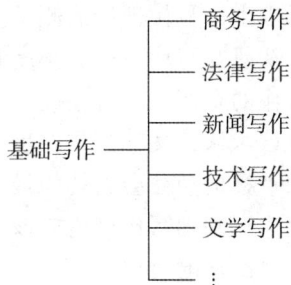

```
                    ┌── 商务写作
                    │
                    ├── 法律写作
                    │
                    ├── 新闻写作
基础写作 ────────────┤
                    ├── 技术写作
                    │
                    ├── 文学写作
                    │
                    ⋮
```

图 0-2　西方应用写作的地位

对比来看，中国基础写作教材却集中反映了重文学轻实用的观念。中国写作书体系以基础写作为母系统，以文学写作和应用写作为子系统，再以商务、法律、新闻、技术等专业写作为应用写作的子系统（如图0-3所示）。

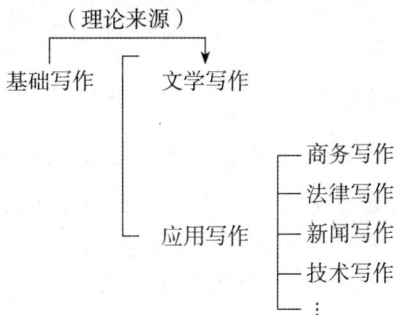

```
                （理论来源）
        ┌─────────────┐
        │             ▼
基础写作              文学写作
        │
        │                    ┌── 商务写作
        │                    │
        │                    ├── 法律写作
        └──────── 应用写作 ──┤
                             ├── 新闻写作
                             │
                             ├── 技术写作
                             │
                             ⋮
```

图 0-3　中国应用写作的地位

从图0-3可以看出，文学写作不仅占的比重大，而且它的写作理论还几乎等同于基础写作理论。换言之，就是用文学写作理论来指导一切写作。

西方重实用，必然导致他们关注读者。《技术写作：实用技巧》一书断言："根据预先确定的读者需要来完成写作任务的观点，可以解决工程技术作者的绝大部分沟通问题。"《作文艺术》（1984年美国教材出版社）一书指出："作者选择每一个词时，都要按下列因素来决定：读者和场合……"而《写作行为》（1989年美国朗顿出版社）中把对话、写作和思维联系起来研究，断定读者的阅读行为不是被动接受，文章的意义是在读者的阅读中生成的。在西方近百种英文写作书中，鲜有不言必称读者的。他们设专节专章研究读者，各抒己见，流派纷纭。从语言学、社会学、心理学、信息学、思维学等方面对读者做了广泛深入的研究。读者是西方写作学的理论核心，是写作理论家、师生、职业作者的指路明灯。

相反，中国写作学则对读者视有如无。中国写作书的核心不是读者，而是作者。几乎没有哪本书不在重要的位置谈作者的人品、学识、素养，像雕刻大师一样，专心致志、精雕细刻地塑造着作者。其要求作者加强思想修养、精通业务、不断扩大信息量、锻炼开拓性思维、学习古今中外的写作知识、掌握电脑写作技术等等。

通过上述比较，可明显看出中西写作理论的侧重点正好相反。对此，国内学者较新的观点是：①相反相成。从研究写作规律的角度看，读者与作者均应成为研究对象，均可从中总结出指导写作的东西，不宜偏废、畸重畸轻，而应使二者相反相成，形成对立中的统一。②应该承认，文学写作在生活中占的比重很小，应用写作则是一种广泛、频繁、量大的直接推动社会运转的最重要的办事工具。所以，文学写作理论不能代替基础写作理论，基础写作理论应该主要来源于应用写作。西方重视读者，其实是对作者提出了更严格的要求。

此外，从国外的应用写作教学状况，也可以看出应用写作在国外的地位。下面是一篇介绍美国应用写作状况的文章摘要，从中可窥一斑。

附：应用写作在美国

一、着重应用，与职业结合

在美国，科技、管理、公务人员必须具备一定的写作才能。他们凡搞一项工作，或传播，或归档，都要见诸文字。美国还有一条不成文的规定，科技、行政、管理人员完成某一任务，有严格的要求，唯有最后写出报告或论文才算真正完成。这样，他们才能得到真正的声誉，得到擢升的依据。所以，美国的各行各业对职业写作十分重视。

（1）公司聘请写作顾问。如纽约大学的写作教授H.J.蒂契女士，就是纽约企业管理部门和科技界的写作顾问。她为工作人员开设写作讲座，作专题报告，指导公司人员撰写产品说明书、生产动态、科研信息等。

（2）社会上开办各类不同水平的业余写作学校。根据学员A、B、C、D四等程度进行分班，开展教学活动，有针对性地提高学员的写作水平。

（3）组织各种写作学会，开展学术交流活动。在美国，写作学会林立，就科技写作界情况来看，有学会8个，研究机构11个。这些机构一般由大学写作课教授牵头，吸收各类企事业的经理、工程师、会计师参加。

（4）接收在职的外国留学生（青年专家、工程师、医生）到美国专门进行专业写作训练，一般参加春、秋两季的短训研讨会，学习本专业的应用文写作。

二、设置学位，促进写作学科的发展

为了发展写作学科、高水平地培养写作人才，美国各大学都开设了写作课，一般分两个阶段进行。初级阶段叫基础写作，为大学一、二年级学生开设。到高年级，结合论文给学生开设的课程叫高级写作。根据有关材料记载，美国有相当多的大学为100多个专业开设专业写作课，毕业后从事专业写作或新闻事业。

美国至少有20余所大学或研究所招收应用写作的硕士或博士研究生。如波士顿大学、密歇根大学、威斯康星大学等都招收这类研究生，学制2~3年，学习科学概念、写作学、新闻学、技术政策等。学校还授予学位，重质量，不求数量。美国应用写作专业是从20世纪70年代开始设立的。凡批准招收研究生的大学每年只收10~15名，学习的课程15~18门，总共开设与写作有关的课程45门。

理、工、医、农专业的学生写毕业论文有严格的规定，因此他们必须学习写作课程。各大学都成立有毕业生论文指导委员会，编写《硕士、博士论文写作手册》，要求研究生必须熟练掌握写作技巧：①写作前的规划；②搜集精确数据和丰富的资料；③拟订提纲；④起草初稿；⑤制作图表；⑥修改与润饰；⑦最后定稿。无疑，这对各专业硕士、博士写作水平的提高会有很大的帮助。

资料来源　蒂契.科技写作指南［M］.李孝才，耿伯华，译.西安：西北电讯工程学院出版社，1984.

上述材料表明，应用写作教学在西方发达国家中颇受重视，并因此得到较充分的发展。

2.应用写作在中国

古人对应用写作的意义，已有相当的认识。曹丕《典论·论文》中说："盖文章，经国之大业，不朽之盛事。"其所指的文章就多为应用文。刘勰在《文心雕龙》中说：公文乃"文章之末品，而政务之先急也"。这句话说对了一半，"政务之先急"不错，它强调了公文在国家管理中的极其重要的地位，"文章之末品"则不对。《古文观止》是历代文章精品的较好选本，上至东周，下讫明末，选文222篇，其中有书、诏、策、疏、谏、表、檄及墓志铭、碑记、祭文等应用文30多篇，占了选文的15%左右。

在现代，应用写作越来越受到人们的重视，应用写作课在我国高校早已普遍开设，成为基础课、必修课。企业录用人才，也把应用写作能力作为重要考核项目。国内应用写作杂志、应用写作研究机构、应用写作研讨会愈办愈红火。这些都说明应用写作的地位重要和使用价值巨大，已成为愈来愈多的人的共识。

应用写作在国内外教育和社会生活中的重要地位，是由其显著作用决定的。现代应用写作的功能是多方面的，从总体上讲，它是调节人际关系、交流社会信息、解决具体问题、保证社会有序运转、促进人类物质文明建设和精神文明建设的重要手段。当前，国内外不少专家学者把阅读和写作能力称为"第一文化"，把电脑语言称为"第二文化"，第一文化是第二文化的基础。有坚实厚重的根底基础，才有高端入云的上层建筑，可见，学好应用写作对现代人来讲是非常必要的。

（二）学习应用写作的作用

1.学习应用写作是交流思想、做好工作的需要

应用写作和日常工作、学习、生活的关系十分密切。学习应用写作，对于愉快地做好工作、卓有成效地交流思想至关重要。我们知道，应用文是人们处理事务、解决问题的一种工具或"常规武器"，掌握这个武器，并能根据实践需要，随时随地写出合格的应用文，将会大大提高工作效率，并能调整和改善生活的节奏。

2.学习应用写作是开发智能、提高素质的捷径

应用写作不是无病呻吟，不是悠闲文人的舞文弄墨，不是写风花雪月的文章。应用写作是写务实文章，是本之客观、付诸实践的实用文章。它对写作者的素质、智能有种种严格的要求，如尊重客观实际，思维清晰、缜密，处事明快、果决，语言精炼、朴实等。这些要求，都使得应用写作者不能不见贤思齐，加强学习，不能不自觉地调整自己，努力向这些要求看齐。教学实践证明，经过应用写作课的学习，学员普遍都能较大程度地提高自己的上述素质和能力。可以说，应用写作训练是提高人的素质和能力的一个捷径。

三、应用写作的特点

和文艺创作不同，应用写作有如下五个特点：

（一）实用性

这是应用写作的本质属性，源于应用写作活动即物质实践过程中精神活动的文字表述。王安石提出的"要之以适用为本……不适用，非所以为器也"，正是以"用"为标准来衡量文章的。刘熙载言："辞命体，推之即可为一切应用之文……重其辞乃所以重其实也。"这也是强调文章的实用性。

一般来说，人们写各种文章都有其目的，因而都是有用的。所以我们并不一般地否定文学创作的使用价值。比如诗歌就有欣赏价值和认识价值。孔子谈到《诗经》时曾说："小子何莫学乎诗？诗可以兴（感发志意），可以观（观风俗之兴衰），可以群（群居相切磋），可以怨（怨刺上政）。迩之事父，远之事君；多识于鸟兽草木之名。"

那么，为什么把"实用性"说成是应用文独有的特点呢？和上面所说诗歌的使用价值不同，应用文的实用性指的是它的日常应用性，即直接解决事务问题的属性。

和文艺作品不同，应用文不是供人们欣赏和娱乐的，它是直接和日常工作、学习、生活相关的。文艺作品，像小说、诗歌、散文等，一般来说，可写可不写，你想写而且有东西写，那就写，你不想写，或者没什么可写，就不写。就是说，它不太受时间的限制，与工作、学习、生活也不直接发生关系。应用文则不同。应用文总是为了解决和处理工作、学习、生活中的具体问题而写的。比如经济合同，就是合作双方为确定某一合作项目的双方权益而制定的。哪怕是一封信，也是个人为了某一目的而写的。解决问题是应用写作的出发点和归宿。客观提出了要求，让你写

你就得写。不写不可以，写得不好也不可以，因为会误事。所以，应用文不是可写可不写，不是写完之后还不知道读者是谁，也不是爱写什么就写什么，而是势在必写，有确定的读者和确定的要求。

应用写作的这个特点，从它在历史上的产生发展过程可以看得更清楚。应用文的产生，由来甚久，远在上古时代，文字尚未发明，先民即以结绳记载事务，表达情意，大事大结，小事小结，多事多结，少事少结，此即最原始之应用文。这里只举一例，曾国藩有个部将叫鲍超，勇而无文，某次被太平军所围，情势危急，便信手取军旗一面，在鲍字四周画无数圆圈，令使者飞马送至曾处，曾一见，知其意，便派兵驰援，此即鲍超之应用文。由此可见，无论何人，均不能自绝于应用文之外。应用文的产生是为实用而来，应用文的"致用"特点和经典的"载道"、文学的"怡情"特点形成鲜明区别，三者各有其用，难分轩轾。

实用性是应用写作的本质属性和价值尺度。它直接为社会生活服务，离开了实用性，就没有应用写作。

（二）工具性

应用写作被人们视为交际手段和办事工具，故它又有工具的属性。工具性昭示实用性，同时又强调其特殊性，即强调应用文的实用程度和使用价值。应用写作以语言文字为中介，传递各种信息，在社会政治、经济、文化、科技乃至日常生活交往中的各方面都发挥着工具作用。曹丕说文章"乃经国之大业"，刘勰说应用文是"政事之先务"，都是着眼于工具性特点的。进入信息社会，应用文的作用就更大了，它是机关、单位和个人处理事务、沟通关系的重要工具，社会生活的各个领域都离不开它。

（三）时效性

时效性指应用文写作和使用的时限性。

应用文一般都在客观现实规定的有效时间内撰完稿，超过了时限，就失去了它的效用。比如计划、简报、会议纪要等，如果错过了时间，就失去了指导作用或参考作用。有的应用文，如供销合同，时间性特别强，要求在写作上迅速及时，快办快发，不能拖延时日，搞文件旅行，更不能"马后炮"，否则就会造成严重后果。

文艺作品的写作，一般来说不像应用文那样受时间的限制。文艺作品可以从容地写，有感而发，可以搁置几年再拿出来，可以"二句三年得，一吟双泪流"（贾岛）。这和有时"急如星火"的应用写作形成鲜明对比。所以，时效性是应用文区别于文艺作品的又一个特点。

（四）程式性

程式性是就应用文的形式而言的。

各种应用文，在其写作的历史长河中，各自形成了相对固定的格式，比如合同的格式、电报的格式、书信的格式等。拿经济合同来说，都要包括合同名称、合同条款、合同结尾、具名和签约时间等。应用文的格式或程式，是适应客观需要而形成的。相对固定的格式，使应用文便于阅读、写作和使用。程式性还使应用文带有庄重的色彩，从而受到人们应有的重视。各种应用文采用什么程式，虽然不完全有其客观必然性，虽然其中带有某种约定俗成性，但格式一旦形成，为社会所通用，就具有权威性，个人不能随意改变它，不能别出心裁，另搞一套。比如写信，收信人的地址、姓名，发信人的地址、姓名，都有一定的规定，如果写的位置不对，该发的信就会被退回来。和应用文不同，文艺作品则反对程式性。文艺作品的要求是"风行水上，自然成文"，要求构思新颖，摆脱俗套。它的结构原则是"大体须有，定体则无"。历史上的明清时代，科举考试要求作八股文，将文章结构定为八股，一股一股地按程式做。由于规定得太死，束缚了人们的思想，早已被历史所淘汰。文艺作品反对程式化，一个重要的原因在于它是供人们欣赏和娱乐的，这一点与应用写作不同。应用文的宗旨是实用，所以它要求有相对固定的格式。

（五）简明性

简明性是就应用文的语言特点而言的。

简明，包括简洁和明了。简洁，就是篇幅短，字数尽量少，干净利索。因为应用文目的在于实用，所以只要把问题说清楚，读者一目了然，就可以了。孔子说的"辞达而已矣"是修辞原则，用于应用文，最为恰当。应用文不像文艺作品那样靠形象感人，不需要添枝加叶，更不能画蛇添足，废话连篇。

美国有位作家叫 Dianna Booher，她兼任企业管理顾问负责人，曾讲过这样一个例子：美国某企业的员工，开始写了 19 页的建议，经过顶头上司审阅，把它删减成 1 页，交给公司高层决策。不料，这一页文件得到了高层的赏识。由于作者写得精练、切题，获得了 18 000 美元的奖金。该公司的副总裁在颁奖会上指出：他们对这个简短有力的建议，印象特别深刻。如果这份建议写得过长，他们可能连看也不看。

应用写作应开门见山，长话短说，句式简明，少用描绘，摒弃程式套话，直陈事实梗概，依据事实分析，提出意见办法，从而形成明快、简洁的语言风格。

四、怎样学习应用写作

前面讲过，要写好应用文，必须有基础写作功底，因为根深才能叶茂。那么，怎样才能有这个"功底"呢？叶圣陶先生说常常有人要他谈些作文的秘诀，他说，作文哪有秘诀！这些人"忘了自己去下点真功夫"。什么是"真功夫"？叶老并没有解释。我们体会，这应该包括内容和形式两个方面。内容方面要注意求真意，即明确自己有什么要说而且确实值得说的，把它显明地表达出来，千万不要转文、卖弄，更不要故弄玄虚。形式方面，即文字表达上要注意准确性，就是说有了好的意思，还必须用准确的语言来表达。这就要求一个词也不能随便用，一处语法错误也不能有。如不认真下一番苦工是不能达到这个境地的。

在文字表达上下苦功夫，首先得把自己的思维锻炼得精密而有条理。为什么？因为表达首先是思维问题，是思想认识问题，是思路问题。正如冲洗照片一样，摄入佳景，底片清晰，才能冲洗出好照片。有许多人写文章空话连篇，不但冗长，而且因为说了许多不必要的话，反而把事情说得不明白。究其因，是"有很多人没用过功夫来研究毛泽东同志的著作和各种权威的文学和科学的著作，没有用研究这些著作来训练自己的思想，使自己的头脑趋于精密和有条理，所以就不能把存在于事物内部的条理正确地在文字上表现出来"（《正确地使用祖国的语言，为语言的纯洁和健康而斗争！》）。这是一段非常精辟的论述，我们每个人都可以认真想想，自己是否也"没用过功夫"？如果没有，就应当从现在做起，切实做一做。只要开始这样做了，即"用研究这些著作来训练自己的思想"，用不了多长时间就会收到成效的。

前人和今人的经验告诉我们：在写作上下点真功夫，其中最重要的真功夫就是重视思路锻炼，养成作文思维好习惯。这是学习应用写作的路径和枢纽，是不二法门。

前面提到"文以载道"，道即思想。故文之优劣，源于思想水平的高低。思想水平，其远的渊源系于文化知识修养、理论修养、道德修养，其直接因素则萦系于以往所形成的思维习惯、思维定势。一个头脑简单、看问题主观、偏激、思想僵化的人，要想写出好文章也难。所以，平时学习、工作、生活中，要注重思维训练，养成思维好习惯。指导思维好习惯的科学很多，如心理学提到的思维的条理性、思维的批判性、思维的灵活性、思维的创新性等思维品格；文论中提到的整体思维、形象思维、推导思维、发散思维等思维形态；逻辑学提到的归纳、演绎、类比、分析、综合、比较等形式方法；哲学提到的六对哲学范畴、对立统一观、否定之否定论等唯物辩证法的反映门径；等等。凡此种种人类高等思维的形态和品格，虽因万物之灵秉之于天，但对个体来说，其臻于成熟，成为习惯，成为品格，皆须后天在学习中习得，在思维实践中养成。　个思维有条理性的人，说话写文章就会清晰而流畅；一个思维有灵活性的人，说话写文章就会得体而周详；一个思维有批判性的人，说话写文章就会明定而严谨；一个思维有思辩性的人，说话写文章就会睿哲而深广。思维的不同品格只是分析的说法，思维运动的实际情形往往是各种品格兼而有之，故其文章才能臻于完美而形神流芳。

对学习应用写作来说，用权威的著作来训练思想，启迪思路，是学习写作思维的必由之路。习作者之所以对某类文体作文有畏难情绪，是因为还不明了该文体作文之规律，不会分析题旨情景，缺少训练，思路上打不开。而权威范文，正可以起到启迪思路和指点迷津的作用。所以，在教学中要以范文为本，侧重帮助学生树立诸文体的写作规律之基本观念，特别是要强化思路的点拨。落到实处，就是要重点讲清各文体的内容要素及层次段落，写前构思方法，兼及形式特征，语言风格。如叙事类，提示起草时心存叙事六要素观念，即"5W+H"。凡消息、通知、报告、简报、条据、启事、诉讼、日记等涉及叙事类，其写作都要想到六要素，藉以引导思路，理清线索，绵密不疏。如议论、说明类，提示梳理内容安排结构时借鉴传统层次框架范畴，即"起-承-转-合"，"正-反-合"，及逻辑形式归类确认等。凡演讲、致词、竞职演说、新闻评论，乃至意见、书信、商务函件等，其写作都宜用层次框架法构思之，分块排序，水到渠成，布局谋篇。如科研立论类，提示遵循科研方法，即"提出问题-分析问题-解决问题"，从实际出发，实事求是等。凡财经论文、调查报告、市场调查、可行性研究、财务分析报告等，其写作都可遵循认识规律，分析矛盾，剥笋解牛，层层深入，透彻严谨。

将认识规律、思维规律、思维形态、思维品格运用于写作，即衍生为写作思维规律。它可以使人举一反三，以简驭繁。除上面例举者外，本书附录《"作文要诀"十二字缩略韵语及相关文论采要》，也涉及各种写作思维规律，可作为学习时的参考和指导。

锻炼思路，养成思维好习惯，是学习写作的根本途径，是学习写作必须抓住的主要矛盾。其次，还必须注意与之相关联的学习的各个环节，如学习典范文章的用词造句、谋篇布局技巧等等。

上面说的是基础写作上的真功夫，这是应用写作能力的根本。而应用写作又有它的特殊性，要学好应用写作课程，还要注意做到以下三点：

第一，掌握知识要点。阅读教材时，要带着问题去研究，提取知识要点，如各种应用文的性质、作用、使用范围、格式、构成要素、写作要求等。掌握知识要点很重要，比如，掌握了消息的"5W+H"、《会议通知》的六要素，再写这类文章就不会有疏漏了。

第二，认真做练习。做练习才能将知识转化为能力。练习题主要有两种：一是给你个材料，让你写篇应用文。这类题目，要根据材料和问题，设身处地地去思考，使你写出的文章切实可用，同时也要注意形式上符合文体要求。二是给你一篇应用文，让你评价或修改，这类题目依赖于你对应用文知识的掌握程度，以及你的洞察力和语感。这里有思想认识问题，也有文字水平问题。

第三，在实践中学习。社会生活离不开应用写作。平时要留心阅读现实生活中的各种应用文，并运用学过的写作知识予以分析和评价。要根据工作、学习、生活的需要，随时随地写各种应用文，只有把应用写作知识运用到生活的各个方面中，产生社会和经济效益，才算真正达到了学习的目的。

勤写之余，还要勤改。胡双宝先生说得好：会改文章才会写文章。修改练习确实是提高写作水平的一个捷径。所有名作家为什么写好了文章还再三地推敲、修改、加工呢？原因就是为了表达得更准确、更恰当。要记住："文章是客观事物的反映，而事物是曲折复杂的，必须反复研究，才能反映恰当。"（《反对党八股》）

文章如何修改呢？有没有秘诀？修改也没有秘诀。但是要修改好文章就得具备一些条件。具备什么样的条件呢？

第一，要有现代汉语、古代汉语以及逻辑方面的知识，这好比裁缝裁剪衣裤，医生给病人诊病，裁缝掌握了尺子，就可以衡量衣服尺寸大小；医生知道了人体的常态，就可以诊断病人的病情。如果不具备这些方面的知识，就很难发现问题并加以改正了。

第二，要有比较丰富的正确的语感。没有丰富的正确的语感，就很难发现文章中的错误，更谈不上修改。

第三，具体修改时，需注意两点：

一是先反复研读一两遍要改的文章，只有读完一遍，才能知道全文说的是啥，也才能知道大毛病是啥，小毛病是啥，打算怎么改。没有通读全文，看一句改一句，必多不当。

二是修改要因势利导，顺着原作者的意思来改，不可把自己的意思强加于人。为了得到更好的效果，最好先把要改的地方用记号标出来，让原作者改，然后再交修改人改。

最后，需再强调一下的是，应用写作能力是人的综合能力的体现，它与写作者的阅历、经验、教养、理论水平、道德情操、语言文字水平等都有密切关系。所以，要想真正提高应用写作水平，不但要读有字书，还要读无字书，要在更深广的德、智、体全面发展的基础上培养写作能力，使文章的参天大树植根于各方面深厚修养的沃土之中。

研讨与练习

一、应用写作课研究什么？学习这门课的目的是什么？检验学习效果的标准是什么？

二、为什么说应用写作能力是一种综合性能力？你认为提高应用写作能力的有效途径有哪些？

三、阅读本书第十章第一节（读书笔记）中关于体育运动需苦练基本功的例文，思考：这段话对提高写作能力有什么启发？请写一篇300字左右的读书笔记。

四、作文：写一篇自传或自我介绍。

作文训练步骤：

1.阅读几篇自传体短文，如《老舍自传》（见第四章第六节"个人简历"），分析这儿篇短文的写作特点。

2.阅读写作论著中关于自传、自我介绍的写作常识。思考：自传和自我介绍有什么不同？写自传或自我介绍有什么意义？各有哪些写作要求？

3.回顾自己的经历。思考：自己的阅历与同龄人有什么异同？别人对自己有过哪些评价？自己的性格特征是什么？自己的教养、经历与自己的性格特征之间的关系怎样？

4.如果你写一篇自我介绍，你想表达你的哪些性格特征？如果你写一篇自传，你将选择你的哪些经历？用哪些事件来表现它们？试各列出一个提纲。思考：应当怎样进行剪裁才能详略得当，并突出你想表达的主旨？

5.拟订详细的写作提纲后，要一气呵成地撰写一篇《我的小传》（要求千字左右），或《自我介绍》（500字以内）。要有中心，自传要条理清楚，详略得当；自我介绍要短小精悍，写出自己的特点。要能使熟悉你的人一看就知道写的是你，而不认识你的人读了之后，也能够初步了解你。

6.请熟悉你的人（父母、兄弟、朋友等）评价你的这篇作文，然后与同学交换作业，互相评改，并展开详细讨论。

7.教师选出三篇各有特色的自传和自我介绍，请作者在班级带着感情大声朗读自己的作文，其他同学边听边记下感想，写出评议（从思想内容到表达形式）。

8．组织同学对宣读的作文进行评议，教师作小结。

五、什么是"第一文化"？什么是"第二文化"？请结合实际说明应用写作的地位和价值。

六、分组讨论：什么是写作上的"真功夫"？然后以《怎样学习应用写作》为题，各写一篇短文。

七、今人将写作规律概括为意化律、序化律、形化律。意化是形成思想，确立表达主旨；序化是组织材料，安排主次先后顺序；形化是遣词造句，锤炼润色语言。三个环节各有重心，又相互渗透联结。例示如下：

东北财经大学 2009 年毕业生为答谢母校哺育之恩，拟集资建一石墙，上面镌刻先秦诸子语录，以为校园文化增色。语录前要写一篇序文。笔者为此而构思起草成文的过程如下：

1．意化：概括阐明继承和弘扬中国传统文化的历史价值和现实意义，亦即说明了为什么要建墙镌刻诸子语录。

2．序化：首句标其目，引领全文；篇终接混茫，意蕴深远。加上中间，整体上起承转合，一气呵成。

3．形化：篇幅简短，语言凝练。运用骈文形式，呈现整齐美；又要错落有致，兼具变化美；讲究平仄韵律，体现音乐美。

在上述意念确定后，便可以起草撰写了。全文如下：

圣贤嘉言

序

察古以鉴今，彰往而知来。（起）穿越历史长河，聆听不灭木铎。圣贤嘉言之义，历久弥新；伦理德性之泉，滋润心田。（承）有德者必有言，能文者始行远。学究天人之际，略通古今之变。（转）中国传统文化，博大精深，流长源远。其道德智慧之光，将烛照后人，超越自我，走进现在，飞向明天。（合）

子丑年季春　邵龙青撰 2009 年 4 月 23 日

回顾你写过的一篇印象较深的应用性文章。反思其立意、构思、起草过程，分析其意化、序化、形化的具体内容。考察、总结该文的得失、成败，找到适合于自己特点的写作习惯和规律。

八、写作水平与人的阅历、修养等密切相关，古人对此多有论述，下举几例：

1．孟子曰："我善养吾浩然之气。"今观其文章，宽厚宏博，充乎天地之间，称其气之大小。太史公行天下，周览四海名山大川，与燕赵间豪俊交游，故其文疏荡，颇有奇气。

苏辙《上枢密韩太尉书》

2．行之乎仁义之途，游之乎诗书之源，无迷其途，无绝其源，终吾身而已矣。

3．气，水也；言，浮物也。水大而物之浮者大小毕浮。气之与言犹是也，气盛则言之短长与声之高下者皆宜。

韩愈《答李翊书》

4．盖文王拘而演《周易》；仲尼厄而作《春秋》；屈原放逐，乃赋《离骚》；左丘失明，厥有《国语》；孙子膑脚，《兵法》修列；不韦迁蜀，世传《吕览》；韩非囚秦，《说难》《孤愤》；《诗》三百篇，大抵圣贤发愤之所为作也。

司马迁《报任安书》

……

选择你颇有心得的一段古人写作语录，联系古今实例、个人写作体会及相关理论展开分析阐释，并自拟题目，写一篇小议论文。

九、逻辑形式方面推导性思路的练习

孟子《天时不如地利》一文，从"环而攻之而不胜"，分析、比较，推导出"天时不如地利"；同理，进一步，从"委而去之"，分析、比较，推导出"地利不如人和"。进而推论："故曰：域民不以封疆之界，固国不以山溪之险，威天下不以兵革之利"，再进而推论到"得道者多助，失道者寡助"，再进而推论到"寡助之至，亲戚畔之；多助之至，天下顺之"，然后再得出结论："以天下之所顺，攻亲戚之所畔，故君子有不战，战必胜矣。"层层递进，步步深入，思路清晰，推导严密。受到古人"得道多助"论的启发，后人发展为人民战争思想。中国的抗日战争、解放战争的胜利，不正是"得道多助，失道寡助"的历史证明吗？由此可见将逻辑思维付诸实践的伟大力量。

孟子《天时不如地利》一文，思路走的是"分析思维"，即采取逐层推导，循序渐进的方式。"分析思维"在逻辑形式上属于推导性思路。推导性思路，主要是以概念、判断、推理为思维形式，它有两个显著特点：一是概括性，它思考的不是个别事物的具体形象，而是整类事物的高度概括。二是逻辑性，概念、判断、推理之间有着内在的逻辑联系。所谓推导，就是发现并沟通事物内部以及事物彼此之间的内在联系，借助这些内在联系，引导并推进思路向一定的广度伸展，向一定的深度开掘。

推导性思路除了"分析思维"外，还有：

"经验思维"——从直观到抽象，从个别到一般；

"理论思维"——从抽象到具体，从一般到个别；

"直觉思维"——直接触发，越级而进；

"收敛思维"——多方入手，集中收拢；

"发散思维"——四周散射，广泛联想；等等。

对文章作思路分析，要跟踪作者的思路，察看作者是怎样一步步环环相扣，走到终点的；其推导过程属于什么逻辑形式？有没有跳段，有没有不合逻辑的地方？这种分析对提高作文构思能力极有好处。叶圣陶先生曾说，对权威文章作思路分析，是锻炼思路，使自己思想精密而有条理的重要方法。对自己的文章，也要用思路分析的方法，来检查和修改。

试以上面介绍的推导性思路的几种形式作为辨析判断的标准，从中学或大学语文课本中，各找一篇相应的文章（如《季氏将伐颛臾》《纪念白求恩》《动物游戏之谜》《宇宙的未来》等），分析其层次，追踪其思路，说明其逻辑形式，体会其逻辑力量。

十、思路学习与锻炼题：阅读-分析-效法。

分析下面这篇文章的层次，归纳其内容、主旨；说明作者的思路，概括其认识一件事情的意义的路径。然后举一反三，完成后面的要求。

长征的意义

讲到长征，请问有什么意义呢？我们说，长征是历史记录上的第一次，长征是宣言书，长征是宣传队，长征是播种机。自从盘古开天地，三皇五帝到于今，历史上曾经有过我们这样的长征吗？十二个月光阴中间，天上每日几十架飞机侦察轰炸，地下几十万大军围追堵截，路上遇着了说不尽的艰难险阻，我们却开动了每人的两只脚，长驱二万余里，纵横十一个省。请问历史上曾有过我们这样的长征吗？没有，从来没有的。长征又是宣言书。它向全世界宣告，红军是英雄好汉，帝国主义者和他们的走狗蒋介石等辈则是完全无用的。长征宣告了帝国主义和蒋介石围追堵截的破产。长征又是宣传队。它向十一个省内大约两万万人民宣布，只有红军的道路，才是解放他们的道路。不因此一举，那么广大的民众怎么会如此迅速地知道世界上还有红军这样一篇大道理呢？长征又是播种机。它散布了许多种子在十一个省内，发芽、长叶、开花、结果，将来是会有收获的。总而言之，长征是以我们胜利、敌人失败的结果而告结束。谁使长征胜利的呢？是共产党。没有共产党，这样的长征是不可能设想的。中国共产党，它的领导机关，它的干部，它的党员，是不怕任何艰难困苦的。谁怀疑我们领导革命战争的能力，谁就会陷进机会主义的泥坑里去。长征一完结，新局面就开始。直罗镇一仗，中央红军同西北红军兄弟般的团结，粉碎了卖国贼蒋介石向着陕甘边区的"围剿"，给党中央把全国革命大本营放在西北的任务，举行了一个奠基礼。（《论反对日本帝国主义的策略》）（注：本段文章的题目是编者加的）

提示：上文共分四个层次。第一层提出长征的意义问题并概括回答了四点意义；第二层承接上层，分别论述四个方面的意义；第三层从"总而言之"到"谁就会陷进机会主义的泥坑里去"，深入一步论述长征这一大事件的意义：证明了中国共产党有领导革命战争走向胜利的能力；后面是第四层，将认识再推进一步，即对事件意义作前瞻性推论。我们这样去分析层次，不但是为了学习文章结构的方法、技巧，更重要的是学习思考问题、认识问题的路径，即怎样从全面大略地认识一件事情的意义到具体地分析，怎样从具体事件的意义深入和提高到更本质、更重要的意义，又怎样从当前事件看到它的趋势和前景。

要求：

1．运用上文思考问题的路径和认识方法，即从抽象到具体，再从具体上升到更高层次的抽象，然后进一步推论，开掘认识的深度，来分析说明现实中某一事件或事情的意义。

2．权威著作对不同事物或问题有不同的分析认识方法。体现在文章上，就是不同的题目，有不同的内容层次。如《中国社会各阶级的分析》：先提出问题，然后逐个分析各阶级，再综合，回答谁是敌人谁是朋友的问题。具体问题不同，分析的思路也不同。这就是"到什么山上唱什么歌"。马克思主义最本质的东西，马克思主义活的灵魂，就是具体地分析具体的问题。现在，请你从权威著作中找出一篇你颇为欣赏的文章，分析其层次、思路和认识方法，然后以其为借鉴，对现实生活中同类型或相通的其他问题，作具体分析和说明，得出有说服力的结论。

（这样的思路学习与锻炼，就是用权威的著作来训练自己的思想，使自己的头脑趋于精密和有条理，从而能把存在于事物内部的条理正确地在文字上表现出来。被你说明的的事物越多，越普遍，越深刻，你的收获就越大。学会分析文章的方法，养成分析的习惯，并坚持学以致用，由远及近，或由近及远，对提高观察事物、思考问题的能力大有帮助，因而对提高写作能力大有帮助）

第一章 写作基础训练

第一节 造句因素

我们平时说话、写文章，都是通过造句完成的。组词造句时，有许多语言因素参与其中并左右句子的意思，我们把这些能左右句子意思的语言因素统称为造句因素。造句因素有广狭之分，广义造句因素涉及语言的外部因素，即语境因素（见本章第四节）。本节主要讨论狭义的造句因素，即语言本身的造句因素，包括语音因素、词汇因素、语法因素和语义因素。语言不同，各种造句因素的地位、作用及表现形式亦不同。这种不同，受制于不同语言本身的特点。汉语自身的特点，如语素大多为单音节、基本上没有形态变化、虚词和词序是主要语法手段等，在很大程度上决定了汉语造句因素的特点。考察汉语造句因素，分析歧义现象是一个观察窗口，因为分析引起歧义的原因，就能找到左右句义的因素，因而也就能分析出造句因素。所以，通过分化歧义，来归纳说明汉语造句因素，实为一种简明经济的方法。下面我们就通过考察歧义产生的原因和避免的方法，来分析说明汉语的主要造句因素。

一、语音因素

语音是语言的物质外壳、意义的载体和信息传递的工具。口语表达，即靠有声语言来表情达意，一句话的语气、语调、重音、停顿等不同，其所表达的意思也不同。下面我们着重从重音和语调两个方面加以阐释。

（一）重音

重音是说话或演讲时有意加强某些词语或句子音势的语音现象，运用重音的目的在于显示词语的主次关系。它可以帮助说话者强调某些重要思想的关键成分，产生对比效果。同样一句话，重音的位置不同，表达的意思也就不同。如：

1.赵大妈的电视机坏了，她想起隔壁邻居李明是个电工，就去敲他的门。

赵：李明，你会不会修电视机？

李：我不会修电视机。

赵：敢情你是会装配电视机？

李：我不会修电视机。

赵：那好，我录音机也坏了，帮我……

赵大妈之所以会误解李明的意思，是因为李明答话的重音所致（画线部分是李明答话时的逻辑重音）。再如：

2. 我又没说你什么。（别人说的，你不要怪到我头上啊。）

我又没说你什么。（我说的不是你，不要误会。）

3. 王五买了一本书。（强调不是借，更不是偷。）

王五买了一本书。（强调不是报纸、不是杂志。）

王五买了一本书。（强调数量是一，而不是二或其他数字。）

4. 他一早晨就写了三封信。（"就"重读，强调写信的数量少；轻读，则强调写信的数量多。）

5. 你怎么还不知道。（"还"重读，表示时间这么长了，你应该知道；轻读，表示别人不知道，你也应该知道。）

上面几组句子正是因为重音的位置不同，所以意义差别很大。可见，重音是左右句子意思的重要因素之一，说话时重音不同，所表达的意思就会不同，甚至完全相反。有时，在表达中为了突出某种特殊的思想感情，把句子的某些词语读得较重些，给人的感受就会有所不同。偷换重音式诡辩就是通过随意变换某些语句的重音位置来偷梁换柱，以达到其诡辩的目的。

（二）句调

有声语言表达出来的思想感情和弦外之音往往是通过巧妙的语调实现的。语调不仅可以强化说话的内容，也可以披露说话者的心态和心境。说话时语句高低升降的变化，就是句调。句调低沉称为"抑"，句调高亢称为"扬"。不同的高低升降变化，所表达的思想感情和内容也就不同。在书面语里，可以用问号、感叹号、句号等表示语句的不同类型和语气，而在口头语言中，只能用不同的句调来表明语句的类型和语气。看下面的例子：

1. 这件事就这么办（。！？）

感叹语气表示决然肯定，疑问语气则表示怀疑和否定。

再如：王阳明是明代哲学家，一次，他的一个朋友邀请他到自己家乡讲学，邀请函中有这样的话：

2. 除了良知之外，还有什么可讲的？

因为王阳明每次来，都讲"良知说"，所以他的朋友希望王阳明这次来能讲点别的。但是没有料到王阳明在回信中用了同样的话作答：除了良知外，还有什么可讲的？字面意思相同，语气却是反问。王阳明用同样的话表达的是："良知"是最紧要的学问，除了良知，还有什么别的是值得讲的？这里左右句子意思的造句因素是句调。

我们还可以举彭端淑《为学》一文中的例子：

3. 贫者语于富者曰："吾欲之南海，何如？"富者曰："子何恃而往？"曰："吾一瓶一钵足矣。"富者曰："吾数年来欲买舟而下，犹未能也，子何恃而往！"

显然，富者前后两个"子何恃而往"语气不同：前一个是一般疑问语气，要求回答；后一个是反诘语气，表示断然否定的意思，无须回答。这个例子也说明，是一般疑问句还是反问句，不能孤立地看，要放在上下文的语境中才能确定。所以，孤立的一个句子，就可能产生歧义。

4.机械化养鸡适合中国国情吗？

这是一个标题，作为孤立的问句，其意思难以断定。作为标题，其一般理解是反问，而反问句往往表示否定的意思。这个标题的意思是机械化养鸡不适合中国国情，而文章恰恰说明机械化养鸡适合中国国情。

二、词汇因素

词语是最基本的造句单位，也是左右句子意思的重要因素之一，构成句子成分的词语的形式或意义不同，句子意思自然不同。所谓构成句子成分的词语不同，可以分为形异义异和形同义异两类，形异义异很容易理解，如"我学习语法"和"他学习语法"中的"我"与"他"便是形异义异的例子。下面我们主要分析构成句子成分的词语形同义异的几种情况：

（一）一词多音

语言中有很多形同实异的成分，一词多音便是其中的一种。看下面的句子：

1.在会上讨论的同志不要把话说重了。

2.胡子长成这样子了。

"重"有两个音，"zhòng"或"chóng"，"长"可能读"zhǎng"或"cháng"，词形相同，语音可不同，意义也不同。

类似的例子还有：

3.独自莫凭栏，无限江山，别时容易见时难。流水落花春去也，天上人间！（李煜《浪淘沙》）

这首词中的"莫"可作两种解读：莫mò或暮mù，莫是表示否定的"不要"；"暮"是傍晚的意思。两种意思都说得通，所以自古对此句诠释不一。

（二）一词多义

句子中的词语是一个多义词，且它的两个或几个意思在句子中都解释得通，就会产生歧义。如：

1.攻乎异端，斯害也已。

"攻"作为动词，可以是"攻治"或者"攻击"的意思，两种解释词性相同，词义不同，从而使得句子有两种意思。

2.山上有很多杜鹃。

"杜鹃"可以有两种理解："杜鹃花"或者"杜鹃鸟"。虽然都是名词，但是意义不同。

3.菜不热了。

"热"在句中可以解释为形容词，也可以解释为动词："加热"。因词性不同，所以意义不同。

4.我叫王小虎。

上句中的"叫"作为动词，有两种解释："召唤"或"名称是"。二者词性相同，词义不同。

以上几个句子都是因为一词多义，使句子产生了歧义。在语言的实际运用中，这样的情况时有发生，因此在表达时应注重结合语境，审慎选词。

（三）代词异指

处于句中特定位置的代词，其所指一般是前面的某个成分，若前面有两个成分，且皆可视为所指，就会产生歧义，代词异指可看做词语形同义异的一种。如：

1.小张作证说那天他看见李民和自己的妻子在车间干活。

句中"自己"所指可有两种解释，是"小张"还是"李民"，所以句子有歧义。

2.棺材后面跟着三个妇女——死者的母亲和她的两个女儿。

"她"是指"死者"还是"死者的母亲"，指代有异。

3.这个观点最近有些文章提出批评，我认为这是对的。

同上，句中"这"存在异指现象，所以使得整个句子在理解上存在歧义。

这些现象是和汉语同音字多、同形词多、形同实异等特点相关联的。在说话和写作中，要充分注意词语的选择，多角度地考察，避免误用，产生歧义。

三、句法因素

（一）语序

汉语没有严格意义的形态变化，所以语序或词序是汉语的重要语法手段之一，词序或语序不同，意思就会不同。新闻界流传这样一句话："狗咬人不是新闻，人咬狗才是新闻。"由于句中词语换位，主宾适反，这句话突出地表现了人们对新闻性质的理解和人的好奇心，从而成为一句含义很深刻的话。

有时词序颠倒一下，意思虽然有差别，但还不算很大。如：

1.报纸我看了/我看报纸了

2.不怕辣/辣不怕/怕不辣

上述例子虽然话题不同，语义重心不同，强调的程度不同，但是基本意思相差还不算大。更多的情形是，词序颠倒后意思相差很远，甚至相反。看下面的例子：

3.资本主义国家/国家资本主义

4.读死书/读书死

5.工人写的诗/写工人的诗

6.千古诗人/诗人千古

此外，复句中分句顺序的变换，也会使意思发生变化。偏正复句的顺序，一般是先偏后正，语义重心在后一分句上。若把分句位置互换一下，虽仍保持原基本语义，但是语义重心已转移到后面的分句上。如："东林虽多君子，然亦有小人。"对此，鲁迅先生说，如果换一下顺序，改为："东林虽有小人，然多为君子"，"斤两便大不相同了"。

又如条件复句：

7.人不犯我，我不犯人；人若犯我，我必犯人。

强调既反对内战，又坚持斗争的原则，有来犯者，必反击之。若换一下顺序，改为"我不犯人，人不犯我"，就有丧失革命原则之嫌了。

通过调整语序来改变含义，在古代有很多典型例子。据载曾国藩与太平军作战，节节败退，在写奏章时，不敢隐瞒军情，当他写到"屡战屡败"时，他的一个幕僚建议：不如改成"屡败屡战"，曾氏听后拍案叫绝，当即采纳。呈报上去，不但未被贬职，反而受到赏赐。这一改动，虽表达的客观情形未变，但是语义中心后移，寓意已不同。

（二）结构关系

结构关系是语言成分之间相互组合时的语法关系，如主谓关系、述宾关系、述补关系、联合关系、偏正关系等。结构关系是最普遍也是最重要的语法关系。说到底，是受制于语言成分之间的意义关系。同时，结构关系对意义也有反作用，它受制于语义，又反过来实现和制约语义。如果一个句法结构成分不变，构造层次单一，即只可能有一种构造层次分析，但成分之间的结构关系可能不同，即有两种结构关系同时都说得通，那么也还是会产生歧义的。比较常见的有：

1.述宾关系或偏正关系

进口/汽车　　　研究/方法　　　烤/白薯　　　麻醉/医生

2.联合关系或偏正关系

学生/家长　　　党员/干部　　　爱人/弟弟　　　生物/化学　　　调查/报告

3.同位关系或偏正关系

我们/学校　　　你们/医院　　　运动场/那边　　　小杨/师傅

1930年、1931年两年亡友朱佩弦/兄约我在清华大学的中国文学系教中国音韵沿革两小时。

4.偏正关系或主谓关系

语音/规范　　　生活/困难　　　用语/标准

5.连动关系或述补关系

她挣扎着爬了/起来　　　我想/起来了

6.主谓关系或述宾关系

靠近/文明　　远离/可耻

7.复句省略关联词语，分句间的关系可能有两种或两种以上

人在政策在，困难何所惧

一种理解是"人在，政策就在"，是假设关系；一种理解是"人在，政策也在"，是并列关系。同样，"受托单位误期，委托单位罚款"，也可能有两种关系：并列和假设。

结构关系和词语异同一样，是造句因素中的核心因素之一，在修辞上也经常用到，如对偶，除字数要求相同外，还要求结构对称，也就是相对应部分的结构关系要一致。如："江山如画，唱春光好"，其病因就是结构关系不对称，前半句是主谓

结构，后半句是动宾结构，不符合对联的对称原则。

（三）构造层次

汉语句子中词与词间，并非简单地依次发生关系，而是在组合上或疏或密，有其内在的构造层次。如 ABCD，可能是 AB+CD，也可能是 A+BCD 或 ABC+D 等。这种有疏有密的组合关系，对说话人来说是有定性的，这种有定性从根本上说，是受制于句子的语义。但从解读者来说，如果一个句法结构的成分之间有两种或多种可能的组合关系，即有几种可能的构造层次，那么这个句法结构就会有歧义，就可能被误解。如以下各例，就是因为组合关系不同，所以意思迥异：

1.找学校的人

找+学校的人；找学校的+人

2.咬死猎人的狗

咬死+猎人的狗；咬死猎人的+狗

3.安排好的工作

安排+好的工作；安排好的+工作

4.劫夺喀流司的女儿

劫夺+喀流司的女儿；劫夺喀流司的+女儿

5.图画式的象形字和指事字

图画式的+象形字和指事字；图画式的象形字+和+指事字

6.优秀的教师和学生

优秀的+教师和学生；优秀的教师+和+学生

7.东北和华北部分地区

东北+和+华北部分地区；东北和华北+部分地区

8.一个工厂的厂长

一个+工厂的厂长；一个工厂的+厂长

9.许多朋友的礼物

许多+朋友的礼物；许多朋友的+礼物

10.对售货员的意见

对+售货员的意见；对售货员的+意见

11.讨厌酗酒和赌博的女人

讨厌+［（酗酒和赌博）+的+女人］；讨厌+（酗酒+赌博的女人）；［讨厌+（酗酒+赌博）］+的+女人

12.尊敬父亲的老师

尊敬+父亲的老师；尊敬父亲的+老师

上面的例子都有歧义，原因是内部构造层次都有两种或多种可能。这说明句子内部构造层次不同，意思就有可能不同。当不同的构造层次引起结构关系不同或引起修饰关系前后成分不同时，句子就成为歧义句。旧时算命先生正是利用了汉语的这个特点，使其话语无论实际情景怎样都说得通，都能自圆其说，从而迷惑欺骗了求占卜者。如"父在母先亡。"

再举几个例子：

13.省委给农村中小学教师写了一封慰问信

是"给农村中的小学教师写了一封信"，还是"给农村的中小学教师写了一封信"，很难判断。

14.全国"三八红旗手"、"模范军医"吕士才的爱人潘荣文

谁是"三八红旗手"、"模范军医"，不止一种可能，因而使得句子有歧义。

15.区里的通知说，让张校长本月16日前去汇报

是16日去汇报，还是16日之前去汇报，句子有歧义。

16.有的作品写年轻的妻子死了丈夫发誓不再结婚

是妻子死了，丈夫发誓不再结婚，还是妻子死了丈夫，妻子发誓不嫁，有歧义。

当然，也有内部层次构造不同，而句子并无歧义的现象，如：

17.美丽的富饶的家乡

18.机智勇敢的阿凡提

上例是多项定语修饰一个中心语，对中心语来说，多项定语是递加关系，所指对象同一，无论怎样划分层次，都不引起结构关系的变化，也不引起意思的变化，所以没有歧义。

构造层次不同，只是表层结构不同。在多数场合下，构造层次不同产生歧义，是通过结构关系来实现的。正因为结构关系不同，句子才由可能的歧义变成现实的歧义。

四、语义因素

有的句子成分，句法的结构关系只有一种，构造层次也相同，如"母亲的回忆"，只能是定中关系，层次划分方法单一，但是在理解上却有歧义，这是词语间所具有的不同的语义关系造成的。常见的有以下几种：

（一）施受关系不同

开刀的是他父亲　　鸡不吃了　　许多人还不认得　　反对的是他

上面几个例子中动词和名词的语义关系不同，"父亲"、"鸡"、"许多人"、"他"可能是施事也可能是受事，所以存在歧义。类似的例子还有：

通知的人都回来了　　财务组应当清查　　螃蟹难吃　　女子理发店

上述句子都有歧义，因为名词和动词之间的语义关系不同，但是属于这类句式的句子不都有歧义，构成歧义的条件是：在"名词+动词"中，名词可作动词的施事，也可以作受事。如"鱼吃了"有歧义，"杯子打了"就无歧义，因为杯子不作施事。"猫吃了"一般来说无歧义，因为"猫"不作为肉食对象，不能作受事。但是在另一语境下，如在森林里，有其他动物在，"猫吃了"就有歧义，因为可能作施事也可能作受事。

（二）位置关系不同

位置关系不同就是句中成分与成分之间在语义上存在潜在的不同的位置关系。如：

1.在火车上写字

这个例子的结构关系和层次构造只有一种，但是存在两种可能的位置关系，"字写在火车上"或者"字写在纸上"，因而存在歧义。再如：

2.他在屋顶上发现了敌人的哨兵

这个句子有三种可能的位置关系：他在屋顶上；敌人的哨兵在屋顶上；他和敌人的哨兵都在屋顶上。因为潜在的位置关系不同，所以表达的意思也不同。

（三）所指关系不同

所指关系不同，就是语义指向不同，即句子中的某个成分同别的成分的语义联系不同。看下面的例子：

1.他看了一个月的报

"一个月"作为"报"的定语，其语义指向却不是单一的，当其语义指向"看"的时候，可以理解为"看报用了一个月的时间"；其语义指向"报"的时候，意思是"读完了一个月的报"。再如：

2.弟弟做哥哥的工作

"哥哥"与"工作"之间也存在不同的语义关系，可能是性质关系，意思是"做哥哥的思想工作"，也可能是领属关系，指"接替哥哥的工作"。

3.张老师只教我们外语

状语位于动词或形容词前，但在语义上却不一定与它所修饰的中心语存在直接联系，而可能只与某个词语直接联系。上例中的"只"有限定范围的作用，它可能限定"我们"，以排除他人，也可能只限定"外语"，以排除其他课程，因此句子的意思就会有所不同。

五、消除歧义的方法

以上是用词造句时，能左右句子意思的四种语言因素。下面介绍消除语句歧义的办法。对有歧义的语句，分化并消除歧义的主要方法是：

（一）标明重音和停顿

比如"衣服洗得干净"，重音在"洗"上，则表示"衣服能够洗干净"；重音在"干净"上，则表示"衣服洗干净了"。又如"农村中小学教师"，在"中"前停顿，则表示"农村的中学和小学教师"，在"中"后停顿，则表示"农村中的小学教师"。

（二）添加上下文语境

比如"他走了一个钟头了"，后面添加"还没到学校"，则表示"路程远，已用了一个钟头"；如添加"早到学校了"，则表示"路程近，走后已过了一个钟头"。

（三）增减或变换词语

比如"我营一连发起三次进攻"，可以在"一连"前加入"第"字，或者把"一连"换成"连续"。"两个刑事犯罪分子的辩护律师"，可以将"两个"改为"两位"。"在旧社会，我家原有七口人，后来母亲被迫卖掉了两个哥哥"，应在"哥哥"前加定语"我的"。

（四）变换不同的句式

比如"关心自己的孩子"，可变成这样两句话："这个孩子是关心自己的"；"人都关心自己的孩子"。

（五）借助于标点符号

比如"只要你单位同意，报销差旅费，安排住处，领取大会出席证的问题可由我们解决"。一句有多种理解，可用以下三种标点法来分化歧义：①"只要你单位同意，报销差旅费、安排住处、领取大会出席证的问题……"②"只要你单位同意报销差旅费，安排住处、领取大会出席证的问题……"③"只要你单位同意报销差旅费、安排住处，领取大会出席证的问题……"

在实际语言交际过程中，因为有语言和非语言等因素的制约，真正产生歧义的情况并不多见。同一语言形式如何表达多种语义，而同一语义又如何通过多种形式表达，正是汉语的错综复杂和精妙细微之处。我们研究歧义，归纳造句因素，除造句时要避免歧义外，还要将其运用到自己的写作之中，运用到日常的说话之中，从而提高表达能力。

熟练掌握造句因素是汉语修辞特别是消极修辞的基础。换言之，造句因素是修辞之本，修辞是造句因素之用。所谓的消极修辞，正是利用造句因素锦心绣口地编织句子，以取得最佳的表达效果。修辞问题虽然很复杂，但不外乎"炼字"、"炼句"，而"炼字"、"炼句"从语用的角度讲，无非是造句因素，即词语、层次、结构、重音和语调等的选择和运用。所以，我们说话、写文章，尤其在修改文章的时候，要如同一个优秀将帅善于调兵遣将一样，根据汉语特点，发挥汉语优势，自觉地、充分地考虑和调动这些因素，把话语编织得更准确、更鲜明、更生动、更得体。

第二节　词义辨析

词是声音和意义的结合体。声音是词的物质外壳，意义是词的精神内容。词的意义和声音之间无必然联系，是约定俗成的。然而两者一经社会约定，个人就不能随意改变。词义具有客观性、概括性、社会性和主观性等特点。个人对词义如果没有正确的理解，就不能正常地进行交际，所以，准确掌握词义很重要。

一、多义词的不同义项

词义不是一成不变的。一个词最初只有一个意思，叫做本义。随着社会的发展，认识的深入，词语使用范围的变化，修辞手法的运用，就有新义派生出来，这就使词具有多义性。现代汉语里，除了一部分专有名词、科技术语、法律用语和一些新造词是单义外，大部分都是多义词。多义词除了本义外，还有转义，包括引申义、比喻义等不同义项。另外，词在一定的语言环境中，还会产生言外之意，因修辞手法的运用而产生的临时性的比喻、双关、借代、委婉等意义，因词语使用中的主观性而产生的不同理解，都可使词义呈现出千差万别的情景。词在词典中作为语料静态存在的时候是多义的，然而一旦进入一定的言语环境，它就只能有一个意义了，这就是词在使用中的单义性。准确辨析一个多义词在具体的言语环境里是什么含义是很重要的，否则就不能准确地理解话语的意思。例如：

1.<u>光景</u>所照，王目眩不能得视。

2.新妆荡新波，<u>光景</u>两奇绝。

3.只有倒闭了馆子拍卖底货的时候才有这种<u>光景</u>。

4.如果秋收也是好的，明年的<u>光景</u>会比今年要好些。

5.咱百姓过上了好<u>光景</u>。

6.只几个月的<u>光景</u>，土豪劣绅、贪官污吏就倒台了。

7.至于鲁达无亲无故一条光棍，<u>光景</u>是贫农或手艺匠出身而由行伍提升的军官。

"光景"是个多义词，只有根据具体的语境才能准确地确定它在以上各句中是哪种含义。例1指日月的光辉，用的是本义。例2指风光景物。例3指情景。例4指情况。例5指生活。例6指大约的时间。例7指大概、估计，是副词。在理解一句话的特定含义和思想感情时，必须准确理解每个词语的含义，尤其要注重辨析句中多义词的特定含义。

二、同义词的细微差别

现代汉语词汇中有相当多的同义词，体现了祖国语言的精确与严密。有意义完全相同的，如"生日"、"诞辰"；有意义相近的，如"危害"、"残害"；还有一些多义词只在某个意义上构成同义关系，如"骄傲"在"荣誉感"上与"自豪"构成同义，在"自高自大"上与"自满"构成同义，这三类都称为同义词。一个人的词汇丰富与否，运用语言的能力强与否，其重要的标志之一，就是看其掌握的同义词多不多，运用得是否恰当。掌握同义词的关键是把握同义词的细微差别。所谓同义词，并不是意义完全相同而没有任何差别，如果没有任何差别，那就没有同时存在的必要了。正因为同义词之间有这样或那样的差别，才使语言运用时需要推敲、斟酌，力求做到表意精确。同义词的细微差别表现在哪些方面呢？

（一）词义有大小

词的意义范围有大小之分。例如：

房子（大）—房间（小）　　时代（大）—时期（小）

河流（大）—河（小）　　　信件（大）—信（小）

将词义分出大小，根据情况选取合适的词，意思才能表达得正确。像下面两个句子，就是犯了用词大小不当的毛病：

*1.在课间操的期间（时间）里，同学们都到操场上做体操。

*2.玉渊潭在北京阜成门外，一到春天，原野（郊野）铺绿，河水澄清，景色极好。

上面的句子，就是词义大小失当，不适合情境，应当换用括号里的词。

（二）词义有轻重

词的意义有轻重之别。下面每组词右边的词义比左边的词义分量要重：

成绩—成就　　条件—前提　　小心—慎重

祝贺—庆祝　　损坏—毁坏　　批评—批判

词义有轻重，就像拿在手上能掂量出分量的东西一样。有了对词义分量的敏锐的语感，才能恰当地选用词语。下面是用词轻重不当的例子：

*1.公园内不许（不准、禁止）攀折树木。

*2.王小鸿英勇（勇敢）地攀登上了那座最险峻的山峰。

第一句的"不许"分量嫌轻；第二句的"英勇"分量又太重。显然，应当使用括号内的词。

（三）词义有侧重

有些同义词侧重的方面不同。例如"洪亮"、"嘹亮"、"响亮"都用来描绘声音，但是侧重面各不相同：

1.上校同志的话像洪亮的钟声，一句句在大伙儿的心里响着。

"洪亮"侧重在音域宽宏。

2.一声长长的嘹亮的鸣叫声，从不远的地方传来。

"嘹亮"侧重在音色清脆、高远。

3.大家又笑起来，比刚才笑得更响亮、更长久。

"响亮"侧重在声音响度大。

（四）词义有感情色彩

反映同样事物对象的几个词，感情色彩常有褒贬的不同。如"鼓励"的意义是"勉励向上"，同促使产生好的行为相联系；"怂恿"的意义是"挑动别人的心"，一般用在使人干不好的事情上。所以"鼓励"是褒义词，"怂恿"是贬义词。又如"热心"和"热衷"，都指很喜欢去做某事，它们的差别就在意义的褒贬上："热心"所喜欢做的事情是正当的、好的；"热衷"则相反，所喜欢做的事情是不正当的或不应该做的。这种同义词，俗称"好字眼"和"坏字眼"。感情色彩无所谓好坏的，称为中性词。例如：

褒义	贬义	中性
诱导	诱惑	引诱
	束缚	约束
	干涉	干预

荣誉　　　　　　名誉

坚强　　　　　　顽强

宏大　　庞大　　巨大

分不清词义的褒贬意味，误用了感情色彩相反的词语，是语言运用的大毛病。例如：

*1.大家忙着布置新年晚会的会场，小王在一旁指手划脚（比划着）地出主意。

*2.新成立的知青饭店拉拢（争取）待业青年参加。

*3.我们也应当加把劲，提前炮制（制造）出越野汽车，向大会报捷。

*4.一支庞大（宏大）的科研队伍正在逐步形成。

*5.我国选手有实力染指（夺取）金牌的项目是女子游泳。

以上几例都是因为不明词义的褒贬，而造成了表达上的失误。例1"指手划脚"、例2"拉拢"、例3"炮制"、例4"庞大"、例5"染指"在感情色彩上都是贬义，用在上述几个表示积极意义的句子中，甚不恰当。

（五）词有语体色彩

语体是人们在进行各种特定的交际任务过程中所逐渐形成的不同的语言风格类型。有不少词，只适用于特定的语境，因而具有特殊的语体色彩。比如，"寻觅"、"寥落"、"苍穹"等，带有诗歌语体色彩，"战栗"、"波涛"、"粗犷"等，带有一般文艺的语体色彩，"天体"、"马铃薯"、"氯化钠"等，带有科学语体色彩。更多的词，通用于各种交际场合，当然也就不具备特殊语体色彩。

忽略了词的语体色彩，张冠李戴，就会给人以不伦不类的感觉，甚至会闹出笑话。下面是学生作文中用词不得体的例子：

*1.举行乙醇大会（酒会）。

*2.喝了一杯100℃的H_2O（开水）。

*3.我们现实的空间（生活）充满了和谐的气氛。

*4.登上万寿山，举目南望，远山近水，尽收眼底，顿时，我感到自己那1.5（　　）的眼睛不够用了。

*5.我拂晓（清晨）就起床，先念会儿外语，才吃饭。

*6.不少国家的大使也携老婆（夫人）参加了联欢会。

以上各句的"乙醇、H_2O、空间、1.5、拂晓、老婆"都用得不恰当，虽然语义所指相同，但是语体色彩不同，读起来非常别扭。缺乏写作经验的人，所写的文句读起来常会让人感到不协调，其原因多半是把带有某种语体色彩的词用到不相适应的语言环境中了。

语体根据不同的标准有各种不同的分类，其中最主要的分类是口语和书面语。二者色彩不同，源于使用场合不同，不能对换。例如，高尔基的小说《母亲》，若改译为《妈》或《娘》，就不得体。

再看下面几例，注意句中"商量、商榷、商讨、商议"及"黎明、拂晓"的细微差别：

7. 于是出版社又来商量，说是很多读者要求重印。（侧重于口语）

8. 机构是可以组织的，条例大有商榷的余地。（侧重于书面语）

9. 召开全国科学大会，商讨科学发展规划。（具有庄重的语体色彩）

10. 为了全胡同的事，大家常常到一块儿商议。（用于较普通的场合）

11. 天刚刚黎明，他就起身走了。（文学用语）

12. 情报送到了，战斗大概在明天拂晓时进行。（军事用语）

（六）词语有搭配习惯

每个词语都有自己的出现环境，即搭配环境。词语的搭配环境和词义的范围有关，同时也和社会习惯有关。例如：

克服——缺点　　纠正——错误　　攻克——难关　　充足——水分

充分——理由　　侵占——土地　　侵犯——主权

我们凭着说话习惯和语感，一般是可以知道两个近义词各有什么搭配环境的。反过来说，根据近义词的搭配情况，来辨别近义词的意义和用法，是选词炼字的一个重要方法。由于我们分辨词义是为了准确地使用词语，而搭配环境的观察正可以提示词的使用规律，因而这个方法很实用。用词造句不合乎习惯，就会闹出笑话，甚至会令人喷饭。例如：

*1. 经过技术改造，我厂能源的消耗减少了一倍（一半）。

*2. 在学习中出现的问题早已被我们克服（解决）了。

*3. 我们的生活比糖精（蜜）还甜。

*4. 这孩子太肥（胖）了，脚也胖（肥），衣服、鞋都要做得胖（肥）一点的。

由上例可知，要使词语搭配得当，除了应当弄清有关词语意义上的关系外，还必须符合语言习惯。"减少"习惯与"一半"搭配，而不是"一倍"；解决问题，而不是克服问题；形容生活幸福的时候，习惯说生活比蜜甜，而不是比糖精甜；说人用"胖"，衣服用"肥"。

三、辨析同义词的方法

同义词的细微差别，为我们辨析指明了思考的范围、角度、目标和方法。常用的辨析同义词的方法有三种。

（一）结构分析比较法

这是通过对同义词构成语素及其结构方式的分析，找出同义词的细微差别的方法。

一个词，外有形体和语音形式，内有结构关系和意义内涵，从这四个角度，可以把词分为多种类型。为了准确把握词义，分析词的构成语素及其结构方式，是十分必要的，这可以说是理解词义和辨析同义词的一把钥匙。

词的构造方式不同，词义的形成及侧重点就不同。比如，联合式与重叠式可使词义丰富，鲜明突出，有加重强调的作用，说"美"就不如"美丽"强烈。偏正式可使修饰严密，表意细腻，如"要求、请求、恳求、哀求"能很好地分出层次程度。动宾式不能再带宾语，并能造成一些比喻，耐人寻味，如"碰壁"，形象而生动。名量式都是表示不定量的集合名词，不能再用个体、量词修饰。联绵词则绘声绘色，婉转而和谐，具有音乐美，如"窈窕、玲珑、荒唐"。叠加式增强了词的形容性和感情色彩，形象鲜明，如"热腾腾、翩翩"。词缀在构词中起类化作用，成为词性的标志，一般都带有感情色彩，但有些词缀，在另一些词里则可能是实语素，如"阿<u>谀</u>、老<u>人</u>、棋<u>子</u>、婴<u>儿</u>、烟<u>头</u>"中划线的字，都有实在意义，不能相混。主谓式（头痛、眼花、地震）与某些偏正式（血红、雪白、鸟瞰）容易相混，要注意区别。重叠式（往往）与单用式并不是一回事（往）。简缩式（四化、三通）容量很大，要弄清其来源。把握了不同词的不同结构，就能准确把握词义和辨析同义词，就能在表达思想感情时找到最准确、最恰当的词，使表意明确、清晰、形象、鲜明、生动。例如：

1.为了交流经验，共同提高，纺线也<u>开展</u>竞赛。

2.这个人性格内向，思想很不<u>开展</u>。

3.从上旬开始，我军<u>展开</u>全线进攻。

4.一片肥沃的良田<u>展开</u>在他的眼前。

"开展"是联合结构，作动词，侧重说明人的活动从小向大、从点向面、从浅向深继续进行，常加"继续、持久、深入、进一步"等状语，后面能跟"起来、下去"等，对象可以是运动、活动、工作、批评、斗争、讨论、争论、比赛、竞争等；又可作形容词，表示人的思想或性格开朗、开豁。"展开"是述补结构，表示展之使开，用于事物，只作动词：一是说明某活动开始进行，前面可加"全面、普遍"等状语，但后面不能跟"起来、下去"等，对象常是"进攻、反击、交锋、攻势"等；二是表示张开、铺开、伸展，对象常是具体的事物。很明显，例1、2中的"开展"与例3、4中的"展开"是不能换用的。

（二）语境考察替换法

把词放在具体的语言环境里，经过对比、分析和置换，可以找到它们各自的适用范围、搭配关系以及句法功能等方面的差别。这是辨析同义词的最重要方法，使用时需要找一些或自造一些例句。例如：

1.我又跟班长<u>交换</u>了一个眼色。

2.铁栓和德福两个人正在估计情况，<u>交换</u>意见。

3.为了<u>交流</u>经验，我市举办了这次研讨会。

为了找到"交换"与"交流"的差别，我们可以仿照例句试着给这两个词替换一些支配对象，发现"交换"一词主要与"礼物、纪念品、资料、产品、眼光、俘虏"等具体名词相搭配，有时也与抽象名词"意见"等搭配；而"交流"则一般都与"思想、经验、文化、物资"等抽象名词相搭配。这样，我们也就找到了它们之间的差别："交换"着重于"互换"，即双方互相给予某种东西；而"交流"着重于"对流"，即双方经常地互相流通或给予。由此可知，上例中的"交换"和"交流"不能互换。

根据同义词的使用频率、通行范围和出现场合上所表现出来的不同语体风格和情调色彩，也可辨析其差别。例如：

4.老头子的<u>生日</u>，你得来一趟。

5.七月一日，是我们党的<u>生日</u>。

6.我们以崇敬的心情来纪念这位科学家的百年<u>诞辰</u>。

7.一些代表建议在闭幕会上庆贺将要到来的列宁五十<u>寿辰</u>。

结合上面例句，再找或自造一些例句，我们可以判断出这三个词的细微差别在于："生日"适用于口头语体，用于人，也可比喻组织的建立；"诞辰"适用于书面语体，带庄重、尊敬色彩；"寿辰"适用于庆贺的场面，多用于年龄大的人，有较强的庄重、尊敬色彩。

（三）反义对照推究法

通过同义词的各自相应的反义词的不同，可以找出它们之间的差别。例如：

1.敌人的退却是<u>虚假</u>的，要引我们上钩才是他们真正的企图。

2.你以为她拒绝我，是故意的<u>虚伪</u>吗？

"虚假"与"真实"构成反义词，故其着重于"假"，指情况与实际不相符合，多用以形容事物的内容、证据、情况、情节、成分、成绩等较抽象的事物，有时也用于人的言行；而"虚伪"与"诚实"构成反义词，故着重于"伪"，用于形容故意作假，不诚实，多指言语、行为、作风、态度、道德、品质等有关人的言行表现。

辨析同义词，可以参考相关辞典。其中，胡双宝先生的《易混易错词语辨析》（北京大学出版社，2002年3月第1版）值得推崇。该书以实用性为目的，以知识性支持实用性。所收词目，大多是作者见到的过错用例、误用，有一定的普遍性，且值得辨析的词条。书中辨析词义，概括简明，举例精当，解析灵活。对词义溯源示流，条分缕析，并道其所以然，令人折服。语言简洁明晰，颇有可读性。和同类书相比，该书内容辨析意识强，重在指导读者找到最恰当妥贴的词语。如对"定"与"订"、"做"与"作"、"象"与"像"、"考察"与"考查"等易混词语，辨析都极为中肯，清晰透彻，读了后一般不会再用错。全书收入短文180篇，论及近2000个词语，对于教师、编辑、记者，以及机关、企事业单位文职人员，在动笔写作，遇到择词犹豫、难分轩轾时，此书甚有帮助。

第三节　语病与逻辑

朱德熙先生曾说：学生作文中的语病，大多不是语法问题，而是逻辑问题。我们曾先后几次对学生作文中的语病作过随机抽样统计，结果是：属于逻辑毛病的占十之七八，且多由学生不自觉地违背逻辑所致，问之往往也一时觉察不出，或改正不了；属于语法毛病的占十之二三，且多由草率疏忽所致，问之则多能察觉并自己改正。调查结果证明朱先生的话揭示了一种普遍性。那么，究其原因，是为什么呢？外国留学生作文，语法毛病多；中国学生作文，语法毛病少。由对比可知，语感在这里起决定作用。中国人说写中国话，除了造生句子、叙述不熟悉的事物时容易发生个别句子语法不通外，一般造句作文从语法上看都是通顺的，因为有自小形成的深厚而敏锐的语感做基础。而逻辑毛病就不然了，由于多数学生未经过专门的逻辑训练，在造句作文时，便常常不自觉地出现逻辑问题，如概念不清、判断不当、推理不合乎逻辑等。这就给了我们一个启示：在语文教学中应当加大逻辑训练的力度，这对提高学生的语文素质和写作能力至关重要。下面多是摘自近几年某校大学生作文中的一些病句，我们诊断语病，归类命名，并试作分析，以示一斑。

一、主客颠倒

*1.这里的一草一木都是对他有感情的。

不是草木对人有感情，而是人对草木有感情。原句主客颠倒，不合事理逻辑。再如：

*2.这本小说对我很感兴趣。

不是小说对人感兴趣，而是人对小说感兴趣。原句主客颠倒，同类型句如下：

*3.大连的气候越来越适应我了。

*4.王朗的自然环境十分适应大熊猫的生活。

"适应"多用于人或动物对环境，不用于环境对人或动物。"适合"可用于物对人。上例中的"适应"一词都用错了，从事理逻辑上说，都属于主客颠倒。

二、属种并列

在有的作文中，作者将属种并列，即上位概念与下位概念并行表达，造成逻辑混乱，这是在表达中经常出现的问题。

*1.他们把科学知识与农业科学知识结合在一起，实行科学种田，为夺取农业大丰收而努力。

"科学知识"是上位概念，"农业科学知识"是下位概念，二者作为属种关系的概念，不应按并列关系而"结合在一起"。同类的例子如：

*2.暑假期间，这个班的同学深入到大连市内五区的十几个机关、单位、工厂、学校进行了系统的调查，所得材料不少。

"单位"是上位概念，"工厂"、"学校"都是"单位"，所以不能与"单位"并列。

*3.有些同学，面对工作或学习中的雪山、草地、大渡河、天险，就气馁起来，丧失了信心。

上句中的"雪山、草地、大渡河"与"天险"不是并列关系，放到一起，使句子逻辑不清。

三、判断的绝对化

在有的作文中，常出现判断绝对化的错误，使得表达的意思过于片面。

　　*1.读书能够增长知识，开阔眼界，陶冶情操，但是，如果盲目地读书，而不是有选择地读书，那么你是什么也得不到的。

古人云：开卷有益。所以，不加选择地读书，也未必"什么也得不到"。原句的判断未免绝对化，令人难以信服，也不符合实际，可改为"那么你的所得将很少"。

　　*2.十八年的生活塑造了一个与众不同的我，别人认为快乐的事，我以为悲哀；别人认为对的事，我认为不一定正确。

别人认为快乐的事，"我"都以为悲哀吗？未免太绝对化了。实际上不可能一己之所有哀乐皆与众人相反。毛病就出在判断的主项是个全称判断，若改为特称判断，即改为"有些别人认为快乐的事，我以为悲哀"，就严密了，没有逻辑毛病了。

　　*3.小时候，我幼稚地想：但愿此生平平坦坦，不要有什么挫折才好；天知人愿，这十八年的确遂我心愿，一丝波折也没有。

生活是充满矛盾的。无论学习还是工作，都会遇到困难，都要和困难作斗争。有的人可能道路曲折，遇到的波折多些；有的人可能道路平坦，各方面相对顺利些。但要说"一丝波折也没有"是不可能的。原句的判断太绝对化了，犯了片面性的毛病，不符合辩证法。

四、违反同一律

　　*他确实事事小心，处处谨慎……那副小心的样子，就是一个飞虫也不会忍心落到他身上。

"飞虫也不会忍心落到他身上"显然是夸张写法，但夸张得不恰当，因为与"小心谨慎"不相干。若主题是强调他"干净"、"爱清洁"，连飞虫也"不会忍心"落下，还差不多。所以，这句话中的陈述语与主题不一致。从逻辑上讲，这叫违反同一律。修改时若保留原话的主题，强调"他事事小心谨慎"，为使陈述语与主题一致，可将陈述语改为"就是一个飞虫也不敢轻易落在他身上"。

五、违反矛盾律

　　*1.阿Q所追求的革命，没有丝毫目标，都是为了自己。

这句话前后矛盾。因为"为了自己"本身就是一种目标，所以"为了自己"与"没有丝毫目标"相抵牾。造成语意上前后抵牾的原因，是作者说话时潜意识中的"目标"，是指为国为民的革命事业。为了避免抵牾和表达出本意，可在"目标"前加"远大"二字限定，以与"为了自己"的个人目标相区别。同类的语病例如：

　　*2.星期天下午，同学们都去看电影了，只有几个同学在教室里学习。

肯定一般（或全体）却否定个别（或个体），否定一般（或全体）却肯定个别（或个体），必然造成自相矛盾。结果就像一个俄国谚语所说的那样：下士的老婆，自己打自己嘴巴。同类的例子又如：

　　*3.所有的同学都兴高采烈，唯有她闷闷不乐。

　　*4.全班同学都来了，只有李敢没来。

与这种肯定（或否定）全体却否定（或肯定）个体的违反矛盾律的错误同类型，这里再举一个例子。有一次，某教师听到任课班学生的如下对话：

*5.学生甲（课代表）：你交作业了吗？

学生乙：等你收齐了我再交。

学生甲：可是你不交我永远也收不齐呀！

任课教师当时赞许地点了点头。学生甲头脑敏锐，及时发现并揭露了学生乙的逻辑矛盾。学生乙以"收齐了"作为"我交"的条件，但"我交"才能"收齐"，"我不交"就收不齐。既然"我不交"就收不齐，所以"我"（学生乙）就可以永远不交。学生乙的话，有意或无意地置学生甲于矛盾处境中，使他永远收不到学生乙的作业。这里，学生乙所说的"等你收齐了"是肯定全体，"我再交"等于否定个体。其逻辑矛盾的要害就在于：肯定全体而否定个体。从另一个角度讲，学生乙的错误是偷取条件：以结果为条件求在先条件，可是，无在先条件即无结果。这和一个逻辑趣话所揭示的逻辑矛盾属于同一类型。那个逻辑趣话是：

*6.甲：点上蜡烛。

乙：找不到火，看不见。

甲：傻瓜，点上蜡烛不就看见了吗？

六、违反充足理由律

*1.他这样用功，一定能取得好成绩。

"用功"是取得好成绩的必要条件，但不是充分条件。"用功"的人并不都能取得好成绩，这里把可能性误为必然性，犯了"推不出"的逻辑错误。又如：

*2.我多次看见这个热心人从这个工厂出来，才知道他是这个厂的工人。

上句中结论不可靠，多次看见这个热心的人从工厂出来，不能作为判断"他是这个厂的工人"的依据。

*3.由于我们大抓了农田水利建设，因而忽视了品种改良的工作。（因果连词多余）

*4.此书当然也不免有小缺点，但金尚且无"足赤"，何况书乎？所以尽管略有瑕疵，毕竟瑕不掩瑜，因此也无需去罗列它的得失了。

上面最后这段文字是《逻辑与智慧》一书正文前面书评的结尾部分，书评的题目是"学逻辑，长智慧——评《逻辑与智慧》"。前面说过，学生作文中的语病多是逻辑毛病，实际上报纸、杂志中的语病也是如此，即使是谈逻辑的书有时也难免有逻辑毛病。上面摘引的这段文字至少包含三个逻辑毛病：第一，书评的主体部分已评论了该书的优点，书评结尾处又说"无需罗列它的得失"，这是自相矛盾。第二，若说"无需罗列它的得失"中的"得失"是偏义复词，只指"失"，也不通。因为既为评，就当一分为二，论其是非，评其得失。若只赞其得而讳言其失，则文题就当用"赞"而不应是"评"。第三，更主要的是，这段文字中的"所以"、"因此"前后，作为推理，违反了充足理由律，犯了"推不出"的错误。这是主要毛病。"所以"前后的推理实际是：凡书皆有缺点，所以无需去罗列它的得失。"因此"前后的推理结构是：该书瑕不掩瑜，因此就不去罗列它的得失。这两个推理都不成立，都犯了"推不出"的逻辑错误。如果这两个推理成立，又依上文"金尚且无足赤，何况书乎"，那么，岂不是等于说，天下书尽可不论其是非得失，若然，又何必作"书评"呢？

那么，这段文字有逻辑毛病的原因是什么呢，原因就是滥用了"所以"、"因此"。"所以"、"因此"乃推理的语言标志，是逻辑常项，若它的前后判断之间不存在"推出"关系，话语就必然违反逻辑，发生逻辑毛病。换言之，无"推出关系"，切不可使用"因此"、"所以"。上面的文字删去"所以"，将尾句的"因此"也删掉，并改为"这里就不去罗列它的'微瑕'了"，也就没有毛病了。

附：病句的辨析

辨析语病，不管是单句还是复句，总的原则是：细审语意，借助语感，发现病区；调集语法逻辑知识，找出病因；运用紧缩变换代入，确定病症；增删调换辨证论治，消除病患；保持原意结构不变，少改为佳。只是对于复句，要先看句间关系有无毛病，关联词语有无问题，最后分析分句自身有无语病，分析分句跟检查单句是否相同。具体来说，可用以下四种办法：

一、语感审读法

调动语感，在审读的过程中，从感性上察觉语句的毛病，看按照习惯的说法应该怎样，原句是否别扭。如发现别扭，则再进行深入分析比较，辨明原因，加以修改。例如：

*1.不管气候条件和地理环境都极端不利，登山队员仍然克服了困难，胜利攀登到顶峰。
此句读起来就觉得别扭。"不管……都极端不利"显然不合习惯，应改为"尽管"。

二、主干紧缩法

运用语法分析的手段，去枝叶，留主干。先将句子中定、状、补等附加成分去掉，只留下主、谓、宾等主干部分，检查主干是否有毛病；如主干没有问题，再检查附加成分，看修饰语和中心词之间以及修饰语内部是否有毛病。例如：

*1.过去几万名地质队员经过数十年才能做到的事情，资源卫星几天内即可完成。
用紧缩法进行紧缩，这个句子的主干是"事情，卫星可完成"，显然，"事情"是不能说"完成"的，只能说"做完"，可见本句有词不搭配的语病。

三、逻辑分析法

对一些从语法上难找到毛病的语句，可从事理逻辑上进行分析。这种方法主要是从概念、判断、推理等方面进行检查，看语句的前后顺序、句间关系是否合乎情理。例如：

　　*1.该市有人不择手段地仿造伪劣产品。

　　*2.凡是有杰出成就的人，都是在艰苦环境中磨炼成才的。

　　*3.在防洪抢险的战斗中，经过四个多小时惊心动魄地和洪水搏斗，同志们奋不顾身地跳进汹涌澎湃的激流，保住了大坝，战胜了洪水。

例*1"仿造伪劣产品"不合理，应为"制造伪劣产品"或"仿造名牌产品"。例*2用全称肯定判断，言过其实，应改为"大多数"。例*3分句顺序不合情理，"同志们奋不顾身地跳进汹涌澎湃的激流，"应移到"经过"前。

四、仿造类比法

当有的句子是否有毛病一时咬不准时，可仿照原句的结构造些日常使用的句子，经过比较，就可把问题弄清楚。例如：

　　*1.这个经验值得文教工作者，特别是中小学教师的重视。

例*1原句结构较复杂，先紧缩为"这值得他们的重视"，然后再比照它的结构，造些同类的句子："这值得我们的学习"，"这值得我们的参观"，将这三句与日常的说法一比较就可发现多了一个"的"字。可见原句是个病句，应删去句中"的"字。

第四节　语境与修辞

著名修辞学家陈望道先生在《修辞学发凡》一书中正确地指出：修辞的基本原则是切合题旨，适合情境。题旨，是所要表达的意思和目的。情境，是言语的环境，简称为语境。无论说话还是写文章，都要符合这两条原则。第一条切合题旨自不必说，因为表达总要围绕主题进行，总要达到某种目的和效果。第二条适合情境也不难理解，因为任何言语交际都是在特定的环境中进行的，没有可以超越时间、地点、条件、对象等环境因素的所谓无所依傍的交际。既然如此，用于交际的言语内容的剪裁、形式的选择，总要适应情景，有的放矢。就拿演说来说，总不能不看对象，不看听众的反应，闭着眼睛信口说去。就像弹琴不能不看听众，射箭不能不看靶子一样。所以修辞一定要看语境，一定要适合情境。修辞要适合情境，也可以反过来说，就是情境能决定修辞。所谓情境决定修辞，即在说和写之前，说写者与听读者之间的种种语境关系已经预先决定了应当说些什么，以及怎样去说。语境能决定修辞，修辞要适合语境。这就是二者的相互关系。话语的意思，依靠语境才能得到确切的解释；话语的修辞，联系语境才能断定其高低优劣。任何精彩的谈话，任何名篇佳作，都是以切合题旨、适合情境为最高衡量标准的；任何可笑的话语，任何拙篇劣作，都是以违反题旨、背离情境为病语症结的。所以，重视语境研究、学通语境理论，至关重要。学会通过语境分析来解释话语，鉴赏话语，修改、润色话语，乃人生之中的一种最重要的学问。有关语境与修辞的理论，对于我们分析、理解、鉴赏各类言语、文字作品，对于我们说话和写作，包括各种应用文的写作，都具有普遍的指导意义。

下面我们就来介绍语境与修辞的理论。下文主要讲语境的具体内涵是什么，它包括哪些因素，各种语境因素是怎样限定修辞的，或者说应当怎样适合各种语境因素来进行修辞，这是从表达信息的角度来探讨问题；从接收信息的角度，则探讨怎样依赖语境捕捉话语的核心信息，怎样依赖语境理解话语的言外之意。

一、什么是语境

什么是语境呢？简要地说，语境包括两个方面：一个是语言本身的环境，如句子中词语之间的关系、句与句之间的关系以及段落、篇章内部的种种关系等；另一个是语言的社会环境，包括时代、民族、地区、社会的特点，说话时的具体情景，对话双方的情况（身份、职业、文化程度、社会经历）和关系（是家人还是客人，是长辈、平辈还是晚辈，是初见还是熟人）等等。

这两种语境对语言运用的影响虽各有其侧重点（如前者着重于句中词语的搭配，篇章内部的层次、结构等方面的安排，后者则着重于词语、句式、口吻、情态等方面的选择），但二者并不是割裂的，往往有相互交叉的地方，并且总是贯穿于特定的语言交际活动之中。也就是说，说话写文章，既要注意社会环境对语言的影响和要求，也要注意语言本身句子内部以及上下文之间的协调一致。

二、语言本身的环境与修辞的关系

语言本身的环境，是语言表达的土壤，无论消极修辞还是积极修辞，都不能离开这个土壤。

先谈消极修辞。消极修辞要求语言表达做到准确、明白。它不仅涉及概念、事理，也涉及附加的感情色彩、语体风格等，而这些，都与语言本身的环境有密切的关系。例如：

*1.清晨，一辆军用摩托，像离弦的箭一般，飞驶在蜿蜒曲折的山路上。

*2.这一碗碗的饺子里都浸透着炊事员同志们的心血。

例1不合事理逻辑，用"离弦的箭"来形容飞驶的摩托车，本无不可，但用在这里，却与下文"在蜿蜒曲折的山路上"相矛盾。例2"心血"指心思和精力，一般说"花了……心血"，"包含……心血"，而不大说"浸透……心血"，因为这很容易使人联想到真正的血，何况这里又用它来形容饺子，像这样浸透了"心血"的饺子，谁能咽得下去呢？这是由于词语搭配不当而造成的情味色彩的不协调。以上说的是句子内部的语言环境。而就句子本身来说，它的语言环境就是它的上下文，或者叫前言与后语。前言与后语之间意思衔接得恰当不恰当，语气顺畅不顺畅，情调和谐不和谐等等，也都是消极修辞研究的课题。

积极修辞与语言本身环境的关系同样十分密切，且不说炼字炼句和篇章结构的安排都离不开上下文，就拿积极修辞中的语言变异形式来说，如果离开了语言本身的环境，往往就无法理解，也难以成立。例如，抗日战争时期，国民党不让共产党代表以党派代表的身份，而以"文化团体"的资格参加"国民参政会"。毛主席就说："我们不是'文化团体'，我们有军队，是'武化团体'。""武化团体"这一词语是现代汉语里所没有的，毛主席在特定的环境里创造并使用了它，与"文化团体"相对，给国民党不敢承认共产党，并以"文化团体"的资格遴选共产党的参政员这一反民主的行径以无情的揭露和辛辣的讽刺，收到了突出的效果。这比列举理由，证明共产党不是文化团体要有力得多。又如，电影文学剧本《雪莲花》描写一些破烂不堪、又小又矮的帐篷时，说它们"在狂风中摇摇欲飞"。"摇摇欲飞"一语用在这样的言语环境中，显然比语言中习惯的成语"摇摇欲坠"来得更确切、更生动。成语是语言中稳固的、现成的词的组合，但为了交际的需要仍然可以创造性地加以使用，如有的放矢（无的放矢）、一箭三雕（一箭双雕）、因时制宜（因地制宜）、知难而进（知难而退）、劳者多能（能者多劳）等都是为了交际需要而创造性使用的，它们因出现在一定的上下文中，故都能够被理解并增强了语言的表达效果。

语言环境除了上句下句、前言后语外，还包括上段下段、作品的前部后部以及作者以前的作品等。例如，在《红楼梦》中，有一次贾宝玉无意中奚落薛宝钗像杨贵妃，林黛玉听了面上有得意之态。当林黛玉问宝钗听了两出什么戏时，宝钗便趁机回敬了宝玉和黛玉：

3.（宝钗）便笑道："我看的是李逵骂了宋江，后来又赔不是。"宝玉便笑道："姐姐通今博古，色色都知道，怎么连这一出戏的名儿也不知道，就说了这么一套。这叫做'负荆请罪'。"宝钗笑道："原来这叫'负荆请罪'！你们通今博古，才知道'负荆请罪'，我不知道什么叫'负荆请罪'。"一句话未说了，宝玉、黛玉二人心里有病，听了这话，早把脸羞红了。（曹雪芹《红楼梦》第三十回）

这里薛宝钗说的是戏的内容和戏的名字，实际上是讽刺、讥笑前不久宝玉和黛玉曾吵过架，后来宝玉也曾向黛玉赔不是这件事，表面上指李逵向宋江"负荆请罪"，实际上是挖苦宝玉曾向黛玉"负荆请罪"，所以宝钗的话使宝玉和黛玉羞得无地自容。在上下文对照的语言环境中，"负荆请罪"这个双关语义就被确定了，达到绝妙的言语效果，耐人寻味。

三、语言的社会环境与修辞的关系

社会环境对语言表达的影响是多方面的，如不同的时间、地点、身份、关系、心情、目的等等，都会影响说话人采用不同的词语、句式、声调、口吻来说话。凭借种种环境，我们在交际或传递信息中才能排除歧义、确定所指、补充省略意义，使得交际得体或产生新的情境语义。下面我们分别介绍语言的各种社会环境。

（一）客观因素：时间、地点、场合、对象

社会交际活动总是在一定的时间、地点、场合，在一定的人们之间进行的，语言的使用离不开这些因素，它们是构成言语环境的客观因素。

1.时间和地点

使用语言离不开一定的时间和地点。在特定的时间、地点，必然有一些特定的语言材料让语言使用者去选用，同时也必然有一些习惯的或反映当时、当地普遍认识的使用语言的方式。例如：

回家变卖典质，父亲还了亏空；又借钱办了丧事。这些日子，家中光景很是惨淡，一半为了丧事，一半为了父亲赋闲。丧事完毕，父亲要到南京谋事，我也要回北京念书，我们便同行。（朱自清《背影》）

引例中"变卖典质"是指"由于穷困，变卖、抵押生活资料"，这是旧中国的普遍社会现象。新社会出卖生活资料一般是由于多余或不需要。通常用"卖旧货"、"处理废品"、"调剂"等词语表达。"赋闲"即"失业"，"谋事"即"找工作"，文章中是用文雅、委婉的方式来表达的。"失业"是旧社会威胁人们生存的大事，用委婉的方式表达反映了人们对这个话题的一种避忌的心理。新社会人民政府关心人民的劳动就业问题，即使"下岗"，生活上也会得到政府的关照，与旧社会的"失业"有本质区别。从上述短短的几句话中即可看出时间和地点因素对言语的影响。

2.场合

场合是指一定的时间、地点的情况，是具有某种特点的人相互交际的具体状况，除时间、地点外，它还与交际的目的、范围和方式有关。

目的是交际者想要得到的交际结果，可分主动性目的和非主动性目的两种。前一类目的，交际的一方或双方对言语交际有明确的打算，希望达到预期的效果，如疏通思想、激发感情、研究问题、商讨事务等，这是主动的交际；后一类目的，交际者出于礼貌或习惯，并无明确要求，是被动的交际。主动的交际对语言的使用有明显的选择性，交际者积极要求语言的使用适合于目的，适合于其他的情境因素。如果目的是疏通思想，就要注意言语的逻辑性，以增强说服力；如果目的是激发感情，就要选用描绘性词语和生动的修辞方法，注意恰当的言语方式，以增强感染力。

范围是指人们的社会活动领域。人们在交际时会涉及广泛的社会生活，如政治思想、文学艺术、科学技术、外交、法律、教育、行政事务、日常生活等等。在哪个范围内交际，必然要使用哪个范围的术语和专门词语。

方式指口头方式或书面方式。口头交际，临时组织话语，讲求信息传递与接收的效率，交际双方直接对话，因此用词趋于通俗随便，句法简单，言语活泼，结构较为松散。书面交际，是不受时间限制的个人"独白"，话语可从容组织，布局谋篇，但因"记录在案"，用词较为文雅，句法、篇章较为严谨，合乎语言规范。

3.对象

对象有两个方面：一是交际对象（听读者）；二是谈话所涉及的对象。进行交际时，要考虑交际对象是什么人，与自己是什么关系。例如，是同志、同盟者还是敌人，是亲戚、朋友还是陌生人，是领导、同事还是下级，是工人、农民还是知识分子，是长辈、平辈还是晚辈。看准了对象，才能有的放矢，收到言语效果。感情有亲疏之分，关系有性质之异，水平有高低之别，这些都影响说话的选词择句和言语方式。

谈话所涉及的对象也会影响到语言的使用。歌颂还是抨击，严词痛斥还是美语表扬，冷漠还是热情，都同谈话涉及的对象有关。比如《红楼梦》第六十五回，兴儿向尤二姐直接评述了大观园的姑娘、奶奶们，其措辞的不同色彩正是兴儿对她们不同看法的反映。如说凤姐"嘴甜心苦，两面三刀；上头一堆笑，脚下使绊子；明是一盆火，暗是一把刀"；说李纨是"第一个善德人"；说迎春是"二木头"；说探春是"玫瑰花"等。其"因人择语"，集中在一起，妙趣横生，生动形象。又如刘沧浪的话剧《重庆谈判》第四场，蒋介石问毛泽东："第一次见面是在广州吧？"毛泽东说："是的。是在中山先生的官邸。"毛泽东说的意思是"孙中山的住所"，但他选用的是庄重的语言方式，表明了他对孙中山的敬重态度。另外，谈话所涉及的自然和社会现象，也影响语言使用。例如，谈到革命斗争时要激烈，描写自然景色时可抒情，谈喜事喜色溢于言表，谈悲事话语庄严肃穆。

（二）主观因素：身份、职业、思想、修养

身份、职业、思想、修养是构成言语环境的主观因素。它们对语言使用也有深刻的影响，正所谓"文如其人"、"言为心声"。这些主观因素往往使个人的言语带有各自的特点，如独特的修辞方法等，综合起来就是个人言语风格。

1.身份

身份是说话者在社会或家庭中的政治、经济地位或人际关系的地位。在同一情况下，不同身份地位的人不会说同样的话，也不会按一个方式说话。"人微言轻"、"言重九鼎"是指人的话语的社会作用与其社会地位（身份）的价值比例。在这种价值观的支配下，地位高的人说话往往是自信的、肯定的，多使用命令语气而少用商量语气，喜欢用"我看"、"我想是"、"我认为"等词语强调自我，说话干脆，少作解释。

2.职业

俗话说："三句话不离本行。"从事某项职业的人，言谈之中总是带上该职业的印记，如选词用语，经常选用自己的行业语。在修辞上也形成各自的特点，工人、农民喜欢用通俗的谚语、歇后语来表达；知识分子喜欢引用诗词名句、格言来增强效果；文艺工作者常用形象化手段；科技工作者多用逻辑手段。在说话方式上，领导干部习惯于说理，话语结构较完整，关联清楚，层次分明，喜欢摆个一二三四或一分为二。幼儿教师经常模仿儿童语言，说话带上儿童语言的某些方式。

3.思想

语言是思想的直接显示。语言的使用，要受思想的支配。思想清晰，言语条理分明，明白晓畅；思想混乱，言语含混不清，晦涩难懂。思想正确就理直气壮，义正词严；思想错误就理屈词穷，强词夺理。

4.修养

修养是人的政治思想、道德品质、文化程度乃至处世待人的一个总的水平。这几方面，对一个人来说，是互相联系的，又是不平衡的，因而会出现各种错综复杂的组合情况，形成各种不同类型、不同层次的修养。

（三）临时性主观因素：处境、心情

1.处境

处境，从大处说，可指人们所处的社会环境以及个人在一定社会环境中的身份地位，与上文提到的时间、身份等因素都有联系，但是说话者在特定的交际活动中还有其具体的处境，即具体的事情或人际关系中的处境，如工作关系、家庭关系、朋友关系等等。这些也会影响对语言的使用。

2.心情

说话人的心情对使用语言的影响也非常显著。人的心情是复杂多变的，它和人的其他方面的情况（诸如处境、思想、修养等）又有着各种联系，因而呈现出各种微妙曲折的状况。

处境和心情属于言语环境中容易变动的主观因素，在一般情况下，在处境、心情的非极端状态，对语言的使用影响不太明显。另外，处境和心情在语言上的反映与人的思想、修养密切相关。相比较而言，起主要作用的还是人的思想、修养。

四、依赖语境理解话语修辞

（一）依赖语境捕捉话语信息核心

语言是信息载体，人们通过话语接触丰富多彩的信息。但是，话语中的各种信息，并不总能被听读者捕捉，成为他们的知识财富。在"信息爆炸"时代，一个人的社会活动效率往往取决于他在学习和交际时能否捕捉信息核心，有无挑选信息焦点的能力。这个问题已引起现代语言学的重视，实义切分法、话语内容分析法、话语信息目的分析法从不同角度探讨了这个问题。现代修辞学对信息修辞、控制修辞、话语修辞、语用修辞的研究已取得不少成果。这里着重要谈的是，像其他修辞现象一样，捕捉话语信息核心，要依赖言语环境。下面举例分析，先看王安石的《泊船瓜洲》：

京口瓜洲一水间，钟山只隔数重山。

春风又绿江南岸，明月何时照我还？

对这首诗，很多修辞学书，都从炼词的角度进行修辞分析，认为"着一'绿'字，而境界全出"（王国维语）。然而，"绿"显然不是全诗的信息核心。过去的修辞研究多半注重词句一着的得失，很少考虑话语全局之指向，更少依赖言语环境，讲究真正的修辞效果。如果重视话语分析，而不单是注意词句锤炼；如果能依赖言语环境，而不单考虑个别的修辞手段，那么，我们就会理解到，《泊船瓜洲》一诗的信息核心是最后一句"明月何时照我还"，前三句对时间、地点、风景的交代和描写，只是一种衬托，以便借景抒怀。

现在让我们来分析这首诗的言语环境。王安石的变法主张受到保守势力的攻击，他被罢官回乡。后来他又奉召入京复相，继续变法。船从家乡南京行往开封途中，在"春风又绿江南岸"之际，停泊瓜洲，距镇江，只一水之隔；离南京，也不过数山之遥。但此去复官变法，成败如何，殊难逆料。这里，泊船的季节和地理位置是第一层言语环境，更深一层的言语环境是作者罢官后复相的历史背景。在这一片江南春色的大好时光映衬下，在离家乡不远的地方，遐想到"明月何时照我还"，是变法胜利，凯旋归来？还是再次失败，罢黜而回？言语环境一揭示，此诗的艺术境界全出。作者借景抒情，最后一个问句凝结了百感交集的感情。这就是全诗的信息核心所在。现在让我们欣赏王维的《九月九日忆山东兄弟》：

独在异乡为异客，每逢佳节倍思亲。

遥知兄弟登高处，遍插茱萸少一人。

在修辞学界，历来称赞第一句的一个"独"字和两个"异"字，认为它们使人生地疏的孤独感跃然纸上；更盛赞"每逢佳节倍思亲"这一脍炙人口的绝句，并认为这就是信息核心所在。其实不尽然，此诗更深的含义在"遍插茱萸少一人"。

前两句描写作者独自在他乡过重阳节，是眼前的环境；后两句描写兄弟们在家乡登高度重阳，是遥想的环境。作者借两处环境来抒情，前者是"倍思亲"，感情是深沉的。但是，远在故乡的兄弟们佩戴茱萸，高高兴兴地登高过节时，突然发现少了一个人。这种对手足不能团聚的遗憾之情，对远离家乡的游子的怀念之意，以及突然的失落感，远远超过了"倍思亲"。总之，说写者要依赖当时当地的言语环境，组织话语，讲究修辞，达到特定的交际目的。听读者自然要联系当时当地的言语环境，分析表里远近，捕捉话语信息核心。

（二）依赖语境理解话语言外之意

在人们的交际活动中，双方感兴趣的不是语言形式本身，而是语言形式所表达的特定的语义内容，这个特定的语义信息正是语言形式和交际时的语境相结合的产物。

语义是受语境的制约与影响的。语境对于语言形式的选用及对语义的影响，不仅为修辞学者所重视，就是语法学者、语义学者及心理学者也对此给予相当多的关注，如语法学上的"语法场"、语义学上的"语义场"、心理学上的"语义情景"等。

当词语进入具体的言语活动中，它所具有的语义往往是非常丰富，又非常复杂的，有语言本身的意义，有环境给予语言的意义，如情境义、词外义和联想义等。这些丰富而复杂的语义，不能单从词汇意义或语法意义上去理解，而要联系具体的语境。陈望道先生在《修辞学发凡》中指出："我们遇到积极修辞现象的时候，往往只能从情境上去领略它，用情感去感受它，又须从本意或上下文的连贯关系上去推究它，不能单看辞头，照辞直解。"

从具体的语境中产生的语义我们称为"情境意义"。"情境意义"不是指"词汇意义"和"语法意义"这些"表层结构"的意义，也不是指乔姆斯基所说的"深层结构"的意义，而是指语句的"外部意义"，即所谓言外之意、弦外之音。

情境意义包括词外义和联想义。词外义和联想义只能从词语的具体语境中去领略，从前后文中去联系，用情感去感受，从关系中去推究，从共同的经验的联想中去体会。

人们为了更含蓄地表情达意，常常"言不尽意"，故意留下意义上的"空白"，让听读者通过特定的语境去领会、去联想或补充某些词语所含的"深情厚谊"。例如：

宝钗道："你又禁不得风吹，怎么又站在那风口里？"黛玉笑道："何曾不是在房里来着？只因听见天上一声叫，出来瞧了瞧，原来是个呆雁。"宝钗道："呆雁在哪里呢？我也瞧瞧。"黛玉道："我才出来，他就'忒儿'的一声飞了。"（曹雪芹《红楼梦》第二十八回）

这段话中黛玉说"呆雁"的"情境"是这样的：宝玉要瞧宝钗的香串子，宝钗原生的肌肤丰泽，一时从左腕上褪不下来。宝玉在旁看着，不觉动了羡慕之心。他忽然想起"金玉"一事，不觉就呆了。宝钗见他呆呆的，给他也忘了接，自己倒不好意思起来，这个场面被"蹬着门槛子，嘴里咬着绢子笑"的林黛玉看到了，便引出了这段冷嘲热讽的话。林黛玉临时诌出的"呆雁"，通过当时的情境联想可知，实际上挖苦的是宝玉这个看出了神、忘了接香串子的"呆子"、"傻子"，讽刺了这个见到宝姐姐就忘了林妹妹的贾宝玉，同时也表现了黛玉聪颖敏锐、口齿尖利的性格，深刻含蓄，意趣横生。又如，林黛玉从小父母双亡，寄人篱下，身处封建的诗书礼仪之家，自由恋爱被视为大逆不道，因而她虽然对宝玉"存着一段心思"，却又有许多不便言明之处。有一次，宝钗劝宝玉别喝冷酒，宝玉听这话有理，便放下冷的，令人烫热方饮，这时：

黛玉嗑着瓜子儿，只抿着嘴笑。可巧黛玉的丫环雪雁走来与黛玉送小手炉，黛玉因含笑问他："谁教你送来的？难为他费心，哪里就冷死了我！"雪雁道："紫鹃姐姐怕姑娘冷，使我送来的。"黛玉一面接了，抱在怀中，笑道："也亏你倒听他的话。我平日和你说的，全当耳旁风！怎么他说了你就依，比圣旨还快些！"（曹雪芹《红楼梦》第四回）

这一段话，语带双关，言外之意完全是对着宝玉。当着众人的面，自然是不便言明，即便对于宝玉，出于黛玉孤独的处境和孤傲的性格也是绝不肯言明的。

俗话说，听话听音。就是说，听话要了解话语在具体的言语环境中所显示出来的真实的整体含义。"话"和"音"的意思有时候是一致的，有时候则相反（反语、讽刺等等）。这就要借助言语环境去识别和理解。

研讨与练习

一、汉语造句因素有哪些？试分别举例加以说明。

二、下列句子有的有歧义，请指出歧义所在，并说明引起歧义的原因：

1. 绣的是她。

2. 骂人的话我说不好。

3. 这个人谁都瞧不起。

4. 我在运动场上看见他。

5. 在校园里，照相的很多。

6. 院长和其他院领导参加了今天的校庆活动。

7. 我想不起来了。

8. 上课的前几分钟我没看书。

9. 人家听不懂。

10. 看窗外吟诗的学生。

11. 年轻的演员和导演都参加了晚会。

12. 有机会请你来。

13. 白吃谁不吃，吃了不白吃。

14. 他走了。

15. 我真不明白。

16. 爷爷：你爸呢？

孙子：上他妈的工厂去了。

爷爷：你奶奶早就去世了，怎么还有工厂？

三、公文中的歧义现象，有的是由语义方面的原因引起的，有的是由语法方面的原因引起的，有的是由语音方面的原因引起的，还有的是由文体方面的原因引起的。试分析下列句子中引起歧义的具体原因：

1. 勒令这家老字号商场按时关门。

2. 我们要学习文件。

3. 一米以上的儿童购半票。

4. 参加讨论的还有物资局、财政局和粮食局的三个人。

5. 批判的是他的哥哥。

6. 经研究，县政府同意A乡政府报告。

7. 小刘作证说那天他看见李×和自己的妹妹在超市购物。

8. 吴厂长和电工陈×冒着触电危险，趟水进入电工车间拉掉电闸；他一面组织排水，一面接临时线保证继续生产。

9. A先生和B先生的法律顾问。

10. 信访办公室接待了五个矿里的工人。

11. 告示：买车、船、飞机、饭票在服务台。

12. 受托单位误期，委托单位罚款。

13. 报纸上宣传了许多李厂长的事迹。

14. 中国对美再次袭击伊拉克深表不满。

15.据客户反映这个经理好说话。

16.在会上讨论的同志不要将话说重了。

17.经厂务会批准，厂内一律禁止养鸡鸭，如有违者，本月底捉送食堂杀……

18.你校（关于装修招待所问题的请示）收悉。经研究，不同意你校拟订的装修方案。其理由是目前拟订的装修标准"偏低"。请参照国际五星级饭店总统套间的标准对这一方案予以修订再行请示。

四、分析题

老外参加汉语水平测试，题目如下：

请写出下面两句话的区别在哪里？

1.冬天：能穿多少穿多少；夏天：能穿多少穿多少。

2.剩女产生的原因有两个：一是谁都看不上；二是谁都看不上。

3.女孩给男朋友打电话：如果你到了，我还没到，你就等着吧；如果我到了，你还没到，你就等着吧。

4.单身的原因：原来是喜欢一个人，现在是喜欢一个人。

老外，泪流满面…

你能说出上面各组的两句话的区别吗？

五、下面与"咱就不信那个邪"中"就"的含义、用法相同的是：

A.班里就她一个人会弹钢琴　　　　　B.昨天他就到上海去了

C.小栓的爹，你就去么　　　　　　　D.好几个人都去请了，老张就不来

六、下面句中画线的成语使用不正确的一个是：

A.命运的铁拳击中要害时，只有大智大勇的人才能够处之泰然。

B.失败就自暴自弃，无异于自己放弃人生。

C.虚心就是对自己的一切敝帚自珍的成见，只要看出与真理冲突，都愿意放弃。

D.惊惶失措地害怕失误，就意味着永远尝不到成功的滋味。

七、为下面句子中的"紧张"一词，各找一个反义词：

A.最近手头有点儿紧张，过日子难啊。

B.他每天一起床就开始紧张地工作。

C.部队的生活可不像地方，紧张极了。

D.我最怕打针，一见针就肌肉紧张。

八、依次填在下面横线上的对应词语正确的顺序应是：

靠微薄的收入生活；考究而不_____，优雅而不_____；只求_____不求尊崇，只图_____不图财多；学习勤奋，思想稳练，谈吐率直；虚己以听，胸怀_____；凡事忍之以达观，操之以勇敢，俟机行事，决不_____；一言以蔽之，要让心灵深处自发的下意识的东西在日常生活中生长成熟——这就是我的交响曲。

A.富裕　　　　B.磊落　　　　C.高尚　　　　D.趋时　　　　E.鲁莽　　　　F.奢侈

九、将"A.帮助""B.抚养""C.扶养""D.赡养"分别填入下面句子的横线上：

1.夫妻有互相_____的义务。

2.父母对子女有_____教育的义务。

3.子女对父母有_____的义务。

4.邻里间应互相_____。

十、下面各句的横线上应填的词正确的一项是：

1.一条用鹅卵石铺成的小道，弯弯曲曲地通向竹林深处，环境显得＿＿＿＿极了。

2.“四人帮”肆虐横行的时候，到处动辄抓人、抄家，弄得人心惶惶，社会很不＿＿＿＿。

3.张大爷退休后过着＿＿＿＿的生活。

4.孩子们都上学去了，家里＿＿＿＿多了。

5.他做什么事情都是不慌不忙的，举止显得非常＿＿＿＿。

A.安静　安定　安闲　平静　安定　　　B.幽静　安宁　安逸　安静　安详

C.宁静　安详　清闲　宁静　安宁　　　D.宁静　平静　清净　幽静　安闲

十一、句中画线的词语可以互换的一项是：

A.八小时之外，他不只喜欢<u>琢磨</u>奥妙的动物世界，还喜欢探讨深奥的哲学问题。

B.商品外观的<u>装饰</u>，商店门面的<u>装潢</u>，对顾客的购物心理都有一定的影响。

C.在舞台上他一身军人<u>装扮</u>，在生活中他也喜欢<u>打扮</u>成军人模样。

D.同学们上课时<u>聚精会神</u>地听课，上自习时也<u>全神贯注</u>地写作业。

十二、横线上应填的词依次是：

700万，一个副处级女经理张开＿＿＿＿大口，索贿受贿如此之多，成为当今＿＿＿＿第一人。消息传出，举国震惊，＿＿＿＿哗然！更令人震惊的是，她以向领导“疏通关节”为名，＿＿＿＿向外商、港商索取贿赂，换句话说，她的行为＿＿＿＿勒索！其胃口之大，手段之恶劣，可谓疯狂至极，＿＿＿＿所思。

A.贪婪　中华　群众　强迫　几乎　非人

B.饕餮　华夏　舆论　强行　几近　匪夷

C.血盆　全国　万众　强制　近乎　难于

D.无底　中国　一片　强硬　近于　为人

十三、为什么学生作文中的语病多半是逻辑毛病，而不是语法毛病？

十四、指出下列各句有哪种语病，并加以修改：

1.她告诉我说，近几年来，她几乎无时无刻不忘搜集、整理民间故事和民歌。

2.花圈上的荷花、菊花和牡丹，象征了先烈们的坚韧、纯洁和品质高贵。

3.除非在非洲停止大规模屠杀鳄鱼，否则这里将永远是最后的鳄鱼避难所。

4.同学们不管怎样批评帮助，他的老毛病还是一点没改。

5.必须遵守课堂纪律，上课时不准讲话。

6.谁也不会否认，发展国民经济不需要教育。

7.卖棉花的小车队伍像蛇似的顺着柏油马路前进。

8.今年花生大丰收，一颗能榨一缸油，豆壳拿来作军舰，十万军队装不够。

9.过去，我们曾经不加分析地批判了他在文艺创作上的某些观点。现在看起来，当时的批判是失之偏颇和慎重的。

10.他的原籍是天津人。

11.一个作家能够有所成就首先在于作品中内容是否深刻反映了现实生活。

12.在激烈的斗争中，要想置身事外，做个旁观者是不可能的，否则就会被时代所抛弃。

十五、阅读下文，然后回答问题。

《晏子春秋》里有一个故事，齐景公爱打猎，非常喜欢养老鹰捉兔子。烛邹不慎让一只鹰飞走了，景公下令把烛邹推出斩首。晏子为了营救烛邹，立即上前拜见景公说：烛邹有三大罪状，哪能这么轻易杀了呢？请让我一条条数出来再杀他可以吗？景公说可以。晏子就指着烛邹的鼻子说："烛邹！你为大王养鸟，却让鸟飞走，这是第一条罪状；你使得大王为了鸟的缘故而要杀人，这是第二条罪状；把你杀了，天下诸侯都会责怪大王重鸟轻士，这是第三条罪状。"景公听了忙说："别杀了，我明白你的意思。"

问题：在上文中，晏子采用了什么修辞手法？为什么要采用这种手法？试结合语境加以分析、评价。

十六、运用语境理论，分析剧本对话。

分析使用语言的环境，对文艺创作的许多问题，如文艺作品中含蓄的问题，舞台艺术中的潜台词问题都有很大意义。电影文学剧本《岳飞》中，秦桧对宋高宗说："皇上，金兵到，江山不可保，二圣还，龙墩不可得。"（29节）又说："岳家军正处于胜败关头，如派兵马协助，必获大胜，但陛下宝座必须让于皇兄钦宗，江山必须交与岳飞之手，故本朝开国太祖、太宗重文轻武，就在于此……"（42节）有人认为，秦桧这两段话虽然道出了宋高宗的内心隐私，但这是以今天的眼光来使用语言的，在当时的语言环境下，秦桧不可能这样赤裸裸地当面道破。如果这样开门见山，一语破的，就是当面说皇上是不孝之子、不仁之君、误国的大罪人，因而就会犯辱君之罪。这样说话不符合历史人物的身份、条件和当时所处的言语环境。因而建议把"龙墩不可得"改为"陛下何以自处"，把"陛下宝座必须让于钦宗，江山必须交与岳飞之手"改为"如岳飞大胜，亦非陛下之福，须防武将拥震主之威，专擅难制，尾大不掉啊……"，即改得含蓄一些。这样从艺术创作上说，人物的话更符合言语环境，不会破坏历史和艺术的真实感。从剧中人物说，秦桧和高宗正是依赖特定的言语环境进行交际的，高宗能够很好地领会秦桧的意思。从观众说，依赖于特定的言语环境，也可以理解秦桧这两段话的用意，并且感到自然、真实。仿照上面的语境分析法，分析一部历史剧中的人物对话片段，评议其得失。

十七、阅读下面几段趣文，试分析说明语境与修辞的关系：

1. 做个时尚潮人：坐公交车去上班，身边坐了一陌生大妈。手机响起，大妈接电话，十分爽朗地对着电话说："啊，我今天上午没空儿！我得陪慧慧去医院做人流！"拥挤的车厢瞬间安静……我瞥了一眼身旁的大妈，转过脸来的时候，发现全车人都在盯着我看。悲剧啊！我真的不是什么慧慧……

2. 创意工坊：一天，一辆殡仪车从殡仪馆开出，一个小孩跑出来直追那辆殡仪车，还哭着大喊："爸爸！爸爸！别走……"周边的人都对小孩抱以同情，正准备安慰他节哀顺变，突然殡仪车停了下来，司机走下车对那个小孩说："吵什么呀，老爸下班就带你去玩！"

3. 笑话有木有：大学，宿舍一男生睡觉前有刷牙的习惯。睡觉前，他拿着牙刷、杯子向卫生间走去，边走边说，撒泡尿，漱口，睡觉。另一人说道，停水了吗？

4. a. 笑多了会怀孕：许久没联系的朋友给我打电话聊了一会儿，我问他怎么突然给我打电话。他说：清明节了，挺想你的。我……

b. 当时我就震惊了：前天跟我寝室的同学说"过了清明我就有钱了！"寝室瞬间安静，我半天不知道为什么……

5. 把我笑翻了：在多伦多读大学的时候，一个美国姑娘对中国的十二属相很感兴趣，就问我1981年是属什么的，我告诉她，属鸡。春节过后，再次见到这姑娘，她得意地给我看肩膀上的文身——楷书的"鸡"。

6. 无节操神吐槽：一对小夫妻新婚不久，妻子向丈夫抱怨："爸妈太着急了。你妈昨天又提生孩子的事，说她想早点抱孙子。"丈夫说："妈妈在这事上是急了点，但爸爸从来都不多说什么呀。"妻子撅着嘴说："爸嘴里是没说什么，但他整天抱着本《孙子兵法》在我面前晃。"

十八、以《写作一得》为题，写一篇短文。要求：要写出你的深刻体会，要富有启发性。字数在300字左右。

对作文题《写作一得》的说明：这题目是要你把"从学说话和学作文中悟出的一点什么道理"写出来。

从呱呱坠地起，你便开始学习说话。虽然那时你还听不懂大人们的话，但逐渐地，你学会了一些简单的词，学会了造句子。到了两三岁，你已经能比较自由地表达各种意思了。

这里面的经验是什么？我想无非是多听、模仿和练习。

上了小学，你已经能写一些字了。学会了写一些句子，写一段话，这就是作文。你能写一段故事，描写一个物体，甚至说明一个道理。虽然不免天真、幼稚、内容嫌简单，但已经有了明晰、有条理的思想了。

这里面的经验是什么？我想仍然是多读和练习。

后来，在中学，你的某一篇作文写得很出色，博得老师的夸奖、同学的赞赏。你用清新、流畅的语言，叙述了一个见闻，表达了你的真切感受、你的情感、你的意境、你的活泼的思想。你文中巧妙的构思、意蕴深厚的警句，令人折服。

这里面的经验是什么？当然，也是离不开多读和练习，但却恐怕远非多读多写四字所能概括，这里面复杂因素很多。经验、诀窍因人而异。不同的文章各有神来之笔，也有各臻其妙的经验体会，不能一概而论。

比如，有的是得力于阅读，有的是得力于背诵，有的是得力于沉思默想，有的是得力于生活的感受，有的是得力于环境的触发，还有的是得力于知识的广博，还有得力于联想力、想象力的丰富，或者得力于理论修养、辩证思维，或者得力于良知独到、高洁的思想情操。

写作界学者，多年来穷究苦索，大抵是从立意要高，选材要精，构思要巧，语言要新等方面来讲述为文之道的。老生常谈，司空见惯，令人已觉不新鲜了，也于后学者补益不大。

你们，新一代的学子，应当有时代的新声，江山代有才人出，各领风骚数百年。你，能不能讲出一些你的独特感受？回顾并结合你的写作甘苦，讲一点经验之谈。或许，你的经验与前人有相通之处，但里面渗透着你自己的独到体会、你的经验、你的彻悟。

你要把你的一点或几点写作心得写得生动活泼，要有趣、有体会、有观点、有实例，读了令人感动，感到切实有用。

十九、下面是一位大学生的课堂作文，写得如何？请试作评析。

写作一得

从小学起老师就要求我们学好母语，多写作文，多写好文章，但是我却一直将写作文看做一种负担，常常是草草了事，应付过关。

然而那一年却是一段最让我伤心的日子，那是我正读初中时，奶奶因患了癌症而即将辞别人世。奶奶平日里待我最好了，我也是个最听话、最懂事的孩了，当时一想到即将与奶奶永远分离，我就会不由地流下泪水，全家人也都和我一样心情忧郁，我也不敢与他们多谈起奶奶的病情，于是我就把自己心中对奶奶的万分的不舍真实地记录下来。每天伤心的时候，我便会痛痛快快地写上几千字。也许吧，很多事情，都是让人浑然不觉的。正是这些未加任何雕饰、朴实无华的文字读起来却感人肺腑，让人感动至深。后来奶奶还是悄然离开了我们，但从此我才真正懂得去写作文，去"作文"，要有感而发，要思随感行。

我想真正好的文章不是华丽的辞藻，不是故作深沉的哀吟，它需要的是人性最朴素最真实的感受，作文的过程不是要刻意地去追求什么，而是首先要把你所经历的真实用你的语言表达出来，说给别人听，让人发出与你同样的共鸣。

"作文如做人"，真实一点，踏实一些没有错的，此谓"写作一得"。

二十、《曲洧旧闻》载："黄鲁直于相国寺得宋子京《唐史》稿一册，归而熟视之，自是文章日进。此无他，见其窜易字句与初造意时不同，而识其用意之浅深也。"鲁迅先生在《不应该那么写》一文中曾引用了惠列赛耶夫《果戈里研究》中的一段话："应该这么写，必须从大作家们的完成了的作品去体会。那么，不应该那么写这一面，恐怕最好是从那同一作品的未定稿本去学习了。"大作家的修改，有的是为了准确，有的是为了鲜明，有的是为了生动，有的是为了简洁，有的是为了得体。还有的是为了和谐、熨贴、自然，整齐，平仄押韵，等等。下面列举古今一些关于诗文修改上的逸闻轶事或范例，试分析其修改的原因，说明修改前后有什么不同？

1．宋代的朱熹在《朱子语类》卷一三九中，曾经讲过：欧公文亦多是修改到妙处。顷有人买得他的《醉翁亭记》稿，初说滁州四面有山，凡数十字。末后改定，只曰："环滁皆山也。"五字而已。

2．原稿：仕宦至将相，富贵归故乡。

修改：仕宦而至将相，富贵而归故乡。（欧阳修）

3．原稿：春风又到（过、入、满）江南岸

修改：春风又绿江南岸　　（王安石）

4．原稿：横看成岭侧成峰，到处看山各不同。

修改：横看成岭侧成峰，远近高低各不同。（苏轼）

5．原稿：独恨太平无一事，江南闲杀老尚书。（张乖崖）

修改：独幸太平无一事，江南闲杀老尚书。（肖楚才改了一字，张曰："肖弟一字之师也！"）

6．原稿：地湿厌闻天竺雨，月明来听景阳钟。（萨天锡）

修改：地湿厌看天竺雨，月明来听景阳钟。（时人山东叟改一字，萨俯首拜为一字师）

7．原稿：即如我的戒酒，吃鱼肝油，倒不是为了我的爱人，大半是为了我的敌人。

修改：即如我的戒酒，吃鱼肝油，倒不尽是为了我的爱人，大半乃是为了我的敌人。（鲁迅）

8．原稿：上野的樱花烂漫的时节，望去确也象绯红的轻云，也缺不了"清国留学生"的速成班，头顶上盘着大辫子……

但到傍晚，地板便常不免要响得震天，兼以满房烟尘斗乱；问问熟识时事的人，答道："那是在学跳舞。"

修改：上野的樱花烂漫的时节，望去确也象绯红的轻云，但花下也缺不了成群结队的"清国留学生"的速成班，头顶上盘着大辫子……

但到傍晚，有一间的地板便常不免要咚咚咚地响得震天，兼以满房烟尘斗乱；问问精通时事的人，答道："那是在学跳舞。"（鲁迅）

9．原稿：眼看朋辈成新鬼，怒向刀边觅小诗。

修改：忍看朋辈成新鬼，怒向刀丛觅小诗。（鲁迅）

10．原稿：黄昏里还辨得出归鸦的翅膀。

修改：黄昏还没溶尽归鸦的翅膀。（臧克家）

11．原稿：老渔民长得高大结实，看样子有六十岁左右，嘴巴下留着一把花白胡子。瞧眉目神气，就象秋天的晴空一样，清朗而又透明，又深沉。

修改：老渔民长得高大结实，留着一把花白胡子。瞧他那眉目神气，就象秋天的高空一样，又清朗，又深沉。（杨朔）

二十一、在你读过的应用文中，有哪些篇目在运用比喻和对比手法方面给你留下了较深的印象？试举几例，并说说自己在写作实践方面运用这些手法的体会。

二十二、宗白华在《常人欣赏艺术的形式》一文中引用了歌德的话：

内容人人看得见，

含义只有有心人得之，

形式对于大多数人是一种秘密。

我们学习应用文写作，就要超越常人的阅读欣赏习惯，不但要看重内容，还要去解读含义，更要去分析形式，以期把握它的写作艺术。学会应用写作，至少要学会用旧瓶装新酒。试参考教材中对《为人民服务》（见第五章演说类文体的"研讨与练习"）的解读，另找一篇应用文典范，分析解读其内容、含义、形式，从中体会应用文的写法。

二十三、歌德说：世界是那样广阔丰富，生活是那样丰富多彩，你不会缺乏做诗的动因。但是写出来的必须全是应景即兴的诗，也就是说，现实生活必须既提供诗的机缘，又提供诗的材料。一个特殊具体的情景通过诗人的处理，就变成带有普遍性的诗意的东西。我的全部诗都是应景即兴的诗，来自现实生活，从现实生活中获得坚实的基础。我一向瞧不起空中楼阁的诗。

不要说现实生活没有诗意。诗人的本领，正在于他有足够的智慧，能从惯见的平凡事物中见出引人入胜的一个侧面。必须由现实生活提供做诗的动机，这就是要表现的要点，也就是诗的真正的核心；但是据此来熔成一个优美的、生气灌注的整体，这却是诗人的事了。（《歌德谈话录）

应用文写作又何尝不是如此呢？请对比、分析说明诗文创作和应用文写作的相通之处和不同之点。

二十四、为自己熟悉的人写一篇传记。要求：选材真实，有重点，并能体现这个人的性格特点或生活情趣。语言平实，不少于500字。也可以写一篇自传，给自己描绘一张自画像。

二十五、作文从写作知识出发，按写作原则、写作环节等一步步写下去，从理论到实践，固然是一种练习法，但因为受到条条框框的限制，不能随意发挥主观能动性，往往会感到枯燥乏味，写出来的东西也往往了无生气，甚至近乎古代的八股文。我们知道，人们通常是喜欢独立思考和自主创意的，所以更喜欢另一种练习方式，即走相反的途径——从实践到理论的练习方式。这种方式，不拘泥于条条框框，不必等写作知识完备了才去亦步亦趋地写，而是在一知半解甚至知之甚少的情况下，就大胆地按着自己的想法去写，要运用发散思维，甚至一题多作，循着"先犯错—正错对比—辨析理解—选择合适内容"的路径去写，最后参考写作理论，将自己的写作经验教训上升到理性认识。这样的练习途径，符合认识的规律。

现在，请你分别以"我的小传"和"自我介绍"为题，抛开书本上有关传记的写作知识，独立思考，放飞创意，各写两篇在内容、形式上明显有别的"小传"和"自我介绍"，然后与同学讨论、辨析、品评。

二十六、自己给自己"出"一本书。

实施建议：

1. 查看近三年来的作文和课外练笔（随笔、日记、周记等），确定入选篇目，并对文章进行修改润色。

2.确定编排体例，可以按时间、文章体裁、文章主题等编排。

3.选定目录，并写序言，也可请别人写序或跋。

4.将自己"出"的放到班上展示，听取同学的意见。

5.总结成功的作品在写作上的得失和体会。

第二章　党政机关公文

第一节　概　说

一、什么是公文

公文有广义和狭义之分。

（一）广义公文

广义公文指党政机关、人民团体、企事业单位用来处理公务的具有特定格式的文件。它包括：

（1）党政机关公文，即党和国家行政机关处理行政事务所使用的具有法定效力和规范体式的文书，如决议、决定、通知、请示、报告等。

（2）通用公文，即机关、企事业单位、人民团体日常工作使用的事务文书，如计划、总结、工作简报等。

（3）专用公文，即只用于某部门的公务文书，如外交文书（照会、国书、驱逐令等）、司法文书（起诉书、判决书、侦查报告等）、医用文书（病历、检验报告、诊断书等）、财经文书（市场调查报告、经济合同等）。

（二）狭义公文

狭义公文仅指党政机关公文。按照中共中央办公厅、国务院办公厅2012年4月16日颁布的《党政机关公文处理工作条例》（以下简称《条例》），党政机关公文共有15种，即决议、决定、命令（令）、公报、公告、通告、意见、通知、通报、报告、请示、批复、议案、函、纪要。本章所研究的公文，仅指党政机关公文。但正如《条例》附则所说："其他机关和单位的公文处理工作，可以参照本条例执行。"

二、公文的作用

《条例》第三条指出："党政机关公文是党政机关实施领导、履行职能、处理公务的具有特定效力和规范体式的文书，是传达贯彻党和国家的方针政策，公布法规和规章，指导、布置和商洽工作，请示和答复问题，报告、通报和交流情况等的重要工具。"

党政机关公文（以下简称公文）以其独特的形式记录和传达国家各级机关在工作活动中所掌握的情况和形成的意见，从而发挥其信息传递的纽带、桥梁、工具作用。具体说来，公文的作用有以下几点：

（一）记录和传达上级机关意图的作用

这主要体现于下行文，传达党和国家的方针、政策，如《中共中央关于统战工作的通知》。这是行政公文最基本的作用。

（二）强制遵循执行的作用

决议、决定、命令、通知等下行公文，其内容往往具有法规的性质，不但具有指导性，而且具有强制性，下级机关必须坚决照办，严格执行。

（三）工作依据和凭证作用

上级下达的公文，是下级机关的工作依据，下级机关必须结合本单位情况，贯彻执行。批复、任免通知等，既是依据，又是凭证；报告、请示，则是上级处理工作问题的依据。

（四）联系和知照作用

各种公文都有联系和知照作用，其中公函、通知、情况通报等的联系、知照作用更为明显。

（五）教育和参考作用

大多数下行文阐明方针、政策，讲清指导思想和原则，说明道理和办法，对下级或个人都有指导和教育作用。而表彰、批评通报等公文，更是专为统一思想进行教育而制发的。

三、公文的种类

《条例》所规定的15种公文，可以从不同角度进行分类：

1.按行文方向，公文可分为

下行公文有：决议、决定、命令（令）、通告、通知、通报、批复、意见、纪要等。

平行公文有：函。

上行公文有：报告、请示。

有的公文在行文方向上有一定的灵活性，如通知是下行公文，但有时也用于平行；函是平行公文，但也可用于上行或下行，这种灵活性不影响该公文行文方向的基本属性。行文方向较特殊的是公告和议案。公告是向国内外宣布重要事项或法定事项，带有全方位性质。议案是各级政府向同级人大提请审议事项，因机关性质不同，不存在隶属关系，因而行文方向另当别论。

2.按公文的特点和作用，公文可分为

规范性公文，如通知、决定。

指令性公文，如决定、命令（令）、批复。

报请性公文，如报告、请示。

知照性公文，如通知、通报、通告、公告、函。

记录性公文，如会议纪要。

以上作用有交叉现象，视公文具体内容而定。

还有其他分类法，如从制定者、秘密等级、时限等角度进行划分。

下行公文属指令周知性公文，上行、平行公文属报告商洽性公文。

四、公文的特点

（一）政治性

公文是人类历史发展到一定阶段的产物。关于公文的起源，斯大林在《马克思主义和语言学问题》一书中有一段论述："生产的继续发展，阶级的出现，文字的出现，国家的产生，国家进行管理工作需要比较有条理的文书，商业的发展，商业更需要有条理的文书往来。"这里说的是，阶级出现和国家萌芽是公文产生的前提条件。公文是国家的行政工具，它随着国家的产生而产生，而"国家是阶级矛盾不可调和的产物和表现。在阶级矛盾客观上达到不能调和的地方、时候和程度，便产生国家"（列宁《国家与革命》）。所以，作为国家行政管理工具的公文，其内容不能不具有明显的阶级性和政治性。在现代，公文作为政党和国家管理行政事务的工具，其政治性十分明显。在我国，在现阶段，公文在内容上既要代表制发机关的政治态度，也要体现党和人民的根本利益。公文的政治性决定于政党、政权、团体、企事业部门的政治性，反映了制作机关的意图和政策。各级行政公文必须传达、贯彻党和国家的方针、政策，保证各项方针、政策的实施。

（二）权威性

公文是依法成立的并具有法定职责的组织和个人在各自职能和权限范围内，根据宪法和有关法令制定和发布的。其作用是实行行政管理，指导工作，规范行动，维系国家机器的正常运转。因此，它具有其他文体无法比拟的权威性。

公文的权威性需有坚实的基础，具体而言，一要讲究科学性，二要靠权力即强制力来保证，三要靠人民群众的支持。如果没有政权的强制力来保证，公文的正确主张就很难实现。当然，缺乏科学性，离开了人民群众的支持和拥护，"权威"是虚弱的，也是不能持久的。

（三）实用性

公文的制作，其内容都是有的放矢的，都是针对实际情况提出相应政策的。换言之，解决实际问题是公文的出发点和归宿。

和文学作品相比，公文的制作不属于形象思维，而属于逻辑思维。它不是以艺术形象感动人，而是以事实和道理说服人。它不是以想象、描写、抒情等手法反映生活的本质，而是以叙述、说明、论述等方法表述观点，反映实际，揭示规律，规定政策，以使公务活动沿着正确的轨道顺利进行。所以，求真务实、讲究实用是公文最重要的特点之一。

（四）时效性

时效性指公文效力的时限性。不同公文，时效长短不一，大致有三种情况：

一是时效很短。凡涉及具体工作和问题的公文大都如此。工作开始或问题发生，有关的公文随之拟就并下达，开始生效，一旦工作结束或问题解决，公文也就失去了效用。比如请示，只在请示过程中发挥效用，一旦领导机关予以批复，作为公文的请示作用也就随之消失，请示事项则经上级批准后得到处理。

二是一定阶段的。凡涉及经常性工作和专项问题的公文大都如此。比如，交通管理属于经常性工作，相应地，涉及交通规则的通告的时效也比较长。

三是特定历史阶段的。凡涉及特别重大事项的公文都是如此。某些决定、命令所涉及的法规，具有相对稳定、长期不变的性质，故其时效性就更长。

（五）规范性

规范性是就公文的体式而言的。公文的种类、格式、行文规则、办理方法等都是由党和国家统一规定的，是不能随意改动的。

体式的规范性是政治集团权力关系的反映，如上级的命令，下级必须执行；下级的请示，上级一定给予答复。在行文态度上，命令简明严肃，语气坚决有力；请示陈述清晰，语气诚挚恳切。两种公文，实质上反映出两种不同的权限和隶属关系。体式的规范性可以使公文写作和处理程式化、科学化、简明化，有助于迅速、准确地传达发文机关意图，提高工作效率。

（六）庄重性

庄重性是就公文的风格而言的，公文的语体风格，宜庄重严肃，而不能寓庄于谐。历代制诰，多主张公文应当典雅庄重。曹丕在《典论·论文》中说"奏议宜雅"，揭示了公文风格的重要特征。现代公文，也要求庄重严肃。因为作为策令载体的公文，是处理政务的依据，差之毫厘，失之千里。因而，在公文的撰制中，态度必须严肃认真，结构必须严密完整，措施必须准确无误，从而构成了公文庄重严肃的风格。

五、公文的格式

公文格式，指的是公文的外部组织形式，包括公文用纸、装订和公文的文面结构。用纸一般为 A4 纸，左侧装订。

公文格式，由文头、主文和文尾三大部分组成，《条例》中规定了 18 个基本项目。其中有些是必备项目，有些是选择项目，可视需要而用。

（一）文头部分

（1）文件名称，是发文机关公文的固定称呼，即发文机关标志。

组成：由"发文机关全称或规范化简称"+"文件"二字组成，如"国务院文件"。如果联合行文，各机关并排，主办机关排列在前，也可单独用主办机关名称。

（2）发文字号，简称文号，指某件公文在发文机关一个年度内发文总号中的实际顺序号，如"中办发〔2015〕5号"。

（3）份号，指公文总印发数中某份公文的序号，也可称印号。涉密公文须标注份号。

组成：规定6位数。如"份号000015"，表示此份文件是该文总印数的第15份。

（4）秘级和保密期限。

组成：有绝密、机密和秘密三级，标志为"★"，"★"前标密级，后标保密期限，如"机密★5年"。

（5）紧急程度，指送达和办理公文的时限要求。

组成：分为"特急"和"加急"。

位置：在秘密等级下面。

（6）签发人，指批准发出上行公文的机关领导人。

位置：在发文字号的右侧，空两格。

（二）主文部分

主文部分包括标题、主送机关、正文、附件说明、发文机关署名、成文时间和印章等项目。

1.标题

标题是公文内容和作用的高度概括。

组成：包括发文机关、事由、文种三要素。

形式有：

（1）规范式。

三部分，即"发文机关"+"事由+"文种"，用于重要、庄重的公务。

（2）灵活式。

①两部分：一是"发文机关"+"文种"。二是"事由"+"文种"。三是"转发"+"始发机关及原通知标题"（如《转发国务院关于费改税的决定的通知》）。

②一部分：只有"文种"，常常是不大重要的公务，带有周知性，如通知。

2.主送机关

主送机关指负责处理、执行公文的机关单位。

上行文一般只写一个主送机关。下行文一般写给直属下级。普发性下行文，主送机关多，一般使用泛称，如"公司直属各部门"。面向机关全体人员或者社会群体的，或者公务是周知的、重大的公布性公文，如令、公告、通告等，常常不写主送机关。

3.正文

正文是公文的核心部分。行政公文的正文包括缘由、事项和结尾三部分。

4.附件说明

附件说明是正件附属材料名称和件数的标注。

位置：正文左下侧。

种类：一是补充说明正件某些内容的材料，如报表、照片、典型材料等。二是补充说明正件主要内容的材料，如转发的文件、随文发布的行政法规和规章。其名称在正文中已有交代，在"附件"项内不必重复标示。

5. 发文机关署名

6.成文日期

成文日期指公文生效的法定时间，用汉字数词书写。

种类：一是发出日期，这是一般性文件；二是签发日期（发文单位负责人签发时间，联合行文以最后一个签发日期为准）；三是通过日期，这是会议文件。

7.印章

印章是公文效力最权威的凭信。

行政公文除会议纪要外，都应该加盖印章。联合上报的非法规性文件，由主办机关加盖印章。联合下发的公文，都应该加盖印章，压盖于成文时间之上。上沿不压正文，下沿要骑年盖月。

（三）文尾部分

文尾部分由附注、抄送机关、印制部门、印发时间和印数组成。

1.附注

附注说明其他项目不便说明的事项，如传达范围、引文出处或名词术语等。

位置：在成文时间下方左侧、抄送机关上方。

2.附件

3.抄送或抄报机关

抄送或抄报机关指除主送机关外，需要执行或了解公文内容的机关。

4.印发机关和印发时间

前者一般是机关的中枢办公部门。位置：抄送机关下方。

后者指该公文送印或发出时间。位置：在印制机关右边。

5.页码

公文页数顺序号。

位置：印发时间正下方，向右不顶格。

公文三大部分是以主文部分的正文为核心的有机统一体（见图2-1）。

六、公文行文规则

学习行文规则，必须了解行文关系、行文方向和行文方式。

（一）行文关系

行文关系是机关单位组织关系的体现。我国社会组织的机关单位，可以分为三大类型。

1.政权机关

（1）立法机关体系：自全国人民代表大会（省以上立法机关或经全国人民代表大会授权的市立法机关才有立法权）至乡镇人民代表大会。

（2）行政机关体系：依次大致是中央人民政府即国务院；省、市（四大直辖市）、区（各自治区和港澳特别行政区）政府；市、州（自治州）政府；市（县级市）、区（市辖各区）、县政府、经济开发区管委会；乡、镇政府；街道办事处。

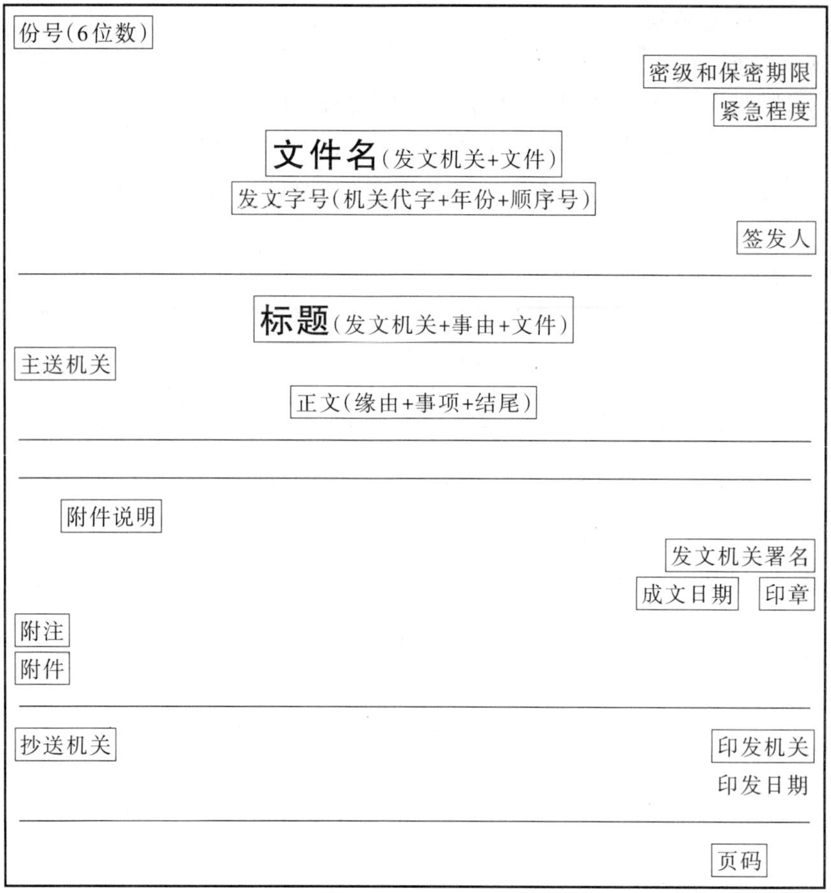

图 2-1　公文格式简图

（3）司法机关体系：自最高人民法院至乡镇司法机关。

其他政权机关有军事机关体系、政协机关体系等。

2.团体机关

（1）中国共产党机关体系，这一机关体系实质上是我国社会的权力核心；

（2）中国共产主义青年团机关体系；

（3）全国工会机关体系；

（4）全国妇女联合会机关体系；

等等。

3.实体机关

实体机关包括：事业单位机关，均为由国家提供一定经费的单位机关，如学校和相关研究单位；企业单位机关，一般纵向级别较少。

各级机关都有自己所辖的若干部门。在公文写作中，一定要注意机关和部门的区别。如市政府，应理解为市政府机关，而商业机关的首脑一般称机关领导人，部门的首脑一般称部门负责人。

组织关系有四种：一是上下级关系，即领导和被领导关系，这是直接垂直的关系，一般在上下一级之间，如国务院和省政府。上行文"报告"和"请示"都是面向上一级机关或部门的。二是隶属关系，不论大小和级别，需在同一系列内。如某级政府就可以说隶属国务院或者所在省的省政府，和另外的省政府就不是隶属关系。这一关系，上级常用普发性下行公文，有时也越级用上行文（但必须同时抄报上一级即直接上级机关部门）。以上机关实行逐级的、直接的领导和被领导。三是平级关系，同样是在一个系列中的同等级别的机关或者部门之间的关系。其代表性文种是平行公文函。有的通知也可以用于平级。四是非隶属关系，指不是同一系列不发生直接职能往来的机关部门之间的关系，不论是相同级别还是不同级别。以上机关或通过知照性公文（如函）进行协调，或联合行文共同办理。

（二）行文方向

行文方向指以发文机关为立足点向不同机关运行的去向。

上行：向上级机关运行。

下行：向下级机关运行。

平行：向同级或不相隶属的机关单位运行。

泛行：公布性公文，向不同方向运行。

（三）行文方式

行文方式即行文的方法和形式。

1.按行文对象分

（1）逐级行文：向直接的上级或下级行文。

（2）越级行文：越过直接的上级或下级行文。

（3）多级行文：向直接上级并转非直接上级或者向直接下级并转非直接下级行文。

（4）普发行文：向所属各机关、部门、单位行文。

（5）通行行文：向隶属机关和非隶属机关、群众一次性泛向行文。

2.按发文机关分

（1）单独行文。

（2）联合行文。

3.按对象主次分

（1）主送。

（2）抄送。

（四）行文规则

行文规则是机关单位组织关系原则在公文运行中的体现，必须严格遵守。《条例》对行文规则表述极清楚，这里略述如下：

（1）行文根据规则：各级行政机关的行文关系，应当根据各自的隶属关系和职权范围确定。

（2）政府各部门行文规则：在本部门职权范围内，可以互相行文，可以向下一级人民政府的有关业务部门行文，也可以根据本级政府授权和职权规定，向下一级政府行文。上级政府的职能部门，同下级政府是平级关系，并且只负责管理某一方面的职能业务，所以即使得到政府机关的授权，也只能在自己分工管理的业务范围内对下级政府行文，行文时还必须在正文的开头说明授权的机关或领导人。

（3）抄送规则：向下级机关的重要行文，应当同时抄报直接上级机关。受双重领导的机关向上级请示，应写明主送机关和抄报机关，由主送机关负责答复。上级机关向受双重领导的下级机关行文，必要时应当抄送其另一上级机关。

（4）协商一致规则：部门之间对有关问题未协商一致，不得各自向下行文，如擅自行文，上级机关有权责令纠正或撤销。

（5）联合行文规则：同级政府、同级政府各部门、上级政府部门与下级部门都可各自联合行文；政府及其部门与同级党委、军队机关及其部门可以联合行文；政府部门与同级人民团体和行使行政职能的事业单位也可以联合行文。

（6）请示规则：①不得越级请示。因特殊情况必须越级时，应抄报被越过的上级机关。②只写一个主送机关。③一文一事。④不得同时抄报下级机关。⑤不直接送领导者个人。

（7）报告中不得夹带请示。

（8）在报刊上发表的行政法规、规章等应视为正式公文。

七、公文拟制

（一）公文起草

公文是处理行政事务的工具，它产生于客观形势及其对当前行政时务提出什么要求的研究。"当前的运动的特点是什么？它有什么规律性？如何指导这个运动？"（毛泽东《中国共产党在民族战争中的地位》）这是公文起草前必须深入调研和解决的问题。深入细致地"研究当前运动的情况和趋势"（同上），就会合乎伦理地得出关于形势与时务的结论，并由此制定相应的政策。

公文意图最初往往由一人或几人（领导人、当事人、一线工作人员或民间有识之士等）最先提出，然后经集体讨论、研究，形成领导机关意图。贯彻实施领导机关意图的方式不限于公文，唯重大事项在必要时才动用公文这一工具，以文件形式使意图、办法、政策条理化、定型化、庄重化、权威化，以保证其贯彻实施。

公文特别是下行公文的起草，有赖于相当的理论水平和政策水平。起草者须有较高的研究能力，须要研究马克思主义特别是唯物辩证法这一科学的世界观，掌握其观察问题的立场和方法；须要研究历史，因为鉴往知来，熟悉历史可以获得启迪和参考，善于应对变化了的情况；须要研究当前运动的情况和趋势，因为法规和政策因时而化，"察今"才不致于"刻舟求剑"或"削足适履"。

（二）公文审核

公文审核有其程序和环节，是一个系统工程，其难度和重要性不亚于公文起草。首先是行文必要性的审核，然后是可行性的审核。

对重要公文，须层层把关，多人参与审核修改，此事自古如此。审核人不要先入为主，不要受文稿导向的影响，首先从否定方面提出疑问，提出异议，甚至不吝苛刻挑剔，严加讨伐。具体来说，先审查其大略，如：该文有必要行文吗？是否可用其他方式替代？其观点、主题正确吗？其材料依据可靠吗？其布局周严合理吗？是否有更简明、更科学的提法和写法可选择？要经过否定的对立意见的冲突，从各方面提出商榷意见。除了从观点和政策水平上作检讨外，还要从逻辑上作严格检讨。从辩证逻辑上检讨其有无主观、片面、表面性的错误，从形式逻辑上检讨其有无"推不出""自相矛盾""模棱两可"的错误。在审核这些"大节"问题后，还要审核"细节"问题，即语言修辞问题，其表达是否准确、鲜明、生动？此外还有标点、数字、格式等方面的检查。

语云：一字入公文，九牛拔不出。经过批判性思维的审核，经过多角度的针砭攻击，经过对立意见冲突的洗礼，经过与其他几种写法的选择对比，总之，经过反复讨论，集思广益，才有可能做到补苴罅漏，周详准确，无懈可击。

八、公文的写作要求

（一）总体轮廓

"事信言文"是欧阳修提出的写作要求。就是说，你写的东西，事情是可信的，语言表达要有文采。这四个字也适用于公文。有人认为"言文"可不强调，其实不对。公文的"言文"不是单纯追求文字优美华丽，而是要求有利于表达内容的文采。如果一篇公文，文字干瘪枯涩，读了令人昏昏欲睡，岂不要影响公文的客观效果？古人说，"言而无文，行之不远"，所以公文也要求"文以载道"。

（二）基本要素

事、理、情是公文内容的基本要素。事就是事实。以实为据，事实是公文的基础。理就是道理。理，一要正确，有理论根据，有政策根据；二要言之成理，令人信服，言之有序，条理严密。情就是感情色彩，表现为倾向性，要求有鲜明性。对这三个要素的要求，可概括为三句话：言之有据，晓之以理，动之以情。

晓之以理，就是以理服人，要给人们以启迪，以发挥思想动员的作用。决定、通知、通报都要明确地说明公文事项的因由，就是晓之以理。命令（令）、批复之类不可能详细说理，但要说明依据，也是晓之以理的一种方式。上行、平行公文中的陈述理由和说明情况，都是晓之以理，如《谏逐客书》。当然，要注意避免居高临下的角度或自大高傲的语气。

动之以情，就是鲜明地体现立场观点、思想感情，辅助言之有据、晓之以理，提高公文的说服力。《陈情表》和南宋胡诠的《戊午上高宗封事》就是动之以情的典范。公文不像文艺作品那样，从主题、形象到细节都浸透着作者的感情色彩。然而，这不等于说公文不存在感情成分。孤立地看一件公文，也许感情色彩不那么明显，但对比来看，却是鲜明得多。比如表彰通报和判刑的布告就有对立鲜明的感情色彩。例如：

×××同志以雷锋为榜样，关键时刻挺身而出，表现了高尚的共产主义精神。（表彰通报）

该犯罪行严重，情节恶劣，不但不坦白交代，反而串通同伙，订立攻守同盟，实属怙恶不悛，必须严加惩处。（判刑布告）

一些请示，特别是那些时间紧迫、涉及重大事项的请示，常常是陈述利害得失，情词恳切，带有急盼的感情色彩。针对这类请示所作的批复，又往往是开门见山，简明扼要，一语中的，落到实处，像久旱后的甘露那样，带有体慰的感情色彩。

公文有感情色彩毋庸置疑，那么，公文感情成分受哪些因素制约呢？

首先，受公文内容的制约，如表彰通报与判刑布告的不同感情色彩。

其次，受行文单位关系的制约，如下级向上级的请示、上级向下级的批复的不同感情色彩。

最后，受公文形式和语言风格的制约，如命令和通知之间不同的感情色彩以及个人语言风格特色所带来的感情色彩。

诸葛亮的《出师表》是其统兵征战前写给蜀主刘禅的请示报告。它淋漓尽致地表达了诸葛亮的赤诚之心。他那真挚而又强烈的感情，贯穿于全篇的字里行间，读之撼人心弦。结尾"今当远离，临表涕零，不知所言"，表现了自己无法抑制的感情。这种强烈的感情色彩，大大增强了《出师表》的感染力。

（三）具体环节

1.观点鲜明

观点，是对公文所涉及的事项或问题持有的态度和看法，可分为三种因素：

第一层次是方针、政策。它们往往融汇在字里行间。如果把方针、政策比喻为公文的灵魂，那是不过分的。

第二层次是领导意图，即方针、政策在本地区或本部门的具体化。领导意图反映着方针、政策，二者甚至融为一体。不过，二者也存在着区别。具体地说，离开方针、政策，领导意图就失去了存在价值；反之，如果照搬方针、政策而缺少结合实际的具体化，那么这样的领导意见也不会有什么用。

第三层次是意见措施。公文是为解决工作中的问题而制发的，必须提出解决问题的途径、步骤和方法，以构成公文的主体部分。如果说，方针、政策是公文的灵魂，领导意图是公文的主脑，那么，意见措施就是公文的筋骨和血肉。

观点鲜明，是对公文的最基本要求。鲜明，就是给人们以突出的明确的印象。这要求一要有高度，即反映方针、政策，中心突出、倾向鲜明；否则就会舞文弄墨一阵，到头来真的不知所云。二是明确。提倡什么，反对什么，应当怎样做，不准怎样做，界限清楚，绝不能含含糊糊，模棱两可。三是具体。公文的观点实际上是方针、政策的具体化，离开具体化，就无法达到鲜明，切忌抽象笼统，空洞无物。上述三者齐备，公文的观点岂有不鲜明之理。

2.例证精当

事实、材料、例证，是三而一、一而三的东西。事实，是公文所涉及的事项的实际情况，属于客观存在。材料，是经过加工提炼的事实，即素材。例证，是经过选择和剪裁的材料。事实-材料-例证，是筛选、提炼的过程。如果将其比喻为一座塔，事实像基础似的塔底，例证则是成果似的塔尖。对例证的要求是真实、清楚、能说明问题。真实，取决于例证所依据的事实。清楚，一方面，人、地、时、事、因、果等具体要素要交代清楚；另一方面，情节或事件的发生、发展过程的主要环节要叙述明白。说明问题，就是观点和例证相一致，切忌罗列现象，开中药铺。

3.条理严密

这是指言之有序，言之有据。

首先，观点和材料要结合。观点统率材料，材料说明观点，这样才会有内在的逻辑性。

其次，因果关系要清楚。医治现象罗列的顽症，药方之一就是深入一步，发掘因果关系。因果关系有两种表现方式：一是因由式，即说明公文事项提起的原因和根据，回答为什么要这样做的问题。篇幅较长的决定、通知常常用相当多的笔墨说明因由、依据。即使像命令、批复这样篇幅较短的公文，也要特别点明依据，以加强说服力。二是溯源式，即解释事件结局和工作成就的原因，回答为什么会这样的问题。比如报告、通报以及工作简报里常常提到的经验教训，回答的是事情成败的原因，就是变相的追根溯源。

最后，结构安排得当。这是条理严密的重要条件之一。公文结构大约有三种类型：一是一气呵成式。适用于内容不甚复杂的公义。一般不分章节，只有一段或数段，从头到尾，一气呵成，表现出贯通的严密性。二是步步深入式。适用于内容较为丰富、集中的公文。篇幅虽长，却不分章节，而是环环相扣，步步深入；条理清楚，层次分明，表现出逻辑的严密性。三是分章分节式。适用于内容丰富而又涉及问题较多的公文。篇幅较长而头绪又多，常常分章、分节；互相呼应，形散而神不散，表现出章法的严密性。

4.格式适当

详见"公文的格式"。

5.角度得体

这是指用语、语气、剪裁得体。

（1）用语。同样是要求受文一方按公文所说的去做某事，也应当根据适当角度来选用词语。带强制性的公文用"必须"，指示规定性的公文用"应该"。如果用"拟请"、"烦请"、"请"之类，那就不得体了。相反，报请性的公文一般用"拟请"，洽商性的公文用"请"、"烦请"，角度都很适宜。如果用"应该"、"必须"，角度同样不得体。

（2）语气。同样是把某些规定知照有关单位和人员，下达带强制性的命令，用

"以上各项，必须严格遵守，违者将严肃惩处"。公布涉及工作事项和与日常生活相关的内容，常用"上述规定希望大家自觉遵守，以维持良好的环境和秩序"。草拟请示报告，常用"以上规定当否，请指示"，或"以上规定如无不妥，请批转有关单位试行"。

（3）剪裁。主要是详略、增删及突出重点等问题。

下级向上级写报告，虽涉及方针、政策，道理不可不讲，但重点却是摆情况。如果一项报告里摆情况一带而过，而向制定方针、政策的领导机关大讲道理，岂不成了笑话；反过来上级对下级的指示或批复，重点应是结合实际情况，阐明方针、政策和意见、措施，而不应罗列一大堆现象。

6.语言通畅

详见下文"公文的语言"。

九、公文的语言

公文的语言，和其他文体的语言一样，都要求准确、鲜明、生动。由于公文是处理行政事务的工具，有其特殊的使用场合和特殊的功能，因而在语言运用上有其特殊的要求，并形成特殊的风格。公文的语言要求可概括为六点：通俗（易懂）、简明、准确、严密、质朴、庄重。下面举例说明。

（一）通俗（易懂）

通俗是公文语言的起码要求。因为公文既然要家喻户晓，就必须词语规范，通俗易懂。

公文中使用的词语，如果不纯粹、不规范，或者夹杂着深奥、生僻的词语，别人听不懂、看不懂，当然就谈不上语言有鲜明性。在这方面有几点需要注意：

1.不生造新词和乱拆合成词

语言是社会大众共同使用的，生造或乱拆词语，没有得到社会的承认，不合乎大众的习惯，说出来，就会使人感到别扭，甚至使意思模糊不清。例如：

＊（1）为了励表先进，这个厂去年召开了两次劳模大会。

＊（2）在阅览室里可以找查资料，读阅报纸。

"励表"是什么意思？令人颇感费解。"找查"、"读阅"又该作何解？明明有"查找"、"阅读"等现成的词，为什么要颠倒顺序呢？或许作者以为这样会使语言新鲜，实际上这是弄巧成拙。由于造成了理解的障碍，只能令人嫌恶。

2.不乱用古语词

古语词混在现代语中，文白夹杂，会使人感到别扭和费解，也是语言不鲜明的一个原因。例如：

＊（1）张××的所为，令人发指，此种事只能发生在旧社会，在新社会是无有的。

＊（2）他的变化很大，前后简直判若两个人。

＊（3）现缘我店近日盘点库存，以故不对外营业，冀大家恕谅。

中学生的作文，常会发现这类文白夹杂的毛病。小学生的作文倒很少有这类毛病，因为他们天真烂漫，文章也写得很自然，不做作。所以，自然、质朴也是语言鲜明的一个因素。

（二）简明

简明，即简洁、明确，是公文语言的显著特征之一。古人早已认识到这一点，《文心雕龙·议对》中说："文以辨洁为能，不以繁缛为巧；事以明核为美，不以深隐为奇。"

1.简洁

什么是简洁呢？

简洁是指笔墨节省，干净利落，用尽可能少的文字表达尽可能多的内容。最简洁的文字往往一个字也删不掉。例如，东晋陶渊明曾写过一部超短篇小说，只有25个字：

蔡裔有勇气，声若雷震。尝有二偷儿入室，裔附床一呼，二盗俱陨。

这个故事如果展开，可以写得很长，但这里只寥寥25个字，却把人物写得形神毕肖，一个字也删不了，可谓简洁之至。

如何才能使语言简洁呢？

（1）去芜杂，抓中心

写文章总要有个中心，跟中心有关的才写，而且要把力量用在刀刃上，无关的就不要写。这是做到简洁的根本。

抓住中心，围绕主旨，有方法可循。古人说的"提要勾弦"、"贴黄"，都是抓住中心、节省笔墨的方法。要想抓住中心，使行文简洁，就要做到三忌：

一忌穿靴戴帽。克服的方法是"掐头去尾"。

二忌节外生枝。意多必乱文，克服节外生枝的办法是"未作时删题，将作时删意"。

三忌画蛇添足。公文写作当意尽言止，切忌拖泥带水，添加无用的尾巴。

（2）去粉饰，删废话

粉饰是指修饰成分（定语、状语）过多，失去质朴美和自然美。废话是指多余的、不增加信息的部分。

这里只说删废话。俄国的一个老编辑奥里明斯基举过一个例子："有篇文章，我记得好像是描写蒂威尔城的示威游行的。文末谓：'在游行的地方，曾来了地方警察，拘捕了八个游行示威的人'……把它整个排印起来，是否需要呢？譬如：'地方'二字，难道蒂威尔城来的警察，不是当地的，而是卡桑的吗？此外，'在游行的地方来了'云云，难道警察不来可以拘捕吗？至于'警察'云云，除了警察之外，谁还可以捕人呢？最后，'游行示威的人'云云，自然不是母牛，也不是行路的人吧！所以留下排印的仅是'八人被捕'，即只是所需要者，其余的统统删掉了。"这里，"八人被捕"是文字上的剔繁就简，用四个字表达一整段话的意思，是语言信息量的易"弱"为"强"。为使行文简洁，要注意两个毛病：

①忌叠床架屋

叠床架屋有以下几个原因：一是内涵不明：各位同志们/涉及/必须要/大浩劫/继续进一步，等等。二是外延不明：反映了情况和问题/学习有关政策的规定，等等。三是语法意义不清：最最坚决拥护/非常非常热爱/对重大问题要尽快查处，等等。四是非语病的叠床架屋：通过学习以后他已认识到/仅一年时间内就实现/截止5月底为止已完成，等等。

②尽力删去赘字

鲁迅说："写完之后至少看两遍，尽力将可有可无的字、句、段删去，毫不可惜。"公文中的赘字现象屡见不鲜，仅举一例：

革命尚未取得成功，同志仍须进行努力。（该"进行"的进行，不该"进行"的也进行，我们看有些公文，有些"进行"实在不应该"进行"）

"简为文章至境。"关于简洁，古人有一个很好的解释，叫做"意则期多，字唯期少"。意多字少，应当是简洁的一个重要标准。

简洁和篇幅短小有联系。如古代一寡妇要求改嫁所写的最短的状纸："夫死，无嗣，翁鳏，叔壮"（8字）；某县官为欧阳修母亲写的极短的祭文："昔孟母择邻，世称亚圣；今有子如轲，虽死何憾，尚飨"（20字）；彭德怀在朝鲜战场上给毛泽东的电报："饥无粮，寒无衣"（6字），都达到了简洁的至境，传为美谈。

但简洁和篇幅短小不是一回事。《资本论》写得很长，但谁也不会说它繁琐；相反，有的文章看上去虽短，但空洞无物，如四川的《二郎庙记》（共72字）。文中有"二郎者，大郎之弟，三郎之兄，老郎之子也"，"庙前有两株树，人皆以为树在庙前，我独以为庙在树后"等语，尽是废话。这样的文章即使再短，也仍然属于繁琐。

《二郎庙记》之所以可笑和令人生厌，原因就是重复唠叨一些尽人皆知的词。作家何其芳在谈关于修改文章时说，别人不知道的东西要详写，别人已知道的东西要少写或不写。这句话对写作公文很有启示。

简洁，是公文语言运用的一个重要要求，尤其在信息社会，在知识爆炸的时代，语言文字的经济性原则，对于提高行政工作效率有着极为重要的意义。为了使公文写得更简练，美国写作专家们提出，公文写作要用MADE方式：M（message）代表信息，写清楚读者对象应该知道的信息；A（action）代表行动，写出切实采取的措施；D（details）代表细节，包括人物、事件、时间、原因、方法、地点等，但不必全写，详列必要的某项即可；E（evidence）代表证据，只有在有助于读者了解情况、采取行动时，才特别提一下附件。大凡写决议、合同、评价鉴定、解聘通知、存档记录、备忘录、建议等，都要求这样做，而主管部门的下行文也不得繁琐。

请看下面的对话：

有一次，有人问美国第28任总统伍德罗·威尔逊：

"您准备一份10分钟的讲演稿得花多长时间？"

"两星期。"威尔逊回答。

"那么，准备1小时的讲演稿呢？"

"1星期。"

"两小时的讲演稿呢？"

"不用准备就可以讲。"

这一段对话，幽默而令人沉思。长篇不一定难写，倒是短小精粹的文章，因为要求以简驭繁，以少胜多，反而更费神思。

2.明确

什么是语言明确呢？

语言明确，是指意思明白，给人以显豁的印象。和明确相反的是晦涩、含糊。要求明确或鲜明，就是要求不晦涩、不含糊。这好像只是修辞方面的事，其实仍跟思想认识有关。

如何使语言明确呢？

（1）思想确定，态度明朗

语言不鲜明，常是因为思想认识欠明晰，欠深入，欠透彻。发言吐语之前，首先要思想确定，态度鲜明。拥护什么，反对什么，歌颂什么，抨击什么，都要十分明确，只有这样，才可能做到语言鲜明。下面句子的语病就是由于思想态度不确定而造成的：

①这些人总爱一起说说笑笑，似乎不知道别人是否在工作，不过他们那样子团结，当然也不坏。

究竟是批评这些人，还是肯定他们呢？实在含混不清，令人难以理解。如果换一种明确批评的态度，自然要用另外一些明白而确定的字眼：

②这些人不顾是否影响别人的工作，总爱高声笑闹，讲团结也不能那样子做。

（2）指代明确

代词很有用处，用得恰当，能节省笔墨，言简意赅。请看下例：

*①胡富福把胡富福的叔父吩咐胡富福的一番话，告诉胡富福的师傅符伏虎。

这句话因为没用代词，显得非常笨拙别扭，而用了代词，效果就完全不同了，难怪古人创造语言时就发明了代词。但用代词切忌指代不明。例如：

*②王科长告诉李科长说他明天要到深圳去。

*③这个案件的主要情节是：她要他杀死他。

这两句话都令人费解，原因就是代词指代不明。

（3）句义显豁，合乎逻辑

首先，要不生歧义。

用词造句，要避免产生歧义，因为有歧义的句子意思必然不明确。例如：

*①有两个实验室的工作人员参加了这次比赛。

*②步入星海，我一眼就望见了那雕刻在鱼背上的少女。

第一个例子可以有两种理解，第二个例子语义不明，令人感觉莫明其妙。

再举两个歧义句：

*③浙江今年全省粮食生产超过历史最高纪录，十亿斤。

*④对国外电视片的需要量很大，我们有关部门要认真研究。

其次，要合乎逻辑。

如果话语自相矛盾，违背逻辑，意思自然不可能鲜明。例如：

*⑤夜晚，熄灯以后，有的人还在宿舍里拉胡琴，发出刺耳的节奏声。

*⑥旧社会，有钱有势的纨绔子弟，不用考试就可以进入大学。

上面的例子都是因为违背了逻辑而使意思不明。所以，学点逻辑，做到概念明确，判断恰当，推理前后一致，是做到语意鲜明的一个重要条件。

（4）采用富有形象和感情色彩的词语

词语带形象色彩，能使事物如在眼前；带感情色彩，则易于打动人。注意采用有形象和感情色彩的词语，往往能把意思表达得具体而明显，从而给人鲜明的印象。试比较：

狐疑的神气——怀疑的神气

火辣辣的痛——剧烈的痛

闪射着仇恨的目光——发着仇恨的目光

上面的词语，左边的比右边的意思显豁、真切，因为左边的色彩浓重。如果两个近义词的理性意义相似，而形象、感情色彩不同，那么，为了表现得更鲜明，就应当选择色彩较浓的词语。

（三）准确

1.什么是语言准确

语言准确，就是意思表达得贴切，不走样儿，恰如其分。也就是词语表达了说写者想要表达的思想感情。和这相反的是词不达意：想的很不错，说的或写的让人看来却不是那么回事，不那么完美，走了样儿，甚至和说写者的本意大相径庭。发生这种情况，是由于说写者的语言表达能力差。语言准确即"意思不走样儿"这个标准属于语言或写作范畴，克服不准确的方法就是要在语文基础上下工夫。

语言准确还有一个更深层的含义，或者叫做更高的要求，那就是话语的内容要符合实际，要经得起推敲，经得起客观实践的检验。我们常听到有人说："某某人的话很准确，一语中的。"这里的准确是就话语的内容来说的，即说话、写文章做到了主观与客观相符合。和这个含义相反的不准确，就是词虽达意，但"意"不符合客观，或不完全符合客观。这类话语的不准确不是用词造句上的失误，而是说写者在认识上有主观性、片面性或表面性的错误。克服这类不准确的方法不仅是学习语文知识，还要加强思想和理论修养，注重调查研究。语言准确的这个深层含义虽然已经超出了语文或写作的范畴，属于认识论上的标准，但由于文章或言语不能离开内容而存在，不能只是一个空壳，所以，在讨论怎样使语言准确时，不能忽略内容的因素。

2.如何使语言准确

语言运用得准确，涉及的问题比较复杂，概而言之，可以从以下三个方面下工夫：

（1）认识要透彻（提高认识，努力使主观与客观相符）

语言表达思想感情，说到底，是表达认识内容。所以，要使语言准确，有个前提条件就是认识要透彻。认识上有问题，比如认识上有主观、片面、表面等毛病，话语内容就会不符合事实，不符合科学，语言就不可能准确。例如：

*①学生会要支持学生的要求。

*②对知识分子在工作和生活上需要解决的问题，一定要给予解决。

学生的要求有合理的不合理的，正当的不正当的，不能凡是要求都支持，应当在"要求"前面加"正当"两个字。知识分子在工作和生活上需要解决的问题，需视本市财政实际情况区别对待，如果脱离实际去片面强调全部解决，就会事与愿违。

有时语言不准确，似乎是用词问题，但究其根本仍是由于认识上的模糊。比如：

*③旧社会真是天下乌鸦一般黑，没有一个人不吸人民的血汗。

*④新中国成立后，劳动人民推翻了压在中国人民头上的三座大山……劳动人民的子女都上学念书了。

这两句话都不符合实际，其原因，多出语草率，但究其根源，恐怕还是由于思想认识上的片面和模糊。

（2）精细地辨析词义（炼词以达意）

（3）准确地使用判断

①判断恰如其分

判断要防止褒贬失当。例如，某人在困难的条件下完成了一项具体任务，如果在通报中说"取得了很大的成就"，就属评价过高；反之，我国第一颗人造卫星试验成功，如果说只是社会主义建设中一个不小的成绩，则属于估计不足。

又如，"错误极其严重，应当进行批评"，则属于措施和错误的程度不相称。

判断要恰当使用关系到事物对象的量、度、质的词。例如：

量的判断：大多数、少数、不少

度的判断：一定的成绩、重大的贡献

质的判断：是、不是、不尽是、并非不是

根据对象的实际，作必要的限定，防止意明而用词偏激。

②判断不含糊其辞

不写"弹性文件"，如"基本同意"、"原则上同意"、"这种心情可以理解"、"倘有条件的话可以考虑"、"大致尚可"、"似无不可"之类的话，使人不得要领。判断的模糊性与确切性是相对的。模糊判断有时是必要的，准确的。换言之，准确有模糊性的准确和确切性的准确，要区别清楚。例如，《关于进一步扶持引导乡镇企业发展的决定》在原稿中讲:"为稳定乡镇企业基层管理队伍和技术业务骨干,市、县在每年'农转非'指标中拿出10%的指标……以解决他们的实际困难。"校核时将"10%"改为"一定数量"。因为全市各地情况不一,不可一概而论。

(四)严密

严密指严谨周密。首先应当是周密,唯周密才能体现严谨。为了使公文语言周密,除要注意对话语作必要的修饰限制,谨防成分缺漏外,还应努力做到使公文话语全面周到,前后照应,这就是公文语言的周密。例如:

1.不应该肯定我们的一切,只应该肯定正确的东西;同时,也不应该否定我们的一切,只应该否定错误的东西。

2.阶级必然产生,这是人类社会发展的必然规律;但是阶级终将消灭,这也是人类社会发展的必然规律。

例句1从正反两个方面说及对正误的肯定、否定问题,论述全面周到而界限清楚。这样的语言是周密的语言,符合公文语言严密的要求。例句2先从"阶级的产生"说,再从"阶级的消亡"说,语言前后照应,内容纵观生灭,符合辩证性。这也是周密性的语言,符合公文语言严密的要求。

(五)质朴

质朴在有些公文著述中称为"平实",意思差不多。作家的艺术风格、特色,常常有"本色派"之说。远者如我国史传文学巨著《史记》的作者司马迁,近者如人民艺术家老舍,都可以归入"本色派"之列。

如果这一概念可以引申到语言研究领域,那么,在诸种体裁文章的语言中,公文语言显然属于"本色派",讲究天机自露,水到渠成,形象地说,就是于平淡中显神奇,至少是于平淡中见功力。

公文的表达手段是叙述、说明、议论,绝少使用描写和抒情,这无疑是公文语言"本色派"的重要表现。当然,公文语言并不排斥必要的藻饰成分,但不同门类的公文从内容特点和表达需要出发,在使用时又需十分谨慎、严格。

以夸张、比喻等传统修辞手段为例,在那些以表彰或惩戒为内容的通报、决定里,适当使用夸张、比喻,未为不可。如果运用得当,无疑会增强生动性和感情色彩,有助于内容的表达。比如1947年10月毛泽东同志起草的《中国人民解放军宣言》中的"我军所到之处,敌人望风披靡,人民欢声雷动"一句,就用"望风披靡"这一夸张性的成语有力地渲染了我军的声威。相反,如果在命令、布告、请示、批复之类的公文里使用夸张、比喻,就不得体。比如,某单位因下属工厂生产情况不稳定,拟采取措施加以改进,向上级机关请示,其语言风格应当是这样的:

1.我局所属××工厂去年借助外力,生产一度发展很快,但因政策不落实,今春以来直线下降。

同样是这个意思,如果使用夸张、比喻等修辞手段,就会变成这样:

*2.我局所属××工厂去年借助外部东风,生产一度像穿云燕子,飞向百尺竿头。曾几何时,今春以来却又像冰山开化似的,一泻千里。

　　像这样华而不实的文字，一般文章都忌讳使用，更何况公文。质朴，是朴实平正，即语言朴实而不矫饰，稳妥而不偏激。在表达方式上，公文主要采用平直叙述和透彻说理。所谓平直叙述是多用直接的顺叙，少用插叙和倒叙。所谓透彻说理是用几句话道破实质，不搞旁征博引，不作多方论证，只把道理讲清，让人明白即可。

　　（六）庄重

　　1.褒贬适当

　　词义有褒贬，体现为感情色彩的不同，所以必须注意褒贬适当。如果违反了这一要求，在公文中极不严肃地"胡褒滥贬"，就会影响公文语言的庄重性。例如：

　　*（1）十二万五千千瓦双水内冷发电机组，它仅仅比号称二十四层楼的国际饭店低十几米。

　　*（2）在各职工单位的配合下，我们对那些不愿迁出的住户进行了说服教育，经过一个月的努力，终于搬掉了这些"四化建设的绊脚石"。

　　"号称"是贬义词，用在此处不正确。把那些思想一时想不通的动迁户喻为"四化建设的绊脚石"，也贬喻过分，伤害群众感情，不符合公文语言严肃庄重的要求。

　　2.重视专语

　　公文有一些专门的习惯用语，如"此复"、"特此函达"、"希即贯彻执行"等。这些专门的习惯用语的使用，给人一种庄重的感觉。如果在该使用专门习惯用语的地方不使用，甚至用一些所谓的大白话来代替这些专门的习惯用语，就会影响公文语言的庄重。试对比：

　　（1）当否，请批示。（公文用语）

　　*（2）行不行，回个话。（口语）

　　3.避免诙谐

　　为使公文严肃郑重，行文中要绝对避免诙谐幽默、戏谑挖苦。一些人员不顾公文的性质特点与撰写的语言要求，片面追求那种无聊的"诙谐情趣"，这种做法是极不严肃的，也是对文秘工作不负责任的表现。例如：

通　　告

　　本工程队自明日起要在102线电车××车站进行维修施工。希望过路职工及附近居民从你本人安全及你全家幸福着想，不要深入这危险的"是非之地"观光。我们尤其希望附近居民管好自己的"第二代"，不要让他们来此危险境地滚打跌爬，追逐玩耍。否则发生不良后果概由本人负责，悔之晚矣！

　　特此通告

××市××工程队
××××年××月××日

　　以上是公文语言的六点要求，现在说一下公文语言的特殊风格。

公文语言的特殊风格属于本色美，概括说来，就是朴实美、精练美、平直美。

所谓朴实美，指风格特色，不事藻饰铺陈，更不要浓妆艳抹，而是像"淡扫娥眉"那样，于平淡中见神采。

所谓精练美，指文笔功力，不论字、句、段，不仅陈言务去，而且讲究精练，言简意赅。

所谓平直美，指公文笔法。公文贵用直笔，采用直陈方式。平直并非完美可言。它不像迂回层叠的立交桥，却像坦荡的长安大街。驻足一端，放眼远望，一览无余，尽收眼底，顿生开阔之感。

公文语言讲究朴实美，却不排斥必要的藻饰；它讲究精练美，却不排斥适当的排比和铺陈；它讲究平直美，却不排斥衬托式的曲笔。

闵庚尧《公文语言漫谈》里举了个曲笔的例子，并作了有说服力的分析。摘引如下：

曹操南下之前给孙权的战书，也是用的曲笔。书的全文是：

近者奉辞伐罪，旌麾南指，刘琮束手。今治水军八十万众，方与将军会猎东吴。

明明是下战书，敦促孙权投降，却说"与将军会猎东吴"，表面的意思是跟你孙将军在吴国打打猎，玩一玩。这是本意吗？不是，这是曲笔。前面已经讲了"奉辞伐罪"，"刘琮束手"，既然大前提如此，结论是要孙权投降无疑。这里不用"投降"、"束手"之类的词语，偏偏要说"方与将军会猎东吴"这样一句既体面又带有威胁性的言辞，既曲折又紧扣主旨，要比直说的效果更好。

在某些公文中，适当地使用曲笔，并不损害公文语言的平直美，反而使之增辉。公文语言应以直陈为主，曲笔为辅，提倡贵用直笔，巧用曲笔。

附：公文撰写与修改

《论语·宪问》记有孔子的一段话："为命，裨谌草创之，世叔讨论之，行人子羽修饰之，东里子产润色之。"意思是说，郑国外交文书的创制，裨谌拟初稿，世叔研究提意见，外交官子羽修改，子产做文字加工。这里说的是一份外交文书的产生过程，其中"讨论"（与今天"讨论"的意思不同）、"修饰"、"润色"，都属于广义的修改。外交文书要经过修改，其他文书、文章也要经过修改。可以说，一切文章都是改出来的，只是修改体现的阶段不同。有的人，文章写出来基本上不用修改，那是在打腹稿阶段做了修改。更多的人是在写出初稿之后，或者请别人修改，或者自己修改。

资料来源　胡双宝，汪景寿.实用公文写作教程［M］.北京：北京大学出版社，1997.

第二节　公　告

一、公告概说

公告是"向国内外宣布重要事项或者法定事项"时使用的公文。"向国内外宣布"，说明包括涉外的事项。"重要事项"是应让公众普遍知晓的事项；"法定事项"是说明所宣布的事项合法或不合法。

公告通常是国家和政府的重要文告，通过各种宣传工具向国内外发布。

公告按作用来划分，大体可分为两类：

一类是由国家最高权力机关或最高行政机关发布的有关国家政治、经济、军事、科技、教育、人事、外交等方面重要事项的公告，如以全国人大的名义颁布宪法或其他重要法规，以国家的名义宣告重大事件或作出的重要决定。这类公告有时也授权新华社发布，如新华社被授权宣布中国将进行向太平洋发射运载火箭试验的公告等。

另一类是由政府的有关职能部门、企事业单位或社会团体发布的涉及面广、影响面大的专门事项的公告，如中国人民银行关于改革外汇管理体制的公告，海关、机场、码头等部门发布的相关事项的公告等。

二、公告的格式和写法

1.标题

它一般由发文机关、事由和文种构成，有时只标发文机关和文种，甚至只标文种。标题如无发文机关，则在落款中要标明。

2.正文

它包括：①开头，讲公告的原因或目的。发布公告因由一般都不复杂，在写法上，要求言简意赅，清楚明确。②发布事项，是公告的主体部分，它的内容或是晓谕各方的，如［例文二·一］，或是在晓谕各方的同时，还提出某些要求的，如［例文二·二］、［例文二·三］。如果公告的内容较多，可以分条列出。③结尾，写实施的期限、范围等，也可以简洁地提出对人们的希望，对违背者的警告等，或结尾只写结束用语，如"特此公告"。

3.结尾

它包括署名和日期。以机关名义发布的，标题如已有机关名称，不必再署名。

三、公告的写作要求

1.语言简洁、准确、通俗、庄重

公告所公布的是重要或重大事项，常以报刊、广播、电视、张贴等形式公开发表，写作时，要直陈其事，一事一告，就实公告；语言要简洁、准确、通俗，并体现出庄重的风格。公告的庄重是不粉饰造作，不寓庄于谐，不发议论，不加说明，干净利落，唯其朴而益庄。

2.注意文种的选择

公告的事项都是重大的或重要的，基层单位不涉及外事的一般不能用公告。

3.公告一般不编号，但当某一次会议或某一专门事项需要连续发布几个公告时，则应在标题下单独编号

[例文二·一]

中华人民共和国全国人民代表大会公告
第三号

第七届全国人民代表大会第一次会议于1988年4月3日选举邓小平为中华人民共和国中央军委会主席。

现予公告。

中华人民共和国第七届全国人民代表大会

第一次会议主席团

××××年××月××日

[例文二·二]

中华人民共和国国务院公告

为表达全国各族人民对四川汶川大地震遇难同胞的深切哀悼，国务院决定，2008年5月19日至21日为全国哀悼日。在此期间，全国和各驻外机构下半旗致哀，停止公共娱乐活动，外交部和我国驻外使领馆设立吊唁簿。5月19日14时28分起，全国人民默哀3分钟，届时汽车、火车、舰船鸣笛，防空警报鸣响。

特此公告！

中华人民共和国国务院

二〇〇八年五月十八日

[例文二·三]

中华人民共和国国务院
中华人民共和国中央军事委员会
公　告

根据《中华人民共和国宪法》赋予中国人民解放军的使命和《中华人民共和国香港特别行政区基本法》关于中央人民政府负责管理香港特别行政区防务的规定，为维护国家的主权、统一和领土完整，保持香港特别行政区的繁荣和稳定，中华人民共和国中央人民政府派驻香港特别行政区的部队，经过精心准备，现已组建完成。驻香港部队由中国人民解放军陆军、海军和空军部队组成，隶属中华人民共和国中央军事委员会领导，这支部队将于1997年7月1日零时正式进驻香港。中央人民政府派驻香港特别行政区负责防务的军队不干预香港特别行政区的地方事务。香港特别行政区政府在必要时，可向中央人民政府请求驻军协助维持社会治安和救助

灾害。驻军人员除需遵守全国性的法律外，还需遵守香港特别行政区的法律。驻军费用由中央人民政府负担。

一九九六年一月二十九日

第三节　通　告

一、通告概说

通告是"在一定范围内公布社会各有关方面应当遵守或者周知的事项"时使用的公文。

通告具有法规性、政策性和广泛性的特点。按内容性质划分，通告一般可分为告知类通告和禁约类通告两类。告知类通告是向一定范围内的公众告知需要知道的事项，带有通知的性质，没有强制性。禁约类通告是向一定范围内的受众公布应当遵守执行的事项，其内容作为有关方面的行为准则，具有法规性，不得违背，有较强的约束力。通告的广泛性是指有的通告属于全国范围的重大法规性的规定，要求家喻户晓，妇孺皆知，如公安部关于民用机场实行安检的通告。有的通告是针对某项工作或专门问题而发的，其告知范围有一定的局限性。

二、通告的格式和写法

（一）标题

标题的写法有三种：① "×××关于×××的通告"；② "×××的通告"；③ "通告"。如遇特别紧急情况，叫在通告前加上"紧急"二字。

（二）正文

1.缘由

说明为什么要发布这个通告，通常简述发布通告的背景、根据、目的、意义等。常用的特定承启句式"为……特通告如下"，或者"根据……决定……现将有关规定通告如下"，引出下文。

2.通告事项

这是通告正文的核心部分，包括需要周知的事项和相关执行要求，即允许什么和不允许什么。撰写这部分内容，首先要做到条理分明，层次清晰。其顺序通常为说明规定，提出措施，明确责任，规定奖惩办法等。如果内容较多，可采用分条列项的写法；如果内容比较单一，可采用贯通式写法。其次要做到明确具体，需清楚说明受文对象应执行的事项，由主及次，由大到小，以便于理解和执行。

3.结语

提出希望和要求，常见的通告结语有"特此通告"或"本通告自发布之日起实施"。

（三）落款

署名和日期。

三、通告的写作要求

（1）要清楚通告事项的实际状况和有关的法令、政策。通告的政策性、法令性很强，写作时，一定要符合党的方针、政策和政府的法令，符合人民群众的利益，不能随意作规定。

（2）通告的语言要简明准确、通俗易懂。

（3）通告的事项要条理清楚，便于人们理解和掌握。

四、通告和公告的区别

通告和公告这两种公文，被称为发布性公文或知照性文告，二者的区别是：

第一，使用的权限不同。公告通常在党和国家高级领导机关宣布某些重大事项时才用，新华社、司法机关以及其他一些政府部门也可以根据授权使用。而通告则适用于各级行政机关和企事业单位。

第二，告知的范围不同。公告面向国内外的广大读者、听众，告知面广；通告的告知面则相对较窄，只面向"一定范围内的"有关单位和人员。

第三，所起的作用不同。公告用于"向国内外宣布重要事项或者法定事项"，兼有消息性和知照性的特点；通告的内容是"在一定范围内应当遵守或周知的事项"，具有鲜明的知照性、执行性。

［例文二·四］

关于查询社会组织登记信息的通告

近日，我部多次接到关于查询社会组织登记信息的咨询电话和政府信息公开申请。为方便群众及时掌握有关信息，现将在我部登记的社会组织查询方式通告如下：

一、登录中国社会组织网（www.chinanpo.gov.cn），在首页右上方"查询通道"点击"民政部登记的社会组织查询"，在"查询内容"中输入需要查询的社会组织名称，点击"查询"即可查询社会组织的登记证号、业务主管单位、联系电话、网址等相关信息。同时，也可拨打民政部社会组织服务大厅咨询电话：010-58124116、58124117。

二、根据《民政部关于贯彻落实国务院取消全国性社会团体分支机构、代表机构登记行政审批项目的决定有关问题的通知》（民发〔2014〕38号），我部不再办理全国性社会团体分支机构、代表机构的登记审批，由全国性社会团体自行决定分支机构、代表机构的设立、变更和终止，有关信息可联系全国性社会团体进行查询。

民政部民间组织管理局

2015年9月8日

资料来源　民政部.关于查询社会组织登记信息的通告［EB/OL］.（2015-09-09）.http://www.mca.gov.cn/article/zwgk/tzl/201509/20150900873339.shtml.

［例文二·五］

北京市工商行政管理局关于对利用电子邮件

发送商业信息的行为进行规范的通告

为促进我市网络经济健康发展，保障电子邮件收件人的合法权益，创造公平的市场竞争环境，北京市工商行政管理局决定依法对利用电子邮件发送商业信息的行为进行规范。特通告如下：

一、因特网使用者利用电子邮件发送商业信息应本着诚实、信用的原则，不得违反有关法律法规，不得侵害消费者和其他经营者的合法权益。

二、因特网使用者利用电子邮件发送商业信息，应遵守以下规范：

（一）未经收件人同意不得擅自发送；

（二）不得利用电子邮件进行虚假宣传；

（三）不得利用电子邮件诋毁他人的商业信誉；

（四）利用电子邮件发送商业广告的，广告内容不得违反《广告法》的有关规定。

三、对违反上述规定的因特网使用者，工商行政管理部门将作如下处罚：

（一）对违反本通告第二条第一项的当事人，工商行政管理部门将责令其停止发送商业信息；对后果严重或屡教不改的，工商行政管理部门将支持被侵权的收件人诉诸法律的请求，并依据有关法律法规对违规责任人予以处罚。

（二）对违反本通告第二条第二项、第三项的当事人，工商行政管理部门将依据《中华人民共和国反不正当竞争法》的有关规定予以查处。

（三）对违反本通告第二条第四项的当事人，工商行政管理部门将依据《中华人民共和国广告法》的有关规定予以查处。

四、在消费者权益受到损害并向工商行政管理部门提出申诉后，工商行政管理部门将依据《中华人民共和国消费者权益保护法》及《北京市实施〈中华人民共和国消费者权益保护法〉办法》对违法者予以查处。

五、本通告自公布之日起实施。

2000年5月15日

第四节　通　知

一、通知概说

通知是"发布、传达要求下级机关执行和有关单位周知或者执行的事项，批转、转发公文"时使用的公文。通知是使用范围最广、使用频率最高的公文。按使用功能和性质分，它有四种类型。

（一）颁转性通知

颁转性通知用于颁转另一个文件，包括转发上级机关的文件，发布本机关的文件，转批下级机关的文件，印发不相隶属机关的文件，如《国务院批转财政部关于开展企业财务检查情况和今后意见的报告的通知》。

（二）指示性通知

指示性通知用于阐述政策、布置工作、答复询问等，带有指令性，与决定、通告和规章等作用类似，如《国务院关于切实减轻农民负担的通知》《中共中央办公厅国务院办公厅关于严禁用公费变相出国（境）旅游的通知》《上海市人民政府关于严格控制征用郊区土地的通知》。

（三）周知性通知

周知性通知又称知照性通知，内容只是向有关机关告知情况，而并不要求受文单位完成什么任务。如为了任免人员，设置或撤并机构，扩展、缩小或中止机关的某些职权，发行债券，启用或更换印信等而发的通知都属此类。

（四）会议通知

会议通知也是周知性通知，在日常工作中广泛使用，因有其特定的内容，故另立一类。

通知旨在通告周知，无论是传达上级的指示，公布、批转、转发有关文字材料，还是布置工作事宜等，都是通过告知的方式实现的，因此告知性是通知的首要特点。在各类公文中，通知的用途广，使用频率高，类别多，因而通知又具有多样性的特点。

二、通知的格式与写法

通知由标题、主送机关、正文和落款四部分构成。

（一）标题

（1）指示性通知和告晓性通知的标题一般都采用规范写法，即由发文机关、事由加文种组成，如《国务院办公厅关于西部大开发中加强文物保护和管理工作的通知》，也有省略发文机关或事由的，只写文种，如一般简单的会议通知等。

（2）颁转性通知的标题由四部分组成，即由发文机关加转（或转发）字样加被批转（或转发）文件的标题再加文种组成，如《国务院办公厅转发国家经贸委关于鼓励和促进中小企业发展若干政策意见的通知》。

（二）主送机关

在标题下顶格书写接受通知的机关名称。

（三）正文

（1）指示性通知的正文由缘由、事项和要求（或希望）三部分组成。缘由部分主要写发文的原因、背景、根据、目的等。发文缘由要写得充分，但行文要简明，文字不宜过长。缘由部分写完后，常用"为此，特作如下通知"、"现通知如下"等承启用语引出下文。事项部分主要写明对有关事项的安排、决定，一般采取分条或分项写法。这部分内容要写得明确具体，使受文机关清楚地了解"做什么"和"怎么做"。要求（或希望）部分一般都比较简单，有的写"以上通知，望认真执行"、

"本通知自下发之日起执行",有的通知也可以省略这部分。

(2)批转性通知的正文由两部分组成:一是发布、批转、转发文件的缘由,也有的不写;二是意义和要求,即写对所批转、转发文件的态度或指出文件所涉及问题的重要意义,提出如何执行文件的要求等。

(3)告晓性通知的正文比较简单。会议通知特别是异地和重要的会议通知,应写明会议名称和会议事项(主旨)、起止时间、开会地点(重要会议还要指出报到时间和报到地点)、出席对象人数和条件、必须携带的材料。告知某些事项的通知,如干部任免通知、机构设立或调整通知等,正文内容要写清所告知事项的依据或原因、任免干部名单或机构设置、调整情况等。

(四)落款

在正文后右下方标明发文机关和发文时间。

三、通知的写作要求

(1)通知的事项要具体,要求和希望部分要有针对性。

(2)通知的语言要准确、精炼。

[例文二·六](颁转性通知)

中共中央办公厅 国务院办公厅关于印发《党政机关公文处理工作条例》的通知(原文见本章附录)

[例文二·七](指示性通知)

工商总局　税务总局

关于做好"三证合一"有关工作衔接的通知

各省、自治区、直辖市、计划单列市工商行政管理局(市场监督管理部门),国家税务局、地方税务局:

根据《国务院办公厅关于加快推进"三证合一"登记制度改革的意见》(国办发〔2015〕50号)和《工商总局等六部门关于贯彻落实〈国务院办公厅关于加快推进"三证合一"登记制度改革的意见〉的通知》(工商企注字〔2015〕121号)的要求,现就工商(市场监管)、税务部门协同推进"三证合一"登记制度改革,做好企业登记和税务管理衔接有关工作通知如下:

一、建立健全信息共享机制,确保衔接顺畅高效

企业登记机关核准企业、农民专业合作社(下统称企业)新设登记、变更登记(备案)后,应当将其基本登记信息、变更登记(备案)信息即时共享到省(自治区、直辖市、计划单列市,下同,)级信息共享交换平台(以下简称交换平台)。

税务机关确认纳税人信息后,应当将该税务主管机关全称即时共享到交换平台。企业登记机关应当及时到交换平台获取税务主管机关信息,并建立与企业登记信息的关联关系。

税务主管机关办理完生产经营地、财务负责人、核算方式等事项变更或出具清

税证明后，应当即时将上述事项的变更信息、清税信息共享到交换平台，企业登记机关应当及时到交换平台获取并更新相关变更信息、清税信息，并建立与企业登记信息的关联关系。

暂不具备联网实时共享信息条件的，企业登记机关、税务主管机关应当在共享信息产生之日起3个工作日内将信息共享到交换平台。

二、完善业务衔接流程，确保登记规范有序

自2015年10月1日起，已登记企业申请变更登记或者申请换发营业执照的，应当换发载有统一社会信用代码的营业执照。原营业执照、组织机构代码证、税务登记证由企业登记机关收缴、存档。原证件遗失的，申请人应当提交刊登遗失公告的报纸报样。

生产经营地、财务负责人、核算方式由企业登记机关在新设时采集。在税务管理过程中，上述信息发生变化的，由企业向税务主管机关申请变更。

已实行"三证合一、一照一码"登记模式的企业办理注销登记，申请人应持税务机关出具的《清税证明》（附件1），向企业登记机关申请办理注销登记。

过渡期内未换发"三证合一、一照一码"营业执照的企业申请注销，企业登记机关按照原规定办理。

三、强化宣传提升服务，确保改革落实到位

（一）优化服务

企业办理相关登记手续时，各级工商（市场监管）、税务部门要优化服务，切实履行告知义务，通过多种渠道主动提供详细办事指南，增设咨询窗口及导办人员，避免企业"多头跑"。

（二）加强培训

工商（市场监管）、税务部门应积极配合协作，及时对窗口人员开展"三证合一、一照一码"综合业务操作、登记材料提交、工作流程运转等培训，保障窗口人员熟悉流程、精通业务。

（三）加大宣传

利用各种媒体做好"三证合一、一照一码"登记制度改革政策的宣传解读，及时解答和回应社会关注问题。并通过印发宣传材料，加大改革宣传力度，在全社会形成理解改革、关心改革、支持改革的良好氛围。

（四）技术保障

在已开展工作基础上，各省市工商（市场监管）、税务部门要根据"三证合一"信息共享技术方案（附件2）要求，在2015年9月20日前搭建完成跨部门信息共享交换平台，改造各自业务系统，实现登记等信息的交换和数据共享。

附件：1.清税证明

2."三证合一"工商税务信息共享技术方案

工商总局　税务总局

2015年9月9日

[例文二·八]（指示性通知）

工商总局关于开展汽车市场专项整治工作的通知

各省、自治区、直辖市及计划单列市工商行政管理局、市场监督管理部门：

为维护汽车市场秩序，保障消费者合法权益，促进汽车行业健康发展，工商总局决定于2015年8月至12月在全国范围内开展汽车市场专项整治工作，现就有关事项通知如下：

一、高度重视，进一步明确加强汽车市场监管的重要意义

汽车销售及售后服务是连接汽车生产和消费的重要环节。建立公平公正、竞争有序的汽车市场和安全消费的环境，对保护消费者合法权益，促进汽车产业健康发展，扩大消费，推动国民经济持续增长具有重要意义。目前，汽车市场中侵害消费者权益、扰乱市场竞争秩序等违法行为仍时有发生。各级工商、市场监督管理部门要充分认识开展汽车销售维修服务领域专项执法行动的重要意义，严格履行法律赋予的职责，回应人民群众关切。深入贯彻《国务院关于促进市场公平竞争维护市场正常秩序的若干意见》精神，运用法治思维和法治方式履行汽车市场监管职能，坚持放管并重，宽进严管的原则，通过专项整治行动，进一步规范汽车市场秩序，依法保障汽车消费者合法权益，促进汽车市场健康发展。

二、突出重点，切实加强汽车市场监管

此次专项行动要围绕消费投诉的重点、媒体关注的焦点和社会关切的热点，重点查处以下违法行为：

（一）侵害消费者权益的行为。在维修保养中以旧代新、少换多收、未换骗收，虚增或者擅自减少服务项目，且收取未提供的服务项目的费用等。

（二）虚假或者引人误解的宣传行为。利用新闻媒体、网络平台、店堂告示、宣传彩页、新车发布、现场推介等形式对汽车油耗、配置、功能、性能，以及相关主要数据、降价促销信息等进行虚假或者引人误解的宣传。在维修保养、装饰装潢过程中，对使用的汽车零配件以及其他产品的有关信息作虚假表示等。

（三）商业贿赂行为。在商业车贷、汽车担保、旧车置换、车损定价等方面给付或者收受商业贿赂等。

（四）侵犯注册商标专用权等行为。在汽车销售维修保养以及装饰装潢中，使用侵犯他人注册商标专用权的产品等。

（五）合同格式条款违法行为。汽车销售企业、汽车维修企业利用合同格式条款免除自身责任、加重消费者责任、排除消费者权利等。

三、时间安排

（一）部署安排阶段（2015年8月至9月）

各地根据本通知提出的规范和整治内容，了解掌握辖区内汽车销售服务企业经营活动中存在的问题和违法行为。制定符合本地区实际的整治方案，合理分工，明

确责任。

（二）集中规范整治阶段（2015年9月至11月）

根据本次专项行动的重点，结合本地实际确定重点检查对象，对辖区内汽车经销商进行执法检查。要准确把握汽车市场监管中的法定职责，综合运用《产品质量法》《消费者权益保护法》《商标法》《反不正当竞争法》等法律法规，不断加强对执法检查中发现的疑难案件的分析研究，确保整治工作取得实效。要选择一些性质较为恶劣、影响范围广、具有典型性的案件作为查处的重点，不断深化案件查处工作。

（三）总结阶段（2015年11月至12月）

要认真总结专项行动中的经验、做法及典型案例，查找存在不足和问题，制定进一步加强和规范汽车市场监管措施。与汽车销售维修服务行业协会加强合作，促进汽车销售维修服务行业的行为规范和行业自律，共同建立汽车销售维修服务领域监管长效机制。

四、工作要求

（一）加强组织领导。各地工商、市场监督管理部门要切实加强统一领导和组织协调，结合当地实际，细化实化监管措施。此次专项执法行动应充分发挥工商行政管理机关的整体职能作用，市场规范管理、内外资企业和个体登记监管、竞争执法和经检办案、商标、广告、消保、合同等业务机构要各司其职、协同配合，统筹做好组织落实和上下衔接工作，形成整体监管合力，对违法行为进行综合治理。已开展汽车市场专项整治或单项整治工作的省市，可结合本通知要求，继续不断深入做好工作。

（二）坚持整治与规范相结合。在积极开展汽车市场专项整治的同时，要积极引导汽车市场主体规范自身经营行为，加强自律，建立健全进销台账、信息公示和消费维权承诺等制度，推动经营者自我约束、诚信守法经营。认真回查被查处的汽车销售服务企业、约谈汽车销售服务行业有轻微违法行为的其他企业，督促其整改到位。

（三）强化信用监管。注重发挥企业信用信息公示系统的功能作用，运用信息公示和信息共享等手段，强化对汽车市场主体的信用监管。坚持守信激励和失信惩戒，对守信主体予以支持和激励，对被列入经营异常名录或者严重违法企业名单的汽车市场主体，要严格执法，依法予以限制或者禁入，提高失信成本。

（四）重视宣传和舆论引导。各地在专项整治行动中，要加大宣传力度，通过广播、电视、报刊、网络等新闻媒体，采取多种形式宣传开展专项行动目的意义，督促经营者自查自纠，使广大消费者知晓、支持专项行动并提供相关线索。同时，也要注意在汽车销售、维修企业中发现和树立正面典型，进行宣传引导，加以推广，带动行业整体提高，形成良好社会氛围。

（五）不断总结工作经验。各地对辖区汽车市场专项整治工作进行总结，内容包括整治工作主要成果、具体做法、存在问题、意见建议和典型案例，并于12月10日前向总局报送。

工商总局

2015 年 7 月 29 日

资料来源 工商总局.工商总局关于开展汽车市场专项整治工作的通知［EB/OL］.（2015-08-07）.http://gkml.saic.gov.cn/auto3743/auto3749/201508/t20150807_159916.htm.

［例文二·九］（周知性通知）

关于启用基建房产管理科印章的通知

各单位：

鉴于公司已将原基建科、房管组撤销，重新成立了基建房产管理科，故从2009年8月1日起启用新印章，印章全称：基建房产管理科。原基建科印章同时作废。

附件：北京市第×市政工程公司基建房产管理科印章模式

北京市第×市政工程公司

二〇〇九年××月××日

［例文二·十］（会议通知）

通　知

各系：

兹订于明天下午1：30在办公楼二楼会议室召开学生思想教育工作会议，请各系主管学生思想工作的支部书记、全体班主任准时出席为盼。

校党委办公室

二〇〇九年××月××日

第五节　通　报

一、通报概说

通报是"表彰先进，批评错误，传达重要精神和告知重要情况"时使用的公文。

（一）通报的分类

通报按其内容与性质，可以划分为三种类型：

（1）表彰性通报：用于表彰典型的先进单位和人物的先进事迹，号召有关单位和人员学习先进，推广经验。

（2）批评性通报：用于批评违反党和国家的方针、政策，违反党纪、政纪和劳动纪律，造成不良政治影响或者较大经济损失的人和事。

（3）情况通报：用于传达上级精神，反映前段工作活动情况，报告工作中出现的新情况、新问题。

（二）通报的特点

（1）典型性。并非随便什么材料都能拿来写通报，相反，通报的事件必须具有某种普遍性，所通报的内容必须是个性和共性高度统一的典型，它足以对人有所启迪、有所借鉴、有所教益、有所警戒。

（2）及时性。凡过时的材料，无论如何重大或典型，都不能用来写通报。只有迅速及时地将正面的、反面的、重大的、典型的事例和情况写成通报，才能起到通报特有的作用。

（3）周知性。通报的内容要让一定范围内的单位或个人都知晓，这种特定范围内的通报，"周知率"越高，通报的影响就越大。

（4）单一性。通报或表扬或批评，或传达某一重要情况，内容一般都比较集中、单一，具有一文一事的特点。

二、通报的格式与写法

通报一般由标题、受文机关、正文和落款四部分构成。

（一）标题

通报的标题常见的是由发文机关加事由加文种组成，如《××机关关于××事件的通报》；有时也省略发文机关，只用事由加文种的写法，如《关于××事件的通报》；还有的只用"通报"二字。

（二）受文机关

除普发性的通报外，其他通报一般都应标明受文对象和范围。其内容在标题下面顶格书写，受文机关或单位之间用顿号隔开，最后用冒号。

（三）正文

通报正文的写法比较灵活，主要介绍通报的事件或人物，一般要把通报情况的缘由、时间、地点、经过、结果等交代清楚，并分析阐明所陈述内容的性质、意义或交代引以为戒及值得注意的事项，结尾写明所做出的决定或指示性意见，以及提出有关要求或发出号召等。

这是通报的一般写法，通报的种类不同、内容不同，写法也不尽相同。现简述如下：

（1）表彰性通报。这类通报的正文，一般要先介绍有关单位或个人的事迹，文字要简洁明了；接着概括、评析和指出向先进典型学习的主要内容，要求材料生动、具体，具有感染力；最后发出号召、希望，提出要求或做出决定，做到实事求是，恰如其分。

（2）批评性通报。这类通报的正文首先要简明扼要地写清被通报单位或个人的主要问题、情况，以及错误的性质、根源等；然后陈述对所通报错误、问题或事故的处理意见和决定，并在此基础上提出告诫性要求，指出应从中吸取的教训，以防止类似事件的发生。

［例文二·十一］

××县财政局关于
××乡政府违章购买桑塔纳轿车的通报

我县××乡政府未经批准，于2004年10月20日购买桑塔纳牌轿车一辆。更为严重的是，他们为购买轿车，擅自动用了国家拨给的棉花收购专项补贴费10万元，致使棉花收购计划没有完成。这种做法严重违反了财经纪律，违反了国务院关于控制社会集团购买力的规定，错误性质是严重的。××乡政府某些领导为讲排场，摆阔气，有令不行，有禁不止，明知故犯，影响是非常恶劣的。为严肃财经纪律，防止类似事件发生，决定没收其违章购买的轿车，并予以通报批评。

希有关单位引以为戒，保证国家专项资金专款专用，购买车辆及其他控购商品必须按规定办理审批手续。

××县财政局

二〇〇五年二月四日

这则批评通报体现了通报一般必备的四个层次：一是叙述事实；二是分析评议（性质、原因和影响）；三是表明态度（做出决定）；四是提出要求和希望。

（3）情况通报。这类通报用于领导机关有重要情况知照下级单位时，使干部、群众了解全面情况，以便统一认识，步调一致地工作。例如，毛泽东同志1949年为中共中央起草的《关于情况的通报》就属此类。目前，情况通报使用较少，一般都用简报代之。

（四）落款

在通报正文的右下方落款处写明发文机关名称及发文年月日。发文机关名称如在标题中已经注明，结尾也可不写。如发文日期已在标题下行的居中位置注明，结尾就可略去不写。

三、通报的写作要求

（1）事件要具有普遍意义，能反映出事物的本质。

（2）事实要准确，时间、地点、人物、数据、事例、背景都要非常确凿，不能夸大或缩小。

（3）叙事要清楚明白，一个人的基本情况要清楚，一件事的发展过程要完整。

（4）写作目的要明确，对所通报的事情的原因、影响、经验、教训要进行科学的总结，使人得到教益，并提出推广或防范的要求。

［例文二·十二］

遂宁市人民政府关于授予船山乡等
10个乡镇级特色文化乡镇称号的通报

各区、县人民政府，市府各部门：

近年来，各级政府坚持两个文明一起抓，在加快改革开放和经济建设的同时，努力推动了社会各项事业的协调发展。根据市委、市政府《关于在我市开展创建

"四川省文化先进市"活动的通知》（遂委发〔1996〕6号）精神，全市以创建文化先进市为目标，广泛开展文化先进县、特色文化乡镇创建活动，文化工作取得了长足进步，涌现出了一批文化阵地巩固、文化队伍逐步壮大、文化活动经常开展、文化项目特色突出、文化经营效果显著的乡镇，为我市城乡精神文明建设做出了贡献。

为深入贯彻党的十四届六中全会精神，加快社会主义精神文明建设，把我市早日建成"文化先进市"，市政府研究决定，授予市中区船山乡、玉峰镇、桂花镇，射洪县太和镇、大榆镇、青岗镇、柳树镇，蓬溪县隆盛镇、蓬莱镇、文井镇"遂宁市特色文化乡镇"荣誉称号，予以通报表彰。

市政府希望全市各级政府要进一步加强对文化工作的领导，认真总结、学习市级特色文化乡镇的经验，推进两个文明建设。市级特色文化乡镇要巩固特色文化成果，发扬成绩，勇于开拓，为我市文化事业繁荣做出新的贡献。市政府将适时组织对市级特色文化乡镇巩固成果情况进行复查验收，对复查验收不合格的，要取消市级特色文化乡镇的称号，以确保特色文化项目质量，推动文化先进市创建工作深入开展。

××××年××月××日

[例文二·十三]
关于××运输公司发货员×××向货主勒索钱物的通报

局直属各科室、公司，客运、货运站：

××运输公司发货员×××，自今年3月10日至4月30日，利用发货职权，在××货运码头先后向八个提货的货主明目张胆地索要钱物。有些货主不愿给他钱物，×××就采取不发货、不放行的手段进行刁难。后经货主×××揭发，问题暴露。现已查实×××共勒索钱物折合人民币×××元。×××所勒索的金额虽然不多，但手段恶劣，性质严重，引起了货主的强烈不满，严重败坏了商业信誉，使货运工作遭受了一定损失。为严肃纪律，整顿商风，经××运输公司研究，决定给予×××开除公职留用察看一年的处分，并责令其将勒索的钱物退还给有关货主，向货主赔礼道歉，做出深刻检查。我们认为这样处理是恰当的、严肃的。

为了杜绝类似事件的再次发生，各单位要联系本单位的实际，进一步加强对职工的职业道德教育，树立良好的商业风尚。同时，要严肃行业纪律，建立健全各项规章制度，堵塞漏洞，对违反纪律、以权谋私的人和事，都应严肃处理。

××港务局（公章）
××××年××月××日

[例文二·十四]
×市卫生局关于医生张×滥用麻醉药品造成医疗事故的通报

各区县、各乡镇医疗卫生单位：

2002年7月5日晚7时25分，×县×镇×村农民李×因下腹部疼痛，被送到×镇卫生院治疗。该院夜班医生张×以"腹痛待诊"处理，为病人开了阿托品、安定等解痛镇静药，肌肉注射杜冷丁10毫克。7月6日下午5时许，该病人因腹痛加剧，再次到该卫生院治疗，医生刘××诊断为"急性阑尾炎穿孔，伴腹膜炎"，急转市第二人民医院治疗，于当晚7时施行阑尾切除手术。手术过程中，医生发现其阑尾端部穿孔糜烂，腹腔脓液弥漫。于是，为病人切除了坏死的阑尾，清除了腹腔脓液约300毫升，安装了腹腔引流管条。经过积极治疗，输血300毫升，病人才脱离危险，但身心受到了严重的损害。

急性阑尾炎是一种常见的外科急腹症，诊断并不困难。×镇卫生院张×工作马虎，处理草率，在明确诊断以前，滥用麻醉剂杜冷丁，掩盖了临床症状，延误了病人的治疗时间，造成了较为严重的医疗事故。这种对人民生命财产极不负责任的做法是严重错误的。为了教育张×本人，经卫生局研究，决定给张×行政记过处分，扣发全年奖金，并在全市范围内通报批评。

各单位要从这次医疗事故中吸取教训，加强对职工的思想教育，增强职工的责任感，以对人民高度负责的精神，端正服务态度，提高服务质量。同时，要加强对麻醉药品的管理，认真执行××省卫生厅《关于严格控制麻醉药品使用范围的规定》，严禁滥用麻醉药品。今后如发现违反规定者，首先要追究单位领导的责任。

二〇〇二年七月二十五日（公章）

第六节　报　告

一、报告概说

报告是"向上级机关汇报工作、反映情况、回复上级机关的询问"时使用的公文。

（一）报告的分类

报告的分类比较复杂，根据不同的标准可以划分出不同的类别。根据报告的内容、性质、使用范围的不同，报告可划分为三类，即工作报告、情况报告、答复报告。

1.工作报告

它是学习、工作、生产到了一定阶段或结束以后，把主要情况、做法、经验教训和今后意见等向上级机关做出的书面汇报。其目的是使上级机关了解所属单位的全面情况或某一方面情况，以便进一步指导全局、带动全局。工作报告还可分为综合性报告、专题性报告。

（1）综合性报告。它着眼于全面，是对某一时期工作情况的全面汇报。

（2）专题性报告。它是就某一方面、某一重点工作做的专题汇报，如《中共××市委党校关于××××年省函授大专录取工作的报告》即属此类。

2.情况报告

它是反映情况、陈述问题或说明理由的一种随机性报告。情况报告不像工作报告那样定期撰写，它仅就某一问题或针对某方面的动态情况向上级反映，使上级了解事情的原因、性质、过程、现状、汇报者的态度等。因此，它具有"一事一报"的专题性特点。情况报告主要有：

（1）动态报告。这种报告主要向上级及时反映某一重大决策或行动所引起的动态情况，以便为上级领导提供科学决策的依据，如《××县对住房制度试行改革承受能力的报告》。

（2）检查报告。这种报告是针对工作中所犯错误查出原因，提出具体的处理意见，如《关于渤海二号钻井船翻沉事故的检查报告》。

（3）问题报告。它是针对某些倾向性问题或较严重的问题经调查研究后向上级机关反映的一种报告，如《关于专业人员出境问题的报告》。汇报工作的报告主要写自己本职的既往的工作，工作总结如果用公文形式呈报给上级机关，也就是工作报告。反映情况的报告写的是与自己工作有关的重要情况，如国务院秘书长《关于大兴安岭特大森林火灾事故和处理情况的汇报》、中央慰问团《赴云南慰问地震灾区的情况报告》、《上海市财政局关于制止本市一些企业以广告宣传名义赠送实物和乱支广告费的情况报告》等，所反映的都是"客体"而不是"本体"，但又都与自己的职责有关系，并且又容易引起上级机关的重视。

3.答复报告

它是下级机关对上级机关询问的问题做出回答的报告。这种报告必须针对询问的问题进行答复，要简短扼要，并要求引述原文内容或原文编号，如《关于自筹资金为职工制作服装的报告》。

（二）报告的特点

（1）汇报性。凡正在进行的或已经完成的工作，为了让上级机关或业务主管部门及时掌握工作进程和工作结果，下级机关都可撰写报告，以使上级准确地了解下情，有效地进行指导。因而汇报性是报告最显著的特点。

（2）陈述性。报告中要向上级有关部门汇报正在做什么，或已经做了什么，怎样做的，有什么问题，经验教训是什么。因此报告侧重于陈述，主要是提供事实、数据，而极少议论。那种在报告中大幅地引用有关文件精神，阐述工作的意义，强调其重要性的说教式文字，是与报告不相宜的。

二、报告的格式与写法

报告一般由标题、主送机关、正文、落款四个部分组成。

（一）标题

报告的标题一般由发文机关、事由和文种组成，如《财政部关于开展企业财务检查情况和今后意见的报告》《中国五金进出口公司××省分公司关于××××年上半年主要财务指标执行情况的报告》。

（二）主送机关

主送机关一般要求单一。受双重领导的单位，写情况报告时可同时主送两个同级领导机构。

（三）正文

报告正文的内容一般包括以下四个层次：

1.缘由

缘由即首先说明报告的原因和依据、目的或内容要点、结论，以引起阅读者的注意和重视，再用"现将××报告如下"的惯用句式承上启下。如××省镁制品领导小组向××省政府提交的《关于对镁砂生产企业实行准产证管理的报告》，第一部分写道：

"省政府《关于加强镁砂生产及镁制品管理的通知》（×政发〔1988〕94号）下发后，各市组织有关部门从1989年10月起对本地区的镁砂生产企业进行了系统的调查、考核和整顿。截至1990年9月，企业考核整顿工作已基本结束。现就下一步对镁砂生产企业实行准产证管理的意见报告如下："

这段话就交代了报告的原因和目的。

2.事项

事项即详细交代所反映情况的具体内容。不同类别的报告各有侧重。工作报告侧重于对情况的总结和经验的分析；问题报告侧重写问题的现状、背景、成因及影响。

3.意见

意见即提出意见、办法和措施。这个层次要认真考虑，因为汇报工作、反映情况的目的，主要在于改进工作和解决问题。这个层次的分量，不同种类的报告有不同的要求。一般来说，问题报告、会议报告分量较轻，而工作报告、请求批转报告分量较重。

4.结语

结语部分通常用"特此报告"、"以上报告请审核"之类的惯用语。提出建议的报告常用"如无不当，请批转各地区、各部门研究执行"作结。批转的对象应该明确。如林业部《关于抢救大熊猫的紧急报告》，在这个层次里就写道："以上报告如无不妥，请批转四川、陕西两省和国务院有关部门研究办理。"

（四）落款

落款处要写明发文机关全称或规范化简称，不能省略。

三、报告的写作要求

（1）情况真实，叙述准确具体。报告的内容应忠实于实际，提供准确无误的最新情况，不能报喜不报忧。准备做而未做的，应注明。不能将计划做的和已经做的混为一谈；不可文过饰非，弄虚作假，欺上瞒下，敷衍塞责。在估价成果、总结经验、吸取教训、提出措施等方面要实事求是，准确具体。不可用大话、空话代替实实在在的情况，要删去一切没有实际内容的废话以及内容不具体的概念化词句。

（2）内容集中，结构简明扼要。报告内容要经过综合、筛选，突出重点。报告文字要精炼、概括，不要写成流水账，过细的情况可写成附件。有些报告需对事实、数据进行归纳分析，从中找出对下一步工作带有指导性的观点来，这样的报告才更有价值。

（3）报告不能夹带请示事项。如有请示事项，应另以请示行文。

（4）报告不能一文数报，一般应有一个明确的主送单位，有关部门可以抄送、抄报。

[例文二·十五]

××百货商店2009年第3季度财务情况报告

××公司：

今年第3季度是市场淡季，各项主要财务指标实绩与去年同期比较，商品销售额为×××万元，只增长0.3%；利润总额为×××万元，减少2.8%；费用开支为×××万元，上升0.21%；平均流动资金周期为××天，减慢××天；1—3季度累计利润实绩为×××万元，完成公司下达年度计划任务的××%，情况很不理想。

（一）利润完成情况（略）

（二）资金运用情况（略）

以上报告，请核实。

××百货商店

二〇〇九年十月二十日

[例文二·十六]

关于进一步加强森林防火工作的报告

国务院：

我国的森林防火工作，以1987年大兴安岭特大森林火灾为转机，进入了一个新阶段。全国森林防火综合能力明显提高，森林火灾损失大幅度下降，对保护国家森林资源、促进国民经济发展、维护生态环境、保障林区安定发挥了重要作用。在新的形势下，森林防火工作出现了一些新的情况和问题，必须认真加以解决。森林防火任务日益繁重，森林防火工作只能加强，不能削弱。国家森林防火总指挥部撤销后，地方各级人民政府要进一步负起责任，切实做好森林火灾的预防和扑救工作。林业部将做好对各地森林防火工作的检查、监督和协调，各有关部门要积极支持，共同做好森林防火工作，现就进一步加强森林防火工作的意见报告如下：

（内容略）

当前正值北方森林防火的最紧要时期，以上报告，如无不妥，请批转各地执行。

林业部

××××年××月××日

[例文二·十七]

沈阳市人民政府关于沈抚城际铁路平交道口
改造工程情况的报告

省政府：

利用既有铁路线实施的沈抚城际铁路项目在我市境内现有平交道口15处。根据省政府工作部署，我市相关部门近期对上述道口"平改立"进行了联合现场踏勘，并经市政府业务会议确定了工程实施方案。现将有关情况报告如下：

一、改造方案

对12处平交道口按现有宽度实施下穿改造。其中，沈阳铁路局负责改造1处，我市和沈阳铁路局共同改造11处。改造内容包括路基引线工程、路面工程、铁路框构桥、联络道工程、交通工程及沿线设施。其余3处道口实行封闭或缓建。

二、投资测算

根据我市与沈阳铁路局签署的沈抚城际铁路平交道口改造工程框架协议，我市承担共同改造的11处道口"平改立"工程涉及的征地拆迁，以及铁路投影以外排水、引道和联络道路建设等费用，估算投资为2.15亿元。

三、工期安排

在8月20日前，开工改造7处平交道口。在8月底前，开工改造剩余的5处平交道口。今年年底前完成全部12处道口征地拆迁和框构顶进工作，其中具备与乡级、村级公路相交条件的，完成主体工程。2009年5月1日通车前完成全部工程。

特此报告。

沈阳市人民政府

××××年××月××日

第七节　请　示

一、请示概说

（一）什么是请示

请示是"向上级机关请求指示、批准"时使用的公文。

请示的使用范围较广，一般说来，凡本机关无力或无权解决，必经上级机关批准、指示才能办理的事项，均要用请示。

请示问题的性质有三种：一是不了解或不明确的问题。二是工作进程中发现的情况和遇到的问题。三是专题问题的请示，如物资购置、干部调动、基本建设、财务管理等。

（二）请示的分类

1.按性质划分

（1）政策性请示。对有关方针、政策和法令、制度等有不理解的地方，或对上级机关文件中规定的某些政策界限把握不准，需要上级机关给予答复的请示，属于政策性请示。

（2）工作请示。对在工作中遇到的各种难以处理或职权范围内不能处理的问题，需经上级机关批准的请示，属于工作请示。

2.按作用划分

按作用划分，指示有请求性请示、建议性请示两类。

（三）请示的特点

1.请求性

这是指对上级机关有所请求。下级机关在工作中遇到困难或有疑难问题，需要请求上级机关给予指示；下级机关领导意见分歧，无法统一执行，需要请求上级机关做出裁决；下级机关对超出本机关职权处理范围的一切事项，需要请求上级机关审核批准等等。所有这些内容，都需要用请示这个文种来行文。因此，请求性是请示的显著特点。

2.单一性

请示的写作必须遵循一文一事的原则，如同时有几个问题需要请示，则应分别行文，以便上级机关分别给予答复。

3.期复性

请示事项在未获得上级答复时，不能实施；所有请示，都期望上级机关及早批复作答。请示和报告都是上行文，都属报请性公文，追溯历史，秦时的"奏"，两汉的"疏"、"状"，魏晋的"启"，六朝的"牒"，宋朝的"申状"，明清直至民国政府的"呈"，都属于报告类公文，其共同点是多带请示性内容。"报告"这一名称是人民政府的产物，1931年土地革命时称"报告书"，抗日战争时称"报告"，请示与报告时分时合，1957年国务院才将"报告"与"请示"划分开来。

（四）请示和报告的区别

（1）性质、容量不同。报告系陈述性公文，内容较为复杂，有时一文多事；请示为请求性公文，内容较为单一，必须一文一事。

（2）目的、要求不同。报告一般不要求领导做出反应，请示则要求领导及时、明确地给予答复。

（3）时限、构成不同。报告可在事前、事中、事后行文，请示必须在事前行文。请示由请示缘由、请示事项、请示语构成；报告由报告目的、报告内容和报告结束语构成。

（4）内容的紧迫性不同。请示的内容大都是下级无权自行处理的重大原则问题或无法解决的实质性困难。

（5）处置的速度要求不同。从公文处理的紧迫性看，第一类当是上级机关的决定、通知，第二类就是请示，报告恐怕得排到第三、四、五类了。

（6）内容权限的关系不同。陈述本机关职权范围之内的事项，用报告；陈请超过本机关权限的事项，用请示。对于建议性报告，上级机关采纳后，执行的范围和权限远远超过呈送报告的单位。

二、请示的格式与写法

请示一般包括标题、主送机关、正文、落款四个部分。

（一）标题

标题一般由发文机关、事由和文种三部分组成。有时标题也可以不写发文机关，在落款处写发文机关全称，这样不仅使标题简洁、醒目，而且也能避免发文机关名称重复，如《关于购买电脑的请示》。

（二）主送机关

写清呈请批示的上级机关。

（三）正文

请示的正文一般可分为缘由、事项、结语三个层次。

（1）缘由。写明请示的原因、依据、目的和背景。这一层次要求情况真实，理由充分，为上级机关批准提供客观依据。

（2）事项。写明请示什么问题，即请示上级机关批准或指示的具体内容。这一层次要求明确具体，措施和意见要切实可行。若有多种方案，可同时提出，并说明倾向哪一种，以利于上级机关及时做出批复。

（3）结语。它又称请示语，如"特此请示"、"以上请示妥否，请批复"。

（四）落款

在正文后右下方标明请示时间。

三、请示的写作要求

（1）请示必须事先进行，绝不可先斩后奏。事先是指：①在事情发生之前；②虽不在事情发生之前，但在采取措施和进行工作之前。

（2）正文应当简明扼要地陈述请示的起因、事项和请示语。

（3）要一事一请示。

（4）不要搞多头主送。主送机关只能有一个。受双重领导的机关，另一领导机关可用抄送；若多头主送，收文机关可能互相等待、推诿，或意见不一，造成问题复杂化。

（5）不要越级请示。

（6）联合请示要搞好会签。

［例文二·十八］

辽宁省人民政府关于

确定普通高中学费标准的请示

国务院：

根据教育部等七部委《关于 2006 年治理教育乱收费工作的实施意见》（教监〔2006〕6 号）的要求，我省从 2006 年秋季学期起，实施了普通高中招生制度改革，停止普通高中招收自费生，将自费生和公费生统一为统招公费生，同时明确"统招公费生有关收费标准按照有关文件规定执行"（辽政办发〔2006〕22 号）。但由于种种原因，我省普通高中统招公费生学费标准至今没有确定，收费处于无章可循状态，给学校正常办学带来了困难。现就确定我省普通高中学费标准有关问题请示如下：

一、我省普通高中招生制度改革和收费标准情况

为做好普通高中招生制度改革工作，2006 年我省印发了《辽宁省人民政府办

公厅转发省教育厅关于规范中小学办学行为做好2006年中小学招生工作意见的通知》（辽政办发〔2006〕22号），并召开了新闻发布会，明确取消原有的公费生、自费生学费标准，非义务教育阶段的统招公费生学费标准根据国家有关部委收费管理权限规定，按照成本分担机制另行确定。

　　……

　　我省本应在2006年制定出台普通高中统招公费生学费标准，但由于诸多因素影响，2007年8月听证会才通过收费标准。根据当时的物价形势，我省采取了延期、择机出台的政策。目前，国内物价涨幅逐月回落，普通高中统招公费生学费标准出台已迫在眉睫，我省拟于近日实施听证会确定的收费标准：普通高中统招公费生每学年不超过1 000元，县（县级市）、郊区重点高中每生每学年不超过1 400元，一般高中每生每学年不超过800元。

　　请予批准。

辽宁省人民政府
××××年××月××日

［例文二·十九］

关于购买冷冻机的请示

×××市工业局：

　　我厂职工食堂现有1 000多人就餐，因无制冷设备，春、夏、秋三季食品不易保管，特别是到了夏季，食品经常腐烂变质，不但造成浪费，影响食堂卫生，而且也直接影响职工的身体健康。为了解决这一问题，拟购买一台GH-2型冷冻机，所需资金4.1万元，从厂福利基金中开支。

　　以上请示，请予审批。

×××市纺织厂
二〇〇九年九月一日

［例文二·二十］

长白朝鲜族自治县×××关于修建长白至松江河公路的请示

省×××：

　　我县位于长白山南侧、鸭绿江上游，境内山峦纵横，只有一条二百四十公里的山区公路与内地相通，是一个交通闭塞、非常偏僻的高寒山区。由于交通不便，丰富的资源得不到充分开发和利用，影响了地方工业的发展，使我县经济长期处于落后的状态。为了加强边疆经济建设，适应四个现代化，我县亟须再修一条与内地相通的公路。为此，今年十月五日至九日，由县委和县××的两名同志带领有关人员，采取边看边与沿途有关单位座谈的方法，踏查了长白-横山林场-漫江-松江河公路的走向，基本搞清了这条公路的概况。从踏查的情况看，长白至松江河线路全长只有一百三十一公里，比长白至临江公路缩短了一百零九公里，而且弯路少、坡度小、线形平顺、地质条件好。长白至松江河方面有一百零七公里的林业运材道和森铁路基可以利用。所以，修建这条公路具有投资少、见效快等许多有利条件。其具体情况是：

　　由长白镇零公里至五公里处，是一九七八年新改建的国家标准四级公路，永久式桥涵，就当前和今后一定时期的交通运输量来看，可以满足需要。修建长白至松江河公路……对我县还有重要的经济意义和政治意义：

　　一、提高了车辆周转率，加快了货物运输。（略）

　　二、节省汽油，降低运费。（略）

　　根据上述情况，我们呈请将修建长白至松江河公路列入计划，一九××年投资××万元，修建新开路段，初步达到全线通车；一九××年投资××万元，对两段五十八公里路面加宽改造，达到三级公路。

　　以上请示，当否，请批示。

长白朝鲜族自治县×××

××××年××月××日

第八节　批　复

一、批复概说

　　批复是上级机关"答复下级机关请示事项"时使用的公文。

　　批复是与"请示"相对应的下行公文。它还可以用来转发或批转下级机关的报告、计划等文件。其标题可署为批示，如"（上级机关）关于转发（下级机关）报告的批示"。附件应随正文转发。

　　批复从性质上说是一种指示性公文，但它又与原"指示"不同。它不是阐明工作活动的原则、步骤、方法，而是针对下级提出的具体请示问题给予具体答复的指示性公文，属于被动作指示。如《国务院关于成立大连仓储联合总公司的批复》，就是针对《国家经委关于成立大连仓储联合总公司的请示》而发的。

二、批复的格式与写法

　　（一）标题：机关+事由+文种

　　（二）受文机关

　　（三）正文

　　正文包括批复根据、批复意见、批复希望。

　　其结构是：

　　1.批复根据

　　批复的开头要引述来文，以使受文单位知道这份批复是针对哪个请示而发的。引述来文的方法有：

　　（1）只引述来文文号。

　　（2）引述来文提出的问题要点（经归纳、概括的）。

　　（3）以上二者俱用。

（4）引述来文主要内容。问题复杂的，或只引用文号，将来文附于批复之后。

2.批复意见

要求具有明确性、针对性和单一性。引述来文之后，要表明态度，根据党和政府的政策、法令、实际情况，对请示的问题逐一做出有针对性的答复，或同意，或不同意，或部分同意。有的还要对答复意见略作说明，申明理由或依据，以使下级更好地理解上级意图。答复的意见要单一，请示什么就答复什么，不要连带其他无关或关系不大的事项。答复的语言要明确、肯定、周严。

3.批复希望

结尾部分有时用简洁的文字提出希望和要求。有的仅简单表明态度，仅用"此复"、"特此批复"等语结束全文。

（四）落款

写清楚发文机关及发文时间

三、批复的写作要求

（1）态度明朗。对下级机关请示的答复应旗帜鲜明，有明确、肯定的意见，切忌含糊其辞，模棱两可。

（2）措辞庄重。批复意见要求下级机关遵照执行，故在作出答复、提出要求、发出指示时应字斟句酌，措辞庄重周全。

（3）批复的专语格式。

你□《关于□□□□□的□□》（□□字〔2001〕□□号）收悉。经□□□□研究（依据），同意□□□□□□……（主旨）。

□□□□□□要□□□□□□……（分旨）。

［例文二·二十一］

中华人民共和国财政部
关于同意你校成立高等职业技术学院的批复

东北财经大学：

你校《关于成立东北财经大学高等职业技术学院的请示》（东北财大发〔1999〕177号）悉。经研究并报部领导批准，同意你校成立"东北财经大学高等职业技术学院"。该院为你校的二级学院，我部不再增加经费。

特此批复。

×××× 年 ×× 月 ×× 日

［例文二·二十二］

××省人民政府关于
同意发行振兴××体育奖券的批复

省体委：

你委《关于发行振兴××体育奖券的请示》（×体字〔1999〕66号）收悉。经研究，同意在全省发行振兴××体育奖券（以下简称奖券），现将有关问题批复如下：

一、奖券暂定发行9 000万元，分三年发行。发行奖券要坚持自愿原则，不得强行摊派和弄虚作假。具体发行办法由省体委会同省人民银行、财政、工商、税务、审计、城建、环保、公安等部门共同研究。

二、发行奖券的收入全部用于体育事业的发展和体育设施的建设。奖券收入免征营业税、所得税、城市维护建设税、教育费附加和能源交通基金。对个人购买奖券取得的中奖收入，免征个人收入调节税。

三、同意省体委成立××省体育奖券发行办公室，负责组织和指导全省奖券的发行工作。办公室工作人员由省体委内部调剂。

××省人民政府

二〇〇五年十二月二十三日

第九节　函

一、函的概说

函是"不相隶属机关之间商洽工作，询问和答复问题，请求批准和答复审批事项"时使用的公文。在行政公文中，函是一种简便自由、使用广泛的公文。

（一）使用范围

（1）不相隶属单位、不同系统之间商洽工作。

（2）下级机关向有关主管部门询问和请示一般事宜。

（3）上级机关要求下级机关办理具体的事情或解决具体问题。

（4）上级机关回复下级机关一般性请示事宜。

（5）上下级机关之间催办工作部署后的有关事宜。

（6）对原有文件或工作部署做微小的修改、更正、补充。

（二）函的分类

按格式和标记，函可分为公函和便函两种。公函具有公文格式所要求的形式和标记，使用完毕后要立卷归档；便函可不严守公文的格式，使用起来简便自由些。按来往关系，函又可分为去函和复函。按内容和作用不同，函可分为：

1.商洽函

它主要用于平行或不相隶属机关之间商洽某项具体事宜，如商调干部，联系参观、学习等。这一类函从内容上看，具有针对性和单一性等特点，写作时应着重就所要商洽的事项进行协商，措辞与口气应尽可能谦逊、真诚，结尾一般应使用"请速函复（告）"、"为感"等词语，切忌使用"为要"等词。

2.询问函

它是去函的一种，可作上行文、平行文和下行文。不论哪一种行文，都应在函的正文中详细陈述所要询问的事项，但行文方向不同，文中的措辞与口气应有所区别。以其结尾为例，通常作上行文时，可使用"盼予函复"、"为盼"、"为感"等词语；作平行文时，可使用"请予函复"、"请速函告"等词语；作下行文时，可使用"望速函告"、"即请复函"、"为要"等词语。

3.请批函

它是去函的一种。下级机关向上级机关、平行或不相隶属机关请求批准某一事项，可使用"请批函"。这种函与"请示"相近，但又非"请示"所能替代。使用请批函行文时，应在文中简要准确地将所要请批的事项和理由交代清楚，切忌含糊不清、模棱两可。在函的结尾处，用"请研究函复"、"请复函"、"盼复"、"以上意见如无不妥，请批复"或"当否，请批复"等语句即可。

4.催办函

它是去函的一种，主要用于上级机关向下级机关催促办理某一具体事宜。催办函的写法较为简单，只需在函中将所要催办的事项和要求办妥的时限交代清楚。

5.告知函

它是去函的一种，主要告知受文机关或单位某项具体事宜，并不需要受方答复。这一类型的函与"通知"类似，但又非"通知"，它与"通知"的细微区别在于："通知"的范围比函要略大一些，且不带有商洽的意思；而函的一个最显著特征就是内容多少都含有一些商洽性质。

6.邀请函

邀请函类似请柬式的"通知"，主要用于告知被邀请单位（即受文单位）或个人参与某项事务，开展某项活动。若使用"通知"来行文，就会显得不够亲切和礼貌；若是以"请柬"相邀，又因其容量太小而有诸多事项交代不清。由于"请柬"的成本较高，相比之下，邀请函是一种较好的形式，它往往既节约了经费开支，又体现了对受文单位或个人的尊重。

7.批复函

从行文方向和行文内容上看，这一类型的函属复函，主要是针对来函中所询问、商洽和请批的事项，进行答复和批复。与上述六种去函的主动行文相反，批复函属于被动行文，表现在内容上是它具有较强的针对性。批复函又分为复函和批（复）函两种，批复函的正文通常由复函缘由和答（批）复两部分组成。在具体写法上，开头应首先引述来函的发文字号和主要事由，然后根据来函询问、商洽或待批的事项，进行答复或批复，结尾可用"特此函复"、"此复"等词语，以示严肃性。

（三）函的特点

1.往来性

函总是有"来"有"往"，往往一次往来未能说清某事或联系好某项工作，还需要再次发函，收到来函的机关也可再次复函。

2.灵便性

函受公文格式的限制较少，行文也比较自由，遇有一般性的问题，特别是涉及平行机关或不相隶属机关的问题，都可随时用函的形式联系解决。

二、函的格式与写法

函由标题、受文机关、正文和落款四部分构成。

（一）标题

函的标题写法较多，常见的是公文规范式标题和事由加文种式标题，如《外贸部关于选拔出国人员的函》《关于请拨购置办公自动化配套设备补助款的函》。此外，还可以由发函机关、事由、受函机关和文种四部分组成，如《国务院办公厅关于悬挂国徽等问题给湖北省人民政府办公厅的复函》。便函可以不加标题。

（二）受文机关

顶格写明受文单位的名称。

（三）正文

函的正文一般包括缘由、事项和结语三项内容。

（1）缘由部分：写为什么发出此函，复函可先告知来函收悉情况，常用"××单位××××年××月××日函悉"等语开头。

（2）事项部分：写商洽、询问或答复的事项。商洽工作的发函要把工作情况、函请的要求写清楚；询问事项的函要把需要答复的问题写具体；复函要针对来函，把自己的意见或答复的问题写明白。

（3）结语部分：函的结尾。发函常用"敬请函复"、"为要"、"为盼"、"为荷"等语表示希望和要求；复函常用"特此函复"、"此复"等语表示答复。

（四）落款

在正文下写明发函或复函机关名称和日期，并加盖公章。便函可不盖公章。

三、函的写作要求

（1）态度要谦虚。函主要用于平行机关或不相隶属机关之间联系工作，因此撰写时要有一个谦虚的态度，彼此协商，谦和有礼。行文宜多采用商洽性语言，忌用指挥、命令性语言，即使上级机关向下级机关询问情况和催办工作，也不宜直接发号施令。

（2）内容要简明。发函、复函的起因、要求、情况等，都要写得具体明确、简短扼要。行文要直截了当，开门见山，切忌曲折冗长、套话连篇。

[例文二·二十三]

××省××市统计局：

得悉你市将于近期举办统计工作人员讲习班，系统地培训统计工作人员。国务院《关于加强统计工作的决定》下达以后，我们曾打算集训我地区统计工作人员，但由于我们的力量不足，未能办成。现在你市决定办讲习班，我们拟派十名统计人员（地区二名，每县一名）随班学习，请你们代培。如蒙同意，将是对我地区统计工作的有力支持。代培所需费用由我们如数拨付。

　　盼予函复。

××省××地区统计局

××××年二月十五日

[例文二·二十四]

××省××地区统计局：

　　2月15日函悉。经我局办公室会议研究，同意你地区派十名统计工作人员来我市办的统计人员讲习班学习。我局住宿条件紧张，请你们自行解决住宿问题。为了便于管理，你地区参加学习人员应单独编成一个小组，并指定一名组长。关于费用，我们的意见是按实际参加培训人员人数均摊，于讲习班结束时统一结算，不知你们有何意见。讲习班拟于3月下旬开学。具体开学日期和报到地点，另行告知。

　　特此函复。

××省××市统计局

××××年××月××日

[例文二·二十五]

××县计量管理所：

　　我所张华同志，男，共产党员，现年30岁。1999年从××计算学校（中专）毕业后，来我所任技术员，多年来一直担任衡器检验测试工作，认真负责，2007年被评为助理工程师。张华同志家住你县城关，家有七旬老母需要照顾。该同志最近提出书面报告，请求调往你县工作，以便照顾家庭。经研究，我们同意他的要求，特来函与你们联系。如果你所能够安排，最好对调。

　　如无适当人员对调，单调也可以，所缺人员我们另行解决。是否同意张华同志调入，望于近期函告为盼。

××县计量管理所

××××年××月××日

[例文二·二十六]

××县计量管理所：

　　8月12日你所联系张华同志拟调我所工作的函收到。

　　我所目前不缺衡器检验测试的技术人员，也没有其他适当人员对调。我所计算管理人员紧缺，张华同志如果愿意做这方面的工作，我们可以考虑接受。

　　特此函复。

××县计量管理所

××××年××月××日

[例文二·二十七]

辽宁省人民政府关于商请租用人工增雨飞机的函

空军司令部：

　　阜新市地处辽宁西部，年平均降水不足500毫米，属于长期干旱地区，干旱使当地工农业生产遭受巨大损失。为大力开发空中云水资源，减轻干旱造成的损失，增加降水，该市从20世纪90年代初开始实施飞机人工增雨作业，并取得了显著成效。

请予支持。

附件：阜新市飞机人工增雨作业区域图（略）

辽宁省人民政府
二〇〇八年十二月一日

[例文二·二十八]

辽宁省人民政府办公厅关于
建立城乡一体化综合改革试验区的复函

盘锦市人民政府：

你市《关于建立辽宁省城乡一体化综合改革试验区的请示》（盘政〔2009〕205号）收悉。经省政府同意，现函复如下：

一、原则同意你市建立辽宁省城乡一体化综合改革试验区。

二、你市要从实际出发，根据城乡一体化综合改革试验区的要求，全面贯彻落实科学发展观，进一步解放思想，扩大开放，大胆创新，务实推进各个领域的体制改革，加快建立城乡一体化发展的体制机制，在重点领域和关键环节率先突破，为推动全省城乡一体化科学发展、创新发展与和谐发展，发挥示范和带动作用。

三、请你市抓紧制订具体方案，报省政府审批后实施。

辽宁省人民政府办公厅
二〇〇九年十二月八日

[例文二·二十九]

毛泽东致宋庆龄的一封书信

庆龄先生：

重庆违教，忽近四年。仰望之诚，与日俱积。兹者全国革命胜利在即，建设大计，亟待商筹，特派邓颖超同志趋前致候，专诚欢迎先生北上。敬希命驾莅平，以便就近请教，至祈勿却为盼！专此。敬颂大安！

毛泽东
一九四九年六月十九日

[赏析]

毛泽东同志写过许多公务书信。这种处理党和国家重要公务的书信，不同于一般公函，它是以领导人物特定的身份和个人名义发出的，既代表了组织机构处理公务，又多了一层个人情感因素，显得更为慎重亲切。毛泽东在1949年6月19日写给宋庆龄的信，是新中国成立前夕一封重要的公务书信。这封信具有很鲜明的特征，堪称公务书信的典范。

一、高瞻远瞩的政治眼光

由毛泽东同志亲自写信（周恩来同时亦有亲笔信），委派邓颖超同志到上海专诚欢迎宋庆龄先生北上，这是毛泽东、周恩来英明的决策，表明中国共产党愿与一切爱国人士真诚合作，共同建设新中国。8月28日宋庆龄先生到达北平，毛泽东、周恩来等许多领导同志到车站迎接。宋庆龄先生为新中国的成立和社会主义建设事业，做出了卓越的贡献，历史事实已经证明了，毛主席这封信，具有博大的胸怀和高瞻远瞩的政治眼光，团结一切爱国人士建设新中国，这是中国共产党人为国为民宗旨的生动体现。

二、庄重凝炼的语体风格

公务书信应该根据具体内容和致信对象，采用恰当的语言形式。这封信关系着时局的发展，意义深远，而受信人有很高的声望和学识修养，所以，毛泽东同志这封信较多地采用了文言词语，庄重凝炼、风格得体。

如信的开头说："重庆违教，忽近四年。仰望之诚，与日俱积。"毛泽东同志1945年8月到重庆参加国共和谈，在重庆期间，曾与宋庆龄先生多次会面，对国事和当时形势曾有过诚挚交谈。书信开头，直接畅叙旧情，表达对宋庆龄先生的仰慕和敬重。信中概括形势，申述邀请的缘由，用语极其精炼概括，"革命胜利在即，建设大计，亟待商筹"。为了便于"就近请教"，才有此恳挚邀请，"至祈勿却为盼"，一种伟大的人格力量，使受信人深感情意难却。而宋庆龄先生一向以人民利益为重，以国家建设为重，当会欣然应约。

三、恭谨周全的礼仪表述

这封书信由毛泽东同志亲笔书写，又委派邓颖超同志携此信专程前往上海问候迎接，这本身是一个十分恭谨周全而又隆重的礼仪举动，而书信中礼仪的表述，应该与此和谐一致。信中用了一些有恭敬色彩的文言词语，非常妥帖，自然得体。如"违教"、"仰望"，都是对人敬、对己谦的说法，与致信对象的声望是切合的。"趋前"是急走上前的意思，表恭敬貌，也是专用于表示谒见、进见的敬辞。"命驾"是命令御者驾驶车马的意思，"命驾莅平"，敬请受信人动身前来北平，用文言词语，有严肃敬重的意思。其他如"兹者"、"特派"、"敬希"、"至祈勿却为盼"、"专此"，多少带有公文语言严肃庄重的风格，也体现出这封书信公务的特色。"专诚"二字，有的地方在引用这封书信时，就错为"专程"。一字之易，便赋予这个词更深刻的含义，使礼仪色彩更为浓重。

第十节　纪　要

一、纪要概说

纪要是"记载会议主要情况和议定事项"时使用的公文。

纪要适用范围较广。凡重要的会议、座谈，需要将概况、内容向更大范围传达，而靠与会者个人记录不足以保证传达的严肃性、准确性和统一性时，就由专人负责整理成"会议纪要"。

纪要是针对会议讨论研究工作事项的成果摘要整理而形成的公文，它有下面一些特点：

（1）纪要是正式的比较重要会议的产物，是对会议成果的记录和整理。

（2）纪要多是专题性的，但涉及的部门或地区往往较为广泛，需要通过会议形式加以研究解决，求得共识，形成纪要。

（3）纪要对涉及的工作事项，既有明显的研究探讨性质，起着参谋或参考的作用，又应当做出规定，提出措施，经批准后，起指导和法规作用。

二、纪要的格式与写法

（一）标题：会议名称+纪要

（二）时间：××××年××月××日

（三）正文

（1）会议概况（会期、会址、主持人、与会者、议题、结果）。

（2）主体。对会议内容的摘要，主要写会议研究或讨论问题的情况和结果等。

（3）结尾。就会议议定的事项提出执行要求，发出号召。

其常见格式为：

□□□□□□会议于□□□□年□□月□□日召开，（依据）会议批准了□□□□□□的□□□□□□，并对□□□□□□的□□□□□□表示满意。（主旨）

会议同意□□□□□□……

会议赞成□□□□□□……

会议认为□□□□□□……

会议指出□□□□□□……

会议强调□□□□□□……

会议号召□□□□□□……（分旨）

三、纪要的写作要求

（1）要正确、真实地反映会议精神。纪要必须以会议的宗旨和目的为依据，凡符合会议宗旨的各种意见，都应如实地反映到纪要里。分歧意见一般不写入纪要。

（2）要突出会议的中心和要点。各种会议宗旨不一，有的侧重于对某些工作事项的研究，有的侧重于汇集、交流工作情况和经验体会，有的侧重于制定条例、章程、办法、细则等等。纪要应按照会议集中讨论、重点研究和解决的问题分清主次、轻重，确定详略。

（3）要条理清晰，文字简练。会议中各种材料、观点要经过集中、归纳、整理，去掉次要的、枝节的以及错误的成分，保存精华，加以提炼，要求做到全面、深刻、中肯、概括地反映会议内容。形式上要做到条理清楚，逻辑严密，轻重分明，层次有序。

（4）必须及时整理印发。

[例文二·三十]

大连服务外包企业座谈会会议纪要

（二○○九年十一月二十日）

11月10日，国务院副总理×××在辽宁省大连市主持召开大连服务外包企业座谈会。国务院副秘书长×××，发展改革委、科技部、工业和信息化部、财政部、人力资源社会保障部、商务部、人民银行、税务总局有关负责同志，辽宁省及大连市有关负责同志和东软集团股份有限公司等15家服务外包企业代表出席会议。大连市副市长×××简要汇报了全市服务外包产业发展情况，10位企业代表在会上发了言，商务部副部长×××和与会部门有关负责同志就支持服务外包产业发展政策、措施的落实情况做了汇报和说明。

据汇报，为了促进服务外包产业发展（略）

会议认为，服务外包作为异军突起的新兴产业，对于保增长、调结构、稳外需、促就业，特别是增加大学生就业，具有重要意义。要按照科学发展观的要求，立足当前，着眼未来，努力做好服务外包这篇大文章。示范城市要加强规划，突出特色，强化服务，营造环境，增强集聚效应，推动服务外包产业实现量的扩张和质的提升。

会议强调，我国服务外包产业发展潜力很大，大有希望（略）

会议指出，发展服务外包产业，根本上要靠人才、靠科技、靠创新。要鼓励多形式、多渠道加快服务外包人才培养。加强知识产权保护，鼓励企业开展自主研发和创新。解放思想，扩大开放，把人才优势、技术优势和市场优势充分结合起来。企业家要有雄心，开阔眼界，抓管理、促创新、创品牌，把服务外包企业做大做强。会议决定由商务部牵头会同有关部门加强政策协调，并议定以下具体意见：（略）

[例文二·三十一]

经济问题协调现场办公会会议纪要

2012-03-23

2012年1月8日下午，×××区委、区政府在工业区管委会四楼会议室召开了工业区经济社会发展重大问题协调现场办公会。会议由区委书记主持，会议对工业区提出的需要区委、区政府协调解决的13个经济社会发展重大问题逐一进行了明确。现纪要如下：

一、关于规划建设工业区经济发展中心的问题

会议认为，在位于高新大道与广州路交汇处以南的约300亩区域，规划建设集行政办公、总部经济大楼、会展集会、文化娱乐、生态休闲广场等于一体的工业区经济发展中心，对于完善园区整体功能、提升园区对外形象、形成园区集聚和规模效应，意义十分重大。会议明确，原则同意工业区提出的规划建设方案，规划建设所需资金通过出让园区管委会大楼、引进海内外投资、银行贷款等途径筹措。该项

工作由××同志牵头负责。

二、关于加快工业区三期规划和经济发展中心规划报批的问题

会议认为，这两个规划事关工业区的长远发展，必须切实抓紧抓好。会议明确……

三、关于土地招拍挂程序和土地出让金返还享受省级开发区待遇的问题

四、关于争取"拆迁安置自主实施"权限的问题

会议明确，该项工作由工业区形成专题报告上报区政府，由区政府呈报市政府，积极争取市政府主要领导或分管领导来我区召开现场办公会解决。

五、关于加快农用地转用报批新增建设用地有偿使用费县级所得部分返还的问题

会议明确（略）

六、关于将规划范围内有关行政村的用地、规划和管辖权纳入工业区的问题

会议认为，考虑到行政区划调整的严肃性和程序性，目前划转五个村的条件尚不成熟。但鉴于加快工业区发展的现实需要，本着"乡镇与园区发展统筹兼顾、一切服从服务于项目建设"的原则，可以采取灵活务实的方法解决这个问题。会议明确……

七、关于明确工业区畜牧水产场土地权属的问题

八、关于落实沈桥村拆迁安置地的问题

会议认为（略）

九、关于要求解放东路综合改造平衡商住用地出让金净收益超出部分用于支持工业区基础设施建设的问题

十、关于解决工业区污水排放的问题

会议认为（略）

十一、关于打通朱桥东路、广州路，启动大道延伸段及完善大道排水工程的问题

会议认为（略）

十二、关于将工业区区级教育统筹部分返还以支持工业区学校建设的问题

会议认为，发展教育事业功在当代、利在千秋，必须不断加大投入，扎实推进。

会议明确，考虑政策因素和现实需要，工业区区级教育统筹部分暂不返还。同时，要以实施教育大振兴品牌塑造工程为抓手，按照"四统"的要求，即统一规划学校网点布局、统一筹措教育发展资金、统一实施校园建设、统一进行财力分配支付，本着"谁的品质高支持谁、谁的见效快支持谁"的资金使用原则，加大对各地规划建设品牌学校的支持力度。工业区新建中心学校规划报区政府审批通过以后，区财政优先给予财力支持。该项工作由×××同志负责。

[例文二·三十二]

2015年办公室会议纪要

2015-05-21

会议由发展规划部部长×××主持。校园规划委员会成员×××、校园规划办公室成员×××等参加了会议。

一、会议讨论审议并通过立项申请的工程项目

1.关于"基建工程部提交三教、四教西侧空地绿化方案立项申请报告"的审议

同意立项申请。由于三教、四教西侧空地绿化属于临时性质,因此形式不必过于复杂。原则是以绿化为主,多铺生态砖,用以停放自行车;绿地中间可以有道路,但不必做喷水池。采用绿篱勾画出图案,中间可以点缀少量灌木、花卉及乔木。

2.关于"物理学院提交为进口设备建膨胀制冷机用房立项申请报告"的审议

同意立项申请。…………

二、会议讨论认为应提交校园规划委员会会议审核的工程项目（略）

三、对已获准立项申请工程项目的方案评审

1.关于"燕园社区服务中心建设生活服务附属用房及社区服务中心综合楼设计方案"的再次审议

同意此次设计方案。燕园社区服务中心建设生活服务附属用房及社区服务中心综合楼设计方案已经审议过两次,此次提交的方案对前次提出的修改意见进行了调整,已基本满足规划要求,可以进行下一步施工图设计。

2.关于"基建工程部提交学校东侧门警卫室立面方案"的再次审议（略）

四、会议讨论审议暂不同意立项申请的工程项目

1.关于"物理学院提交再次增加金工车间面积申请报告"的审议

暂不同意立项申请。会议讨论认为,…………

五、其他项目的通报（略）

附:

中共中央办公厅 国务院办公厅
关于印发《党政机关公文处理工作条例》的通知

中办发〔2012〕14号

各省、自治区、直辖市党委和人民政府,中央和国家机关各部委,解放军各总部、各大单位,各人民团体:

《党政机关公文处理工作条例》已经党中央、国务院同意,现印发给你们,请遵照执行。

中共中央办公厅　国务院办公厅

2012年4月16日

党政机关公文处理工作条例
中共中央办公厅 国务院办公厅

第一章　总　则

第一条　为了适应中国共产党机关和国家行政机关（以下简称党政机关）工作需要，推进党政机关公文处理工作科学化、制度化、规范化，制定本条例。

第二条　本条例适用于各级党政机关公文处理工作。

第三条　党政机关公文是党政机关实施领导、履行职能、处理公务的具有特定效力和规范体式的文书，是传达贯彻党和国家的方针政策，公布法规和规章，指导、布置和商洽工作，请示和答复问题，报告、通报和交流情况等的重要工具。

第四条　公文处理工作是指公文拟制、办理、管理等一系列相互关联、衔接有序的工作。

第五条　公文处理工作应当坚持实事求是、准确规范、精简高效、安全保密的原则。

第六条　各级党政机关应当高度重视公文处理工作，加强组织领导，强化队伍建设，设立文秘部门或者由专人负责公文处理工作。

第七条　各级党政机关办公厅（室）主管本机关的公文处理工作，并对下级机关的公文处理工作进行业务指导和督促检查。

第二章　公文种类

第八条　公文种类主要有：

（一）决议。适用于会议讨论通过的重大决策事项。

（二）决定。适用于对重要事项作出决策和部署、奖惩有关单位和人员、变更或者撤销下级机关不适当的决定事项。

（三）命令（令）。适用于公布行政法规和规章、宣布施行重大强制性措施、批准授予和晋升衔级、嘉奖有关单位和人员。

（四）公报。适用于公布重要决定或者重大事项。

（五）公告。适用于向国内外宣布重要事项或者法定事项。

（六）通告。适用于在一定范围内公布应当遵守或者周知的事项。

（七）意见。适用于对重要问题提出见解和处理办法。

（八）通知。适用于发布、传达要求下级机关执行和有关单位周知或者执行的事项，批转、转发公文。

（九）通报。适用于表彰先进、批评错误、传达重要精神和告知重要情况。

（十）报告。适用于向上级机关汇报工作、反映情况，回复上级机关的询问。

（十一）请示。适用于向上级机关请求指示、批准。

（十二）批复。适用于答复下级机关请示事项。

（十三）议案。适用于各级人民政府按照法律程序向同级人民代表大会或者人民代表大会常务委员会提请审议事项。

（十四）函。适用于不相隶属机关之间商洽工作、询问和答复问题、请求批准和答复审批事项。

（十五）纪要。适用于记载会议主要情况和议定事项。

第三章　公文格式

第九条　公文一般由份号、密级和保密期限、紧急程度、发文机关标志、发文字号、签发人、标题、主送机关、正文、附件说明、发文机关署名、成文日期、印章、附注、附件、抄送机关、印发机关和印发日期、页码等组成。

（一）份号。公文印制份数的顺序号。涉密公文应当标注份号。

（二）密级和保密期限。公文的秘密等级和保密的期限。涉密公文应当根据涉密程度分别标注"绝密""机密""秘密"和保密期限。

（三）紧急程度。公文送达和办理的时限要求。根据紧急程度，紧急公文应当分别标注"特急""加急"，电报应当分别标注"特提""特急""加急""平急"。

（四）发文机关标志。由发文机关全称或者规范化简称加"文件"二字组成，也可以使用发文机关全称或者规范化简称。联合行文时，发文机关标志可以并用联合发文机关名称，也可以单独用主办机关名称。

（五）发文字号。由发文机关代字、年份、发文顺序号组成。联合行文时，使用主办机关的发文字号。

（六）签发人。上行文应当标注签发人姓名。

（七）标题。由发文机关名称、事由和文种组成。

（八）主送机关。公文的主要受理机关，应当使用机关全称、规范化简称或者同类型机关统称。

（九）正文。公文的主体，用来表述公文的内容。

（十）附件说明。公文附件的顺序号和名称。

（十一）发文机关署名。署发文机关全称或者规范化简称。

（十二）成文日期。署会议通过或者发文机关负责人签发的日期。联合行文时，署最后签发机关负责人签发的日期。

（十三）印章。公文中有发文机关署名的，应当加盖发文机关印章，并与署名机关相符。有特定发文机关标志的普发性公文和电报可以不加盖印章。

（十四）附注。公文印发传达范围等需要说明的事项。

（十五）附件。公文正文的说明、补充或者参考资料。

（十六）抄送机关。除主送机关外需要执行或者知晓公文内容的其他机关，应当使用机关全称、规范化简称或者同类型机关统称。

（十七）印发机关和印发日期。公文的送印机关和送印日期。

（十八）页码。公文页数顺序号。

第十条　公文的版式按照《党政机关公文格式》国家标准执行。

第十一条　公文使用的汉字、数字、外文字符、计量单位和标点符号等，按照有关国家标准和规定执行。民族自治地方的公文，可以并用汉字和当地通用的少数民族文字。

第十二条　公文用纸幅面采用国际标准A4型。特殊形式的公文用纸幅面，根据实际需要确定。

第四章　行文规则

第十三条　行文应当确有必要，讲求实效，注重针对性和可操作性。

第十四条　行文关系根据隶属关系和职权范围确定。一般不得越级行文，特殊情况需要越级行文的，应当同时抄送被越过的机关。

第十五条　向上级机关行文，应当遵循以下规则：

（一）原则上主送一个上级机关，根据需要同时抄送相关上级机关和同级机关，不抄送下级机关。

（二）党委、政府的部门向上级主管部门请示、报告重大事项，应当经本级党委、政府同意或者授权；属于部门职权范围内的事项应当直接报送上级主管部门。

（三）下级机关的请示事项，如需以本机关名义向上级机关请示，应当提出倾向性意见后上报，不得原文转报上级机关。

（四）请示应当一文一事。不得在报告等非请示性公文中夹带请示事项。

（五）除上级机关负责人直接交办事项外，不得以本机关名义向上级机关负责人报送公文，不得以本机关负责人名义向上级机关报送公文。

（六）受双重领导的机关向一个上级机关行文，必要时抄送另一个上级机关。

第十六条　向下级机关行文，应当遵循以下规则：

（一）主送受理机关，根据需要抄送相关机关。重要行文应当同时抄送发文机关的直接上级机关。

（二）党委、政府的办公厅（室）根据本级党委、政府授权，可以向下级党委、政府行文，其他部门和单位不得向下级党委、政府发布指令性公文或者在公文中向下级党委、政府提出指令性要求。需经政府审批的具体事项，经政府同意后可以由政府职能部门行文，文中须注明已经政府同意。

（三）党委、政府的部门在各自职权范围内可以向下级党委、政府的相关部门行文。

（四）涉及多个部门职权范围内的事务，部门之间未协商一致的，不得向下行文；擅自行文的，上级机关应当责令其纠正或者撤销。

（五）上级机关向受双重领导的下级机关行文，必要时抄送该下级机关的另一个上级机关。

第十七条　同级党政机关、党政机关与其他同级机关必要时可以联合行文。属于党委、政府各自职权范围内的工作，不得联合行文。

党委、政府的部门依据职权可以相互行文。

部门内设机构除办公厅（室）外不得对外正式行文。

第五章　公文拟制

第十八条　公文拟制包括公文的起草、审核、签发等程序。

第十九条　公文起草应当做到：

（一）符合党的理论路线方针政策和国家法律法规，完整准确体现发文机关意图，并同现行有关公文相衔接。

（二）一切从实际出发，分析问题实事求是，所提政策措施和办法切实可行。

（三）内容简洁，主题突出，观点鲜明，结构严谨，表述准确，文字精练。

（四）文种正确，格式规范。

（五）深入调查研究，充分进行论证，广泛听取意见。

（六）公文涉及其他地区或者部门职权范围内的事项，起草单位必须征求相关地区或者部门意见，力求达成一致。

（七）机关负责人应当主持、指导重要公文起草工作。

第二十条 公文文稿签发前，应当由发文机关办公厅（室）进行审核。审核的重点是：

（一）行文理由是否充分，行文依据是否准确。

（二）内容是否符合党的理论路线方针政策和国家法律法规；是否完整准确体现发文机关意图；是否同现行有关公文相衔接；所提政策措施和办法是否切实可行。

（三）涉及有关地区或者部门职权范围内的事项是否经过充分协商并达成一致意见。

（四）文种是否正确，格式是否规范；人名、地名、时间、数字、段落顺序、引文等是否准确；文字、数字、计量单位和标点符号等用法是否规范。

（五）其他内容是否符合公文起草的有关要求。

需要发文机关审议的重要公文文稿，审议前由发文机关办公厅（室）进行初核。

第二十一条 经审核不宜发文的公文文稿，应当退回起草单位并说明理由；符合发文条件但内容需作进一步研究和修改的，由起草单位修改后重新报送。

第二十二条 公文应当经本机关负责人审批签发。重要公文和上行文由机关主要负责人签发。党委、政府的办公厅（室）根据党委、政府授权制发的公文，由受权机关主要负责人签发或者按照有关规定签发。签发人签发公文，应当签署意见、姓名和完整日期；圈阅或者签名的，视为同意。联合发文由所有联署机关的负责人会签。

第六章 公文办理

第二十三条 公文办理包括收文办理、发文办理和整理归档。

第二十四条 收文办理主要程序是：

（一）签收。对收到的公文应当逐件清点，核对无误后签字或者盖章，并注明签收时间。

（二）登记。对公文的主要信息和办理情况应当详细记载。

（三）初审。对收到的公文应当进行初审。初审的重点是：是否应当由本机关办理，是否符合行文规则，文种、格式是否符合要求，涉及其他地区或者部门职权范围内的事项是否已经协商、会签，是否符合公文起草的其他要求。经初审不符合规定的公文，应当及时退回来文单位并说明理由。

（四）承办。阅知性公文应当根据公文内容、要求和工作需要确定范围后分送。批办性公文应当提出拟办意见报本机关负责人批示或者转有关部门办理；需要两个以上部门办理的，应当明确主办部门。紧急公文应当明确办理时限。承办部门对交办的公文应当及时办理，有明确办理时限要求的应当在规定时限内办理完毕。

（五）传阅。根据领导批示和工作需要将公文及时送传阅对象阅知或者批示。办理公文传阅应当随时掌握公文去向，不得漏传、误传、延误。

（六）催办。及时了解掌握公文的办理进展情况，督促承办部门按期办结。紧急公文或者重要公文应当由专人负责催办。

（七）答复。公文的办理结果应当及时答复来文单位，并根据需要告知相关单位。

第二十五条 发文办理主要程序是：

（一）复核。已经发文机关负责人签批的公文，印发前应当对公文的审批手续、内容、文种、格式等进行复核；需作实质性修改的，应当报原签批人复审。

（二）登记。对复核后的公文，应当确定发文字号、分送范围和印制份数并详细记载。

（三）印制。公文印制必须确保质量和时效。涉密公文应当在符合保密要求的场所印制。

（四）核发。公文印制完毕，应当对公文的文字、格式和印刷质量进行检查后分发。

第二十六条　涉密公文应当通过机要交通、邮政机要通信、城市机要文件交换站或者收发件机关机要收发人员进行传递，通过密码电报或者符合国家保密规定的计算机信息系统进行传输。

第二十七条　需要归档的公文及有关材料，应当根据有关档案法律法规以及机关档案管理规定，及时收集齐全、整理归档。两个以上机关联合办理的公文，原件由主办机关归档，相关机关保存复制件。机关负责人兼任其他机关职务的，在履行所兼职务过程中形成的公文，由其兼职机关归档。

第七章　公文管理

第二十八条　各级党政机关应当建立健全本机关公文管理制度，确保管理严格规范，充分发挥公文效用。

第二十九条　党政机关公文由文秘部门或者专人统一管理。设立党委（党组）的县级以上单位应当建立机要保密室和机要阅文室，并按照有关保密规定配备工作人员和必要的安全保密设施设备。

第三十条　公文确定密级前，应当按照拟定的密级先行采取保密措施。确定密级后，应当按照所定密级严格管理。绝密级公文应当由专人管理。

公文的密级需要变更或者解除的，由原确定密级的机关或者其上级机关决定。

第三十一条　公文的印发传达范围应当按照发文机关的要求执行；需要变更的，应当经发文机关批准。

涉密公文公开发布前应当履行解密程序。公开发布的时间、形式和渠道，由发文机关确定。

经批准公开发布的公文，同发文机关正式印发的公文具有同等效力。

第三十二条　复制、汇编机密级、秘密级公文，应当符合有关规定并经本机关负责人批准。绝密级公文一般不得复制、汇编，确有工作需要的，应当经发文机关或者其上级机关批准。复制、汇编的公文视同原件管理。

复制件应当加盖复制机关戳记。翻印件应当注明翻印的机关名称、日期。汇编本的密级按照编入公文的最高密级标注。

第三十三条　公文的撤销和废止，由发文机关、上级机关或者权力机关根据职权范围和有关法律法规决定。公文被撤销的，视为自始无效；公文被废止的，视为自废止之日起失效。

第三十四条　涉密公文应当按照发文机关的要求和有关规定进行清退或者销毁。

第三十五条　不具备归档和保存价值的公文，经批准后可以销毁。销毁涉密公文必须严格按照有关规定履行审批登记手续，确保不丢失、不漏销。个人不得私自销毁、留存涉密公文。

第三十六条　机关合并时，全部公文应当随之合并管理；机关撤销时，需要归档的公文经整理后按照有关规定移交档案管理部门。

工作人员离岗离职时，所在机关应当督促其将暂存、借用的公文按照有关规定移交、清退。

第三十七条　新设立的机关应当向本级党委、政府的办公厅（室）提出发文立户申请。经审查符合条件的，列为发文单位，机关合并或者撤销时，相应进行调整。

第八章　附　　则

第三十八条　党政机关公文含电子公文。电子公文处理工作的具体办法另行制定。

第三十九条　法规、规章方面的公文，依照有关规定处理。外事方面的公文，依照外事主管部门的有关规定处理。

第四十条　其他机关和单位的公文处理工作，可以参照本条例执行。

第四十一条　本条例由中共中央办公厅、国务院办公厅负责解释。

第四十二条　本条例自2012年7月1日起施行。1996年5月3日中共中央办公厅发布的《中国共产党机关公文处理条例》和2000年8月24日国务院发布的《国家行政机关公文处理办法》停止执行。

研讨与练习

一、简答题

1.公文运行的各级机关之间的组织关系有哪几种？

2.公文运行的行文规则主要体现在哪些方面？

3.简述"公告"和"通告"的异同。

4.公布下列事项宜用哪个文种？

（1）向国内外旅客公布航期、船期。

（2）对全市机动车辆停车场实行统一管理。

（3）某单位临时搬迁办公地点，告知下属及有关单位。

（4）公布新的法规。

5.请示和报告有哪些共同点和不同点？

6.批复如何引述来文？如何表明批复意见？

7.请求函与请示的区别是什么？

8.批复与复函的区别是什么？

9.会议纪要有何特点？如何写好会议纪要？

10.在什么情况下用"函"？函和其他文种在行文上有什么不同？

二、下列公文语句均存在用语不当或不符合公文语体的毛病，请予以修改

1.事故发生之前，房门没锁。

2.小王革新了工作方法，许多人知道后纷纷效尤。

3.鉴于你县拖拉机站亏损的实际情况，根据××有关规定，同意减免工商税。

4.经研究，县政府同意A乡政府报告。

5.县委给农村中小学教师写了一封慰问信。

6.红队打败了蓝队夺得了冠军。

7.简报的词语一定要简洁明了，切忌不要冗长啰嗦。

8.我省的土地资源是全国最丰富的地区之一。

9.到下级单位和基层一般情况下吃工作餐。

10.该厂库存生铁逐年减少，两年内减少了一倍。

11.报纸上宣传了许多王厂长的先进事迹。

12.经厂务会批准，厂内一律禁止养鸡鸭，如有违者，本月底捉送食堂杀……

13.此事发生在国务院文件下达以后，这是违背有令不行、有禁不止的错误行为。

14.兹介绍×××同志去你局学习档案管理经验，希予协助为要。

15.鉴于以上情况，应该怎么办，请领导批示。

三、病文修改

（一）指出下面这篇请示中存在的问题，然后加以修改。

大连××商店请示

市一商局、物价局：

我商店新购进的一批香烟和副食品，因质次价高，造成严重滞销。目前香烟大多数因烟丝干燥，质量受到严重影响，严重的已经霉变；副食品也有不少已变质。为了维护消费者的利益，促进我店流动资金的迅速周转，经研究决定，对香烟和副食品削价出售。特此请示，请批复。

大连××商店

××××年××月××日

（二）下文在内容、语言上均有问题，请修改。

武汉市盛达公司关于盛达制衣厂翻建房屋的请示报告

××局：

我公司所属盛达制衣厂于2002年10月开始翻建汽车库。到现在一层顶板已扣完。工程进展快。由于汽车库的翻建已经拆除了司机、装卸工宿舍、武装部办公室、基建科办公室等共计510平方米。因为以上办公用房的拆除，以致汽车无处停放，有关职工无处办公，严重影响正常工作。另外，为缓和厂区占地紧张状况及结合全厂长远规划，故决定改建第一层为汽车库，第二层为办公室。

为解决当前办公用房之急需，只能把已拆除的510平方米面积加在汽车库顶层上面，资金由该厂自行解决。

妥否，请批示。

武汉市盛达公司

二〇〇三年十月十日

（三）请指出下列病文的错误之处。

关于下拨建造学生宿舍楼经费的请示报告

市人民政府、市教育局：

我校今年由于住宿生急剧增加，现有的学生宿舍已经无法容纳，现在住校生基本上是一室七人住宿，严重影响了学生的身心健康。为解决这一困难，我校决定再建一栋学生宿舍楼。另外，我校图书馆也尚未达到省"两基"标准，望上级部门给予适当支持。

此请示，请回复。

××学院（章）

二〇一三年三月二十日

（四）修改病文。

××省××县工商局重建办公大楼的请示报告

××县人民政府、××县财政局、××县国土局：

去年七月十二日凌晨×地区发生6.5级地震，我局办公大楼被毁坏，已成危房，无法再使用。现决定重建办公大楼，共需360万元，还需扩征土地3亩。现请示拨款拨土地，请批准为盼。

特地报告

××县工商局

二〇一三年二月十五日

（五）指出下列公文错误之处，并加以修改。

关于成立摄影协会的重要通知

各学生会：

　　院学生会成立一个摄影协会，目的是为了丰富学生课余文化生活，培养我们的情操，有利于我们提高观察生活的能力，从生活挖掘出美好的事物，使我们更加热爱我们的社会主义家园。

　　本协会将举办摄影培训班，聘请专业或业余摄影家来讲课，在一二年内本协会成员除了能掌握摄影基本知识外，还能学会在拍摄过程中常用的知识，如追随法、逆光摄影、高调摄影等，在冲洗照片过程中常用的如冲洗放大，多次曝光叠加成像等方法。待初步掌握了这些技能后，我们还得外出采访，从而更好地深入实际，了解社会，还将尽可能地游历名山大川，拍出有浓郁的生活气息和奇丽风光的艺术照片，举办学员作品展览评出优秀作品对作者以适当奖励，结业时，凡掌握了所学内容者，都发给结业证书。总之，凡加入本协会的成员，只要认真学习，互相交流，取长补短，切磋技艺，都会在摄影技术上取得很大进步，成为社会有用的人才。

　　凡是对摄影有爱好的学生，可以自愿报名参加，要自备自带照相机，有摄影作品的职工最好交上来，以便录取时参考，活动时间，每星期二、四下午，报名处在办公楼203室，报名时交一张一寸照片，有关事项要求，望及时发给各团支部给予传达，尽快将名单报上来。

　　摄影是一门艺术，它会使我们生活更加丰富多彩，激发我们爱国和为祖国添彩的热情，望大家踊跃参加。

××学院学生处

××××年×月×日

四、公文写作题

（一）根据下列材料拟写一则通告。

　　某单位定于××××年×月×日上午×时至×时对某危楼实行定向爆破，为此某市公安局发布通告，届时某危楼方圆五公里内实行戒严，请所有车辆和人员绕道而行。

（二）为推进我省精神文明建设，构建和谐社会，根据中华人民共和国公安部有关要求，某市公安局发布查禁赌博的通告。请你代某市公安局拟写一份关于查禁赌博的通告。

（三）根据下列给定材料拟写一则法规性通告。

　　要求：（1）拟写事由＋文种标题。（2）落款处写明发文机关。（3）成文时间虚拟。

　　为加强对全市互联网上网服务营业场所的管理，根据《国务院办公厅关于进一步加强互联网上网服务营业场所管理的通知》（国办发〔2005〕21号）要求，临汾市电信局、临汾市公安局、临汾市文化局、临汾市工商局于即日起对本市互联网上网服务营业场所进行为期3个月的清理整顿并加强管理。并将有关事项向社会进行通告。

　　一是开办互联网上网服务营业场所按下列程序办理审批登记，手续齐全后方可营业。二是互联网上网服务营业场所是指通过计算机与互联网联网向公众提供互联网上网服务的营业性场所（包括"网吧"提供的上网服务）。

（四）××市教委需要召开市中学高考工作会议，会期三天，要求住会。请代××市教委起草一份会议通知，下发所属各单位。

（五）某省教育厅高校工委定于×月×日在教育宾馆二楼会议室召开全省高校系统学习贯彻十八大精神会议，向各本科院校，高职高专院校发出通知，要求党委书记、校（院）长、宣传部长参加。

　　请你代×省高校工委拟写一份会议通知（发文号、成文时间虚拟）。

（六）汛期即将来临，为确保全市人民安全度汛，×市人民政府专题研究安排部署防汛工作，并下发通知到各县、市（区）人民政府，要求其加强领导，落实责任，措施到位，确保人民群众生产、工作和生活安全。请你代×市人民政府拟写一份安排部署防汛工作通知（发文号、成文时间虚拟）。

（七）为加强对高校仪器设备的管理，教育部向下属各教育行政部门及教育部部属各高校下发了《高等学校仪器设备管理办法》的通知。请你代拟这则发布性通知（发文号、成文时间虚拟）。

（八）某大学会计系2005级学生刘义，入学以来不认真学习，经常旷课，多次打架斗殴，今年7月5日刘喝醉后回宿舍开门时，被同宿舍黄刚同学不小心撞了一下，刘即大打出手，将黄刚打成重伤。学校决定给予刘义勒令退学处分。请你代拟一份批评性通报。

（九）某学校在今年省教育厅组织的统一考试中，有许多学生作弊，严重违反了考风考纪，造成了十分恶劣的影响，请代某省教育厅向各市教育局写一份批评通报。

（十）根据下列材料，撰写一则表彰通报。

一年来，在县人事局领导的正确带领下，全体干部职工深入贯彻落实科学发展观，坚持公道正派、勤政为民，服务大局，为我县经济建设和发展做出了积极贡献。为激励广大干部职工献身党的事业，树立榜样，表彰先进，局领导决定授予××等12名同志"先进工作者"称号，全体干部职工要以受表彰的先进个人为榜样，爱岗敬业，勇于创新，为人事人才改革，提高服务质量，构建和谐机关做出新的贡献。希望受表彰的同志珍惜荣誉，谦虚谨慎，发扬成绩，再立新功。

（十一）某市某县某国营煤矿，无视安全隐患，违规操作，导致瓦斯爆炸，造成死亡××人的特大煤矿安全交通事故，教训十分深刻沉痛。为此，某省人民政府通报全省，要求各级人民政府和有关煤矿生产和安全监管部门引以为戒，抓好全省煤矿安全生产和其他安全工作。请以某省人民政府名义拟写一份批评通报。

（十二）某部门需要购置复印机，必须向上级写一份公文。请问应选用什么文种？并请试拟这份公文。

（十三）红光印刷厂由国外引进了先进的生产技术和设备，但该厂无法解决本厂技术人员进修外语问题，得知××大学有出国人员英语强化进修班，于是该厂向××大学发函请求协助解决本厂技术人员外语培训问题，××大学收到函后即给红光印刷厂回了函，请按上述材料替红光印刷厂和××大学各写一份询问函和复函。

五、以下面提供的材料为依据，以新都小区物业部门的名义，起草一份请紫阳房管所下拨维修基金以便修理电梯的函。要求：

（1）内容先后有序、文理清楚、用语恰当、结构明晰；

（2）符合"函"的写作格式（只要求撰制标题、受文单位、正文、行文单位）。

［材料］：

某市新都小区一幢12层楼的电梯坏了三个月，一直没有人维修，受影响的近40户人家多次找物业和房管所等单位，但问题总是得不到解决。昨日，数名业主代表向本报投诉。

据一名路姓业主称，他们入住新都小区已经两年多了，这期间，该小区二栋两个单元的电梯常出问题，电梯公司免费修了多次。去年12月份，其中一部电梯干脆动不了，而保期也过了，再要维修得出12 000多元的维修费。因一直没有人愿意为这笔维修费埋单，三个月来，近40户人家每天只得步行上下楼梯，一些住在十几层上面的老人干脆整天不出门。小区物业部门一负责人接受记者采访时说，业主买房时，都交了房款约2%的维修基金，这笔钱在紫阳房管所，只要房管所将维修基金下拨，就马上维修。紫阳房管所李姓负责人称，动用维修基金需要经过业主委员会同意，但该小区没有成立业主委员会。他建议先成立业主委员会，同时将此事报告上级部门，希望能够人性化解决这个问题。而据该市某律师事务所吴律师讲，在解决此事件时，物业（售房单位委托的管理单位）和房管所完全可以通过协商将资金划拨，而不必非要等着成立业主委员会，因为《住宅共用部位共用设施设备维修基金管理办法》第十一条规定："业主委员会成立前，维修基金的使用由售房单位或售房单位委托的管理单位提出使用计划，经当地房地产行政主管部门审核后划拨。"

六、下面是一个决定，试说说决定有哪些特点？决定和公告、通知有什么区别？

全国人民代表大会常务委员会关于设立烈士纪念日的决定

（2014年8月31日第十二届全国人民代表大会常务委员会第十次会议通过）

近代以来，为了争取民族独立和人民自由幸福，为了国家繁荣富强，无数的英雄献出了生命，烈士的功勋彪炳史册，烈士的精神永垂不朽。为了弘扬烈士精神，缅怀烈士功绩，培养公民的爱国主义、集体主义精神和社会主义道德风尚，培育和践行社会主义核心价值观，增强中华民族的凝聚力，激发实现中华民族伟大复兴中国梦的强大精神力量，第十二届全国人民代表大会常务委员会第十次会议决定：

将9月30日设立为烈士纪念日。每年9月30日国家举行纪念烈士活动。

资料来源　全国人民代表大会常务委员会.全国人民代表大会常务委员会关于设立烈士纪念日的决定［EB/OL］.（2014-09-01）.http：//www.npc.gov.cn/npc/xinwen/2014-09/01/content_1877034.htm.

七、讨论题

请对比文学写作，讨论公文写作在确立主题、材料、结构、语言等方面有哪些特殊要求。

第三章　事务文书

第一节　计　划

一、计划的含义和作用

计划是对未来一定时期的全面工作或某项工作做出具体安排，它提出工作目标、要求以及实现这些目标、要求的措施、步骤和期限，是未来一定阶段的具体行动纲领。

古人云："凡事预则立，不预则废。"无论做什么事，都应当明确目标、明确措施方法、明确工作阶段、明确完成期限。只有这样，工作起来才能心中有数，有条不紊、稳步有序地达到预期的目的。

二、计划的种类

计划的种类很多。其按内容分，有工作计划、学习计划、生产计划等；按时限分，有年度计划、季度计划、月计划等；按题材分，有综合性（全面）计划和专题性（单项）计划；按性质分，有指令性计划和指导性计划；按功能分，有规划性计划和实施性计划。

指令性计划是国家下达的具有行政约束力的计划，计划任务按部门、企业逐级分解下达，主要用于有关国计民生的重要商品和关系经济全局的骨干企业。指导性计划是国家根据国民经济发展的需要下达给企业的参考性计划指标，是非强制性的。国家主要运用经济杠杆（价格、信贷、税收）、经济合同和奖励等手段，使国家计划和企业计划相协调。

规划性计划着重于提出任务，明确方向。领导机关制订并下发的计划一般都属于规划性计划。实施性计划着重于提出措施、步骤，以保证任务、指标的落实。基层单位和领导机关的业务职能部门所制订的计划多属于实施性计划。

计划的不同名称，能反映出计划的不同功能，其主要包括如下几类：①规划、纲要。它属于长远的宏大的计划，项目大、涉及面广，是对未来较长阶段工作的大体设想，是粗线条的勾勒。其内容是展现某一任务的"蓝图"，主要是定方向、定远景，富有理想性和鼓舞性，其中，"纲要"较简略，"规划"比"纲要"要详细。②打算。它属于初步设想，涉及的时间可长可短，其内容一般都是较有原则的方向性计划。③设想。它是初步的、富有创新性的非正式计划。④意见。它是上级对下级一个阶段某项工作的布置，交代有关政策，提出具体要求，执行时下级可增补或变动。⑤要点。它是提纲挈领式的计划。⑥方案。它是某项任务决策过程中提出的供讨论的计划，属于初步的计划，一般用于较大的项目。其内容是对某项工作的目的、要求、方式方法、具体进度等进行安排。⑦安排。它是时间短、内容具体的计划。⑧计划。它是计划类文体的泛称。"计划"使用频率较高，使用范围较广。上述名称中除"要点"、"意见"、"设想"等具有特指功能外，其他都可用"计划"这一名词代替。

三、计划的特点

（一）预见性

预见性是指计划是以对工作进程及结果的预先判断为基础的。计划能预先确定行动目标、措施、步骤和期限，依赖于对事物发展规律的认识。制订和实施计划的过程，实际上是认识事物的规律并"运用规律于自己的行动中"的过程。

（二）指导性

指导性是指计划应当体现政策性。凡是正确的计划，都是上级的要求和本单位实际情况相结合的产物。对上，它依据党和国家的有关方针、政策；对下，它要符合本部门的具体情况。它提出的任务，是客观条件和主观目标相统一的产物。它提出的措施、步骤，体现了政策，反映了客观规律，因而具有指导性。

（三）约束性

约束性是指计划必须严格执行。计划体现上级的要求、意图，尤其是指令性计划，必须严格执行，保证完成。上级主管部门在监督计划执行时，可以按计划对工作进行逐项检查，发现擅自改变计划的，可以批评，甚至处分。当然，计划执行单位可以根据实际情况的变化，对计划进行合理的调整、变动，但必须报上级主管部门批准备案。

四、计划的格式和写法

计划的写作有条款式、说明式、表格式三种形式，有时这几种形式可配合使用。一个完整的计划，应包括三个部分：

（一）标题

标题一般由单位、期限和文种三个成分组成，如《大连机床厂2014年第一季度工作计划》。

（二）正文

计划有三个要素，体现为计划正文中的三个部分：

1.背景和前提

这是计划的"前言"部分，主要说明制订计划的客观基础。要交代计划是在什么主、客观条件下提出来的，回答"为什么做这个工作"和"能不能做这个工作"的问题。其具体内容是：提出指导思想，说明为什么要制订这个计划，一般要简述上级或全局的要求，阐述指导思想和总任务、总目标。概述基本情况，主要写本单位或本人的主观条件，前期工作概况，目前现状，客观形势的要求，提出本计划的必要性和可能性。

2.任务和指标

这是回答"做什么"的问题，一般都分条来写，每一条都写明目的、任务、要求和完成期限，同时又要分清主次缓急。任务和指标有定性和定量之分。一项工作要达到的数量、质量、速度等，其应当明确而具体，实在而可行。

定量的计划常用表格编制，指标数字具体明确，易于落实。只定性而不量化的计划，由于指标不具体，容易落空。所以，凡是任务指标能量化的，都应当量化，真正做到目的清楚、任务具体、指标确切。

3.措施和步骤

这是回答"怎么做"的问题。措施是为完成任务而采取的办法，步骤是从时间上对工作的进程加以安排。二者都是完成计划任务的必要条件。打个比方，任务和指标是过河，措施和步骤就是解决桥或船的问题，不解决桥或船的问题，过河就是一句空话。基层单位的计划，特别要在措施、步骤上下工夫。要写明各项任务的具体措施、办法，以及完成任务的阶段划分。

措施、办法要求全面、得力。它包括思想动员，人员调配，组织分工，方式手段，人力、物力、财力安排，后勤保障等。其步骤要求稳妥、恰当；时限、效果要求明确。

计划的第二要素和第三要素，即"任务和指标"与"措施和步骤"这两项内容有分列与结合两种写法：

（1）分列。"分列"就是把"任务和指标"与"措施和步骤"分开来写，并且就用这些概念作为大层次的标题。例如，《中国残疾人事业五年工作纲要》（1988—1992）共分四部分：一、背景；二、原则；三、任务；四、措施。层次极为醒目。

（2）结合。"结合"就是把"任务和指标"与"措施和步骤"融合在一起。它所标示的层次标题是一项项并列的任务，在每一项任务内，上下层次往往是任务与措施的关系。如《机械电子工业部1990年经济调节和财务工作要点》共有五个大层次标题：一、价格工作方面。二、资金工作方面。三、税收、关税工作方面。四、提高工作效益方面。五、政策研究和队伍建设工作方面。每个方面下面，各有许多条条，提出任务，列出措施和步骤。

综合计划中，依工作方面分成大"块"或大项，每大"块"或大项再包括上述内容。

表格式计划常见的形式是"时间序列式"，即一月、二月……各列出任务、措施，步骤则体现在时间序列中。有时要辅以简要的文字说明。

（三）文尾

文尾（落款）一般只写"制订单位"、"制订日期"两项。

有的文件式计划附有"附注"、"附件"。如需上报下达，还要注明"主送单位"和"抄送单位"。

五、计划的写作要求

（1）体现政策性。各单位制订计划时，应依据党和国家的路线、方针、政策以及长期和近期的发展计划，贯彻党和国家的方针、政策，贯彻上级指示的精神，从全局出发，保证国家下达任务的完成。

（2）从实际出发，注重科学性。制订计划要坚持实事求是的作风，把计划建立在客观条件、主观条件许可的基础上，并且还要留有余地。

（3）深入发动群众讨论计划。走群众路线，让群众参与，可以集思广益，避免错漏。如工业企业的生产计划，一般都是"从群众中来，到群众中去"，经过"二上二下"的讨论过程，以保证计划的合理性和可行性。

（4）语言简明扼要，条理清楚。

［例文三·一］

浙江红岩机械制造股份有限公司西南基地建设实施方案

西南基地的建设是我公司发展史上的里程碑，它直接关系到公司今后的发展前景，同时也关系到公司全体员工的切身利益。为了坚决贯彻公司理事会做出的"西南基地建设"的有关决议精神，切实有效地做好并完成西南基地的建设，经公司领导及"西南基地建设筹委会"讨论研究，特制订《浙江红岩机械制造股份有限公司西南基地建设实施方案》如下：

一、基本原则

（一）坚持团结协作原则。西南基地的建设涉及公司的各个职能部门，要确保基地建设的顺利进行，需要公司各职能部门在"筹委会"的统一领导下，既分工明确又互相帮助、互相协作，绝不允许互相推诿、互相扯皮。

（二）坚持艰苦创业原则。在西南办企业，意味着要远离公司本部，人地生疏，条件艰苦。我们要牢固树立艰苦创业的思想，做好吃大苦、耐大劳的准备。

（三）坚持勤俭节约原则。要严格财务制度，不利用职权贪赃枉法，做到每一分钱都用在刀刃上。

二、目标任务

根据公司理事会的要求，西南基地的建设，总投资 1 200 万元。从 2004 年 1 月 15 日起至 2005 年 3 月 15 日完成，共 14 个月。在这 14 个月的时间里要完成市场的调研、基地位置的考察、征地、基础设施的建设、新工人及技术人员的招聘录用、设备的采购、安装及调试等开工前的准备工作，确保在 2005 年 3 月初正式投入使用，并力争产品一投放市场便取得良好的效益。

三、人员安排及各部门的工作职责

（一）"筹委会"主任负责此项目的全面实施，两位副主任协助。X 副主任负责基地的建设，Y 副主任负责西南四省一市的市场调查及销售网络的建设。

（二）人事处于 2004 年 12 月初派员进驻基地负责招聘技术人员，在四省一市招收新员工，并协助技术处做好新工人的岗前培训工作，在2004年年底着手进行基地建成后的干部调配及分工。

（三）设备处、技术处在工程完成90%的时候派人进驻基地，分别负责设备的招标采购、验收和安装调试。技术处还要负责新工人的岗前培训。

（四）基建处在基地正式定址后派人进驻基地，负责基建图纸的设计、施工质量的管理及验收。

（五）财务处负责资金的筹措，保证资金按时足额到位；派人常驻基地负责财务管理工作。

四、基地建设的工作步骤

（一）2004年1月中旬"筹委会"全体成员进驻重庆，落实办公、生活地址。1月20日开始分两组分别由X副主任率队入四省一市进行基地场址的考察，Y副主任率队深入矿山、水利水电、路桥建设等企业进行产品市场调研。2月20日各处室抽调人员到"筹委会"办公处报到，并开始工作。

（二）2004年3月20日集中汇报考察结果，拟定三个候选城市送总部，由总部讨论裁定，确定基地地址。财务处拨出第一批征用土地的300万元资金。

（三）3月底和总部最后确定的城市的有关部门联系土地征用事宜，争取在4月初开始征地，在5月底完成。在此期间基建处完成基建的规划和图纸的设计。

（四）6月初开始平整土地，至6月底完成。在此期间基建处协助"筹委会"完成施工队的招标落实和合同的签订，财务处拨出第二批400万元资金。

（五）7月初施工队正式进场施工，基建处负责施工的进度及质量管理，争取在12月底完成厂房的施工。

（六）12月底人事处派员进驻基地，负责新工人的招收及技术人员的招聘，并协助技术处完成新工人的岗前培训工作。财务处拨出最后500万元资金。

（七）2005年1月底工程队完成配套设施的建设，设备处派人进驻基地，负责机械设备的招标采购。人事处完成基地建成后的干部调配，技术处完成新工人的岗前培训。

（八）2005年2月技术处负责完成机械设备的安装、调试。Y副主任负责的西南市场的销售网络初步建成。月底，新班子、新工人及技术人员到位。

（九）2005年3月初正式投入生产。

五、注意事项（略）

西南基地的建设时间紧、任务重，而且可能会遇到意想不到的困难。我们相信在公司领导的直接指导下、在公司各部门的精心配合下，经过全体"筹委会"成员和职工的共同努力，一定能克服一切困难，按时、保质保量地完成这个艰巨的任务。

浙江红岩机械制造股份有限公司西南基地建设筹委会
二〇〇四年一月十三日

[例文三·二]

麦当劳公司市场营销计划（节选）

一、市场营销状况

市场销售总规模（略）

麦当劳的销售额（略）

麦当劳的市场占有率（略）

麦当劳公司面临如下市场状况：

快餐食品市场正在缓慢成长。传统的街区和郊区市场已经饱和，当前大多数的销售增长来自非传统销售网点，诸如机场、火车站、办公大楼。

快餐食品自然集中于汉堡包、鸡块和番茄酱的销售。某些新开业的专业化快餐食品销售网点，如帝·莱特斯向成年人提供了更多的食谱选择，帕史塔棒这些销售网点对麦当劳形成潜在的威胁，它们正在集中于单一的快餐食品和成年人市场而不是儿童市场，恰恰成年人这一细分市场又是麦当劳缺少顾客忠诚的薄弱环节。

其比较积极的事件是：成功地向市场投入了各种色拉和麦克德尔特三明治；儿童对各种幸福快餐的需求经久不衰并在不断发展的趋势明显；在游乐场上成功地扩大了销售。眼下，麦当劳面临着两个主要问题：其一，在不改变麦当劳十分重视儿童市场这一传统特征的前提条件下，怎样提高成年人对麦当劳的忠诚度；其二，当开发新销售网点变得越来越困难时，怎样继续保持其他市场增长的势头。

另外，通过比竞争对手在广告宣传和促销方面多花钱，麦当劳才得以维持市场占有率，麦当劳每年大约花费7亿美元，而柏格王只花费2亿美元。

但是，对麦当劳有利的一个因素是竞争对手在处理扩张发展与保持盈利方面遇到了小麻烦。当它们扩张发展时，便很难保持盈利。但是，每一个新竞争销售网点都给麦当劳销售的稳定增长带来不小的影响。

麦当劳成功地向海外进行了扩张发展，而美国国内的竞争销售网点日益成长时，那些海外的销售网点却丝毫不能帮助麦当劳在美国国内保持增长势头。

麦当劳面临下列一些对手的强有力的竞争（略）

各品牌市场占有率发展趋势（略）

麦当劳、柏格王、文帝、肯德基炸鸡、塔科销售网（略）

二、问题与机会分析

麦当劳公司发现它面临如下问题：

（1）现场试验发现，顾客对麦当劳潜在的新快餐食品评价不同。

（2）适于麦当劳开设新销售网点的潜在地盘十分有限。

（3）帝·莱特斯在成年人快餐食品销售方面表现出极大的潜力。

（4）各竞争对手纷纷向市场投放各种各样的幸福快餐，文帝用土豆王玩具来配合，成功地进行了幸福快餐的促销。

（5）顾客反映麦当劳最近组织的意在以成年人市场为目标的两次游戏性促销活动中的游戏太复杂了。

（6）由于很难雇到合格的工人，以及随着食谱花色、品种的增加给保持质量带来的困难，麦当劳快餐食品本身的质量和服务质量都在下降。

与此同时，麦当劳公司发现企业存在如下机会：

（1）市场调查表明，顾客对麦当劳即将推出的自由挑选全营养小果子面包做出了积极的反应。

（2）麦当劳在非传统开店场所开设的销售网点相当成功，麦当劳的地区合作团体和当地特许经营组织的市场营销能力在同行业中都是最强的。

（3）麦当劳投放市场的各种色拉取得了成功。

（4）所有快餐食品销售链的产品都受到营养学专家的批评。

三、营销目标与行动方案

麦当劳拟达到的营销目标是：销售额120亿美元，毛利43亿美元，毛利率36%，净利13亿美元，市场占有率25.5%。1990年麦当劳既没有为占领成年人市场而推出一种新产品，也没有能够跟上竞争对手增设网点的步伐。麦当劳正在准备检验一些新的市场观念，这些新市场观念既能满足那些喜欢传统麦当劳快餐食品的顾客，又能使那些喜欢标新立异、期待快餐食品有所变革的顾客也心满意足。

麦当劳1991年的目标是在除了各种全营养小果子面包之外，其他产品都应保持原有市场占有率。为了实现这一目标而设计的行动方案是：

（1）不断加强对儿童的市场营销，增强麦当劳对儿童的吸引力。

（2）以成年人细分市场为目标市场进行促销活动，每6个月组织一次促销性游戏。

（3）继续增加在非传统设店的场所开设销售网点的数目。

另外，麦当劳与主要行动相配合，还拟开展下列次要活动．扩大适合地区合作团体用于广告宣传活动的素材量；增加麦当劳主办的体育活动及有关活动次数；增加罗纳德·麦克唐纳露面次数；发表有关麦当劳快餐食品营养成分及含量的新闻报道。

四、营销策略

（1）广告宣传活动。广告宣传将按季进行。第一季度：做成年人导向型游戏促销广告。第二季度：在目标城市市场开展向顾客介绍各种全营养小果子面包的宣传活动。第三季度：做另一个成年人导向型游戏促销广告。第四季度：利用人们的怀旧心理，配合三个月前重新推出双层干酪包而开展一场"麦当劳伴我成长"的活动。

（2）促销活动。促销必须尽可能使潜在的下降不成为现实。促销性游戏必须比上次简单，以便更多人参与。另外要注意两点：其一是店内促销。麦当劳将继续向市场提供幸福快餐，并有计划地逐日稍加更新，把其儿童游乐场票价下调35%，以鼓励更多的销售网点售出游乐场票。其二是店堂陈设。其主要陈设有旗帜和招贴，招贴应适合于贴放或放在调味品台上以及堆放在废弃物品容器上。

（3）公关活动。其一，麦当劳将继续对全国范围的各种竞赛提供支持，如网球赛、足球赛等。其二，对一个地区的合作团体，让罗纳德·麦克唐纳的露面次数加倍，并对合作团体的额外支出以资金赞助。其三，发表介绍全营养小果子面包营养成分的文章，使之与批评麦当劳快餐食品缺乏营养的文章辩论。

（4）包装。将更富于营养的信息置于食品外包装之上。

（5）市场研究。它包括对新快餐食品市场进行研究，对各种新分销选择进行市场试验。

（6）销售网点。麦当劳将继续在下列地区增设销售网点和特许经销店：受允许的外国地区；非传统设点场所；提高或恢复各街区的活力的场所。

五、营销计划的执行与控制（略）

［例文三·三］

商务部确定"十二五"时期对外投资合作发展主要任务和重点工作

2012-05-15

根据《中共中央关于制定国民经济和社会发展第十二个五年规划的建议》和《中华人民共和国国民经济和社会发展第十二个五年规划纲要》，商务部在总结"十一五"期间我国对外投资合作的发展特征和经验、分析"十二五"时期对外投资合作发展面临的国内外形势的基础上，确定了"十二五"时期对外投资合作发展的指导思想、基本原则、预期目标、主要任务和重点工作。

"十一五"时期，随着我国开放型经济水平不断提高和"走出去"战略加快推进，对外投资合作取得跨越式发展。规模和速度快速增长，业务遍布全球近200个国家（地区），对外直接投资和对外承包工程营业额年均增长均超过30%，"十一五"期末在外劳务比初期增加近30万人。质量和水平显著提升，由单个项目建设向区域化、集群式模式发展，企业国际竞争力和全球化经营程度不断提高。方式和领域日益拓宽，跨国并购规模快速增长，境外经贸合作区建设取得进展，对外投资合作产业呈现多元化发展。政府部门管理制度不断完善，立法进程加快，便利化程度提高，财税、金融、外汇等政策支持力度加大，规划引导、信息服务、人才培养、安全保障等工作取得显著进展。对外投资合作在促进国内经济增长和社会发展、推动产业结构调整、实现中外互利共赢等方面发挥的积极作用进一步显现。

"十二五"时期，世界政治经济格局继续发生深刻变化，我国经济社会发展也呈现新的阶段性特征。总体来看，对外投资合作发展仍处于重要战略机遇期，同时也面临诸多风险和挑战。一方面，对外投资合作充满发展机遇。世界各国努力实现经济复苏，国际直接投资呈现回升势头。国际产业重组和资源优化配置加快，各国与我国开展经贸合作意愿加强。我国综合国力显著提高，产业优势进一步显现，汇率形成机制改革和人民币国际化进程稳步推进，企业国际化经营步伐加快。国内加快经济结构调整和发展方式转变的任务日益艰巨，外贸发展方式转变、原产地多元化、市场和资源有效配置等方面赋予对外投资合作新的使命。另一方面，对外投资合作也面临挑战制约。中外之间文化、利益矛盾增多，全球投资保护主义升温，部分国家对外资项目的要求和审核日趋严格，我国企业特别是国有企业对外投资阻力和经营困难加大。国际安全形势复杂，对外投资合作境外安全风险加剧。现行对外投资合作管理体制和工作机制仍需完善，金融机构相关产品和服务尚未满足企业需求，中介服务机构相对缺乏。企业人才矛盾突出，市场研判和风险防范能力有限，社会责任意识有待提高。

面对国内外形势的新发展、新变化，商务部提出，"十二五"时期，要统筹国内发展与对外开放，坚持"走出去"和"引进来"相结合，通过大力发展对外投资合作，促进我国经济发展方式转变和产业结构调整，推动对外贸易转型升级，为宏观经济发展大局和新时期对外开放战略服务。推动对外投资合作应坚持以下原则：一是互利共赢、共同发展，尊重东道国（地）发展意愿，促进当地社会经济发展。二是政府引导、企业为主、市场运作，发挥企业自主决策和市场配置资源作用，加强政府在宏观规划和政策引导等方面的职能。三是多措并举、相互促进，发挥外交工作的服务保障作用，确保中方企业和人员合法权益。四是促进发展和风险防范兼顾，提高对外投资合作质量和效益。

根据国民经济和社会发展的总体要求，商务部提出了"十二五"时期对外投资合作发展的目标。未来五年，对外投资合作规模将进一步扩大，行业和领域进一步多元化，质量和效益显著提高，在全球范围内运用生产要素的能力继续增强，一批跨国公司和跨国金融机构初具规模。对外投资合作在实施互利共赢开放战略中的地位和作用大幅提升，形成对外投资与引进外资协调发展、对外投资与对外贸易相互促进的格局，对平衡国际收支、提高企业竞争力发挥更大作用。具体来讲，对外直接投资在2015年达到1 500亿美元，"十二五"时期年均增长17%。对外承包工程2015年合同额和营业额分别达到1 800亿美元和1 200亿美元，"十二五"时期年均增长率各为6%。2015年派出对外劳务合作人员55万人，"十二五"期末在外劳务超过100万人。

围绕指导思想和发展目标，商务部提出了"十二五"时期对外投资合作发展的主要任务：

一是优化对外投资合作行业布局，推动产业结构升级。引导符合外部市场需求、具有较强优势的加工制造业企业开拓国际市场。拓展农业国际合作，帮助东道国改善民生。支持企业在科技资源密集的国家和地区设立研发中心，开展境外研发投资合作。深化境外能源资源互利合作，支持企业构建全球营销网络，创建国际知名品牌。加大生产性服务业对外投资合作，增加服务贸易出口。推动文化企业对外投资合作，促进对外文化交流。加强对外承包工程企业间合作，强化海外工程建设质量和风险管理，深化与东道国基础设施合作，积极实施民生项目。提高外派劳务素质，规范对外劳务合作市场秩序。

二是优化对外投资合作市场布局，提高参与国际分工合作水平。深化与周边国家和地区投资合作，推动基础设施互联互通建设，拓展农业、加工制造和物流合作。加大对非洲和拉美地区投资合作，推动境外制造业基地建设，深化能源、资源、农业、基础设施合作。加快对欧美发达国家投资合作，提升技术研发水平、创建知名品牌、拓展营销网络。支持企业赴我国台、港、澳地区开展投资合作，与当地企业共同开拓国际市场。

三是加大地方对外投资合作力度，促进区域经济协调发展。提高地方对实施"走出去"战略重要性的认识，加大对外投资合作配套政策支持力度，通过科学规划指导企业海外市场布局，提高对外投资合作在各地外向型经济发展中的比重和作用。

四是优化经营主体，培育跨国公司和知名品牌。引导企业有序进行全球化布局，优化整合各类资源。推进境外经贸合作区、境外工业园区建设，支持中小企业参与配套生产和服务。发展中介咨询服务机构，做好海外投资环境研究和项目评估。推进境外中资企业与当地融合，加强行业组织协调自律，规范企业境外经营行为。引导企业开展文化建设，遵守当地法律，履行社会责任，增强资源、生态、环保意识。

实现对外投资合作"十二五"发展目标的重点工作主要有以下几方面：

一是完善政策促进体系。加强部门协调，调动地方积极性，形成政策合力。健全对外投资合作领域法律法规，研究管理制度和政策创新，推动对外投资合作便利化，利用各类政策杠杆加强对企业和项目的监管，规范市场经营秩序。采取措施加强对重点领域和合作方式的支持。完善外汇管理和服务，为企业和项目提供汇兑便利。拓宽企业和项目融资渠道，完善融资担保机制，发展人民币跨境投融资，引导金融机构创新金融产品和服务。充分发挥政策性和商业性保险的保障作用。提高海关、检验检疫、人员出入境、外事管理等方面便利化水平。

二是健全服务保障体系。做好对外投资合作境外规划工作，开展重点国别和产业规划布局研究。加强政府公共服务，完善对外投资合作信息服务系统，更新发布各类国别产业指导性文件，推动政府和社会共同开展人才培训，发展与对外投资合作相关的中介服务机构。推进多双边投资合作促进机制建设，加强与国际组织和机构交流合作，商签并落实自由贸易区、双边投资保护和避免双重征税协定。提高企业舆论应对能力和危机处置能力。加强行业商（协）会组织建设，有序发展境外中资企业商（协）会，提升服务能力和水平，强化行业自律规章制度建设，规范企业境外经营秩序。完善对外投资合作统计制度，加强深层次统计分析。

三是构建风险防控体系。推进对外投资合作安全权益保护体系，健全境外安全风险预警和信息通报制度，完善境外突发事件处置机制，加强安全生产和工程质量监管，加强境外中资机构和人员安全管理，指导企业做好安全风险应对工作。建立对外投资合作海外经济利益协调保障机制，加大外交支持力度。加强安全信息收集评估，强化对外投资合作金融风险管理。完善境外国有资产监管机制和责任追究制度，实现境外资产保值增值。

四是大力支持各类企业跨国经营。推动大型企业整合全球资源和价值链，实现优势互补、强强联合。鼓励中小企业开展国际化经营，推动骨干企业与中小企业加强合作、增强竞争力，强化境外经贸合作区区域和产业功能定位，提高综合服务能力。推动轻工、纺织、机械制造、冶金、化工和信息产业品牌国际化，鼓励企业在境外设立研发中心，加快海外市场营销网络布局，提高产品质量和声誉。推动对外投资合作信用和自律体系建设，增强企业合作意识，避免无序竞争，依法对企业境外投资经营违法违规行为进行查处，引导企业守法经营，履行法律责任、社会责任和道义责任，加强企业文化建设，加快属地化经营步伐。加强企业国际化能力建设，增强风险防控能力。

第二节　简　报

一、简报的概念和作用

简报是党政机关、人民团体、企事业单位编发的一种以汇报工作、反映情况、交流经验、传达信息为主要内容的内部简要报道。从作用上看，简报具有汇报性、交流性和指导性。简报可以使上级及时了解下面工作的情况，并根据简报所反映的情况做出及时、正确的决策，指导下面的工作；简报可以在平级机关之间互通情报，交流工作经验，相互了解、相互促进。简报作为一种报道工具，是内部信息交流的一种渠道，是指导和决策工作的重要参考。简报不是公文，但它与公文中的"报告"在作用上有相似之处，是准公文性的参考性文书。

简报内容广泛、形式多样，是专业性较强的简短的内部小报。

简报简短、灵活、快捷、信息量大。各单位编发的"动态"、"简讯"、"要情"、"摘报"、"工作通讯"、"情况反映"、"情况交流"、"内部参考"等，都属于简报的范畴。

二、简报的种类

在日常应用中，常见的简报有以下几种：

（一）日常工作简报

它又称业务简报，是一种反映本地区、本系统、本部门日常工作的经常性简报。它的内容较广，工作情况、成绩问题、经验教训、表扬批评以及对上级某些政策或指示执行的步骤、措施，都可以包括在内。它常以定期或不定期的形式出现，在一定范围内发行。

（二）中心工作简报

它又称专题简报，是一种阶段性的简报。它往往是针对机关某一时期的中心工作、某项中心任务办的简报，中心工作完成了，简报也就停办了。

（三）会议简报

它是会议期间反映会议情况的简报，是一种临时性的简报，内容包括会议中的相关情况、发言及会议决定等。规模较大、时间较长的会议常要编发多期简报，以起到及时交流情况、推动会议进程的作用。小型会议一般是一会一期简报，常常在会议结束后，写一期较全面的总结性的会议情况简报。

（四）动态简报

它包括情况动态简报和思想动态简报。这类简报的时效性、机密性较强，要求迅速编发，发送范围有一定限制，在某一个时期、某一阶段要保密。

三、简报的特点

简报具有一般报纸新闻的某些特点，如真实性、准确性、导向性等，同时又有自身的一些特点。

（一）专业性强

简报一般由有关单位、部门主办，专业性十分明显。如《人口普查简报》《计划生育简报》《水利工程简报》《招生简报》，分别由主办单位组织专人撰写，传递相关工作的各种信息，包括情况、经验、问题和对策等，一般性的东西少说，无关的东西不说，专业性的东西多说。

（二）篇幅简短

简，是简报区别于其他报刊的最显著特点。一期简报甚至只登一篇文章、几段信息或几篇文章，总共一两千字，长的也不过三五千字，读者可以用很短的时间把它读完。简，是适应现代快节奏工作的需要。因此，简报的语言必须简明精炼。

（三）限于内部交流

一般报纸面向全社会发行，内容是公开的，没有保密性。简报则不同，它一般在编报机关管辖范围内的各单位之间交流，不宜甚至不能公开传播，特别是涉外机关主办的简报更是如此。有的简报，往往是专给某一级领导人看的，有一定的保密要求，不能任意扩大阅读范围。

（四）内容新且编发快

简报是紧跟形势，为紧密配合当前工作而制作的。简报反映的都是新情况、新问题、新经验、新观点。要新，就要出手快，快写、快编、快发。

简报的以上四个特点不是孤立的，而是有机联系的，并因此与评论、报告、新闻报道相区别。

四、简报的格式和写法

（一）报头

1.简报名称

一般用套红印刷的大号字体。如有特殊内容而又不必另出一期简报时，就在名称或期数下面注明"增刊"或"××专刊"字样。秘密等级写在左上角，也有的写"内部文件"或"内部资料，注意保存"等字样。

2.期号

可写在名称下一行，用括号括上。

3.编印单位

简报要写明编印单位。

4.印发日期

写在与编印单位平行的右侧,在下面,用一道横线将报头与报核隔开。

(二)报核

报核是简报所刊的一篇或几篇文章。简报的写法多种多样,形式也较灵活。简报大多数是消息,包括标题、导语、主体、结尾和穿插在叙述中的背景材料。除了消息,还有别的文体,所以,不是每篇简报都有这几项内容。

以消息为例:每篇简报一般包括以下几个部分:

1.标题

写在报头的第二道横线下面,要准确醒目,能高度概括简报内容,点明主题。其写法类似新闻报道的标题。

2.开头(导语)

开头要有个概括性的说明,类似新闻报道中的导语。导语通常用简明的一句话或一段话概括全文的主旨或主要内容,给读者一个总的印象。导语的写法多种多样,可分为提问式、结论式等,也可分为描写式、叙述式等。例如,结论式的写法是先写出事情的结果,以引人注意,具有统领全篇的作用,然后在主体部分进行具体的分析、说明。叙述式的写法一般要求以简练的文字把事件的时间、地点和意义、作用交代清楚,揭示简报的中心思想。导语一般要交代清楚谁(某人或某单位)、什么时间、干什么(事件)、结果怎样等内容。

3.主体

主体是全文的中心部分,要用真实的典型的材料和数据说明开头提出的问题,把导语的内容具体化。写作时要根据事物的内在联系,用横式或纵式结构,围绕着主题,叙述事实、阐述原因,把问题一层一层展开。要做到观点和材料统一,详写和略写结合。

4.结尾

要不要结尾,应根据内容而定。有的简报内容单一、篇幅短小,事情写完就停笔,或者是已经把结论写在开头,最后又不提出什么要求,这两种情况都可以不写结尾。有的简报写到最后需要进行小结,指明事情发展趋势;提出希望及今后打算,提要求,进行指示、发号召,这样就应有个结尾,以使简报的内容完整,结构严谨。

5.背景

背景即介绍对人物、事件起作用的环境条件和历史情况,可以酌情穿插在文中某个位置上。

(三)报尾

其在简报最后一页下部,用一条横线与报核隔开,横线下左边写明发送范围,在平行的右侧写明印刷份数。

简报形式图示如下：

报头

简　报

（第××期）

　　×××办公室　　　　　　　　　　　　　　　　　　年　月　日

报核

标　题

正　文

　　开头

　　主体

　　结尾

报尾　发送：××××、××××　　　　　　　　　　　（共印××份）

五、简报的写作要求

1.简报必须如实反映情况，准确无误地说明客观事实，未经核实的情况不能编入简报。

2.说清重要事项，确定简报主题。要把简报写得有材料、有分析、有经验、有对策。把材料和观点统一起来。

3.主题的提法要讲究，可直白，也可含蕴文中。用词要恰如其分。语言要准确、鲜明、简洁，不讲套话、废话、空话。

[例文三·四]

××地税简报

2009年第12期

　　××地税局　　　　　　　　　　　　　　　　　　　2009-05-19

××地税局第一季度税收收入形势喜人

今年一季度，××地税局税收收入大幅攀升，形势喜人。截至3月末，我局共组织入库税收收入1 531万元，同比增收379万元，增长32.9%，占年度计划的30.76%，比时间进度快5.76个百分点。五大主体税种营业税、企业所得税、土地增值税、土地使用税和车船税均有较大增长，分别增长60.7%、36.2%、414.3%、173.7%、66.7%。收入总额、增幅及增收额均创历史同期新高。

今年以来，我局上下牢固树立科学发展观，充分发挥地方税收的职能作用，采取有力措施确保税款及时足额均衡入库。主要做法有：一是行动早。面对经济危机及县级财力需求增大的严峻形势，为了确保今年圆满完成目标任务，年初，我局就将目标任务进行分解逐一下达到各所，并召开全局工作会议，围绕目标任务，统一思想，分析形势，鼓足信心，强化措施，要求基层各所迅速行动，摸清税源、底数，制订税收计划，为实现开门红打好基础。二是细分析。我局坚持以科学发展观作为实际工作指导，对全县税收形势、税源变动情况、重点行业发展进行深入分析，明确今年的税收方向，向外找税收空间，向内挖税收潜力，严格收入纪律，确保应收尽收，不收过头税。三是抓宣传。为了在全社会营造依法治税、税企互动的和谐氛围，今年，我局围绕"税收·发展·民生"的主题，以"三月三"为契机，开展了形式多样的宣传活动，普及税法知识，提高全社会自觉协税护税的意识。

本期送：文局长、苏组长、陆县长、蔺主任，市局办公室，县政府办公室，本局领导、本局各单位。

共印份数：25份

[例文三·五]（专题式简报）

××××××简报

2010年第18期

×××水利局　　　　　　　　　　　　　　　　　　2010-08-26

浙江金华建立农民水务员队伍成功破解村级水利设施管护难题

为解决农村基层水管人员缺失、村级水利设施无人管的难题，近年来，浙江省金华市采取财政补贴，在所辖婺城、金东区和市经济开发区1 126个行政村通过设置村级农民水务员，落实了村级涉水事务的管理主体和责任，为村级水利设施良性运行奠定了坚实的基础。其主要做法包括：

一是从严选聘农民水务员。以行政村为单元，每个行政村配置1名农民水务员。农民水务员自愿报名，村"两委"择优推荐具有初中以上文化，且常年在家务农，热爱水务工作，有责任心，能够承担水务各项任务的村民，并在村内张榜公示，送乡镇（街道）审批，报区水务局审核并备案。

二是财政按月发放补贴。市、区两级财政各按每人每月100元的标准补贴村级农民水务员，年终考核为"优秀"的，还将给予奖励；同时，还统一为村级农民水务员配备了必要的工作用具，办理了意外伤害险。

三是持证上岗。选聘的农民水务员必须经过防汛抗旱基本知识、水利设施日常维护、农村饮用水管网巡查、水利行政执法等知识和技能培训，培训合格后持证上岗。

四是明确职责。市水利局、财政局负责制定农民水务员队伍建设实施意见；区水务局、财政局负责农民水务员的上岗培训；区水务局、乡镇（街道）水管员负责农民水务员的技术指导；农民水务员负责村级公共水利设施（村级渠道、山塘、泵站、堰坝、河道和饮用水管网）的日常巡查、管理和维护，农村节水工作和水资源保护，农村水利突发事件应急处置和上报等工作。村"两委"负责农民水务员的管理和考核，并与农民水务员签订管护责任书。

实践证明，农民水务员队伍的组建，从机制上解决了农村水利设施主体不明、责任不清、效益不高的问题，发挥了"五员"的作用。

一是"宣传员"。农民水务员身在农村，能以农民最容易接受的方式，及时将水利法规知识、水雨风旱险情、村社水事动态等信息宣传到各家各户，提高了农民群众的水患意识。

二是"监管员"。农民水务员负责编报本村水利建设计划，监督管理水利工程的建设，及时掌握水利工程建设的进度和质量，促进了农村水利建设的顺利开展。

三是"巡查员"。农民水务员按要求履行日常巡查和维护管理职责，时刻关注村内水利设施的运行状况，及时将各类工程隐患消灭在萌芽状态，保障了水利设施效益的发挥。

四是"协调员"。农民水务员对村内及邻村水利设施和农民对水的需求较为了解，能有效化解灌溉用水矛盾，保证了农业用水的合理分配和高效利用。

五是"疏导员"。农民水务员熟悉本村地形地貌和村民情况，能有效处理各类突发性自然灾害，疏导群众转移，协助村两委及时组织群众开展抢险自救，减少了人员伤亡和财产损失。

[例文三·六]（综合式简报）

广西积极践行民生水利理念再掀冬春农田水利基本建设新高潮

2010年第5期

2010-03-03

去年入冬以来，广西壮族自治区切实贯彻全国冬春农田水利基本建设工作会议精神，采取强有力的措施乘势而上，建设高潮空前，成效显著。全区2009—2010年冬春农田水利基本建设声势不低于上一年度，投资不少于上一年度，效果要好于上一年度，民生水利理念在冬春农田水利基本建设的实践中进一步孕育和提升。

一、兴水利惠民生，奏响冬修水利主旋律

去冬今春，广西壮族自治区继续加大资金投入，省级财政安排3.5亿元专项资金用于冬春水利建设，计划投资总规模将达65.5亿元，并再次将组织各级领导干部参加冬修水利劳动作为强化各级政府在水利建设中的主导作用、调动受益群众参加农田水利基本建设的重要手段。自治区党委、政府发出了在全区范围内开展"兴水利、强基础、惠民生、促发展"主题活动的通知，明确自治区省级领导参加兴修水利劳动"三年不换频道"，把党政领导干部参加兴修水利劳动工作制度化、指标具体化、考核规范化，着力营造领导高度重视、全民积极参与水利建设的浓厚氛围，推动农村各项事业的发展，让人民群众真正体验和享受到水利建设科学发展的成果。通知要求，自治区省级领导要在去冬今春期间安排1~3个工作日，深入1~2个县（市、区）参加兴修水利劳动，区直、中直驻桂各单位要开展不少于3天的主题活动。

截至2月底，自治区党委书记×××、自治区主席××等34位自治区省级领导已分别带头深入全区各地参加兴修水利劳动。在自治区领导的带动下，自治区各委办厅局、人民团体和高等院校等已有60多个单位由主要领导带队，共7 000多人深入水利工地参加兴修水利劳动；全区14个市的市委书记和市长等310多位市领导、共800多人次到所辖县（市、区）参加兴修水利劳动；全区各市、县、乡（镇）领导和各级机关干部40多万人参加了兴修水利劳动。在各级领导的带动下，通过秋冬季助农增收大行动10万工作队员、新农村建设指导员和大学生村官深入村屯宣传发动，全区冬春农田水利基本建设再掀新高潮。截至2月底，全区7 200多个农民用水户协会及其他灌区1 600多万受益群众积极投入冬春农田水利基本建设，全区面上累计投入冬修工日达3 658万个，比上年同期增长15%，日最高上工人数突破130万人，创近10年来最高纪录。

二、保增长促发展，打赢冬修水利攻坚战

全区各市县把抓水利建设列为党政"一把手工程"，采取"一把手抓，抓一把手"的措施，特别是进入冬修水利黄金季节后，各市、县（市、区）党政一把手全部到水利一线协调指挥，集中时段、集中力量，解决水利项目建设中的资金落实、建设用地、施工干扰、现场管理等突出问题，对水利项目建设推进不力的抓典型、抓问责。从2009年11月上旬开始，自治区组织了7个冬春水利建设专项督查组，水利厅组织了14个定点督查组，进行冬春水利建设的全面督查。按照自治区党委、政府的要求，自治区水利厅利用《广西日报》等主要媒体的影响力，对2009年扩大内需中央水利项目建设投资进度、排名和工程建设的责任人等情况进行定期通报，直接寄给各县（市）主要领导和所属市主要领导，由地方党委、政府主要领导亲自挂牌督办。对不能按时完成水利项目建设任务的施工和监理单位登记在案，列入黑名单。在强力的措施保证下，各级水利部门任务到人、责任到人，促使扩内需项目建设进度迎头赶上，打赢了扩内需项目的攻坚战，充分发挥了水利建设对扩内需、改善民生的积极作用。

统计至2月底，全区累计完成冬春水利建设投资51.5亿元，占计划任务的94%，比上年同期增长15%；清淤渠道3.18万公里，完成计划任务的124%；加高加固堤防61公里，同比增长23%；新增恢复灌溉面积75.7万亩，完成计划任务的116%；改善灌溉面积346.5万亩，完成计划任务的100%；解决了224.09万农村居民的安全饮水问题，完成计划任务的112%。

三、创机制树典型，打造冬修水利新亮点

自治区要求去冬今春农田水利基本建设每个市树立1~2个先进典型县，每个县树立1~2个重点乡镇，以点带面全面深入推动冬春水利建设。在各级领导对冬春农田水利基本建设的高度关注下，全区各地重实忌虚，创新机制，总结和探索了不少冬修水利的新经验和新模式。

（1）冬修水利新机制形成。通过实施风险抵押金制、分级联系制和挂点联系制等措施，全区各地冬修水利组织工作更为有力、有效。柳州市、桂林灵川县通过实行风险抵押金制，要求项目负责人或冬春水利建设指挥部成员依据责任大小缴纳200~3 000元不等的风险抵押金，负责的项目按期完工并通过竣工验收的，双倍返还风险抵押金；无故不能按期完工的，将抵押金充作水利建设资金使用。来宾市、防城港市建立了市、县、乡三级领导分级联系制度，从重点项目到乡镇到村屯分别包干，定点跟踪联系指导，责任到人，抓建设、抓发动，确保实效；忻城县、天峨县实行县领导、局长挂点联系小型农田水利示范点制度，每个领导负责建设渠道1公里、建成地头水柜配套农业综合开发示范点1个，确保了试点成功。

（2）冬修水利新模式呈现。一是"民办公助"的忻城模式。忻城县去冬今春全面实施了"民办公助"建设农毛渠补助政策。通过财政补助购买水泥、群众备料投工投劳进行农毛沟渠衬砌的办法，鼓励农民自愿投工投劳开展直接受益的小型水利设施建设。具体做法是："建设农毛渠1公里，政府扶持1万元；建设水利支渠1公里，政府扶持2万元；建设水利主渠1公里，政府扶持3万元。"其有效地调动了当地受益群众兴修水利的积极性。二是"以工补农"的武宣模式。武宣县积极引导当地两家制糖企业投资3 410万元，大力开展蔗区水利灌溉工程建设。目前，该县已建成大型蔗区水利灌溉节水工程10处，总装机容量14台1 650千瓦，以及小型蔗区水利设施一批。该县的甘蔗灌溉面积从2005年的5.78万亩增加到现在的11.1万亩。三是"以奖代补"的玉州模式。玉林市玉州区以中央财政小型农田水利项目建设为引导，制定了《玉州区成立农业灌溉用水者协会的标准及投资奖励办法》，规范农民用水户协会建设，规范渠道防渗工程建设与奖励措施，有效调动了受益群众集资、投工投劳参与冬修水利建设的积极性。

[例文三·七]（信息报送式简报）

企业培训简报

为培养团队精神，提高团队的协作能力、凝聚力和执行力，增进相互之间的沟通理解，磨练个人意志，建立高绩效团队，从而激发出团队更高昂的工作热情和创新的动力，20××年3月21—25日，××集团重庆基地部分员工分两批次前往西南地区目前最大、设备最齐全、环境最优雅的拓展基地，进行了为期1天半的户外拓展训练活动。

在这次活动中，79名学员共同完成了"翻越求生墙"、"合力桥"、"缅甸桥"、"蛟龙出海"、"水到渠成"、"跳出真我"等项目。通过一系列活动，大家亲身感受到了挑战的不仅是体能，更是意志；挑战的不仅是个人，更是团队。1天半的训练很短暂，但它留给我们的启示和收获却是无穷的：通过团队的整合、生成、加强理解和沟通能力。其中"合力桥"、"缅甸桥"、"跳出真我"让我们在面对困难的时候，要勇于挑战，相互鼓励，战胜恐惧，理解在完成工作时意志力的重要性，并有不放弃、不断进取的精神；鼓动我们体验到通过体验不断努力，理解到成功源于坚持，源于持续不断的改进，每一个人都做好分内事，各司其责是做好工作、达成共同目标的基础；"求生墙"让团队成员意识到，团队是个人成功的基础，个人成功必须建立在团队其他成员的共同努力与共同支持的基础上。

通过本次活动，大家在实践中学习，在体验中改变，并有了更多的感悟。在体验着奉献、协作、勇气带来成功喜悦的同时，深刻感受到责任、协作、自信、相互信任的精髓，为公司持续发展、企业文化建设以及打造高效团队奠定了坚实的基础。

第三节 调查报告

一、调查报告的概念和作用

调查报告是作者出于特定的需要和目的，对要弄清、解决的问题做了系统、周密的调查研究之后，写出来的既有事实材料，又有观点意见的参考性文书。人们常用调查报告这种文体体现自己调查研究所形成的认识成果。

调查报告由于形成过程不同分为两种：一种是调查，另一种是报告。所谓调查，就是根据某种需要，采用各种认识手段（如查找资料、采访、现场考察等），对调查对象（某人、某事、某情况、某问题）进行有计划的、系统的考察。所谓报告，就是用书面形式向上级组织和广大群众说明调查的结果，不仅要提供材料，而且要表达作者对所调查的问题的看法和观点。

调查报告从内容上看是调查与分析的统一、材料与观点的统一、客观与主观的统一、实际与理论的统一。

调查报告可以用于反映情况，使领导或群众发现问题；可以用于总结经验，树立典型，宣传政策，推动工作。很多关于典型经验方面的调查报告，是党和国家制定方针政策的重要依据。

调查报告是事务文书，不是公务文书，但它是公务文书的得力助手，常作为公务文书的重要附件。

随着中国市场经济的发展，调查报告这种以往更多用于机关的文种也日渐深入到经济活动中，如市场调查报告、可行性分析报告等。

二、调查报告的种类

从内容上分，调查报告可分为：

（一）经验调查

经验调查又称典型经验调查。它的作用主要是介绍先进经验，为推进工作提供借鉴。在内容上，它要反映某一方面工作的成绩，并着重介绍成功的做法和经验，以供人们效仿或借鉴。它与经验总结在内容上和形式上有相通之处，只是在写作目的、时机、依据、角度等方面有区别。在表达上，有情况的叙述，但重在说明经验，政策性、理论性比较强，如《腾飞的法宝——广州白云山制药厂调查》。

（二）基础调查

基础调查又称情况调查。它的主要作用是为有关部门和人员提供决策、处理问题的提供依据。其在内容上，要对调查对象的基本情况、发展变化过程进行具体的、全面的反映；在表达上以叙述为主，适当进行分析和议论。它的重心是给上级或社会有关方面提供资料。

情况调查报告因调查目的、范围和用途的差异而有两种：一种是反映具体情况的个案性调查报告。其调研目的是把某一个具体问题界定清楚，调研范围单一、具体，报告的内容一般用来作为处理某一具体问题的依据或重要参考。另一种是反映基本情况的综合性调查报告，调研的目的是掌握某一领域或某一方面的概貌，调研范围相对宽广，涉及的对象较多，报告的内容主要供宏观决策参考，或者用于说明某种客观现象、某一学术观点，如《北京市委关于今年以来党员教育工作情况的调查报告》。

（三）问题调查

问题调查又称事件调查。它是针对特定事件或问题的调查报告，其中也包括应当引起重视和值得研究的问题。揭露问题的调查要在已有线索的基础上展开。调查的目的是为了查清事实，获得足以说明问题性质、情节的材料。调查对象一般是暴露出来的问题和问题涉及的有关单位和人员。它列举事实、指出问题，并要分析事情的前因后果，深刻地揭示事件的真相，引起有关部门或全社会的注意，从而达到解决问题、教育有关人员或广大群众的目的。

揭露问题的调查报告不仅可以用来澄清是非、辨明真伪、教育群众，还可直接作为对有关责任单位和责任人进行处理的重要依据，如《企业累如牛，摊派何时休——关于湘潭市向企业乱摊派问题的调查》。

三、调查报告的特点

（一）针对性

调查报告有鲜明的针对性，它总是和现实问题挂钩。调查报告要解决的问题，通常都是社会普遍关心的。调查报告写作者必须根据党和国家的方针、政策，从实际工作需要出发，有针对性地调查研究、总结经验，回答广大群众关心的问题，解决社会上迫切要求解决的问题。针对性是调查报告的灵魂，针对性越强，指导意义或参考价值就越大。

（二）新颖性

调查报告的内容，应当反映新情况、新问题、新经验。从这一点上说，调查报告具有新闻性，它不同于工作总结，工作总结具有常规性。

（三）真实性

调查报告要用事实说话。人们总是通过事实来认识事物的，所以，无论是总结经验，研究新生事物，还是揭示一个真相，都必须以确凿的事实为根据，用事实去阐明道理、说明问题。可以说，真实性是调查报告的生命。使用虚假材料，是调查报告写作上的大忌。

（四）典型性

调查报告的材料应当具有典型性，揭示的问题应当带有普遍性，解剖一个"麻雀"，是为了掌握"麻雀"的一般结构。只有抓典型材料，进行科学分析，才能找到普遍规律。

四、调查报告的格式和写法

（一）标题

调查报告的标题大致可分为三种类型：公文式标题、文章式标题以及将二者合起来的双行标题。公文式标题写法的优点是能使人对文种一目了然，并了解调查的对象和调查报告的目的，如《关于当前微电脑在企业财务会计工作中的运用情况和存在问题的调查报告》。但是，公文式标题容易写得过于冗长，而且比较平淡，不利于诱发读者的阅读欲望。文章式标题虽不能让人一眼看出文种，但处理得好，能使人看了标题便对调查对象和调查报告的目的有所了解，而且这种标题还有可长可短、可严肃可谐趣、可描述可设问等优点，因而容易写得生动有趣，引人注目，如《愤怒的烧鸡》《新闻纸紧张的症结何在》等。双行标题的正标题反映调查报告的主旨，副标题体现文种，如《稳定农村基本政策是群众的愿望——苏皖部分地区农村调查报告》。

（二）正文

正文包括引言、主体、结尾三个部分。

1.引言

引言一般简明扼要地介绍文章内容或有关问题，常见的写法有：

（1）交代问题的由来。说明调查的问题是怎么提出来的，为什么要对这一问题进行调查。

（2）简述调查过程。说明调查的时间、地点、范围、经过、方式等。

（3）概述全文内容。如介绍课题或对象的基本情况、历史背景、调查结果、分析的结论等。

（4）概述对象的主要事迹、成绩、意义或罪行、恶果等。通常的写法主要有五种：突出成绩法，基本状况交代法，有关问题说明法，成绩、问题对比说明法，主旨直述法。

2.主体

主体是调查报告的主干、核心，调查所了解到的情况、问题都要在这部分展开。主体部分的结构不外乎横式（逻辑式）结构和纵式（顺叙）结构两种。横式结构部分与部分之间有并列、递进、因果、对比等关系；纵式结构按事件的时间先后顺序、事物本身的主次顺序展开调查活动。

调查报告一般内容复杂，篇幅较大，常常是多层次的，为了纲举目张、条分缕析，常用小标题、序数词、首括句或排比句等形式显示层次关系。

3.结尾

调查报告的结尾写法不一。结尾有的是结论性的，用来与开头响应，使之有头有尾；有的是总结性的，对全文加以概括，或对事项做出评价；有的是呼吁性的，发出警告、表示决心、展望前景；有的是余论性的，作者为了防止偏颇，进行某些说明或补充。结尾在调查报告中并非必备。

五、调查报告的写作要求

1.要有正确的立场、观点和态度

立场、观点、方法是认识事物的主观条件。坚持唯物论，坚持辩证法，坚持实事求是的态度，才能正确反映事物的全貌，深刻揭示事物的本质。

2.要有明确的目的和周密的准备

（1）了解调查的课题和调查对象的基本情况；

（2）熟悉有关方针、政策；

（3）制订调查计划，即自身活动的安排，包括目的、时间、对象、方式、方法、力量组织等；

（4）拟定调查纲目，事先设计好向调查对象了解的具体问题。

3.以实地调查为基础，充分掌握各种材料

调查研究要运用科学的方式方法。调查按广度分，有普遍调查、典型调查、抽样调查；按方式分，有询问法、观察法和实验法。

在调查的过程中，要掌握大量翔实、客观的材料，具体而言，包括以下几个方面：现实材料和历史材料；"活材料"和"死材料"；"面"上材料和"点"上材料；正面材料和反面材料；直接材料和间接材料。总之，调查时要"以十当一"，使用时要"以一当十"。

4.以调查材料为基础，提炼有现实意义的主题

在分析研究材料从中提炼观点时，要防止两种偏向：

一是主题先行，先入为主。其中，唯上、趋时、投领导所好、做应时文章，都不可取。二是堆砌材料、罗列现象、缺少分析、没有主题。此外，还要避免简单枚举、以偏概全、轻下断言。

列宁说过："在社会现象方面，没有比胡乱抽出一些个别事实和玩弄实例更普遍、更站不住脚的方法了。罗列一般例子是毫不费劲的，但这是没有意义的或者完全起相反的作用，因为在具体的历史情况下，一切事情都有它个别的情况。如果从事实的总和、从事实的联系去掌握事实，那么，事实不仅是胜于雄辩的东西，而且是证据确凿的东西。如果不是从总和、不是从联系中去掌握事实，而是片面的和随便挑出来的，那么事实就只能是一种儿戏，或者甚至连儿戏也不如。"这就是说要对材料加工改造，去粗取精、去伪存真、由此及彼、由表及里，从中找出带有普遍性的规律性的东西。

5.选用表达方式，提高表达效果

调查报告在叙述、议论的基础上，应较多使用统计数字、比较分析、分类归纳、典型事例、群众语言等方式，提高表达效果。数字，是概括了的客观事实，能

最简洁、准确地说明问题，反映事物的实质。比较，是区别事物好坏、多少、利弊等的科学方法，可以纵比——现在与过去比，也可以横比——甲与乙比；可以通篇比，也可以局部比。分类，是显示各个事物之间差异的方法。在基础调查中科学地分类特别重要，在经验调查中把做法、效果、体会分类；在问题调查中把现象、危害、原因、意见归纳分类，这对于提高调查报告的科学性、实用性，十分有益。运用群众语言，则能增强文章的活泼性、生动性。

[例文三·八]

上市公司会计信息披露规范化问题的调查研究

目前我国已经由有关机构发布实施了一系列股票交易法律、规则，并规定了公司信息披露的原则要求和内容体系。但是，由于种种原因，我国上市公司信息披露中还存在不少不规范的现象，损害了我国证券市场和上市公司的健康发展，也使广大投资者蒙受了许多不应有的损失和风险，因此规范上市公司信息披露的呼声越来越高。本文试就上市公司会计信息披露规范化问题进行研究探讨。

一、上市公司会计信息披露的现状

上市公司及时、真实、充分、公平地向广大投资者披露可能影响投资者决策的信息是上市公司必须履行的义务。从宏观而言，它有助于国家的宏观调控和市场的运转，有助于社会资源的优化配置，有助于维护证券市场秩序，促进证券市场的发展；从微观而言，从企业外部信息需要者角度来看，它有助于保障投资者和债权人等信息使用者的利益；从企业角度看它有助于公司的筹资和降低筹资成本，有助于促进公司自身的发展；从企业经营管理者角度看，有助于落实和考核其经营管理责任。总之，公平、真实、充分、及时的上市公司会计信息披露于国家、于企业、于民众都是大有好处的。

我国证券市场起步于20世纪90年代初期，经过多年的发展，在会计信息披露方面，已经取得了很大成绩，上市公司会计信息披露正在向好的方向发展，但也存在不少问题。

1.取得的成绩

（1）会计信息披露规范逐步完善。目前，我国已经形成了以《中华人民共和国公司法》《中华人民共和国证券法》《股票发行与交易暂行条例》为主体，以《公开发行股票公司信息披露实施细则（试行）》和证监会发布的关于信息披露内容、格式准则为具体规范的信息披露的基本框架以及首次披露（招股说明书、上市公告书）、定期报告（中期报告、年度报告）和临时报告（重大事项报告）三部分组成的信息披露内容，初步规范了上市公司的信息披露问题。

上市公司的会计信息披露往往不是单独进行的，而是与其他非会计信息一起，在公司入市（一级、二级市场）、入市以后的适当时机公开披露。上市公司信息披露的文件，虽然在招股说明书、上市公告书、定期报告、临时报告中，会计信息都是其主要内容，但是出于用户和市场管理的需要，同时披露非会计信息也是必要的。因此，上市公司会计信息披露制度就不可能像我们习惯上所理解的行业会计制度那样独立存在、自成一体，而是渗透在有关法规和信息披露规范性文件之中。在这些公开披露信息中，还应包含注册会计师对上市公司披露信息所进行的各种审查、鉴定、评估、验资、查账、审计的报告和意见。

（2）上市公司会计信息披露的监管体系正在不断完善。1992年11月，为了适应证券市场管理的需要，我国成立了国务院证券管理委员会（以下简称证券委），同时还成立了中国证券监督委员会（以下简称证监会）。前者是我国证券市场的主管机构，后者是一个受证券委指导并授权全面监督检查与归口管理证券业务的政府执行机构，负责建立健全证券监管工作制度。它们从宏观管理的角度出发，对我国上市公司信息披露进行了比较有效的管理。此外，证券交易所也积极参与上市公司的信息披露管理。另外，在上市公司信息披露的监管体系中，注册会计师不可替代的重要作用也正越来越明显地发挥出来。从1997年年报的审计看，注册会计师出具解释性说明的明显增多，同时，重庆会计师事务所对"渝钛白"说"不"、普东大华会计师事务所对"宝石Ａ"年报的拒绝发表意见，都开了我国证券市场的先例。随着1998年"脱钩"工作的迅猛开展，我国注册会计师的职业责任感更有明显提高，其执业环境也正在改善。

（3）随着证券市场的发展，证券市场投资者的心理素质和投资分析、决策水平等技术能力正在不断提高。

2.存在的问题

（1）有关法规、制度不完善。迄今为止，规范我国证券市场的根本大法《中华人民共和国证券法》虽然已经出台并实施，但有些规范仍然采用"试行"、"暂行办法"的形式，明显带有过渡色彩；上市公司会计制度不规范。根据财政部和证监会的规定，我国上市公司的会计处理从1998年起执行财政部发布的《股份有限公司会计制度》和"现金流量表"、"资产负债表日后事项"等几个具体会计准则以及《关于执行具体会计准则和〈股份有限公司会计制度〉有关问题的解答》等有关条件，使上市公司对外公布的会计信息的透明度得以加强，同时也体现了与国际惯例不断接轨的原则，但随着证券市场的扩大，现行会计制度中有些规定仍有些滞后，一是某些新情况、新业务，在会计处理上仍有待于进一步规范。如对收购、兼并、合并、破产等的账务处理、对即将发行可转换公司债券的账务处理、对金融衍生工具的账务处理等；二是上市公司会计制度太分散，不易全面执行；三是与国际会计准则不一致，跟不上我国证券市场向国际化迈进的步伐，不利于我国企业在国际资本市场上融资。

（2）会计信息披露不规范。现行会计信息披露制度不是很规范，散见于各种规定之中。而我国目前制定上市公司信息披露法规的有关机构有全国人大、证券委、证监会、财政部和其他机构等，令出多门、管理不统一，从而导致上市公司会计信息披露缺乏统一性；信息披露制度不稳定，有些治标不治本的规定经常变动，既不易把握，又不易执行，给会计信息披露出现虚假、遗漏、隐瞒等现象以可乘之隙。

（3）上市公司会计行为不规范。上市公司的会计行为是企业的会计人员收集、整理、加工会计数据并进行检验后，向利益相关方披露会计信息过程的总称。上市公司会计行为的不规范，造成了其披露的会计信息的质量不高。具体表现在：①不够真实。企业管理当局出于经营管理上的特殊目的，蓄意歪曲或不愿披露详细、真实的信息，低估损失、高估收益，这方面的信息造假行为在当前我国证券市场上屡见不鲜。1997年轰动一时的"红光实业"、"琼民源"事件便是例证。1998年A股上市公司年报中获得补贴收入提升公司业绩的公司有410家，说明我国上市公司会计信息的真实性仍有水分。再者，上市公司运用不恰当的会计处理办法，提供带有明显误导性的财务报告，以粉饰经营业绩，在我国证券市场上亦不乏其例。1998年A股上市公司年报中主业业绩下降、关联交易频繁、托管收益和资产置换收益剧增成为一种普遍现象。很多公司在招股说明书和上市公告书中披露的公司盈利的预测值与实际值相差一倍、数倍甚至数十倍，用过高的盈利预测信息骗取股东和社会公众信任，成为我国证券市场的一项"痼疾"。1998年以前，10%的净资产收益率成为一般上市公司配股的资格线，多数达不到资格线的上市公司就利用会计制度（更有部分分公司违反制度）"操纵"利润来达到目的，我国证券市场的"10%现象"蔚为奇观，即净资产收益率位于10%～11%的上市公司数量远远大于9%～10%的上市公司数量。1998年，随着上市公司配股条件的修改，配股资格线由10%调整为6%，过去上市公司净资产收益率集于10%～11%的现象得以改观，1998年度上市公司净资产收益率处于该区域的有112家，占全部上市公司的15.45%，而在1997年是207家，占当年全部上市公司的28.55%。真实性是会计信息的生命，不真实的会计信息必然导致决策的失误。②不够及时。在证券市场上，上市公司会计信息披露能否及时，直接关系到众多投资者的切身利益。一旦信息披露不及时，产生了内幕交易，一般投资者的损失可想而知。目前，我国绝大多数上市公司已经基本能够做到在规定时间披露业绩报告，但对重大事件的披露仍往往不及时。这就降低了会计信息的预测价值和反馈价值，降低了会计信息的相关性。③不够充分。不少上市公司在信息披露中，对有利于公司的会计信息过量披露，而对不利于公司利益相关者利益的会计信息披露常常不够充分，甚至三缄其口。其主要表现在以下几个方面：对关联企业之间的交易信息披露虽比以前充分，但仍不够细致。对企业偿债能力的揭示不够充分；很多企业在存在大量应收账款的情况下，却不对应收账款的构成进行分析，或者对企业的对外担保情况、或有负债的具体内容进行隐瞒等；对资金投放去向和利润构成的信息披露不够充分；对一些重要事项的披露不够充分。借保护商业秘密为由，隐瞒对企业不利的会计信息尤其是涉嫌违规的行为的披露。④不够公平。证券监管部门一再强调上市公司必须在其指定的新闻媒体上发布信息，然而迄今为止仍有个别上市公司不分时间、场合、地点随意披露会计信息，有些上市公司的有关重要信息（如业绩、分配方案、重大资产重组方案等）尚未公开披露，市场上一部分人已了如指掌，有些上市公司还擅自公布涉及国家经济政策方面的重要信息，助长了股市的投机性，有些上市公司公布的会计信息朝令夕改，让投资者无所适从。

（4）审计执业不规范。作为证券市场的鉴证者，会计师事务所在市场信息披露中发挥着独特的作用，投资者能否得到可靠的信息，很大程度上取决于注册会计师的意见。在过去的几年中，恶性的虚假报表案件接二连三，不少潜在问题也令人寝食不安。在"红光实业"和"琼民源"等重大案件中，负责审计的成都蜀都、中华和海南大正会计师事务所扮演了很不光彩的角色，负有不可推卸的责任。目前，注册会计师执业中存在的最主要问题就是风险意识淡薄。一些注册会计师似乎并没有意识到他们所出具的审计报告是投资者借以判断一家公司是否值得投资的重要依据，如果报告本身有错误或是有虚假成分，不但会给投资者造成大的损失，甚至还会带来严重的社会后果。尽管监管部门对注册会计师的违法执业有着严厉的处罚措施，但在实际中，一些注册会计师依然不能规范执业。此外，注册会计师的执业环境也是值得重视的问题，不少会计师事务所在执业时受到了来自上市公司、当地有关部门等方面的压力和利诱；同时一些会计师事务所为了招揽客户，稳定与客户的合作关系，而接受了客户的一些不正当要求，不正当的竞争妨碍了执业质量的提高。从总体上说，注册会计师的技术素质和职业道德也还有进一步提高的必要。

二、上市公司会计信息披露不规范的成因分析

（1）利益驱动是产生上市公司不良会计行为的内在原因。首先，上市公司的会计信息具有公共产品的某些特征。上市公司会计信息不仅会对公司自身及其有直接利益关系者的利益产生很大的影响，而且会对其他上市公司、其他投资者、证券交易所乃至整个证券市场社会利益产生影响。由于利益驱动，公司总是要实施对自己有利的会计行为，使会计信息在数量上和质量上有失公平，不能满足所有信息使用者的需要。其次，会计信息的供给主体呈现多元化格局。本来会计信息的供给主体是上市公司的会计人员（代表上市公司），而现在，上市公司各个相关的利益集团（如发起人、公司主管部门、公司高层管理人员等）也千方百计地影响上市公司会计信息的供给，甚至积极参与会计信息的供给工作。这样，经过协调而提供出来的会计信息便有失于偏颇。

（2）会计准则制度的不完全为不公正会计信息的产生提供了可能。会计信息披露制度和会计准则制度是证券市场会计规范的内容，区别在于前者规范的是被披露信息的表现形式，如披露什么、怎样披露、何时披露等；后者规范的是被披露会计信息的内容实质，如会计怎样通过特定程序生成符合用户需要的、具有一定质量的会计信息等。只有先生成客观、公允的会计信息，才谈得上信息如何披露。但是目前我国上市公司的会计准则制度仍然是不完全的，体现在两个方面：一是会计准则制度与会计实践之间存在着一定的时滞。由于会计实践和经济创新行为的层出不穷，实践中经常出现企业的会计处理"无法可依"的情况。二是会计准则制度具有统一性的同时还兼顾一定的灵活性，如同一项会计事项的处理存在着多种备选的会计方法。多种会计处理方法并存为企业进行会计操纵提供了方便之门，造成部分上市公司为了配股、"扭亏"、"保壳"、兑现管理人员奖金、平衡实际盈利与预测盈利、参与二级市场炒作等目的，利用准则制度给予的"活动空间"进行会计操纵，

从而忽视了会计信息的公平性、真实性。如用高估资产、延长递延资产的摊销期、提前确认营业收入、潜亏挂账、变更会计处理等方法，以实现虚增利润，或者利用高估坏账和工程投资损失、缩短无形资产和递延资产的摊销年限等方法隐瞒利润。另外，上市公司的内部监督功能弱化，监事会和内审制度被以大股东为首的相关利益集团控制，不能代表中小投资者对上市公司披露的会计信息进行监督。

（3）证券市场相关制度安排的不完善是上市公司粉饰会计信息的外在诱因。①股票发行的"额度"制。我国现阶段股票公开发行、上市实行计划额度制。在一级市场上新股额度的供给大大小于需求，额度成为一种紧俏的"资源"，所有准备上市的公司都渴望在争取到一定"额度"后实现募集资本最大化的目标。要想最大限度地筹集资本必须提高股票的发行价格，而股票的发行价格的高低又取决于公司上市前盈利水平的高低和上市后盈利预测数的大小。这样，围绕提高"利润"包装上市这一目标，拟公开发行股票上市的公司便大做文章。②"剥离"上市制度。我国上市公司多数为国有企业改组上市，存在一个资产剥离的问题，即企业在不能整体上市的情况下将原有资产中的一部分剥离出来折合成发起入股。公司在上市之前，会计人员将剥离出的资产假设为一个新的会计实体，且已存在3个或3个以上的会计期间，然后根据历史资料从原来的会计实体中剥离出"归属"虚拟会计实体在会计期间的利润，并编成虚拟财务报表。这给股份上市前的财务包装、虚拟利润提供了机会。统计显示，1997年新上市公司招股说明书中披露的前3个会计年度的净资产收益率是同期全国国有企业对应指标平均值的5倍以上。另外，公司剥离上市后，其职工"福利"仍有相当部分由母公司提供，这又为上市公司与母公司的关联交易增加了新的内容，为上市公司和母公司之间输送、转移利益又提供了方便。③配股"资格线"制度。股份公司上市后便获得了利用"壳资源"继续进行股权融资的可能，上市公司均想千方百计地实现这种可能。中国证监会对上市公司配股条件的规定中有这样一条：净资产税后平均利润率在10%以上（1998年改为3年平均10%以上，最低年份6%以上）。这样，10%的净资产收益率便成为上市公司配股的资格线。多数达不到资格线的上市公司就会通过操纵利润来达到目的。1997年700多家上市公司中净资产收益率位于10%～11%的达200多家，而位于9%～10%的仅20多家，透过现象看本质，不难发现其症结所在。④关联交易。目前有不少上市公司与母公司利用转移价格、虚假报销、费用转嫁、资产置换等方法达到了操纵利润的目的。从1998年年报看，上市公司关联交易非常频繁，关联交易产生的利润对上市公司业绩的贡献显著，相当多的托管收益、资产置换收益等没有现金到账，有的上市公司的大额资金被关联公司无偿占用，即使有偿，收益也是挂账，大量的关联方其他应收款没能收回。1998年以来，许多上市公司的母公司打着资产重组的旗号用母公司的财政来"补贴"上市公司，然后再用配股募集的资金反向高价收购自身的资产收回"补贴"，这样既保持了壳资源，又脸上有光。这实际上是根据母公司的意志任意调节利润的行为。

（4）社会审计机构的"独立性"困扰。由于我国很大一部分上市公司中，国有法人股占控股地位，而目前代表国家行使所有权的主体还不十分明确，这样上市公司的审计委托人实际上是上市公司的经营管理层，即由管理层聘请会计师事务所来审计监督管理者自己的行为，并且审计费用等事项由公司管理层来决定，这种畸型的委托代理关系使注册会计师无法对上市公司不公正、不真实的会计信息进行严肃的监控，再加上前述的其他原因，使注册会计师和事务所的独立性受到很大困扰，甚至出现"同谋"现象。

（5）证券监管力度不足。目前，我国尚无证券市场的自律性机构，交易所在运作过程中也很少严格约束会员。中国证监会力量薄弱，权威性不足，证券市场又是多种利益冲突的焦点之一，多方插手。一些领导经济工作的人员习惯于用行政管理办法来管理证券市场，不按证券市场的特有规律办事。投资者的素质也还不高，造成有用的会计信息不能全面、及时地传递给投资者和其他信息需要者。因此证券监管力度不足也是造成我国上市公司会计信息披露存在问题原因之一。

三、规范上市公司会计信息披露的有效对策

目前上市公司会计信息披露中存在的问题主要由现行不完善的市场经济特定制度安排下的环境因素所决定的，因此，要想一蹴而就予以全面解决是不可能的。只能从剖析其成因出发，抓住主要矛盾和矛盾的主要方面，以各方面的改革为基本立足点，加强制度建设和执行力度，加强监管，综合治理，采取多管齐下的办法，逐步地予以解决。

（1）加快改革，提高认识，按证券市场的规律办事。证券市场是市场经济中较高形式的市场形态，上市公司是现代企业中最高层次的企业形式，因此，一定要从寻找证券市场发展的一般规律出发，加强市场经济体制的改革和完善，加强现代企业制度的建设，提高认识，转变观念，清除计划经济体制遗留在人们思想上的影响，摒弃惯用的行政管理办法，改变管理方式，按证券市场和现代企业特有的规律办事，建立起真正规范化的市场经济体制、现代企业制度和利益驱动机制。只有这样，才能把这件事情办好，其他的一切措施只能建立在这个基础之上才能真正取得实效。否则，采取的任何措施手段都将是治标不治本，修修补补，这个问题将得不到根本解决。

（2）制定科学、配套的会计规范体系。会计规范体系是上市公司会计行为和会计信息的规范和准绳，只有先规范了上市公司的会计行为，生成客观公允的信息后，才谈得上信息如何披露，因此，建立并严格执行一整套科学的会计规范体系，是实行会计信息披露制度前一步必须做好的事。目前我国上市公司会计的规范主要是《股份有限公司会计制度》、几个具体会计准则和若干补充规定，它使得上市公司的会计处理规定不正规、不完备，很多问题得不到系统解决。下一步一定要建立以会计法、基本会计准则、具体会计准则、上市公司内部会计制度等一整套完备的上市公司会计规范体系。现行的《中华人民共和国会计法》要根据实际情况进行修改补充，并要制定实施细则，便于真正施行。要建立健全基本会计准则，具体会计准则要制定完善并尽快出台，企业会计制度一定要严密详细，使会计工作有章可循，得到切实执行。

（3）建立上市公司会计信息质量控制机制。上市公司会计信息质量控制机制由上市公司内部控制、注册会计师控制和证券监管部门控制三个要素组成，通过它们正常执行自己的职能及各职能间的相互制约，保证会计信息质量。内部控制由上市公司内部各相关部门组成，通过公司内部会计部门、审计部门、各经营部门、股东大会、董事会、监事会的职能活动来完成。其机制主要从以下几个方面来实现：①必须合理、有效地设置会计机构。目前，必须将上市公司的会计部门和财务管理部门分立，分属不同领导、分担不同职能。财务管理部门由总经理领导、会计部门应由董事会领导，主要会计人员由董事会任命，并向董事会负责，让会计人员真正成为会计信息供给的主体，使会计人员有责任也有能力拒绝管理人员的不合理要求，避免管理人员舞弊。同时，采取措施大力加强会计基础工作，提高会计人员各方面素质，包括职业道德水准。②上市公司必须加强内部审计制度建设，设置内部审计机构，归属监事会领导，对会计业务进行日常的内部审计监督。

（4）加大证券市场会计信息披露的监管力度。首先，随着《中华人民共和国证券法》的出台，我国上市公司会计信息披露制度体系已初步形成，然而已经颁布的一些规范性文件，有些内容不统一、有些相对滞后、有些比较分散，不易全面执行，因此相对于市场规范的要求来说，我国上市公司会计信息披露体系还有待于进一步完善。

其次，改变多头管理的体制。目前，我国对上市公司会计信息披露的管理政出多门，权责不明，不利于对之进行统一有效的管理。因此，必须参照国际惯例，对现行证券市场管理体制和上市公司会计信息披露制度进行相应改革。目前，证券监管部门的设置应集中到两个层次：一个层次是中央级的证券监管部门，负责对全国上市公司进行宏观监管，统一制定证券市场政策和上市信息披露规范；另一个层次就是证券交易所，它遵循中央监管部门的规定，对上市公司的日常活动和会计信息披露进行具体的详细监管。

再次，建立上市公司信息监查员制度。由中国证监会及其驻各地派出机构委派信息监查员到各上市公司，对上市公司的信息包括招股说明书、中报、年报、股利分配信息等的生成和披露加以监督，防止外界各个相关利益集团对会计部门的信息供给横加干涉。信息监查员在企业中行使职权时应保持高度的独立性，不得持有公司股份，一切工资、待遇均在证监部门享受，任免考核均由证监部门进行。

最后，证券监管部门要制定一套切实可行的上市公司会计信息披露的监督管理办法，对违规行为予以明确界定，坚决杜绝"你讲你的，我做我的"。

对于业已颁布的法规制度，要加大执法力度，做到违法必究，尽快在上市公司及证券市场参与者心目中树立法制意识。尤其对财务状况异常的ＳＴ公司更要加强监管。

（5）发展和完善注册会计师审计制度。目前，世界各国都实行上市公司会计信息的注册会计师审计鉴证制度。我国在实行这一制度过程中还存在不少问题。为了提高我国注册会计师的审计质量，应做到：第一，加快会计师事务所体制改革，改善执业环境，制定相应的执业自律准则，大力提高注册会计师的风险意识、业务水平和职业道德水准。第二，严格遵守独立审计准则及其他执业标准。证监会和中国注协对会计师事务所和注册会计师的审查应形成制度，采取有效措施控制和提高证券市场民间审计质量。第三，应借鉴海外注册会计师行业的管理经验，建立注册会计师惩戒制度。尽快出台"注册会计师惩戒规则"，在中国注协成立注册会计师惩戒委员会，明确赋予它以惩戒权。只有这样才能使注册会计师的独立审计成为上市公司会计信息质量和会计信息披露的可靠保证，保护投资者的利益，促进证券市场公正健康发展。

[例文三·九]

见本书第六章"市场调查报告"例文《北京苹果手机消费者市场调查报告》、《广东生猪市场调查报告》。

第四节　总　结

一、总结的概念及作用

总结是对过去一定阶段的工作加以分析、研究，肯定成绩，找出经验，发现问题，吸取教训，用来指导今后实践的一种应用文。

（一）总结是将感性认识上升为理性认识的手段

从认识论上讲，人的认识过程是：实践—认识—再实践—再认识，如此循环，以至无穷。其中的认识，有感性的，也有理性的，将感性的上升为理性的，靠分析、研究，也就是靠总结。总结，是认识运动的重要环节，是沟通实践与理论的桥梁。

工作中，会有许多感受和体会，这些感受和体会往往是零散的、片面的，甚至是肤浅的。通过分析研究，才能将零散的、片面的感性认识联系起来，形成深刻的观念，认识到事物的本质，掌握事物运动发展的规律。

（二）总结是对政策、方针的检验

工作总是按照一定政策、方针进行的。由实践或经验来证明和确定政策正确与否及正确与错误的程度，是通过对实践或经验的分析研究，即靠总结来完成的。

（三）总结是发现典型、克服失误，把工作不断向前推进的手段

从本部门工作上讲，通过总结能够发现典型、表彰先进、督促后进，开展批评与自我批评。从上下级来说，总结能及时给上级提供材料，使上级及时了解情况，发现典型，予以推广；看到失误，予以补救。所以，党政机关、基层单位、社会团体以及个人，在某项工作告一段落后，都应该做出认真的总结，以求善始善终，着眼未来。

二、总结的种类

总结从性质上分为综合性总结和专题性总结；从内容上分为工作总结和经验总结。

工作总结要反映工作的面貌，着重于介绍工作情况、具体做法，当然也包括经验教训、存在的问题和今后的打算。由于内容全面，写作时应当以概括叙述为主。工作总结多用于向领导汇报工作，或者向本单位做工作报告。经验总结主要是总结单位或个人的成功做法或经验体会。其内容单一、集中，一般采用夹叙夹议的写法，着重于典型事例的介绍，常在报刊上发表，适用于宣传先进。

从时间上分，总结有月份总结、季度总结、年终总结及阶段总结等。

三、总结的特点

总结从内容上看有两个特点：第一是结论性。总结是归纳，是总鉴定、总结论。第二是借鉴性。总结具有借鉴作用。"鉴往知来"，这个"往"的有形之物，就是总结。

从文体上看，总结也有其特点。和总结密切相关的文种是计划、调查报告。下面列表对比其特点（见表3-1、表3-2）。

表 3-1　　　　　　　　　　　**总结与计划的区别**

文种	时间	内容	作用
总结	事后	做了什么,做得怎么样	间接产生影响
计划	事前	做什么,怎么做	直接指令作用

表 3-2　　　　　　　　　　　**总结与调查报告区别**

文种	时间	依据	角度
总结	事后	计划	第一人称
调查报告	事后、事中	客观实际	第三人称

四、总结的格式和写法

（一）标题

总结的标题通常由单位、时限、事由和文种构成。这种标题可称为公文式标题，如《财政部2003年工作总结》。此外，还有文章式标题，如《荣城橡胶厂何以取胜》，这种标题提示中心，便于吸引读者。把上面两种标题结合起来，便构成双层标题，也是常见的标题形式，如《适应新形势努力做好商业工作——××百货公司2003年工作总结》。

（二）正文

正文一般包括：基本情况；工作回顾（过程、做法）；经验、教训；存在的问题和今后的意见。正文因内容种类不同，写法也不同。

1.工作总结

工作总结（汇报性总结）目的就是汇报，向上级反映情况、提供信息，所以多采用"倒三角"结构：

（1）回顾（全文主体）。

（2）反思（评价）：困难、问题、缺点、错误、经验、体会。

（3）打算。

2.经验总结

经验总结（典型总结）目的是介绍经验，多采用"正三角"结构。略述如下：

（1）基本情况概述（前言部分）。交代客观背景，说明工作任务和指导思想；简述主、客观条件（领导方面的——包括方针、政策等，群众方面的），以及工作过程（始、中、终：遇到什么问题、怎么解决的、人们的认识有什么变化、后来怎样）；归纳主要成绩、工作效果及得到的启示。

这是对工作的俯瞰，是通观，也是全文的纲，要写得全面概括，其中有对工作过程的简要介绍，也有得失成败、经验教训的总叙，还要引用一些数据来说明工作的收获和成绩。由于是引言，写简要的一段即可。

（2）工作回顾。要详细叙述工作任务、步骤、措施及具体成效、存在的问题，可根据情况进行综合叙述或分别叙述。其中，步骤和措施要写得具体；成效要写得形象、生动。存在的问题可以分述，也可以在后面综述。

写工作回顾时，要照应下文的经验教训，以利于经验教训的自然引出。

（3）经验教训。这是从工作回顾中归纳提炼出来的，可以用小标题或序号分列，也可以根据内在的逻辑关系综合叙述。这一部分务求与工作回顾相切合并用正反两方面的事例来充实，以增强说服力。

经验教训在写法上要夹叙夹议，做到言之成理，既简明概括，又鲜明生动，不要写成干巴巴的条条框框。

工作，总是既有物质成果，又有精神成果，经验教训属于精神成果，是在工作中产生的理性认识。经验要反映某种规律性，具有重要的指导作用，因此必须在动笔前深入分析，并要表达好，使总结出来的经验成为"真经"。

（4）结语。主要指出问题、困难，写明今后的打算，明确努力的方向。

以上是经验总结的四个层次。其中工作回顾和经验教训是主体。有的总结将这两部分糅合起来写，有两种写法：

第一种，以工作回顾带经验教训。按工作展开的程序和步骤分别说明每个步骤和阶段的工作，夹叙夹议地引出相应的经验教训，突出回顾。

第二种，以经验教训为主。一般分列几个观点，分别展开议论，用工作办法、成效、事例给予充实。这样，由于工作回顾被拆开为阐述观点服务，就需要在"工作概况"部分里适当加以详述，使人对工作基本面貌有所了解。

（三）结尾

单位署名、日期。

五、总结的写作要求

（1）明确写作目的，端正写作态度。总结的目的是发扬成绩，纠正错误，以利再战。因此，既要谈正面，也要谈反面；既要谈成绩，也要谈不足。也就是说，写总结必须一分为二。

（2）深入调查研究，掌握第一手材料。平时要随时积累，随时总结。实际上"日记录"就是为"月总结"准备材料，"月总结"就是为"季度总结"准备材料。日常的简报、动态、典型材料、会议记录、工作纪要、通讯报道以及各种"备忘录"都是工作总结的材料。另外，一定要深入第一线，尽可能掌握第一手材料（比如典型事例、有说服力的数字、多数群众的意见等），一定要防止出现"平时不烧香，急来抱佛脚"的现象。

（3）观点和材料统一。行文中不要只罗列材料，不要写成流水账，要了解事物的全过程，通过认真分析，找出事物的内在联系和规律性的东西。在表达方面，要从理论和实际的结合上说明问题，做到观点和材料有机统一。

（4）篇幅力求简短。要根据实际情况和总结的目的，确定中心内容。平常做工作要"弹钢琴"、"抓中心"，总结也要学会"弹钢琴"、抓主要矛盾。要既能够跳进去，深入了解工作过程的具体情况，又能够跳出来，总结出带规律性的东西。

要突出重点和特点，把最重要的最有特色的内容写出来，人云亦云的东西尽量摒弃不用。下笔之前精心构思，落笔时要言不烦、言简意赅。写成后，竭力将可有可无的字、句、段删去。

（5）语言准确、生动、简洁。对于表示分寸、范围、程度、数量等的词语的使用，要特别注意其准确性。叙述事例可以运用文艺表现手法，也可以适当引用一些来自群众的生动活泼、富有感情色彩的典型语言，使文章引人入胜，但不能虚构，遣词造句要力求扎实。

[例文三·十]

广东省财政厅省直预算单位清产核资工作总结（节选）
统计评价处（清产办）

为了配合我省部门预算编制改革，按照财政部部署，省财政厅于2000年下半年选择了省府办公厅、省公安厅等七个部门开展了预算单位清产核资试点工作；2001年2月，经省政府同意，省财政厅在全省范围内组织开展了预算单位清产核资工作，其中省直单位2001年全面铺开了预算单位清产核资工作，各地市预算单位清产核资工作结合本地机构改革和预算管理改革实际需要逐步推开。经过组织准

备、宣传培训、清查核对、复查核实、审核批复、检查验收、建章建制等阶段，至
2003年6月，省直预算单位清产核资工作已全面完成。现将省直预算单位清产核资
工作情况汇报如下：

一、清产核资工作的主要成效

改革开放以来，省直一些行政事业单位经历了撤销、合并、改变隶属关系以及
由行政事业性质改为企业经营单位等情况变化，加上有些单位财务管理不规范，许
多单位不同程度地存在着资产管理混乱、"家底"不清、账账不符、账实不符等现
象。通过本次清产核资，我们基本摸清了省直预算单位的"家底"，核清了省直预
算单位人员结构状况及各项收支情况，核实及处理了账外资产、资产盘盈、资产损
失，弄清了省直预算单位财务及资产管理上存在的主要问题，完善了财务、资产管
理制度。同时，这次清产核资为测算切合实际的定员定额标准和编制部门预算、细
化预算提供了基本数据，为规范和加强行政事业单位国有资产监督管理积累了一定
的经验。

（一）基本摸清了预算单位的"家底"。（略）

（二）核清了预算单位人员结构及各项收支情况。（略）

（三）规范了管理，完善了制度。（略）

二、清产核资工作的主要做法及特点

预算单位清产核资工作的指导思想是立足于为财政中心工作服务，为部门预算
改革服务，摸清预算单位"家底"，为编制部门预算、细化预算以及制定科学的定
员定额标准提供真实的依据。主要做法及特点是：

（一）加强领导，健全机构。（略）

（二）精心组织，充分准备。（略）

（三）协调督导，措施落实。（略）

三、清产核资暴露出的主要问题

长期以来，行政事业单位普遍存在"重收入、重购置、轻管理"的思想，资产
管理意识淡薄，资产管理混乱，缺乏一套规范和有效的内部管理机制，随意购置、
任意处置、贪大求全、不讲效益。这次清产核资反映出相当部分单位财务资产管理
方面存在主要问题，如制度不健全、管理不规范、日常资产管理与账务管理脱节、
有物无账、账卡不符、账账不符、账实不符，形成的大量账外资产无人负责、无人
管理等，具体表现在：

（一）基础工作不规范。（略）

（二）资产处置随意性大。（略）

（三）"非转经"管理松懈。（略）

（四）账外资产、闲置资产以及资产浪费、损失现象严重。（略）

（五）部分单位财会人员业务素质不高。（略）

四、巩固清产核资成果的意见和建议

根据本次清产核资反映的情况和问题，现就巩固清产核资工作成果提几点意见

和建议。

（一）认真做好清产核资的后续工作，巩固清产核资工作成果。（略）

（二）建立完备的资产清查制度，防止前清后乱。（略）

（三）提高认识，进一步加强国有资产管理。（略）

（四）进一步提高财会人员业务素质，规范会计基础工作。

这次省直预算单位清产核资工作，从2001年2月印发清产核资工作文件，3月底召开全省预算单位清产核资工作会议，4月进行政策、业务和软件操作培训，经过户数清理、人员机构、经费和收支状况以及资产清查，进行复查、核查，资金核实申报及批复，建章建制，至2003年5月底基本完成检查验收工作，历时两年多，各部门（单位）投入了大量的人力、物力和财力，付出了艰辛的劳动，保质保量地完成了各阶段清产核资工作任务。为了进一步推动各部门（单位）清产核资工作的深入，从体制上、制度上解决当前各部门（单位）在资产、财务工作上存在的问题，我们将以党的十六大精神和"三个代表"重要思想为指导，解放思想、与时俱进，认真研究预算单位资产、财务管理中的一些深层次问题，如资产管理与部门预算的关系、资产管理与财务管理的关系、政府财政部门和政府其他部门在行政事业单位资产管理上的职责分工以及组织机构设置等问题，努力推动行政事业单位资产财务管理工作迈上新的台阶。

二〇〇三年七月十五日

[例文三·十一]

财务工作年终总结

2011年，财务部在公司领导的正确指导下、在机关各部门的大力支持下、在下属各单位的通力配合下，紧紧围绕年初制定的经济责任制目标，认真组织会计核算，规范各项财务基础指标，站在财务管理的角度，以成本为中心、以资金为纽带，不断提高财务服务质量，经过努力取得了一定的成绩。现将一年来的主要工作情况汇报如下：

一、严格遵守财务管理制度和税收法规，认真履行职责，组织会计核算

财务部的主要职责是做好财务核算及会计监督工作。我们严格遵守国家财务制度、税收法规及国家的其他财经纪律，认真履行财务部的工作职责。在工作中，我们克服会计少、人手不够的实际困难，分工合作地做好三个独立核算单位的账务处理工作。严格审核原始凭证，坚决拒收不符合要求的票据，坚决杜绝不合乎要求的费用报销，坚决不办理违反银行结算规定的支付业务。认真记录记账凭证，保证账目清晰明了。及时编制财务会计报表，认真分析财务数据，为公司领导及下属单位领导的经营决策提供了准确有效的数据。在按时纳税申报、缴纳税金的基础上，吃透、用透国家税法政策，在政策允许的范围内合理避税，从而减轻公司的税负。

二、以规范管理为动力，不断完善成本管理，减少原材料采购成本，降低辅助材料的消耗

在财务管理工作中，我们以成本管理为主线，把工作的重点放在降本增效上。我们积极配合采购部门的材料采购招标工作，严把原材料采购的质量关、价格关，力求以最低的价格采购到最优质的原材料。坚决执行部务会上制定的"没有通过招标而采购的原材料不予付货款"的决定，从而使得大宗原材料的价格在不同的程度上有所下降，高的每吨下降一百多元，低的每吨也下降几十元。我们还严把辅助材料消耗关，严格控制各项费用的支出，在提高职工队伍素质上下工夫、在加强内部管理上求效益。通过一年的艰苦努力，各下属单位的成本都有所下降，盈利水平有所提高，亏损单位的亏损幅度也在允许范围内有所降低。全公司在11月份就提前完成了全年各项经济指标，取得了历史性的突破。

三、积极组织货款回收，合理调配资金，保证生产经营持续稳定地进行，保证国家、企业、职工三方面的利益不受损害

财务部积极配合各单位抓销售收入的同时，还想方设法到客户单位去做货款回收工作，保证货款的安全性和回收的及时性，确保了货款的回收率。我们合理地安排三个独立核算单位的资金，根据生产经营的需要，合理地调度和使用资金，既要保证生产经营及建设所需要的资金，又要保证税收的按时缴纳，还要保证职工工资的及时发放。今年，在资金比较紧张的情况下，我们新增固定资产一百多万元，职工的工资在去年的基础上也有大幅度的提高，生产经营活动也在有序地进行。这与我们遵循将有限的资金用在"刀刃"上的理念是分不开的。

四、密切配合三家公司的整合重组工作，努力跟上总公司的前进步伐，更好更快地融入总公司的队伍中

今年五月份，三家公司整合重组，这给我们带来了新的希望，注入了前进的动力。但同时也给我们带来了大量琐碎的工作。我们在不影响正常财务工作的同时，密切配合清产评估小组，为其提供多年的凭证、账簿、报表等相关资料，协助他们跑现场、清点固定资产等财产物资，使得资产评估工作得以圆满顺利地完成。在总公司组织的浪潮软件学习中，我们财务人员克服从来没有接触过的困难，加班加点刻苦学习，掌握了从初始化到出报表的操作流程，为明年正式运行浪潮软件打下了坚实的基础。在做明年的财务预算计划时，我们查数据、分析形势，几经易稿，终于完成了预算工作任务，为明年的生产经营工作指明了前进的方向。

一年来，我们以效益为中心做了大量行之有效的工作，但还是存在一些不足。今后，我们将利用资源共享的平台，努力学习总公司先进的管理方法和模式，刻苦钻研业务，提高思想素质、管理水平和业务能力，把核算工作做得更精确、更细致。新的一年，我们将以良好的工作作风、饱满的工作热情和严谨的工作态度投入到工作中，为总公司的蓬勃发展贡献我们财务人员的力量！

[例文三·十二]

2015年出纳年度工作总结

通过自身的努力，我个人无论是在敬业精神、思想境界还是在业务素质、工作能力上都得到进一步提高，并取得了一定的工作成绩，现将本人一年以来的工作、学习情况总结如下：

一、加强学习，注重提升个人修养

一是通过杂志报纸、电脑网络和电视新闻等媒体，认真学习贯彻党的路线、方针、政策，不断提高政治理论水平，加强政治思想和品德修养。

二是认真学习财经、廉政方面的各项规定，自觉按照国家的财经政策和程序办事。

三是努力钻研业务知识，积极参加相关部门组织的各种业务技能的培训，严格按照"勤于学习、善于创造、乐于奉献"的要求，坚持"讲学习、讲政治、讲正气"，始终把"耐得平淡、舍得付出、默默无闻"作为自己的准则；始终把增强服务意识作为一切工作的基础；始终把工作放在严谨、细致、扎实、求实上，脚踏实地工作。

四是不断改进学习方法，讲求学习效果，"在工作中学习，在学习中工作"，坚持学以致用，注重融会贯通，理论联系实际，用新的知识、新的思维和新的启示，巩固和丰富综合知识、让知识伴随年龄增长，使自身综合能力不断得到提高。

二、严格履行岗位职责，扎实做好本职工作

一年来，本人以高度的责任感和事业心，自觉服从组织和领导的安排，努力做好各项工作，较好地完成了各项工作任务。由于财会工作繁事、杂事多，其工作都具有事务性和突发性的特点，因此结合具体情况，按时间性，全年的工作如下：一季度，完成2015年财务决算收尾工作，办好相关事宜，办理事业年检。认真总结去年的财务工作，并为2016年确定了财务工作设想；对各类会计档案，进行了分类、装订、归档；对财务专用软件进行了清理、杀毒和备份。

完成2015年新增固定资产的建账、建卡、年检工作。二季度，按照财务制度及预算收支科目建立2015年新账，处理日常发生的经济业务。按工资报表要求建立工资统计账目，以便于分项目统计，准时向主管部门报送财务、统计月报季报；充分发挥了会计核算、监督职能。及时向相关单位、站领导提供相关信息、资料，以便其正确决策。主动与局计财科及时保持联系，提出用款申请计划，以达到资金的正常周转。在对外付款方面，严格把关，严格执行和遵守国家财经制度，账务做到日清月结、账实相符、账账相符。

办理行政事业性收费年度审验，为贯彻落实《中华人民共和国行政许可法》，及时报送"收费项目、标准、依据、金额"等自查清理情况表，按医保规定缴纳上半年保费。三季度，用近一个月时间对2013年以来的账目按《中华人民共和国会计法》及《四川省会计管理条例》进行对照自查，完善了财务手续，写出了自查情况、经验体会、内部控制度建设情况及会计制度执行情况，进一步规范了会计行为。办理职工增资事项。四季度，为审核认定免交残疾金报送了劳资表、残废证、工资领取单。申报缴纳合同工养老保险、失业保险，下半年医保，住房公积。按规定录报财政供养人员信息，办理人事工资审核等。

三、勤勤恳恳做好后勤服务

作为一名财务工作者，我在工作中能认真履行岗位职责，坚守工作岗位，遵守工作制度和职业道德，乐于接受常规和临时任务，如为执法人员做考前准备工作，撰写廉政专项治理自查自纠情况报告及党风廉政工总结等文字材料。

在这一系列的工作中，我深知：作为一名合格的财务工作者，不仅要具备相关的知识和技能，而且还要有严谨细致耐心的工作作风，同时体会到，无论在什么岗位，哪怕是毫不起眼的工作，都应该用心做到最好。

第五节　会议记录

一、会议记录的概念和作用

会议记录就是当场把会议的基本情况、报告、发言、决议等内容如实记录下来的一种文体。

会议记录是形成各种文件的重要依据，会议纪要、命令、决定等文件往往是通过会议讨论决定的，同时它也是贯彻执行会议精神、检查与总结工作的基本依据。它是反映会议真实情况的第一手资料，是进一步研究工作、总结经验的重要材料，是日后查考的证据。有些比较重要的会议记录，具有文献价值和历史档案价值。

二、会议记录的分类

按照详尽程度，可以把会议记录分成两大类：

（一）摘要记录

一般会议只要求有重点地、扼要地记录与会者的讲话以及决议，不必"有闻必录"。所谓重点、要点，是指发言人的基本观点和主要事实、结论。对于一般性的例行会议，只要概括地记录讨论内容和决议的要点即可，不必记录详细过程。

（二）详细记录

对特别重要的会议或者特别重要的发言，要进行详细记录。详细记录要求尽可能记下每个发言人的原话，不管重要与否，最好还能记下其发言时的语气、动作表情及与会者的反应。如果发言者是照稿子念的，可以把稿子作原件，并记下稿子之外的插话、补充解释的部分。需要详细记录的发言，可采取速记的方法。现代化生活为我们提供了方便，还可以先录音，会后再整理。

三、会议记录的格式与写法

（一）标题

标题由单位名称、会议名称和文种三部分构成，如《东北财经大学教务扩大会议记录》。

（二）正文

正文一般包括下述内容：

1.会议的组织情况

（1）会议时间。写明会议召开的年、月、日，重要的会议写至时、分，较长的会议要写明起止时间。

（2）会议地点。

（3）出席人员。写明姓名和职务。如出席人多，记清主要人员姓名、职务情况，其余可写总数。重要的会议，可设签到簿，请出席者写明姓名、单位、职务、职称等自然情况。

（4）缺席人。写明缺席者的姓名、缺席原因。

（5）列席人。写明列席人的姓名和职务。

（6）主持人。写明主持人的姓名和职务。

（7）记录人。写名记录人的姓名和职务。

上述内容，要在会议临近召开时写好，不可遗漏。

2.会议内容

这是记录的主要部分。

（1）会议议题。如议题较多，可加序号。

（2）会议发言。记清主要观点，事例可略。

（3）会议决议。会议决定通过的具体事项，是会议记录的核心内容，因此要逐字逐句地详细记录，如有不同看法和保留意见，也一定要在会议记录上反映出来。

3.最后要另起一行写"散会"、"休会"或"结束"

四、会议记录的写作要求

（1）内容准确。要如实地记录别人的发言，不论是详细记录还是概要记录，都必须忠实原意，不得添加记录者的观点、主张，不得断章取义，尤其是会议决定之类的东西，更不能有丝毫出入。

（2）要点不漏。记录的详细与简略，要根据情况决定。一般来说，决议、建议、问题和发言人的观点、论据材料等要记得具体、详细。一般情况的说明，可抓住要点，略记大概意思。

（3）态度如一。始终如一是记录者应有的态度。这是指记录人从会议开始到会议结束都要认真负责地记录。

（4）顺序严谨。凡是发言都要把发言人的名字写在前。一定要先发言记录于前，后发言记录于后。记录发言时要掌握发言的质量，重点要详细，重复的可略记，但如果是决议、建议、问题或发言人的新观点，要记得具体、详细。

（5）速度要快。做会议记录，速度要快，要认真听取别人的发言，同时根据会议的主旨选择内容，快速记好要点。

［例文三·十三］（会议记录表见表3-3）

表3-3　　　　　　　　　　　　会议记录表

会议名称		会议时间	
会议地点		记录人	
出席与列席 会议人员			
缺席人员			
会议主持人		审阅签字	
主要议题			
发言记录			

［例文三·十四］

××公司办公会议记录

时间：二〇××年××月××日×时

地点：公司办公楼五楼大会议室

出席人：×××、×××、×××……

缺席人：×××、×××……

主持人：公司总经理×××

记录人：办公室主任刘××

主持人发言：（略）

与会者发言：×××……

　　　　　　　　×××……

散会

　　　　　　　　　　　　主持人：×××（签名）

　　　　　　　　　　　　记录人：×××（签名）

第六节　法规、规章

一、法规、规章及其作用

法规、规章是具有特定约束力的规范性文书，是为了确立人们的行为规范而产生的。制定法规、规章的目的，就是指出人们在一定活动中的行为准则，使人们有法可依、有章可循，做到职责分明、是非分明、赏罚分明，以保障大多数人的根本利益。法规、规章有广义和狭义之分，狭义指单位内部管理性文件，是自制自用的；广义指各种法规性文件，包括各种制度、公约、章程、条例、规则、规定、细则、守则、办法等。

法规、规章的作用可归纳为三点：

（1）建立秩序，维持社会的正常运转。

（2）加强管理，提高活动的效率。

（3）明确标准，保证行为目标的质量。

二、法规、规章的种类

法规、规章按不同的标准，可进行不同分类，其使用名称也很多。

按涉及的对象，法规、规章可分为政法、财经、科教等类，其中，财经类的法规、规章使用得最多。

按适用范围和制定者职权范围，法规、规章自上而下可分为七个层次：

（一）宪法

宪法是国家的根本大法，具有最高法律效力。全国各族人民、一切国家机关和武装力量、各政党和各社会团体、各企事业组织，都必须以宪法为根本的活动准则，并负有维护宪法尊严、保证宪法实施的职责。宪法的修改要由全国人大代表2/3以上的多数通过。

（二）法律

法律是规定社会政治、经济和其他社会生活中最基本的社会关系的行为准则。它由全国人大及其常委会制定颁布，要由全国人大代表过半数通过。

（三）行政法规

它特指国家最高行政机关——国务院制定和批准发布的、以行政强制力保证实施的有关行政管理的法律规范性文件，其名称为条例、规定和办法。

（四）地方性法规

省、自治区、直辖市的人民代表大会和它们的常务委员会，在不和宪法、法律、行政法规相抵触的前提下，可以制定地方性法规，但需报全国人大常委会备案。地方性法规是对国家有关法律和行政法规的补充。有些是国家尚未正式立法，根据国家有关方针、政策，结合本地情况而先行制定的，如甘肃省制定的《关于禁止痴呆傻人生育的规定》。它的名称有条例、规定、办法等。

（五）政府规章

它包括国务院各部门规章和地方人民政府规章。规章是部门和地区范围内普遍适用的具有法律约束力的行政管理工作的规范性文件。规章的名称有规定、办法、实施细则、规则等。

（六）基层事务规章

它由基层单位制定，如各种职务的岗位责任、各行各业的办事规程、人财物的管理制度、各种各样的技术标准等。

（七）道德规范

它是群众自治性规范，一般用守则、公约、规范等名称，如《全国职工守则》、《首都人民文明公约》等。这些都是群众自发制定、自觉执行的，比较概括、抽象，它依靠人们的习惯和信念来维持，对于违约行为的制止，主要依靠公众舆论。

除宪法、法律外，其他层次的法规、规章的名称原先使用较随意，自国务院发布了《行政法规制定程序暂行条例》、《法规、规章备案规定》后，法规名称开始走向规范化，正式的法规、规章名称主要有条例、规定、办法、细则。此外，还有一些未列入正式法规、规章的名称仍按习惯用法。守则、公约、须知主要用于自觉遵守的道德规范；章程主要用于一个团体的共同纲领；规则、规范、规程、规章、通则、要则、纲要等的内容、性质与条例、规定、办法近似。

三、法规、规章的特点

（一）约束性

党有党纪，国有国法。法规、规章在一定范围内有程度不同的强制性和约束性。

（二）公开性

法规、规章在它的适用范围内是公开的，应该让一切有关人员都知道，并遵照执行。

（三）程序性

法规、规章的制定、审批、备案、发布都应遵照国家的有关规定。

（四）相对稳定性

法规、规章的适用对象和时间相对来说较为稳定。当然，客观形势变化了，也要与时俱进，及时修正。

法规、规章不是国家行政公文，但它和公文是相辅相成的。公文制发有行政效力，为使法规、规章具有法定的约束力，通常用公文来发布法规、规章。

《党政机关公文处理工作条例》明确规定：发布重要行政法规和规章，用命令；发布行政法规和规章，用通知。规章通过公文发布，便产生法律效力。

四、法规、规章的格式和写法

法规、规章的制定，一般采用条文式。用不同的序数和符号，显示层次和条目，使内容清晰明了。根据内容的繁简，有单层次和多层次两种。单层次，用"第×条"标注顺序。多层次，在条下设款、项、目。层次多的还可设章、节，特别庞大的再加"编"。最多为7个层次，即编、章、节、条、款、项、目。1982年通过的《中华人民共和国宪法》共138条，有章、节、条、款4个层次。

规章制度不论繁简，都包括总则、分则、附则3个部分。总则用于说明制定的目的、依据、基本原则、适用范围、主管部门等情况。写法有3种：设"总则"小标题，与分则连贯表述，以序言形式出现。分则具体阐述有关事项，必须遵守的行为规则是主体部分。附则是对文件本身的说明，主要说明法律责任、解释机关、实施时间以及应当废止的相关文件等。

五、法规、规章的写作要求

（一）内容要周全

法规、规章所涉及的有关事项应完备齐全，力求"万无一失"，使事事都有法可依，有章可循。因此，事前要充分酝酿、调查，切实掌握此项工作的情况，防止因法规、规章不周全而导致工作无所适从。

（二）上下要协调

法规、规章要有严格的层次，自上而下，一环扣一环。下级机关，尤其是基层单位必须了解上级机关同类法律、法规的相关内容，以确保与本单位过去制定和实施的同类法规、规章的连贯和衔接。

（三）表达要规范

法规、规章是面向大众的，既要有原则又要可行，在表达方面应当十分规范。要做到概念准确，文字简洁，层次分明，合乎语法和逻辑，正确使用标点符号，特别要防止词语可能产生的歧义。

六、几种常用的法规、规章

（一）条例

1.条例及其性质

条例是由领导机关制定或批准，规定某些事项或机关团体的组织、职权等带有规章制度性质的文件。条例用于规定长期实行的调整国家生活某个方面的准则，其涉及的问题都带有一定的重要性和普遍性。条例是对某一方面的工作进行比较全面、系统的规定，指出活动的原则、要求，其内容比较概括，具体实施时可根据需要制定办法或细则。条例内容的性质通常是行政法规和地方性法规。政府规章不用条例。

2.种类

按性质和权限不同，条例可分为三种：

（1）由人大、国务院及各部委制定的条例，如国务院制定的《发明奖励条例》、《会计人员职权条例》、《学位工作条例》。

（2）省、自治区、直辖市及各地方人民政府制定的条例，如《上海市严禁赌博条例》。

（3）部门制定的条例，如《禁止向企业摊派暂行条例》。

3.格式

（1）标题：范围+内容+条例，如《中华人民共和国1990年国库券条例》、《国家建设征用土地条例》。

（2）公布者及时间。

（3）正文。

①总则、分则、附则式（章、条、款）

②条款式

先写制定条例的目的、依据，再写条例的具体内容，最后写违反条例的惩处办法和条例的生效日期及解释权等。

4.写作要求

（1）条例是法规性文件，政策性很强，必须符合国家的法规和党的方针、政策，不能与其相抵触或出现疏漏。

（2）条例各有使用范围，要明确权限，不可越权制定。

（3）写时要分条列项，条目要从头贯到底。要把经会议议定的事项搞清楚，抓住主要问题和基本精神，采取分章分条款的办法，用简洁、准确、具体的文字，把内容表述明白，做到结构严谨，条理清楚。

（二）规定

规定是针对特定范围内的工作和事务制定的带有约束性措施的文件。和条例比，规定涉及的范围窄一些，它通常是针对某一方面的工作进行部分规定。规定和办法，都是针对工作或活动进行具体规范的文件。"规定"原则性强一些，要求照章执行；"办法"具体一些，可以参照办理。行政法规、地方性法规、政府规章，都可用规定，如《国务院关于职工探亲待遇的规定》。

（三）办法

办法是对某一项工作进行比较具体的规定的文件。行政法规、地方性法规、政府规章，都可用办法，如《政府采购货物和服务招标投标管理办法》。

（四）细则

细则是主管部门根据条例、规定中的某一条或某几条而制定的详细规则。它是条例、规定的衍生物，是对条例、规定的条文进行具体、详尽的解释，以保证条例、规定的贯彻落实。

细则用于政府规章，地方性法规偶尔也用，如《中华人民共和国商标法实施细则》。

〔例文三·十五〕

《党政机关公文处理工作条例》，见第二章附录。

研讨与练习

一、什么是计划？规划性计划和实施性计划有什么区别和联系？

二、为什么说计划具有指导性？计划具有指导性的两个基础是什么？

三、计划的不同名称，各反映了计划的什么特点？

四、计划正文的三个要素是什么？在内容上各有什么要求？

五、措施和步骤要回答什么问题？在写作上有什么要求？

六、计划的制订和写作有哪些基本要求？

七、根据你的实际情况，制订一份本学期学习计划或工作计划。要求目标明确，措施步骤具体清楚，具有可行性。

八、给自己制订一个年度自学计划，包括几个科目的学习目标、学习内容、学习方式、步骤进度，及如何处理好与学校课程的衔接关系等。要求：目标适当，符合实际，方法步骤，切实可行。

九、在大学里，学生社团经常组织各种各样的活动，请以某社团的名义（如演讲学会、书画学会等），策划一次活动，并写出活动方案。

十、下面这段话是一份计划的前言，请分析它的缺点，修改之后重写一份。

近几年来，我们公司的青年职工越来越多，其中不少是按班顶职的，这些职工理论水平低，文化底子薄，科学知识贫乏，不爱劳动，只爱玩，打扑克、搓麻将，成天三五成群地串门喝酒，劳动效率低下，一些最基本的工作要求都达不到。根据上级指示，提高职工素质，普及中等文化水平是科技促公交事业的关键。为此，我公司决定对高中程度以下的青年职工进行培训和文化补习，岗位培训半年，文化补习半年。为了搞好培训和学习，为振兴公交事业发展作贡献，特作如下计划。

十一、什么是简报？它和新闻有什么共同点和不同点？

十二、为学校简报写一篇稿件，报道本系最近一项很有意义的活动。

十三、从学校工作简报中随机抽出三篇，试作对比评析，指出其优点和不足。

十四、请你就学校生活中的某些现象展开调查，自选一题，如大学生消费情况、上网情况、科研状况、健康状况、课外阅读、男女交往以及如何对待考试、择业趋向等，拟订一个适当的调查计划，然后按照要求，进行一次系统的、周密的调查研究，写出一篇像样的调查报告。要求做到观点明确，材料具体。

十五、利用假期，深入实际调查研究，写一篇农村情况调查报告或城市情况调查报告。如某一社会阶层生活状况调查、某一企业工作经验调查等。

十六、结合所学财经专业，根据周围环境条件，自选题目，作系统的调研，写一篇专业调查报告，如某地某产品市场调查、某企业经营管理调查等等。

十七、进行一次老年人生活状况调查。实施建议：

1．了解《中华人民共和国老年人权益保障法》等法律规定。

2．制订调查计划，确定调查方式。

3．开展调查活动，做好调查记录。

4．对调查结果进行分类、统计、分析，得出调查结论，写出调查报告，可以将调查报告提交有关部门。

5．制订助老行动计划，为需要帮助的老人做一些切实可行的事。

十八、参照上题，以《我市环境保护状况调查》为题，或其他自己感兴趣且力所能及的课题，制订调查计划，开展调查活动，写一篇调查报告。

十九、"百步之内，必有芳草。"在你的家乡有尚未开发的山川湖泊或名胜古迹吗？有成片的森林果园可以让游人去观赏吗？有独特的风土人情可以吸引游客吗？已有的旅游景点，还有进一步开发的余地吗？试就以上问题开展调查。

实施建议：

1．向家长及老年人了解本地自然和人文情况，查阅地方志之类的书籍，寻找尚未开发的旅游资源的线索。

2．分小组，对初步确定的旅游资源线索作实地考察，对已开发的旅游资源的情况进行调查。

3．将调查材料综合整理，设计具有可行性的旅游开发方案，提供给有关部门作开发旅游项目的参考。

4．对已有的旅游景点，提出具有可行性的改进建议。

5．绘制一幅简单明了的旅游示意图。

二十、分析下面两篇调查报告的写作特点，评价其得失。

关于中学生上网状况的调查报告

当前，学校装备了计算机网络系统，家庭也几乎都购置了电脑。上网已成了我校中学生日常活动的重要环节。笔者经过问卷、座谈、走访、查阅相关资料，对中学生的上网状况作了深入细致的调查，现将调查结果简述如下：

（一）中学生及其家长对网络的态度和相关行为等情况

1．中学生上网率极高，上网时间长，多数家长却从未上过网，大部分教师上网经验不够丰富

互联网以独特的魅力吸引着广大中学生。调查显示，93.5%的中学生表示对网络感兴趣，并有11.4%的中学生认为"很长时间不上网是令人难以忍受的"。周末和节假日是中学生们上网的高峰时段。与孩子们相比，家长和教师们则大为逊色。45.2%的家长表示不了解网络为何物，没上过网的高达69.2%，只有7.7%的家长经常上网。大部分教师的上网时间少、上网经验明显不足。

2．多数中学生对在校上网的条件不满意，家长、教师呼吁改善条件

对课余时间里在校上网条件表示满意的中学生只占19.4%，不满意率达59.2%。24.9%的中学生在学校里学会了上网技巧，而38.3%的中学生则认为学校并没有把必要的网络技巧教给他们。同时，不少教师对学校的网络资源现状，特别是现有资源的利用率表示不满。据教师们反映，校园网络设施和多媒体教学设备主要用于展示课件与开公开课，而未能充分用于平时备课和课堂教学，更不能充分满足学生们在校上网的需求。

3．多数家长既赞成子女上网，又担心子女上网影响学业

对于子女上网，27%的家长持赞成的态度，反对的只占15.9%，大部分家长则表示顺其自

然，但近半数的家长希望子女将来能从事网络工作。高达9成的家长认为，网络最大的好处是"能使子女开阔眼界，增长见识，并掌握电脑技巧"；同时，29.5%的家长还觉得网络能提高子女的学习兴趣，11%的家长认为"网络没有任何好处和作用"。58.5%的家长表示，最不能接受的事是孩子上网，他们认为这会浪费时间，耽误学业。显然多数家长内心十分矛盾：既希望自己的子女能享受网络带来的好处，更怕他们因迷恋网络而荒废学业。此外，令家长们深感焦虑的事还有：浏览带有淫秽、反动、暴力内容的网站，产生网恋，痴迷网络游戏等。

（二）网络环境对中学生的影响

1．网络环境对中学生的积极影响

（1）中学生使用互联网有助于形成全球意识，强化对国家、对民族的责任感。透过网络的窗口，他们关注"家事、国事、天下事"，使视野空前开阔起来。全球意识的增强，适应了中国加入WTO的新形势，对中学生今后走入日趋一体化的世界，显然是大有好处的。

（2）互联网为中学生学习提供了有利条件，拓宽了他们的视野。网络资源在一定程度上满足了中学生们进行探究性学习、研究性学习的需要。

（3）中学生使用网络有助于扩大交往的范围，促进青春期心理的健康发展。网络上，电子邮件、QQ、聊天室、BBS等把天涯海角、素不相识的人拉到"零距离"，在相互咨询、交谈、讨论、倾诉、请教的过程中，极大地满足了中学生们旺盛的表达欲、表现欲和社交欲。这对于舒解压力、保持青春期的心理健康有一定的好处。

（4）中学生们常上网，会激发对英语和现代科学技术的学习热情。

2．网络环境对中学生的负面影响

（1）网上的信息垃圾使中学生深受其害。

（2）中学生迷恋网络对学业会产生冲击。

（3）网上聊天引发网恋。调查显示，6.7%的中学生坦言自己有过"网恋"行为（实际比例会更高）。网恋中存在许多情感陷阱，中学生往往是受害者。

（4）网络不良文化弱化了中学生的道德意识。

（5）网吧管理问题依然严重，给中学生造成诸多问题。

（三）对策与建议

网络环境给中学德育工作提出了新的挑战，同时也提供了许多机遇。为此，我们建议：

1．更新教育观念，推进学校网络德育工作的开展

第一，通过宣传和学习，使全体德育工作者转换观念，统一思想认识，抛弃"网络有害论"，消除"网络恐慌症"，充分认识到网络德育工作的重要性和网络在中学生成长过程中的重要作用。

第二，重新定位学校德育的目标，把青少年儿童的道德成熟度作为网络德育的首要目标，着力培养学生正确的道德价值观、判断力和自制力。

第三，重新设计学校德育的内容，在原有德育内容的基础上突出价值观教育，增强识别、评价和选择道德信息的能力；注重道德意志力的训练，使学生的道德认识与行为实践统一起来；开设网络德育课程，强化学生的网络道德意识和网络责任感。

第四，利用计算机和网络技术，拓展德育的时间和空间。

2．培养网络德育队伍，增强网络德育力量

其一，通过各种形式的培训、讲座和考核，使各级教育管理者、德育工作者以及全体教师掌握网络基本知识、技能，并熟悉网络德育的运作方式和手段，学会常见的德育课件开发工具（如

Authware、Director、Flash等)。在讲求实效的前提下,改进和充实目前实施的"××市中小学教师计算机考核"的方式与内容,如增加教师利用网络开展德育工作的考核内容。

其二,选拔并培训一批思想政治素质高、网上沟通技巧好、具有丰富的网络经验和技能的专兼职网络德育工作者,由他们提供在线指导,帮助上网中学生解决各种心理、思想、学习等问题;同时,注意在网上搜集整理有代表性的德育问题,向有关职能部门反馈,以加强德育工作的针对性。

3.加强对中学生的网络道德和网络行为规范教育,自觉筑起心灵的"长城"

一是加强以理想、信念为主题的思想品德教育,用正确的人生观、世界观和价值观筑起心灵的"长城",抵制网上各种不良思潮和有害信息的侵蚀。

二是加强中学生网络行为教育和安全教育,制定"××市中学生网络行为规范",加大宣传力度,提高自我保护意识和自我约束能力。

三是各校可以组织中学生统一浏览思想品德教育的主页,向他们推荐国内外诸多优秀网站,把中学生们的上网热情转化为自觉学习先进文化、陶冶高尚情操的动力。

2011年毕业生就业状况调查报告

就业问题特别是大学生就业问题一直受到我国各界的关注,同时它也是对高校毕业生的一次重大考验。面对严峻的就业形势,我们应当清楚地了解实情,认识其严重性,并采取相应的措施来应对。为此,我们开展了一次"毕业生就业调查"活动。

一、调查方式及范围

本次活动主要采取查阅资料、网上调查等方式,针对各高校研究生、大学本科、专科毕业生进行调查。

二、调查内容

1.2011年毕业生就业环境

据统计,今年中国将有611万名研究生、大学本、专科学生毕业,外加去年未找到工作的毕业生210万人,预计2011年的高校毕业生就业人数多达821万人,而在2010年这一特殊的年份,我国不仅遭遇了金融危机的重创,还经历了刻骨铭心的雪灾、地震等一系列重大事件。这些重大事件直接或间接地影响了我国社会经济发展的格局,并构成了当前就业面临的严峻形势。在全球金融危机的重压下,2010年上半年全国有6.7万家民营企业倒闭。当前,一方面我国就业人数明显增加,另一方面企业萎缩明显,企业校园招聘也相应萎缩。往年10月,各大企业都早早地启动了校园招聘计划,各大高校内也因此呈现出一片欣欣向荣的景象。但是由于受金融风暴的影响,当前就业市场整体不景气,很多大企业为了降低人工成本不得不大规模裁员,同时很多作为吸引就业的主体的中小企业由于受到经济危机、出口遇冷等多重因素的影响,业务订单量明显减少,用工需求也明显减少。这给学生就业客观上带来了很大的影响。

2.2010年毕业生就业现状

(1)就业单位性质流向。随着就业问题的日益严峻,就业形势开始冲击传统观念,越来越多的人迫于就业压力,渐渐地"不重学历重技术"、"不选本科选专科"。从目前很多高分考生开始选高职来看,家长和学生的观念已经开始慢慢转变。在本科院校就业形势越来越严峻的今天,高职院校实行校企合作、工学结合的办学新模式,以市场为导向培养人才,培养模式更加市场化,更符合当前的就业形势,为专科层次的就业提供了广阔的前景。但是近期特别是今年以来人们更加不注重学历,越来越多的高中生选择了学技术,或是直接就业。

(2)热门专业与需求形势。从某高校2010年5月中旬毕业生就业情况来看,制造业,服务业、建筑业、批发零售业、信息传输、计算机服务和软件业五大行业是毕业生就业的主渠道。其中，制造业是目前吸纳毕业生最多的行业，本科学历各年度比例分别占到29.98%、29.10%和43.29%，专科学历各年度比例分别占到41.33%、43.55%和56.37%。

从调查情况来看：2010届大学毕业生在湖南省就业的行业大类主要集中于制造业。其中，有26%的本科毕业生和25%的高职高专毕业生就业于该行业。但值得注意的是，这一比例低于全国2010届本科毕业生（27%）和高职高专毕业生（31%）就业于制造业的比例。民营和个体企业是湖南省2010届大学毕业生就业最多的雇主类型，其雇用了37%的本科毕业生以及66%的高职高专毕业生。湖南省2010届大学毕业生就业最多的雇主规模在300人以下，其次是300人以上；雇主规模300人以下的本科毕业生占到42%，高职高专毕业生为56%。

三、就业态度分析

（1）现在家长对学生的期望值太高，总觉得孩子找的工作薪水不能太低、不能太累，而且还要稳定，这样就给毕业生带来了很大的压力。大部分学生把考公务员和进事业单位当作唯一选择，宁可有业不就。加之学生对自己认识过高，在调查中发现，90%以上的学生希望每月工资在1 000元以上，每周工作时间不超过5天，单位还要提供住宿条件，这样就无形中缩小了就业范围。

（2）不愿到中小企业就业。2010年1月5日，由云南省教育厅主办，西南林学院、云南农业大学、云南农业职业技术学院和我院联合在西南林学院举办农林类毕业生双向选择洽谈会，共有102家用人单位参加，提供就业岗位3 500个左右，结果来的毕业生不足50%，签约的更是寥寥无几。而实际上，我国就业市场承受力最大、需求量最大的是中小企业，不愿到中小企业就业，无疑又缩小了毕业生的就业范围。

（3）创业不如就业。多数大学生感到创业艰难，自身多方面准备不够，缺少充足的勇气和决心，只有极少数毕业生认为就业找饭碗不如创业谋发展。

四、促进就业的措施

鼓励扶持中小企业发展，加快第三产业发展，是增加就业的重要途径，已被党中央、国务院以及各地方政府反复呼吁，多次部署，对增加就业发挥了重要作用。但我国经济发展到今天，必须把增加就业与提升产业结构结合起来，把劳动力的需求与劳动力的供给结合起来。为此，我们提出以下建议：

（1）要大力发展专业技术教育，改变目前的教育目标。目前我国各级教育的目标是提高上一级重点学校的升学率，这是应试教育的根源。邓小平同志1983年为教育题词：教育必须面向现代化，面向世界，面向未来。不改变教育目标，就无法改变应试教育，也无法改变今天一方面高技能人才奇缺，另一方面高学历人才失业、文凭贬值的尴尬局面。还有一个关于教育的错误口号流毒甚广，那就是扩大教育消费，拉动内需。把教育用来消费是完全错误的。教育是投资，不是消费。把教育用来消费，当然要以满足消费需求为原则，从教育需求者的角度，大学招生当然是多多益善，但这样做只对学校有利，对满足学生家长的虚荣心有利，对学生成材不利，对满足社会对人才的需求不利。

我国目前已具备了加快结构升级的资金条件和技术条件，但就是不具备人才条件，这使我国企业不得不在劳动密集型行业过度竞争。人才问题不解决，我国将很难从这次经济调整中走出来。为此，必须通过政府的宣传引导、政策鼓励、资金支持，改善各类专科学校的办学条件，把它们与大学一视同仁，吸引更多的优秀学子从事技术工作。国家应在工资待遇上向高级技工倾斜，在技工职称上应有最大上升空间，最高应与教授等齐。

（2）大力提高农村中小学教育水平。全国总工会的一份调查显示，农民工在加工制造业就业总人数中已占68.2%，在建筑业中占79.8%。这几个数据说明，农民工的素质已经在相当高的程度上决定了我国制造业和建筑业的水平。而目前农村教育状况却不容乐观，这是农民工素质不高的一个主要原因。因此，国家应加大对农村教育的投入，通过各种手段加强农村基础教育和专业技术教育，这对推进我国工业化、加快产业升级具有十分重要的意义。

（3）连续提高粮食价格、扩大需求、稳定就业。每逢经济调整，农村转移人口会自然减少，为城镇就业减轻不少压力。最近国家宣布从2010年新粮上市起大幅度提高粮食最低保护价，这一项可使全国农民一年增收2 600亿元，创造出一个巨大的消费市场。经济调整中部分失去工作的农民工会回到农村，粮食提价将增强他们对未来的信心，并切实帮助他们解决生计问题；这项政策也将有效改善农民的生存和发展条件，提高广大农民的生活质量。因此，在当前形势下提高粮食最低保护价，是扩大内需、增加就业的一招"妙棋"。如果能在已经宣布的提价之外，2010年、2011年每年提高最低粮食收购价5%以上，将有利于让农民形成收入增加的稳定预期，使扩大农民消费的效果更显著。

二十一、总结和调查报告有何异同？

二十二、总结的写作要求有哪些？写好总结的难点在哪里？

二十三、试对教材上的总结例文进行评析。

二十四、根据实际情况，写一篇半年来的学习小结或工作小结。

二十五、回顾个人上学期在思想上、学习上或工作上哪些方面收获比较大，选一个专题写一篇个人总结。要求：（1）合乎总结的写作要求；（2）应是自己切身的体会；（3）要概括出规律性。

二十六、根据自己德、智、体等方面的情况，写一篇学年总结。（1 000字以上）

二十七、以《岁月如歌》为题写一篇文章。总结你在学习、交友、个人生活和家庭生活等方面的得失。

要求：试用散文形式写这篇文章，其中包含逸闻趣事，要有文采，富有诗意和哲理。

二十八、什么是会议记录？它有什么作用？

二十九、会议记录的主要内容有哪些？

三十、写会议记录有哪些常用方法？其基本要求是什么？

三十一、列举规章制度的种类。

三十二、简述规章制度制定的权限。

三十三、拟写一个学生会学习部工作条例。

第四章　日常应用文

第一节　条　据

一、条据的定义

条据是人们日常生活、工作中经常使用的作为某种凭据的便条。它行文简便，灵活实用，是现实生活中运用较多的应用文种。

二、条据的种类

（一）借条

借到对方钱物时写给对方的凭条，钱物归还后收回作废。

（二）欠条

欠下别人钱物时留给对方的凭条，钱物归还后收回作废。

（三）收条

收到对方钱物时给对方开的凭据，又称收据。

（四）领条

个人或单位从其他单位领取钱物时写给负责发放人留存的凭条。

（五）请假条

因故不能出勤需要请假而写给有关当事人的条子。

（六）留言条

日常交往中未与对方谋面情况下向对方说明情况、交待意图、托办事情时所写的便条。

三、条据的特点

（一）简明性

条据多为专事而作，一事一文，简短明了。

（二）精准性

条据所记之事，关乎具体事务，写作时务求精严准确。

（三）周全性

相关要素的写作务求齐全，语言表述详实周到。

四、条据的格式和写法

（一）借条、欠条

借条、欠条的构成和写法大体相同。

1.标题

一般直接写明文种即可，如"借条""欠条"等，位于全文的正上方。

2.主体部分

一般要写明所借、所欠财物的来源、名称、数量、归还时间等。如有必要，还应写明借欠原因、用途及相关事宜。

3.结尾

多用"此据""以此为凭"等作结语。

4.落款

私人借欠钱物，由个人签名盖章；单位借欠钱物，要有单位的印章及经手人的签名盖章。署名下标明日期。

5.写作要求

（1）行文简洁、准确、清楚，特别是相关数字，一定要准确无误，且宜用汉字书写。

（2）书写工整，字迹清楚，用纸与笔墨应经久耐用。

（3）具名必须是亲笔签名，以示负责与有效。

［例文四·一］

借　条

今借用市话剧团熊猫牌无线话筒两个，三日后归还。如有损坏，照价赔偿。

此据。

北方大学学生会经手人　吴小红（签名盖章）
2015 年 9 月 21 日

［例文四·二］

欠　条

今现金购买鑫金商贸公司经销的新世界电脑三台，所带货款不足，暂欠一万三仟八百元整，三日内还清。

立此为据。

厦产公司办公室 经手人　张一鸣（签名盖章）
2015 年 9 月 21 日

（二）收条、领条

收条和领条主要包括以下几个部分：

（1）标题。单位所用的比较正式的收领条据，一般都有固定的标题，如"收据""领单"等。个人收领或代收领财物，可写出标题，亦可省略。

（2）主体。要求写明发送或归还者、收领财物的时间、名称、数量及质量等。

（3）落款。收领经手人签字盖章，下面标明日期。

[例文四·三]

收　条

今收到会计系大学生志愿者协会"希望工程"募捐款三万元整。

此据。

北方商务学院学生处 经手人　张一鸣（签名盖章）

2015 年 9 月 21 日

（三）请假条

其构成格式主要包括以下几部分：

1.标题

在正文上方写明"请假条"字样。

2.收文人

一般为主管者的姓名和称呼。格式类似书信，左顶格而写。

3.主体

首先说明不能出勤的理由，然后提出请假的请求。

4.结尾

期请用语或表敬意用语。

5.落款

请假条写作者的身份、姓名及书写日期。

6.写作要求

（1）请假理由应充分合理，符合有关规章制度的规定。

（2）行文应简洁明确，措辞应委婉恳切。

[例文四·四]

请假条

王老师：

我昨晚感冒并发肺炎，需住院治疗，特此请假一周。

此致

敬礼

附：诊断书

学生：李小双

2015 年 9 月 14 日

第二节　启　事

一、启事及其作用

启事是机关、社会团体、企事业单位或公民个人公开申明某件事情，希望有关人员参与或协助办理的事务性应用文。

启事的适用范围越来越广泛，已由原来的小范围运用，发展到涉及社会生活的各个领域，它方便快捷地为写作主体传递信息，帮助人们沟通交流，以处理相应的具体事务。

二、启事的种类

启事的种类很多，从其发出主体划分，可分为个人启事与公务启事。

（一）个人启事

公民个人为了自身事务的需求而撰拟的各类启事，如"寻人启事""寻物启事""征婚启事""出租启事"等，它涉及个人日常生活的诸多方面，因而内容范围较广泛。

（二）公务启事

机关、团体、企事业单位为日常事务的需求而撰拟的各类启事，按其内容、性质的不同，可分为"招领启事""招聘启事""招生启事""征文启事""征集启事""开业启事""更名启事"等。

三、启事的特点

（一）内容的广泛性

启事的内容涉及范围很广，举凡单位或个人需要告知的事情皆可入文。

（二）明确的告知性

通过多种媒体与途径广泛面向社会公众，使其知晓并有所行动。

（三）回应的自主性

启事不具有强制性和约束力，它希望得到被告知对象的回应与参与，但这主要靠对方的主动性。

（四）传播方式的多样性

启事在传播过程中，既可通过广告栏张贴，也可通过大众媒体传播，形式灵活，途径多样。

四、启事的格式与写法

启事包括标题、正文与结尾三部分。具体写法如下：

（一）寻人（物）启事

1.标题

启事的标题相对比较简洁，由事由与文种两部分构成。

2.正文

正文是启事的主体部分，主要说明启事的事项。记述、说明一个事项，要兼顾事件的五个要素，即5W。如"寻物启事"简明、准确地写明丢失物品的时间、地点、失物的名称、数量、特征等；"寻人启事"须写明走失的时间、地点、原因及走失人的体貌特征、服饰装饰及醒目特点。此外，还应写明便捷的联系方式，包括联系人姓名、地址、电话及其他联系方式，并对合作者表示感谢，如有必要，可写明酬谢方式及数额。必要时可附相关图片。

3.结尾

署上写作主体的单位名称或个人姓名，并具明成文的时间，一般位于全文的右下方。

[例文四·五]

寻物启事

2015年9月14日上午，本人不慎于教学楼315教室丢失××牌××型手机一部。内存大量电话号码及相关信息，其丢失给本人带来极大不便。如有拾到者，请速与学生公寓3号楼208室王小明联系，电话：84788868，电子邮箱：××××。不胜感激，必有酬谢！

失主：王小明

2015年9月15日

[例文四·六]

寻人启事

2015年9月23日上午10时左右，母亲王敏在去富金市场买菜过程中走失，老人今年已近80岁，患有轻微的健忘症，身高1米60左右，身材偏胖，花白短发，右嘴角有一颗较大黑痣。走失时穿一深咖啡色短毛呢外套，下身着一黑色外裤，围一条砖红色毛线围巾，右脚微跛，有浓重的山东口音。

老人年事已高，加之天气渐冷，儿女深为担心，恳请代为留意，并请知情者速与我联系。提供线索者，大恩必有重谢！

联系人：张文海　电话：（略）　　　　传真：（略）

2015年9月23日

（二）招聘启事

招聘启事是随着用人机制的不断发展而使用日益广泛的一种事务性文书，它是机关、企事业单位、社会团体通过各种大众传播媒体或其他有效途径向社会公开发布的用人信息。可根据需要采取灵活多样的写作形式。其要素包括：

（1）标题。标题基本包括招聘单位名称、招聘岗位及"诚聘""求贤"等内容，但内容构成与组合多样，形式灵活多变，以醒目达意为要旨。

（2）正文。正文主要包括用人单位及部门相关情况、业务岗位及职责、应聘条件及要求、福利待遇和洽询方式。正文写作的内容、方式及文面均灵活多样。

五、启事的写作要求

（1）内容要素不求全责备，但重要要素须准确、显明，条理清晰。

（2）写作方式相对灵活多样，版式排列亦可求新多变，一切以适用为目的。

（3）语言表述相对活泼亲切，可适当增加其文采，以吸引公众注意，更好地与其沟通与协作。

[例文四·七]

招聘总经理办公室秘书启事

本单位经有关部门批准，拟招聘总经理办公室秘书一人。具体条件如下：

一、全日制中文及相关专业本科或以上学历，有较强的语言文字功底，精通现代办公设备的使用与操作，有相关岗位两年以上工作经验者优先考虑。

二、性格开朗，善于沟通，富有合作精神与协调能力。

三、原则上年龄不超过30岁，性别不限。

有意者请于本月20日之前将学历证、资格证书、简历、相关作品等的复印件寄至本公司。合则约见，谢绝来访。

地址：大连市××区××街××号××公司人力资源部

邮编：116000

联系人：于先生

联系电话：（略）

第三节　海　报

一、海报及其作用

海报是在某一特定范围内向公众介绍和发布有关电影、电视、戏剧、体育比赛、报告会、展览会等消息的招贴，是一种告知性的事务文书。

海报一般张贴在公共场所，重要的海报也可以在报刊上登载、在电视上播映。

海报的作用主要是宣传与告知。它通过多样的醒目的文案和画面将相关信息有效地传递出去，从而吸引公众的注意与参与。和通知不同，海报上发布的事情，是希望众人知晓，并自觉自愿地参加或行动，但不具有强制性和约束力。

二、海报的种类

海报的种类很多，从形式上看，海报可分为纯文字海报和图文结合的海报；按书写形式，海报可分为手写海报与印刷海报；按内容不同，海报可分为商品宣传海报、活动宣传海报、影视宣传海报和公益海报。

（一）商品宣传海报

商品宣传海报是指各类为商品宣传和商业目的而设计制作的海报。

（二）活动宣传海报

活动宣传海报是指为各种体育、文艺、社团、会议及各种事务举办的各类具体活动制发的海报。

（三）影视宣传海报

影视宣传海报是指为影视剧的播映而特别制作的宣传性海报。此类海报以精美的画面制作为主，富有艺术性与创造性。

（四）公益海报

公益海报是指为社会公益事业和公益活动而制发的海报。

三、海报的特点

（一）宣传性

海报通常是为某项活动、某种商品、某部影视剧做相关信息的宣传，具有广泛的告知性。

（二）号召性

海报多以醒目的文字和画面吸引公众的关注，激起人们的参与热情，鼓动人们有所行动。

（三）艺术性

无论是文字性的海报还是图文结合的海报，都十分注重写作与设计，力求以生动形象的文字和独特精美的画面吸引、感染公众，以达到最佳的传播效果。有些海报具有极高的艺术性，甚至作为艺术品被收藏。

四、海报的格式与写法

下面介绍纯文字海报的格式与写法：

（一）标题

海报标题的写作相对灵活多样，可只写"海报"两字；也可由事由加文种构成，如"电影海报"；也有一些海报用一般文章标题的写法，形象生动地概括海报的主题和中心内容。

（二）正文

内容包括事由（为何事发海报）、时间、地点、主要人物等；商业性的演出，应另外写明票价及订票方法等相关事宜。

（三）落款

落款是指海报发出者的名称及发海报的时间。

五、海报的写作要求

（1）内容真实准确。海报具有醒目、制作快速和简易的特点，但是必须首先保证其内容的有效性与准确性。

（2）语言生动形象。海报的语言必须富于鼓动性和吸引力，应用生动的语言和合适的修辞方法，以达到相应的宣传效果。

（3）文面讲究艺术。海报为了醒目或突出重点，可根据内容配适当的图案，或对字体进行变化，或对排版进行精心设计，或对颜色进行适当调配，以增强新颖性和感染力。

[例文四·八]

海　报

追忆"五四"，聆听青春

——"纪念五四"系列学术报告之二

主讲人：特邀校友××博士

题目：五四校园精神与知识经济时代

时间：5月4日14点

地点：校礼堂

欢迎全校师生踊跃参加。

校学生会

2015年4月30日

[例文四·九]

海　报

　　根据李劼人著名小说改编的川剧《死水微澜》在成、渝两地上演以来，场场火爆，反响热烈，在青年学生中掀起了欣赏川剧艺术的热潮。我校部分师生日前已前往观看。为了使广大同学更深入地领会川剧的精髓，了解该剧创作演出的甘苦和取得的成就，我系特邀请了该剧女主角饰演者、梅花奖得主田曼莎及部分剧组成员到校座谈交流，欢迎外系师生参加。机会难得，切勿错过！

时间：4月3日晚7时

地点：学术报告厅

××大学中文系学生会

2015年4月2日

第四节　赠　言

一、赠言及其作用

　　赠言是人际交往过程中在特定情境中赠予对方的文字，是人际沟通中表情达意的一种别致的文体样式。

　　赠言历史上记载很多，较早地如孔子去见老子，老子赠言三条。"赠人以言，重于金石珠玉。"（《荀子·非相》）赠言的基本作用，一为留念，它多为分别之时互相赠予，以作纪念；二为传情达意，或记述往事，或表达情意，或褒奖勉励，或批评激励，林林总总，其主要功能在于传递心声，铭记心意。

二、赠言的种类

　　赠言种类繁多，按其适用场合，可分为离别赠言、毕业赠言、生日赠言、集会赠言等；按其文体形式，可分为赠语、赠诗、赠文等。

三、赠言的特点

（一）内容的广泛性

赠言的适用对象、适用场合非常广泛，因而其内容可包含人世的物、事、情、理诸多方面。

（二）表达的即兴性

赠言的写作在很多时候是一种面对面的现时交际活动，是一种应景即兴的表达，带有很大的随机性。

（三）写作的灵活性

赠言的写作往往是一种即兴思维的传达，因而其写作内容、写作形式及表达方式都不拘一格，灵活多变，多姿多彩。

四、赠言的形式

赠言写作总体而言，不受格式的束缚，其主要形式有：

（一）散文形式

它是一段简短的自由的文字，能便捷地表达情思。

（二）诗歌形式

它用押韵的文字及错落的句式表达赠予者的内在情感。

（三）对联形式

它用讲求对仗及修辞的对联形式作为赠言写作的方式，言简意赅，意蕴深永。

（四）化用形式

巧妙借用各种社会生活中蕴含的丰富多彩的表达形式作为赠言的写作形式，出人意料，清新独到，如将文字与数学符号结合的"公式形式""乐曲形式""书画形式"等。

五、赠言的写作要求

（1）有的放矢地运思。要根据赠予对象当时思想感情及其他方面的状况，根据赠予的场合、用意，抓住要点，一语中的。

（2）合宜得体地表述。所谓得体，就是合乎双方各自的身份以及彼此间的关系。无论是内容、措辞、形式和语体，都应恰当选用，适度把握，过与不及，皆不适宜。

（3）真挚恳切地表达。赠言其实是赠，是双方思想感情的交流形式，要写得情真意切，出于本心，绝不可虚假生硬，为文造情。

［例文四·十］

北京大学人文学院院长胡适对哲学系毕业生临别赠言

我常常想，你们毕业之后，应该做些什么事？我想借用这句话来说："哲学教授的目的也只是要造就几个不受人惑的人。"

你们能做个不受人惑的人吗？这个全凭自己的努力。如果你们不敢十分自信，我这里有一件小小的法宝，送给你们带去做一件防身的工具。这件法宝只有四个字："拿证据来！"

没有证据，只可悬而不断；证据不够，只可假设，不可武断；必须等到证实之后，方才可以算作定论。

必须自己能够不受人惑，方才可以希望指引别人不受人诱。朋友们大家珍重！

[例文四·十一]

人生得一知己足矣，斯世当以同怀视之；

事业得一良伴幸矣，此生永以师友志之。

[例文四·十二]

勤朴无私存耿介，热情乐助娴公关。

第五节 书 信

一、书信及其作用

书信是个人或团体之间通过一定的媒介传递给对方的交流情感、互通情况、联系事宜的一种日常应用文体。书信历史悠久，种类众多，行文灵活方便，是人们日常生活、工作中不可缺少的交际工具。

书信在现实生活中发挥着重要作用，主要表现为：

（一）广泛的交际沟通作用

现实社会生活中，人们无论距离远近、事务巨细，皆可通过书信便捷地传递信息、传达情感、处理事务。从古代的邮驿传书到今天的电子信件，书信突破了时空的限制、口语交际及专用文书的局限性，在社会生活的各个领域及诸多方面发挥着独特作用。

（二）独特的凭证依据作用

书信中的一些意见、建议、承诺等，常成为收信方处理大事小情的参考及凭据，影响着人们日常的行为与决策；一些知名人士的信件，常为后人收集整理，甚至编辑成书，成为人们研究人物、历史、文化的重要资料。

二、书信的种类

随着人类社会的不断发展，书信的种类也在不断地增多。按其传递方式，书信可分为：平信、挂号信、特快专递、电子信件、他人代交等。按其用途，书信通常可分为：

（一）普通书信

它是指个人之间日常交际联络的一般书信，如家书、情书、朋友之间的往来书信等。

（二）专用书信

它是个人、团体之间为某种专门事务而使用的书信。专用书信按其内容、用途，又可分为：

（1）感谢信。感谢信是为了感谢对方的关心、支持、帮助而写的书信。

（2）表扬信。表扬信是表扬某个单位、集体或个人的先进思想、模范事迹与高尚风格的书信。它又可根据发、收信者之间的关系分为两种：一是上级机关写给下属单位或个人的；二是无隶属关系的单位或个人写给对方的。

（3）贺信。它是表示祝贺的专用书信。

（4）慰问信。慰问信是一种向他人表示慰藉、关怀、鼓励的专用书信。它包括对贡献突出的集体或个人的慰问、对遭遇不幸群众的慰问以及节日慰问等。

（5）邀请信。邀请信是邀请他人参加有关联谊、交际、会议等社会活动时所使用的专用书信。

（6）介绍信。介绍信一般是机关、团体向其他单位介绍某个人身份以联系事宜的专用书信，大多为印制好的格式相对固定、空白临时添写的信件。另外，还有非正式的私人介绍信。

（7）推荐信。推荐信是用于向他人推荐人或事物，以便别人了解与接纳的专用书信。

（8）证明信。证明信是个人、机关、团体以确凿证据证明有关对象的身份、经历、学历及有关事件的真实情况的专用信件。

（9）求职信。求职信是个人谋求某份工作或职位时所用的专门信函。

三、书信的特点

（一）内容丰富，层次分明

书信是日常应用文中内容涵盖面最广的文种之一，特别是其中的普通书信，人们日常生活中的诸多客观事物与主观情感，皆可根据表达的需要，写入信中，一封信可容纳诸多方面的内容，不受一般文章主题单一性的限制。但为交际的方便，通常一事一段，层次分明，层次之间有一定的逻辑关系。

（二）行文灵活，传递方便

书信虽然在长期的应用过程中形成了一定的写作格式，但内容的多样性与交际功能决定了它不拘陈规、灵活方便的行文特点。而且，现代技术使书信的传递方式日益增多，速度日益加快。书面语言的特点使它传情达意独具特殊的便利。

（三）个性鲜明，表述自由

作为人际交往的重要手段，书信应使人读来如见其人，如闻其声，书信内容的长短详略、喜恶取舍及表达方式，皆可自主决定，呈现鲜明的个性特点。

四、书信的格式和写法

（一）普通书信

普通书信由信封与信内页两部分组成。

1.信封

国内邮寄的书信，信封的左上角与右下角分别为收信人与寄信人的邮政编码。第一行为收信人的详细地址；地址之下正中间以稍大字体写收信人姓名及"收"字样，因传递需要，一般信封不必写称谓；最末行写寄信人的地址，如有必要，同时写明寄信人姓名。行序由上到下，字序由左到右（见图4-1）。

寄往国外的书信，收信人的地址、姓名按对方的写作习惯位于信封正中或偏于右下，寄信人姓名、地址位于左上方（见图4-2）。

2.信内页

内页的基本结构一般包括称谓、问候语、主体、祝颂语、落款、附言等几部分。

```
┌─────────────────────────────────────┐
│                                     │
│  辽宁省大连市中山区××街××号            │
│                                     │
│          王××        收             │
│                                     │
│          ××省××县××乡××村××寄        │
│                                     │
│                                     │
│                 邮政编码：××××××      │
│                                     │
└─────────────────────────────────────┘
```

图4-1　国内信封写法

```
┌─────────────────────────────────────┐
│  CHINESE DEPARTMENT                  │
│  OF TIANTANG UNIVERSITY             │
│  LIAONING CHINA                     │
│                                     │
│       TO:        MR.JOHN SMITH       │
│             THE ENGLISH DEPARTMENT OF│
│               NEW YORK UNIVERSITY，USA│
│                                     │
└─────────────────────────────────────┘
```

图4-2　国外信封写法

（1）称谓。它是对收信方的称呼。应根据与收信人的关系，确定妥当称呼。双方不同的亲属、辈分关系以及亲疏远近、尊卑高下的差异，要求写信者选择不同的称谓。对长辈，应按亲属辈分关系称呼，并可加前置敬语，如"敬爱的爷爷奶奶""尊敬的张老师"等；对平辈、晚辈及同学、朋友等，可根据平时的习惯直呼其名。无论何种称谓，均应适宜得体。称谓单独占第一行，左顶格书写，后加冒号，领起下文。

（2）问候语。称呼之后另起一行，空两格写起。可简至"您好"，亦可详尽问候对方的身体、生活、工作等诸多方面，一般单独成一段落。

（3）主体。根据交际与联系事宜的需要，首先，一般说明什么时间收到对方的来信，表示谢意；或问询对方情况，以示关心；如系第一次与对方打交道，可首先作必要的自我介绍。其次，可介绍己方的近况，以慰对方关心、牵挂之情；或回复对方的询问与求助。此外，如有需对方知晓或办理的事情，可一并写明。

这一部分的内容较多，一般根据事情的轻重缓急，分段一一写清，一事一段，条理清晰，层次井然。

（4）祝颂语。它是书信结尾时表示祝愿和敬意的惯用词语。应根据不同行文对象恰当地加以选择。祝颂语在内容结构上可分为两个部分：一是前置动词，如"祝"、"敬祝"、"谨祝"、"顺颂"、"此致"、"望"等；二是祝词，如"顺利"、"快乐"、"安康"、"春祺"等。前置动词可接正文之后，也可另起单占一行。祝词则位于前置动词下一行，左顶格书写，以示尊重。

（5）落款。一般包括写信人的署名和写信日期。可视双方关系在署名前后分别加上对应的谦称和具名语。如"学生王一敬上"等。落款位于书信末页右下方适当位置。

（6）附言。它是书信写完之后临时想起需要补充的内容。一般单成一段，前面加"另："、"又："、"又及："等，以引领下文，引起注意。

［例文四·十三］

肖楚女致燕日章

日章：

青年人容易堕落，并不单是由于家庭的累赘。如虚荣心，生活上之贪恋，友朋的引诱……都足以使人堕落，不过家庭的累赘，要算是一个很大的原因罢了！自然，在现在这种生活压迫最高的时代，我们要想保全我们的纯洁而不致为了饭碗去堕落，总以少负家庭赘累为好。何况我们是已立志要为社会做一番事业的？那是更其有一个相当的脱离之必要了！然而这也须得看势，第一，须你自己确有独立供给你自己经济的能力（在学生时代，学费即是一个大问题）；第二，也须得你的家庭在事势上确可以让你脱离——倘若事势上万不容你脱离（譬如父母俱老而又毫无手足且甚贫苦），则殊不可；因为我们为社会而脱离家庭，原是出于一种舍己救人的博爱观念。自然，能够离去是最好；但也要知不脱离，也还是可以为社会做事的；不过所做的或许不及完全无家累的那样自由罢了！结婚一层，那更是个人的私事，须得自己去决定，旁人是不便代你说话的。不过我们当这匈奴未灭之时，既已以身许于社会，像你这还未被婚"结"住的人，纵然不必即决定终身独居，而延迟结婚也是应该的。何况你的家庭经济，并养不活一个人呢？所以你的主张，在这一点上，我是相当地赞成。脱离家庭及拒绝婚姻，何必定要旁人督责，这些事又岂是旁人所能督责的？我想你若时时想着"社会"，时时多想"社会"的事而少想到你自己的事，那便是一个很好的督责，那便什么伟大的事业都可做出——何患缺乏魄力？裂裳裹足，以急宋难；摩顶放踵，以利天下，无非是由于他时时刻刻只记得他人，不记得自己而已！以读书而旷达胸襟，放开眼界，那不是中国古书——什么子书所能获得到的。在你或以为南华中如秋水齐物是可以解放你的思想的吧？其实，那是别一个牢狱，在这个牢狱里，不过上不脚镣手铐子罢了！消极地放浪于形骸之外的所谓"高明"，会把你埋进那无边海滩的软沙里去——开阔了，旷达了，然而你这个人却从此无用了！你若真要开放你的胸襟与眼界，与其在那些散乱浪漫的中国子书中去埋头，则不如去读进化论与唯物史观的社会学。从科学的领域里，才可知道宇宙之伟大而得到自己所居的地位。然后才能有一个有条理而且是科学的进取的人生观；才不致陷于那乌托邦的迷途。你可把研究社会学与这一要求合在一起，同时去做。凡关于生物进化（如物种原始，一无哲学之类）及马克思学说，都看一下，那便胜于读五车子书。至于文学一门，我向来自己不很抬举他。我以为把他作为私人生活上的一种欣赏的享受，和课余去公园以遣倦一样看待则可；若当一件事业做则不可。在我们现在这个时代，我们需要墨翟，不需要陶潜李白。

楚女

[注] 裂裳裹足，以急宋难：春秋战国时，公输盘要以楚国的兵力攻打宋国。远在鲁国的墨子听说后，立刻赶往楚国，途中，鞋子坏了，即撕了衣裳裹脚，十天后赶到楚都，设法阻止了公输盘的计划，解除了宋国的危险。见《墨子·公输》
○原文发表于1924年5月31日出版的《中国青年》第33期。

[例文四·十四]

毛泽东致肖军

肖军同志：

两次来示都阅悉，要的书已付上。我因过去同你少接触，缺乏了解，有些意见想同你说，又怕交浅言深，无益于你，反引起隔阂，故没有即说。延安有无数的坏现象，你对我说的，都值得注意，都应改正。但我劝你同时注意自己方面的某些毛病，不要绝对地看问题，要有耐心，要注意调理人我关系，要故意地强制地省察自己的弱点，方有出路，方能"安心立命"。否则天天不安，痛苦甚大。你是极坦白豪爽的人，我觉得我同你谈得来，故提议如上。如得你同意，愿同你再谈一回。

敬问

近好！

毛泽东 八月二日

[注] 肖军，当时任中华全国文艺界抗敌协会延安分会理事。
○此信写于1941年8月2日。

[例文四·十五]

北大××系78级同学毕业30周年相聚邀请书

亲爱的同学，最近好吗？

也许你还记得，也许你已经忘记，2012年7月15日，是我们毕业和离开北大的日子，整整已是30年。

离开北大，我们各奔东西，离散在中国和世界各地，其后的人生历程大多不同，但有一点是相同的：我们不知不觉已霜染黑发，是的，我们变老了，这是人生的必然历程，在这段历程里，我们经历了梦想与现实的落差，经历了社会的巨大变革，经历了生活与思想的转变，经历了不同的风风雨雨，所幸的是我们都活得很好，因为我们毕竟是北大人，我们毕竟是中华民族的精英，我们失去了，也得到更多。

今天已是信息咨询发达，外界诱惑渐趋增多的时代，功利、欲望充斥人心，真情难觅，价值迷离，但最珍贵的仍然是人间真情，这时，我们会自然想起在北大的日子，还记得北大教室里老师的身影吗？还记得未名湖畔、32楼，还有楼下那几棵紫丁香吗？还有秋空下散满银杏落叶的金色小路、三角地、学三食堂、许多许多……那是我们一生怀念的地方。

北大，已是生命中最美好的印记，是不可复制，不可替代的金色历程，那时我们真诚无邪，带着强烈的使命感发奋学习，共同拥有一段朴实无华、真实纯粹的时光。我们非常希望毕业30周年之际，在北大聚首，一起穿越时空，重温北大的岁月。

北大，永远是我们亲爱的母校，我们梦想的摇篮，我们人生和走向社会的起点，我们青春时代的圣地——静静的未名湖畔，静数着游子的归期！

这次毕业离校30周年相聚，也许是我们此生最大的一次聚会，不要说你忙，我们都忙，只要珍惜那段此生最美好，最纯情，最珍贵的生活，只要珍惜同窗之情，你肯定有时间，请不要淡漠老同学殷殷之情，不要淡忘那段珍贵的岁月，你可以，你肯定可以到来，互相数一数脸上新添的皱纹，读一读流逝的岁月，共同分享、分担喜悦与感怀，不论你贫穷或富有，只带着一份纯净，丢掉一切，一无所有地归来，因为那时我们一无所有。

亲爱的同学，记住了，7月14—15日，30周年，我们北大聚首！

书信例文又见［例文二·二十九］。

（二）求职信

随着社会生活的不断变化，求职信的使用日益增多，其基本结构和写法为：

1.称谓

一般要写明对方单位的全称或规范化简称，以及负责部门名称，通常为单位的人事部门或负责招聘的职能部门；如与对方某位负责人有特别关系，或对方有指定负责人，亦可直接写出其姓名及职位或尊称，如"总经理""先生"等。称谓应准确、完整、正式、规范，避免别字、简称，更不能随意使用日常人际交往中的亲昵称呼，如"叔叔""大哥""大姐"等。格式位置与一般书信相同。

2.缘起语

交待写此求职信的缘由，亦可简要写明自己的态度，以向主体部分过渡。须用语精要，力戒繁冗。如："近从《大连日报》上获悉贵公司新成立'人才培训中心'，急需有经验、懂管理的专业人员，特去信自荐"，从中体现求职信写作的针对性与目的性，体现对用人单位的尊重。

3.主体部分

它是求职信写作的核心与重点。要用准确、简要的语言将求职者的基本情况以及自荐的依据、求职的意愿充分、具体地表述清楚，以便令用人单位信服并据以做出考核录用的决定。这一部分可根据求职的具体需要，如职位的不同特点及有关单位的要求，重点突出地介绍自己的相关情况。一般应包括以下几个部分：

（1）求职者的基本情况。它包括自己的自然情况及学习、工作经历。其主要作用是让对方对自己的基本情况有一全面了解。这一部分应简洁明了、择其所需。最好将其有机地融于一段完整的说明性文字之中，并与上下文自然地衔接。

（2）自己的专业特长与能力业绩。这是全文的重中之重。应详尽、具体地说明自己的学业成绩、专业特长、工作能力、成果业绩等。如有必要，还应说明性格特点，以及一些特殊职位特别要求的内容。特别要注意将实绩的叙述、展示与才能、专长的凸显有机地结合起来，全面展示求职者胜任某项工作的能力，力争使用人单位信服。这部分的写作要有针对性、逻辑性、条理性、明确性。既要重点突出，以达到自我推销的目的，又不能夸大其词，炫耀吹嘘，以求给对方留下良好的第一印象。

（3）表明自己认为适合的职位及对对方的相关要求、希望，并可进一步表明自己求职的积极态度，或写明自己的保证与决心，以及期盼对方予以回复的愿望。如："如蒙贵单位录用，我定当加倍努力，积极进取，为单位事业的发展做出贡献。恳请单位领导予以研究并早日做出答复。"

（4）自己准确、便捷的联系地址及联系方式，以便用人单位与自己联系。

4.祝颂语

应选用较为正式、恭谨的祝愿用语，如"此致敬礼"、"恭祝工作顺利"等。

5.落款

直接署上自己的全名及写信的准确日期，姓名要用手书。

6.附件

信后应根据需要附上有关证书及成果材料。

求职信的写作要求：

（1）实事求是，具体实在。对自己实际情况的介绍，应从实际出发，真诚坦率是赢得用人单位好感与信任的基础，过分自信、自视甚高与谦虚过度、自我贬抑都不足取；同时要注意内容的具体实在，避免抽象的修饰性词语，多介绍具体事例与成果，与其说自己写作能力强，不如说自己发表了多少作品；与其说自己兴趣广泛，不如说自己会某种乐器或参加过某级别的演讲比赛；与其说自己有社会实践经验，不如说自己参加了什么社会实践活动、组织过什么集体活动。只有如此，才有可能给用人单位留下明确而深刻的印象。

（2）有的放矢，重点突出。写作求职信必须针对用人单位的需求，搜集用人单位的信息，了解用人单位的基本情况，从而确定自己的求职方向。写作时可根据对方的情况介绍自己与之相吻合的特长与潜力。适用于不同对象，到处投送求职信是不可取的；在叙写自己的才能、专长、业绩时不能平分笔墨、不分主次，要着力突出主要方面及不同凡响之处，那种面面俱到、唯恐别人了解不周的写法，常常事与愿违；同时要注意扬长避短，根据求职需要与自己实际情况，巧妙取舍，精心剪裁。

（3）恰切适度，言简文精。写作求职信，不要用过多的形容词和修饰语，给人华而不实、做作之感；同时要注意内容精炼，条理清晰，语言简洁，篇幅不可过长。

（4）适度包装，巧显素质。求职信的外观与形式，会影响用人单位对求职者的第一印象，因此，求职信的工整、美观是十分必要的，这包括字迹的清晰、工整，文面布局的和谐、自然，信封、信纸的恰当选用等。求职者既可采用传统的手写方式，亦可用电脑打印文稿，还可用光盘等文、声、像结合形式，它们各有所长，可视实际情况与对方需求选用，但需注意质胜于文，形式为内容服务。

[例文四·十六]

求职信

尊敬的领导：

您好！欣闻贵公司拟招聘办公室文秘人员，特来信自荐，感谢您在百忙之中选择阅读我的求职材料。

我是文化学院公关文秘专业2015届毕业生，现年23岁，汉族，中共党员。寒窗苦短，学海无涯，本科四年，我孜孜以求，殷殷学教，专业基础扎实，各科成绩优秀。就读期间，我结合所学专业，查阅了大量有关秘书学、档案学、管理学、广告学、文化学等学科的专业书籍和文献，努力提高自己的专业水平，全面提升自己的综合素质，并先后在国家、省、市各级报刊上发表了各类作品30余篇，总计20多万字。特别是最近几年我开始注重秘书实用写作的研究，并力求通过广泛深入的调查，使我的理论研究成果与实际结合起来，从而增强其实用性和针对性。去年暑假，我曾通过他人介绍在文化局办公室做了历时一个月的实习秘书，期间正赶上市委宣传部举办的有关全市开展"三项"教育情况调查报告的征文活动，结果我的征文获一等奖，受到局领导和同事们的一致好评。

我出生于一个教师世家，父母的言传身教，使我养成了治学勤奋严谨，待人真诚周到的良好性格；我兴趣爱好广泛，一直是学校各项文艺活动的组织者与参与者：我曾和同学共同组织了系及学校的四届"五四"歌咏比赛，并在比赛中分别荣获器乐演奏一等奖、优秀组织奖等。

我的大学生活充实进取、丰富多彩，值此毕业之际，我对自己的未来充满希望，我渴望能到贵公司供职，竭尽所学，与贵公司共同成长。如能如愿，我定当加倍努力，积极进取，不负您的期待与厚爱，为公司的发展做出贡献！恳请贵公司予以研究并盼早日回复。

恭祝

事业昌顺

　　　附：1.《个人简历》一份

　　　　　 2.《主要成果简介》一份

　　邮编：116000

　　地址：（略）

　　电话：（略）

求职人：刘立文

2015 年 5 月 18 日

五、书信的写作要求

（1）书信是人们日常生活中常用的一种书面交际工具。它的写作灵活简便，因事而发，内容应具体明确，重点突出；情感态度应真挚诚恳，表述应周详严密，条理分明。

（2）要根据不同的收信对象及正文内容，采取不同的立意措辞方式。双方关系不同，称谓、自称、问候语、祝颂语、署名皆有区别，正文措辞亦大不相同，如对尊长，应庄重恭谦；对朋友，要从容坦诚；对幼辈，宜平易和畅。请教、求助，应委婉诚恳有礼；赐教、援手，应真挚坦率。叙述事实，应清晰明白；抒发情感，应真切得体。总之，要注意不同书信的具体性与特殊性，使之分寸得体，表述适宜，以收到预期的效果。

（3）书信具有双向沟通、相互商洽的特点，因此要注意换位思考，采取"对方姿态"的方式，即从对方的角度出发，设身处地为对方着想，充分考虑对方的情绪和需要，从而消除沟通障碍，达到最佳沟通效果。

（4）格式正确，语言精当。书信从称呼、敬语、具名到行款，从正文到信封，都有一套相对固定的约定俗成的格式。我们应当遵守这些必要的格式。此外，书信的语言应准确、恰当，既应通俗简明，尽量多用一些便于交流的直白亲切的口语；又要纯正规范，避免庸俗化、随意性等不良倾向。另外，文字的书写应工整、端正、清楚，标点符号使用准确。

第六节　个人简历

一、个人简历及其作用

简历是简要的履历，个人简历即个人的简要履历，这里指求职者给招聘单位的自我介绍，包括自己的基本信息，学习和工作经历，荣誉与成就，自我评价，求职愿望，对所应聘工作的简要理解等。

个人简历是个人学习工作的简短集锦，是求职者自我评价的主要材料。它是一扇窗户，使用人单位透过它了解到求职者的大致情况，激起与求职者进一步接触的浓厚兴趣。

现在找工作一般都是通过网络，因此一份好的个人简历对于获得面试机会至关重要。

二、个人简历的主要内容

（1）个人基本信息：姓名、性别、年龄、民族、籍贯、政治面貌、学历、联系方式（固定电话、手机、电子邮箱、固定住址）。

（2）学业：毕业学校，所学专业，获得的学位及毕业时间，学过的专业课程（可把课程成绩单附后），以及对工作有利的辅修课程、毕业设计等。

（3）本人经历：大学以来的简单经历，主要是学习和从事社会工作的经历，有些用人单位比较看重你在课余参加过哪些活动，如实习，参与社会实践，进行志愿工作，承担学生会工作、团委工作，参与社团活动等。但不要列入与自己所找工作毫不相干的经历。

（4）荣誉和成就：包括"优秀学生""优秀学生干部""优秀团员"及奖学金等。还可以把你认为较有成就的经历写上去，如参加国家学术性竞赛、国际比赛获得的荣誉等。

（5）求职愿望：表明你想做什么，能为用人单位做些什么。内容应简明扼要，产生"临去秋波那一转"的动人效果。

（6）附件：个人获奖证明，如优秀党团员，优秀学生干部证书的复印件，外语四、六级证书的复印件，计算机等级证书的复印件，发表论文或其他作品的复印件等。

（7）个人技能：专业技能，IT 技能和外语技能。同时也可以罗列出你的技能证书。

（8）第三方推荐：通过专业的职业测评系统，出具详细客观的测评报告，作为第三方推荐信，附在简历后面。一方面说明求职者的职业性格、职业兴趣，另一方面有利于用人单位判断求职者与岗位的匹配情况。

（9）封面：你可以在个人简历上设计封面，也可以省去封面。封面的要求一般要简洁，可以在封面上出现个人信息，方便用人单位查阅。封面的风格要符合应聘公司的文化和背景，也要凸显自己的个性和风格。

（10）自荐信（求职信）：你寄给应聘公司的个人简历，应附上一封简短的自荐信（求职信），使公司增加对你的好感。否则，你成功的几率将大大降低。

三、个人简历的格式与类型

个人简历通常是语言表达与分项列表相结合，使人一目了然。

常用的简历格式有两种。一种是循序法，按照时间的先后，列举自己的学习、工作、培训方面的经历。

另外一种是倒序法，把最新最近的写在简历前面，这种简历写法受到人力资源工作者的青睐。将最新重要信息置于前面，易于使招聘者在15秒左右看出应聘者是否有进一步接触的价值。

四、个人简历的写作要求

（一）突出个性，展现风采

个人简历一定要写得充实，有内容，有个性，能在一定程度上反映出毕业生的真实情况。

每个人的特点及经历都是不一样的，这就决定了简历不能千篇一律，在简历中要反映出个性和创意。如果简历没有新意，无法做到"与众不同"，就无法引起用人单位的注意。

下面三个原则有助于让你的简历更加个性化：

第一条原则是要有重点。招聘者希望看到你对自己的事业采取的是认真负责的态度。不要忘记雇主在寻找的是适合某一特定职位的人，这个人将是数百应聘者中最合适的一人。

第二条原则是把简历看作一份广告，推销自己。成功的广告要简短而富有感召力，并且能够适当重复重要的信息。你的自荐应该限制在一页纸以内，尽量采用动作性短语使语言鲜活有力；在简历页面上端写上一段总结性的精美话语，展示你在求职上最大的优势，"立片言以居要，乃一篇之警策"，然后在个人介绍中将这些优势以经历和成绩的形式加以叙述。

第三条原则是要陈述有利的信息，争取成功的机会。要强调工作目标和重点，语言要简短，多用动词，绝不拖泥带水，并且要避免可能会使你被淘汰的不相关信息。

（二）写作注意事项

（1）忌篇幅过长。简历繁杂冗长，难以卒读，不利于在众多的竞争对象中夺得招聘者眼球。简历内容不精炼，表达不切题意，肯定会影响应聘效果。简历一般在1 200字以内，让招聘者在几分钟内看完，并留下深刻印象。

（2）忌过于简单。简历太短或过于简略，或语言信息量少，招聘者必然难以藉此对求职者的资历和能力进行完整、充分的评价。

（3）忌条理不清。简历布局不合理，层次混乱，逻辑重复，会增加阅读和理解的困难。

（4）忌虚假不实。简历宜实，同时也要对自己适当包装。但包装要量体裁衣。若虚构夸张，难免出现漏洞，弄巧成拙。

（5）忌稀奇怪异。简历中用词稀奇古怪，排版或引用材料生僻、花哨、有失常理。

（6）忌目标不明。求职者没有表明自己喜欢什么工作，也没有说明自己的爱好、兴趣及能力，以及对工作的要求、工资待遇等。

五、求职信（自荐信）

参见本章第五节"书信"之（二）。

[例文四·十七]

个人简历

◆ 个人资料

姓　名：	政治面貌：
性　别：	学　历：
年　龄：	系　别：
民　族：	专　业：
籍　贯：	健康状况：

◆ 知识结构

主修课：

专业课程：

选修课：

实习：

◆ 专业技能

接受过全方位的大学基础教育，受到良好的专业训练和能力的培养，在××、××等领域，有扎实的理论基础和实践经验，有较强的野外实践和研究分析能力。

◆ 外语水平

××××年通过国家大学英语四级考试。××××年通过国家大学英语六级考试。有较强的英语阅读、写作能力。

◆ 计算机水平

熟悉 DOS、Windows 2000 操作系统和 Office 98、互联网的基本操作，掌握 FORTRAN、Quick-Basic、C 语言等。

◆ 主要社会工作

小学：班劳动委员、班长。

中学：班长、校学生会主席、校足球队队长。

大学：班长、系学生会主席、校足球队队长，校国旗班班长。

◆ 兴趣与特长

★喜爱文体活动、热爱自然科学。

★小学至中学期间曾进行过专业单簧管训练，是校乐团成员，参加过多次重大演出。

★中学期间，曾是校生物课外活动小组和地理课外活动小组骨干，参加过多次野外实践和室内实践活动。

★喜爱足球运动，曾担任中学校队、大学系队、校队队长，并率队参加多次比赛。曾获吉林市足球联赛（中学组）"最佳射手"称号并参加过"98嘉士伯北京市大学生足球联赛"。

◆ 个人荣誉

中学：×××优秀学生、×××优秀团员、三好学生、优秀干部。×××英语竞赛三等奖。

大学：校优秀学生干部。××××年度三等奖学金与××××年度二等奖学金。

◆ 主要优点

★有较强的组织能力、活动策划能力和公关能力，如：在大学期间曾多次领导组织大型体育赛事、文艺演出，并取得良好效果。

★有较强的语言表达能力，如：小学至今，曾多次作为班、系、校等单位代表，在大型活动中发言。

★有较强的团队精神，如：在同学中，有良好的人际关系；在同学中有较高的威信；善于协同"作战"。

◆ 自我评价

活泼开朗、乐观向上、兴趣广泛、适应力强、勤奋好学、脚踏实地、认真负责、坚忍不拔、吃苦耐劳、勇于迎接新挑战。

◆ 求职意向

可胜任应用××××及相关领域的生产、科研工作。也可以从事贸易、营销、管理及活动策划、宣传等方面工作。

[例文四·十八]

市场策划主管的求职简历

◇ 本人概况

姓名：×××　　　　　性别：女

民族：汉　　　　　　政治面貌：团员

学历（学位）：学士　　专业：商业企业管理

联系电话：　　　　　　手机：

联系地址：北京市朝阳区××大街××号××　邮编：100000

E-mail Address：12345678@sohu.com

◇ 教育背景

毕业院校：北方工业大学1988—1992年经济管理系

另：其他培训情况

1996年于北京第二外国语学院自修

◇ 工作经历

*1998年5月至今　××公司

企划部高级主管

产品广告计划制订及费用控制/策划促销活动并安排实施/竞品广告的日

常监测、分析，及时调整产品的企划方案/市场走访调查。提出、制订、完成零售终端的改进方案/对全年市场投放与销售数据进行对比分析，制订下一年度广告提案。

成绩：有效合理的市场策略使公司产品××成为同业知名品牌、产品销售额稳步提升、达以公司预期销售目标。

★1995年3月—1998年3月　某国际知名企业

市场主任

统一促销策略的制定、活动的实施及评估总结/制订广告方案，与广告代理公司共同完成广告的制作及投放/走访零售市场，跟踪区域零售商、代理商的销售动态，监测竞品市场动态/对市场情报进行收集分析/协调外部供货商及媒体实施大型公关活动。

成绩：公司形象及企业文化得到广泛传播，深入人心。产品销售及市场占有率稳步提高，成为同业知名品牌。

★1992年10月—1994年12月　××电讯公司

企划部助理经理

制订并实施产品的销售计划、促销推广计划/促销经费的管理/负责产品在东北地区的销售/协调技术中心与经销商之间的售后服务关系。

多年来供职于大中型企业的市场策划部门，使我积累了丰富的工作经验，对把握市场动态、进行整体市场策划与实施都有深入地研究，并自修了市场营销与管理本科课程。我工作认真、负责，喜欢接受新的挑战并努力完成。

◇业余爱好

爱好广泛。喜爱球类运动及爬山，大学曾任校足球队队员。另外还喜欢唱歌、音乐等。

附：微简历

微简历（通过微博发的简历）已成为当下非常时髦的求职方式，如何写好微简历呢？如何让自己的微简历备受HR的青睐，从而成功找到自己如意的工作呢？我们整理了2012年用微简历成功求职的12篇范文，下面列举3个：

（1）"小女子年廿二，4年大学习得音乐教育学位。琴棋书画，略通一二。性格温婉，举止温文，心地善良。因爱孩童，故愿以幼儿音乐教育为终身所事。余必将以无尽耐心与爱心相待学生，以谦逊宽和之态与同事相处，以无限努力与热情投注工作。此乃诚言。"

（2）"爱网球，爱动漫，爱生活。来自长坂坡的坚强男子，软件与硬件配置还算一般，怀揣不熄的梦想，努力着。现实的社会，茫茫的人群，我希望能有单纯的劳动机会，在劳动中升华，成就自己。这个世界需要几个我这样的人。"

（3）"哥是80后的尾巴，90后的老大。武汉小本211，2012才毕业。哥不会打魔兽，没有女朋友，但哥几乎每晚在自习室神游。哥要好好努力，去实现小时候吹过的牛！"

微简历小贴士

1. "微简历"要在140字（微博的字数限制）以内把专业、求职意向表达清楚。
2. 针对企业的应聘岗位，突出优势、突显个性。
3. 最好链接个人的正式简历或其他相关资料。
4. 写清联系方式，方便招聘单位联系。
5. 添加关键词，便于搜索。

附：自传、小传

自传是传记的一种。传记以记叙人物生平事迹为主。人物传记的写作有着悠久的历史。早在秦汉时期的史学著作中，在叙述历史事件时，往往写到人物的思想与言行，可以说是传记写作的萌芽。随着历史的发展，传记已成为一种独立的文体。

自传是自述生平的文章，作者为了让别人了解自己所走过的生活道路，把自己成长的经历，系统而又有重点地介绍出来，这就是自传。自传有繁有简，繁的可达数十万字，简的可少至数百或数十字，长篇自传可以包容当时当地大的时代背景、周围的环境、人物以及自己当时的思想状态、所作所为等。短的自传则可将重点放在自己的思想和行动上，甚至可以选取自己生平的一两件典型事件来写，自传可以是生平事迹的实录，也可以具有一定文学性。

小传即人物小传，就是人物的传略，它是再现人物的生平事迹和个性的一种简短的传记。它既可以写自己，也可以传他人。小传的记述较简略，或只是有选择地写出几件有代表性的事情，篇幅较小的，叫做小传或事略，小传也应写出一个人经历的全貌，只是笔墨着重放在几件典型事情上，但它绝不是人物小故事，无论是自传还是小传，都不应写成传记体小说或故事，它要写出人物的出生地、出生年月、主要经历等。

小传和自传都要写出一个人经历的全貌，不过小传的写作重点要着重放在几件典型事例上。如《哥白尼》一文，就是在介绍了哥白尼的生平经历后，重点围绕创立地动学说进行记叙和讲评，使人认识到地动学说的伟大意义。而小传与自传最本质的区别，是二者的记述对象有异，并且篇幅长短上有所差别。

在写作内容上，小传和自传主要包括以下几个方面：

（1）主要经历：包括经历的时代特征及其对自身遭际的影响和留下的印迹；另外还包括主人公个人的特殊境况、经历等对个人性格形成的影响和作用。

（2）兴趣爱好：既包括气质禀性等心理特征，又包括人物独特的兴趣、偏好等。

（3）为人之道：主人公的人生观、价值观及处世的态度、待人接物的方式等。

（4）平生业绩：主人公获得的工作成绩、重大收获、成就影响等。

当然，以上各方面不要求在每篇中面面俱到，在写作中应注意选取典型材料，突出重点内容，并能凸显人物性格特征及人物身上的闪光之处。如《贾平凹小传》，第一段介绍了自己的名字；第二段介绍了家庭境况；第三段介绍家乡的情况和自己的志趣；最后一段介绍了经历和著作情况。字里行间体现出作者坦率、谦逊的思想品格，整体风格朴实、深沉，具有醇厚的风俗气息。"五谷都长而不丰，山高水长却清秀，离家十年季季归里；因无衣锦还乡之欲，便没'无颜见江东父老'之愧。""祖孙三代平民百姓，我辈哪能显贵发达？"等无不体现作者的性情与文风。

自传、小传不同于传记体小说，传记体小说，如高尔基的《童年》《我的大学》《在人间》，是文学作品，已经过艺术加工，有了一定程度的夸张和虚构的，自传则要完全真实，时间、地点、人物、事件以至重要细节都要求真实和准确。如《鲁迅自传》，就是鲁迅先生1930年5月16日在回顾了自己成长经历后所写的一篇自传。在这篇自传中首先介绍了自己"于1881年生于浙江省绍兴府城里内姓周的一个大家族里"，然后又写了自己家庭状况。对于自己的求学经历则重点突出地做了简要的介绍，最后把自己在文学上的成就进行了概括，使我们非常清楚准确地了解了鲁迅的一生。另外，这篇传记在语言上的特点也值得我们借鉴，朴实无华，娓娓道来，使我们不仅了解了鲁迅的生平，并且感受到他一生中孜孜以求的精神。

自传、小传的写作还须注意条理与脉络的清晰，一般以时间为序，以年龄段为层次，亦可将人物性格特征分成几方面，分别叙述与表现。表现手法以叙述为主，夹叙夹议，简明概括，不宜铺叙和细描。

自传、小传文字简洁生动、形象传神，自传语言常带有作者的性情特征与特别文风，令人见文思人，如睹其人，如聆其声，人物形象跃然纸上。而小传写作亦然。如启功先生的自传式墓志铭（见本节例文），既有生平，也有评价，文字诙谐，句式整齐，三言两语，韵律整齐，折射了启功先生开朗豁达乐观的性格。

"知人者智，自知者明"，无论小传还是自传，都需要全方面的认识与思考才能写好，但它与一般应用文不同，没有定制，不求严整，富于创意，新颖别致，使它富于无限的追求与创造的空间。

[例文四·十九]

老舍小传

老舍（1899—1966），现代作家，原名舒庆春，字舍予，满族人。

老舍生于北京一个城市贫民家庭，家境贫寒，幼年丧父，由母亲抚养长大。7岁入塾，后转读小学。1913年进北京师范学校学习。毕业后，曾先后在北京、天津等地中小学任教。"五四"时期开始用白话练习写作。1924年赴英国伦敦大学东方学院中文系任讲师。此间，先后在《小说月报》上发表长篇小说《老张的哲学》《赵子曰》《二马》等。这些作品在嬉笑怒骂的笔墨中，有其正义感和对祖国的热爱，虽然在艺术表现上有时流于浮泛和枝蔓，但已显示了作家讽刺、幽默的才能。1930年回国后，任济南齐鲁大学、青岛山东大学教授。此间创作长篇小说《猫城记》《离婚》《牛天赐传》及短篇小说《月牙儿》等。1937年发表的优秀长篇小说《骆驼祥子》，表明老舍的创作进入了新的阶段。该作品描写了一个人力车夫的悲惨命运，寄寓着作家对被侮辱与被损害者的深切同情，具有深沉的控诉力量和批判精神。小说具有强烈的生活气息和浓厚的地方色彩，在现代文学史上影响很大。

抗日战争爆发后，老舍由济南到武汉，曾是中华全国文艺界抗敌协会的主持者之一，在周恩来的直接指导下，从事抗战文学运动。此间创作的《四世同堂》（前两部）这部长篇小说，引起强烈反响。小说以沦陷后的北京为背景，以一家祖孙四代为线索，表现了中国人民遭受的苦难和不屈不挠的斗争精神。1946年赴美讲学。1949年应召回国，历任全国文联副主席、中国作家协会副主席、北京市文联主席等职。在新中国成立后的创作中，他把对旧社会的血泪控诉和对新社会的热情歌颂紧密结合起来，使自己的作品与现实的发展取得完美的统一。话剧《龙须沟》《女店员》《茶馆》，儿童剧《宝船》等，均为这一时期最优秀的作品。老舍一生创作勤奋，作品多取材于自己所熟悉的城市下层居民生活，塑造的人物形象极为生动，于"平常"中透出深刻的社会意义。又善于准确运用北京话，使作品具有浓厚的地方色彩和强烈的生活气息，形成一种通俗而又诙谐幽默的独特风格，被誉为作家劳动模范、人民艺术家。1966年，老舍被迫害致死。打倒"四人帮"后，得以平反昭雪。著作除单行本外，有《老舍文集》《老舍剧作选》等行世。

［例文四·二十］

老舍自传

"舒舍予，字老舍，现年四十岁，面黄无须，生于北平。三岁失怙，可谓无父，学志之年，帝已不存，可谓无君。无父无君，特别孝爱老母。布尔乔亚之仁未能一扫空也。幼读三百篇，不求甚解。继学师范，遂奠教书匠之基。及壮，糊口四方，教书为业，甚难发财。每购奖券，以得末彩为荣，示甘于寒贱也。二十七岁发奋著书，科学、哲学无所懂，故写小说，博大家一笑，没什么了不得。三十四岁结婚，今已有一男一女，均狡猾可喜。闲时喜养花，不得其法，每每有叶无花，亦不忍弃。书无所不读，全无所获并不着急。教书做事均甚认真，往往吃亏，亦不后悔。如此而已，再活四十年也许能有点出息。"

一九三九年四十岁时作

［例文四·二十一］

启功自传式的墓志铭

中学生，副教授。博不精，专不透。名虽扬，实不够。高不成，低不就。瘫趋左，派曾右。面微圆，皮欠厚。妻已亡，并无后。丧犹新，病照旧。六十六，非不寿。八宝山，渐相凑。计平生，谥曰陋。身与名，一齐臭！

一九七八年虚岁六十六之时作

第七节 日 记

一、日记概说

日记，是人们根据自己的需要和兴趣，把自己当日的所作、所为、所思、所感等有选择地如实记录下来的实用文体。

日记的作用有：

（1）可以帮助自己加强思想修养，提高思想觉悟。《钢铁是怎样炼成的》的作者奥斯特洛夫斯基说："我不能记日记。要知道，在日记里什么都得写，甚至爱情和极秘密的幻想都得写，这乃是自己和自己最真实的谈话，写出这个必须有极大的勇气。"又说："写这种日记就要自己有很高的觉悟。"确实是这样。日记唯其真实才有价值。因此，我们要敢于正视自己的思想实际、工作实际、生活实际，如实地把它记下来，让日记成为自己思想、工作、生活的一面镜子，时刻检查、督促自己不断进步。

（2）可以帮助自己积累工作经验，提高工作能力。一天工作有什么成绩，有什么缺点，碰到什么困难，是怎样克服的，都可以记下来。天长日久，就可以丰富自己的工作经验，提高工作能力。

（3）可以培养和提高我们观察、分析事物和文字表达的能力。《吕梁英雄传》的作者之一马烽曾说过："写日记对我文字上的提高，起了不少作用。"我国许多作家的成长和所写的作品，都曾得力于自己的日记。

（4）可以帮助自己回忆过去的事情。日记可以起"录以备考"的作用。有些记得好的日记，可以使自己终生受用不尽。

日记的主要特点有：

（1）时间性。日记所记内容都是当日所发生的（包括思想变动等），而以前或以后的事则不在当日所记日记之列。

（2）主体性。日记以第一人称来写，一篇日记无论篇幅长短，事情多少，都由"我"的"思想"和"活动"贯穿起来。

（3）真实性。日记的读者只有一个，那就是"我"，是专门写来给作者自己看的。因此，没有必要写些言不由衷的话，没有必要含而不露，这是属于自己的天地，完全可以自由自在，袒露自我。其所写内容应是实实在在的。正如鲁迅所说："我本来每天写日记，是写给自己看的；大约天地间写着这样的日记的人们很不少。假使写的人成了名人，死了之后便也会印出；看的人也格外有趣味，因为他写的时候不像《内感篇》或《外冒篇》似的须摆空架子，所以反而可以看出真的面目来。我想，这是日记的正宗嫡派。"

（4）灵活性。这是指日记内容形式的多样性。日记往往不拘一格：选材上，事无巨细，包罗万象；表述方法上，可叙述、可议论、可抒情；篇幅上，可长可短；用词造句上，可朴素无华，也可艳丽多彩。

日记按内容性质可分为备忘式、纪实式、随感式、研讨式几种。在一篇日记中，可以只用某一种，也可以综合运用。

二、日记的格式与写法

（一）备忘式日记

备忘是日记的基本功能，备忘式日记是日记最基本、最简单的形式。

[例文四·二十二]

一九三五年七月二十七日

晴，热。上午复猛克信，复萧军信。吉同君赠马铃薯，拟还以水蜜桃。午得孟十还信，即复。得明甫信，即复。下午译《死魂灵》至第八章讫，合前章共三万二千字，即寄西谛。昨三弟来。蕴如携荬官来。浴。

——鲁迅日记

备忘式日记的特点：

（1）文字简洁。如，[例文四·二十二]只用了74个字，主语"我"被略去，还用了文言词"讫"。

（2）略去详细内容和具体过程。如，[例文四·二十二]中记往来信件，内容均未提及；有客人来，谈话情况也都一概略去。

（3）如实笔录下来，不加任何议论、描写和抒情之类。

这种日记的好处，是可以起备忘录的作用，但由于太简略，对于练习写作无多大意义。

（二）纪实式日记

纪实式日记比备忘式日记要具体，它可以对某件事情的内容、过程作简要的记叙。

[例文四·二十三]

二月十二日（正月初二）星期五

晨六时半起床，七时一刻往公园吸新鲜空气。街上往来人都衣冠楚楚，手夹贺年片夹，相遇相揖，要不趴在地下磕一个，口称"恭喜发财"。十五年前，也曾过过这种生活啊！

早饭后信步走去，到北城打了一个转，途逛坝陵北街之"关帝庙"，建筑颇为娇小都丽。又到城隍庙，处处表现老朽状态。十一时经按司街回。

午后到图书馆。阅报后，借来屠格涅夫之《父与子》一部，这是一部久已闻名而未能读的名著。晚读完第一册。译笔流利俏皮。

右牙床疼复发。

到国外留学之心，时绕脑际，不知本年如愿否？

资料来源　彭雪枫.彭雪枫书信日记选［M］.郑州：河南人民出版社，1980.

[例文四·二十四]

十八日　星期五

晴　午后有雷雨

在拒绝美援和美国面粉的宣言上签名。这意味着每月的生活费要减少六百万法币。下午认真思索了一阵子，坚信我的签名之举是正确的。因为我们反对美国扶植日本的政策要采取直接行动，就不应逃避个人的责任。

——朱自清日记

毛泽东同志在《别了，司徒雷登》一文中，曾对朱自清的这一举动给予了高度评价，而这则日记中，把此举的时间、内容、后果，以及自己的决心和认识，都记述得具体、明确。

生活琐事也可写入日记。

[例文四·二十五]

雾不浓，船七点以后开。略见小滩，水皆不稳。经蔺市、李沱，午刻到涪陵。青年人皆上岸游观，余未上。午后一时许复开船。棹夫停手休息时，青年人往替之。初不熟悉，历二三回，居然合拍，上下一致。傍晚歇于南沱，为一小市集，无甚可观。

——叶圣陶一九四五年除夕自重庆返上海江行途中的日记

记实的日记是常用的。它的特点是注重记叙内容的具体、鲜明，笔锋也不乏情韵、趣味。写这种日记，依赖于对生活观察、体验的深刻和细致。

（三）随感式日记

随感式日记是在客观记事中，兼表达自己的感想和态度；在表达方式上，记叙中夹带议论和抒情。

[例文四·二十六]

今天动手术，我的确累了。一共做了十个，其中五个是重伤。……尽管我的确是很累了，但我从来没有像今天这样高兴过。我十分满足，我尽了我的一份力量，我有什么理由不高兴呢？特别是看到自己的生活是如此充实，工作是如此重要，以至于从早上五点半到晚上九点钟，没有一分钟的时间白白度过，这里需要我。

我没有钱，也不需要钱。能和这样一些以共产主义的生活方式（我指的不是谈吐方式和一般所谓理性思维方式）的同志们生活在一起，是我毕生最大的幸福。我们的共产主义是又简单、又深刻，像膝关节颤动一样的反射动作，像肺呼吸一样用不着思索，像心脏跳动一样完全出于自动。他们的仇恨是不共戴天的，他们的爱能包容全世界。

还说什么不懂感情的中国人！在这里我找到了最富于人性的同志们。他们遭遇过残酷，可是懂得什么是仁慈；他们尝受过苦痛，可是知道怎么笑。他们受过无穷苦难，可是依旧保持着他们的耐性、乐观精神和静谧的智慧。我已经爱上了他们；我知道他们也爱我。

——白求恩1938年8月21日的日记

这则日记有叙、有议、有感、有想，简直是一篇发人深省的议论文，读一读它，谁能不为白求恩的崇高思想和国际主义精神所感动呢！

（四）研讨式日记

这种日记，是对所遇到的有一定意义的现象、事件、问题进行分析、判断，把自己的见解和得出这一见解的认识过程记录下来。

［例文四·二十七］

接郭老函，询问毛主席忆秦娥词《娄山关》有"西风烈；长空雁叫霜晨月……"这是否阴历二月现象？……我查日记，知1941年3月2日过娄山关时见山顶有雪。1943年4月13日过娄山关遇雪。……可见二月间娄山关有霜雪，则风向在一千五百米高度也应是西风或西南风的。

资料来源　竺可桢.竺可桢科普创作选集［M］.北京：科学普及出版社，1981.

研讨式日记注重事实的考证，数据的确凿，论述的严谨，结论的明确。

三、日记的写作要求

（1）贵在坚持。日记、日记，每日一记，故须坚持不辍。勤能补拙，熟能生巧，也许在刚开始动笔写日记的时候，有些不入门，但通过不断摸索和总结，就会逐渐掌握个中三昧。

（2）要有重点，会剪裁。我们每天获得的新印象、新感受、新经验是很多的，一篇日记不可能把它们全都写进去，所以一定要有所选择，只写当天感受最深刻、对自己教育意义最大的事情。无关紧要的事情，则可略去不写。否则，日记便会臃肿驳杂，不得要领。这就像剪裁衣服一样，拿到一块布，先要把正身、袖子、领头等主要料子裁好，那些派不上用场的零碎布条只能剪下来。如果一点布条都舍不得剪下来，这件衣服就做不成了。

（3）要经常翻阅。日记不但要认真写，而且要经常翻阅，看看自己过去记的一些思想上的收获、工作中的教训、学习中的心得体会等，有哪些可以用到当前工作中去，从而指导自己的思想和行动。鉴往知来，温故知新。经常翻阅日记，就能不断提高自身思想修养和工作能力。

第八节　对　联

一、对联概说

对联又叫楹联，俗称对子（写对联又叫对对子），是有一定规则的偶语对句，通常写在纸上、布上或刻在竹子上、木头上，并将之悬挂在墙壁、门等处，是我国具有民族特征的汉语言文学形式。

对联的产生，有其汉语特点的渊源。汉语语素以单音节为主，用方块字书写，词以单、双音节占绝大多数，这使汉语能较容易地组成对语偶句。汉语词汇丰富，词序又是重要的语法手段，这也给撰写对联提供了便利条件。

对联的写作，又有其客观世界的渊源。对联上下联意思相对、相反、互补或连贯，可简要地反映客观事物的多种关系，特别是对立统一关系。例如："祸兮福之倚，福兮祸之伏"（老子《道德经》），就是一副对联，它极其简要地揭示了祸与福变动不居，在一定条件下互相转化的辩证关系。同样，"舞台小天地，天地大舞台"则揭示了戏剧和现实的辩证关系。犹如《笠翁对韵》中分韵罗列的大量对立词语所示，大千世界充满了矛盾，充满了种种对立统一关系。这是对联创作的客观泉源。上乘的对联，总是充分利用汉语的特点和优势，准确地挖掘和深刻地反映客观事物的特点和对立统一关系。

从历史上看，对联由骈文和律诗的形式演变而成，形成于唐宋，盛行于明清，发展于近现代，可谓源远流长。

对联内容凝炼，对仗工整，构思新巧，寓意精深，多有启迪作用和欣赏价值。由于它整齐对称，诵读上口，易记宜学，雅俗共赏，深受人们的喜爱。

对联与书法的美妙结合，又成为中华民族独创的典雅古朴的艺术形式。翰墨之中品味美文的诗情哲理，词句之间观赏墨宝的风神韵致，成为文人墨客和普通百姓的风雅盛事。欣赏对联，可以增长人文知识，了解风俗人情，享受审美乐趣和陶冶道德情操。

对联的特点是：

1.形式上的对仗性

对仗即对偶，是汉语修辞格之一，用字数相同，结构相当，平仄相对的语句表达相反或相关的意思。例如：

铁肩担道义；

妙手著文章。（李大钊赠杨子惠联）

月明如昼；

江流有声。

2.使用上的广泛性

对联兼诗歌散文之长，是流传最为广泛的文学形式。对联从最初与新年节序相关的春联，逐渐突破了原属的范围。人们常用它来题咏山川名胜，或歌咏风物岁时，或抒发心志情怀。也用它来酬应赠答，劝勉、评论、咏叹、哀悼和讽刺等。其内容涉及地理、历史、宗教、民俗、名胜等，包罗万象。清人梁章钜《楹联丛话》分故事、应制、庙祀、廨宇、胜迹、格言、佳话、挽词、集句、杂缀等十类。今人通常将对联分为春联、装饰联、交际联、专用联、谐趣联等，可见其使用之广。

3.内容上的针对性

对联因时因地因景而作，它反映现实，凝炼思想，是特定社会历史环境下的产物。凡对联，都是特定身份的作者在特定语境中的创作，所以有很强的针对性。例如：

见机而作；

入土为安。

这是陈寅恪在昆明，面对日机轰炸的即景之作，体现了对联的针对性特征。历史上大量优秀的对联，都具有明显的针对性，而其针对性，又体现出时代性、阶级性特征。

4.美的属性

对联具有字数相等，句式相同，词性相当，声调相对等对仗特点，给人以整齐之美、对称之美、和谐之美、音乐之美。例如：

重重叠叠山，曲曲环环路；

上上下下树，叮叮咚咚泉。（九溪十八洞联）

对联按内容和用途可分为：

（一）春联

专用于庆祝春节的对联。迎春喜庆，常以贴对联来布置环境，渲染佳节气氛。因用于的环境不同，内容也千差万别。例如：

东风万里送春色；

红日普照暖人心。（通用春联）

鸟语花香鱼跃，

民康物阜财丰。（农家春联）

艺苑繁花沐春雨；

文坛异彩赖新秀。（文联春联）

（二）装饰联

用于美化环境的对联，或装饰亭台楼阁，或装饰名胜古迹，或装饰书房卧室，或装饰名画宝砚，用途极广。由于使用时间较长，其内容不能过于趋时，要有概括性和哲理性。其制作的材料、方法也颇讲究。例如：

四面湖山归眼底；

万家忧乐到心头。（岳阳楼联）

昼夜不舍；

天地同流。（太原晋祠难老泉联）

（三）专用联

专门为某一事项而写的对联，包括挽联、寿联、婚联、喜联、座右铭联等。一般使用时间较短，要随事变化。例如：

福如东海长流水；

寿比南山不老松。（寿联）

音容宛在；

风范长存。（挽联）

（四）交际联

用于交往的对联。人与人的关系或敌或友，十分复杂。相互之间，或赞或贬，或祝或讽，常使用对联；亲去赠别，友来接风，试才斗智，都可用对联。它不贴不挂，实际上是用于交际的两句短诗。例如：

驹隙光阴聚无一载；

风流云散天各一方。（陶大钧妻赠秋瑾赴日本留学联）

人生得一知已足矣；

斯世当以同怀视之。（鲁迅辑录何瓦琴诗句作联赠瞿秋白）

二、对联的格式与写法

对联要求上下联字数相等，对仗工整，平仄协调，语意相关。

（一）字数相等

上联下联各可是一个或几个句子，但字数必须相等。

（二）对仗工整

对仗工整，包括词性相同和结构相当两个方面。

词性相同，是指上下联相对应的词，类别要相同，实词中动词对动词，名词对名词，形容词对形容词，数量词对数量词，虚词中副词对副词，介词对介词，连词对连词，助词对助词，叹词对叹词。

结构相当，是指节奏、句法关系要一致。

1.分节奏

节奏是音响运动的轻重缓急形成的，其中节拍的强弱和长短，要合乎一定的规律。节拍就是乐曲中的节奏序列。每一序列包含两拍或三拍、四拍。

对联是短诗，有音乐性，按节奏读，会产生愉悦感。

读/万卷书；

行/万里路。

乾坤/容我/静；

名利/任人/忙。

节奏规律有多种：

三字句：前一后二，前二后一。

四字句：前一后三，前二后二。

五字句：一般是每句三拍，"二二一"或"一二二"。

七字句：一般是每句四拍，"二二二一"或"二二一二"。

不合节奏的例子如：

江山/如画；

唱/春光好。

2.句法关系一致

这是指主谓对主谓，动宾对动宾，偏正对偏正、联合对联合等。

例如：

蝉噪林愈静；

鸟鸣山更幽。（苏州拙政园联）

词类相同，结构相当，就能造成结构上的对称美。

（三）平仄协调

汉语声调分为"平""仄"两类。古代四声为："平、上、去、入"，其中"平"为平声，"上、去、入"为仄声。普通话四声为"阴平、阳平、上声、去声"，其中，阴平和阳平为平声，上声、去声为仄声。平仄协调按古代音还是按现代音，学术界颇有争议。但有一点应当肯定，就是同一副联中，应当只采用同一种语音标准来衡量。

平仄协调，一是指"平仄交替"，即在同一联句中，平仄交替使用；二是指"平仄对立"，即上下联相对应的字平仄要相对，即平对仄，仄对平。尤其是末字，要求仄起平落，即上联收仄声，下联收平声。

五言、七言的对联，联律格式分为平起式和仄起式：

（1）平起式的五言、七言联：

星垂平野阔（平平平仄仄）

月涌大江流（仄仄仄平平）

春风大雅能容物，（平平仄仄平平仄）

秋水文章不染尘。（仄仄平平仄仄平）

（2）仄起式的五言、七言联：

海吸长河远，（仄仄平平仄）

天包大地圆。（平平仄仄平）

皓首雄心征四海，（仄仄平平平仄仄）

青春盛气走千山。（平平仄仄仄平平）

平仄相对，造成声调的跌宕与和谐，形成一种音乐美。

上下联相对应的字平仄完全相对，固然理想，但要求太严苛，束缚思想。有时专注于达意，难为其工；勉强改之，又影响达意。所以对五言、七言对联，自古就有"一三五不论，二四六分明"的说法，就是说上下联的第一、三、五字可以不拘平仄，第二、四、六字则要求平仄相对。对平仄最严的一般不得违背的基本要求是联末一字。上联的尾字必须是仄声，下联的尾字必须是平声。因为一般仄声短促，平声缓舒。一仄一平，抑扬顿挫；平声收尾，洪亮悠长。

以上说的是平仄的"正格"。对联中，有不少不完全合乎"正格"的好对联，甚至有两句最后一个字都是仄声的，或者上下句尾字平仄颠倒的，这是内容上某个字改不动的缘故。由于不能以词害义，这在传统习惯上也是允许的。可称之为"变格"。曹雪芹在《红楼梦》中借林黛玉和香菱谈诗时讲："若果有奇句，平仄虚实不对，都使得的。"如：

板凳要坐十年冷，（仄仄平平平仄仄）

文章不写一句空。（平平仄仄仄平平）（范文澜）

（括圈的字可不拘平仄，即"一三五不论"）

按联律衡量，这个联有三处破格（按古音）："坐""句"是仄声字，而按律当用平声字，"年"是平声字，而按律当用仄声字。虽不完全符合严格意义上的平仄要求，但言简意赅，不失为好联。又如：

捧着一颗心来，

不带半根草去。（陶行知）

革命尚未成功，

同志仍须努力。（孙中山）

孙中山书写偶句以析势言志。虽上下联第"二""四"字平仄并未相对，下联也未收平声，但其言重在达意，另当别论。该联仄声收尾，铿锵有力；言简意长，千古留响。在意义上属"流水对"。历来以意取胜者，虽有破格，仍不失为上乘偶句。

七字以上即八言、九言甚至几十言几百言的对联平仄又如何协调呢？一般说来，也是要尽可能符合前述的同句内"平仄交替"、上下句"平仄对立"的要求。对其结尾，则要求采取押"马蹄韵"的办法。即上联不管是几句组成，上联倒数第二句的尾字用平声，倒数第一句的尾字用仄声；下联倒数第二句的尾字用仄声，倒数第一句的尾字用平声。例如：

湘灵瑟，吕仙杯，坐揽云涛人宛在；

子美诗，希文笔，笑题雪壁我重来。（岳阳楼联）

敌进我退，敌驻我扰，敌疲我打，敌退我追，游击战里操胜券；

大步进退，诱敌深入，集中兵力，各个击破，运动战中歼敌人。（毛泽东）

（四）语意相关

对联上下联合起来是一个整体，其语意要相关。从语义关系看，对联可分为：

1.正对

正对就是从相同、相近的角度出对句，上下联内容相互补充，相辅相成。例如：

两个黄鹂鸣翠柳；

一行白鹭上青天。

对联中正对为多。由于角度同向，意思并列，互为补充，达到意境上的和谐统一。

2.反对

反对就是从相反、相异的角度出对句，内容相互对立，相反相成。如上句说东，下句说西，上句说天，下句说地，等等。例如：

横眉冷对千夫指；

俯首甘为孺子牛。（鲁迅）

青山有幸埋忠骨；

白铁无辜铸佞臣。（岳飞陵园中联）

删繁就简三秋树；

立异标新二月花。（写作格言联）

友如作画须求淡，

文似看山不喜平。

对联中反对为难。由于角度异向，意思对立，相互映衬，相反相成，使主题更加鲜明，意思更加周严，富有辩证意味。

《文心雕龙》中说"反对为优，正对为劣"，是从诗文修辞的角度讲的，实用的对联，特别是春联、婚联、寿联之类，反对比较少，硬编歌颂性的反对，实在难工。

3.串对

串对又叫流水对，上下句内容连贯，语气衔接，按先后顺序一气呵成，合在一起成一句话，如流水一般自然、流畅。例如：

野火烧不尽；

春风吹又生。（白居易）

隔靴搔痒赞何益；

入木三分骂亦精。（鲁迅借郑板桥的对联，书赠日本学者）

（五）横批的写法

横批是同对联相配的横幅，它高度概括和补充对联的内容，与对联浑然一体，使对联意旨更明朗，内容更完美。例如：

炮声枪声声声震敌胆；

硝烟炊烟烟烟袅南疆。（横批：战地生活）

横批一般四个字，也有两个字或五个字的，其内容要与联语相得益彰，而不是简单重复。如果说对联是文章，横批就是题目，要起到画龙点睛的作用。随着对联使用范围的扩大，有的对联省略了横批，形式越来越随意，然而作为正规的对联通常有横批。

三、对联的创作

对联的创作，和其他文体写作一样，也要遵循"切合题旨、适合情境"的写作原则。也要经过立意、选材、构思、起草几个基本环节。首先要确定题旨——写什么？如装饰联要突出什么；交际联要表达什么情感；赠别联的希望什么；挽联要歌颂什么。确定题旨后，就可以选材——用什么题材来表达这个题旨？然后是构思——采取什么形式？内容框架确定后，就可以遣词造句，动笔起草了。对联的创作，似易实难，似难实易，关键在遵循写作规律，打开思路。

具体来说，对联创作方法大致有四种：新拟、集句、仿联、改联。

（一）新拟

新拟即自己构思创作，这是对联最基本的创作方式。

触景生情，因事赋诗。作联者针对此时此地此情此景，产生创作冲动，凝神结想，自造新句直书胸臆，在联语上了无依傍。如古今许多对联，立意超卓，境界深远，发前人所未发，都属新拟的典范。这里举自题联为例：

风云三尺剑；

花鸟一床书。（左光斗自题联）

愿乘风破万里浪；

甘面壁读十年书。（孙中山自题联）

阐旧邦以辅新命；

极高明而道中庸。（冯友兰自题联）

本书封底的"作文要诀"，就是采用了对联的形式。这里再举一例。笔者思力所及，以为"古今中外"一词，从逻辑上讲，其所指有交叉关系，乃凑成一联，解析其内在含义：

思接千载，古今自有中外；

视通万里，中外各具古今。

此联揭示了"古今"和"中外"的时空矛盾关系，使互文见义的"古今中外"内涵尽现。

（二）集句

集句即摘取他人现成的诗、词、文，组合成联。集诗成联的，如：

望崦嵫而勿迫；

恐鹈鴂之先鸣。（鲁迅集离骚句）

读书破万卷；

落笔超群英。（上句杜甫诗，下句李白诗，合成佳对）

（三）仿联

仿联即摹仿现成的对联句式或格调而撰的对联，如济南大明湖有联：

四面荷花三面柳；

一城山色半城湖。

该联把大明湖的风景描绘得十分生色，特征鲜明。各地状景联中，仿此联者不计其数。如江西庐山御碑亭联：

四壁云岩九江棹；

一亭烟雨万壑松。

昆明黑龙潭联：

万树梅花一潭水；

四时烟雨半山云。

（四）改联

改联即将现成的对联或改字，或改句，或增减字句而成新联。明代顾宪成在东林书院写过一副名联：

风声雨声读书声，声声入耳；

国事家事天下事，事事关心。

有的人由于过去政治运动的冲击，受到"左"的伤害，心有余悸，曾改写上联为：

风声雨声不吱声，了此一生；

国事大事不问事，平安无事。

胡耀邦知道后,认为这副对联情绪太消沉,遂把它改为:

风声雷声悲叹声,枉此一生;

险事难事天下事,争当勇士。

四、对联的写作要求

(一)表现主题

对联的主题虽都是由上下联来体现的,但情形又不尽相同。

(1)以上联作呼引,用下联表达主题。如白帝城武侯祠联:"立大志,成学业,有所作为,此生遂已矣;亲贤臣,远小人,无以内外,后世勉乎哉。"

(2)以上联表达主题,用下联作衬托。如岳阳君山柳毅井联:"侠义书生,敢仗至诚通水府;风霜龙女,终因传信出泾阳。"上联直接歌颂柳毅,下联则用龙女得救衬托书生的侠义,主题在上联。

(3)上下联各言一个方面。如咸阳礼泉魏征墓联:"投贤主以事之,方为俊杰;执忠言而谏矣,不愧诚臣。"魏征先事李密,后事太子建成,最后事李世民。上联讲魏征"识时务",谁贤能就事谁;下联讲魏征"敢直谏",谁昏黯就谏谁。上下联各表一个方面,但上下联又正好表现了魏征一生中最大的个性:见义勇为。

(4)上下联合表一个主题。如咸阳秦都区汉高祖长陵联:"草创沛中,长披肝胆礼三杰;威加海内,总揽英雄守四方。"这一联的主题是由上下联体现的:无论是草创之时礼三杰,还是威加海内后欲得猛士守四方,其旨都在表现刘邦思贤若渴、礼贤下士的作风。此联主题虽很集中,但上下联并不雷同,而且时间跨度极大。

有的对联,对主题不作正面描写,而是采用侧面衬托法,使主题含蓄,引人寻味,效果亦佳。民族英雄郑成功祠有一副对联:"东海望澎台,风景不殊,举目有河山之异;南天留祠宇,雄图虽渺,称名则妇孺皆知。"作者不正面写郑成功当年如何反抗侵略,收复台湾的事迹,而只用澎台风景作示意,接着以"不殊"和"之异"作对立面,衬托上句。这样,人们自然会联想到郑成功当年的光辉业绩来。

(二)创造意境

古往今来的许多名联,之所以脍炙人口,历久弥新,首先就在于它创造了一定的意境。意境强调情与景的统一,也强调在包含情感的艺术形象中,要蕴含哲理,使情与理浑然一体,无迹可求。如林则徐任两广总督后,实行查禁鸦片,他亲自在府衙题了一幅堂联:

海纳百川,有容乃大;

壁立千仞,无欲则刚。

上联告诫自己要广泛听取各种不同的意见,下联则砥砺自己杜绝私欲,做刚正不阿、挺立世间的清官。托物言志,形象创造意境;寄寓高远,情怀感人至深。

（三）体现个性

对联要有个性特点。这里包括两层意思，其一是要有针对性，抓住对象的特点进行创作。如某地古道茶亭联为：

四大皆空，坐片刻无分你我；

两头是路，吃一盏各自西东。

写得漂逸洒脱。布肇庆鼎湖半山亭联为：

到此处才进一步；

愿诸君勿废半途。

紧扣"半山"作文章，鼓励来客努力攀登，不要半途而废。

其二要符合作者身份特点。尤其交际联、专用联更须符合身份、语境。如前例。

（四）对联四忌

古人提到对联有"四忌"，即四种常见毛病，写作时要避免。

一忌"联意合掌"。

上下联内容要有一定关联而又不重复，如果对仗虽工稳而含义重复的，称为"合掌"，意思是说两个指头虽然分左右，但都是五个指头，这是作对联时要注意避免的。如"长空展翅，广宇翔云"，"展翅"和"翔云"，同义重复，犯了"合掌"的毛病。"欢歌遍华夏，春色满神州。""华夏"和"神州"同义，也是犯了"合掌"的毛病。

二忌上下重字。

上下联中，不宜出现相同的字。如：

改革春风吹大地，

文明春雨润神州。

如果把上联的"春风"改为"东风"，就可避免用字重复。

三忌轻重失调。

上下联内容在轻重、大小、广狭等方面要避免不对称。如上句讲国事，下句谈私情，上句论世界，下句说县城等。

四忌生造词语。

不可因受字数限制，编造并非约定俗成的词语。

研讨与练习

一、简答题。

1.常见的条据有哪些种类？它们有何特点？

2.借条、欠条应包括哪些内容？其写作时应注意些什么？

3.请假条的基本构成是什么？

4.书信有哪些种类？

5.书信的内页主要包括哪些部分？各部分的基本写作方法与要求有哪些？

6.书信为什么特别强调语言的得体性？

7.写作求职信应当注意哪些问题？

8.如何理解启事的写作要求？

9.赠言写作的基本标准是什么？

10.什么样的文章叫自传？自传中应写入哪些内容？

11.小传的特点是什么？

12.小传与自传的区别是什么？

13.履历表和自传有什么不同？

14.小传和个人简介有什么区别？

15.什么是日记？日记有什么作用？

16.日记可分为几种类型？最基本的日记形式是哪一种？

17.记实式日记有什么特点？

18.结合你的切身体会，谈谈如何才能写好日记。

二、请从行文的准确性与周严性角度修改下列语句：

1.我将于十八日于沈阳南站乘223次特快列车到杭州望你或家人准时接站，二叔刘大山。

2.父亲病重要去北京治疗13日乘89次直达快车到京接站，弟。

3.关于房产纠纷的事已告王永民。

4.王小明还欠款3 000多元。

三、下面这则借条写得是否合格？如有问题，请予以修改。

借　条

现借你1 000元钱，日后一定偿还。

张中明　即日

四、下面这则寻物启事有何不妥？请予以改正。

急　急　急

由于本人不慎，不小心将一黑色书包遗落在三楼一教室，内装很多书与日常学习用品，对本人十分重要，且有一些急用材料，本人非常焦急。有拾到者请速送到学生公寓3号楼303室，万分感谢！

五、下面是某大学毕业生给用人单位的一封求职信，请指出其问题并加以修改。

敬爱的总经理阁下并人事部全体同仁：

看到公司的招聘启事，我非常高兴，也感到非常幸运，因为我今年内就要踏出大学校门，走上社会了，我多么盼望有一个能施展才华与抱负的天地啊。久闻贵公司大名，你们的产品与品牌家喻户晓，管理体制堪称一流，如能到公司工作，本人不胜荣幸。

下面把我的情况作一介绍。我是2002年由吉林考上××大学的企业管理专业的。在高中时便兴趣广泛，入了党，大学期间一直是学生会的干部、三好学生、优秀团员，我学的专业是企业管理，辅修了经济法，学习成绩优秀，外语已过六级，计算机有二级证书，我相信自己的实力，相信自己一定能胜任各种工作，为公司做出贡献。

请公司领导给我一次施展才华的机会吧。谢谢你们。

王有志

2006年6月28日

六、企业的"自我介绍"与个人的"自我介绍"不同。试为你较熟悉的一个企业，比如说一个药厂，写一篇"自我介绍"。

七、评点下面的"自我推荐"：

成军，男，29岁，大学本科毕业，生物专业。有养殖特种经济动物（如蝎子、蜗牛、鹧鸪、蚯蚓、绿毛虫等）的专长，并有一定的写作能力，曾编著过所学专业教材一部。本人办事认真负责，有较强的社交能力。愿应聘港澳地区、外商驻大连办事机构的工作。我的E-mail：××××@yahoo.com.cn。

八、鑫鑫超市为配合节日促销活动，拟在某大学招聘临时促销人员20人，请代为拟制一份招聘启事。

九、在纪念"一二·九"运动活动中，某学校拟邀请一知名作家来校作专题讲座，并与同学们进行现场交流，请代拟一份海报。

十、试为同学、长辈与晚辈各拟一份临别赠言，注意其写作特点。

十一、观察周围的同学或老师，为他们其中的一个人写篇人物小传，要求形象逼真，个性鲜明。

十二、回忆自己的生活经历，写一篇自传。或采访、了解他人的坎坷遭遇，为他人写一篇小传。

[思路点拨] 写人物小传，不管是自己的还是别人的，都必须实事求是，秉笔直书，避免出现失实、讳过、拔高之类的情况。写小传，还要洞察所写之人的思想动机，判断人物的最主要的东西，抓住特征，写出几个典型事例，生动地刻画出人物的形象，做到形神逼肖，跃然纸上；应尽可能少地直接评论人物的性格和优劣，一切通过记叙和描写说话，让读者自己去品味。

十三、你和自己的父亲朝夕相处，对他的工作、思想和生活情况都较清楚，也会对他过去的经历有所了解。请你根据自己所了解的情况，为你父亲写一篇小传。（也可根据自己家庭的实际情况，为其他某位亲人写一篇小传）

十四、阅读以下两篇小传，分析其特点。

（一）
我的小传

我于1973年10月20日在四川石棉县出生，成了父母最伤脑筋的调皮鬼。虽如此，我却在5岁时才被母亲拖进幼儿园的大门，可是仍不改捣蛋的习惯。

直到1980年9月1日，我跨进小学的大门之后，陋习才有所收敛。在第二学期加入了少先队。于是我认真地学习，识了不少字，也就偷偷地翻开了案头上厚厚的书本，自此就迷上了看书。书籍使我大开眼界，也使我的作文本上有了鲜红的85分，但也使我的视力从1.5降至0.3，我戴上了眼镜。

以后我虽迷看书，却常为眼睛担忧。好在这时我有一部分时间和一个好友一道攀登莽莽大山，征服陡峭的崖壁，进行探险活动。仗着我的命大，好几次我都死里逃生，可是我越发喜爱探险。到五年级时，探险已成了我的唯一嗜好。但父母的消息十分灵通，他们常常给我上思想教育课。我父母的反对和我的坚持，使我的性格变得倔强起来。由于好友的影响，我在不知不觉之中变得兴趣广泛起来。可是正应着"门门懂，样样瘟"这句俗话。

那时，我常流鼻血，身体虚弱，但倔强的性格使我努力学习，终于被评为优秀少先队员。可是我的眼睛已到了"视力0.1"的程度。虽如此，我还是在1986年9月1日跨入了石棉中学的大门，我的性格也日趋形成。有时我老成稳重，有时又天真幼稚，更有时我癫如疯狂，有时同学叫我是神经病，可是我觉得我头脑清醒。我也懂得：我是中国人的后代，我要为祖国繁荣而努力。

（作者赖宁，"全国十佳少先队员"之一。1988年为抢救国家财产，在与森林烈火的搏斗中光荣牺牲）

（二）
自我写照

我嘛，总是扎着两根小辫，走起路来一悠一悠的。我的眉毛挺浓，弯弯的，大队辅导员说我跳舞可以不化妆。眼睛挺黑，亮亮的，虽不大，镶在我这张小小的脸上倒也合适。嘴巴闭起来挺小，可是一笑呀，就咧得老大，露出不太整齐的牙齿。哦，忘记告诉你们我的名字了，我叫孙红，就是"孙悟空"的"孙"，"红彤彤"的"红"。我今年11岁，刚进入中学。

小学时，我和同学们处得很好，我不爱生气，整天乐呵呵的。生气会死掉细胞的。我可不干！遇到同学们和我发生矛盾时，我基本上能够忍让。同学们请我办事，我总是尽力而为。老师说我性格爽朗。是嘛，有话就说，干吗要憋在肚子里！可有时我也很腼腆，那是在别人夸奖我的时候。有时还挺莽撞，妈妈说我是"小冒失鬼"。

我上课比较专心，作业能够按时完成，我爱提问，也喜欢回答问题，老师在我的评语上写着"思想活跃"。我的学习成绩总是班上前几名，还是校三好学生。可是我也有缺点，粗心就是我的一个大毛病，因此作业时常出差错。新学期里我一定改掉这个毛病，由"小粗心"变成个"小细心"。

看书是我最大的爱好。好的作品，我拿起就放不下——迷住啦！我读过许多大作家的作品，有鲁迅的《故乡》、冰心的《分》、巴尔扎克的《高老头》、雨果的《巴黎圣母院》……这些作品对我有很大影响，我立志也要做一名作家，为人民写作。

别看我个子不高，又很瘦，我还挺喜欢体育呢！小学时，我参加过市里的运动会。我们学校得了女子接力赛第二名，这里也有我的一份功劳呢！今年夏天，我简直成了游泳迷了，你看我，皮肤晒得黝黑黝黑的。我还喜欢音乐、美术，爸爸说我的兴趣挺广泛的。

好，就谈到这儿，欢迎大家和我交朋友。

十五、下面两篇求职信各有什么特点？试分析每篇的优点和不足。

自荐信

尊敬的领导：

您好！

我是吉林大学文学院2004届硕士毕业生。所学专业为文艺学中国文学批评史和古典美学方向。

我本科毕业于齐齐哈尔师范学院，后于哈尔滨师范学院工作三年，得到同事和领导的一致好评，积累了一定的专业理论和教学经验。2001年考入吉林大学攻读文艺学硕士学位，积极勤奋，孜孜以求，提交的作业和论文得到导师的高度肯定。

本人性格开朗、随和、与人为善。专业兴趣浓厚，进取心强，具有一定的教学科研能力和热情，富有协作精神，比较适合从事高校的教学与研究工作。相信自己会用实际工作让选择我的单位领导感到满意、欣慰。

愿能早日成为贵校中的一员！顺祝

教安

　　　　　　　　　　　　　　　　　　　　　　　　吉林大学　姜涛

　　　　　　　　　　　　　　　　　　　　　　　　2003年10月8日

求职信

尊敬的领导：

　　您好！感谢您在百忙之中阅读此信。我是吉林大学艺术学院2001级研究生，现在正面临毕业择业。对贵处有了一定的了解后，非常渴望成为其中的一员。能够进入这么理想的单位工作将是我的荣幸，也是我一直梦寐以求的。

　　我于1994年考入吉林师范大学艺术学院美术系学习。毕业后任教于长春市希望中学。为了更好地提高自己，经过努力，我于2001年考取了吉林大学艺术学院艺术设计学专业的研究生。在几年的工作学习中，我多次参加全国、全省的各级艺术展览和教学比赛，入选并获奖。专业论文也多次发表于各类学术期刊中，取得了一定的科研成果。

　　因为我就读过师范类院校，后期又进入综合院校学习，所学的范围比较广泛，不仅包括策划、包装、设计、设计理论等课程，还包括油画、水彩和美术理论。在各类艺术设计教学中基本上可以胜任并做到一专多能。又因为有过几年中学美术教学的工作经历，且研究生阶段还担任过吉林大学设计专业本科生设计课的教学辅助工作，所以我在这段期间里迅速提高了自己的工作能力和业务水平，对教学规律有了一定的认识和了解，并且积累了一定的教学经验。单就研究生阶段而言，我主修艺术设计学，对平面设计、三维设计等设计范畴均有研究和实践。在理论课方面也先后学习了中外设计史、艺术设计学、西方设计艺术思潮、设计论文写作、设计艺术教学法等课程。因为我对影视编导和制作等方面有着浓厚的兴趣，所以我还选修了电视编播和后期制作等课程，通过研究生阶段多方面的学习和深造，我有自信胜任各类高等院校相关专业的教学和科研工作，还有信心胜任电视台等媒体传播机构的广告、影视编播和后期制作等工作。

　　我一直都很重视社会实践经验和工作能力的培养。在中学教学工作期间我就兼任过三年的行政及教学秘书工作。读研期间，我还在长春市市委统战部对台工作办公室兼职实习了一年。在市委统战部这段时间，除了从事过一些行政方面的联络工作外，我还先后组织包装和策划了该部门在"长春市国际汽车博览会"和"长春市农业博览会"上的台商展区的宣传和设计工作，得到了市级交通台办领导的一致好评。所以我还有信心胜任政府机关的行政和宣传等方面的工作。

　　本人年轻有朝气，积极向上，为人乐观诚恳，待人热情，办事谨慎灵活，有较好的人际关系，较强的工作能力和适应能力，还有一定的自我牺牲精神。

　　即将走出校门，我将以求实、创新和奉献精神效力于社会，并不断努力，不断学习，不断奋斗，不断进步！希望您能给我一个施展自己才能的机会。再次感谢您在百忙之中读完此信。恭候您的佳音。

　　敬礼！

应聘学生　李欣莲
2003年10月17日

　　十六、"我们今天是桃李芬芳，明天是社会的栋梁"，大四学生毕业在即，你一定想带着老师、同学们的祝福走向远方吧！那么，请给你的同学送上你的照片和心语，并请留下赠言（也可请老师给自己留言）。你若是低年级同学，也可以给你熟悉的学兄学姐写一个赠言。毕业赠言要尽可能展示个性，简短深刻，富有创意，饱含情感。

　　十七、对联思考题

　　（一）下面这些例子是否属于合掌？请同学们自己体会分辨：

　　1. 发家勤为本，致富俭当头。

　　2. 生意兴隆通四海，财源茂盛达三江。

3．黑白颠倒几时了，上下欺瞒何时休。

4．改革三十余年，北京甘露年年洒；

开放九千多日，祖国山河日日新。

（二）请根据上联"寸步优游知远近"，选择合适的下联（　　）。

A．一生坎坷知冷暖　　　　　　　　　B．世事艰辛识人心

C．一生坎坷晓高低　　　　　　　　　D．人事沧桑见冷暖

（三）下面是一幅励志联，上联是"临渊羡鱼，不如退而织网"，请选择最合适的下联（　　）。

A．望梅止渴，何苦煎熬自己　　　　　B．守株待兔，还是丰衣足食

C．走马观花，胜若行云流水　　　　　D．隔岸观火，莫若前与帮忙

（四）以"近月江楼听水韵"为上句，下面四个句子中哪个能为下句与它组成对偶句？请选出最恰当的一项（　　）。

A．临水楼台听涛声　　　　　　　　　B．逢春枯木又发芽

C．临风野陌醉花香　　　　　　　　　D．临日山崖观海潮

（五）用模仿法、集联法、改字法各写一联。

（六）自拟一题，或题咏山川名胜，或歌咏风物岁时，或抒发心志情怀，确定目标对象后，要无所依傍，独立思考，发散思维，就这个题目，写出若干个对联。然后比较其优劣，参考本节讲的对联知识，选出最佳的一联。并与同学讨论，请老师点评。

（七）结合具体语境，如教室、书房、图书阅览室、卧室、公园亭台等，试写一副对联。

（八）对联有五忌，下面的对联各有什么毛病？请试作修改。

1．四化路上共努力，三千江山奋图强。

2．云泽清光满，洞庭月色深。

3．万仞惊峰承日月，一株柔柳伴花眠。

4．一幅湖山来眼底，万家忧乐注心头。

5．人欢马叫，春和景明。

（九）下面是几个对联的上句，试给出对句。

1．乘四化新风，展千秋伟业；

　　_____，_____。

2．勤为摇钱树，_____。

3．春恨秋愁皆自惹，_____。

4．日行千里送幸福，_____。（马车上春联）

（十）某教师为东北财经大学校门写的楹联如下，请试拟一横批。

创学贯中西名校，

育经国济世英才。

（十一）试分析下列对联的修辞特色。

1．拯救中华风雷激荡起南湖；

振兴华夏改革浪潮下琼州。

　　　　　　　　　　　　　　　　　——庆祝中国共产党成立八十周年

2．建丰功伟业八十载历尽艰辛；

倡改革开放新世纪再创辉煌。

　　　　　　　　　　　　　　　　　——庆祝中国共产党成立八十周年

3．东财财东饰金广；金广广金润东财。

       ——贺东北财经大学金广建设管理学院成立

4．书出万部传四海；楼上云天壮东财。

        ——贺东北财经大学出版社大楼落成

5．伯乐识骏马；东阳荐英才。

       ——题赠东北财经大学研究生处李东阳先生

6．妒白驹过隙；敢夸父追日……

文气吞云梦，沧海月明珠有泪；诗波撼岳阳，蓝田日暖玉生烟。

      ——东北财经大学文化传播系《新春寄语》摘录

  十八、赋在实际生活中常用到，虽属于文学作品，但有些场合的有些赋，也属于应用文。例如，不少高校有校赋，城市有市赋（如《大连赋》），名胜古迹也常有其赋。历史上大的事件或活动，常有以赋的形式来记载或歌颂的。

  你可能没写过赋，但这不等于你不能写赋，可以尝试着去写。赋讲究对仗、平仄，是意义相关的对联的集合。如果你能为所在单位或公司写一篇掷地作金石声的赋，那是很值得称赞和很有意义的事。现在，就请你试以赋的形式，为曾使你深受感动的某一事物或某项活动写一篇赋。可以先朗读几篇赋，注意体会汉语的语音词汇语法特点在使用赋这种文体时具有着怎样显著的优势。

  附：下面是笔者为迎接东北财经大学六十年校庆所写的校赋。

东财赋

小序

  壬辰金秋，欣逢我校六十华诞，时呈祥瑞，意动神飞，乃饱蘸深情以作校赋。通观校志，辑要勾弦，尊实求是，意赅言骈，凝神滤字，粹简冗册。期以彰显校魂，宏扬俊史，突兀特色，碑铭理念。为历时人歌，为后来者鉴。

  巍乎嵩哉，名校风概。星分尾箕，地接沧海。实践为宗，先锋司其向导；圭臬用世，大师量体神裁。雄关漫渡，从容波澜岁月；动荡未凋，独俏寒崖翠柏。风云际会，确立卓荦东北之地位；栉风沐雨，铸就践墨务实之风采。博学济世，涵校训以弘义；教书育人，正办学之津逮。专业翘楚，芸台盈无虚席；名师荟萃，柱天大木深栽。虚实联系，理论化用于策对；面向需求，笃学紧贴上时代。教学与科研齐飞；德智共体美兼赅。经管法文理，五彩飘扬校园；专本硕博后，恢廓大校品牌。创国际知名特色突出之顶尖学府兮，靳名归而实至；立学科强校才俊擢升之竞争战略兮，韬光渐现异彩。其颂曰：雨雪风霜六十载，造就十万栋梁材。对接市场活力涌，如日中天兴未艾。噫吁唏，大哉！美哉！朴哉！新哉！校运长盛不衰，东财韶华永在。斗转星移与时进，乘风破浪涤尘埃。盘点历程，辑录睿智烛光；振奋精神，展演时代舞台。明鉴俊史，走进今天，承辉煌于继往；放飞理想，超越自我，日月新而拓来。

          邵龙青

          2012 年 6 月

  十九、下面的短文写法很别致，可以看作是一份演讲稿，一份反思总结，一份对未来的计划构想，一份要勇于创新实践的宣言，一份感召动员令，一份邀请函，等等。它的写法和常见的传统写法不同，这样写法有什么特别之处？它的效果如何？请分析它的起承转合，它的逻辑特色，它的创新之处，它的语言风格。

生命的后半段，是否来得及从头来过

生命的后半段，是否来得及从头来过。从头来过不是否定，是敢放下。最难放下的还不是名利，不是习惯的生活方式，而是思维模式。我想，我做好了准备，放下，再开始一次。

我今年42岁，1997年来到中央电视台至今也有18年了。人生从哪个角度算都过了一半。一切都算顺利。按通常的视角，功成名就。按通常的规划，还是最好的新闻平台，还是最好的位置，还有很多事可以做。初心其实未改。我的初心就是满足好奇心和不止于独善其身。

决心改变起源是虚惊一场。简单说，年初天天咳血以致医生怀疑我肺癌。排除了之后，倒促成了我换个角度去思考我的人生。如果，人生停在这里我并不遗憾，那么如果它还可以延续一倍的话，我应该用什么来填充它。我的好奇心应该投向哪里。

其实，从去年开始，我就开始特别关注互联网。我开始慢慢理解一些全新的逻辑和想法。比如羊毛可以出在猪身上，而狗死了——一些针对出租车司机的电台节目收听率下降，完全不是因为有更好的节目出现了，而是司机都在用滴滴接单就不听广播了。很像《三体》里，一句无情的话，我消灭你，和你无关。

总之，这是另外一个世界，不是我积累了多年的知识和逻辑可以解释的。而它，毫无疑问在渗透进我习惯的生活的方方面面。

我开始有一种恐惧。世界正在翻页，而如果我不够好奇和好学，我会像一只蚂蚁被压在过去的一页里，似乎看见的还是那样的天和地，那些字。而真的世界和你无关。

有一天，我看见了一篇霍金和加州理工学院的理论物理学家莱昂纳德·蒙罗蒂诺合写的文章。文章的开头描述了这样的一种场景。一群金鱼被养在圆形玻璃鱼缸里，他们看到的世界和我们所处的世界，哪个更真实？在金鱼的世界里，由于光在进入水时发生了折射，在我们看来做直线运动的一个不受外力影响的物体，在金鱼的眼中就是沿着曲线运动的。而如果金鱼足够聪明，那么，金鱼也可以在他们的世界里总结出一套物理学规律。虽然，这样的规律对于金鱼缸外的我们来说，根本就是胡说。但是，问题来了，我们怎么知道，我们不在一个更大的我们没有观察到的圆形金鱼缸里呢？

其实，人生时不时的是被困在玻璃缸里的，久了便习惯了一种自圆其说的逻辑，高级的还能形成理论和实践上的自洽。从职业到情感，从人生规划到思维模式，无不如此。

我突然觉得，如果好奇心已经在鱼缸外，身体还留在鱼缸内，心会混乱吧。我开始问自己一个问题，我是否要离开我工作了18年的央视，去换一个视角看世界？

这时候，猎豹的CEO傅盛带我见到了一批中国和美国的创业者们，全新的思维方式，最前沿的想法，年轻的活力，尽管不成熟却一直向前冲的动力。他们像一群新世界的侦察兵，他们是未来。

多想，把他们记录下来。

多想，可以和他们一起成长。

这需要我重新建立一种更开放的学习心态，也需要一猛子扎下去的时间和精力。无论如何都不是，隔着玻璃可以完成的。

而跳出鱼缸，跳出自己习惯的环境，跳出自己擅长的事情，其实是需要勇气的。

而我，是否要去冒这个险？在我已经42岁的时候。

美国著名的投资人格雷厄姆认为，最适合创业的年龄在25岁。因为25岁时，人们拥有"精力、贫穷、无根、同窗和无知"的武器。这里的无知是创业者们根本不知道创业的前途有多么艰难，因而无所畏惧。而我，既没有25岁的熬夜能力，也没有随时把所有东西打包就能搬家走人的方便。

　　事实上我第一次提出要离开的时候，那些爱我的而企图保护我的人，都在坚决地说不。在这个年纪，从婚姻的角度，什么决定，都得是两个人的接受而不是一个人的痛快。和那些多年来给我机会给我指点的师长们谈起改变也总有一种内疚，说好的体制内宝贵的坚持，我没有走到底。

　　我唯一拥有的就是我的好奇，在42岁还有的好奇。艰苦的挣扎也没有磨蚀的好奇。幸好，爱我的人只是因为想保护而阻拦，他们终究是爱我的，知道于我，浇灭好奇心，无异于谋杀。

　　我要跳出去的鱼缸，不是央视，不是体制，而是我已经在慢慢凝固的思维模式。

　　我没有说服他们，甚至没有说服自己，这一步的跳出去我是安全的。最早离开海洋的生物，一定有一大批在肺进化完全之前灭绝。既然，我已经做好了准备放下，失败又如何，不过是另一次开始。

　　人生最宝贵的是时间。

　　42岁虽然没有了25岁的优势，可是再不开始就43了。其实，只要好奇和勇气还在那里，什么时候开始都来得及。

　　所以，这就是我新的开始，紫牛基金的合伙人。而紫牛基金本身也会以创投界一种全新的方式起步。猎豹移动CEO傅盛、罗辑思维的罗振宇、经纬的张颖、多玩游戏的李学凌、58同城的姚劲波、真格基金的徐小平、时尚集团的苏芒，我们会一起来寻找风口上的紫牛，用实实在在的创业帮助，带你一起飞。

　　请将你的创业想法或商业计划书发送至邮箱ziniu@cmcm.com，并附上个人或团队简历。邮件名称格式为：所在城市+项目名称。10月10日截止，第一期入围项目的训练营就开营了！

　　希望路上，有你，同行。

　　资料来源　张泉灵.生命的后半段，是否来得及从头来过［EB/OL］.（2015-09-09）.http：//blog.sina.com.cn/s/blog_870585750102vqdi.html.

第五章　演说类文体

第一节　演讲稿

一、演讲稿概说

演讲是指在特定情境中，以有声语言和相应的势态语为手段，当众传递信息，说明事理，发表见解，抒发感情，以期达到教育、感召听众，使听众产生心理共鸣乃至行动响应的社会宣传活动。演讲必须具备三个要素：演讲者、听众、特定的时空环境。

演讲是一种综合性的社会实践活动。它追求的完美品格是：内容阐述的针对性和系统性;理性思维的逻辑性和形象性；口语表达的生动性和艺术性，感召动员的目的性和有效性。

演讲是一个人综合素质的展示。演讲要获得成功，需要精心地选择话题，深入地思考题旨，多方搜集材料，安排结构富有逻辑性和说服力。在准备演讲稿时，要多动脑筋，尽可能地增强演讲的思想性、艺术性和感染力。

要想提高演讲能力，平时就要注意积累知识，加强思想艺术修养，优化气质风度，提升个性魅力。同时，要利用各种机会，积极主动发言，自觉练习口头表达。历史上的大演说家，如林肯、萧伯纳等，都在演讲练习方面下过大功夫。演讲训练不但能提高口头表达能力，还有利于全面提高人的才能和素质。

（一）演讲稿的作用

除即兴演讲外，演讲都需要事前准备演讲稿。其作用是：

（1）保证演讲内容的完备。准备演讲稿是保证演讲内容正确、全面、深刻和富有逻辑性的手段。口头表达与书面表达不同，演讲者没有过多的时间来考虑演讲内容、逻辑关系、表达方式等。通过撰写演讲稿，可以充实、完善演讲内容和表达方式，使演讲更具有吸引力和说服力，从而保证演讲的质量和效果，。

（2）保证语言规范，增强表现力。演讲是通过有声语言表达的，要求演讲者吐字清晰准确，语言规范。准备演讲稿，经过语法修辞方面的推敲，既可以避免在演讲中出现用词不当、发音错误等毛病，同时也能增强语言的表现力，使语言更加准确、鲜明、生动、精彩。

（3）保证演讲者临场发挥自如。预先备好演讲稿，演讲时胸有成竹，有利于消除紧张和恐惧心理。此外，演讲稿还可以帮助演讲者掌握好时间进度，避免临场删减，破坏演讲的连贯表达。

（二）演讲稿的特点

演讲稿既有一般议论文的特点，又有其独特之处。它既有中心突出、逻辑严密、说理性强的议论特性，又带有感情色彩浓厚、表达方式多样、修辞手法灵活的艺术特性。可以说，它是一种高级而特殊的口语体文章。其基本特点是：

（1）现实性。演讲属于社会实践活动，是在社会需求下产生的。一篇成功的演讲稿，要写出听众最关心、最感兴趣的内容，反映社会现实中急需解决的问题，具有现实意义和时代意义。

（2）声传性。一般文稿是给人看的，要使用规范化的语言，而演讲稿是给人听的，其撰写要做到"上口"和"入耳"。所谓"上口"，是指词句适合口传，说出来自然流畅；所谓"入耳"，是指通俗易懂，听起来清楚明白。演讲通篇听起来要脉络清楚，结构明了，语句不能产生歧义。

（3）艺术性。艺术性主要表现在修辞和演讲技巧上。演讲又称讲演、演说，带有一定的表演性质，演讲语言要绘声绘色地表现客观事物和思想感情，将理性思维形象化，这是演讲语言艺术化的标志。要使演讲语言生动形象，就要运用各种富有表现力和感染力的修辞手法。艺术性还包括预先在演讲过程中设置一些演讲技巧，如声音的停顿、重音、语气、表情、手势、走动等，从而提升表现效果。

（4）临场性。演讲稿还要考虑演讲的时空环境，了解听众的情况，预见可能出现的各种反应，这就要求撰写时要考虑内容的针对性。事实上，演讲稿的开头和结尾的撰写、主体事例的选择，都取决于演讲的内容、环境和听众的情况。同时，又要考虑意外情况，使稿子具有应变性。

（三）演讲稿的分类

演讲从不同的角度，可以进行不同的分类。一般来说，按内容标准划分，演讲有政治演讲、经济演讲、生活演讲、学术演讲、法律演讲、宗教演讲、礼仪演讲等；按方式标准划分，演讲有专题演讲、论辩演讲、即兴演讲等。

1.政治演讲

政治演讲是代表一定的政治思想、政治立场、政治策略和团体利益的一种演讲，通常用于外交、军事、政府工作报告等政治宣传，如政府首脑的竞选演讲、施政演说、就职演说、政治动员等。这种演讲要求旗帜鲜明，思想深刻，逻辑严密，具有鼓动性。历史上比较著名的政治演讲如美国黑人民权运动领袖马丁·路德·金的《我有一个梦想》。

2.经济演讲

经济演讲是为发展经济、开展经济活动而进行的具有经贸内容性质的演讲，如企业的投标竞争演讲、推销产品演讲等。这种演讲要求信息真实，讲究策略，以解说为主，才能影响听众的消费心理和消费行为。

3.生活演讲

生活演讲是指就社会生活中存在的社会问题、社会现象、社会风俗等发表自己观点的演讲。这种演讲取材广泛，形式多样，时代感强，通常以情感人。

4.学术演讲

学术演讲是向听众发表学术研究成果、传授科学知识和学术见解的演讲。最常见的学术演讲形式就是学术报告、学术讲座。这种演讲要求内容具有科学性、独创性，语言准确，逻辑严谨。学术演讲可以采用辅助手段，如图片、视频等。

5.法律演讲

法律演讲是以法律为内容的演讲。它主要用于法庭控告、申述、辩护等。这种演讲要求观点鲜明、论据充分、逻辑严密。比较著名的法律演讲如美国废奴运动领袖约翰·布朗的《就义前的讲话》。

6.宗教演讲

宗教演讲是指对教徒、公众宣扬有关教义、教规，讲授宗教故事，激发宗教热情的演讲。它的特点是语言通俗易懂，故事生动，具有一定的感召力。

7.礼仪演讲

礼仪演讲是指在公众节日或国家、社团、个人重要仪式上的讲话，如欢迎词、祝酒词，有关庆贺、答谢、凭吊等。这种演讲有强烈的感情色彩，要符合礼仪规范，修辞上比较接近文学语体。比较著名的礼仪演讲如恩格斯的《在马克思墓前的讲话》。

关于演讲的分类方式还有很多。例如，18世纪著名演说家乔治·坎贝尔根据演讲意图和目的，把演讲分为娱乐性演讲、传播性演讲、说服性演讲和鼓动性演讲。

这里简要介绍一下即兴演讲。

即兴演讲是未事先准备，处于一定时境，对人、对事、对景有感而发的演讲。由于没有准备，要在极短时间内确立论题，组织成篇，难度相对较大。它既要整体把握时境，又要求紧扣主题，言简意赅。要抓住话题核心，不能言不及义，少作前景介绍，不作过分渲染，不讲套话、空话、废话。若是命题的即兴演讲，就要快速分析主题，搜索自己所能言者。若非命题的，就可选择一个自己熟悉的题目来讲。即兴演讲语速不宜快，这样利于边想边讲，尽量做到逻辑严密，语言流畅。

关于演讲结构，卡耐基曾提出一个屡试不爽的"魔术公式"。其要点是：首先，举实例讲细节，说明你想传达给听众的具体观念。其次，详细清晰地说出你的论点。最后，陈述缘由，强调如按你所说的去做，会有什么好处。这个魔术公式就是要使演讲内容具体化，按照确定的提纲，由事及理至情，一步一步，边组织材料和话语，边讲下去。

当众演讲，初学者容易精神紧张。紧张几乎是每一个上台演讲的人都会遇到的情况。而准备充分，自信心强，热情饱满，渴望当众表达的欲望等，都可以帮助你克服紧张，变压力为动力。

二、演讲稿的格式与写法

演讲稿一般由标题、称谓、正文三部分组成。

（一）标题

标题是演讲的"眉目"，是一篇演讲稿的定音之弦。演讲的标题要能够概括反映演讲内容，要求鲜明响亮，简短明快，引起听众的兴趣，字数不能太长。通常有以下几种类型的标题：

（1）提要型。标题与内容关联，把演讲内容的核心简明地提示出来，集中表达演讲者的思想，如《论气节》（朱自清）《有一种幸福叫温暖》。

（2）象征型。运用比喻或象征等修辞方法，把抽象的哲理或某种特殊意义具体化、形象化，揭示出演讲意义，如《采撷一缕阳光》《让梦想飞翔》。

（3）警醒型。运用名言警句，提醒、鼓励听众，激发听众的情感，如《不自由，毋宁死》《滴水之恩，当涌泉相报》。

（4）设问型。通过设问，提示演讲所涉及的内容，如《当代大学生应具备什么素质?》《挑战明天，你准备好了吗?》。

（5）抒情型。抒发情感，引发共鸣，如《祖国啊，伟大的母亲》《中国人能够创造奇迹》。

（二）称谓

根据演讲对象确定，常用"同志们""朋友们"。恰当的称谓能够渲染气氛，拉近演讲者与听众的距离。

（三）正文

演讲稿的正文一般由开头、主体、结尾三部分组成。

1.开头

开头也称开场白。良好的开端是成功的一半。在演讲中，开头要起到"镇场"的作用，架起与听众共鸣的桥梁，为演讲定下基调，引起下义。美国前总统尼克松说过："在导语里，你应该争取与听众取得共鸣，你可以对前面的演讲者或表演者说几句恰如其分的评语，对组织者表示赞扬，并提到你和听众可能都感兴趣的一些个人问题。"有以下几种开头方式：

（1）开门见山式。直接揭示演讲主题，使听众尽早进入演讲话题。可以由演讲的题目讲起，或由演讲的缘由讲起，这种方法适合于庄重的场合。如《和谐》演讲的开篇："和谐是一种亲近，一种和睦，一种人与人之间的沟通和理解，它还是一种关爱，一种友情。总之，是由人来完成的一种心灵的行为，所以和谐应该是一种心灵的境界。"

（2）具体事例式。演讲者在进入正题之前讲一段故事，引出主题。这样，既可以缓解演讲者的紧张情绪，又通过情节生动的故事，制造悬念，吸引听众。它要求叙事简明扼要，带有针对性，围绕中心论题，耐人寻味。

（3）抒情式。采用比喻、排比等修辞手法，或诗化的语言，多用于演讲比赛，要求有真情。如《希望》演讲的开头："暴风雨来临的日子，只要你挺直腰板，高尔基笔下的海燕能给你前进的勇气和力量；樊笼羁绊的生活中，只要你放开胆识，大自然自由的精灵能助你长出灵动的翅膀!"

（4）设问式。以设问句或疑问句开头，提出一个发人深省的问题，或是一个人们普遍关注的、急切需要解决而一时难以回答的问题，从而引起听众的注意，引导听众积极地思考问题，激发听众的参与意识。如《最浪漫的事》演讲开头："都说婚姻是爱情的坟墓，为什么会是这样呢？是你变了，还是他变了？是发现了婚前未暴露的诸多缺点，还是岁月冲淡了你们的感情？你们也曾信誓旦旦地说过要相爱到永远，为什么现在却不能好好地相互爱怜？"发人深省。

设问式开头所提出的问题要围绕演讲中心，并有一定深度，不能故作玄虚。

（5）幽默式。以风趣、诙谐的语言或事例作为开场白，缓解人们紧张的情绪，使听众在轻松愉快中接受演讲者。如胡适在一次演讲时开头说道："我今天不是来向诸君作报告的，我是来'胡说'的，因为我姓胡。"这种自嘲式的开场白，既介绍了自己，又使现场气氛轻松起来。

（6）引用式。引用深邃新颖的格言或名言警句，为演讲主题的开展作铺垫和烘托。如《愿你有个好心情》演讲开头："一位作家说得好：'人，活一辈子不容易，忧伤是活，开心也是活，既然都是活，为什么不开开心心地生活呢？'是啊，生命再长，也不过百年，为什么要让自己幽怨一生，而辜负这大好年华？"

（7）情景引发式。把演讲当时的情景、历史上发生的事件、他人的演讲内容引述到自己的演讲内容当中，如本节例文林肯的演讲稿。

演讲稿开头的形式不拘一格，主要取决于演讲的基调、环境和听众的情况。

2.主体

它是演讲稿的主干部分，具有动态性的结构特点。既要承接开头，又要内容充实、主旨鲜明，合乎逻辑地逐层展开论述。同时，还要设计好演讲高潮，激发听众的兴趣。具体要求是：

（1）事、理、情的有机结合。成功的演讲，要具有事、理、情三个方面。演讲要说服听众，内容就必须具有可信度。而要取得这种效果，就必须有丰富生动的典型事例，蕴涵深刻的哲理。同时，还要饱含深情，使演讲充满魅力。只有这样，才能说服听众、感召听众。

（2）结构层次清晰。演讲稿与一般文稿不同，不能采用小标题、空行等形式表明层次，因此要用鲜明的有声语言标志来表明层次（如反复、排比等修辞手法），或是依靠演讲内容内部的逻辑来安排结构。安排上要主次分明，详略得当，过渡自然，给人以整体感。

主体的结构一般有三种方式，即并列式、递进式、对比式。并列式是论述一个问题后，接着论述另一个问题，最后总结自己的观点。递进式是一层一层地分析问题，由小到大，由浅到深，逐步把问题说清楚。对比式是先对错误的观点进行批驳，在批驳中树立自己的主张，然后论证自己主张的正确性。

（3）精心设计高潮。演讲整个过程要做到跌宕起伏，时刻吸引观众，就要在演讲稿的撰写中安排演讲高潮，这既可以使演讲者情绪激昂，又可以使听众精神振奋，心情澎湃。著名演讲家李燕杰说过："一次演讲，怎样达到高潮？这需要演讲者在感情上一步一步地抓住听众，在理论上一步一步地说服听众，在内容上一步一步地吸引听众，使听众的内心激情逐渐地燃烧起来，演讲将自然推向高潮。"

设计高潮，可以通过对事例的分析，从中提炼出深刻的哲理，掀起高潮；或是运用比喻、排比等修辞，增强气势；或是通过演讲的中心论点的议论，一语中的；或是用感情色彩浓烈的语言来点题，引起听众内心的共鸣。总之，结尾高潮就是要体现出情感浓烈、哲理深刻、令人回味无穷的特征。例如，马丁·路德·金的《我有一个梦想》，反复用"我梦想有一天"来渲染主题。

3.结尾

它是演讲能否走向成功的最后一步。如果演讲的开头和高潮很精彩，又能在激动人心的结语中结束全文，就会锦上添花。常见的结尾类型有：

（1）总结式。在文章结尾时，用一两句话点明中心、主题，即"卒章显其志"。这是最常用的结尾方式，起到提醒、强调、深化主题作用，能够加深听众印象。如《数学的光彩》的结尾："让数学的光彩照亮自己，照亮整个宇宙！"

（2）感召式。运用感情激昂、富于感召力、鼓动性的语句，提出希望，会激发听众感情，产生向上的力量。如《谁给诚信标个价》的演讲结尾："请不要呐喊诚信是金、诚信是银了！让诚信回归吧，回归本来的面目，回归本来的价值，因为我们谁也没有资格、更不需要给诚信去标出个价来！"

（3）抒情式。采用比喻、排比等修辞手法，深情呼唤，以情动人，多用于演讲比赛或在礼仪演讲中的祝福。如《生命的意义》的演讲结尾："生命是什么？生命就是杜甫'感时花溅泪，恨别鸟惊心'的无奈与伤感；生命就是苏东坡'谁道人生无再少，门前流水尚能西'的超脱与豁达；生命就是龚自珍的'落红不是无情物，化作春泥更护花'的献身精神；生命就是文天祥的'人生自古谁无死，留取丹心照汗青'的浩然正气！"

（4）警言式。结尾用名人名言、古典诗词、谚语俗语等，言简意赅，具有文采，多用于即兴演讲中，如"最后，我想引用×××的话来结束我的演讲……"

结尾的形式多种多样，还有呼应式、幽默式、象征式等。总之，结尾要简短有力，紧扣主题。

三、演讲稿的写作要求

（1）了解对象，有的放矢。了解听众对象，了解他们的思想状况，文化程度，职业状况；了解他们所关心和迫切需要解决的问题是什么，等等。不看对象，说得天花乱坠，听众也会无动于衷。

（2）观点鲜明，感情真挚。观点鲜明，显示着演讲者对客观事物见解的透辟程度，能给人以可信性和可靠感。观点不鲜明，就缺乏说服力，就失去了演讲的作用。主题要集中、单一，新颖，富有时代精神，要体现正确的科学观和价值观。主题既要符合听众的口味，又要切合演讲者自己的身份、能力，切忌好高骛远，选择自己无法驾驭的话题。

（3）事例要新鲜、典型、具体、感人。最好选择能引发听众同感的、自己亲身经历过的事件，但不能一味取悦听众，使用离题的甚至庸俗的事例。

（4）行文变化，富有波澜。文似看山不喜平。构成演讲稿波澜的因素很多。如果能掌握听众的心理特征和认识事物的规律，恰当地选材、安排结构，做到有起伏，有张弛，有强调，有反复，有照应，就能使演讲牢牢地吸引住听众，在听众心里激起波澜，引起共鸣。

（5）语言口语化，通俗生动。表达演讲内容的语言始终要清晰通畅，尽量用短句，少用复杂的长句和倒装句，多用易于上口的双音节和多音节词语，多用利于声音传递的开口呼音节，不用或少用书面语；要充分运用多种修辞手法，如比喻、排比、拟人、反复、顶真、拟声等，使演讲文情并茂。

（6）准备充分，随机变通。事前准备好的演讲稿并不是一成不变的，要根据演讲现场的情况做适当的增删，或是调整顺序。要有几种备用方案和材料，以免临场生变，拙于应付。

［例文五·一］

在葛底斯堡的演说

亚伯拉罕·林肯　1863 年 11 月 19 日

87 年前，我们的先辈们在这个大陆上创立了一个新国家，它孕育于自由之中，奉行一切人生来平等的原则。现在我们正从事一场伟大的内战，以考验这个国家，或者任何一个孕育于自由和奉行上述原则的国家是否能够长久存在下去。我们在这场战争中的一个伟大战场上集会。烈士们为使这个国家能够生存下去而献出了自己的生命，我们来到这里，是要把这个战场的一部分奉献给他们作为最后安息之所。我们这样做是完全应该而且是非常恰当的。

但是，从更广泛的意义上来说，这块土地我们不能够奉献，不能够圣化，不能够神化。那些曾在这里战斗过的勇士们，活着的和去世的，已经把这块土地圣化了，这远不是我们微薄的力量所能增减的。我们今天在这里所说的话，全世界不大会注意，也不会长久地记住，但勇士们在这里所做过的事，全世界却永远不会忘记。毋宁说，倒是我们这些还活着的人，应该在这里把自己奉献于勇士们已经如此崇高地向前推进但尚未完成的事业。倒是我们应该在这里把自己奉献于仍然留在我们面前的伟大任务——我们要从这些光荣的死者身上汲取更多的献身精神，来完成他们已经完全彻底为之献身的事业；我们要在这里下定最大的决心，不让这些死者白白牺牲；我们要使国家在上帝福佑下得到自由的新生，要使这个民有、民治、民享的政府永世长存。

资料来源　佚名.林肯的葛底斯堡演讲——272 个单词让美国"重生"［EB/OL］.［2013-12-01］.http://news.xinhuanet.com/word/2013/2/01/c_118364525.htm.

［例文五·二］

在晋察冀边区模范医院落成典礼上的讲话

白求恩

千百万爱好自由的加拿大人、美国人和英国人都瞩目东方，怀着钦佩的心情注视着正在与日本帝国主义进行光荣斗争的中国。这所医院的设备，就是你们的外国同志提供的。作为他们派来的代表，我感到无上光荣。类似我们这样的人们，从三万里开外的地球那一边正在对你们进行援助，是不足为奇的。你们和我们都是国际主义者。没有任何种族、肤色、语言、国家的界限能将我们分开。

我到达晋察冀边区，和你们一道在这所医院工作才不过几个月。起初，我总觉得这是"你们的"医院，而现在，我却觉得这是"我们的"医院了。在你们身上，我学到了许多宝贵的经验。你们教给了我忘我的精神、合作的精神、克服困难的精神。对此，我向你们表示感谢。我唯一的报答，就是我也许多少教过你们如何去掌握技术。

从某种意义上说，正是由于日本采用了西方技术，它才能够在不到五十年的时间里，由一个落后的国家一跃而成为世界强国。不过，技术在日本是由金融资本家一手把持的，结果导致日本变为世界公敌；而技术一旦掌握在中国的劳动人民手中，中国就将会成为维护世界和平的坚强柱石。我们必须运用技术来为亿万人民造福，而决不谋少数人的私利。

为什么我们必须学习良好的技术呢？因为良好的内外科技术就意味着能使更多的伤病人员好得快，减少他们的痛苦，减少死亡、疾病和残废。一个医生、一个护士、一个护理员的责任是什么？这个责任就是使我们的伤病员愉快，帮助他们恢复健康和增强体质。你必须把每一个病员都看作你的兄弟、你的父亲。因为，实在说，他们比兄弟父亲还要亲切些——他是你的同志。

我要对八路军游击队伤员的勇敢和他们那种从不抱怨的精神表示钦佩。对这些伤病员同志，我们只有以最细致的照顾和最精心的治疗作为报答。他们为我们而忍受着艰难痛苦。他们英勇奋战不仅是为了今天的中国，而且也是为了建立明天的伟大、自由和民主的新中国。那个新中国，他们和我们，虽然都不一定能活着看到，但对他们和我们来说，最重要的莫过于以我们现在的实际行动来促进她的诞生，使之成为可能。她之能否诞生，全取决于我们现在和今后的实际行动，她不会自天而降，更不会自然而然地产生。她的创建，全靠我们这些对于未来、对于人类及其创造使命充满信心的人们的浴血奋战。唯有努力奋斗，革命才会成功。

让我们在那些英勇牺牲了的我们未能救活过来的烈士陵前宣誓：我们将永远记住他们的牺牲，我们的目标正是他们为之献身的自由的中国。为了纪念他们，为了忠于我们伟大的事业，让活着的人们和正在作殊死斗争的人们一道来维护我们的战斗情谊吧。无论在斗争中或牺牲时，我们都只对准一个目标，坚守一个信念，这样我们就可以克敌制胜；这样，我们就可以确信，即使我们不能活到胜利的那一天，我们以后的人们也一定会像我们今天所做的这样，聚集在这儿举行隆重的庆典。但那远不止是庆祝一个模范医院的成立，而是庆祝解放了的中国人民的伟大共和国的诞生。

资料来源　佚名.白求恩在晋察冀军区模范医院开幕典礼上的讲话[EB/OL].[2013-10-02]. http://www.doc88.com/p-9873941273481.html.

[例文五·三]

在西雅图中美企业家座谈会上的演讲

马云　　2015年9月

尊敬的习主席、姜会长、保尔森主席，各位企业界的同行：

很荣幸参加今天的会议。

昨天晚上我度过了一个"西雅图不眠夜"。整整20年了，20年前我还是一名老师，第一次来美国就来到了西雅图。在市中心一栋写字楼里，我人生第一次使用电脑，第一次上网，发现当时的互联网上几乎没有中国的信息。在感受到互联网巨大魅力的同时，也让我发现了市场机会所在。回国后，我借了2万元人民币开始创业，坚持到现在。

43年前，尼克松访问我的家乡杭州。杭州那时候来了很多外国游客，我正好上初中，但英语老师是我们中文老师客串的。坚持在宾馆门口给外国游客做免费导游练习英文9年之后，我不仅掌握了一些语言能力，更了解了美国的文化。今天想来，没有当时的中美邦交正常化，没有对外开放，就不太可能有现在的阿里巴巴。

这两件改变了我个人命运的大事，都跟中美友好合作分不开。

可以说，西雅图是我创业梦想开始的地方，互联网启发了我，在中国20年的坚持，我们梦想成真。中国人说中国梦，美国人说美国梦，其实，本质上中国梦和美国梦都是追求美好生活，都追求更健康，更快乐，更幸福。

所以，我相信只要中美两国能真诚合作，达成新型大国关系，中美两国人民将会有更多更美好的美国梦、中国梦和世界梦。

刚才，在座的中外企业家都提到了，我们都是中美友好合作的受益者。正因为大家满怀希望和信心地参与到中国改革开放的大市场当中，才有了今天的我们。当然，中美企业家也是中美友好合作的积极建设和推动者，没有企业家的努力，我们很难想象会有今天中美之间如此巨大的成果。

当然，中国和美国也有很大的不一样，正是因为既有不同，也有相同，所以才会既有竞争，又有合作。过去的几十年，成功的全球化企业总是在寻找彼此的共同之处，学会欣赏、尊重和理解彼此的不同之处。因为只有这样，我们的企业才能合作共赢，共同面向未来。刚才会谈中，双方企业家达成高度一致，我们中美两国谁也离不开谁，企业家要成为沟通的重要桥梁，建立互信达成市场共识，将会是我们共同的未来！

今天误解有没有，当然有。不同的文化背景，不同国情，甚至不同的宗教信仰产生误解很正常。优秀的企业懂得，沟通是解决误解的唯一钥匙。永远积极沟通，共同正视困难，没有什么问题说不清楚的。

今天问题有没有，当然也有。但是哪个时代没有问题？人类从来没有哪天容易过，在中国做生意不容易，在美国做生意同样也很不简单。但今天看到的问题，就是留给我们的机会，就看我们是着眼于未来，还是执着在当下。我想也正是因为当年两国领导人对未来中美关系的远大战略构想，才有今天的成果。我永远相信只有把目光放在明天，才能解决今天的问题。

　　同样对中国经济的认识，除了一些误区，还有一点是中美之间的文化差异。美国认为中国经济有下行压力，中国人就不消费了。但事实上并非如此。阿里巴巴平台的消费者数据显示，今年以后，中国的消费信心依然强劲，上升趋势明显，在投资和出口放缓的大背景下，内需消费不减反增。这个美国人是不理解的，他们想不到。因为美国人善于花明天的钱，花别人的钱，但是中国人的危机意识是历史文化造成的，我们总是在花昨天的钱，花自己存下来的钱。中国人喜欢存钱，中国是居民储蓄最高的国家之一，中国老百姓存钱为了困难的时候能够花。因此你会发现，经济困难了，但中国人仍然有钱花。

　　昨天，习主席说，目前中国有近3亿中等收入人群，未来10至15年会增加到近5亿。这部分人收入是中等了，但消费水平还是初等。这里面有巨大的消费潜力，不仅是中国经济转型的巨大动力，也会对世界经济的拉动带来巨大作用。

　　同样，今天在谈论中国传统企业经营压力增大，我们似乎更应该看到新经济的增长，势头不亚于美国。短短12年时间，阿里巴巴网络的消费规模可以比肩Walmart全球的规模，这不是我们做得多么了不起，而是中国巨大的市场潜力。

　　我相信，中国巨大内需市场的开发和中国高科技和新兴产业的迅猛发展，正是中国经济转型升级的方向，也是世界经济对中国经济的期待。特别反腐倡廉和依法治国思想打下的公开透明的基石，中国市场经济的发展和秩序正在越来越走向成熟，走向完善。

　　尊敬的习主席，各位企业家，从教师到企业家，20年的创业经历告诉我，具有企业家精神的企业家是经济社会发展的稀缺资源，各国都一样。企业家精神需要尊重市场，创造独特价值，乐于创新，勇于担当。人是生产力发展的第一要素。企业家是为了解决经济社会发展中的问题而存在的。今天的世界经济，更要呼唤企业家的开拓精神、创新精神。

　　感谢今天独特的中美企业家之间的交流和沟通，特别感谢习主席的出席和重视。我们认为这样积极的交流和真诚坦诚沟通非常必要而且重要。我们希望能够把这样的中美企业家交流机制得以常态化、固定化，能一次在中国，一次在美国。特别希望两国领导人也能出席交流指导，从而能进一步完善两国经济贸易合作环境。最后，我想说，昨天晚上习主席的演讲，我听了非常激动。其中中美互换5万名留学生，这将是中美往来历史上里程碑式的事件。昨天基辛格博士的发言令人印象深刻，以他为代表的中美友谊的友好使者成就有目共睹。我相信未来这10万名留学生会诞生出无数个小基辛格博士。为此，我想阿里巴巴也希望做一点贡献，我们计划未来5年内，将给500名美国学生提供阿里巴巴中国实习机会，我们也会优先录取中美两国的留学生来阿里巴巴就业。既帮助阿里巴巴全球化战略，也作为中美友谊的桥梁。

　　谢谢主席，保重身体，预祝访问成功！

　　资料来源　无界新闻.面对习近平　马云演讲临阵改稿26处（附真迹）［EB/OL］.［2015-09-24］.http://news.ifeng.com/a/20150924/44728064_0.shtml.

[例文五·四]

年轻人能为世界做什么

刘媛媛

我是一名法学院的学生，我的每一门课的教授，都曾经在他的课堂上讲过这样一句话，他们常常说："法律是这么规定的，但是现实生活中……"

现实生活是一种很神奇的生活，在现实生活中，那些尊重规则的老实人，往往一辈子都默默无闻，反倒是那些弄虚作假的人，到最后会名利双收，于是乎，像我这样的年轻人，就经常遇到那些看着很有经验的前辈过来拍拍你的肩膀跟你说："年轻人，你还不懂！"

我想问的是：我们年轻人，能为这个世界做什么？

总有一天，银行行长会是90后，企业家会是90后，甚至国家主席都会是90后，当全社会都被90后占领的时候，我想问你们90后："大家想把这个社会变成什么样？"

我知道，不是每一个人，他都能成为那种站在风口浪尖上，去把握国家命运的人物。你我都是再普通不过的升斗小民，是这个庞大的社会机器上一颗小小的螺丝钉。读书的时候，每天都被父母耳提面命，说"你干啥你都不要给我耽误学习"；毕业的时候，到处投简历，栖栖遑遑地等一家企业收留自己；逢年过节被逼婚，结婚买了房子，要花上自己年轻时最好的二十年来偿还贷款……让每一个年轻人都忙着生存，而没有梦想，没有时间关心政治，没有时间关心环境，没有时间关心国家的命运，还哪有什么精力去为这社会做什么？

但是后来我发现，还是有一件事情，你跟我都可以做到，这件事情就是——我们这一代人，在我们老去的路上，一定一定不要变坏，不要变成你年轻的时候最痛恨、最厌恶的那种成年人！如果将来你去路边摆摊，你就不要卖地沟油小吃，你不要缺斤短两；你将来开了工厂当了老板，你不要偷工减料，生产一些次品。每一个普通人，他在自己普通的岗位上，做一个好人，是有非常非常重要的意义的，因为我们每一个人，生下来就注定会改变世界。

我是一个学法律的，如果我将来是一个公正严明的法官，那么这个社会就会因多了一个好法官，而变得好了一点点。我希望大家都记住，即使给了你十万个理由，让你去作恶，你都要保持自己的操守跟底线，仅仅就因为一个理由，这个理由就是：你不是一个禽兽，你是一个人。

我更希望我们所有的90后，你们都能成为那种难能可贵的年轻人，一辈子都疾恶如仇，决不随波逐流，你决不趋炎附势，你决不摧眉折腰，你决不放弃自己的原则，你决不决不决不失望于人性……所以我亲爱的90后，如果将来再有那些人跟你说："年轻人，你不要看不惯，你要适应这个社会！"这时候你就应该像一个真正的勇士一样直面他，你告诉他："我跟你不一样，我不是来适应社会的，我是来改变社会的！"

资料来源　岛岛.年轻人能为世界做什么：论90后的国家责任与人生意义［EB/OL］.［2014-09-22］.http://health.youth.cn/xwrd/201409/t20140922_5766583.htm.

第二节　致　词

一、致词概说

致词也称致辞，是指在各种会议、公共关系活动中，由代表人员所做的欢迎、感谢、祝贺、勉励等性质的讲话。它一般出现在节日、纪念庆典、赞助会、展览会、宴会等场合中，目的是交流思想，沟通感情，增进友谊。但也有些演讲者借题发挥，在致词中阐述深刻的哲理或生命的价值，给人以深刻的启迪和鼓舞，其意义远胜过普通应景礼节性的致词。

致词一般有四个特点：一是精悍性。致词容量小，篇幅短，长则几百字，短则寥寥几十字。二是礼仪性。致词一般出现在各种社交场合中，主要承担礼仪任务。三是程式性。致词格式大同小异，用语多为礼节性语言，以表示祝愿为主。四是口语性。运用口语能拉近宾主关系，平易亲切。

按照不同的使用场合，致词可大致分为欢迎词、欢送词、答谢词、祝贺词等。

（1）欢迎词：在迎接宾客的欢迎仪式上的讲话，现在也可指网页上欢迎网民浏览的文稿。

（2）欢送词：在宾客临别时，接待方在送别仪式上表示友情的讲话。

（3）答谢词：宾客对主人的热情接待表示感谢的讲话。

（4）祝贺词：对节日、喜事等表示庆贺，既有口头的，也有书面的，常见的有祝酒词、祝寿词、祝婚词。祝酒词是宴会开始前表示的诚挚祝贺的讲话；祝寿词是在寿宴上表示祝福的讲话；祝婚词是在新婚典礼上表示良好祝愿的讲话。

二、致词的格式与写法

致词由标题、称谓、正文三部分组成。

（一）标题

由致词人姓名、职务、仪式场合、文种构成，如《李先念主席在欢迎金日成主席宴会上的讲话》《在××与××婚礼上的贺词》。

（二）称谓

要用尊称，称呼姓名时，要称全名，不能称小名、绰号。姓名前加头衔或表示尊敬的修饰词，如"尊敬的×××""敬爱的×××""××阁下"等；对重要人物要单独列出来，加以强调，如"尊敬的×市长，女士们，先生们"。

（三）正文

致词正文总体上大致相同，但不同类别的致词略有区别。

1.欢迎词

（1）向出席者表示热烈的欢迎、感谢和问候。例如："请允许我代表我公司三千名员工对各界朋友的光临表示热烈的欢迎。"

（2）回顾以前的交往，展望取得的成果。如果客人是初次到访，可简略介绍自己的情况。

（3）结尾再一次表示感谢。例如："最后，让我们以热烈的掌声，向专家代表团表示欢迎！"

2.欢送词

（1）对来宾访问的成功表示祝贺。例如："我代表×××，对你们访问的圆满成功表示热烈的祝贺。"

（2）概括访问的收获。包括达成一致，取得进展，增进友谊等，还可对招待不周表示歉意。

（3）表达欢送之情，期待再次合作，并发出邀请。例如："欢迎你们在方便的时间再次来做客""祝大家一路顺风""愿我们友谊长存！"

3.答谢词

（1）对东道主的接待表示感谢，如"我荣幸地代表我们访问团的全体成员，在这里答谢×××对我们的盛情款待"。

（2）回顾本次访问。

（3）表示美好的祝愿和希望，向接待方发出邀请或再次表达谢意。例如，"我衷心地希望我们之间的业务往来在未来的岁月里继续下去""随时欢迎你们来做客"。

4.祝贺词

说明向谁祝贺、祝贺的理由，结尾通常为"让我们向×××表示祝贺！"或提出希望，祝酒词的结尾常用"让我们为×××而干杯！"

三、致词的写作要求

（1）用语礼貌得体。致词多用于社交场合，措辞要与场景气氛和谐融洽，恰当得体。如大会致词庄重典雅，宴会、舞会致词轻松愉快、幽默生动，答谢致词亲切热烈。

（2）感情真挚热情。必要的客套话过后，要真诚相见，表达有针对性，不能泛泛而言，以避免虚伪、例行公事之嫌。

（3）篇幅简短尽意。致词不宜长篇铺叙，以充分表达情意即可。

［例文五·五］

周恩来总理在欢迎尼克松总统宴会上的讲话

总统先生、尼克松夫人，女士们、先生们，同志们、朋友们：

首先，我高兴地代表毛泽东主席和中国政府向尼克松总统和夫人，以及其他的客人们表示欢迎。同时，我也想利用这个机会代表中国人民向远在太平洋彼岸的美国人民致以亲切的问候。

尼克松总统应中国政府的邀请，前来我国访问，使两国领导人有机会直接会晤，谋求两国关系正常化，并对共同关心的问题交换意见，这是符合中美两国人民愿望的积极行动，这在中美两国关系史上是一个创举。

　　美国人民是伟大的人民。中国人民是伟大的人民。我们两国人民一向是友好的。由于大家都知道的原因，两国人民之间往来中断了二十多年。现在，经过中美双方共同努力，友好往来的大门终于打开了。目前，促使两国关系正常化，争取和缓紧张局势，已经成为中美两国人民强烈的愿望。人民，只有人民，才是创造世界历史的动力。我们相信，我们两国人民这种共同愿望，总有一天要实现的。

　　中美两国的社会制度根本不同，在中美两国政府之间存在巨大分歧。但是，这种分歧不应当妨碍中美两国在相互尊重主权和领土完整、互不侵犯、互不干涉内政、平等互利和和平共处五项原则的基础上建立正常的国家关系，更不应该导致战争。中国政府早在1955年就公开声明，中国人民不想同美国打仗，中国政府愿意坐下来同美国政府谈判，这是我们一贯奉行的方针。我们注意到尼克松总统在来华前的讲话中也说道："我们必须做的事情是寻找某种办法使我们可以有分歧而又不成为战争中的敌人。"我们希望，通过双方坦率地交换意见，弄清彼此之间的分歧，努力寻找共同点，使我们两国的关系能够有一个新的开始。

　　最后，我建议为尼克松总统和夫人的健康，为其他美国客人们的健康，为在座的所有朋友和同志们的健康，为中美两国之间的友谊，干杯！

　　资料来源　佚名.周恩来总理在欢迎尼克松总统宴会上的讲话［EB/OL］.［2014-03-13］.http://www.360doc.com/content/14/0313/09/6206853_360181069.shtml.

　　［例文五·六］

对史密斯教授的欢送词

同志们、朋友们：

　　时间过得多么快啊！20天前我们大家高兴地在这个礼堂集会，热烈欢迎史密斯教授。今天，在史密斯教授访问了我国的许多地方之后，我们再次欢聚一堂，感到特别亲切和愉快。史密斯教授将于明天回国。

　　史密斯教授是我们的一位老朋友，他非常熟悉我们各个方面的情况。他在我国逗留期间，仔细地考察了我们的政治、经济、文化和教育。我们诚恳地希望史密斯教授给我们提出批评、指导和宝贵意见，以便我们改进工作。

　　在向史密斯教授告别时，我们借此机会请求他转达我们对他的国家的人民的深厚友谊，还请他转达我们对他们的亲切问候和敬意。

　　祝史密斯教授回国途中一路平安，身体健康。

　　［例文五·七］

结婚庆典上的讲话

各位亲朋好友，大家好！

　　很高兴参加我的外甥的婚礼，很荣幸担任证婚人。

　　证婚是婚礼上的一种仪式，其实能证明婚姻关系的只有结婚证，白纸黑字红图章，那才是具有法律效力的证明文件。现在，我宣布：程云飞先生和李宇小姐，经国家法定部门审核批准，已领取了结婚证，成为合法夫妻，今天，在这里举办婚礼。我，愿意做他们的证婚人。

看到外甥长大了，成家立业了，我心中充满喜悦之情。我十分欣赏这门亲事，认为十分理想，十分完美。双方父母也都是勤劳、质朴、仁义之人。从他们为筹办子女婚事上所做的种种艰辛努力上，可以看到他们的无私和真诚。在这里，我要向他们致以深深的敬意！

一对新人，高中就是同学。一路走来，从相识、相知，到相爱。经过了十几个春秋，经受了时间和历史的考验。今天，他们水到渠成地步入婚姻的殿堂，结为伉俪，组成家庭。他们的爱情坚如磐石，必定天长地久。

这里，我要向他们致以衷心的祝贺，并致以真诚的祝福。祝愿他们在今后的日子里，同舟共济，比翼齐飞。学习上虚心刻苦，不断进步，跻身时代的潮流。工作上奋勉自励，顺风顺水，财源广进。生活上和和美美，相敬如宾，幸福美满，白头偕老！

我想，这一定也是大家共同的祝福。谢谢大家！

[例文五·八]

在怀疑的时代依然需要信仰

——卢新宁2012年7月1日在北大中文系毕业典礼上的致词

敬爱的老师和亲爱的同学们：

上午好！

谢谢你们叫我回家。让我有幸再次聆听老师的教诲，分享我亲爱的学弟学妹们的特殊喜悦。

一进家门，光阴倒转，刚才那些美好的视频，同学的发言，老师的讲话，都让我觉得所有年轻的故事都不曾走远。可是，站在你们面前，亲爱的同学们，我才发现，自己真的老了。1988年，我本科毕业的时候，你们中的绝大多数人还没有出生。那个时候你们的朗朗部长还是众女生仰慕的帅师兄，你们的渭毅老师正与我的同屋女孩爱得地老天荒，而他们的孩子都该考大学了。

就像刚才那首歌唱的，"记忆中最美的春天，难以再回首的昨天"。如果把生活比作一段将理想"变现"的历程，我们只是一叠面额有限的现钞，而你们是即将上市的股票。从一张白纸起步的书写，前程无远弗届，一切皆有可能。面对你们，我甚至缺少一分抒发"过来人"心得的勇气。

但我先生力劝我来，我的朋友也劝我来，他们都是84级的中文系学长。今天，他们有的仍然是一介文人，清贫淡泊；有的已经主政一方，功成名就；有的发了财做了"富二代"的爹，也有的离了婚、生活并不如意，但在网上交流时，听说有今天这样一个机会，他们都无一例外地让我一定要来，代表他们，代表那一代人，向自己的弟弟妹妹说点什么。

是的，跟你们一样，我们曾在中文系就读，甚至读过同一门课程，青涩的背影都曾被燕园的阳光，定格在五院青藤缠满的绿墙上。但那是上个世纪的事了，我们之间横亘着20多年的时光。那个时候我们称为理想的，今天或许你们笑称其为空想；那时的我们流行书生论政，今天的你们要面对诫勉谈话；那时的我们熟悉的热词是民主、自由，今天的你们记住的是"拼爹""躲猫猫""打酱油"；那个时候的我们喜欢在三角地游荡，而今天的你们习惯隐身于伟大的互联网。

我们那时的中国依然贫穷却豪情万丈，而今天这个世界第二大经济体，还在苦苦寻找迷失的幸福，无数和你们一样的青年喜欢用"囧"来形容自己的处境。

20多年时光，中国到底走了多远？存放我们青春记忆的"三角地"早已荡然无存，见证你们少年心绪的"一塔湖图"正在创造新的历史。你们这一代人，有着远比我们当年更优越的条件，更广博的见识，更成熟的内心，更高的起点。

我们想说的是，站在这样高的起点，由北大中文系出发，你们不缺前辈大师的庇荫，更不少历史文化的熏染。《诗经》《楚辞》的世界，老庄、孔孟的思想，李白、杜甫的辞章，构成了你们生命中最为激荡的青春时光。我不需要提醒你们，未来将如何以具体琐碎消磨这份浪漫与绚烂；也不需要提醒你们，人生将以怎样的平庸世故，消解你们的万丈雄心；更不需要提醒你们，走入社会，要如何变得务实与现实，因为你们终将以一生浸淫其中。

我唯一的害怕，是你们已经不相信了——不相信规则能战胜潜规则，不相信学场有别于官场，不相信学术不等于权术，不相信风骨远胜于媚骨。你们或许不相信了，因为追求级别的越来越多，追求真理的越来越少；讲待遇的越来越多，讲理想的越来越少；大官越来越多，大师越来越少。因此，在你们走向社会之际，我想说的只是——请看护好你曾经的激情和理想。在这个怀疑的时代，我们依然需要信仰。

也许有同学会笑话，大师姐写社论写多了吧，这么高的调子。可如果我告诉各位，这是我的那些中文系同学，那些不管今天处于怎样的职位，遭遇过怎样的人生的同学共同的想法，你们是否会稍微有些重视？是否会多想一下为什么20多年过去，他们依然如此？

我知道，与我们这一代相比，你们这一代人的社会化远在你们踏上社会之前就已经开始了，国家的盛世集中在你们的大学时代，但社会的问题也凸显在你们的青春岁月。你们有我们不曾拥有的机遇，但也有我们不曾经历的挑战。

文学理论无法识别毒奶粉的成分，古典文献挡不住地沟油的泛滥。当利益成为唯一的价值，很多人把信仰、理想、道德都当成交易的筹码。我很担心，"怀疑"会不会成为我们时代否定一切、解构一切的"粉碎机"？我们会不会因为心灰意冷而随波逐流，变成钱理群先生所言"精致利己主义"，世故老到，善于表演，懂得配合？而北大会不会像那个日本年轻人所说的，"有的是人才，却并不培养精英"？

我有一位清华毕业的同事，从大学开始，就自称是"北大的跟屁虫"。对北大人甚是敬重。谈到"大清王朝北大荒"江湖传言，他特别认真地对我说："这个社会更需要的，不是北大人的适应，而是北大人的坚守。"

这让我想起中文系百年时，陈平原先生的一席话。他提到西南联大时的老照片给自己的感动：一群衣衫褴褛的知识分子，气宇轩昂地屹立于天地间。这应当就是国人眼里北大人的形象。不管将来的你们身处何处，不管将来的你们从事什么职业，是否都能常常自问，作为北大人，我们是否还存有那种浩然之气？那种精神的魅力，充实的人生，"天地之心、生民之命、往圣绝学"，是否还能在我们心中激起共鸣？

马克思曾慨叹，法兰西不缺少有智慧的人，但缺少有骨气的人。今天的中国，同样不缺少有智慧的人但缺少有信仰的人。也正因此，中文系给我们的教育，才格外珍贵。从母校的教诲出发，20多年社会生活给的我最大启示是：当许多同龄人都陷于时代的车轮下，那些能幸免的人，不仅因为坚强，更因为信仰。不用害怕圆滑的人说你不够成熟，不用在意聪明的人说你不够明智，不要照原样接受别人推荐给你的生活，选择坚守、选择理想、选择倾听内心的呼唤，才能拥有最饱满的人生。

梁漱溟先生写过一本书——《这个世界会好吗》。我很喜欢这个书名，它以朴素的设问提出了人生的大问题。这个世界会好吗？事在人为，未来中国的分量和质量，就在各位的手上。

最后，我想将一位学者的话送给亲爱的学弟学妹——无论中国怎样，请记得：你所站立的地方，就是你的中国；你怎么样，中国便怎么样；你是什么，中国便是什么……

资料来源　卢新宁.在怀疑的时代依然需要信仰〔EB/OL〕.〔2012-07-03〕.http://news.ifeng.com/opinion/lecture/special/biyeji/shilu/detail_2012_07/03/15748155_0.shtml.

第三节　开幕词、闭幕词

一、开幕词概说

开幕词是党政机关、企事业单位、群众团体在召开比较重要的会议时，由主要领导人或会议主持人在会议开幕时所作的讲话，主要阐明会议的指导思想、宗旨、重要意义、任务要求、议程等事项。

开幕词的作用如下：一是宣告性，开幕词是会议的序曲，宣布会议正式开幕，渲染庄重气氛；二是指导性，指出会议的指导思想，会议的任务，为会议定下基调；三是预示性，介绍会议的主要内容、议程安排、主要精神，使与会人员了解有关事项。

根据会议性质、内容的不同，开幕词的写法可分为侧重性和一般性两类。侧重性开幕词要阐明会议的历史背景、指导思想、重要意义等，而略去会议事务性安排等，一般用于召开重大会议，如中国共产党全国代表大会、全国人民代表大会等。一般性开幕词主要对会议的目的、任务、议程等情况作简要陈述。

二、开幕词的格式与写法

开幕词一般由标题、时间、致词人、称谓、正文构成。

（一）标题

标题可分为单行式和双行式两种。

单行式标题由致词人、会议名称、文种三部分构成，如《毛泽东在中国共产党第七次全国代表大会上的开幕词》；有时可省略致词人，如《×××大学第十次教职工代表大会开幕词》；也有的只写文种，如《开幕词》。

双行式标题由正标题和副标题构成。正标题揭示会议的主要内容，副标题则同单行标题相同，如《我们还需要雨果——柳鸣九在首都文化界纪念雨果诞辰200周年大会上的开幕词》《我们的文学应该站在世界的前列——巴金在中国作家协会第四次会员代表大会的开幕词》。

（二）时间

在标题下正中间，写明讲话的时间：年、月、日，并用括号括上。

（三）致词人

在时间的正下方，写明致词人的姓名，通常职务可省略。

（四）称谓

这是对与会人员的称呼，一般视会议性质、参加会议对象而定。通常用泛称"女士们、先生们""来宾们""各位代表"等，为表示对重要嘉宾的尊重，可单独称呼，如［例文五·九］。

（五）正文

由开头、主体、结束语三部分构成。

1.开头

宣布会议开幕，"××大会现在开幕"，代表会议主办单位对参加会议人员表示欢迎、感谢，如"我代表×××向来自国内外的各位来宾、各位代表表示热烈的欢迎！"然后对会议的规模、筹备情况、出席会议人员等作简要介绍。如"参加这次会议的代表共有××人……"这一部分要自成一段，与主体分开。

2.主体

这一部分是开幕词的核心。通常包括：

（1）介绍会议召开的背景、形势。对当前的形势做分析，说明会议召开的目的、意义。如［例文五·七］，开头就介绍了会议召开的背景。

（2）阐明会议的指导思想、宗旨、任务、主要内容。这一部分是重点。既要对过去的成绩、经验教训做出总结，又要对本次会议做出预测性的评价。如邓小平在十二大的开幕词中，正文部分首先介绍大会的议程，然后在回顾党的七大、八大取得的成就、教训基础上，提出了中国共产党在二十世纪八十年代的三大任务，确立了以经济建设为核心的中心任务，指出全国人民今后努力的方向。

（3）对与会人员提出要求和希望。

3.结束语

对会议表示良好的祝愿，一般用祈使句，要简短有力，具有鼓舞性，如"预祝大会（会议）圆满成功！"

以上是开幕词的一般格式，因行文不同，有时格式略有差异。

三、开幕词的写作要求

（1）把握会议宗旨。撰写人必须了解与会议有关的背景情况，学习相关材料，听取领导的指示，亲自参与会议的筹划和组织，熟悉会议，把握宗旨。

（2）条理清晰，重点突出。开幕词要引导与会人员把握会议方向，因此要主题明确，层次清楚，便于听众理解。

（3）语言简明、通俗。开幕词只是对会议作简单的概括介绍，因此篇幅不宜过长，要突出实质性内容，简洁明了。同时要适于口头表述，在比较严肃的大型会议上，不可使用幽默语言。

四、闭幕词概说

闭幕词是党政机关、企事业单位、群众团体在召开比较重要的会议时，由主要领导人或会议主持人在会议闭幕时所作的讲话，主要是总结会议所完成的任务，对会议做出评价，号召贯彻会议精神。

闭幕词的作用如下：一是宣告性，闭幕词是会议的尾声，宣布会议完成使命，即将闭幕。二是总结性，一般要对会议的整个过程进行总结，对会议精神进行高度概括，为会议性质定下结论。三是评估性，要对会议取得的成果进行评价，解决了哪些问题，完成了哪些任务，得到了哪些经验教训。

闭幕词种类与开幕词相同。

五、闭幕词的格式与写法

闭幕词一般由标题、时间、署名、称谓、正文构成。

（一）标题、时间、署名、称谓的写法参见"开幕词"

（二）正文由开头、主体、结束语三部分构成

1.开头

简要说明会议已完成各项任务，即将结束，如"本次大会完成历史使命，即将闭幕""大会已圆满完成各项任务，即将落下帷幕"。

2.主体

这一部分是闭幕词的重点，一般包括：

（1）简单地对会议做出评价，如收获、影响等。

（2）按照会议议程逐条分析，讨论了哪些问题、解决了哪些问题，还有哪些问题需要以后深入探讨等。

（3）会议的重要意义。

（4）提出希望、号召。可以对会议精神的传达、贯彻提出要求。如北京市市长刘淇在第二十一届世界大学生运动会闭幕词呼唤："亲爱的朋友们，到2008年，当神圣的奥运五环旗帜在北京冉冉升起的时候，我们将再次伸出双臂欢迎各国运动员和朋友们的到来，共同为实现崇高的奥林匹克理想，为世界体育、友谊和进步做出

更大的贡献。"

主体部分的写法相对灵活一些，除对会议的评价外，其他内容视需要而定取舍。

3.结束语

对参加会议的人员以及会议的工作服务人员表示感谢，宣布会议闭幕。通常为："现在，我宣布×××大会胜利闭幕！"

六、闭幕词的写作要求

（1）从会议实际出发。闭幕词撰写人必须熟知会议的情况，最好自始至终参加会议，收集资料，对会议的全过程有宏观的把握，这样才能紧紧围绕中心议题，对会议进行客观公正的评价。

（2）篇幅不宜过长。闭幕词是对整个会议的高度概括，因此不要过多议论，切忌画蛇添足。

（3）语言富有鼓舞性。闭幕词要有号召作用，号召人们认真学习会议精神，明确今后工作的方向。语言要有力度，鼓舞人心，语调昂扬，充满激情。

（4）与开幕词首尾呼应。闭幕词要与开幕词基调一致，浑然一体。

［例文五·九］

洽谈会开幕致词

女士们、先生们：

值此××省国际经济合作和出口商品洽谈会开幕之际，我代表××省人民政府、××市人民政府、××省对外贸易总公司，向远道而来的五大洲各国来宾、港澳同胞、海外侨胞表示热烈的欢迎和良好的问候！

×年×月，在庆祝××对外贸易中心落成典礼时，我们曾在这里举办过一次洽谈会。今年这次洽谈会，规模和内容比上一次洽谈会更加广泛和丰富。这次洽谈会，将进一步扩大我省同世界各国及我国港澳地区的经济技术合作和贸易往来，增进相互了解和友谊。

××省是我国沿海经济比较发达的省份之一，幅员辽阔，物产丰富，人力资源充足，工农业生产和港口、交通均有一定的基础，对外经贸事业的发展有着广阔的前景。目前，我省已同世界上140多个国家和地区建立了贸易往来和经济技术合作关系，这种合作关系正在日益巩固和发展。

本次洽谈会，我们将推出200多项对外经济合作项目，包括轻工、纺织、机械、电子、化工、冶金、建材、水产及食品加工等，供各位来宾选择。所展出的商品不少是我省的名牌产品和新发展的出口产品。欢迎各位来宾洽谈，凭样订货。

今天在座的各位来宾中，有许多是我们的老朋友，我们之间有着良好的合作关系。对于你们的真诚合作精神，我们表示由衷的赞赏和感谢。同时，我们也热情欢迎来自各国各地区的新朋友，为有幸结识这些新朋友感到十分高兴。我们欢迎老朋友和新朋友到××地观光游览，发展相互间的友好合作关系。

最后，预祝××省国际技术合作和出口商品洽谈会圆满成功。

谢谢！

[例文五·十]

人大会议闭幕词

各位代表、同志们：

在党的十六大精神鼓舞下，经过全体代表的共同努力，××省第三届人民代表大会第一次会议，圆满完成了各项预定任务。各位代表不负重托，忠实履行了人民代表的光荣职责。这次会议，开得很成功，是一次继往开来、与时俱进的大会，求真务实、谋划发展的大会，发扬民主、团结奋进的大会。

会议审议批准了政府工作报告和其他报告，明确了今后5年我省全面建设小康社会的目标、任务和主要措施。大会选举我担任省人大常委会主任，×××同志担任省人民政府省长，选举产生了新一届省人大常委会组成人员、省政府领导人员、省两院主要领导和省人大法制委员会组成人员，选举了第十届全国人大代表。我们衷心感谢全体代表和全省人民的信任和支持。我们决心不辱使命和责任，不负重托和信任，为加快××发展，全面建设小康社会扎扎实实做好各项工作。

人民代表大会制度是我国的根本政治制度，是实现人民当家做主的最好的政权组织形式。省二届人大及其常委会在过去5年中，扎实工作，勇于开拓，做了大量富有成效的工作，对促进我省经济发展和社会的全面进步做出了重要贡献。我们要在以往工作的基础上，把省人大的工作做得更好。由于年龄原因，省二届人大有不少人大代表和人大常委会组成人员离任，一些省政府组成人员转岗。在这里，我代表三届人大及其常委会，向二届人大及其常委会和二届人大代表，表示衷心的感谢和崇高的敬意！对这次换届离任和转岗的同志所付出的辛勤劳动和做出的积极贡献，表示衷心的感谢和崇高的敬意！

各位代表，未来5年，是我们贯彻党的十六大精神，落实省第四次党代会提出的各项任务，努力开创××改革开放和现代化建设新局面，全面建设小康社会的重要时期。为了实现这次大会确定的奋斗目标，我们必须坚持以邓小平理论和"三个代表"重要思想为指导，认真贯彻党的十六大精神，紧紧抓住发展这个第一要务，围绕全面建设小康社会这一总体目标，分阶段、有重点、有步骤地加以实施，努力做到速度与结构、质量、效益的统一，促进经济、政治、文化的协调发展。

我们要坚持解放思想、实事求是、与时俱进的思想路线。既要有加快发展的紧迫感，又不能急于求成。要遵循市场经济规律，想问题、办事情、做决策都要从我省的实际出发，确保经济持续、稳定、健康发展。

我们一定要从××人民的长远利益出发，把可持续发展战略作为我省首要的发展战略，坚持人口、环境、资源与经济社会协调发展的方针，坚决遏制对生态环境的任何破坏，保护好、利用好××的蓝天碧水、优美环境和得天独厚的资源，把××建设成为人与自然和谐共存的生态大花园。

　　我们必须把改善投资环境作为一个至为紧迫的任务切实抓紧抓好，以优良的环境促进经济的发展。各级党委、人大、政府、政协，各类企业和全省人民，都要充分认识自己在环境建设中的责任，共同创造一个具有投资吸引力的法制环境、行政服务环境、司法服务环境和市场环境，共同致力于信用建设，为树立××人的信用、××市场的信用、××投资环境的信用添砖加瓦，贡献力量。

　　我们要坚持把改革开放作为××发展的根本动力，深化以社会主义市场经济为取向的各项改革，大力推进体制创新，坚决扫除一切阻碍发展的思想和体制障碍，进一步解放和发展生产力。要在国有企业和国有资产管理体制改革、农垦改革、农村经济体制改革、政府机构改革等方面有新的、更大的作为。

　　实现全面建设小康社会的目标，关键在人，关键在干部。我们要用"三个代表"重要思想武装干部的头脑，不断提高各级干部的执政能力和领导水平。各级领导干部，要倍加珍惜人民赋予的权力，不负众望，不辱使命，为全省人民掌好权、用好权。要发扬艰苦奋斗的延安精神，廉洁从政，执政为民。人大代表是国家权力机关组成人员，要学习和掌握宪法、法律知识，正确行使代表权力，履行代表职务，密切联系群众，切实提高素质，真实反映人民的愿望和要求，更好地代表人民的意志和利益。

　　各位代表，尽管我们还面临着这样那样的困难和挑战，但只要我们心往一处想，劲往一处使，办法总比困难多。只要我们持之以恒，咬住发展不放松，××的明天一定会更加美好。让我们紧密团结在以胡锦涛同志为总书记的党中央周围，高举邓小平理论伟大旗帜，全面贯彻"三个代表"重要思想，解放思想，与时俱进，开拓创新，埋头苦干，为开创××改革开放和社会主义现代化建设事业的新局面而努力奋斗！

　　谢谢大家！

[例文五·十一]

钱其琛副总理在APEC人力资源能力建设高峰会议闭幕式上的讲话

（二〇〇一年五月十六日）

中华人民共和国国务院副总理　钱其琛

主席先生，女士们、先生们：

　　在大家的共同努力下，亚太经合组织（APEC）人力资源能力建设高峰会议圆满完成了预定的议程，现在就要闭幕了。

　　……我很高兴地看到，这次会议取得了丰富的成果。

　　首先，会议探讨了人力资源开发与合作的新理念。（略）

　　第二，会议明确了人力资源开发合作的发展方向和重点。（略）

　　第三，会议开创了APEC合作的新机制。（略）

　　……

　　现在我宣布，亚太经合组织人力资源能力建设高峰会议闭幕。

　　谢谢大家。

第四节 竞职演说

一、竞职演说概说

竞职演说也称竞聘演说，指参加竞聘者为实现竞争上岗，就自我竞聘条件、未来施政目标和构想所发表的公开演说。

随着我国人事制度改革、机构改革的不断深入，公开招聘领导干部，通过竞争选拔上岗，已成必然趋势。竞职演说的目的就是通过口头表达，综合考查竞聘者的思想素质、政策水平、业务状况和管理能力。竞职演讲为广大人才提供了一个充分展示自我、表现自我的舞台。近年来，这种方式已越来越广泛地被党政机关和企事业单位招聘人员所采用，成为考察竞聘人员综合素质的有效途径。

竞职演说稿有三个特点：一是目标的明确性。要鲜明地亮出竞聘目标和施政纲领。二是内容的竞争性。要充分表现自己具有与所聘职务相关的各种素质和能力，突出过人之处。三是自我的推荐性。竞职演说须讲究推销艺术，让听众容易了解自己，接受自己，从而获得支持、赢得选票。

二、竞职演说稿的格式与写法

竞职演说稿一般由标题、称谓和正文三部分构成。

（一）标题

竞职演讲稿的标题，常见的有三种：

（1）直接以文种名称作为标题，如《竞职演讲》。

（2）公文式标题。竞选的职位+文种，如《关于竞选学生会主席的演讲》。

（3）新闻式标题。可以由正、副标题组成。正标题概述演讲的中心内容，副标题标明事由和文种，如《以人为本，制度为先——关于竞聘×××的演讲》。

（二）称谓

与演讲稿相同，一般用泛称，如"各位领导、同志们"。

（三）正文

由开头、主体和结尾三部分构成。

1.开头

要开门见山地亮出竞聘目标，表达竞选的心情，无须铺垫。但在写法上可以新颖别致，使听众眼前为之一亮，如"春天来了，我也来了。我驾着踌躇满志的春风而来，来竞选学生会主席"。

2.主体

一般包括以下几方面：

（1）个人的基本情况。不能像填写履历表那样枯燥乏味，缺乏亮点。可将基本情况融合在描述性的语言中，语言简明生动，给人以质朴诚实的好感。

（2）陈述个人的优势条件，重点表现自己有哪些素质、阅历可以胜任竞聘的岗位。演讲者要针对竞选的岗位介绍自己的学历、经历、政治素质、业务能力。要尽可能地展示自己的长处，如已有的政绩、较高的学历、很强的事业心、深厚的理论功底、丰富的实践经验、良好的沟通能力、意志和毅力、团队精神、较高的道德修养等。

（3）提出自己的施政设想，即任职后的打算。要用简明扼要的语言，紧紧围绕听众关心的热点、难点问题，提出明确的工作目标和切实可行的措施，给人以"说真话，干实事"的印象，从而获得听众的信任和支持。

3.结尾

表明自己的决心、希望和态度。

三、竞职演说稿的写作要求

（1）行文精练，言简意赅。竞聘演讲都有时间的限制，一般在5~15分钟，因此，撰写竞职演讲稿要控制好字数，最多不超过2 000字。

（2）实事求是，客观真实。竞职演说要突出长处，但不可以自吹自擂，言过其实，那样反而会引起听众的反感。所谈事实和材料、数字要准确无误，施政措施要具体可行，不能高谈阔论，提出"海市蜃楼"般的远景。当然也不能过分谦虚，妄自菲薄。如果不能真实地反映自己的能力、水平和气魄，也不利于听众对你做出正确的评价。

（3）目标明确，针对性强。竞职者必须在事前对要争取的职位作大量的调查研究，全面了解职位特征和胜任这一职位所应具备的素质，突出重点，不要面面俱到，给人以琐碎不实之感。

（4）符合口语特点，语言突出个性。竞职演讲稿必须适合演讲的场合，使用口语语体。还要注意与一般演讲稿的区别，不要刻意追求气氛的烘托和渲染，不使用带有文学色彩的语句，不采用抒情的表达方式，还必须符合竞聘者的身份，并彰显个性特征。

［例文五·十二］

竞聘学生会团委副书记演讲词

尊敬的各位领导，亲爱的同学们：

大家好！

很荣幸能登上这个神圣的讲台，表达自己由来已久的愿望。我是高一（2）班的×××。现在，我郑重地宣布："我竞选的目标是团委副书记。"我也郑重地承诺，我将尽自己最大的努力使自己的工作得到大家的认可。

我已经在文艺部工作了很长一段时间，从工作中，我学到了化解矛盾的方法，为人处世的准则，待人接物的态度，懂得"少说空话，多做事"的重要。这一切的一切都证明，我有能力承担起学校委予我的重任。对于副书记的具体工作，我虽未涉及过，但我认为任何事都要经历从"不会到会"的阶段，通过以上的经验，我具备了一定的能力，我知道能否胜任这工作，主要是看当事人如何去学习，去把握，去运用，我相信自己可以做到，所以，我敢站在这庄严的讲台上。

假如我竞选上了团委副书记，首先，我会对宣传部的各部门作一次深入的调查了解，找出不足和优势，将不足改善，让优势发扬。

假如我竞选上了学生会团委副书记，我会努力调整《晨曦报》的版面，使同学们可以更尽兴地欣赏"校园作家"的才华；我也会修正《旭日》发行期，让同学们可以更快地领略到"校刊"的丰富多彩，我当然也会加强对广播台"通知单"的统一管理，让这神圣的"表扬单"不再成为部分同学手中"儿戏"的工具；同时，我也会重整《欣欣周刊》，使它成为校园中一道亮丽风景线，成为同学们透视时事、娱乐身心的窗口和基地。

假如我竞选上了学生会团委副书记，我会正确地使各社团联合，使宣传部成为一个团结的集体，同时，宣传部也会同各部门协作，将学生会办得更好，真正成为同学们和学校交流的对讲机。

在对各班的量化评分中，我会坚持"公平、公正"的原则，而且做到"有疑必答，有误必纠"。我会从身边做起，注意自己的一言一行，提高自身素质。做到学习、工作双管齐下，两不耽误，同时也在班级中起好带头作用，让高一（2）班走在年级的前列，成为带动年级前进的龙头。希望以上所说，能让大家对我有更多了解，也希望各位评委能够支持我，投上您宝贵的一票。

谢谢大家！

[例文五·十三]

老师、同学们：

大家好！

先自我介绍一下：我叫梁丽叶，与梁山伯同姓，和朱丽叶同名。大家可能会莞尔一笑："哟，好一个中外合资的名字！"爸爸对我说，叶子很平凡，但美丽的叶子却不多，起这个名字是希望我出平凡于不平凡之中，自己创家立业。这名字就代表我的志向、我的作风、我的追求。

我没有诗人李白那"黄河之水天上来，奔流到海不复回"的豪迈；也没有一代才女李清照那"寻寻觅觅、冷冷清清"的细腻；更没有绝世伟人毛泽东那"数风流人物，还看今朝"的气魄。但尺有所短，寸有所长，天生我材必有用，我有年轻作为资本，有激情提供动力，有能力作为保证。我敢爱敢恨、敢想敢做，我喜欢真心实意，厌恶钩心斗角，我崇尚高度与长度，鄙视懦弱与胆小，我有极大的自尊心、有强烈的责任感、有极强的团队精神与合作意识。

在我的成长日记和档案里，记录着我担任过学校大队长、班长、宣传委员、文艺委员、劳动委员、小组长以及英语科代表的经历，也存放着我被评为区、校级三好学生、优秀团员和优秀学生干部的荣誉证书，我还获得过校奖学金，参加过电视台的演出和区田径运动会并取得良好成绩。

但昨日已经过去，明天才是我的追求，大学生活是我人生的一个转折，在当班长不到一年的时间里，我得到了广大同学的认可与支持，从工作中提高了自己的组织与协调能力，学会了怎样尊重人、关心人、帮助人，培养了我的责任心与荣誉感。这次参加竞选文艺部部长本身就是对我的锻炼和考验。

我承认，作为学生会的干部是很威风的，但是威风的同时需要我们付出时间与精力使周围同学的生活变得丰富、快乐。做工作，不是为了干而干，而是我们从心底喜欢我们的工作，爱着我们的学校！这样，不但不会觉得工作是负担，反而感到每每做完心中都会有一种感动。

如果我当选为学生会文艺部部长，我愿当一名"同学们的勤务员"，尽职尽责地为同学们服务。在课余时间组织各类文艺活动，丰富同学们的校园生活。

我只想有个机会，用爱使我们的校园生活变得更加美好，请大家支持我。

谢谢！

第五节 述职报告

一、述职报告概说

述职报告是任职者在任职期间或任期结束后，向上级组织领导及下属，陈述自己任职以来的工作报告，报告自己或本部门工作职责履行情况、取得的成绩、不足之处、任职体会等。

述职报告能够比较全面地反映述职者的基本情况和工作能力，是上级领导考察干部能否很好地履行职责以及是否称职的一种手段。述职报告有利于群众对述职者进行监督和批评，也有助于鞭策述职者自觉提高自身素质。

述职报告的种类很多，从内容上分有专题（单项工作）述职报告、综合述职报告；从范围上分有组织述职报告、个人述职报告。组织述职报告代表组织述职，容量较大，报告人一般是该组织的负责人。个人述职报告主要陈述个人情况，是个人的工作总结汇报。

述职报告总结履行职责的情况，叙述履行职责的过程、思路，并分析说明经验和教训，所以多采用夹叙夹议的写法。

二、述职报告的格式与写法

述职报告由标题、称谓、正文、落款四部分组成。

（一）标题

标题有以下三种写法：

（1）只写文种名称，如《述职报告》《我的述职报告》。

（2）公文写法：由述职人、述职的时间范围、文种组成，如《交通局××局长2005年述职报告》《2000年至2004年任××学院院长的报告》。

（3）新闻式标题：由正副标题组成。正标题一般反映述职报告的主旨或基本观点、基本经验，副标题为公文式，如《思想政治工作要结合经济工作一起抓——××公司党委书记×××的述职报告》。

（二）称谓

写明向谁述职。向上级机关呈送的述职报告，应写明收文机关，如"组织部""人事部"；向本单位干部职工述职的，则写明称谓，如"各位代表""各位领导、同志们"等。

（三）正文

正文由开头、主体、结尾三部分构成。

1.开头

开头又叫引言、前言，一般交代任职的基本情况，包括何时任何职、变动情况、岗位职责、对自己工作的整体评价，确定述职范围和基调。这部分要写得简明扼要。

2.主体

主体即履行职责的情况，是述职报告的中心内容。要具体、充实，由于涉及面广，可以按性质不同分成几个方面，列成小标题。这包括：

（1）工作业绩和经验。对党和国家的方针政策、上级的指示精神的贯彻执行情况；对分管工作的完成情况；特别是在处理突发事件、重大事件中的表现情况，工作中表现出的政治素质和业务素质等。

（2）问题和教训。工作中存在的实际问题，分析产生的原因，提出改进的措施和意见。

（3）提出今后的努力方向，表示决心。

3.结尾

一般采用公文式，如 "以上报告，请审阅""以上报告，请审查""以上报告，请领导、同志们批评指正"等作结束语。

（四）落款

落款包括述职人姓名和述职日期，也可以放在标题之下。

三、述职报告的写作要求

（1）实事求是、客观公正。述职报告的目的是让公众了解述职者任职期间的表现，因此要以事实为本，客观、全面地汇报工作。要一分为二，既要肯定成绩，又要找出不足，不能任意夸大或贬低，以有助于上级机关和所属单位群众对自身工作做出全面、准确、客观的评价。

（2）有的放矢，突出重点。述职报告切忌写成工作日记，要抓住带有影响性、全局性的主要工作，对有创造性、开拓性的特色工作重点着笔，力求详尽具体，对日常性、一般性、事务性工作表述要尽量简洁。

（3）个性鲜明，注重效果。不同的述职人，工作岗位不同，所担负的职责不同，工作风格也不尽相同，因此在写作中要突出个性，展示自我，避免千篇一律。

（4）语言平实，庄重严肃。行文语言要朴实严谨，语气谦逊，以陈述为主，不能使用描写、抒情的表达方式，更不能使用夸张的语言。

［例文五·十四］

述职报告

2004年9月23日河北省第十届人民代表大会常务委员会第十一次会议

河北省人事厅厅长　XXX

主任、各位副主任、秘书长、各位委员：

2003年1月26日，省人大常委会任命我为人事厅厅长。感谢省人大常委会给我这次述职评议的机会，这是对我的关心和对人事工作的重视支持。按照述职评议的要求，现将任职以来依法履行职责情况汇报如下：

一、理清思路，明确努力方向和工作重点

人事厅主要负责全省人事行政管理、人事制度改革和人才资源开发工作，在经济发展和社会进步中具有重要作用。作为厅长，深感责任重大。职务不仅仅是权力，更重要的是责任。

上任伊始，首先确立基本的指导思想，就是要认真实践"三个代表"重要思想，坚持依法行政，全面履行职责；坚决贯彻落实省委、省人大、省政府的决策决议，围绕中心，服务大局。工作中，既要统筹全局，虑长谋远，又要脚踏实地，真抓实干；既要坚持原则，严格执行政策，又要谦和待人，搞好服务；既要当好班长，管好自己，又要抓好班子，带好队伍；既要尊重前任，发扬好的传统，又要与时俱进，积极开拓创新。实践中，始终依此做人做事，自省自励，以期不负重托。

其次，明确总体思路。在学习借鉴前任领导班子经验做法的基础上，紧紧围绕我省"翻两番、三步走"战略目标，深入调研，认真谋划，确立了"以人才开发为主线，统领各项工作；以深化改革为动力，推动事业发展；以机制创新为关键，优化人才环境；以完善政策为重点，提高服务水平；以树公道正派形象为抓手，提升人事干部队伍整体素质"的基本思路，找准人事工作为经济建设服务的切入点和着力点。

再次，明确工作重点。在统筹各项工作的基础上，着力抓好五项建设（人才队伍、人事制度、人才市场、人事法制、人事部门作风），力求在八个方面有所突破（培养高层次人才、引进急需人才、用好现有人才、加强公务员队伍建设、支持非公有制经济发展、合理安置使用军转干部、完善职称评审和考试制度、促进大中专毕业生就业）。通过突出重点，带动全局工作。

二、立足改革创新，大力实施"人才兴冀工程"

人才资源是第一资源。人事工作要想有所作为，必须在人才资源开发上改革创新。基于这种认识，通过反复论证，提出在人事系统实施"人才兴冀工程"，作为落实人才强省战略的具体举措，并以此总揽全局，形成合力。首先制定长远规划，明确了2003—2005年的近期目标，并细化为96项具体任务；确定了以观念创新带动机制创新、政策创新等方面的具体措施，出台了21个政策性文件；实行目标责任制，每季一调度，年终一总结，适时召开现场观摩会，推广先进经验，促进工程的顺利实施。

……

三、严格依法行政，不断提高人事管理水平

依法行政是政府职能部门正确行使行政权力的基础，也是对领导干部的基本要求。先从自身做起，注重学法用法。同时，加强对全体干部的法制教育，并把执行各项与人事工作相关的法律、法规和规章融入工作的全过程。

（一）严格执行《国家公务员暂行条例》。（略）

（二）全面实施《河北省人才市场管理条例》。（略）

（三）认真学习贯彻《行政许可法》。（略）

（四）高度重视法制建设。（略）

四、坚持执政为民，注重研究解决社会关注的热点问题

人事工作政策性强，涉及面广，社会关注的热点难点问题比较多。对此，我们采取积极态度，以改革精神研究探索解决办法和途径。

（一）千方百计促进大中专毕业生就业。（略）

（二）公正公平地搞好职称评定和考试工作。（略）

（三）认真落实军转干部安置政策。（略）

（四）积极解决部分企业军转干部生活困难问题。（略）

五、积极发挥参谋协调作用，认真做好政府机构改革和控编减员工作

……

六、自觉接受人大监督，积极承办和采纳人大代表的建议和意见

……

七、高扬"树正气、讲团结、求发展"主旋律，加强自身和干部队伍建设

……

任职以来，虽然尽心尽力做了一些事情，但还存在一些差距和问题：从工作方面分析，一是我省高层次人才总量不足，结构不够合理，需要进一步优化环境，在人才开发和引进方面加大力度；二是大中专毕业生就业形势严峻，就业压力越来越大，需要进一步完善政策，搞好服务；三是事业单位人事制度改革的配套政策还不够完善，人事部正在协调制定相关政策，我们也要会同有关部门深入研究。人事部门的作风建设需要进一步加强。我本人深入基层不够，对人事工作理论的研究还不够系统全面，随着形势的发展，深感一些深层次问题需要去思考、分析和把握。我将以这次述职评议为契机，深入调查研究，进一步加强理论、法律和专业知识的学习，在省委、省政府的正确领导和省人大的监督指导下，努力开创人事工作新局面。

以上述职，请予评议。我一定虚心接受各位委员的评议意见，认真进行整改，不辱使命，不负重托，继续踏踏实实做好工作，以新的成绩向党和人民交一份满意的答卷。

谢谢大家！

[例文五·十五]

尽职尽责　尽心尽力
——我的述职报告

各位领导、各位同事：

去年5月，我通过竞争上岗走上办公室副主任岗位，主要负责文秘方面的工作。在当时的竞职演讲中，我曾经说过：不管竞职能否成功，作为在办公室岗位工作的一名公务员，我都要努力做到"五勤"、诚心当好"四员"。"五勤"就是眼勤、耳勤、脑勤、手勤、腿勤，"四员"就是为各级领导和地税事业当好参谋员、信息员、宣传员和服务员。一年来，我主要从四个方面实践着自己的诺言，力争做到更高、更强、更优。下面，我就这一年的工作情况向各位领导简要汇报，以接受大家评议。

一、努力学习，全面提高自身素质（略）

二、加强修养，时刻注意自我约束（略）

三、勤奋工作，回报领导和同事的关爱（略）

四、尽心履职，全心全意当好配角（略）

总而言之，总结一年来的工作，我可以问心无愧地说：自己尽了心，努了力，流了汗。不管这次述职能否通过，我将一如既往地做事，也希望领导和同志们一如既往地待我！

述职人：×××

××××年××月××日

第六节　辩论稿

一、辩论稿概说

辩论是针对某一事件、问题，持有不同观点的人各持一定的理由，发表自己的见解，揭露对方的矛盾，以便最后得到正确认识或共同意见的一种交际活动。

辩论活动就是立论和反驳，它由辩题、立论、反驳三个要素构成。辩题也称论题，它是辩论的焦点，是立驳双方共同争辩的话题。在辩论中，不但要为自己的观点作辩护——立论，还要反驳对方的观点——驳论，这样就展开了思想和语言的交锋，在交锋中迸发出思想的火花和语言智慧。

亚里士多德认为，辩论可以"用于智力训练练，用于交际会谈，用于增加哲学素养。"燧石在相互敲击中闪烁光芒，思想观点在相互碰撞中得以明晰，思维方法在相互质疑中得以优化。通过辩论活动，可以磨砺思维品质，养成探求知识、坚持真理的精神，提升文明得体的交际素养。

辩论是思想观点的交锋，也是语言艺术的展现。善辩者，不是靠巧舌如簧，伶牙俐齿，而是靠求真、向善、趋美的高尚情怀和机敏、优雅、警策的语言艺术。

辩论的基本要领是：有理有据地申明自己的见解，找出对方的谬误或疏漏，进行辩驳。

常见的辩论有法庭辩论、学术辩论、生活辩论、赛场辩论等。目前最常见的辩论赛，就是双方围绕某一问题，确定正、反两方，各自陈述本方的观点，揭露对方错误，以赢取最后胜利的思想、智慧、知识与口才的较量。本节主要讨论的就是辩论赛陈词时使用的辩论稿。

辩论比赛的战术大致有四种：论——对己方观点进行阐述；驳——对对方观点进行反驳；护——对遭到对方驳斥的观点进行辩护；应——对对方的言论及时应对。会听、善问、妙答，是辩论交锋中三种不可或缺的言语本领。

辩论的言语技能有：说理举例、比喻引证、引申归谬、质问反诘、反唇相讥、委婉幽默等。

撰写辩论稿是为辩题构建理论体系和逻辑层次，使辩手思想明确、统一，从而成为辩论时进攻的武器和防守的盾牌。

辩论稿主要有三个特点：一是理论性。辩论的目的是说服对方，使对方"心服口服"，因此要有深厚的理论作为依据，否则就会走向诡辩。二是逻辑性。辩论稿要做到概念明确，判断恰当，推理清楚，论点各部分之间有内在的逻辑联系，否则很容易在激烈的对战中迷失阵地，造成思维上的混乱。三是生动形象性。在辩论稿中，常使用比喻、排比、引用等修辞手法以及抒情等表现方式，把深奥的道理用浅显生动的语言表述出来。

二、辩论稿的格式与写法

辩论稿的写作非常灵活，没有固定的格式要求。一般来说，辩论必有两个方面，即立论和驳论，因此其写作也要从这两个方面着手。

（一）立论

立论是对某个问题提出自己的看法，表示自己的意见。事先要搜集支持自己观点的论点和事例。首先要解释辩题，给出一个清晰的概念。一般来说，辩题没有对错，都是中性的。在辩词中，应该给辩题中的概念做出有利于己方发挥的解释。多用描述性的句子，少下肯定式的定义，避免因为不严密而让对方抓住漏洞。如1993 年国际大专辩论赛中，复旦大学面对"人性本恶"这一辩题时，强调"恶"是"人不合理的欲望无限制的扩张"，从而占得先机，避免观众和评委产生抵触情绪。

确立论点后，要选择最佳的辩论角度，在一个完整的辩词中，应该从理论、价值、历史、现实等方面阐述观点。

通常情况下，一辩的辩词大都开篇立意，用一两句话简明扼要地介绍自己的观点，并作正面阐释，为全队的辩论奠定基调。二辩、三辩的辩词以列举事实论据为主，加强论点。而四辩的辩词分为两个部分，首先归纳对方论点，指出错误，进而总结本方论点。每个人的辩词既有侧重点的不同，又紧密联系，环环相扣，体现出整体配合意识。

（二）驳论

驳论稿带有较强的针对性。要搜集否定对方观点的论点和事例。反驳虽然主要依靠临场发挥，但并不意味着不需猜测，如果完全临场分析，有可能顾此失彼。可以在准备阶段事先写好一部分，如果对方论点正好与事前猜测吻合，就可以结合临场的论据进行驳论。反驳是立足于立论基础之上的，如果立论不充分，就会显得强词夺理。重点是驳斥对方的基本观点、关键概念，而无关紧要的枝节问题可以一笔带过。

常用的驳论方法有：

1.从对方论点入手进行辩驳

（1）敏锐捕捉对方论点中的错误或不完备的地方。例如，对方说"所谓历史，就是人类社会发展的过程"。这一说法是不完备的，可向对方指出，应当说成"是自然界和人类社会发展的过程"。

（2）肯定其正确的部分，否定其不正确的部分，将对方的立场引导到自己一方。例如，对方针对交通违章提出的处罚措施过重，可以说："对方辩手的出发点是好的，对这类行为应当给以惩处，否则会养痈遗患。你提出的处罚措施有道理，但其中有的地方似乎有些过重，这样不但受处罚者不服，也会引起别人不满，达不到教育本人和他人的目的。我们认为应修改为……"

2.从对方的论据入手进行辩驳

（1）揭露对方论据的讹误。例如，指出对方论据与事实不符、无代表性、统计数字有误等。

（2）针锋相对地提出对抗性的论据。例如，对方说某文化名人的故里是A地，你可以举出各种证据证明是在B地。

3.从对方的论证入手进行辩驳

可以剖析对方论证中的逻辑错误，也可以从对方的论证中推导出有利于己方论点的结论，从而将对方的论证转化为对己方论点的论证。

例如，在"知难行易"和"知易行难"两个对立观点的辩论中，有这么一个回合：

赞成"知易行难"的一方："我们要请教对方辩友，任何一个中国人或者说任何一个种族的人都知道杀人者必判死刑，或者说都知道杀人是不对的。'知'是如此容易。那么，为什么还有那么多人无法克制内心的欲望去杀人呢？所以说'知易行难'啊！"

赞成"知难行易"的一方："对啊！但是你们想了没有，那些人正是因为将上刑场、死到临头，才终于醒悟，认识到法律的威力、法律的尊严，才追悔莫及。由此可见，说到底，还是'知难'哪，对方辩友！"

"知难"一方听了"行难"一方的论证后，将计就计，将事理向前推进一步，从而引入对"知难"的论证。也就是说，在辩驳中，深入、细致地剖析对方的论证，合理演绎，就能使之转化为对己方论点有利的论证。同学们学过的古文，如庄子与惠子的濠梁之辩，王安石的孟尝君并非善于得士之辩，其辩驳法皆类于此。将对方的论证为我所用，这是一种"借花献佛"法，或者说是一种"以子之矛，攻子之盾"法，机敏巧妙而有说服力，同学们可仔细体会。

辩论中常用的论证方法有：

第一，类比。把相关联的两种事物做比较，把枯燥、深奥的理论形象化。如民国时期著名的外交家顾维钧在巴黎和会上，针对日本要求继承德国在中国山东的权利，代表中国要求收回主权。为使西方人了解山东的地位，他把山东在中国的地位同耶路撒冷在西方人心中的地位做比较，赢得全世界的一致称赞。

第二，列数据。数字在辩论中是最有效的论据，给人以真实感，有强大的说服力。使用时要注意，必须来源可靠，准确无误。

第三，举事例。事实胜于雄辩。辩论中尽量少用枯燥晦涩的专用术语，换用浅显生动的事例更能显示其对辩题的驾驭能力。日常生活实例、历史事实、艺术作品典故、奇趣异闻都可以运用到辩论稿中，既显得博学多才，又利于听众对论点的理解。

无论是立论还是驳论，都不可一味地罗列理论，而要善于运用具体形象的描述去阐释抽象的概念或道理，这样更有利于抓住听众、评委的注意力，加深印象。

三、辩论稿的写作要求

（1）言之有理。辩论旨在说服人，说服人就要有理，因为有理才能走遍天下。有理、占理还须论证理，唯论证才能使理站得住，站得牢。无论立论还是驳论，都要观点鲜明，说理透辟，紧紧围绕辩题，富有针对性。这需要平日积累知识，思维周密，合乎逻辑。辩论不能只为了追求场面，造成整篇辩论稿是名言警句、古典诗词的堆砌。缺乏理论深度，辩论稿写得像散文诗，难免缺少力度。论点是道其然，论证是道其所以然。要论证就要有论据。论据要真实、充分、典型，论证才有说服力。

（2）言之有序。说服是个过程，理解才能信服。辩论是使对方和听众理解和信服的过程，作为信息的接受过程，就需要符合心理接受规律。所以辩论稿要言之有序，条理清晰，符合认识的逻辑。例如，从事例到理论，从个别到一般，就是个容易接受的行之有效的表达顺序。由近及远，由甲事物及乙事物，由一般到个别，由分析到综合等，也是常用到的说理顺序。

（3）言之有趣。辩论的过程，就是争夺听众，使之信服的过程。所以辩论要抓住听众，这就要言之有趣。生动形象容易吸引人，枯燥乏味则令人昏昏欲睡。可以根据辩题的内容，采用幽默轻松的辩词，更好地展示自己的风采。辩论稿中要尽量采用口语化、生活化的语言。

（4）言之有礼。辩论只是意见的不同，不能对对方选手进行人身攻击。因此措辞要得体，不要用挑衅性语言，如"对方辩友真是知识贫乏""简直太可笑了"

等。若得意时忘乎所以，用嘲讽、诋毁式的语言，失意时又气急败坏，用谩骂、侮辱式语言，那就不但失礼，无助于辩论，反而适得其反，自损形象了。

［例文五·十六］

尊敬的主席、评委，对方辩友，各位观众，大家好！

我们怀着高兴的心情再次与大家相聚北大。可是，让我们感到遗憾的是，从中财到这里我们用了将近一个小时的时间，其原因是交通堵塞。如果没有公交线的限制，我们也许会迟到，那清华辩友就不战而胜了，而这样的胜利却支持着一个错误的命题。所以，我们切实感到今天的辩题具有极强的现实意义。

我们提醒辩友注意：北京是我们辩论的地域前提；我们对限制私家车消费的定义，就是利用法律、规章和经济手段去限定、规范、约束和干预私家车的消费方式、理念和规模。而我们衡量利弊的受体是公众。北京限制私家车消费当然有利有弊，我方观点认为，北京限制私家车消费利大于弊。经济的理论和实践表明，私家车消费是一种外部不经济行为，会给其他经济主体带来负的效用，增加社会成本。而限制私家车消费则符合社会公正的原则，也有利于社会。具体来说，有以下三点：

第一，北京限制私家车消费在缓解交通堵塞的问题方面利大于弊。限制了私家车消费，确实会提高私家车使用的成本。但是，交通是公共的交通。众所周知，和国内外的类似城市比较起来，北京的交通问题令人诟病。而私家车上路数量的增长速度过快，从而导致汽车与道路增长比例严重失调是其中的重要原因。所以，限制私家车的消费，有利于经济、环境、生态的协调发展。

第二，有利于缓解交通，提高效率，优化配置现有的道路资源，也符合"谁受益谁付费"的市场规则，体现了社会公平的原则。我们知道，在大力发展公共交通与私家车的使用之间存在此消彼长的关系。目前的"公交优先"势必要求限制私家车的发展，而在长期，随着公交系统的完善一定会带来限制私家车消费的结果。请注意，像北京这样的其他国际性大都市都将"公交优先"与限制私家车消费结合起来作为缓解交通、标本兼治的主要措施。

第三，北京限制私家车消费，有利于改善一系列的社会问题。限制了私家车消费，确实会影响汽车厂商的供给，但是却有利于生产要素特别是能源在全国的合理优化配置，有利于缓解北京的环境污染，有利于避免土地资源的过度浪费，有利于改善交通安全问题，有利于提高北京市民的生活质量。对方辩友请注意，我们所说的对私家车的消费进行限制不是要走计划经济的老路，而是发挥法规体系的作用，通过对市场行为的引导和政策手段调节，使汽车的使用成本更反映市场供求现状，这实际上有利于汽车产业的创新和可持续发展。北京是全国的政治、文化中心和国际交流中心，也是前朝古都，拥有丰富的历史文化遗产，这是用金钱难以衡量的。北京限制私家车的消费有利于维护和发挥北京的特殊地位和职能。尤其是2008年奥运会日益临近，北京限制私家车消费就更是刻不容缓。北京限制私家车消费虽然会影响部分经济主体的利益，但公众获得的利益却远大于其弊端。我方认为不应对私家车消费放任自流，而应该进行合理的限制。北京限制私家车消费利大于弊！谢谢大家。

（这是在第一届首都高校经济学院辩论赛中，作为正方的中央财经大学代表队一辩的发言。辩题是"北京限制私家车消费利大于弊/弊大于利"）

[例文五·十七]

今天我们在这里继续了延续几千年的义利之辩。对方辩友的一些观点很值得商榷。

第一，对方辩友告诉我们义与利是统一的，可是如果二者真的统一，义就是利，利中有义，那么我们今天的讨论还有什么意义呢？人类几千年的辩论是不是有些太无聊了呢？利确实有很多含义，但在今天的辩题中，与义作为矛盾双方存在的时候，利只能指人欲之私。

第二，对方辩友在立论的时候告诉我们，利是物质基础，没有人能饿着肚子伸张正义，可是这就该把个人的私利凌驾于义之上去争取吗？陶潜不为五斗米折腰，他们不都是舍弃了物质利益，而弘扬了一身的正气吗？

第三，对于"小我"与"大我"，自己与他人，利益发生冲突时应该如何取舍，对方辩友也一直没有一个明确的答复。可如果是当谋其利的话，我要请问对方的三位男同学，当您身处即将沉没的泰坦尼克号的时候，您是正义将逃生的机会让给妇女和孩子呢，还是谋利不管死活，先挤上救生艇再说呢？说到今天的市场经济，对方辩友就认为一定要把利放在首位去谋取，可是连经济学鼻祖亚当·斯密都认为，对于物质的追求，不能成为指导人类道德社会的基础。对于利的过分追求使得当今为数不少的一些人价值观发生了扭曲和异化，当谋利的念头在脑中扎根的时候，人们眼中就充满了利益的诱惑，而我们今天提倡以德治国，以义正身，就是希望人们不再浮躁，社会不再急功近利。

义，作为几千年来人类社会行为的准绳，关键不在于能获得什么，更重要的在于能舍弃什么，在这种义的取舍之间，私利只能成为被放弃的对象，这样才造就了历代无数舍己为人、舍身为公的仁人义士。从"人生自古谁无死，留取丹心照汗青"的文天祥，到"粉身碎骨浑不怕，要留清白在人间"的于谦，哪一个不是舍一己之私而求千秋之益呢？在边防战士中流传着这样两句话：为国当以身做盾，头颅甘愿悬国门。为了国家的安定繁荣和人民的安居乐业，这些卫士们把个人的私利置之度外，舍生取义成为他们眼中最大的光荣，我们的社会正需要千千万万这样胸怀大义的人。面对着当今的种种现实，对方辩友还在提倡当谋其利，就给大家留下了两点疑惑：第一，当义与利矛盾的时候，有人就义，有人谋利，究竟哪一个才有利于义的实现呢？第二，目的与手段本应是统一的，谋利这种索取行为为什么能达到正义要求奉献这个结果，希望等会儿对方四辩能给一个明确的答复。谢谢。

（这是在2002年全国大专辩论赛决赛中，作为反方的成都电子科技大学代表队四辩的总结陈词。辩题是"正其义当谋其利还是不谋其利"）

研讨与练习

一、演讲稿的特点是什么？常用的开头、结尾方式各有哪些？

二、怎样设计演讲稿的高潮？

三、林肯《在葛底斯堡的演说》，历来被称为"演说史上的珍品"，你认为它的魅力在哪里？

四、根据自己的经历，选一个感兴趣的话题，做一次 3~5 分钟的演讲。记住：越是自己熟悉和了解的人和事越能够讲得生动活泼，也越容易取得成功。

建议：

1.充满自信地走上讲台，抬头、挺胸、收腹，面带微笑，亲切自然，沉着镇定。

2.目光正视前方，让视线照顾到全场，使每位听众都感到你注意到了他。

3.演讲要用普通话。普通话可以提高语言的表现力，感染力；语音要清晰，音量要适中，语速要适当。

4.下台时要和上台时一样，从容自若，面带微笑。

5.注意自己的仪表、风度，让听众得到美的享受。

五、以"扬起自信的风帆"为题，写一篇不少于 500 字的演讲词。要求：第一，主题鲜明，想象力丰富；第二，运用一些修辞手法。

六、在班里举办演讲会。

可选择下面的题目，或自己拟题。每人演讲不超过 3 分钟。

1.我爱学校

2.路，就在你脚下

3.自主学习之我见

4.假如我是一名教师

七、以"实现中国梦，我的担当"为题，组织一次班级演讲比赛活动。

努力把我国建设成富强、民主、文明、和谐的现代化国家，是中国人民的理想。这个目标的实现，需要和平的国际环境和稳定的国内环境，更需要我们每个人的努力。我们年轻人是未来的主人，是祖国建设的生力军，如何担当起历史赋予我们的重任，是这次演讲要明确的核心问题。

活动建议：

1.演讲要有内容，有激情，有个性，追求思想性、艺术性、鼓动性和感染力的统一。

2.演讲时语音清晰、语言流畅，语气、语调、语速要符合情感表达的需要。

3.要注意表情、手势、动作等态势语的运用。

八、阅读与思考，然后做练习。

阅读毛泽东的《为人民服务》，然后回答问题：

1.这篇演讲词围绕"为人民服务"这一主题讲了哪些内容？其各部分间有什么内在联系？

2.文章各部分在顺序安排上有什么特色？是否可用"起、承、转、合"分析其层次关系？

3.为什么说这篇演讲词真正做到了"切合题旨，适合情景"？结合例文，试作分析说明。说说你从中得到的启示，最好能围绕作文如何才能"切合题旨，适合情景"这个问题，归纳出几条规律来。

（提示：这是毛泽东在张思德烈士追悼会上的演讲词。首句标其目——革命队伍的宗旨；然后依旨论及生死的意义；依旨推及如何对待批评；如何面对困难，如何对待生死，如何对待同志；收尾归于眼前情景，照应前文——开追悼会，也是为了使人民团结起来）

4．试分析这篇演讲词的写前思维：立意。回溯、推演其构思过程，从中是否可以找到写前思维的一些规律？

5．这篇演讲词通俗易懂，平实朴素，但却属于深入浅出，言近旨远的类型。对比那些华而不实、脆而不坚的演讲词，说明其在文风上的特点。

6．演讲词要求口语化，讲起来上口，听起来顺耳，这就要避免使用书面语，不用长句子，不用冷僻词，少用形容词。同时，还要讲节奏，酌整齐，调平仄，做到声音和谐，抑扬顿挫。试结合这篇例文，来分析说明演讲词应有的语体风格。

在生活中，我们常常需要在某一特定的、正式的场合，面对听众把自己对某一问题或事件的看法较为系统全面地说出来，这就是演讲。演讲时所说的内容就是演讲词。借鉴范文《为人民服务》，自拟题目，写一篇演讲词。

九、致词的写作要求有哪些？

十、写一篇在新生入学仪式上的欢迎词。

十一、修辞的原则是"切合题旨，适合情景"，说和写都要看对象、看情景，根据特定语境，确定题旨、内容和形式，然后按起承转合顺序，分段一步步展开，这样，言语就会"得体"。这是起码要求，更高的要求是要体现出自己的语言风格，如质朴、简洁、生动甚至幽默等。据此，试分析莫言获奖致词的表达特色。

获奖致词

尊敬的国王、王后、各位王室成员，女士们、先生们：

我的讲稿忘在旅馆了，但我记在脑子里了。

我获奖以来发生了很多有趣的事情，由此也可以见证到，诺贝尔奖确实是一个影响巨大的奖项，它在全世界的地位无法动摇。我是一个来自中国山东高密的农民的儿子，能在这样一个殿堂中领取这样一个巨大的奖项，很像一个童话，但它毫无疑问是一个事实。

我想借这个机会，向诺贝尔奖基金会，向支持了诺贝尔奖的瑞典人民，表示崇高的敬意。要向瑞典皇家学院那些坚守自己信念的院士表示崇高的敬意和真挚的感谢。

我还要感谢那些把我的作品翻译成了世界很多语言的翻译家们。没有他们的创造性的劳动，文学只是各种语言的文学。正是因为有了他们的劳动，文学才可以变为世界的文学。

当然我还要感谢我的亲人、我的朋友们。他们的友谊、他们的智慧，都在我的作品里闪耀光芒。

文学和科学相比较确实没有什么用处。但是文学的最大的用处，也许就是它没有什么用处。

谢谢大家！

十二、参考上题，设想一种特定语境，设想你扮演其中的某个角色，然后设身处地确定讲话题旨，构思并起草一篇发言稿。例如，班长就职演说、同学聚会感言、听某某报告后座谈会上的发言等。

十三、什么是开幕词、闭幕词，它们有哪些特点？

十四、为学校召开的田径运动会写一份开幕词。

十五、为学校举办的文化艺术节写一份闭幕词。

十六、竞职演说词与一般演说词相比有哪些特点？

十七、请写一篇竞聘学校社团联合会主席的演说稿。

十八、述职报告有哪些特点？

十九、代表组织与代表个人的述职报告有哪些异同？

二十、辩论稿的写作，为什么要体现出智慧性？

二十一、以"高校扩招弊大于利还是利大于弊"为辩题，通过对扩招利弊的全面分析，选定观点（正方或反方），然后写一篇500字左右的辩论稿。

二十二、阅读下面这篇演讲稿，分析它的不足之处。然后以"我的大学生活"或"我憧憬的大学生活"为题，写一篇演讲稿。

我的大学生活

2013年2月27日

大学生活是多姿多彩的，但也需要我们去把握和深入体会。有人说："平凡的大学生有着相同的平凡，而不平凡的大学生却有着各自的辉煌。"但，你可以选择平凡，但却不可以选择平庸；可以的话，相信谁都想不平凡。那么，怎样才能使自己的大学生活充实有意义，怎样做主自己的大学生活呢？我随便谈谈个人的观点。第一是要确立目标和计划，放远目光。古人有"志当存高远"，毛泽东也有"风物长宜放眼量"。没有目标便没有前进的努力方向，也毫无动力可言。计划目标，又可分为近期和远期。如近期我要看完多少本书，这一个月我要学懂什么知识，假期有什么实践打算等。远期的计划如：争取毕业前拿到自考文凭，人际关系网应该多大，实践能力应有达到怎样的程度等。而且，目标的实现又是一个个小目标实现的连贯过程。如一天记5个单词，到考前便可记到很多。但，这需要坚持和毅力。第二是要放远眼光，是指不被暂时的情绪和心情所拖所沉溺，要成就大事业，就必须大事抓紧，小事放松。如，不要一直沉溺于上网玩游戏等所带来的满足感，殊不知，暂时的满足背后也会有更大的空虚。第三是树立就业危机感。我们总是在怪自己自控力不强，没有上进的动力，却不知是自己的意识没有清醒。有人会说，"爱情是学习的动力"或"家境贫穷是学习的动力"，其实，从直接意义上来说，就业危机感才是也应该是我们上进的动力。我自己常想自己毕业以后究竟能干什么？又多从报纸杂志上看到目前就业形势的异常严峻，所以心里很恐惧。有人说目前找工作，要么有关系，要么有文凭，要么有才能（技能）。而我们呢？文凭，只是大专；关系，相信在座的大部分同学都没有什么关系。所以，我们唯一的出路便是要有什么才能。而这，就要问问自己：我学到了什么，我掌握了什么？现在的问题不是我们不知道学什么，而是我们不想学。第四是要学知识与发展能力并举。以前是重知识而轻能力，但现在不同了，恰恰相反，文凭要求略有降低，所以现在很多大学生纷纷跑到外面找兼职。如果他们是在不影响学习的前提下去的，那没话说，反而应该提倡。但他们有些不是，为了一份端菜的服务生工作，不惜请假旷课，晚自习也不上。我身边就有这样的现象。现在，出现了这样一种错位思潮，就是，在职的机关企业工作人员，纷纷利用业余时间"充电"，而在校的大学生们却纷纷跑到社会上兼职。我觉得应该纠正这种思潮，归位。此外，还有，就是，要多看看书和报纸杂志。了解最新社会动态，知晓国家大事，掌握第一时间的时政经济新闻……是的，这不仅对我们以后找工作有帮助，而且对我们本身的工作也有帮助。广告是一门综合边缘性学科，我们作为未来的广告人，就应该博学，什么都应该了解一下，并且要有重点地突出某些领域学科！好了，我今天的演讲也到此为止了。最后，送上一句话："路漫漫其修远兮，吾将上下而求索。"是的，送给我自己，也与大家共勉！

二十三、辩论活动。以班为单位，组织一场辩论比赛。建议如下：

1. 预先讨论，确定辩题。由同学提出辩论题目，最后采纳多数同学感兴趣的题目。比如：开卷有益还是开卷未必有益？高中生出国留学，究竟利大于弊还是弊大于利？面对绝症病人，该不该实话实说？孩子调皮惹祸，该不该打？大学生在校期间，该不该以自学为主？辩题要有可辩性，能引起辩论双方的争锋。正题和反题，要避免带有明显的倾向性。

2．全班分两大组，抽签确定正方、反方。

3．组内先就辩题充分讨论，搜集材料，做辩论卡片，撰写辩论稿。搜集的材料，要有事实材料和理论材料。材料要真实可靠，典型新颖，针对性强。

4．确定几名辩手，并明确分工。

5．制定对策。赛前要充分估计各种情况的发生，并设计相应的立论和驳论，制定进攻和防守的战略战术。要分析"敌""我"双方的情况，掌握双方的优劣、强弱等因素，做到知己知彼。

6．模拟演习。赛前应进行模拟训练，以便发现己方的长处和不足，及时调整和补充。在模拟演习时，要注意配合默契，呼应互补。

7．推举主持人和评委，确定评判标准。评价项目、标准及评价方式可自行决定。建议抓住以下几点：

A．辩论比赛是一种具有表演性质的比赛活动，对优胜的评判不是从辩论观点的是非曲直来定夺，而主要是以语言的逻辑和修辞，论辩的风度和智慧等方面为标准。

B．表扬在某方面做得好（例如观点阐释明确、反应敏捷、反驳方法得当、话语流畅等）的同学。

C．对辩论中反驳巧妙的同学，要着重表扬，并扼要分析其反驳方法。

D．鼓励辩论中观点有独到之处的同学。

延伸活动：请表现突出的几位同学谈体会，老师对本次活动进行讲评。

参考辩题：美是客观存在／美是主观感受；近墨者黑／近墨者未必黑；知足者常乐／不知足者常乐；好心有好报／好心未必有好报；存在的就是合理的／存在的未必就是合理的；素质教育应当废除考试／素质教育不应当废除考试；谎话不可说／谎话也可说；不要见风使舵／应当见风使舵；旁观者清／旁观者未必清；不破不立／不立不破；事业成功，奋斗比机遇更重要／事业成功，机遇比奋斗更重要。

二十四、讨论活动。

有的人认为："古诗文难学，现在又不写古诗文，有什么必要学呢？"有的人认为："古诗文是我国古代文化的瑰宝，学习古诗文可以继承和弘扬民族文化，增强民族自信心。同时，还有助于提高语文整体水平。"你怎样看待上述两种观点？你有其他观点吗？在班上召开讨论会，与同学一起围绕对古诗文的不同看法展开讨论。

要求：

1．用简洁的语言摆明你的观点，说明你的根据。

2．认真听取别人的发言，分析其观点和根据，有针对性地提出商讨意见。

二十五、假设你校学生社团面向全体学生公开招聘，请你结合自己情况选定岗位，拟写一篇1 500字以内的竞聘报告。

二十六、据无界传媒报道，马云随习近平主席访美期间在中美企业家座谈会上演讲前临时对演讲稿进行了至少 26 处修改。比如：

1．在文首，他将"尊敬的企业家代表"改成了"各位企业界的同行"。

2．在"我借了2万元人民币开始创业"这句话后面，马云加了5个字——坚持到现在。

3．原稿中写到"43 年前，尼克松访问杭州"，马云特意在"杭州"前面加上了"我的家乡"。

4．原稿中说"我们总是在花昨天的钱，花自己存下来的钱"。马云在这句话后面补充了一句——"中国人喜欢存钱"。

5．在谈到创业经历时，马云还特意加了一句——"今天的世界经济，更要呼唤企业家的开拓、创新精神"。

6.在谈到中美企业家交流的话题时，马云在"沟通非常必要而且重要"之前，加上了"真诚坦诚"四个字。

7.马云还在原稿中添加了——"双方企业家达成高度一致，我们中美两国谁也离不开谁，企业家要成为沟通的重要桥梁，建立互信达成市场共识，将会是我们共同的未来"。

8.在原稿最后的感谢环节，马云还特别加上了"谢谢主席，保重身体，预祝访问成功！"

从修改前后用词的对比上，可以窥探出马云的演讲技巧。你能说说上述的几处修改有什么好处吗？

第六章　财经应用文（一）

第一节　市场调查报告

一、市场调查报告概说

市场原指商品交易的场所，现代意义上的市场主要指商品的销路。市场调查报告是运用科学的方法，对市场的历史和现状，包括商品的供求关系、购销情况以及消费情况等做深入细致的调查，预测市场的未来趋势，揭示其发展变化的规律，总结商品经营活动的经验教训，并提出相应的建议的书面报告。

正如经济界人士所说，市场调查是贸易的眼睛，现代化的商情调查是贸易的雷达。许多管理者并不一定涉足市场调研过程，但他们将利用市场调查报告进行业务决策。一份好的市场调查报告，能对企业的市场策划活动提供有效的导向作用，同时，对于各部门管理者了解情况、分析问题、制定决策、编制计划以及控制、协调、监督等各方面都能起到提供客观依据的作用。

市场调查的目的，在于掌握并遵循市场变化的规律，发展商品经济，提高企业的竞争能力和经济效益。因此，凡是影响市场变化的因素，都是调查的对象。根据调查对象不同，可具体分为市场供求情况调查、产品情况调查、消费者情况调查、销售情况调查、市场竞争情况调查等。按调查所涉及的内容范围划分，有宏观市场调查和微观市场调查，综合市场调查和专题市场调查，国内市场调查和国际市场调查等。

市场调查报告具有一般调查报告的共性特征，同时又有其个性特征，它的目标更明确，内容更集中，更专业化，更有针对性和时效性。

二、市场调查报告的格式与写法

市场调查报告没有固定统一的格式，结构上一般包括标题和正文两部分。

1.标题

标题应概括全文的基本内容，做到准确、简洁、醒目。常见的写法有：

（1）单行标题。可由调查对象、调查内容（范围）、文种构成，如《天津自行车在国内外市场地位的调查》；可直接揭示调查结论，如《皮革服装在济南市场畅销》；也可提出问题，如《电动玩具为何如此热销》。

（2）双行标题。一般由正、副两行标题构成，如《"皇帝的女儿"也"愁嫁"——关于舟山鱼滞销的情况调查》。

2.正文

一般由前言和主体两部分构成。

（1）前言。常见的写法有：交代调查活动的一般情况；写明调查目的、时间、地点、对象、范围、方式、结果等；介绍调查对象的基本情况；提出问题。

（2）主体。这是市场调查报告的核心部分，一般包括三个方面，也就是前言所述的三个要素或层次——基本情况、分析与结论、措施与建议，要在这里分别详细展开。

①基本情况。对调查结果的描述与解释说明，可以用文字、图表、数字加以说明。对情况的介绍要详尽而准确，为下一步做分析、下结论提供依据。

②分析与结论。对上述情况、数据进行科学分析，找出原因及各方面的影响因素，透过现象看本质，得出关于所调查问题的明确结论。

③措施与建议。通过调查研究，在对市场状况有明晰深刻认识的基础上，针对市场供求矛盾和调查中发现的问题，提出自己的看法和相应的建议，供领导决策时参考。

三、市场调查报告的写作要求

（1）认真做好市场调查研究。调查是"十月怀胎"，解决问题是"一朝分娩"。写作前，根据确定的调查目的，进行深入细致的市场调查，充分掌握材料和数据，运用科学的方法进行分析研究，实事求是地得出正确的判断，为撰写市场调查报告打下基础。

（2）要中心突出，条理清楚。通过多种方式进行市场调查，得到的材料是大量而庞杂的。要根据主旨的需要，对材料进行鉴别、筛选、归类，分清主次轻重，按照提纲整理出条理，将有价值的材料写到文章中去。

［例文六·一］

广东生猪市场调查报告

2009 年 5 月 25 日

今年春节过后，生猪价格呈持续下降走势，部分地区跌幅较大。为深入分析当前我省生猪生产、市场等有关情况，准确把握后期市场价格走势，根据国家发改委价格监测中心《关于开展生猪市场调查的通知》（发改价监中心〔2009〕16 号）的要求，从 4 月下旬到 5 月下旬，我们组织我省的高州、廉江、新兴、罗定、普宁、海丰、曲江等 7 个县（市、区）开展了一次专项调查。调查的大小型养殖场（100 头以上）、中型养殖场（30~100 头）、散养户（30 头以下）合计 30 户。本次调查采用问卷结合走访、座谈的形式，重点调查生猪存栏、出栏、养殖成本及收益等情况。

调查结果显示：4 月份生猪、能繁母猪和仔猪的存栏数量均比年初有所增加，生猪的出栏数量也较年初和去年同期都有所增加，预计 5 月、6 月生猪出栏数同比仍将增长。养猪成本有所下降，但由于生猪的存栏、出栏数增加而猪肉消费不旺，导致养猪户实际盈利大幅减少甚至接近亏损。

一、存栏、出栏及补栏情况

（1）存栏情况。4月底，生猪存栏19 041头（30户合计，下同），比年初增加1 770头，比去年同期减少1 300头。其中：母猪存栏2 313头，比年初增加182头，比去年同期增加165头；能繁母猪存栏2 126头，比年初增加134头，比去年同期增加94头；仔猪存栏8 026头，比年初增加729头，比去年同期增加498头。

（2）出栏情况。4月份累计出栏生猪3 020头，比去年同期增加16头，1—4月累计出栏生猪11 369头，比去年同期增加1 263头，预计5—6月出栏生猪5 062头，比去年同期增长629头。

（3）补栏情况。4月份累计补栏生猪1 501头，其中母猪补栏89头，生猪补栏比去年同期增加73头，母猪补栏比去年同期增加28头；1—4月累计补栏生猪4 150头，其中母猪补栏161头，生猪补栏比去年同期增加1 047头，母猪补栏比去年减少2头；5—6月准备补栏生猪1 768头，其中母猪补栏156头，生猪补栏比去年同期增加146头，母猪补栏比去年同期增加88头。

二、生猪生产成本及收益情况

4月份出栏生猪平均每头收入1 251元，每头比3月份减少收入109元，比去年同期减少收入502元；4月份平均每头猪总成本1 267元，每头比3月份减少成本50元，比去年同期减少成本239元。其中：仔猪成本378元，饲料成本724元，人工、防疫等成本124元。仔猪成本比去年同期减少219元，饲料成本比去年同期减少26元，其他成本比去年同期增加19元。目前新养一头猪总成本为1 201元（折每百斤成本594元），其中：仔猪成本322元，饲料成本714元，人工、防疫等其他成本134元。

三、问卷调查的其他情况

对"近期生猪价格仍在继续下降的主要原因"的问答，选择"生猪存栏量过大"的有18户（占60%），"消费不旺"的有19户（占63%），"生产成本下降"的有6户（占20%）。

对"预计5—6月生猪、猪肉价格走势"的问答，选择"大幅上涨"的只有1户（占3%），选择"小幅上涨"和"基本稳定"的各有4户（均占13%），选择"大幅下降"的有3户（占10%），选择"小幅下降"的最多，达到16户（占53%）。

对"下半年生猪、猪肉价格走势"的问答，选择"小幅上涨"和"小幅下降"各有9户（均占30%），选择"基本稳定"的有8户（占27%）。

对"下半年几月份猪肉将上涨"的问答，选择"7月"和"11月"的各有2户（均占7%），选择"8月"的有8户（占27%），选择"9月"的有7户（占23%），选择"10月"的有5户（占17%）。

对"下一阶段养猪打算"的问答，选择"维持现状"的有18户（占60%），选择"扩大规模"的有7户（占23%），选择"减少规模"的有1户（占3%），选择"不再饲养"的为0户。

对"不扩大养殖规模的主要原因"的问答,选择"担心后期猪价继续下跌"的有12户(占40%),选择"担心疫病"和"收益不如外出打工"的各有3户(均占10%),选择"贷款难"的有1户(占3%),选择"其他"的有6户(占20%)。

四、存在的主要问题

(1)养猪风险大,盈亏难以把握。被调查的多个地方反映,生猪行业的特点是生猪价格高涨时大家纷纷补栏,一旦遇到消费不旺的时期,如目前的情况,必然造成生猪供过于求,生猪价格就会下跌。养殖户缺乏权威、准确的行业信息引导,只能盲目凭自己的判断来组织生产,必然造成生猪价格的大起大落和收益不稳定。

(2)生猪养殖成本大,效益不稳定。从2007年下半年开始,玉米等饲料价格走高,现在玉米等价格有回落,但降幅不大。目前生猪饲养成本下降,主要是仔猪价格跌幅较大引起的,而饲料、人工成本费用与去年同期比相差不大。

(3)生猪的生产周期较长,风险难控制,养殖技术落后,疫病防控难、贷款难,批发商垄断市场压低生猪收购价格时有发生等因素,制约着养猪行业的良性发展。

五、意见和建议

(1)建立政府主导的生猪行业预警机制。政府应建立一个权威、反应灵敏的生猪行业预警机制,通过平台定期发布生猪的供求总量和价格信息,并让所有养殖户均能通过平台获得相关的信息,以正确引导生猪的生产、流通和消费。

(2)及时启动防止生猪价格过度下跌的调控预案。目前我省政府已于今年5月出台了防止生猪价格过度下跌的调控预案,作为政府相关部门应该密切关注、监测生猪的生产、市场价格、成本及收益情况,一旦生猪的猪粮比价进入偏冷区域,应该及时启动预案。

(3)政府有关职能部门要加大对生猪屠宰和流通环节的监管力度,防止出现肉商压价的垄断情况,同时做好生猪疫病的防控工作。

[例文六·二]

北京苹果手机消费市场调查报告

一、调查背景

苹果公司在2007年1月9日推出iPhone,掀起了数字通信领域的消费高潮,随后陆续推出的iPhone系列产品,尤其是iPhone4及之后的iPhone4s,更是几乎成为一种全新的时尚产品,街头巷尾都能看见它的身影。

2013年9月21日凌晨,苹果公司宣布推出iPhone5s和iPhone5c两款新的iPhone系列手机,这掀起了世界范围内的iPhone购买潮,无数人不惜排长队,只为了拥有这款电子通信界的新宠。

在iPhone如此火爆的背景下,我们小组决定对苹果公司的iPhone产品在北京的销售状况及消费者情况展开调查。

二、调查目的

根据目前苹果公司iPhone用户迅速扩大的状况,本次调研主要包括以下两个方面：

　　1.苹果手机市场状况、市场份额、竞争对手状况。

　　2.消费行为及原因，消费者行为习惯和态度、针对消费者的产品策略。

三、调查内容

营销决策	营销研究的问题	调查项目
一、制定实施更具有竞争性的营销策略，以从竞争对手处夺取部分市场份额并开拓新的市场空间　二、制定针对消费者的产品策略	1.市场现状研究（了解苹果手机目前的市场份额，竞争对手状况并探索其成因）	1.消费者对苹果手机认知度（1）产品在市场中的形象；（2）市场未来购买状况。2.竞争对手状况（1）竞争对手的市场份额；（2）竞争对手的潜在市场
	2.消费者现状研究（消费行为及原因，消费者行为习惯和态度，为制定有针对性的营销组合服务）	1.针对现有消费者（1）购买期望；（2）购买方式；（3）购买的品牌；（4）购买产品时考虑的问题；（5）购买后的使用；（6）未来对产品的需求和期望。2.针对潜在消费者（1）目前未购买的原因；（2）未来购买的意愿和原因；（3）未来产品的需求与期望；（4）未来购买前信息的收集渠道
		受访者背景资料：（1）年龄；（2）收入；（3）学历；（4）媒体选择习惯和信任度

　　四、调查方式和方法

　　1.网络问卷调查

　　数据收集方法：为了满足真实性和可比性，将问卷试题放到问卷星上，通过邮件、QQ链接等方法发放问卷，以便了解消费者信息。

　　2.人员发放问卷调查

　　数据收集方法：针对学校人员发放调查问卷，了解北京高校校内学生群体消费行为状况。

　　五、调查区域、对象

　　研究区域：北京地区。

　　被访者条件：年龄不限，月收入在3 500元以上的人士及在校学生，学历不限。

　　抽样方案：北京高校校内随机抽取；北京地区通过QQ查找出北京地区各个区

域的部分QQ号码，并用QQ邮件方式按比例发放网络问卷。

从理论上讲，样本量越大，抽样误差越少，结果代表性就越好，在考虑时间和费用因素的同时，采用以下样本抽查：

校内发放问卷60份，问卷星发放问卷100份，合计共160份。

......

7.调查结果与建议

从调查问卷结果可以看到，就市场份额看，苹果手机的市场占有率还是比较大的，但市场竞争状况依然不容乐观，形势严峻。各手机品牌如三星、索尼、HTC等对苹果威胁很大。在非苹果手机用户中，三星品牌手机大约占30%，对苹果手机构成有力的威胁。问卷结果显示：购买苹果产品的客户，主要是觉得苹果品牌高端形象好，时尚美观。但苹果的价格高，导致了许多客户没有选择苹果手机。而且，苹果手机的购买渠道比较单一，大多在体验店买，没有挖掘开发别的渠道，没有发挥其他渠道的促销作用。因此我们建议：适当地降低价格，发挥促销作用；要利用、完善其他推销渠道。同时，要加大广告宣传，改进售后服务，增强客户的满意度，以适应市场竞争的严峻形势。

附件：

调查问卷【1】

请问您是苹果手机的用户吗？　　　A.是　　B.否

1.您的性别_____

2.您的年龄_____

3.您是通过哪些渠道了解苹果手机的？

A.网络　　　　　　　　B.体验店　　　　　　　C.报刊

D.电视报道　　　　　　E.亲友推荐　　　　　　F.其他

4.您认为苹果是一个怎样的品牌？（可多选）

A.高端时尚　　　　　　B.科技智能　　　　　　C.奢华昂贵

D.简朴大众　　　　　　E.其他

5.您是什么时候购买苹果手机的？

A.一个月以内　　　　　B.一个月到半年　　　　C.半年到一年

D.一年到两年　　　　　E.两年以上

6.您购买苹果手机的期望是什么？

A.仅仅是通信　　　　　B.玩APP的游戏　　　　C.看视频方便

D.追求时尚　　　　　　E.拍照　　　　　　　　F.其他

7.您是通过怎样的方式购得苹果手机的？

A.网上购买　　　　　　B.苹果实体体验店购买　C.通过朋友海外购买

D.通过充话费送手机行动获得　　　　　　　　　E.其他

8.您购机时遇到了什么问题？

A.产品供应不足　　　　B.产品质量问题　　　　C.物流配送不及时

D.价格上让人有些无法接受　　　　　　　　　　　　E.其他

9.您认为苹果手机与您之前使用的手机相比有哪些优点?

A.外观时尚美观　　　　　B.功能实用合理　　　　　C.操作便捷流畅

D.应用丰富有趣　　　　　E.待机时间充裕　　　　　F.其他

10.您使用苹果手机之后会经常使用什么功能?

A.照相　　　　　　　　　B.仅仅是通讯　　　　　　C.玩APP的游戏

D.看视频　　　　　　　　E.使用 Face Time　　　　　F.其他

11.当您的苹果手机出现问题时,您是怎么解决的?

A.去专卖店服务厅　　　　B.自己修理　　　　　　　C.去周边的维修店

D.不要了　　　　　　　　E.其他

12.您是否曾经或者即将向您的亲朋好友推荐苹果手机?

A.是　　B.否

13.您的亲朋好友中没有购买苹果手机的原因有哪些?(可多选,请排序)

A.价格过高　　　　　　　B.不喜欢苹果产品　　　　C.操作不方便

D.性价比低　　　　　　　E.其他

14.您希望苹果手机未来在哪方面可以有所改进?

调查问卷【2】

请问您是苹果手机用户吗?　　　　A.是　　　B.否

1.您的性别_____

2.您的年龄_____

3.您的亲戚好友中使用苹果手机的人数如何?

A.没有　　　　　B.较少　　　　　C.较多　　　　　D.全部

4.您曾经使用过什么品牌的手机?(可多选,请按照使用顺序排序)

A.三星　　　　　B.HTC　　　　　C.诺基亚　　　　D.摩托罗拉

E.小米　　　　　F.LG　　　　　　G.其他

5.在您使用过的手机中,您认为哪一品牌的手机最合您的心意?

A.三星　　　　　B.HTC　　　　　C.诺基亚　　　　D.摩托罗拉

E.小米　　　　　F.LG　　　　　　G.其他

6.您为什么觉得这一品牌的手机合您心意?

A.操作方便　　　　B.价格实惠　　　　C.购买便捷

D.设计人性化　　　E.时尚潮流

7.同价格区间中,你会选择什么手机?

A.苹果5　　　　B.三星 note3　　　C.诺基亚 1520　　D.索尼 Z1

E.HTC One Max　　F.其他

8.您的亲朋好友都使用什么品牌的手机?(可多选,多选请排序)

A.三星　　　　　B.HTC　　　　　C.诺基亚　　　　D.摩托罗拉

E.小米　　　　　F.LG　　　　　　G.其他

9.您对苹果手机的了解有多少?

A.一点都不了解　　B.仅仅一点　　　　C.较多了解　　　　D.完全了解

10.您不购买苹果手机的原因是什么?

A.价格过高　　　　B.性能不够　　　　C.不喜欢

D.使用不方便　　　E.其他

11.苹果手机做了什么改进您才会觉得更能接受?

第二节　经济预测报告

一、经济预测报告概说

经济预测报告是根据过去和现在的各种相关资料,预见、分析和推断未来一定时期内经济发展过程及变化趋势的经济文书。

(一)经济预测报告的特点

经济预测报告的特点主要表现在"预测"上。

1.预见性

对未来经济变化发展的趋势做出预测判断,这种判断越接近未来的客观实际,就越好。预见性可促使人们立足现实,着眼未来,是经济预测报告的生命力和实用价值之所在。

2.科学性

从实际出发,在占有大量的信息资料的前提下,通过运用现代技术和科学方法,找出事物的发展规律并预测未来。预测的结果应当是经济发展规律的反映。经济预测必须具有科学性,才可能具有准确的预见性。

3.时效性

在瞬息万变的经济活动中,要使预测能为决策服务,为提高经济效益服务,就必须迅速、灵敏地记录和反映经济活动中的新变化、新动态、新趋势,并以最快速度传递给决策部门和管理部门。时效性是经济预测报告的生命和力量所在。

(二)经济预测报告的分类

经济预测报告,根据不同的划分标准可有不同的分类:

(1)按期限划分,有长期经济预测报告、中期经济预测报告和短期经济预测报告。

(2)按预测方法划分,有定性分析经济预测报告和定量分析经济预测报告。

(3)按范围划分,有宏观经济预测报告和微观经济预测报告。宏观经济预测是总体的、系统的、综合性的预测报告,一般用于对整个国民经济发展趋势的预测,它要求描述整个国民经济活动的总图景,以及相应的经济变量的全社会综合数值。微观经济预测是关于某经济单位的预测,是对局部或个别的经济问题所做的预测,如预测一个企业、一个城市或家庭、个人的经济活动等,是一种应用最广泛的预测报告。

企业常用的微观经济预测报告主要有以下六种：

（1）市场预测报告。这是预测市场对企业产品总的需求量的报告。它是企业安排产品生产的重要依据。

（2）销售预测报告。这是预测企业产品在市场上的销售量（即市场占有率、产品竞争力）的报告。它是企业改善经营管理，扩大销售量的重要依据。

（3）技术预测报告。这是预测同行业生产中的新技术、新材料及其对市场需求影响的报告。它是企业制订科学研究和新产品开发计划，安排产品更新或升级换代的重要依据。

（4）资源预测报告。这是预测企业生产所需原料、能源的来源和保证程度的报告。它是确定企业生产所用原材料品种、数量、规格、期限和供应单位，制订原材料和能源节约代用计划的重要依据。

（5）生产预测报告。这是在市场、销售、资源等预测的基础上为制订企业生产计划而进行产量预测的报告。具体的报告内容有：企业生产能力、改建和扩建投资、计划期限内各种产品的年产量预测等。

（6）成本预测报告。这是预测产品在一定时期的成本水平的报告。它是企业有计划地降低成本，加强经济核算，多快好省地发展生产的重要依据。

二、经济预测报告的格式与写法

经济预测报告尽管类型繁多，要求不一，但基本格式和写作方法大致相同，一般都由以下几个部分构成：

（一）标题

标题要能体现出预测的类型及范围，如《21世纪上半叶中国经济长期预测》，一看就知这是一个关于中国的长期的综合的宏观经济预测报告；又如《关于大豆价格走势的近期报告》，这一标题明确地告诉我们，这是一个关于大豆的短期的专项的微观经济预测报告。

（二）正文

正文通常包括以下几个部分：

1.开头

以历史为依托，对经济活动的现状进行简要概括，进而单刀直入地点出问题所在，以期引起人们的关注。

2.预测

紧接着上文提出的问题，运用市场调查、统计数据、综合分析、合理推断等方法，从不同的侧面对经济活动的未来发展趋势作出判断。这是经济预测的核心部分，直接关系到文章的成败，在篇幅上应有所突出，内容上要做到严谨周密。

3.建议

根据上文预测的结果，有针对性地提出应对措施，从而达到规避风险、科学决策的目的。这是解决问题的部分，如果只有预测没有建议，预测就失去了目的和意义。

4.结语

对上文的预测和建议进行概括性的总结，从正反两方面点出及早采取应对措施的重要性和必要性，以便对有关决策部门起到警醒敦促作用。

（三）落款

落款要写明作者单位、姓名及写作日期。

三、经济预测报告的写作要求

（1）预测要客观，避免武断。经济预测是对经济活动未来走向的判断，在预测时应当从客观实际出发，实事求是，做出恰当的推断，尽量避免预测与实际有较大偏差。

（2）建议要合理，切实可行。进行经济预测，目的是为了及早采取应对措施，未雨绸缪。如果预测准确，而建议却不够合理，药不对症，难以实施，那么预测就失去了实际意义。

［例文六·三］

2012年中国经济走势预测

2011年，一系列财经热词引人关注：楼市限购、稳定物价、结构性减税、中小企业融资难、美国降级、欧债危机……一个个热词背后，反映了面临诸多挑战的国内经济形势与复杂多变的国际经济环境。2012年，中国经济走向成为一个万众瞩目的话题。2011年中央经济工作会议将"稳中求进"定为明年经济工作的总基调。那么，国家宏观调控应如何发力，才能实现中国经济的"稳中求进"？面对国际经济形势的"哀鸿一片"、欧债危机的深不见底，中国经济是否可以独善其身，我们又该如何应对？

国际金融动荡后，中国经济增长速度下滑，通货膨胀持续，外汇储备损失。对此，我们不能淡然处之、以不变应万变，需要审时度势，从容应对。

2011年夏秋的国际金融动荡，始于美国债务上限之争，爆发于美国信用评级机构下调美国政府债务评级，发酵于欧元区政府债务危机。本次金融动荡虽不会导致美国、欧洲经济出现2008年的衰退，却给复苏中的世界经济踩了一次刹车，大大延缓了复苏的进程，对世界经济的影响不容小视。世界经济逐渐步入滞胀是显而易见的。

美国政府信用评级下调对美国最直接的影响就是美国政府、企业和普通消费者借贷时的利率会提高，融资成本提高，进而会拖累经济，使美国经济在缓慢恢复的过程中遭受新的创伤，延缓美国经济复苏的进程。

欧洲国家的经济复苏前景黯淡。欧元区国家的政府债务危机，已经从希腊等经济小国蔓延到欧元区的意大利和西班牙，所有面临政府债务危机的国家，为了维护欧元的地位，都必须削减财政赤字。削减财政赤字，就要增税或减少政府支出，无论采用哪种政策，或者两者兼用，其政策效应都是收缩经济，因而，欧洲经济复苏前景令人担忧。与此同时，美国还要"叮"欧元区这个"有缝的鸡蛋"，通过加大打击欧元区经济，进而动摇欧元地位来维持美元的霸主地位，欧元经济迅速复苏的难度更大了。

世界经济将逐渐步入滞胀的泥沼。世界经济疲弱且复苏缓慢，美欧政府债务危机导致全球流动性泛滥及通货膨胀蔓延，因而，在全球没有重大技术革命，或没有找到新的经济增长点、没有推出更好的政策组合之前，指望世界经济迅速复苏、达到国际金融危机之前的水平，前景黯淡。

在国际金融动荡之后，已经深深地融入国际经济的中国经济，不可能置身事外，想独善其身也殊为不易。这一轮的国际动荡不仅对世界经济有重大影响，而且正在影响中国经济，需要沉着冷静地应对。

首先，国际金融动荡冲击资本市场，A股无法独善其身，破位下行再创新低。一是延续了2010年以来中国A股与国际股市的关系：月亮走，我也走；月亮不走，我也走。国际股市涨，A股基本不涨或微跌；国际股市跌，中国股市必跌。现在，国际股市恐慌情绪加剧，打击了市场的信心，A股更是"跌跌不休"。二是中国政府持有的巨额外债和美元资产大幅缩水，影响中国金融和实体经济发展前景及应对国际经济和金融风险的信心，进而影响股市投资者信心，股市反弹乏力，低位振荡。三是面对国内通货膨胀，不断紧缩的货币政策，持续地打击投资者的信心，A股一蹶不振。

其次，出口下滑，经济增速下滑。在国际金融动荡后，中国向美国、欧洲出口更困难，经济增长速度放缓。一是受美国信用等级下调影响，美国进口需求会下降，中国对美国出口困难。二是人民币升值影响中国产品的竞争力，抑制中国出口的增长。三是欧元区国家政府债务缠身，为了避免欧元将土崩瓦解的噩运，欧元区国家必须实施统一的、紧缩性的财政政策。紧缩的财政政策导致经济增长趋缓，欧洲国家总需求退潮，中国向欧洲出口之船也会随着总需求潮落而下降。四是国际贸易保护主义抬头、贸易摩擦增加，中国出口贸易风险和隐患增加，导致出口减少。在美欧国家面临经济困难时，常常更多地祭起贸易保护的大旗，2011年全球贸易预警组织发布报告称，近半年多来，全球范围内已有194项保护主义措施被执行，贸易保护主义势头正在上升。

由于国内产能持续增长和国内消费乏力并存，导致经济增长依赖出口，因此，在中国经济发展方式没有根本转变、内需和外需结构没有调整的情况下，出口减少必然导致实体经济增长速度下滑。

再次，外汇储备风险增加，购买力下降。一是我国的外汇储备以美元计价，美元对欧元、英镑、日元等的走弱，直接降低了中国外汇储备的购买力。二是中国外汇储备实际购买力绝对地下降。国际上的大宗商品等都是以美元计价的，美元贬值，这些商品的价格就要涨价，从而造成我国外汇储备实际购买力的下降。三是中国外汇储备中的黄金储备太少，不能从国际金价上涨中获益，与美国、德国等黄金储备多、黄金储备占外汇储备比重高的国家相比，当国际黄金价格暴涨时，中国的外汇储备的购买力绝对地下降。

此外,国际金融振荡导致国内通货膨胀压力增大,中国治理通货膨胀的任务更加沉重。其一,输入型通货膨胀压力增加。美国增加债务或美联储变相地贬值美元,对严重依赖进口国外大宗商品的中国来说,随着大宗商品进口价格提高,必然导致成本推动型通货膨胀持续,输入型通货膨胀会更加明显。其二,国际避险资金涌入中国,推高通货膨胀。由于美欧经济动荡,避险资金会一如既往地、甚至加速地流入中国,国内货币供给增加,助推中国本已较高的通胀水平。

简言之,国际金融动荡后,中国经济增长速度下滑,通货膨胀持续,外汇储备贬值。

国际金融振荡正在将世界经济引入滞胀的泥沼,引发中国经济增速下滑和通胀持续,我们不能对国际金融动荡泰然处之,需要审时度势,从容应对。

应对国际金融动荡的新思路为:真正地转变经济发展方式,必须从外需导向型转向内需导向型,从依赖扩大出口和引进外资发展经济,转为依赖国内消费和投资发展经济,尽快形成消费、投资、出口协调拉动经济增长的新局面。

与新思路相对应的独立自主的宏观调控政策为:以调整财政支出结构为突破口,以疏堵结合的货币政策和恢复发展资本市场的政策为两翼,全力以赴,真正地扩大内需,建立扩大消费需求的长效机制。

就调整财政支出结构而言,主要包括将出口退税改为居民消费补贴、将家电补贴改为消费补贴、将菜篮子补贴改为居民食品价格补贴等政策调整。

就货币政策而言,要从"控"为主转为"堵""疏"结合。中国必须实行自主独立的货币政策:一方面实现人民币双向浮动,"疏导"外汇出国;另一方面,将目前的外汇"奖入限出"政策改变为"限入奖出"政策。

就恢复发展资本市场而言,在国际资本市场动荡之际,抓住有利时机全力以赴地恢复和发展中国的资本市场,可以从多方面促进中国经济强身健体。中国资本市场发展已经错失了国际金融危机带给我们的机遇,国际金融动荡又给了中国资本市场机会,这次决不能再坐失良机。中国GDP已经是世界第二,然而,与此不对称的是:中国缺乏现代资本市场,中国缺少一个与世界第二GDP相称的资本市场。

国家行政学院

王健

2012年2月14日

资料来源　王健.2012中国经济走势预测 [EB/OL].[2012-01-11].http://theory.people.com.cn/GB/49154/49155/16852613.html.

第三节　可行性研究报告

一、可行性研究报告概说

可行性研究报告,又称可行性论证报告,是企业、部门或专家组对拟出台的决策、拟上马的项目，经过全面调查、分析、论证，写出的实施该决策或项目的可行性、有效性的经济文书。其主要特点如下：

1. 严谨的论证性

可行性研究报告是在做出经济决策前，从经济、技术、资金、市场销售等诸多方面，对经济决策或上马项目进行综合分析论证，并从法律、政策、环保以及对整个社会的影响等方面，做出科学论证与评价的书面报告。一般而言，可行性研究，都须通过全面、系统的分析方法进行，形成文字时，常常需用介绍、分类、比较、图表、数字说明等方式。大的可行性研究报告，还必须就人们对立项可能提出的质疑进行论辩。如《关于三峡工程必要与可行的论证》，就对水库泥沙淤积、诱发地震、大坝的战争防护、生态环境、移民等人们易产生疑虑的问题进行深入的论辩，以使人们消除疑虑，接受项目可行的观点。

2. 预见性与前瞻性

可行性论证是在决策之前、项目实施之前进行的，除需对项目的可行性作论证外，还须对实施中可能遇到的种种问题，以及意外情况，作科学的预测和应对处理。

二、可行性研究报告的格式与写法

可行性研究报告通常都是单独成册上报的。其一般格式包括：封面、摘要、目录、图表目录、术语表、前言、正文、结论与建议、参考文献、附件等部分。封面没有固定的要求，但是项目名称、报告单位、报告时间等内容不可缺少。下面仅就前言、正文、结论与建议、附件几个部分的写法作简要介绍：

1. 前言

前言主要是使读者了解本报告的来龙去脉和主要内容，一般要包括项目的来由、目的、范围，以及本项目的承担者和报告人、可行性研究的简况等。

2. 正文

正文是结论和建议赖以产生的基础。要求以系统分析为主要方法，以经济效益为核心，围绕影响项目的各种因素，运用大量的数据资料，以论证拟建项目是否可行，或对各种预选项目的方案进行分析、比较、论证和预测，以得出对拟立项目的必要性、可行性及作用等判断。经济或企业上马项目立项可行性论证的目的，是为决策提供科学依据。一般说来，论证要从九个方面进行：①需要预测和拟建的规模；②资源、原材料、燃料及公用设施情况；③建厂条件和厂址方案；④设计方案；⑤环境保护、劳动保护与安全防护；⑥企业组织、劳动定员和人员培训；⑦工程实施进度；⑧投资估算和资金筹措；⑨经济效益与社会效益。对于不同项目的可行性研究报告，以上各项内容应有所侧重或增减。

3. 结论与建议

当项目的可行性研究完成了各个方面的分析之后，要对整个项目的可行性提出综合性的评价，得出结论，指出优缺点，提出建议。

可行性研究的结果，也可能是该项目弊大于利，由此得出不可行的结论。但那也属于本文体的一种类型。论证不可行，避免立错项目，也是一种有价值的研究结论。

4.附件

附件包括试验数据、论证材料、计算图表、附图等，可以增强可行性报告的论证力度。

三、可行性研究报告的写作要求

（1）调查要周密，材料要真实，分析要客观。一方面，可行性研究报告是确定基本建设项目的依据，所用的数据、资料要反复核实，以确保内容的真实性。另一方面，必须站在客观的立场上，从实际出发，实事求是地进行分析论证。

（2）运用系统分析方法，全面地考察项目。围绕影响建设项目的各种因素，进行全面、系统、综合地分析，既要作宏观分析，又要作微观分析。要始终从整体与部分，整体与外部环境的相互联系、相互作用、相互制约中考察对象，力求全面深刻地探讨问题，找出最优化方案。

（3）经济效益与社会效益并重。不能仅仅着眼于企业的经济效益，还应考虑社会效益，如考虑国民经济的整体利益，包括生态环境等因素。

［例文六·四］

××建立钛白粉厂的可行性研究

钛白粉是精细化工产品，占世界无机颜料总消费量的50%以上，占世界白色颜料总消费量的80%以上，主要用于涂料，其次是塑料、橡胶、化纤等。

钛白粉主要有金红石型和锐钛型两大类，有硫酸法和氯化法两种生产工艺。

钛白粉历来是世界性的热销商品。我国钛白粉历来短缺，特别是占涂料用量50%以上的金红石型钛白粉，几乎全靠进口，花费大量外汇。为了满足国民经济发展的需要，要大力发展钛白颜料，重点是发展高档次钛白颜料。

一、××建立钛白粉厂的基本条件（略）

二、钛白粉市场概况

我国钛白粉工业落后，仅占世界总产量的13%，发展缓慢。（略）

钛白粉工业的落后严重地拖了我国涂料工业的后腿。（略）

按预测，1990年需钛白粉×万吨，2000年需×万吨。当前除镇江钛白粉厂年产×万吨长石型钛白粉改造项目外，仍无别的长石型钛白粉新建项目。

20世纪70年代，资本主义国家经济不景气，加上苛刻的环保法，导致欧洲一些大型硫酸法钛白粉工厂相继关闭和限产。1982年，全世界钛白粉生产能力下降到237.8万吨。1983年以美国经济回升为转机，钛白粉需求量大增，造成其世界性的短缺。1986年，钛白粉需求量达250多万吨，供应能力利用率达102%。利用率的上升，促使钛白粉价格上涨。（略）

今后若干年内，钛白粉消费量平均增长率为1.5%~2.3%。据预测，1990年钛白粉消费量将增至 286 万吨，2000 年增至 310 万吨。而按 1982—1989 年间的供应能力，钛白粉年平均增长率只有 0.94%，预计 1990 年供应能力只有 256.3 万吨，2000 年仅有 278.5 万吨。

三、生产工艺的选择和技术设备的来源

生产工艺的选择。（略）

技术设备的来源。（略）

主要设备名称。（略）

四、建设规模、物料及动力供应规划

建设规模的选定。（略）

物料及动力供应规划。（略）

五、厂址选择（略）

六、环境污染的防治（略）

七、生产组织形式和劳动力定员

投资概算。（略）

资金来源设想。（略）

八、经济分析

工厂产品成本的估算。（略）

利润估算。（略）

净现值分析。（略）

基准投资收益率。（略）

盈亏平衡分析。（略）

敏感性分析。（略）

九、结论

以上分析研究表明：为开发利用××丰富、易采、质优的钛砂矿，引进国外先进设备，以××化工二厂为基地建设年产×吨（第一期）氯化法金红石型钛白粉是可行的，若不能引进国外先进技术设备，利用国内现有的技术设备在××化工二厂的基地上建设年产×吨（第一期）氯化法金红石型钛白粉厂也是可行的。

××××年××月××日

第四节　经营决策方案

一、经营决策方案概说

经营决策方案是指为实现某种经营目标，依据已掌握的资料和信息，为决策部门提供的若干个可供选择的参考预案。

现代经济充满了复杂性和多变性，单纯依靠以往的个人经验进行经营决策，难免会出现失误，使企业蒙受损失。为了避免这种状况的出现，在实施经营行为之前，预先制订若干个经营决策方案，进行反复权衡论证，从中筛选出最佳方案以供实施，就成为企业决策过程中的一个必不可少的环节。

常见的经营决策方案有以下几种类型：从决策对象的角度，可分为宏观决策方案和微观决策方案。宏观决策方案是针对企业的长期经营大方向，进行全局性策划；微观决策方案是针对企业短期的具体的经营活动进行局部性的策划。从决策的性质角度，可分为确定型决策方案、非确定型决策方案和风险型决策方案。确定型决策方案所提供的可供选择的方案通常只有一种可以确定的实施结果；非确定型决策方案和风险型决策方案所提供的可供选择的方案通常其实施结果具有不可确定的多向性，但后者可以用概率进行预测，而前者则不可。

二、经营决策方案的格式与写法

常见的经营决策方案虽有各种类型，但格式与写法大致如下：

（一）标题

标题通常要点出决策主体和决策对象，如《×××集团开拓海外市场的决策方案》《×××汽车集团并购×××柴油机厂的决策方案》。

（二）正文

这是经营决策方案的核心部分，一般由以下几个部分构成：

1.目标

这是经营决策方案的开头部分，要直接点出决策所涉及的主要问题和要达到的预期目的。

2.资料

它主要包括与决策相关的历史事实、现实状况、调查数据、市场信息等，是制定科学的经营决策方案的主要依据。

3.方案

一般要求提供两种以上可供选择的方案，并列出各自的成本、收益、投资方式及实施方法等条目。

4.论证

这是决策方案得出结论的部分，作者对上面所提出的各项预案进行综合评估、分析比较，对各自的利弊得失和预期结果进行全面论证，从中筛选出最佳方案，以供决策部门参考。

（三）落款

落款要写明作者的单位、姓名及写作日期。

三、经营决策方案的写作要求

（1）避免主观倾向性。由于经营决策方案是供主管部门决策参考用的，关系重大。如果作者以个人的好恶进行取舍，将会使决策方案带有主观倾向性，有可能导致决策失误，给企业的经营活动带来难以弥补的损失。

（2）选取资料要全面客观。依据的资料不同，论证的结果就会有异。为了能筛选出最佳方案，选取资料一定要做到全面客观，力求论证结果不会出现大的偏差。

（3）所提方案应具有可行性，要符合实际状况，避免沦为纸上空谈。

[例文六·五]

滨海市粮食交易市场总平面布置决策方案

一、总平面布置的基本原则

根据本项目场址所在地的地理条件以及周围环境，在总平面布置中，应充分贯彻以下原则：

（1）以滨海市城市总体规划的要求为基本依据；

（2）充分满足交易市场功能的要求；

（3）满足交易市场近远期发展目标定位的要求；

（4）充分结合场址所处的现实地形条件；

（5）总平面的内外交通组织畅通有序。

二、总平面布置

粮食交易市场位于滨海市双梅镇柯山村，场址东临104国道，南面毗邻枫则江。整个总平面占地面积为66 666平方米（100亩），总投资5 000万元。根据总平面布置原则，以及场地条件，本项目总平面布置共有两个方案，见附图1、附图2。（图略）

根据项目功能要求，该市场分为四个部分：（1）停车场区域；（2）交易市场区域；（3）仓储及管理服务区域；（4）码头区域。此四部分的划分Ⅰ、Ⅱ两方案基本一致。

两个方案的特点及其比较如下：

方案Ⅰ：

（1）出入口设置：从整个总平面布置上考虑，沿104国道西侧设置一个主出入口，在枫则江通往码头处设置次出入口，供通过码头吞吐货物之交通需要；

（2）交易区中心位置设立交易大厅；

（3）管理服务用房和生活设施用房分别布置，减少干扰；

（4）周围东、南、西侧布置建设绿化带，以美化交易市场整体环境；

（5）通向码头的通道采用栈桥式布置。

该方案平面技术经济指标为：

总用地面积　　　　　66 666平方米（100亩）

总占地面积　　　　　20 000平方米

总建筑面积　　　　　22 000平方米

（其中，交易用房面积16 850平方米，仓库用房面积2 682平方米，生活与管理服务设施用房面积为2 468平方米）

建筑密度　　　　　　0.28

容积率　　　　　　　0.314

绿地率　　　　　　　0.25

交易位　　　　　　　360个

停车场车位　　　　　120个

方案Ⅱ：

（1）沿104国道西侧设置一个主出入口，并在东北角设置一个次出入口，在枫则江通往码头处设置一个次出入口，供通过码头吞吐货物之交通需要；

（2）不设置交易大厅，改为设置交易行情电子显示屏；

（3）管理服务用房和生活设施用房集中布置，增加仓储区面积；

（4）在西南侧布置半地下消防水池和泵房；

（5）通向码头的通道区域采用平面式布置，较为开阔；

（6）周围东、南、西侧布置建设绿化带，以美化交易市场总体环境。

该方案平面技术经济指标为：

总用地面积　　　　　66 666平方米（100亩）

总占地面积　　　　　20 152平方米

总建筑面积　　　　　22 312平方米

（其中交易用房面积16 960平方米，仓库用房面积2 784平方米，生活与管理服务设施用房面积为2 568平方米）

建筑密度　　　　　　0.302

容积率　　　　　　　0.334

绿地率　　　　　　　0.25

交易位　　　　　　　432个

停车场车位　　　　　150个

经过对两个方案的比较、分析，我们认为方案Ⅱ有以下优点：

（1）入口停车场区域的入口有两个，有利于众多车辆的出入与运载；

（2）取消了交易大厅，有利于提高市场建设的整体效益；

（3）二期码头区域调整得更加开阔，有利于水路商品上岸后车辆的运载；

（4）方案Ⅱ增加了消防水池与消防泵房；

（5）方案Ⅱ考虑增加的仓库面积，有利于市场交易商品短期仓储、周转与过渡；

（6）方案Ⅱ中管理与生活用房相对集中，对其他区域产生的干扰较小。

方案Ⅱ不足之处是：入口停车区域场地相对不足，比较局促。经综合分析比较，推荐方案Ⅱ作为首选方案。

以上方案，请领导裁定。

××规划院

20××年7月

第五节　意向书

一、意向书概说

意向书是当事人（单位或个人）双方或多方，在对某个事项达成协议、正式签订条约之前，由一方向另一方表明基本态度或提出初步设想的一种具有协商性的应用文书。

意向书表达初步设想，提请对方留意或供对方参考。其作用是可以约束双方的行动，保证双方的利益；能反映业务工作上的关系，保证业务朝着健康有利的方向发展。

意向书为进一步正式签订协议奠定了基础，是协议书或合同的先导和前奏，多用于经济、技术合作领域。

二、意向书的特点

意向书的内容是初步意见，具有协商性、灵活性、简略性和临时性的特点。

意向书多用商量的语气，不带任何强制性，有时还用假设、询问的语气。

意向书比较灵活，在协商过程中，当事人各方均可按各自的意图和目的提出意见，在正式签订协议、合同前亦可随时变更或补充。同一份意向书里可以提出多种方案供对方选择，或者对其中的某项某款同时提出几种意见或建议，让对方比较和选择。

意向书的内容相对于协议、合同要简略些。

意向书不像协议、合同那样具有法律效力。意向书是协商过程中各方基本观点的记录，一旦达成正式协议，便完成了意向书的使命。

三、意向书的结构与写法

意向书的结构是：标题+正文+尾部。

1.标题

标题是项目名称+文种，如《投资合作意向书》，也可只用文种，即《意向书》。

2.正文

正文的构成是：导语+主体+结尾。

（1）导语。写明合作各方当事人单位的全称，双方接触的简要情况，磋商后达成的意向性意见。然后用承上启下语，过渡到主体，如"本着××原则，兴建××项目"。

（2）主体。分条款写明达成的意向性意见，可参照合同或协议的条款排列。

（3）结尾。写明"未尽事宜，在签订正式合同或协议书时再予以补充"，以便留有余地。

3.尾部

署名，即签约各方的单位名称、代表人姓名并加盖公章、私章，签约日期。

四、意向书写作注意事项

（1）语言准确，表达清楚。

（2）忠实于洽谈内容。

［例文六·六］

供货合作意向书

甲方：　　　　　　　　　（以下简称甲方）

乙方：　　　　　　　　　（以下简称乙方）

通过对＿＿＿＿＿＿供应商的筛选，确定＿＿＿＿＿＿＿＿＿＿＿＿＿＿（以下简称乙方）为＿＿＿＿＿＿＿＿＿＿＿＿＿＿＿＿项目合作供应商。根据《中华人民共和国合同法》及有关法律法规的规定，经过甲乙双方友好协商，本着平等、自愿、诚实信用、互惠互利的原则签订＿＿＿＿＿＿＿＿＿＿＿＿项目供货合作意向书，以资双方共同遵守。

一、合作范围、条件与承诺

甲方将向乙方协议采购＿＿＿＿＿＿，具体的品种、规格、单价、要求等见本供货意向书附件表，表中所列内容由乙方负责供货，并在甲方签订该项目工程施工合同后签订正式采购合同。

1.＿＿＿＿＿＿采购意向书按照以下原则确定：

（1）甲方根据实际情况确定＿＿＿＿＿＿品种、规格，与本意向书"＿＿＿＿＿＿种类附表"（附件一）中所列相应内容相同的，综合单间暂按＿＿＿＿＿＿定价（附件二）。

（2）附件一中没有列明的＿＿＿＿＿＿，甲方根据项目的实际需要另行定价（结合投标价和市场价来确定＿＿＿＿＿＿价格）。

2.甲方按照以上原则待工程施工合同签订后，要求与乙方签订正式采购合同时，乙方不得以任何理由提高＿＿＿＿＿＿单价或拒签合同，否则视为乙方违约，甲方可根据意向书对乙方处以＿＿＿＿＿＿元的罚款。

3.双方合作期间，如甲方发现乙方供给其他采购商的价格低于本协议价格或提供货物不能满足本工程品种和规格要求时，甲方有权单方终止采购，另行选择＿＿＿＿＿＿供应商，乙方承担由此引起的一切损失。

4.乙方承诺保证供货的及时性和不间断性，保证满足工程施工进度需要。

5.在双方合作良好的基础上，在同等条件下优先考虑乙方作为后续合作单位。

二、产品质量、计量标准、验货标准

1.采购产品质量按下列顺序依次决定：（1）按国家标准执行；（2）无国家标准而有行业标准的，按行业标准执行；（3）无国家标准和行业标准的，按企业标准执行；（4）没有上述标准的，或虽有上述标准，但甲方有特殊要求的，按甲方在本合作意向书商定的技术条件、样品或补充的技术要求执行。

2.产品的计量标准按下列顺序依次决定：（1）按国家标准执行；（2）无国家标准而有行业标准的，按行业标准执行；（3）无国家标准和行业标准的，按企业标准执行；（4）没有上述标准的，或虽有上述标准，但甲方有特殊要求的，按甲方在本合作意向书商定的技术条件、样品或补充的技术要求执行。

3.验货标准：甲乙双方共同确认，在对乙方供货进行书面确认时仅使用甲方统一提供的物资验收单作为有效的验收单据（此单仅作为双方结算的依据，不作为货款支付的依据），使用其他形式或样式的验收单据（进、出场单据）所做确认无效且不能作为结算依据。

三、_____货款付款方式

1.本项目货款无预付款，前期货款由乙方先行垫付。为保障乙方的利益，货款根据建设单位拨款情况由甲方支付给乙方或甲方资金筹措到位可暂借给乙方，具体金额按甲乙双方共同确认的_____货款金额给予乙方。

2.付款原则：

双方本着风险共担，利益共享的原则，一致同意各项工程款均应在业主已支付该部分工程价款的前提下，向乙方支付业主已付工程款的同等比例（除非另有约定）。如果业主拖欠工程款，则乙方工程款相应延缓支付，待业主支付后或甲方资金筹措到位后再付给乙方。乙方必须指派专人到甲方收款，并在第一次收取款项时，必须持与本合同乙方单位名称一致的授权收款委托书交甲方财务备案。

3._____采购款支付流程如下：

（1）由甲方根据_____进场计划及工期要求下达_____采购计划（含_____规格、数量、进场时间等），并通知乙方按_____采购计划供货；

（2）乙方供货后办理材料进场确认单，双方盖章确认后作为_____采购款的支付依据；

（3）甲方在本意向书的义务仅为按照_____采购计划的规定支付给乙方已进场_____的货款。

四、本意向书作为签订正式采购合同的依据，具体采购合同乙方须与甲方按本意向书所附的附件一另行签订采购合同。

五、正式合同未签订前双方履行本意向书，正式合同签订后本意向书自动作废。所签署合作意向书不具有最终法律效力，双方所达成的合作细则，以正式合同为准。

六、本意向书未尽事宜，在签订正式合同或协议书时再予以补充。

七、本意向书有效期自____年____月____日起至____年____月____日止。本合作意向书以下为空白内容。

甲方：　　　　　　　　　　　乙方：

法定代表：　　　　　　　　　法定代表：

签约代表：　　　　　　　　　签约代表：

地址：　　　　　　　　　　　地址：

附件一：＿＿＿＿＿采购要求

序号	＿＿＿＿采购要求（主要是品种、规格）	备注
1		
2		
3		
4		
5		

附件二：乙方供货清单及单价

序号	产品名称	单价	备注
1			
2			
3			

[例文六·七]

意 向 书

××厂（甲方）

××××公司（乙方）

　　双方于××××年××月××日在×地，对建立合资企业事宜进行了初步协商，达成意向如下：

　　一、甲、乙双方愿以合资或合作的形式建立合资企业，暂定名为××有限公司。建设期为×年，即从××××年至××××年全部建成。双方意向书签订后，即向各方有关上级申请批准，批准的时限为×个月，即××××年××月××日至××××年××月××日完成。然后由××厂提出合资企业开业申请。

　　二、总投资×万人民币，折×万美元。××部分投资×万人民币，折×万美元；×××部分投资×万人民币，折×万美元。

　　甲方投资×万人民币（以工厂现有厂房、水电设施现有设备等折款投入）；

　　乙方投资×万人民币（以折美元投入，购买设备）。

　　三、利润分配：各方按投资比例或协商比例分配。

　　四、合资企业生产能力：（略）

　　五、合资企业自营出口或委托有关进出口公司代理出口，价格由合资企业定。

六、合资年限为×年，即××××年××月至××××年××月。

七、合资企业其他事宜按《中外合资经营企业法》有关规定执行。

八、双方将在各方上级批准后，再行具体协商有关合资事宜。

本意向书一式两份。作为备忘录，各执一份备查。

××厂（甲方）　　　　　　××××公司（乙方）

代表：　　　　　　　　　　代表：

　　　　　　　　　　　　　　　　　　　××××年××月××日

第六节　协议书

一、协议书概说

协议书是当事人双方或多方为开展合作，保障各自的合法权益，经共同协商达成一致意见后签订的具有契约作用的公务文书。

协议书明确签约双方的权利与义务，对当事人双方或多方都具有制约性，它能监督各方信守承诺，约束轻率反悔行为。其作用与合同基本相同，具有法律效力。

协议书的签订，应遵守以下基本原则：

（1）要贯彻合法的原则。

（2）要贯彻平等互利、协商一致、等价有偿的原则。

（3）签订者要切实履行规定的义务，信守协议书的约束；违约方必须承担相应的责任，赔偿对方的损失。

口头协议一律无效。书面协议有三种形式，即合同中的条款、独立的协议书及信函、电报、传真、电子邮件等文字形式。

二、协议书的格式与写法

协议书是契约性公文，标题、首部、正文、落款四部分缺一不可。

（一）标题

标题形式有两种：

（1）标题只标明《协议书》。

（2）标题为"协议事由+文种"，例如《技术合作协议》。

（二）首部

协议双方（或多方）名称。

（三）正文

1.导语

协议的目的和依据。应简要地说明为什么签订协议，以及签订协议所依据的原则、宗旨是什么。

2.协议条款

可以分章分条地写，也可以直接分条写。条款应写得准确、简明、无歧义，便于协议各方践约履行。

（四）落款

（1）协议诸方名称及代表人名字，并盖章签字。

（2）签署日期。

三、协议书与经济合同的区别

（1）协议书的使用范围比经济合同更广。

（2）协议书的条款内容比经济合同更具有原则性。

（3）协议书的形式比经济合同更灵活多样。

[例文六·八]

业务咨询合作协议

甲方：　　　　　　　（以下简称"甲方"）

乙方：　　　　　　　（以下简称"乙方"）

甲方和乙方经过友好协商，在相互信任、相互尊重和互惠互利的基础上，达成以下合作协议：

一、甲乙双方在符合双方共同利益的前提下，就企业管理咨询业务合作等问题，自愿结成战略合作伙伴关系，乙方为甲方提供业务资源，协助甲方促成业务与业绩，实现双方与客户方的多赢局面。

二、乙方为甲方提供业务机会时，应严格保守甲方与客户方的商业秘密，不得因己方原因泄露甲方或客户方商业秘密而使甲方商业信誉受到损害。

三、甲方在接受乙方提供的业务机会时，应根据自身实力量力而行，确实无法实施或难度较大、难以把握时应开诚布公、坦诚相告并求得乙方的谅解或协助，不得在能力不及的情况下轻率承诺，从而使乙方客户关系受到损害。

四、乙方为甲方提供企业管理咨询业务机会并协助达成的业务事项，甲方应支付相应的信息资源费用。费用支付的额度视乙方在业务达成及实施过程中所起的作用而定，原则上按实际收费金额的一定百分比执行，按实际到账的阶段与金额支付，具体为每次到账后的若干个工作日内支付。

五、违约责任

1.合作双方在业务实施过程中，如因己方原因造成合作方、客户方商业信誉或客户关系受到损害的，受损方除可立即单方面解除合作关系外，还可提出一定数额的经济赔偿要求。同时，已经实现尚未结束的业务中应该支付的相关费用，受损方可不再支付，致损方则还应继续履行支付义务。

2.甲方在支付信息资源费用时，如未按约定支付乙方款项的，每延迟一天增加应付金额的5%，直至该笔金额的全额兑现为止。

六、争议处理

如发生争议，双方应积极协商解决，协商不成的，受损方可向××市仲裁委员会申请仲裁处理。

七、本协议有效期暂定一年，自双方代表（乙方为本人）签字之日起计算。本协议到期后，甲方应付未付的信息资源费用，应继续按本协议支付。

八、本协议到期后，双方均未提出终止协议要求的，视作均同意继续合作，本协议继续有效，可不另续约，有效期延长一年。

九、本协议在执行过程中，双方认为有需要补充、变更的，可订立补充协议。补充协议具有同等法律效力。补充协议与本协议不一致的，以补充协议为准。

十、本协议经双方盖章后生效。本协议一式两份，甲乙双方各持一份，具有同等法律效力。

甲方：（公章）

乙方：

签约日期　　年　月　日

第七节　招标书、投标书

一、招标书

（一）招标书概说

招标书又称招标通告、招标启事、招标广告，它是将招标主要事项和要求公之于众，从而召集符合条件的投标者前来投标，以便从中择优选定理想合作伙伴的经济文书。招标书一般通过报刊、广播、电视等公开传播媒介发布。

招标书属于要约的范畴，招标人利用投标者之间的竞争来达到优选买主或承包方的目的，它是一种择优选择合作对象的有效手段。

招标书是一种告示性文书，便于投标方根据招标书提供的信息做好准备工作，同时指导招标工作有序开展。

招标书具有广告性、竞争性、时限性三个特点。招标文书系列主要包括招标书、招标邀请通知书、招标人须知、合同条件、技术条件等。

（二）招标书的格式与写法

招标书一般由标题、正文、结尾三部分组成。

1.标题。标题写在第一行的中间，一般由招标单位名称、招标性质及内容、文种构成，如《××股份有限公司××大厦建筑工程承包招标书》。也有广告性标题，如《谁来承包××工厂》。

2.正文。正文由引言、主体部分组成。引言部分要求写清楚招标依据、原因。主体部分要交代招标方式（公开招标、邀请招标）、招标范围、招标程序、招标内容的具体要求，双方签订合同的原则、招标过程中的权利和义务、组织领导、其他注意事项等内容。

3.结尾。招标单位的名称、地址、电话等，以便投标者参与。

（三）招标书的写作要求

1.周密严谨。招标书是签订合同的依据，是一种具有法律效应的文件。要遵守国家对招投标工作的有关规定和具体办法，执行国家颁布的技术规范及质量标准。如果没有通用标准，应注明按图纸或按样品制作、加工，说明质量要求。

2.简洁清晰。招标书只要把所要讲的内容简要介绍，突出重点即可，不可过于冗长。

3.注意礼貌。要遵守平等、诚恳的原则，既不盛气凌人，也不低声下气。

[例文六·九]

电线电缆采购招标书

项目编号：××××

一、招标内容：×××公司公共建筑及设备用电计量建设项目线路调整所需电线

二、项目规格、数量及参数（略）

三、投标人资格、资质文件和要求

1.投标人的营业执照、税务登记证复印件（加盖公章）和法人代表授权委托书。

2.企业法定代表人身份证复印件及法人代表授权人身份证复印件。

3.招标邀请函中要求的相关文件和投标人认为有必要提供的声明和文件。

4.所报产品应为符合国标的产品，提供所报产品的检测报告、CCC认证、合格证等有关工地验收资料。

5.所有投标产品均必须提供样品。

6.投标人各类证书，开标时必须携带证书原件备查。

7.报价表中所报价格为到达招标方落地价。

8.供货时间为：20××年9月10日前或双方协商确定。

9.付款方式：中标单位货到工地后，经验收使用合格，于20××年9月底以前付至实供货物总额的95%，余5%为质保金，一年内无质量问题付清。

四、投标文件的组成、要求、签署及份数

1.投标由投标方按给定格式如实填写（编写），加盖企业公章，并由企业法定代表人或法人代表授权人签字或盖章后有效。具体包括：

（1）投标文件清单。

（2）投标函。

（3）开标一览表。

（4）投标报价明细表。

（5）企业法定代表人身份证复印件及法人代表授权人身份证复印件。

（6）投标人资格、资质证明文件等其他文件。

（7）服务承诺。

（8）企业类似项目业绩。

（9）投标人认为需要提供的其他有关材料。

2.本标书中涉及产品的报价，应包括为完成本项目所发生的各项应有费用及合同包含的所有风险、责任。

3.投标文件应用黑色墨水书写或打印，副本可使用复印件。

4.投标文件一式6份，正本1份，副本5份，并在封面上注明"正本"或"副本"字样。

5.投标书不应有涂改、增删和潦草之处，如有必要修改时，修改处必须有法人代表或法人代表授权人的签字。

6.投标文件的有效期为开标后的30天。

7.投标时，投标单位应自行将投标文件正、副本分别密封，并在密封处加盖公章和法人代表章（签字）或法人代表授权人章（签字），同时在密封件上注明"正本""副本"，并在规定时间内送达投标地点。未按要求密封、标记、投递的投标文件无效。

8.投标费用自理。

五、日程安排

20××年8月25日发出标书。标书见网址：×××资产管理处招标信息。

20××年8月28日8：30到招标办交纳标书费及投标保证金，9：00在××开标。

请参与投标方准时派员出席，每一投标单位限3名以内代表参加，投标单位法定代表人或法人委托代表人必须参加，否则该投标单位所投标将视为废标。开标时，允许各投标人有5~10分钟的口头补充表述（也可以放弃）。

六、有关费用（只限本项目）

参加投标单位需交纳标书费（不退）和投标保证金，标书费为300元，投标保证金为20 000元。投标单位将投标保证金用信封封好，中标单位转为合同保证金，未中标单位当场退还。

中标供应商有下列情形之一的，不予退还其交纳的投标保证金：

（1）中标后无正当理由不与采购人签订合同的；

（2）将中标项目转让给他人，或者在投标文件中未说明，将中标项目分包给他人的；

（3）拒绝履行合同义务的。

七、无效投标

投标文件出现下列情形之一的，将作为无效投标文件：

1.投标人未按照招标文件的要求提供投标保证金的。

2.未按照招标文件规定要求密封、签署、盖章的。

3.不具备招标文件中规定资格要求的。

4.投标文件载明的招标项目供货期限超过招标文件规定的期限。

5.明显不符合技术规格、技术标准的要求。

6.投标文件附有招标人不能接受的条件。

7.不符合法律、法规和招标文件中规定的其他实质性要求的。

附：投标报价明细表（略）

联系电话：

地　　址：

二、投标书

（一）投标书概说

投标书是投标单位按照招标书的条件和要求，向招标单位提交的报价并填具标单的文书。它要求密封后邮寄或派专人送到招标单位，故又称标函。它是投标单位在充分领会招标文件，进行现场实地考察和调查，并对自身的投标条件进行自我审核的基础上编制的，是对招标公告提出的要求的响应和承诺，并同时提出具体的标价及有关事项。

在法律性质上，投标书应属要约，招标人接受投标书后，选定中标人，即为承诺；经过要约、承诺后，双方就可正式签订合同。

在许多项目招标中，公开招标与非公开招标两种方式要结合起来使用，即在发布招标公告后，招标人要对有意投标的人进行资格预审，然后再邀请合格者正式投标。为此，投标人要制作并提交投标申请书。

投标申请书一般由标题、称谓、正文、结尾、附件五个部分组成。附件一般是投标人的情况及各种有利的投标条件。

（二）投标书的格式与写法

投标书是投标人按照招标文件要求制作的，记载投标人完成招标项目的设想、措施、方案等内容的文书。投标书主要应明确以下问题：

第一，表示愿按招标文件的条件和要求完成招标项目；

第二，标价，这是投标书的核心部分；

第三，为完成招标项目拟采取的措施；

第四，完成招标项目的有利条件和不利因素，以及克服不利因素的办法；

第五，完成招标项目拟达到的各项指标，如工期、质量等级、利润额等，以及实施的具体方案；

第六，声明本投标书对投标人有约束力，如能中标，则成为招标合同的一部分；

第七，其他相关问题。

总之，投标书应针对招标书来拟订其基本内容。

投标书的格式并无统一要求，可以使用表格式，也可以使用文字叙述式，或者综合运用上述两种方式。

1.标题。标题有两种写法：

（1）公文式标题。由投标方、投标目标、事由、文种组成。

（2）新闻式标题。分主题和副题两部分，如"有实力，讲信誉——我的投标书"。

2.主送单位。它也叫抬头，指投标书的受文单位，即招标单位名称或评标机构名称。

3.正文。一般由前言、主体、结尾三部分组成。前言部分简要交代投标目的和依据，点明投标的项目和内容；主体部分主要有现状分析，并确定投标期限及投标形式；充分提供依据制定具体标的、经营措施，并提出配合与支持的请求。

4.结尾。签署投标单位及其法人代表名称或姓名，并写明日期。

（三）投标书的写作要求

要有针对性、态度明确、具体可行、行文及时、文字简洁。

[例文六·十]

深圳经济特区土地使用权投标书

市政府土地招标小组：

我们审阅了市政府土地招标小组（以下简称招标小组）招标文件，愿意遵照《土地使用规则》的要求和招标文件的有关规定，并愿以×××元人民币获得×××地块的使用权。

1.本投标书如被采纳，我们愿在接到正式中标通知书后，×××天内动土，并根据投标文件的规定按时按质完成全部工程和按要求合理使用土地。

2.我们在提交本投标书的同时，提交×××银行开具的资信证明/担保书，本标书如能中标，则该资信证明/担保书即为我们的履约保证书。

3.我们同意从投标之日起到180天内保留此标，在此期限终止前的任何时间，我们受本投标书的约束并随时接受本标书中列出的所有内容。

4.在正式合同签订及执行以前，本投标连同由招标小组发出的其他招标文件，将作为政府和我们之间具有法律约束力的合同书。

5.我们理解招标小组并不限于接受最高价标和可以接受其他任何投标书。

6.投标书附件：

附件一：本单位注册证书（影印件）

附件二：本单位现状情况简介

附件三：本单位过去三年的年度经营报告与财务报告

附件四：规划设计方案

投标单位名称（盖章）：＿＿＿＿＿

地址及电话：＿＿＿＿＿＿

投标单位负责人姓名、职务：＿＿＿＿＿＿

联系人姓名、职务：＿＿＿＿＿＿

×××× 年 ×× 月 ×× 日

第八节　经济合同

一、经济合同概说

经济合同是当事人（法人、自然人、其他组织）之间为实现一定经济目的，明确相互权利义务关系的协议。

签订合同是一种法律行为。其主要作用是：有利于维护合同当事人的合法权益和明确当事人的权利、义务。随着《中华人民共和国合同法》（以下简称《合同法》）的实施及合同的普遍采用，合同必将在发展社会主义市场经济中发挥重大的作用。合同主要有四个特点：

（1）合法性。合同的撰写要严格遵守《合同法》的规定。

（2）平等互利性。签订合同的双方或多方的法律地位是平等的，合同是平等协商的产物。合同条款中，权利义务也是相互的、对等的，不能将其建立在损害对方或他方的利益之上。合同内容也应是等价有偿的。

（3）协商一致性。合同的签订一般要经过要约和承诺两个阶段。协议的形成需要双方进行不断地、反复地协商、讨论，最终形成一致的意见。合同的内容只有表达当事人彼此一致的意愿，其条款才能成立。只有当事人经过充分的协商，将承担的义务和应享有的权利充分表达出来并形成文字，合同关系才算真正建立。因此，没有充分表达意愿、草率成文的合同，是难以保证实施而最终实现经济目的的。同时，在履行合同过程中，如需要变更合同条款，也要重新协商补签，任何不经双方或多方协商一致而改变合同者，要承担违约责任。

（4）规范性。规范性具有两层含义：其一是依法成立的合同对当事人具有法律约束力；其二是指合同的写法和格式需要规范。签订合同应当注意的问题主要有：①要审查对方主体资格和资信情况，了解是否有履约能力；②要签订明确的书面协议，不搞君子协定。

合同的种类划分有多种方法。按内容分，《合同法》列有15大类：买卖合同，供用电、水、气、热力合同，赠与合同，借款合同，租赁合同，融资租赁合同，承揽合同，建设工程合同，运输合同，技术合同，保管合同，仓储合同，委托合同，经纪合同，居间合同。

二、经济合同的格式与写法

尽管合同的种类各异，但一般均包括首部、主部、尾部三部分。

（一）首部

首部主要包括以下各项：

1.标题

标题写在合同首页上方正中位置，要明确写出合同的性质，如"买卖合同"

"技术合同"。有的合同还在标题下方书写合同的编号。

2.合同当事人名称或者姓名

合同当事人是指签订合同的双方或多方的名称或者姓名，要准确写出签约单位或个人的全称、全名，并在其后注明双方约定的固定指代，如一般写"甲方""乙方"。如有第三方，可将其称为"丙方"。在对外贸易合同中，有时可指代为"卖方""买方"。不论在什么情况下，合同中都不能用不定指代"你方""我方"来指当事人。

3.引言

引言就是合同的开头部分，主要写签订合同的目的或签订合同的依据。常用的表达句式为："为了……"或"根据……"。

若选用"表格式合同"，则应依据国家工商局和有关部门制定的合同规范文本要求，填写有关内容。

（二）主部

主部是合同的主要部分，一般多采用条文法。按双方当事人的约定，详细写明主要条款和其他条款的内容。

1.主要条款

合同的内容由当事人约定。合同一般应具备以下条款：

（1）标的。标的是合同当事人权利义务所共同指向的对象，是合同的基本条款。没有标的的合同是无效合同。标的可以是物、货币、劳务、智力成果等。签订合同的双方对标的要协商一致，写得具体、明确。

（2）数量和质量要求。它是指从数量和质量的角度对标的进行精确度量，它决定双方当事人承担的权利义务的大小、范围。

数量是标的具体的计量，如借款金额、建设工程项目、工作量等。要明确标的的计量单位，如吨、米、件等。

质量要求是对标的质的要求，如产品、商品、工程的优劣程度。应明确标的质量的技术标准（如国家标准、行业标准）、等级、检测依据等。

（3）价款或报酬。这是指合同标的的价格，是合同双方当事人根据国家法律、法规、政策和有关规定，对标的议定的价格，是合同一方以货币形式取得对方商品或接受对方劳务所应支付的货币数量。要明确标的的总价、单价、货币计算标准、付款方法、程序，结算方式，若与外方合作，要写明支付币种。

（4）合同履行的期限、地点和方式。履约期限就是合同的有效期限，是合同法律效力的时限和责任界限，过时则属违约。日期用公元纪年，年、月、日书写齐全。地点是指当事人履行合同义务、完成标的任务的地点。履行方式是当事人履约的具体办法，如借贷合同的出资方要以提供一定的货币来履约；劳务合同的某一方要提供某种具体的劳动服务，如照看小孩、打扫卫生等。

（5）违约责任。这是指合同的当事人不能履约或不能完全履约时，所要承担的经济责任和法律后果。具体包括违约金、赔偿金和其他承担责任的法律形式等。

"违约责任"是履行合同的重要保证，也是出现矛盾分歧时解决合同纠纷的可靠依据。

2.其他条款

它是指除上述必备条款外，经双方当事人协商确定的其他条款。它包括：

（1）不可抗力条款。这项条款的作用是：如果发生了当事人不能预见的或人力不可抗拒的事故（如洪水、地震、台风等），导致履行合同困难时，当事人可根据这一条款，依据《合同法》规定，部分或全部免予承担责任。

此条款的内容应包括不可抗力事故的范围、后果等。

（2）解决争议的方法。此条款要约定在履行合同发生争议时解决问题的方式和程序，要明确注明是通过仲裁解决、协商解决还是诉讼解决。

（三）尾部

尾部是指合同的结尾和落款部分，主要包括：

1.合同的有效期限和文本保存

有效期限是指合同执行生效、终止的时间，是合同当事人要求必须具备的条款。

文本保存是注明合同文本的保管方式，即合同一式几份及当事人保管的份数。

2.落款

这部分是合同特定的内容和格式，即在合同的有效期限和保管条款下方，依次写出当事人的名称、签章、法定通讯地址、法人代表、银行账号、签约日期、地点等。

有些合同有特殊要求，或有附件，也要在尾部注出。通常是在合同正文"其他条款"之后注明："合同附件、附表均为本合同的组成部分，且有同等的法律效力。"如工程承包合同要在"附件"中列出：工程项目表、工程进度表、工程图纸等。这些附件、附表均标写在合同落款的最下方，即"年、月、日"以后的部位。

由于社会活动多种多样，合同也就有各自的特点和侧重点，拟写一份合同，在遵守国家法律、法规的前提下，还要视实际情况而定。

三、经济合同的写作要求

（1）经济合同的内容不得违反国家的法律和政策。

（2）经济合同的订立要坚持平等互利、协商一致的原则，任何一方都不得把自己的意愿强加给对方。

（3）经济合同写作的格式要规范，内容条款要完整，不能缺少违约责任，表述要周密严谨。

［例文六·十一］

产品购销合同

甲方（买方）：

乙方（卖方）：

根据《中华人民共和国合同法》等法律、法规的规定，甲乙双方在平等自愿、协商一致的基础上，就甲方购买乙方产品事宜达成以下条款：

第一条   乙方所提供的产品及费用清单如下：

序号	产品名称	规格型号	数量	单价(元)	全额(元)
合计	小写： 元		大写： 元整		
备注					

第二条   付款方式：预付_____货款，货到验收合格且乙方开具正规发票后，甲方支付剩余款项。

第三条   交货期：自收到甲方预付款之日起_____日内到达甲方指定地点。

第四条   交货地点、费用承担及所有权转移：乙方通过物流发运到甲方指定地点，运费由乙方承担；货物所有权自甲方签收之日起转移，运输途中产品的损毁由乙方自行承担。

第五条   乙方应做好适合物流运输的产品包装，并随货附《货物清单》（加盖合同章），详细注明产品规格及数量，甲方根据货物清单内容验收货物。

第六条   甲方自收到货物起7日内可对产品的规格、数量等产品信息提出异议，乙方必须在3日内答复并提出解决方案，否则甲方有权退货并要求乙方承担所有的费用。

第七条   质量保证：

1.乙方承诺甲方所购买的产品质量和乙方提供的样品一致，口感有微小差异属于正常。

2.乙方提供的所有产品必须符合国家有关部门的质量要求，如出现质量问题假一赔十，给甲方造成危害和损失的承担赔偿责任。

第八条   违约责任：在合同履行期间，乙方延期交货（除双方协商同意免除外），每延期1日按合同总金额的2%承担违约责任。

第九条   争端的解决：合同履行过程中出现的一切争端，双方应友好协商解决，协商不成的，任意一方可向有管辖权的人民法院提起诉讼解决。

第十条   合同生效及其他：

1.本合同未尽事宜，经双方协商后签署书面补充协议，补充协议与本合同具有同等法律效力。

2.本合同一式四份，双方各执两份，具有同等法律效力。

3.本合同自双方授权代表签字、单位盖章、预付款到达乙方指定账户之日起生效。

　　甲方：(盖章)　　　　　　　乙方：(盖章)

　　法定代表人(签字)：　　　　法定代表人(签字)：

　　电话：　　　　　　　　　　电话：

　　开户银行：　　　　　　　　开户银行：

　　账号：　　　　　　　　　　账号：

　　签订日期：　　　　　　　　签订日期：

[例文六·十二]

<h2 style="text-align:center">经营租赁合同</h2>

出租单位：××五金公司(简称甲方)

承租人：赵××(简称乙方)

　　一、甲方同意乙方的要求，将原有"××路五金零部件门市部"租赁给乙方经营使用，经双方协商签订本合同，共同遵守。

　　二、原"××路五金零部件门市部"共有固定资产23万元，其中房屋建筑面积100平方米，经营面积65平方米，货架11个，柜台20节，保险柜1个，办公用具若干。乙方每月按固定资产总额4%的比例向甲方交纳固定资产占用费。乙方每月向甲方交纳占用国家流动资金使用费1 600元。

　　三、原"××路五金零部件门市部"属微利企业，近5年来平均月盈利额在千元左右，经乙方充分考虑，同意每月向甲方上缴实现利润的10%作为统筹基金，每月一般不低于1 200元。

　　四、本租赁合同有效期为两年，自20××年6月1日起至20××年6月1日止。

　　五、合同履行期间，甲方对乙方的经营方向进行监督，负责对乙方的业务进行指导，组织乙方参加各种政治活动，保障乙方在不违反国家政策和规定的前提下自主经营，盈利除足数缴纳租金外自主使用。乙方要及时向甲方汇报业务经营情况，未能按月缴纳租金时，按应缴金额每日罚3%的滞纳金。

　　六、乙方在租赁经营期间，拥有自主经营的权力。

　　七、乙方向甲方缴纳的租金总额为12 000元，每月月初前5天内向公司财务科缴纳，一般缴纳转账支票，如没有在银行另立账户，也可以缴纳现金。

　　八、本合同正本3份，甲乙及鉴证机关各1份；副本5份，甲方3份，乙方2份，分别交有关部门备查。

　　九、其他未尽事宜，由甲、乙双方协商解决。

　　甲方：××路五金公司负责人签章　　　　乙方：赵××(章)

　　监证机关：(签章)　　　　　　　　　　负责人：(签章)

　　××市工商行政管理局监制合字第10号

　　　　　　　　　　　　　　　　　　二○××年××月××日

研讨与练习

一、市场调查报告的构成要素有哪些?

二、应怎样拟写市场调查报告的标题?

三、市场调查报告的前言一般要写明哪些内容?

四、市场调查报告的写作要注意哪些问题?

五、选择你所熟悉的某种日用商品,对其在校园内的销售状况做市场调查,写出一篇小型市场调查报告。

六、经济预测报告有哪些特点?

七、经济预测报告有哪些种类?

八、[例文六·三]是什么样的经济预测报告?有什么特点?

九、可行性研究报告有哪些特点?

十、可行性研究报告有哪些种类?划分的标准是什么?

十一、可行性研究报告正文部分的论证应从哪几个方面进行?

十二、可行性研究报告的目的在于选择技术上合理、经济上合算的方案,请阅读[例文六·四]并分析此项目为什么是可行的。

十三、经营决策方案有哪几种类型?[例文六·五]属于哪种类型?

十四、经营决策方案由哪几部分构成?

十五、撰写经营决策方案时应注意什么?

十六、意向书的特点是什么?它和协议书有什么区别?

十七、协议书的特点是什么?它和合同有什么区别?

十八、协议书的构成可分为哪几个部分?

十九、招标书写作的要求是什么?主体部分内容是什么?

二十、投标书应明确哪些内容?

二十一、下面这份投标书的写作格式和语言不符合要求,试加以修改。

致×××公司投标书:

我们看到了×××公司的招标公告,觉得凭借我们的实力一定能够中标。因此,我们决定投标。

1. 货物总报价:50万元人民币。

2. 货物清单一式三份。

3. 资格审查文件一式三份。

4. 投标保证书一份。

另外,我们必须郑重声明,我们拥有以下权利和义务:

1. 我们将根据招标文件的规定履行合同的责任和义务。

2. 如果在开标之后的投标有效期内撤标,那么投标保证金将归你们所有。

3. 鉴于以上情况,我们认为你们一定会选择我们中标的。

×××设备制造厂

20××年10月22日

二十二、《合同法》所列15大类合同都有哪些?

二十三、经济合同的主要条款有哪些?

二十四、经济合同的其他条款包括哪些内容？

二十五、经济合同的写作要注意哪些问题？

二十六、指出下列合同的错误并予以改正。

合 同

×××大学（乙方）

立合同人

一、甲方委托乙方建造楼房一座，由乙方负责建造。

二、全部建造费为人民币×××万元左右。甲方在订立合同生效一个月左右，先付给乙方全部费用的百分之×，其余部分在楼房建成验收后一次付清。

三、建房所用的各种材料，由乙方根据需要自行解决。

四、大楼从合同签订之日起，用一年以内时间完工交付使用。

五、合同一式两份，双方各执一份为凭，并作为检查督促的依据。

×××大学（甲方）
×××公司（乙方）
20××年10月30日

二十七、根据下面材料写一份购销合同。

新华机电有限公司于20××年6月向胜利柴油机厂购买一批规格为135A的"大力"牌柴油机，质量要求按部颁标准，共300台，每台价格8 500元，装运地点是广西玉林市，目的地是广州市。要求胜利柴油机厂要在20××年7月、8月、9月每月下旬，分三批（每批100台）将货送到新华机电有限公司，运费由需方负担，经需方验收后凭收货单结算。货款分批给付，签订合同后需方先预付货款总额的10%；其余货款在交货后15天内汇到供方银行账户。

二十八、指出下列合同错误之处。

交换写字楼合同

甲方：××贸易总公司

乙方：××市广告集团公司

甲乙双方为了便于在穗深两地联系业务，需交换写字楼作为各自的办事处。现本着友好合作的精神制订如下协议：

一、甲方在广州市隆兴路168号大楼中为乙方提供一单元住宅（三房一厅，使用面积不得小于80平方米）作为乙方驻穗的办事处用房。

二、乙方在深圳市为甲方提供同样的一单元住宅，规格同上，作为甲方驻深办事处用房。

三、双方分别负责为对方上述办事处供水、供电及安装电话，以确保日常业务活动的正常开展。

四、本合同有效期为五年，是否延期届时根据需要商定。

五、本合同自双方同时履约之日起生效。

六、未尽事宜，由双方另行商定。

　　　　甲方代表签字　　　　　　　　　　　乙方代表签字

　　　　（甲方公章）　　　　　　　　　　　（乙方公章）

　　　　年　月　日　　　　　　　　　　　年　月　日

第七章　财经应用文（二）

第一节　经济活动分析报告

一、经济活动分析概说

经济活动分析是人们认识客观经济活动的一个重要方法，它通常是以经济理论和经济政策为指导，以会计核算、统计报表、计划指标和调查的情况为依据，运用科学的分析方法，对某一经济组织的经济活动或某一经济现象进行分析研究，从中探索经济规律，评价成败得失，探讨其中原因，寻求改进方法，从而达到提高经济效益的目的。

经济活动分析报告是企业经营活动的总结性文书，它有多方面的作用：

第一，帮助决策者了解客观经济活动的情况，为制定和调整经济决策提供依据。

第二，帮助企业了解其生产、经营、管理活动情况，发现存在的问题，改善经营管理，提高经济效益。

第三，为财政、金融、工商、税务部门提供信息资料，使其了解企业的生产、经营、管理情况，发现问题，及时采取相应措施，加强管理，有效地发挥自身在经济活动中的职能作用。

第四，帮助经济管理部门尤其是企业随时了解市场动态，预测市场未来的发展趋势，使其在生产、经营和管理活动中做到随机应变、未雨绸缪。

按照经济部门，经济活动分析可以分为工业经济活动分析、商业经济活动分析、农业经济活动分析等。由于部门不同，分析的侧重点也不同。工业企业是以生产为中心的，其经济分析侧重在产量、品种、质量、消耗、劳动生产率、成本、利润、流动资金等指标上；商业企业是以商品流通为中心的，其分析侧重在购销调存的活动上，以资金、流通费和利润等为指标。按照分析的对象不同，经济活动分析可以分为财务状况分析、质量分析、成本分析、设备情况分析、库存结构分析、市场动态情况分析、商品流转情况分析、税收执行情况分析、资金运用情况分析等。按照分析的内容性质，经济活动分析可以分为综合分析、专题分析、简要分析。

二、经济活动分析报告的格式与写法

1.标题

标题一般包括单位名称、时间和分析内容，如《×××公司2007年上半年财务分

析》。标题也可只揭示分析的内容或范围，如《加强商品购销过程中的经济核算》《浙江台州市南北农民收入的差距分析》。

2.正文

（1）开头。一般是运用几个基本数据概括地介绍生产或销售的基本情况，或概述分析的课题、目的和意义等。

（2）主体。这部分是经济活动分析报告的重点。要根据目的要求，紧扣主题，结合具体情况，围绕重点安排内容。一般写法是：

①介绍情况。主要是介绍分析对象的情况，包括基本情况的文字说明和具体数字说明，如指标、百分比、有关数据等。

②进行分析。依据国家的政策和经济规律，运用对比分析法、因素分析法等方法，对有关数据进行数学运算推导，或对有关情况进行综合分析研究，得出结论。常用的方法有：

A.对比分析法。对比分析法又称指标对比法、比较法。它是将两个以上具有可比性的数字加以对比，显示此事物与彼事物的联系和差异，暴露问题，从而进一步查明原因，指出改进方向。

比较是为了找差距，挖潜力，通常在以下三个方面进行对比：

a.实际指标与计划指标对比。这种比较有助于检查计划执行情况，显示问题的所在，找出分析的方向。

b.现在（实际）和过去（同期）对比。"同期"，有时指上年同期，如今年的一季度比去年的一季度；有时指同年的上期，如今年的二季度比今年的一季度；偶尔还将其与本单位同期历史最高水平相比。这种比较有助于揭示发展变化的方向与趋势，反映内部蕴藏的潜力。

c.本单位指标与先进单位指标对比。既可以与国内同行业先进水平对比，也可以与国际上一般水平或先进水平对比。

运用比较法时要注意可比性，即对比的项目具有时间、范围、内容、计算方法的一致性。

B.因素分析法。因素分析法是将某一综合问题或指标分解为若干相互关联的因素，通过研究和测定这些因素判定出对这一综合问题或指标的影响程度的一种分析方法。在成本分析中采用因素分析法，就是将构成成本的各个因素进行分解，测定每个因素对成本计划完成情况的影响程度，并分析其原因，采取改进的措施。

因素分析法包括简单因素分析法、连锁替代法和连锁替代法的简化形式。

连锁替代法又叫连环替代法、顺序式因素分析法。计算的时候，先把影响某一指标变动的诸因素排好替代顺序，然后依次替代，以确定各因素变动所造成的影响程度。

3.结尾

结尾部分根据前面的分析，针对取得的成绩，探讨如何进一步巩固提高；针对存在的问题，提出具体的解决措施或建议。

三、经济活动分析报告的写作要求

（一）了解生产经营的实际，掌握和运用各种资料

资料准确全面是写好分析报告的重要依据。资料有核算资料、计划资料、定额资料、企业历史资料和国内外同行对比资料等。这些资料来自计划、报表、账目、凭证等书面材料，以及实地调查得到的材料。

（二）资料为本，重在"分析"

分析资料，是最重要的一步。好的分析报告就是在占有资料的基础上，运用科学的分析方法，分析出影响数据指标变化的因素及影响的程度、变化的原因，从而总结出经济活动的发展规律，为企业的经营决策提供依据。

（三）宏观分析与微观分析相结合

在国民经济系统中，各单位、各种因素、各类经济指标是互相联系、互相制约的。任何一个企业都必然会受到市场这个大环境（宏观）的影响。所以，分析不能"只见树木不见森林"，而要立足全局，把握宏观。在深刻理解国民经济发展总趋势的前提下，对本企业的经济活动状况作微观分析，才能见解独到，成为指导本企业经营活动的指导性文件。

（四）检验性与指导性相结合

检验性是指对本部门、本系统执行国家经济政策和经济方针状况进行检验，检验执行财经制度、财经纪律的情况，检验企业的生产经营情况、利润指标完成情况、原材料消耗情况及设备情况等。通过检验，总结经验，发现问题，提出措施。

指导性是指对企业当前及未来工作的指导。通过分析经济活动，找出企业的优势和劣势、长处和短处、成绩和不足，以便对症下药，指导以后的工作。

[例文七·一]

2015年上半年国内消费市场运行情况

今年上半年国内消费市场运行总体基本平稳。前6个月全国实现社会消费品零售总额14.2万亿元，同比增长10.4%，较一季度回落0.2个百分点，扣除价格因素实际增长10.5%。其中，月度增速已连续2个月回升，6月份增长10.6%，较5月份加快0.5个百分点。商务部对5 000家重点零售企业监测显示，1—6月销售额同比增长4.6%，比1—5月加快0.1个百分点。上半年消费市场主要特点如下：

一是新兴业态保持高速增长。上半年实物商品全国网上零售额增长38.6%，占社会消费品零售总额的比重持续上升，达到9.7%，较一季度提高0.6个百分点，对社零总额增长的贡献率达到28.7%。另据商务部监测，1—6月，5 000家重点零售企业网上销售增长39.1%，比上年同期加快9.2个百分点，其中，京东、当当网、苏宁易购、国美在线四家网店销售额同比增长46.1%。购物中心销售额增长11.7%，较超市、百货店、专业店分别快5.1、8和11.3个百分点。

二是大众化餐饮、基本生活用品消费稳中加快。大众化餐饮消费成为市场主流，1—6月全国餐饮收入同比增长11.5%，增幅较上年同期加快1.4个百分点，其

中限额以下餐饮企业收入增长 13.5%，高出限额以上 7.2 个百分点。据商务部监测，东来顺、眉州东坡、聚德华天等重点餐饮企业上半年销售额同比增长 9.5%，高于全国限额以上企业增幅。1—6月，限额以上单位商品零售中，日用品类、食品类、衣着类商品销售额分别增长 12.7%、12.4% 和 10.7%，较上年同期分别加快 2.4、1.1 和 0.7 个百分点。

三是通信器材类商品持续热销。随着 4G 通信网络进一步普及，上半年限额以上单位通信器材增长 37.6%，已连续 7 个月月度增速高于 30%。小米、华为、联想等国产品牌智能手机上半年销量增速均保持在 30% 以上，市场份额持续扩大。

四是文体娱乐、保值类商品需求趋旺。文化休闲、体育健康消费需求的提升带动文体娱乐类商品和服务消费不断增长。5 000 家重点零售企业监测中，文化类、体育娱乐类商品 1—6月销售额分别增长 10.7% 和 6.9%，较上年同期分别加快 7.2 和 4.0 个百分点。上半年全国电影票房超过 200 亿元，同比增长 48.8%。全国限额以上单位金银珠宝类商品销售同比增长 5.2%，增速比上年同期快 10.6 个百分点。

五是住行类商品销售继续好转。随着以智能家电为热点的家居家装更新换代需求不断提升，前 6 个月限额以上单位零售类值中，家电、建材、家具销售额分别增长 10.7%、17.4% 和 16.5%，比上年同期分别加快 2.8、2.6 和 1.6 个百分点。汽车和石油类商品销售额企稳回升，6 月当月限额以上单位汽车、石油类商品增速较上月分别回升 0.9 和 2.7 个百分点。新能源汽车产销两旺，前 6 个月，全国新能源汽车产量增长 3 倍。

六是消费价格低位运行。1—6月居民消费价格同比上涨 1.3%，与 1—5月持平。其中 6 月份上涨 1.4%，涨幅比上月扩大 0.2 个百分点。商务部监测的 36 个大中城市食用农产品价格 6 月份同比下降 0.4%，其中，羊肉、水果、鸡蛋价格同比分别下降 13.0%、5.9% 和 4.0%，蔬菜、猪肉和鸡肉分别上涨 3.8%、3.4% 和 3.2%。

资料来源　商务部.商务部召开例行新闻发布会 通报 2015 年上半年商务运行情况［EB/OL］.（2015-07-21）.http://www.gov.cn/xinwen/2015/07/21/content_2900153.htm.

［例文七·二］

张店区 2013 年上半年工业经济运行分析报告

今年以来，我局以科学发展观为指导，以"大干两个 150 天，深入开展项目建设年活动"为契机，以转变经济发展方式为主线，以推进产业结构调整为着力点，加快产业转型升级，大力推进重点项目建设，全区上半年工业经济继续保持平稳较快增长。

一、工业经济运行情况

（一）工业生产平稳增长。1—6月份，全区规模以上工业增加值增速为 11.84%。2-6月份各月累计增加值的增长速度分别为 15.34%、14.24%、12.44%、12.77%、11.84%，呈现增幅逐月回落趋势。

（二）效益水平稳步提升，指标增幅有所放缓。1—6月份，全区工业经济效益平稳增长，增速有所放缓，主要指标居全市前列。实现销售收入 765.75 亿元，同比增长14.6%，增速居全市第一，累计增速比5月下降4.2个百分点；完成利税107.04亿元，同比增长12.4%，增速居全市第一，累计增速比5月下降15.34个百分点；完成利润58.24亿元，同比增长11%，增速居全市第五，累计增速比5月下降21.95个百分点。

（三）工业用电小幅增长。全区工业用电量1—3月份同比下降1.69%，1—4月份同比增长5.98%，1—5月份同比增长1.68%，1—6月份同比增长2.73%，全区工业用电量呈小幅低位增长态势。1—6月，全区用电量累计完成133 025万kWh，同比增长4.04%，其中工业用电量完成61 487万kWh。从单月工业用电量看：4月、6月工业用电量上涨，同比分别增长23.26和7%；2月、3月、5月工业用电量下降，同比分别下降19.18%、12.7%和7.65%。

受建陶业以及部分用电大户订单和产量回升影响，我区6月份工业用电量小幅上涨。全区用电大户工业用电量为6 963.58万kWh，同比增长1.55%，占全区工业用电量的55.33%。用电大户中有21家单位用电量同比实现增长，用电量为3 705.74万kWh，占全区工业用电量的29.44%。城东建陶用电量305.53万kWh，同比增长51.62%；胜利钢管用电量210万kWh，同比增长54.93%；嵩岳建陶用电量223.49万kWh，同比增长98.36%。用电大户中有22家单位用电量同比出现下降，用电量为3 257.84万kWh，占全区工业用电量的25.88%。淄博柴油机总公司用电量105.91万kWh，同比下降40.33%；淄博东岳实业总公司用电量233.98万kWh，同比下降26.93%。

（四）工业项目建设进展顺利。1—6月份，全区计划新上投资500万元以上工业项目56个，年度计划投资58.03亿元，自开工起累计完成投资44.3亿元，本年度完成投资14.44亿元。市百项重点工业项目中：新华制药的MVR节能改造项目完成投资2 908万元，设备正在组装调试；万昌科技的氢氰酸综合利用项目完成投资1.48亿元，厂房框架和罐区都已建成，设备正在进行调试，项目进展顺利。区重点工业项目中：新华制药的吡唑酮系列项目设备安装、工艺配管接近尾声，电气仪表正在安装；联创节能新材料的组合聚醚及配套聚醚多元醇项目两个车间已基本建成，配套公用工程及设备安装工作基本完成，预计8月份试产；盛安建设集团的压力容器厂搬迁扩建项目的3个钢构车间、1个办公楼、2个仓库主体完工，设备安装调试中。下半年，随着我区一批重点项目竣工投产，对我区工业经济将起到进一步的推动作用。

二、重点行业企业运行情况

上半年，总体来看，我区工业经济运行平稳，主要指标增速居全市前列，经济运行呈现积极向好的趋势，但当前经济形势错综复杂，经济回升基础仍不稳固。受市场需求不旺、生产速度放缓的影响，我区部分重点行业骨干企业经营下滑，企业盈利状况不理想，经营压力普遍增大。

建陶业：3—5月份该行业产销两旺，库存下降明显。6月份该行业进入市场淡季，销售回落，库存有所增加，产销率维持在70%左右。上半年，内墙砖销量较好，地面砖销量持平。产品和原材料价格基本稳定，煤炭价格下降较大，同比下降15%~20%。当前，建陶企业改变了以量取胜，薄利多销的战略，转而采取以质取胜、以新取胜的方式，通过出新产品、出精品来占领市场。部分企业通过加装喷墨机等方式增加技改投入，提高了产品的花色品种和产品质量，同时也提高了产品竞争力。内墙砖的高档产品销售顺畅，部分低档产品价格同比下降5%~8%。地面砖企业通过技改，提高产品档次和水平，高档地面砖产销两旺，部分产品价格同比上涨8%~10%。

化工业：经营形势严峻，产销不畅。受原材料波动、市场需求不旺以及齐鲁公司4—5月检修的影响，齐隆化工、鲁华化工上半年处于亏损状态。1—6月齐隆化工销售收入同比下降20%，鲁华化工利润同比下降40%。

电子信息业：美林电子、计保电气等企业受市场需求不足、市场竞争激烈的影响，企业经营不容乐观。1—6月美林电子产量同比下降21.72%，销售收入同比下降26.24%。计保电气销售收入同比增长2.25%。

机械制造业：受需求减少，同行业竞争激烈的影响，经营形势依然严峻。1—6月胜利钢管亏损1 000余万元。5月和6月份经营形势有所好转，产量大幅提高，处于满负荷生产状态，产量同比分别增长100.9%和133.88%。1—6月产量同比下降6.85%，销售收入同比下降27.74%。

三、当前经济运行中存在的主要问题

(一)主要问题。今年以来，受房地产调控等宏观政策的影响，经济面临下行压力。上半年国内生产总值同比增长7.6%，增速较一季度有所回落。从统计数据分析，全区工业经济运行保持了较快增长。从近期我局对工业企业调研的情况分析，企业经营形势并不乐观。一是骨干行业、企业处于微利或亏损状态，重点企业经营困难。上半年，建陶企业运行较为平稳，微利经营。化工、机械和电子信息行业的骨干企业主要经济指标同比均出现不同程度回落，其中齐隆化工、鲁华化工利税、利润下降较大，经营形势严峻。鲁华化工上半年利税、利润同比均下降35%以上。受市场不景气的影响，建陶、机械行业的部分企业提早结束旺季，进入淡季。二是企业综合成本上升。今年以来，虽然原材料成本稳定甚至有所下降，但综合成本仍然呈上涨趋势。在用工成本方面，人工成本刚性增长，企业员工工资比去年同期上涨10%~20%，有些用工紧张企业上涨幅度更高。加上用地、用电、环保、物流等多种成本叠加，而企业产品销售价格难以提高，使企业盈利空间大幅压缩，企业生产经营难度加大。三是市场萎缩，订单减少。受市场需求不旺和订单减少影响，企业订单同比明显下降，待执行合同与去年同期相比降幅明显，在手订单以小单、短单为主。部分企业还存在订单任务完成，订货单位不提货的现象，在一定程度上也影响了企业的正常运营。四是严峻形势造成企业发展信心受挫。上半年部分企业生产和效益同比均呈下降趋势，企业经营形势严峻，企业对下半年运行情况信心不足，对市场前景看淡，企业对下半年的投资愿望不强。

(二)下半年预计运行走势。从宏观经济形势看，下半年我国将处在整体环境偏紧的经济结构调整期，经济下行的压力加大。出口总额增幅下降，工业增加值增长趋缓，工业品出厂价格指标连续15个月下降，6月份汇丰银行中国制造业采购经理人指数仅为48.3，创9个月来新低。虽然财政、金融政策倾向于实体经济，但整体环境趋紧，中小企业的资金压力将进一步增大。从我区情况看，部分企业生产增幅出现反弹，工业经济运行显露出向好迹象，但下行趋势能否遏制，还需进一步观察，仅从目前的增长尚不能判断形势的变化。当前，经济回升基础仍不稳固，宏观环境存在很多不确定和复杂的因素，下半年能否实现持久平稳增长还有待确认。

四、主要措施

（一）加强经济运行监测，确保经济平稳发展。一是健全工业经济运行监测网络直报系统，进一步推进和完善工业运行监测机制，建立反应灵敏、全面客观、高效高能、上下贯通的运行监测体系。二是加大调研调度力度，定期深入企业开展调研，全面深入地掌握工业企业发展动态。加强规模以上企业的跟踪、分析和调控，密切关注企业生产经营状况和运行走势，对企业生产经营中出现的新情况、新问题进行早分析、早预警、早调度，采取有效措施及时协调解决企业生产经营中存在的困难和问题。三是加强企业资金链风险预警监测。积极排查存在风险隐患的重点企业，对资产负债率过高或流动比率过低的企业、对资金周转困难企业、对贷款采用互保联保方式的企业，进行重点跟踪监控，及时掌握可能发生资金链断裂的苗头性、趋势性问题，充分做好企业资金链风险的预警和防范工作。四是切实加大资金协调力度，帮助企业解决融资难题。以张店金融工商业交流促进中心组织的银企洽谈会为平台，促进金融、工商业等交流。特别对有市场、有效益、有信誉的企业，积极向上级部门争取优惠政策，协调上级部门和金融机构给予信贷支持和倾斜，缓解企业融资压力。

（二）强力推进项目建设，务求稳定投资支撑。一是抓重点项目开工。对尚未开工建设的新建工业项目，进一步细化目标任务，查找问题，确保尽快落实。二是抓在建项目进度。对进展缓慢的项目，继续加大协调、推进、督办力度，加快项目建设速度。三是抓项目竣工投产。抢抓建设速度，确保项目按进度竣工投入使用。

（三）提升自主创新水平，促产业结构调整升级。一是鼓励企业加大技改力度，加快结构调整步伐，调整产品结构，抢占发展制高点。二是加强企业技术创新，提高自主创新能力，引导企业增加研发和科技投入，调优产品结构，增强产品竞争力。三是加快培育节能环保、精细化工、高端装备制造、信息技术等新型产业，形成产业竞争的后发优势。四是扶持一批创新发展企业，以科技工业园"创业园"为载体，吸引国内外高端科研和创业人员投资，形成一批具有自主创新能力，掌握关键核心技术的科技型中小微企业。

（四）千方百计开拓市场，努力提高市场占有率。一是针对部分行业市场疲软、订单下降的形势，引导企业完善营销策略，加大营销创新，建立快速反应的营销机制，积极应对市场变化。二是鼓励和支持企业加强销售网络和队伍建设，引进优秀营销人员，巩固传统市场，发展新兴市场，把市场开拓作为重中之重。三是千方百计为企业牵线搭桥，鼓励企业走出去参加国内外各种大型展销会和产品推荐会，扩大品牌的市场知名度。

（五）强化企业内部管理，提高经营管理水平。各企业要高度重视和切实加强企业管理工作，加大技术改造力度，强化节能减排，加快转型发展。进一步提高科学管理水平，控制成本增长，盘活资金、挖潜增效，逐步扭转亏损局面，实现经济效益的根本性好转。

资料来源　张店区经信局.张店区上半年工业经济运行分析报告［EB/OL］.（2013-08-07）. http://www.zbeic.gov.cn/art/2013/8/7/art_2278_160350.html.

[例文七·三]

×××菜市场××××年上半年财务分析报告

一、主要财务指标完成情况

（1）商品销售额增加。本期商品销售额为385万元，比计划额增长14.34%，比上年同期增长26.2%。

（2）费用水平下降。本期费用水平为4.01%，比上年同期下降幅度为10.09%，相对节约费用额为1.73万元。

（3）全部流动资金周转加快。本期全部流动资金周转天数为10.4天，比上年同期加快0.7天，相对节约流动资金占用额1.12万元；其中商品资金周转天数为7.2天，比上年同期慢0.2天，相对平均多占用商品资金3 200元。

（4）利润额增多。本期纯利润额为16.42万元，比上年同期增长47.61%；每百元销售额平均利润4.27元，比上年同期上升16.99%。

二、采取的主要措施

（1）广开进货销货门路。除在市内努力寻找货源、购进紧缺商品外，还向市外积极组织进货，并根据货源情况以及季节变化，积极开展销货业务。对货源充裕的商品，通过增设售货摊棚、延长营业时间、开早晚市，以及打破班组商品经营范围等办法大力进行推销，从而增加了商品的销量，扩大了销售额。如牛肉销量上升了22%，羊肉销量上升了20%，鸡肉销量上升了23%，糖果销量上升了42%，糕点销量上升了32%，水果销量上升了91%。

（2）把财务指标与班组评比奖励挂钩。在"百分赛"的评比办法中，把商品销售额、销售利润、费用率、商品资金周转率、商品损耗率等财务指标的实际完成情况，作为班组每月评比奖励的主要依据。这样按劳评奖，多劳多得，调动了职工的积极性。

三、存在的问题

（1）有的班组商品资金占用不合理，以致全场商品资金周转减慢。出现这种情况，是由于部分副食商品价格调高，直接导致了商品资金占用加大，当然，这里有客观因素，不可避免。但有的班组商品资金占用的增长大于销售额的上升幅度，则说明商品资金占用不够合理。如早晚服务部销售额只增长15.79%，而商品资金占用额竟增长了26.98%。

（2）商品损耗率普遍增高。本期计耗的七个班组综合损耗率为0.06%，比上年同期的0.05%上升20%。究其原因，多是在进货验收、挑选整理、搬运摆放以及保管等环节中，不按规定的操作规程办事造成的。

（3）费用开支有浪费。本期修理费开支比上年同期增加44.32%，其原因主要是：（1）不善于使用与保养机器设备而造成的故障多，修理随之增多；（2）修建工程设计不周密，盖了又拆，增加了拆改费用。

（4）财产损失加大。本期财产损失比上年同期增加3倍多，其中大部分是当事人失职造成。如放入冷库的25千克对虾，由于保管人员粗心大意，忘记出售，时间长了，质量降低，结果削价处理，损失严重。由此说明，有的员工对待工作存在责任心不强的问题。

四、改进意见

为进一步搞好经营管理，要完善各种必要的规章制度。当务之急是要尽快制定好商品采购工作责任制度，把好进货关。商品资金占用不合理、商品损耗率增高及费用开支有浪费等问题，目前虽与班组定期评比奖励挂钩，已经引起各班组的注意，但为了保证此类问题不再发生，还有必要进一步采取具体措施，加强管理，严格岗位责任制度，做到人人有专责，事事有人管，将管理工作落实到每个人身上，落实到每项工作中。例如，食品组应当把售货场与仓库的商品严格划分清楚，凡进货验收、销售上货、储存检查，都要有专人按规定手续负责办理，彻底解决商品管理上不够认真的问题。

×× 菜市场销售科

××××年××月××日

[例文七·四]

康佳公司2010年财务分析报告

第一部分　行业分析和公司基本情况分析

一、行业分析

中国家电业已进入品牌制胜的时代。在中国家电业遭遇群体市场寒流的今天，有一个"家族"正在崛起，它以时尚、个性、高雅、方便、实用等为特点赢得了千万家庭的青睐，在赢得市场的同时，也竖起了利润与成长的细分行业大旗——它就是小家电。从无到有、从小到大、从弱到强，时至今日，中国小家电业迈入了茁壮成长期，成为名副其实的"大市场"。与传统家电产品不同，小家电在中国的销售仍然处于发展阶段，随着消费者需求增加，小家电产品的种类和数量都在提升，小家电平均利润率高，为企业带来的收益也高。未来小家电在中国的利润率和增长率均将提升至30%左右。

二、公司基本经营情况分析

公司各业务单元继续深入贯彻价值经营策略，强调进攻的意识、开放的心态、变革与创新意识，加快推进营销组织变革，着力提升研发能力，坚持产品创新，严格质量控制，打造差异化精品，实现了彩电、手机、白色家电等主营业务的快速发展。公司白色家电业务部门把握市场趋势，以节能为主线，以时尚外观、差异化保鲜技术和高性价比打造精品阵容，同时积极拓展康佳白色家电的销售渠道，提高渠道覆盖率，实现白色家电业务的稳步发展。为了争夺平板电视的市场份额，内、外资彩电品牌大都采取降价促销措施，平板电视的价格竞争异常激烈，导致平板电视的毛利率较2009年同期有较大幅度下降。

第二部分　财务数据分析

一、资产负债表分析

2010年12月31日与2009年12月31日资产负债表（略）。

从资产负债表的水平分析来看，康佳公司总资产本期增加2 898 812 436.62元，增长幅度为21.36%，说明康佳公司本年资产规模有较大幅度的增长。流动资产本期增加2 526 405 739.60元，增长幅度为21.69%。

2010年和2009年的分析数据来看：

（1）应交税费账户减少幅度为85.12%，原因可能是企业销售量下滑，说明企业的效益有下滑的趋势。

（2）外币报表折算差额账户减少幅度为197.3%，这个账户减少的原因可能是该公司在对外出售环节出现了问题，再加上近年来我国人民币对外币相对升值幅度较大。

（3）应付股利账户减少幅度为88.68%，康佳公司付给股东的利润少了，可能是由于经营规模缩小导致效益下滑。

（4）其他应收款账户减少了75.92%，长期待摊费用减少了20.71%，应收账款账户减少了1.8%，这说明公司销售方向有所改变，自2008年起，公司主要投资在电视机行业上，收入来源有所改变。

（5）从资产负债表的垂直分析的数据来看，2008年至2010年，康佳公司的流动资产都在总资产中占据相当大的比重，其中，2008年占84.9%，2009年占85.8%，2010年占86.1%，账户流动资产过多，有可能是因为公司经营不太稳定。

（6）2008年短期借款占12.8%，2009年是20.4%，2010年是35.9%，三年来短期借款逐年增加，公司的流动资金不足，经营效果不是太明显，只能靠借款来维持公司的日常的持续经营，从这张表来看，公司有必要改善自身的经营模式，扩大资金的来源。

二、利润表分析

2010年度与2009年度利润表（略）。

利润表分析内容：

（1）从上述分析表格来看，营业收入账户2009年增长8.6%，2010年增长29.1%，销售收入有明显的增加，公司致力于电视机一项，在此行业中努力创造出品牌效应，所以，销售方面明显改善。

（2）从投资收益账户来看，2009年增长186.8%，2010年增长291.7%，公司决策方面更加明智，选择了较好的投资方式为公司带来了翻了几倍的收益。

（3）从公允价值变动净收益账户来看，2009 年为 −229.4%，2010 年为 −524.8%，该项收益一直在减少，可能是因为公司所选择的成本计量模式与本公司的实际情况不相符合，相关的会计政策有可能也要做出与公司实际情况相一致的改变才能反映真实情况。

（4）从营业外收入账户来看，2009 年增长 2%，2010 年增长 67.1%，公司经营范围较 2008 年、2009 年有所扩大。

（5）从利润的结构百分比来看，少数股东的权益在 2009、2010 年分别下降 25% 和 27.8%，股东的权益没有得到保障，利润中应付股利不多，导致股东没有都获得相应的权益收入。

（6）我们可以看到，2010 年的经营收益是比较成功的，说明康佳公司已经看到了自身发展中存在的问题，做出了相应的政策方面的改变，平时更应该对公司各种数据加以研究才能更好地管理公司的经营。

三、现金流量表分析

2010 年度与 2009 年度现金流量表（略）。

现金流量表内容分析：

（1）2010 年经营活动产生的现金净流量减少了 47.2%，其他与投资活动相关的现金净流量减少了 65.6%，筹资活动产生的现金流量减少了 41.5%，期初现金及现金等价物余额减少了 11.25%，期末现金及现金等价物余额减少了 24.1%，净利润减少了 31.3%。

（2）2010 年经营活动现金流入流出的比率都比较大，2010 年为 71.2%，2009 年为 77.7%，都是流动的现金资产，公司拥有的固定资产并不是太多，经营模式不稳固，承受不住较大的金融危机。

（3）由于该公司在 2009 年和 2010 年的现金及现金等价物均为负数，导致与之相关的各项数据均是减少的，其发展都不是靠自身的销售以及经营，更多的还是依赖筹资来发展，从上表我们不难看出，无论是筹资的流入流出都占很大的比率。因此，应该重新研究发展模式。

四、计算反映企业盈利能力的指标（略）

五、计算企业营运能力的指标

（计算过程略）

总资产周转率速度的上升，主要是流动资产占总资产的比重上升所致。

本期流动资产周转率下降是由于流动资产垫支周转率下降所致，其对流动资产周转率下降的影响程度明显，而成本收入率稍有上升。

六、短期和长期偿债能力指标的计算

（计算过程略）

从短期偿债能力方面看，公司的营运资金、流动比率、速动比率等指标都较往年有很大变化，且都保持较高的比重，故公司的短期偿债能力还是比较好的；从长期偿债能力方面看，公司的各项指标也都反映出了较好的偿债能力，并且在公司的整个资本结构中负债的比重较少，股权权益的比重较大，说明公司奉行的是较为稳健的财务政策，财务风险的可能性较小。

第二节　审计报告

一、审计报告概说

审计报告是审计人员根据国家有关政策、法规、财经纪律，对被审计单位的财务收支及有关经济活动的真实性、合法性等情况，或对厂长、经理等有关经营者离任经济责任进行审核检查，就审查情况、结果、处理意见和改进建议等，向审计机关或授权部门提交的书面报告。

审计报告按不同标准，有不同的分类：

（1）按审计报告的内容，可分为财政/财务收支审计报告、财经法纪审计报告、经济效益审计报告、财务报表审计报告和审计鉴证报告等。

（2）按撰写审计报告的主体，可分为外部审计报告和内部审计报告。

外部审计报告，是指国家审计机关或社会审计组织提出的审计报告。

内部审计报告，是指部门和单位的内审机构进行审计后所提供的审计报告。

（3）按审计范围和侧重点不同，可分为综合审计报告和专项审计报告两种。综合审计报告，也称全面审计报告。其特点是审计的范围广，包括财务审计、经济效益审计和财经法纪审计等。在综合性审计报告中，既要对所发现的问题作全面反映，又不需要将所有审查的事项都列出来，主要是对财务工作及其经济效益、遵守财经纪律情况的审计。专项审计报告，是针对财经工作中特定范围内存在的问题和特定事项进行的审计。它主要是对部分财务工作，或影响经济效益的个别问题，或某项财经纪律执行情况作审计而写成的报告，如企业承包经营责任审计、被兼并企业资产清查审计、基本建设拨款审计等。

二、审计报告的格式与写法

审计报告通常由标题、主送单位、正文、附件、落款等构成。

1.标题

审计报告的标题一般采用公文式标题。如《××审计局关于×××公司2014年财务收支的审计报告》。

2.主送机关

它是指审计报告的受文单位，要写全称或规范的简称，如××市审计局、×××进出口公司等。

3.正文

正文包括导言、基本情况、存在问题、处理意见和建议。

（1）导言。一般包括以下内容：审计的依据、对象、时间、内容、范围、方式等。结束处往往用"现将审计情况（结果）报告如下"或"现将该厂的评估结果报告如下"等语句过渡到下文。

（2）被审计单位的基本情况。它是对审查范围内的基本情况进行概要的说明或评价，一般包括被审计单位的性质、规模、经营范围、相关项目的财务经济情况及规定指标完成的情况等，如在流通企业的利润审计中主营业务收支的情况、其他业务利润收支的情况、营业外收支的情况等。

（3）审计中查明的问题。对于指明存在问题的审计报告，这部分的内容是最重要部分，主要写明查证核实了哪些问题，这些问题的性质，造成的不良影响，经济损失程度及后果等。由于事关责任，在查证反映问题时一定要实事求是，慎之又慎，材料要充分，证据要确凿，引用的法规、制度等文件要准确，使审计报告更具客观性、公正性。

（4）处理意见和建议。在查明问题的基础上，引用有关法规和具有普遍约束力的决定、命令的条款，针对问题的性质，提出具体、明确的处理意见，如调整有关账目、没收非法所得、补交税金、处以罚款等。对严重违反财经纪律，甚至触犯国家法律的，应追究其经济责任，或建议行政管理部门进行处理，或建议提交有关司法部门审理。

在做出处理决定后，审计人员还可就如何帮助被审计单位从中吸取教训、提高思想认识、加强制度的管理、改进工作、提高经济效益等提出合理化建议，供被审计单位及其主管部门领导决策时参考。

4.附件

将审查出问题的证明材料，如有关凭证、账表、证据的影印件等作为审计报告文字说明部分的补充和佐证，附在正文之后，作为审计报告结论的依据。

5.落款

写明审计机构的名称、审计人姓名及审计报告的写作日期。

三、审计报告的写作要求

（1）审计报告要尊重事实，客观公正，报告中提出的问题必须有根据，并有充分可靠的材料作为佐证。对于证据不足或未经查明的事项，可暂时搁置存疑，不要轻率地写入报告。

（2）审计工作中搜集的材料很多，但写报告时不能都写上，要抓住重点，通过典型事例说明问题。

（3）审计报告不但要写明审计中发现的问题，而且要根据有关规定确定问题的性质，提出审计结论。与此同时，要具体写出切实可行的建议，帮助被审计单位改进工作。

（4）审计报告语言要准确、简练，数字要准确无误。结论性的意见和评价的观点要鲜明，措辞要恰当、严谨，如是"贪污"还是"挪用"，是"疏忽"还是"有意"，定性应准确，不能含糊其辞。

[例文七·五]

关于××有限公司的常规审计报告

××审字〔2012〕00×号

审计委员会：

根据集团公司审计工作计划安排，我们于2012年5月23日至5月31日对××有限公司2011年1月1日至2011年12月31日的经营状况、财务收支状况及内部管理控制等方面情况进行了调阅审计。目前审计工作已经结束，现将审计情况报告如下：

一、被审计单位基本情况

(略)

二、公司整体经营情况

(略)

三、审计发现的问题、风险分析及改善建议

(一) 会计核算方面的问题

1. 未对"应收账款"计提坏账准备

《会计核算制度》规定，"根据每月当期应收账款及其他应收款合计金额的4%计提坏账准备，计入当期损益"；但审计发现财务账面一直未计提坏账准备。

我们认为应收账款的账务处理未能体现会计谨慎性原则，不符合企业会计准则规定；如此处理会虚增利润，导致报表有误。

建议按照制度和准则的要求，按期计提坏账准备。

2. "存货跌价准备"的计提有误

《会计核算制度》规定，"存货跌价准备：按当期期末库存金额的5‰计提，累计存货跌价准备金额达到当期存货金额的10%时，可以不再计提"。但该公司2011年3月底和6月底在存货跌价准备金额都超过存货金额10%的情况下继续按照5‰计提了存货跌价准备；且是按照期末存货的总额计提，未能按商品型号或类别采用成本价与市场价孰低的计提方法。

我们认为，存货跌价准备账务处理未能真正体现会计谨慎性原则，不符合企业会计准则规定；如此处理会虚减当期利润，导致报表有误。

建议按照制度和准则的规定，准确计提存货跌价准备。

3. 损益结算及分配处理不规范且违反国家法律规定

(略)

4. 记账凭证没有附件

财政部《会计基础工作规范》规定：除结账和更正错误的记账凭证可以不附原始凭证外，其他记账凭证必须附有原始凭证。无外来原始凭证的，可以自制原始凭证，但自制原始凭证必须有经办单位领导人或者其指定的人员签名或者盖章。审计期间发现存在大量无附件的记账凭证（例如：2011年×月记计提利息和存货跌价准备）。

记账凭证没有附件既违反国家财务法规，又容易导致审计人员无法判断该经济事项的真实性和会计处理的合理性。

建议严格执行国家财务法规，有外来原始凭证的附外来凭证；无外来原始凭证的，自行编制原始凭证并由相关人员签名或者盖章。

（二）财务管理方面的问题

存在长期呆滞的存货。

（三）经营管理方面的问题

1.未对客户信用进行系统管控。

2.业务员代客户垫付销售货款。

3.销售返利的支付存在违规现象。

4.销售毛利率低下。

四、上次审计发现整改情况跟踪

（略）

五、财务指标评价（经营绩效评价）

详细指标和变动情况见附件一《修正财务指标分析》。

六、审计结论

我们认为，该公司对内部控制制度建设及执行非常重视，现有的内部控制和会计核算制度总体上是有效的，只是在某些方面存在一定的缺陷。

七、审计处理意见

针对本审计报告中提出的问题及审计意见，希望领导及各相关部门认真进行自查、整改、完善，后续审计中再发现此类问题，将按集团公司规定进行相应处罚。

集团审计部　总审计师：×××

主审计员：×××

2012年××月××日

[例文七·六]

审计报告

ABC股份有限公司全体股东：

我们审计了后附的ABC股份有限公司（以下简称ABC公司）财务报表，包括20××年12月31日的资产负债表、20××年度的利润表、股东权益变动表和现金流量表以及财务报表附注。

一、管理层对财务报表的责任

按照企业会计准则和《××会计制度》的规定，编制财务报表是ABC公司管理层的责任。这种责任包括：

（1）设计、实施和维护与财务报表编制相关的内部控制，以使财务报表不存在由于舞弊或错误而导致的重大错报；

（2）选择和运用恰当的会计政策；

（3）作出合理的会计估计。

二、注册会计师的责任

我们的责任是在实施审计工作的基础上对财务报表发表审计意见。我们按照中国注册会计师审计准则的规定执行了审计工作。中国注册会计师审计准则要求我们遵守职业道德规范，计划和实施审计工作以对财务报表是否不存在重大错报获取合理保证。

审计工作涉及实施审计程序，以获取有关财务报表金额和披露的审计证据。选择的审计程序取决于注册会计师的判断，包括对由于舞弊或错误导致的财务报表重大错报风险的评估。在进行风险评估时，我们考虑与财务报表编制相关的内部控制，以设计恰当的审计程序，但目的并非对内部控制的有效性发表意见。审计工作还包括评价管理层选用会计政策的恰当性和作出会计估计的合理性，以及评价财务报表的总体列报。

我们相信，我们获取的审计证据是充分、适当的，为发表审计意见提供了依据。

三、审计意见

我们认为：ABC公司财务报表已经按照《企业会计准则》和《××会计制度》的规定编制，在所有重大方面公允反映了ABC公司20××年12月31日的财务状况以及20××年度的经营成果和现金流量。

××会计师事务所 中国××市

中国注册会计师：×××（签名并盖章）

中国注册会计师：×××（签名并盖章）

二○××年××月××日

第三节　资产评估报告

一、资产评估报告概述

资产评估是资产评估机构（如审计师事务所、资产评估事务所、会计师事务所）受委托后，按照有关法规、制度、规定（如《国有资产评估管理办法》（国务院第91号令）），运用科学的评估方法，选择适当的评估参数，遵循独立、客观和科学的原则，依据统一尺度，对被评估单位的资产（包括固定资产、流动资产、无形资产及其他资产）进行公正、合理、真实的价值评估。资产评估报告则是评估机构就评估过程和结果作出的具有公证性的工作报告，也是评估机构为资产评估项目承担法律责任的证明文件。该报告经过国有资产管理部门或有关主管部门确认后生效。

资产评估报告是委托人据以进行资产交易的证明资料，也是其进行财务处理的合法凭证。对处理资产、产权交易、入股经营，以及上级主管部门了解企业资产状况等，都有重要的凭据价值。

按内容划分，资产评估报告可分为专题资产评估报告和综合资产评估报告。

（1）专题资产评估报告是资产评估机构向委托单位报告单项资产评估工作结果的报告。它是对每项具有确定存在形态的资产一项一项地进行评估，其评估对象范围包括：固定资产、流动资产、无形资产、整体资产等。

（2）综合资产评估报告是评估机构向委托单位报告综合资产评估工作和结果的报告。综合资产评估是根据被评估单位整体资产盈利能力和投资环境等因素，对资产进行综合评估。

二、资产评估报告的格式与写法

资产评估报告一般由以下五个部分组成：

1.标题

标题一般由被评估单位的名称、资产评估的内容和文种三部分组成，如《关于××公司固定资产实有情况的评估报告》。

2.委托单位的名称

一般要详细写明委托人名称，不能用简称。

3.正文

正文包括前言、主体和结尾三部分。

（1）前言。前言一般包括评估依据、评估目的、评估基准日和评估资产项目名称。评估依据，如接受谁的委托、对谁的资产进行评估，同时说明依据什么法律、法规和规定进行评估，作价的依据和资料来源是什么。评估目的，即说明评估是为股份制改造，资产抵押、拍卖，还是进行中外合资、国内联营、承包、租赁等。评估目的影响评估方法的选择。评估基准日和评估资产项目名称，即根据资产业务情况所选定的评估计价日期。如对××资产的评估，评估的基准日期为何日，何时起作为计价的开始。

另外，有的前言还对资产评估总体情况作简要说明。前言部分结束，常用"现将评估结果报告如下"等语过渡到下文。

（2）主体。主体部分是对资产评估具体情况的说明，主要写明各类资产的分布、实有情况、原有的账面净值、评估后的各项价值、增值或减值数额、增值或减值的百分比、增值或减值的原因、评估后资产负债情况、评估使用的方法和计算公式等内容。在写作中，如项目繁多，可用表格列出，再用文字作简要说明，内容多的还可以根据各类资产分成若干部分来写，每一部分用小标题标明。

（3）结尾。总结全文，概述评估结论（有的结论如在主体中陈述，则无必要再次陈述），提请有关国有资产管理局或其他主管部门审核确认。

4.附件

附件的基本内容有以下几项：

（1）作为评估依据的主要文件，如合同、协议、法律条文的复印件。

（2）财产清单及各类资产评估明细表。

（3）委托单位提供的有关财务会计报表及有关资料。

（4）评估后资产价格情况、增减说明等。

5.署名和日期

正文结束，在附件的右下方署上评估机构负责人、评估项目负责人、参加评估人员的姓名，并加盖印章。姓名之下写上评估机构名称并加盖公章。最后署上具体的年、月、日。

三、资产评估报告的写作要求

（1）对资产价值的评估要客观、准确。做到评估有原则，计算有依据，方法要科学，数据要准确，评价要客观。

（2）报告中对一些大的项目、重要的项目应给出具体的文字说明；对一些小的项目，如流动资产的各项内容则可将具体的数额、金额填入表格中，做到有详有略，主次分明。

（3）语言要准确。资产评估报告的语言运用要具有法律用语的一般特征，要善于采用定义法、限定法对有关概念加以明确。用词不能模糊不清，存有歧义。

[例文七·七]

××大学明新楼教学设备资产评估报告书

×××会计事务所接受××大学的委托，对学校明新楼教学设备资产作评估工作，我事务所于××××年×月×日开始进行准备工作，现将评估工作分述如下：

一、评估概况与范围

本次评估的对象是明新楼用于教学用的固定设备，设备分布于明新楼1至6层。本次评估的范围为用于教学且能够现场调查的教学设备，包括桌椅、多媒体、音响、空调、电风扇、电灯、黑板和讲台共八大类资产。其明细如下表：

设备	桌椅（套）	多媒体（套）	音箱（套）	空调（台）	电风扇（架）	电灯（盏）	黑板（块）	讲台（个）
总计	3 771	63	132	83	223	560	63	59

二、评估目的与评估基准日

本次评估的目的是了解明新楼当前教学设备的价值，为相关部门决策提供参考。

评估基准日为2012年4月10日。

三、资产的清查核实过程

（1）确定待评估资产的范围与类别，本次确定的评估范围为8大类教学设备。

（2）现场核实资产的存放位置、存放状态、使用状况。

（3）评估小组人员进行现场核查，对待评估资产的状况进行数量核实、成新率观测、设备品牌等进行登记。

四、评估方法

本次评估选择成本法与市场法进行评估，基于以下几点原因：一是市场法需要找到市场上能够进行类比的同类资产，本次评估的部分资产可以找到市场上出售的同类资产进而进行比较；二是可以通过采用成本法对部分资产的重置成本进行估算，然后减去经济性贬值、功能性贬值等因素得出被评资产的价值；三是收益法不适合本次评估，因为被评估的资产未来的预期收益无法确定，所以不能够采用该方法。

1.成本法的表达式为：

资产的评估值＝资产的重置成本－资产经济性陈旧贬值－资产功能性陈旧贬值－资产实体性贬值

其中，资产实体性贬值的估算方法有观测法、使用年限法等。

2.市场法的表达式为：

资产评估值＝参照物价格×调整系数

其中，调整系数包括时间因素、区域因素、功能因素、交易情况等。

五、评估具体过程

（一）多媒体设备的评估

我们采用成本法评估其价值。

我们从教务处的固定资产清查清单中了解到，多媒体的采购时间为2008年6月份，设备共包括以下五个部分：多媒体中控讲台、网络中控、中控音频处理模块、云台及护罩、电动幕。

按照当时的采购价格，中控讲台的价格为每套6 090元、网络中控的价格为每套5 600元、中央音频处理模块的价格为每套3 263元、云台及护罩的价格为每套1 300元、电动幕的价格为每套1 500元，因此每套多媒体的价格＝6 090＋5 600＋3 263＋1 300＋1 500＝17 753（元）。

1.重置成本的估算

重置成本＝账面原值×（1＋价格变动指数）＋安装调试费用

查阅相关资料，得到2008年通货膨胀率约为5.9%、2009年为7%、2010年为6%、2011年为5.4%，估算每套设备的安装调试费用为2 000元。

重置成本＝17 753×（1＋5.9%）×（1＋7%）×（1＋6%）×（1＋5.4%）＋2 000＝24 475（元）

2.观测法得到多媒体的成新率约为0.8，即陈旧性贬值率约为0.2

由于多媒体设备经济性陈旧贬值、功能性陈旧性贬值及实体性贬值很小，故忽略不计。

3.评估值的确定

每套多媒体设备的评估值＝24 475×0.8＝19 580（元）

待评估的多媒体设备共63套，故多媒体的评估总值为19 580×63＝1 233 450（元）。

（二）音响设备的评估

我们采用市场法评估其价值。

我们从教务处提供的固定资产清查清单中了解到，待评估的音响设备为巴顿牌音响。通过网络询价发现，类似巴顿音箱的一套音箱（两个）市场价格约为 1 700~ 2 000元，我们确定此次的评估中音箱每套价格为 1 800 元，安装调试费约为 500 元。

此次评估的音箱价值=（1 800+500）×132÷2=151 800（元）

（三）黑板价值的评估

网络询价得知，黑板单价为130元/平方米，估算每块黑板的大小为5平方米，63间教室中6间阶梯教室的黑板均为4块，共有黑板81块，共405平方米。

观察法得出黑板的成新率为80%，则黑板的评估价值如下：

130×405×80%=42 120（元）

（四）电灯价值的评估

同类电灯的均价约125元，估算有560盏灯，成新率为60%，安装费为10%，则电灯的评估价值如下：

125×560×（1+10%）×60%=46 200（元）

（五）空调价值的评估

经现场核查，共有海尔、美的、格力和科龙四类立柜式空调，一台壁挂式空调。

空调资产的评估结果=7 580×5×（0.6-5%）+7 580×9×（0.55-5%）+7 580×41×（0.5-5%）+
　　　　　　　　　　7 580×8×（0.4-5%）+7 580×（0.85-5%）+2 299×（0.3-5%）+5 599×
　　　　　　　　　　6×（0.6-5%）+5 999×3×（0.75-5%）+5 563×（0.6-5%）+5 563×（0.75-5%）
　　　　　　　　　　=222 094+38 028.35+574.75=260 122.35+574.75=260 697.1（元）

（六）电风扇价值的评估

经现场调查得知，电风扇共计223架，其中仍然可以使用的有199架，市场上类似功能的电风扇单价约为115元。可以使用的电风扇成新率为0.6，不可使用的电风扇成新率为0.2。

电风扇估价=199×115×0.6+24×115×0.2=14 283（元）

（七）桌椅的价值评估

我们通过现场调查发现，1、2层的桌椅成新率为0.6，其他楼层的桌椅成新率为0.8。

通过网络询价，我们得出单独一套的桌椅的价格约为358.8元，连排桌椅一套价格约为81元，如3109教室的桌椅价值=358.8×50×0.6=10 764（元）；3201教室的桌椅价值=150×81×0.6=7 290（元）。

依次计算其他教室桌椅的价值，并加总得出桌椅的总价值为641 031元。

（八）讲台的价值评估

通过网络询价，我们找到了市场上同类讲台的平均价格约为396元。1、2层的讲台成新率为0.6，其他楼层讲台的成新率为0.8，通过计算得出讲台评估值=23×396×0.6+36×396×0.8=16 869.6（元）。

六、评估结果

将以上八类资产的评估值加总，得出待评估资产的总值为 2 410 530.7 元。

七.评估小组负责人

×××高级会计师　　　　　　　　　　评估资格证第×××号

评估小组成员：

×××高级会计师　评估资格证第×××号

×××高级工程师　评估资格证第×××号

特作评估报告如上，请予审定。

附件：（略）

×××会计事务所（盖章）

××××年××月××日

第四节　验资报告

一、验资报告概说

验资报告是注册会计师根据《中国注册会计师审计准则第1602号——验资》的规定，依法接受委托，按照独立审计的要求，对被审验单位注册资本的实收或变更情况实施必要的审验程序，获取充分、适当的证据，并确认其真实性和准确性后，形成审验意见，向委托单位出具的鉴证类应用文书。

依照《公司法》规定，公司的注册资本必须经法定的验资机构出具验资报告，验资机构出具的验资报告是表明公司注册资本数额的合法证明。

验资报告主要有以下两种：

（1）设立验资报告。它是注册会计师对被审验单位申请设立登记的注册资本实收情况进行审验后出具的验资报告。

（2）变更验资报告。它是注册会计师对被审验单位申请变更登记的注册资本变更情况进行审验后所出具的验资报告。

二、验资报告的格式与写法

验资报告一般由以下五部分构成：

1.标题

标题统一为"验资报告"。

2.呈递单位或人员

它是指验资业务的委托人，应当写明其全称。

3.正文

正文包括前言、主体、结尾和附件。

（1）前言要写清楚验资对象、范围。

（2）主体主要包括出资者及被审验单位的责任、注册会计师的意见、审验依据和已实施的主要审验程序等。意见部分，是指注册会计师的审验态度。注册会计师在发表审验意见时，应当说明已验证的被审验单位注册资本的实收或变更情况，以及验资报告的用途、使用责任和注册会计师认为应当说明的其他重要事项。

（3）结尾一般用"特予以验证"作为结论。

（4）附件。附件应当包括已验证的注册资本实收情况明细表或注册资本变更情况明细表，以及验资事项说明等。

验资事项说明应当包括被审验单位组建及审批情况、申请注册资本情况及出资规定、变更注册资本的原因及审批情况、变更注册资本的规定、注册会计师的审验结果及注册会计师认为应当说明的其他事项。

4.签章和会计师事务所地址

验资报告应当按照国家有关规定由两名具备相关执业资格的注册会计师签名并盖章，加盖会计师事务所公章，标明会计师事务所地址。

5.报告日期

验资报告日期是指注册会计师完成外勤审验工作的日期。

三、验资报告的写作要求

（1）要完成预定的审验程序。编写验资报告首先要编制验资计划、方法和步骤，在按计划对被审验单位提供的材料进行充分验审后，才能掌握审验证据。

（2）要取得充分的审验证据。证据是形成结论的基础，只有获得充分证据后，才能得出结论。

（3）要得出合理的审验结论。在对审验证据进行深入分析后，才能得出结论，最终完成验资报告。

[例文七·八]

验资报告（适用于拟成立公司）

××公司（筹）全体股东：

我们接受委托，审验了贵公司（筹）截至××××年××月××日申请设立登记的注册资本实收情况。按照国家相关法律、法规的规定和协议、章程的要求出资，提供真实、合法、完整的验资资料，保护资产的安全、完整是全体股东及贵公司（筹）的责任。我们的责任是对贵公司（筹）注册资本的实收情况发表审验意见。我们的审验是依据《中国注册会计师审计准则第1602号——验资》进行的。在审验过程中，我们结合贵公司（筹）的实际情况，实施了检查等必要的审验程序。

根据协议、章程的规定，贵公司（筹）申请登记的注册资本为人民币＿＿＿＿元，由＿＿＿＿＿＿＿（以下简称甲）、＿＿＿＿＿＿＿（以下简称乙方）于＿＿＿＿＿＿年＿＿＿＿＿＿月＿＿＿＿＿＿日之前缴足。

经我们审验，截至＿＿＿＿＿＿年＿＿＿＿＿＿月＿＿＿＿＿＿日，贵公司（筹）已收到全体股东缴纳的注册资本合计人民币＿＿＿＿＿＿元（大写），其中以货币出资元、实物出资_____元、知识产权出资_____元、土地使用权出资_____元。知识产权出资金额占注册资本的比例为_____%。

截至_____年_____月_____日，以房屋和专利权出资的甲方尚未与贵公司（筹）办妥房屋所有权过户手续及专利转让登记手续，但甲方与贵公司（筹）已承诺，按照有关规定在公司成立以后_____月内办妥房屋所有权过户手续及专利权转让登记手续并报公司登记机关备案。

本验资报告仅供贵公司（筹）申请设立登记及据以向全体股东签发出资证明时使用，不应将其视为是对贵公司（筹）验资报告日后资本保全、偿债能力和持续经营能力等的保证，因使用不当所造成的后果，与执行本验资业务的注册会计师及本会计师事务所无关。

附件：

1. 注册资本实收情况明细表

2. 验资事项说明

×××会计师事务所（公章）

中国注册会计师：×××

××××年××月××日

[例文七·九]

验资报告（变更验资——增资）

××有限责任公司：

我们接受委托，审验了贵公司截至××××年××月××日新增注册资本及实收资本情况。按照法律、法规以及协议、章程的要求出资，提供真实、合法、完整的验资资料，保护资产的安全、完整是全体股东及贵公司的责任。我们的责任是对贵公司新增注册资本及实收资本情况发表审验意见。我们的审验是依据《中国注册会计师审计准则第1602号——验资》进行的。

在审验过程中，我们结合贵公司的实际情况，实施了检查等必要的审验程序。贵公司原注册资本为人民币××万元，实收资本为人民币××万元。根据贵公司××股东会决议和修改后的章程规定，贵公司申请增加注册资本人民币××万元，由××（以下简称甲方）、××（以下简称乙方）于××××年××月××日之前一次性缴足，变更后的注册资本为人民币××万元。

经我们审验，截至××××年××月××日，贵公司已收到甲方、乙方缴纳的新增注册资本（实收资本）合计人民币××万元（大写）。各股东以货币出资××万元，实物出资××万元，知识产权出资××万元。

……

同时我们注意到，贵公司本次增资前的注册资本人民币××万元，实收资本人民币××万元，已经××会计师事务所审验，并于××××年××月××日出具××［文号］验资报告。截至××××年××月××日，变更后的累计注册资本为人民币××万元，实收资本××万元。

　　本验资报告供贵公司申请办理注册资本及实收资本变更登记及据以向全体股东签发出资证明时使用，不应被视为是对贵公司验资报告日后资本保全、偿债能力和持续经营能力等的保证。因使用不当造成的后果，与执行本验资业务的注册会计师及本会计师事务所无关。

　　附件：

　　1.新增注册资本实收情况明细表

　　2.注册资本及实收资本变更前后对照表

　　3.验资事项说明

××会计师事务所　中国××市

中国注册会计师：×××（主任会计师/副主任会计）

中国注册会计师：×××

××××年××月××日

第五节　商品广告

一、商品广告概说

　　广告即"广而告之"。它是为了某种特定的需要，通过一定形式的媒体，公开而广泛地向公众传递信息的宣传手段。狭义广告又称商业广告，是商品经营者或者服务提供者承担费用，通过一定媒介和形式直接或者间接地介绍自己所推销的商品或者所提供的服务的宣传手段。它是商品生产者、经营者和消费者之间沟通信息的重要渠道，是企业占领市场、推销产品、提供劳务的重要形式，主要目的是提高经济效益。

　　"一张广告救活了一个工厂""一张广告使滞销商品变成了热销商品""一张广告帮助消费者买到了自己最需要的东西"，生活中许许多多这样生动的事例无不说明广告在商品生产和人们的生活中有着极其重要的作用。它有利于沟通生产、流通、交换、消费各个环节，促进生产，指导消费；有利于介绍新产品，推广新技术，促进科技研究的发展；有利于预测市场经济情况的变化，从而指导产品流向，调整生产进度，促进产品适销对路；有利于加强各经济组织的横向联系，促进内外交流，提高企业的经济效益。此外，广告综合了文学、美术、摄影、表演、音乐、建筑等多种艺术形式和表现手段，通过各种媒体渠道渗透到人们的日常生活中，对整个社会风气也起着潜移默化的作用。

　　广告的种类有很多，按所用媒介物的不同，可以把广告分为网络广告、报刊广告、音像广告、陈列广告、标牌广告、灯光广告、橱窗广告、印刷品广告等。按广告的内容，可以把广告分为销售广告、服务广告、求购广告等。按广告的表现手法可以把广告分为商品物象广告和文字广告两种。按广告的用途，可以把广告分为商品信息广告和商品介绍广告两种。

二、商品广告的格式与写法

广告种类繁多，形式多样，不可能有固定的格式与写法，但也不是无规可循。好的广告一般都具有如下的要素和特征：

1. 明确的主题

广告的主题是依广告的实施目的即促销来确定的。写作之前，必须从发布广告的目的出发，从商品的实际情况出发来明确主题。我们没有必要在一则广告中把某种商品的全部材料，诸如产品的名称、功能、特点、价格、使用方法、生产厂家、售后服务等不分主次轻重地统统宣传出去。根据实际需要，有些商品可以从性质功能方面做文章，而不必涉及制造过程；有些商品可以从对顾客的重要意义方面做文章，而不必涉及制造方法。在商品发展的不同阶段，广告的宣传应各有侧重。一般来说，一种商品的发展大致要经历三个阶段：第一阶段是创牌阶段。这一阶段要着重介绍这种商品的优势和用途，要给消费者足够强度的刺激，以修正以往的消费习惯，产生购买的欲望，并承诺广告宣传的商品能满足其需要。第二阶段是竞争阶段。这一阶段应着重介绍这种商品与同类商品比较所具有的优点和长处，使消费者承认这种商品质量好于同类商品，不至于轻易改变购买意向，在保持基本消费队伍的基础上争取更多的新用户。例如，在电视荧屏上出现的众多牙膏的广告中，舒适达牙膏广告就别具一格，它没有引入过多的"新概念"，而是从一个医生的角度来讲舒适达牙膏的与众不同之处，从而取得了消费者的信赖，提高了产品的竞争能力，巩固了产品在市场上的地位。第三阶段是信誉阶段。在这个阶段应着重介绍这种商品得到用户的好评或权威机构的评定，宣传老字号可信，质量可靠，以强化原有消费者的品牌信念，引起其他消费者的从众消费心理，产生消费行为，从而保持产品在市场中的地位。总之，市场是动态的，购销状况随时处于变动之中，我们要用发展的眼光，从研究商品的发展变化、市场形势特征及消费者心理出发，能动地去确立广告的主题，并努力使之突出、鲜明，这是一则广告成功与否的关键。

2. 独到的构思

明确了主题之后，广告的作者就可以根据表现主题的需要，从研究购物者的心理特征入手，别出心裁，选择最恰当的角度和最适宜的表现手法，大胆而富有独创性地去构思，使广告的主题得到完美的表现。例如，日本西铁城钟表公司为了打开澳大利亚的市场，他们不惜重金买下了澳大利亚几家大报为期一周的主要版面，宣称在某星期日将在澳大利亚最大的广场由他们派飞机来空投手表，谁捡到是谁的。于是人们在疑惑之余，届时便驾车前往，以观真相。时间到了，三架直升机出现在广场上空，撒糖块般地扔下了一块块西铁城手表。广场上的人们惊叫着捡起手表，手表完好无损。于是，西铁城手表顺利地打开了澳大利亚市场的大门。这则广告巧妙地利用了心理学上的异质性原理，给人的刺激是强烈的，印象是深刻的，活动是成功的。

善于创意构思的广告总是善于揣摩购物者的心理的。一句"思华年，使你青春永驻",赢得了很多妇女的心;一句"强力啤酒,是你真正朋友",使诸多男子汉回味无穷。这都是成功的心理暗示。而某电器厂生产的电热淋浴器,尽管一再宣传该产品设计如何新颖、节水节能,唯独没有对大家普遍怕触电的问题给出足够详尽的说明,因而购买者寥寥无几。有的冰箱尽管一再宣传终身保修,人们还是不愿意买。为什么?因为人们恰恰从终身保修的承诺中感到它的质量不可靠。

3.精巧的结构

明确的主题、独到的构思,最终都要落实到结构上。广告的结构比其他文体的结构更要讲究精巧,虽然它也和其他文体一样,是由标题、正文和结尾等部分构成的。

(1)标题。广告的标题在结构中的地位极其重要。要在众多的广告中脱颖而出,吸引受众,就必须用极精练的语言准确、鲜明地点出广告的基本内容,当然,这需要讲究一些技巧。广告的标题最常见的是那种直接标题,即直述商品名称或以商品名称加厂商名来命题,如"海尔电视机","北京仿古地毯","瓯海光学仪器厂提供CK-6、CK-8型多功能自动彩色冲洗扩印机"等。为强调优点,有的广告还在商品名称前加上一些评论的话,如"深受中外宾客欢迎的北京龙眼葡萄酒","新时代、新贡献——太极计算机"等。这种直接性的标题简洁明快,通俗易懂。但如果把重要的事实说得过于明白,人们就不想再看下文。为了增强感染力、吸引力,有时可以采取询问、对比、谐音等表达方式,如"您猜猜法国总统的座驾是什么牌子"(一则名牌汽车广告的标题)、"书与酒:价格相同,价值不同"(一则书刊广告的标题)、"闲妻良母"(一则洗衣机广告的标题)等。

与直接标题相反,广告的间接性标题本身并不直接介绍商品实况,而是用迂回的办法发出暗示,诱导人们去阅读广告的正文。如一篇推销"洋河大曲"的广告标题:"酒气冲天,飞鸟闻香化风;糟粕落地,游鱼得味成龙。"看后使读者想看看正文,想品尝一下"洋河大曲"。间接性标题切忌搞得过分生僻或故弄玄虚,使人感到费解而不愿再看下去。

(2)正文。正文是广告标题的具体展开,也是具体体现广告主题和构思的部分。它的表达方式有直述式、对话式、证书式、文艺式等。

①直述式就是用平直的语言,直接写出商品有关方面的情况。例如:

进口欧美废旧有色金属——由美商马斯康(集团)公司提供:

● 废铝:铸铝、非铸铝、铝线、易拉罐,铝含量62%~98%;

● 废铜:铜线(缆)、各类紫杂铜,铜含量35%~99%;

● 铝锭:铝含量99.7%;

● 用户要求的其他各类废旧有色金属。

这种直述式的正文,实实在在,有利于准确、清楚地表达广告的内容。目前国内广告大多采用这种方式来安排广告的正文。

②对话式也叫问答式,即用一问一答形式来展开广告的正文。例如:

电视机图像不清怎么办?

问：我的电视机没有毛病，但常常图像不清，尺寸缩小，声音变低，同步不稳定，为什么？怎么办？

答：最常见的原因是电压不稳定所致。如果供电电压忽高忽低，不仅影响显像质量，还可能会由于电压的突然升高而使晶体管击穿或烧毁电子管，电视机就坏了。

如果把电视机的插头插在××电器厂的调压器上，上述的问题就可迎刃而解了。

对话式广告容易激发人们的求知欲望，诱导人们看完或听完广告的全文，以收到良好的效果。

③证书式，即借助政府和权威人士对商品的评价来介绍商品，展开正文。

这种广告的正文只要把哪一年、哪一机构的什么评比、什么证书及消费者的评价公布出来就行了，可以省去许多陈述性的文字，且易得到广大消费者的信赖。

④文艺式，主要是指运用一些修辞手法，以及诸如相声、动画、诗歌等幽默风趣的艺术形式来展开正文。这种广告形式生动活泼，容易收到引人入胜的效果。

（3）结尾。结尾一般要以简洁、富有情感又很真挚的话语进一步暗示、强化广告的主题，如"临去秋波那一转"，尽量深深地打动读者。例如前面所引进口废旧有色金属的广告结尾写了这样的话："质优价实，节能增值，欢迎洽购。MASCON，美国'ISRI'成员，意味着品质与服务。"结尾之后，要交代广告主的名称、地址、电话、电子信箱等，以便来人来函洽购。

4.讲究语言技巧

写一则成功的广告主要依赖于广告主题的明确、构思的独到和结构的精巧，但也不能不讲究技巧。直截了当、如实陈述的广告看似没有技巧，其实，对某些产品来说，直截了当的陈述正是最大的技巧。广告的写作技巧，从总体上看，就是要求以新奇的、实在的、适应读者心理特征的、适合特定读者阅读口味的手法，用文字将全部广告策略巧妙地传达出去。写作技巧具体体现在广告标题的制作、正文的撰写以及结尾的处理上。除了采用恰当的表达方式外，最根本的是一个语言文字的运用问题。广告如能插入朗朗上口而又清新动人的连珠妙语，一听就能让人联想起某些产品，那就产生了极好的效果。

广告语言的运用要做到精当而不虚夸。广告具有商业性质，它的内容务求真实可靠。真实是广告的生命，因此在文字上必须做到精当准确，不能华而不实。"读者一册在手，可晓天下大事"，这是新华社为《半月谈》杂志写的广告；"车到山前必有路，有路必有丰田车"，这是日本丰田汽车公司在中国发布的广告。这两则广告口气很大，但内容切实，用字精确，读后令人不得不信服。而某电器厂在他们生产的40瓦电热褥的广告："聘请清华大学博士当顾问，采用美国的先进技术，具有独特功能"，是"省优质产品"。但事实上，这个产品根本不是什么"优质"，而是被标准计量部门判定的"不合格产品"。这样的广告只能给广告业抹黑。

广告语言的运用要做到通俗而不庸俗。广告最忌过多地用典或其他故作高深的晦涩文字，读者在广告的丛林中快速浏览时是不会停下来去揣摩那些晦涩文字的含义的。我们应当像与顾客交谈一样，把广告的内容高度浓缩，用精练的语言，自然而然地将主题表达出来。前面所举的一些广告的语言，就具备这种特点。但通俗并不等于庸俗，如果我们把毛发再生药品的广告写成"你秃头吗？请用××毛发再生水"；把"老头衫"的降价广告写成"处理老头，原价十块六，现价四块九"，这样的广告对顾客不礼貌，必然引起顾客心理上的反感，抑制了顾客的消费欲望。至于那些媚俗、低级，甚至淫秽的语言，我们就更不能在广告中使用了。

广告语言的运用还要做到生动而不造作。广告要讲真话、讲明白话，但这真话、明白话要讲得生动，讲得有魅力。在广告里恰当地使用一些成语、熟语，运用比喻、对偶、排比、反问、双关、谐音等修辞手段，可以达到一定的生动效果，但关键在于通过想象，使本来很普通的字眼，产生出人意料的新意。鲁迅在一则关于书的广告中，谈到版权时，没有使用"版权所有，严禁翻印"等死板的字眼，而写了"有人翻印，功德无量"这八个字，令人耳目一新。一则关于牙刷的广告，用了"一毛不拔"这样一个贬义词，寓褒于贬，令人回味无穷。而"少林可乐""崂山可乐""人参可乐"等一大批可乐，这样的机械模仿，必然会令人觉得似曾相识。更有甚者，使用"××可乐，一代名饮"这样的宣传语，既夸大其词，又刻意雕琢，使人感到很不舒服。

三、商品广告的写作要求

（1）要讲究广告内容的真实性，不搞"假、大、空"，不欺骗和误导消费者。

（2）语言要新鲜巧妙，幽默生动，通俗易懂，有启发性。

（3）广告的形式应活泼有新意，切忌俗气平淡。

（4）广告中不能含有宣扬迷信、淫秽、反动、恐怖、暴力等内容，也不能贬低其他生产经营者及其产品，如宣传产品、商品时切忌用"第一、最大、最好、首家、独家、全国领先"等极限词。

十二届全国人大常委会第十四次会议表决通过了新修订的《广告法》，于2015年9月1日起正式施行。新《广告法》对原来的很多内容和规定进行了扩充和细化。例如，禁在大众传媒和公共场所发布烟草广告；加大对虚假广告的处罚力度；禁止十周岁以下未成年人代言广告；增加保健食品广告、大众传媒广告等规定；药品需标明不良反应等。

[例文七·十]

载梦先锋　与您携手　共创共享

更加富裕更具乐趣的汽车社会

TOYOTA三大致力主题

多彩选择——不断提供丰富多彩的汽车，以满足消费者日趋多样化的需求

自 2000 年 12 月首款车型投产以来，目前有 VIOC、COROLLA、

CRUISER、LAND CRUISER、PRADO、YEROS 及 COASTER 七大车型在中国生产。作为拥有齐全商品的汽车厂商，今后 TOYOTA 还将继续投入 CROWN 等更多车型。

激情体验——努力营造更具乐趣的汽车社会，与您共同开辟汽车新天地

在今年9月首次举办的F1一级方程式中国锦标赛中，TOYOTA 将作为一支自主开发赛车发动机和车身底盘的车队迎战。我们期待着能与在赛场及电视机旁的您共享激情。

舒适环境——积极开发环保及安全技术，不断开展社会公益活动，奠定富裕汽车社会的坚实基础

今年 TOYOTA 将一如既往地致力于对混合动力系统、GOA 等环保及安全领域最新、最尖端技术的研究和开发。

与您一起共创全新汽车社会、与您共享全新汽车世界。

TOYOTA 与您共同成长！

敬请光临 TOYOTA 网站
http：//www.toyota.com.cn
TOYOTA

第六节　商品说明书

一、商品说明书概说

商品说明书是以说明为主要表达方式，概括介绍商品用途、性能、特征、使用和保管方法等知识的应用文。

商品说明书有以下几种分类方式：

（1）以内容性质为标准，可分为解说阐述性说明书和介绍简述性说明书。

（2）以篇幅长短为标准，可分为完整性说明书和简约性说明书。

（3）以表达形式为标准，可分为文字式说明书、图表式说明书和音像式说明书。

二、商品说明书的格式与写法

商品说明书一般由标题、正文、落款三部分组成。

1.标题

（1）直接以文种作标题。例如《商品说明书》《产品说明书》《使用说明书》《使用指南》。

（2）以商品名称作标题。例如《三九胃泰》《紫光扫描仪》。

（3）以商品名称加文种作标题。例如《盖中盖口服液产品说明书》《步步高DVD使用说明书》。

2.正文

正文是说明书的核心部分。商品不同，需要说明的内容也不同，有的说明用法，有的说明功能，有的说明构造，有的强调成分，千差万别，各有侧重。例如，食品说明书重在说明其成分、使用方法及保质期限；药物说明书重在说明其构成、基本效用及用量；电器说明书重在说明其使用和保养方法等。正文一般包括以下几个方面：

（1）产品概况（如名称、产地、规格、发展史、制作方法等）。

（2）产品性能、规格、用途。

（3）安装和使用方法。

（4）保养和维修方法。

（5）附件、备件及其他需要说明的内容。

以上内容，可根据需求确定取舍详略和变动前后顺序。正文的表达方式多种多样，如说明文式、条文式、对话式、表格式、故事式、解释式等。

3.落款

落款要写明产品的制造厂家的名称、地址、邮编、E-mail地址、电话、传真、产品的批号、生产日期、优质级别等。不同的商品说明书的落款项目有所不同，应根据实际需要落款。

［例文七·十一］

浓维生素E胶丸说明书

维生素E是一种对人体生长、发育、促进健康与预防衰老有重要作用的营养物质。早在1992年Evens等人已发现它可调节生育机能、防治流产和不育。半个世纪以来，就维生素E的生理和机理作用，近代分子生物学学者作了详尽研究，在营养及医疗上有了重要发现。

1.本品能促进人体能量代谢，增强人的体质和活力。

2.本品能预防因多不饱和脂肪酸（Puma）异常氧化所致的有害物质积累而损伤正常组织引起的早衰，有延迟衰老的作用。

3.本品能改善血液循环，促进溃疡愈合。

4.本品能防止胆固醇沉积，能预防治疗动脉硬化。

5.本品能调整性机能，预防更年期综合征。

6.本品能保护肝脏。

［适应范围］动脉硬化、脑血管硬化、冠心病、间歇性跛行、胃肠溃疡、皮肤溃疡、血栓性静动脉炎、静脉曲张、肝功能障碍、肌肉萎缩、不孕、习惯性流产、性机能衰退、烧伤、冻伤、贫血以及预防衰老。

［用法与用量］日服量：每次50~100mg，每日三次或遵医嘱。

［规格］50mg，100mg。

［贮藏］密闭、遮光、阴凉处保存。

第七节　商务函电

一、商务函电概说

商务函电是单位或个人在商务往来中用以传递信息、处理商务事宜，以及联络和沟通关系的信函和电讯文书。

商务函电是从事国际经济、国际贸易、电子商务、市场营销、商务交流等方面工作的人员经常用到的实务性较强的应用文。其载体形式，广义上讲，除纸质商务信函外，还有电报、电话、传真及电子邮件等。本节主要以商务信函为例，从中探讨商务函电的一般写作规律。

常用的商务信函，从内容上划分，有商洽函、询问函、答复函、请求函、告知函和联系函等。从使用功能上划分，有答复、订货、任命、祝贺、感谢、介绍、邀请、联络、致歉、慰问、唁函、推销函等。

二、商务函电的格式

中文商务信函的写作格式如同一般信函，由开头、正文、结尾、署名、日期五个部分组成。具体可参考第四章第五节"书信"及本节例文。

涉外商务函电的格式项目较多，各构成要素在信中的排列如下：

Letterhead 信头

Reference Number 案号

Date 发信日期

Inside Address 封内名称及地址

Particular Address 特定收信人名称住址

Salutation 称呼

Letter Subject 信件事由

Body 正文

Complimentary Close 结尾敬语

Signature 署名

Reference Notation 经办人

Enclosure 附件

Postscript 附言

三、商务函电的写作要求

有人将商务函电的写作特点归纳为：格式化中透出人情味和成熟，规范化中讲究分寸和礼仪。

其具体写作要求是：

1.主题突出，观点明确

商业信函是为开展某项商务活动而写的，具有明显的目的性。信文内容应紧紧围绕这一目的展开，一般不涉及其他，以免冲淡中心议题。向对方提出的问题要明确，回答对方的询问也要有针对性，不能答非所问，或回避要害。例如，答复对方订货要求时，必须将供应商品的规格、性能、供货日期、价格与折扣条件、交货方式、经济责任等一一交代清楚，切忌含混不清，以免引起纠纷。

2.设身处地，换位思考

为促进双方买卖往来，信函应给对方留下好感。写信之前，要设身处地换位思考：对方的需要、处境、利益与困难，如何在互惠互利的前提下尽可能照顾到对方的愿望，还要考虑对方的地位、身份、专业知识、文化程度和接受能力等。看菜吃饭，量体裁衣，要尽可能使对方乐于接受你信中所谈到的内容。

3.态度诚恳，谦恭有礼

信文内容要实事求是，态度诚恳，不能言不由衷，虚假应酬。谦恭有礼要贯彻始终，避免用冒犯性的语言。即使不能接受对方提出的要求，也应用委婉的语气加以解释，以求保持良好关系。收到对方来函，应尽快给予答复，拖延回信是很失礼的。

需要提及的是"过犹不及"。任何事情，一旦过了头，效果反而不好。礼貌过了头，可能会变成阿谀奉承；真诚过了头，也会变成天真幼稚。只有把握好"度"，才能达到预期的效果。

4.结构严谨、首尾圆合

商务信函的特点是开门见山，直接入题，不绕圈子，不说废话。在信的结尾可提出相关希望。

动笔之前，把所要写的内容有机地组织起来，列成提纲或打个草稿，要避免结构松散，首尾脱节。

5.简洁朴实，语气妥帖

商务信函并不要求使用华丽优美的词句，而是要用简单朴实的语言，准确地表达你的意思，让对方能非常清楚地了解你想说什么。

用词造句口语化是关键，让你的信函读起来简单、清楚，容易理解。但有些传承习用的文言词语和书面语可以采用，如"敬启者"、"盼尽速回音"等，使文字通俗而不失简练典雅。为了做成买卖，注意写信的口吻和语气是很重要的。在写之前先仔细考虑一下，这封信函是想达到一个什么样的目的，希望对收信人产生怎样的影响，是歉意的、劝说性的，还是坚决的、要求性的。这些都可以通过信函中的语气语调来表现。

此外，用词要准确，不要用晦涩的或有歧义的词语。用词不当，常常会使对方误解，甚至被人利用而导致经济上的损失。

[例文七·十二]

商洽函

敬启者：

我方在《××》杂志上得到贵公司名称和地址，盼与贵公司建立商务关系，特函奉告。

本公司系中国××产品最大的出口商之一，具有18年的商务经验，商誉驰名。我方的服务和产品质量保证会使贵方满意。

对我方的信用，如需作进一步的了解，请向中国银行深圳分行直接查询。

盼尽速回音。

发函者

[例文七·十三]

商洽函

×××公司维修部：

我公司去年购入贵公司复印机一台，由于使用不当，造成故障，希望贵部能派员工上门予以维修，如能及早得到你们的帮助，将令我们感激不尽。

×××公司行政部

[例文七·十四]

询问函

敬启者：

我方在××电视台上看到贵公司的广告，对贵公司的金属箱及各类刀具很感兴趣。

请贵方将附表内之项目，以CIF新加坡报价函告，并将最早交货日期、付款条件及经常订购的折扣，亦一并予以说明。

本公司对各类金属日用杂货每年需求量甚大，请贵方惠赠一份目录及详细说明。

发函者

[例文七·十五]

联系函

敬启者：

贵方提醒我方九月十六日付款逾期一函敬悉。本公司本打算付清，但由于季节性贸易不景气，造成我方顾客付款速度缓慢。此种原因，致使本公司暂时不便清偿货款总额。今天本公司通过中国银行以电汇发出部分货款，贵方可在一两天内收到。本公司希望贵方能了解我方困境并给我方以协助。

发函者

研讨与练习

一、经济活动分析的对象和范围是什么?

二、经济活动分析最常用的方法是哪两种?

三、写经济活动分析报告要注意哪些问题?

四、试分析 [例文七·一] 写作上的特点。

五、审计报告按不同的标准划分有哪些不同的种类?

六、审计报告的正文包括哪几部分,每一部分怎么写?

七、用简练的语言概括一下审计报告的写作要求。

八、资产评估报告有什么作用? 有哪些种类?

九、资产评估报告由哪几部分组成? 正文包括哪些部分?

十、资产评估报告在写作上有什么要求?

十一、试分析 [例文七·五] 的写作特点。

十二、验资报告有几种?

十三、验资报告由几部分构成? 正文部分要写清哪些内容?

十四、验资报告与审计报告、资产评估报告有什么异同?

十五、广告有哪些作用?

十六、写好一份广告要考虑哪几个方面的问题?

十七、广告的写作要注意什么问题?

十八、请你为我们这本书写一篇文字广告。

十九、商品说明书和广告有什么共同点和不同点? 为什么必须加以区分?

二十、商品说明书的内容和形式怎样才适度?

二十一、写一份你使用的电饭锅 (或其他商品) 的使用说明书。

二十二、商品介绍除了说明式外,还有散文式和故事式写法。请你以当地拳头商品为题材,写一篇散文式或故事式的商品介绍。

二十三、和一般书信相比,商务函电有什么特点?

二十四、按内容诉求的不同,商务函电可分为哪几种?

二十五、写商务函电要注意哪些问题?

二十六、根据以下材料写一篇牛黄消炎片的药物说明书。

牛黄消炎片,清热解毒,消肿止痛。用于咽喉肿痛、疗、痈、疮疖。本药品为糖衣片,除去糖衣后显黄棕色,味苦,有麻辣感。宜密封贮藏。有效期是三年。口服,一次1片,一日3次,儿童酌情减少;如果外用,研成细面状调敷患处。药物成分有:牛黄、大黄、青黛、蟾酥、雄黄、珍珠母、天花粉。孕妇不要服用。内包装材料为铝箔和PVC,24片/袋。批准文号是ZZ-3277-黑卫药准字 (1995) 第200186号。

生产厂家是哈尔滨华雨制药有限公司,地址是五常市牛家镇华雨路1号。

二十七、指出下列财务分析存在的主要问题:

胜利烟厂2012年11月份财务情况分析

一、基本情况

(一)利润

11月份实现利润66 876.89元,累计实现利润435 205.73元,上年同期累计实现利润

890 251.24元，比上年同期减少了455 045.51元，降低了51.1%。

利润增加因素：

（1）产品销售价格提高（扣除包烟纸降价因素）使利润增加37.8万元（包烟纸降价减少利润10.5万元）。

（2）税金变化、免税因素使利润增加22.4万元。

（3）纸烟销售数量增加使利润增加8.2万元。

（4）其他因素使利润增加1.8万元。

合计增加利润70.2万元。

利润减少因素：

（1）产品成本提高使利润减少90.9万元。

（2）打孔纸销售下降使利润减少15.7万元。

（3）营业外支出增加（退休统筹基金）使利润减少9.1万元。

合计减少利润115.7万元。

增减利润相抵使利润比去年同期降低45.5万元。

（二）成本

产品	单位成本（元）	本期累计（元）
打孔纸	5 622.72	5 626.68
激光纸	7 169.57	6 807.73

（三）资金情况

	本 期	累 计
1.定额流动资金周转天数	201天	195天
2.定额流动资金平均余额	342万元	296万元
3.定额流动资金期末余额	353万元	
4.期末储备资金余额	56万元	
5.期末成品资金余额	132万元	

（四）存在问题及分析

1.利润比上年同期减少的主要因素是产品生产成本的提高，主要是因为原材料价格上涨。

2.打孔纸销售数量低于去年同期160吨，使利润减少了15.7万元。

3.成品资金占用高达132万元，使定额流动资金占用额增加、周转天数延长。

胜利烟厂财务科

2012年12月×日

二十八、研讨性学习

在班级举办一次关于广告语言文字应用现状和特点的调查、分析、评判活动。

【活动目的和要求】

1.通过对广告语应用现状和特点的分析、评判，增强对民族文化心理、审美情趣的把握，提高语言文字应用能力和审美能力。

2.初步掌握对语言文字应用特点进行分析的基本方法。

【实施建议】

1.前期准备

（1）确定以个人还是自愿组成小组的方式来开展本次探究活动。

(2) 确定研究专题。如组成研究性学习小组，要根据兴趣、爱好确定组内分工和实施计划，并体现出分工协作精神。

2．查阅、搜集资料

(1) 根据题旨，从报刊、广播电视、街头、网络中搜集相应广告语。

(2) 查阅有关广告研究的专著或论文。

(3) 走访当地工商行政管理部门、广播电视部门和语言文字工作部门，了解广告用语的有关政策、法规和实际情况。

3．总结分析

(1) 把搜集到的广告用语从应用语言学的角度进行归纳、分析和评判，要言之成理，有论有据。

(2) 对某类广告语应用的特点和效果提出自己的看法。

(3) 分析广告语言对人们的语言生活和学生语言学习的影响。

(4) 在此基础上对某些广告用语进行修改或重新设计。

【研究专题推荐】

1．参考研究题目如下：

(1) 酒香也怕巷子深——同类商品不同品牌广告用语的优劣得失；

(2) 余音绕梁——XX成功广告用语的语言文字应用分析；

(3) 广告用语与民俗生活；

(4) 俗语民谚与广告用语。

2．设计一则广告词，附上说明文稿，内容包括对该产品的市场需求的调查和广告词的设计思路（如怎样吸引人们注意、引导人们消费等）。

【成果展示建议】

1．组织班级研究成果交流会。

2．组织一次班级广告词设计评比活动。

3．举办"广告语面面观"或"广告用语大家谈"的讨论会，根据讨论结果，出一期壁报或专栏。

第八章　法律书状

法律书状是国家司法机关、诉讼当事人（包括自然人、法人）和诉讼参与人，在诉讼过程中，为提起诉讼、进行诉讼、处理诉讼而制作的具有法律意义或法律效力的各种文书。

依照法律规定，刑事诉讼、民事诉讼和行政诉讼都必须以法律文书的形式加以记载和确认。所以，法律文书是由法律规定产生的，是进行诉讼活动的工具和手段。

法律文书包括依法写作的诉讼文书、执法文书和民用非诉讼文书等。本章探讨的是诉讼文书的写作。

第一节　起诉状

起诉状是当事人向人民法院提出诉讼请求，要求人民法院予以司法保护，依法作出裁定或判决所使用的书状。

起诉状是最常用的"兴讼"文书，具有引起第一审程序发生的作用，特别是在民事诉讼程序中，其开始都需要有起诉行为，没有起诉就没有第一审民事诉讼程序的发生。

按性质的不同，起诉状可分为民事起诉状、刑事自诉状、行政起诉状、反诉状等。

由于案件性质不同，起诉状在格式和论述方法上也有所区别。

一、民事起诉状概说

民事起诉状是公民、法人和其他组织认为自己的民事权益受到侵害或者与他人发生争议，向人民法院提出诉讼，要求人民法院保护自己合法权益的书状。民事起诉状是人民法院受理民事案件的依据，它能够促使人民法院及时制止违法侵权行为，平息纠纷，保护当事人的合法权益，是当事人行使诉讼权利的重要手段，也是实用性最强、使用率最高的一种诉状。

民事起诉状分一般民事诉状和经济合同纠纷诉状。民事案件直接涉及当事人双方甚至第三者的利益，关系重大，所以写作时必须严肃认真。

二、民事起诉状的格式与写法

根据我国《民事诉讼法》和最高人民法院《民事诉讼文书样式》的有关规定，民事起诉状的基本格式由五部分组成，即标题、诉讼当事人事项、诉讼请求、事实和理由、附项。

1.标题

标题统一为"民事起诉状",不可简化为"起诉状",也不可笼统地写为"民事诉状"或错写为"起诉书",且标题应居中、醒目。

2.诉讼当事人事项

诉讼当事人事项主要指原、被告自然情况,依次写明:原、被告的姓名(化名、别名)、性别、年龄(18岁以下的在小括号中注明出生年月日)、民族、籍贯、职业、工作单位和住址;当事人如系企业、事业单位、机关、团体的,应写明他们的名称和法定代表人的姓名、职务。委托诉讼的,还应写明委托代理人的姓名、单位、职务。

3.诉讼请求

主要写明请求解决的诉讼标的,即请求法院依法解决原告一方要求的有关民事权益争议的具体问题。要写得明确、具体,如要求损害赔偿、偿还债务、履行合同以及要求与被告离婚、给付赡养费、继承遗产等。请求应合情合理、切实可行。例如:"原告被被告无辜打伤,造成经济损失。受伤后,原告花费医疗费、生活费、护理费、交通费及误工工资5 500元人民币,请求人民法院依法判处被告赔偿原告全部经济损失。"又如:"原告因与被告感情破裂,要求解除婚姻关系,并依法分割家庭财产,请求人民法院依法裁定或判决。"

4.事实和理由

(1)事实部分:首先,应写明原、被告民事法律关系存在的事实,如婚姻关系、合同关系、赡养关系、近亲属关系、雇佣关系等。法律关系明确,即为叙述案情做好了铺垫。然后,主要写明被告侵权行为的具体事实或当事人双方权益争执(或纠纷)的具体内容,以及被告一方所应承担的责任。要注意把双方发生权益争执的时间、地点、原因、情节、事实经过,以及其他能说明问题的东西具体说明。一般应按时间顺序,客观真实地写明案情,要抓住重点,详述主要情节和因果关系。尤其要着重把被告侵权行为所造成的后果和应承担的责任以及当事人双方争议的焦点和分歧写清楚。如果原告在纠纷中有一定过错而应负一定责任,也应实事求是地写明,以便法院全面了解事情真相,分清是非。事实写清楚后,还要提供能证明所控事实的各种证据(包括证人证言、书证、物证、视听资料等),证人的姓名、职业、住址,证据的来源和交验的证据等。

(2)理由部分:主要根据上述事实和证据,写明认定被告侵权行为或违法行为的性质所造成的后果以及应承担的具体责任,并说明理由。然后还要写明所提请求的法律依据是什么。

这部分写完,正文即结束。接着可行文如下:"据上所述要求请依法判决。此致×××人民法院"。右下方是具状人签名盖章,注明具状年月日。

5.附项

这部分写明下列事项:

（1）本状副本×份；

（2）物件×件；

（3）书证×件。

附于起诉状正本的依据，如手抄件或复制件，应注明"经查对，抄件与原件无异，正本在开庭时递交"等字样。

三、民事起诉状的写作要求

民事起诉状是提起诉讼的当事人指控对方当事人违反民事法律或者阐明有争议的民事权益，维护自身民事权益的诉讼申明，是人民法院进行审理的凭证。对双方当事人来说涉及切身利益，具有直接利害关系，因此在写作时要注意以下要点：

（1）弄清有无过错和过错大小的程度。分清是非，是制作民事起诉状的首要前提。

（2）弄清纠纷和争议事实。分清责任，是写作民事起诉状的立论基础。弄清事实就是要全面了解情况，尊重事实和法律，靠证据说话。

（3）弄清纠纷和争议的性质，正确运用法律，是写作起诉状的关键。

（4）符合文书基本格式的要求，是写作民事起诉状的重要条件。

［范式1］

民事起诉状

原告：姓名、性别、年龄（出生年月日）、民族、籍贯、职业或工作单位和职务、住址等。

法定代表人（或诉讼代理人）：姓名、职务、电话。

被告：姓名，性别，年龄（出生年月日，确实不知道的，只写年龄），民族，籍贯，职业或工作单位和职务，住址等。

法定代表人（或诉讼代理人）：姓名、职务、电话。

诉讼请求：

事实与理由：

证据来源、证人姓名和住址：

　　此致

_____人民法院

附：1.本状副本_____份；

　　2.证据材料_____份。

起诉人：（姓名或名称）

_____年____月____日

［例文八·一］

民事起诉状

原告：宋×霞，女，37岁，汉族，××省××市人，××市××经销部职工，现住××市××区兴旺街16号。

委托代理人：许××，××律师事务所律师。

被告：宋×成，男，43岁，汉族，××省××市人，××市××机床厂职工，现住××市××区兴安街32号。

诉讼请求：

1. 要求被告返还应由原告合法继承的全部遗产；

2. 承担本案诉讼费用。

事实与理由：

原告宋×霞与被告宋×成是兄妹关系。2009年3月15日，原、被告之父宋×病故，死后留有位于本市××区邮政路16号两居室住房一套、牡丹牌21寸彩电一台、海尔165升冰箱一台及其他一些家具、用品，另有1万元债权。被告宋×成擅自将父亲遗留的电器、家具等财产或搬回自己住处，或出卖，并将该两居室住房出租给秦××居住。当原告向被告要求共同分配父亲遗产时，被告以原告已出嫁，结婚时父亲已陪送嫁妆8 000元为由，拒绝返还原告应得的遗产份额。原告索要多次，均未有结果。

原告认为，其对父亲宋×尽到了赡养义务：原告在结婚后，每月都给予父亲100元生活费。在其父病重期间，原告整日守在医院看护父亲。

根据《中华人民共和国继承法》第八条和第十一条规定，男女享有平等的继承权，且子女同属一个继承顺序，有平等的继承权。而被告无视法律，侵犯原告的合法继承权，故请求人民法院根据事实和法律，保护妇女合法地位和正当权益，依法判令被告返还原告应继承的合法财产，以实现原告之诉讼请求。

证据和证据来源、证人姓名和住址：

原告对父亲尽了赡养义务，有叔叔宋×可以作证。他现住××市××区花园街21号。被告擅自将父亲遗留房屋租给秦××居住，有秦××现居任在××区邮政路16号的事实为证。

原被告之父宋×主要遗产清单：（略）

　　此致
××市××区人民法院

附：1. 本诉状副本×份；

　　2. 证人宋×证言一份；

　　3. 原被告之父宋×遗产清单一份。

　　　　　　　　　　　　　　　　　起诉人：宋×霞

　　　　　　　　　　　　　　　　　2009年10月20日

第二节　答辩状

答辩状是案件审理过程中，被告（人）、被上诉人、被申请（诉）人针对起诉状、上诉状、再审申请或申诉书的诉讼请求，根据事实和法律进行回答和辩驳的书状。

　　答辩状按照诉讼性质不同，可分为民事答辩状、刑事答辩状和行政答辩状；按照诉讼程序不同，可分为一审答辩状、二审答辩状和再审答辩状。

　　答辩状的作用主要表现在：

　　（1）有利于弄清案件事实真相。处理案件必须以事实为根据，答辩状通过申诉辩解和反驳，阐明本案发生发展的全过程，使关键情节更加明了。

　　（2）有利于弄清案中是非。处理案件必须分清罪与非罪、违法与合法的界限。答辩状通过辩论言词，阐明当事人的行为动机、目的、根据、结果，使案件法律界限更加清晰。

　　（3）有利于正确运用法律。处理案件必须"以法律为准绳"。答辩状通过辩论言词，运用法学理论，阐明本案性质，使案件运用法律准确无误。

　　（4）有利于维护当事人的合法权益。公民和法人的合法权益受法律保护。答辩状通过行使辩护权，对指控进行辩解和反驳，阐述自己的主张和根据，维护自身的合法权益。

　　（5）有利于人民法院的正确判决。答辩状通过当庭辩论，使审判人员进一步弄清案件事实真相，"兼听"双方意见，以便依法公正裁定和判决。

一、民事答辩状概说

　　民事答辩状是民事案件中被告对原告的起诉予以答复和辩驳的一种书状。民事答辩状与民事起诉状是相对的，是对民事指控的申诉、辩解和反驳。提出答辩状是法律赋予处于被告地位的案件当事人的一种诉讼权利，一种自我保护手段，但它不是诉讼义务，是否行使这种权利由当事人自己决定。《中华人民共和国民事诉讼法》（以下简称《民事诉讼法》）第一百六十七条规定：当事人不提出答辩状的，不影响人民法院审理。民事答辩状属于应诉文书，是富有针对性和驳辩性的法律文书，它对于全面披露案情真相，保护答辩人的合法权益有重要作用。

　　民事答辩状与民事起诉状、上诉状、再审申请书是针锋相对的，它与民事反诉状的写作目的相似，其主要特点是：民事答辩状的写作目的主要是削弱对方诉讼请求的根据，减免答辩人的民事责任；民事答辩状适用于民事诉讼的所有程序；民事答辩状的说理以驳论方式为主，立论方式为辅。

二、民事答辩状的格式与写法

　　民事答辩状因答辩主体和诉讼程序的不同，可分为不同类型，但在结构上大同小异，一般由以下三个部分组成：

　　1.首部

　　首部包括标题、答辩人身份事项。标题统一写作"民事答辩状"。

　　2.正文

　　正文包括三个层次：

　　（1）案件来源和案由。一般写成"因……提起……一案，现提出答辩如下"。

（2）答辩的主要内容。首先写明被告人认定的事实和证据；其次写明对民事指控的回答和反驳；最后阐述是否接受指控的理由和法律根据。

（3）答辩请求。在阐明答辩理由的基础上，向人民法院提出要求、主张和建议，如驳回原告起诉、部分驳回起诉要求等。

3.尾部

尾部依次写明致送人民法院的名称及附送的答辩状副本数（与对方当事人人数相当）、证据名称及件数、答辩人签字、日期等。

三、民事答辩状的写作要求

如果说民事起诉状是原告胜诉的必要条件，那么，民事答辩状就是被告答辩成功的必要条件。因此，写作一份高质量的民事答辩状，对于被告而言是极为关键的。

（1）正确提出和论证答辩理由。先要做好答辩准备，全面审查对方诉状内容，寻找争议的关键，列出可辩事项，确定答辩重点。然后，要针对对方诉状的诉讼请求进行回答和辩驳。一般采取以下具体方法：

第一，针对其不实之词进行反驳。采取说明案情真相与举证相结合的写法。

第二，针对其举证错误进行反驳。用确凿的证据指驳对方举证的虚假、不当，是反驳其诉讼请求最有力、最简捷的方法。

第三，针对对方理由论证的错误进行反驳。

（2）概括答辩理由和请求。为了加强答辩效果，最后要在驳辩的基础上，综合答辩内容要点，提出明确的答辩请求。

（3）符合规范，层次分明；语言准确，朴实得体。

［范式2］

民事答辩状

答辩人：姓名、性别、出生年月日、民族、籍贯、职业或工作单位和职务、住址等。

法定代理人：姓名、性别（与答辩人关系）、年龄、民族、籍贯、职业或工作单位和职务、住址等。

委托代理人：姓名、性别、年龄、民族、籍贯、职业或工作单位和职务、住址等（律师只写姓名、工作单位和职务）。

答辩人名称：

所在地址：

法定代表人（或代表人）：姓名、职务、电话。

企业性质： 工商登记核准号：

经营范围和方式：

开户银行： 账号：

答辩人因原告×××（姓名或名称）提起……（案由）诉讼一案，现提出答辩如下：

…………

　　　此致

_____人民法院

　　附：1.本状副本_____份；

　　　　2.证据名称、件数。

答辩人：

　　　　　　　　　　　　　　　_____年____月____日

　　　　　　　　　　　　　　　（法人、组织加盖公章）

[例文八·二]

民事答辩状

　　答辩人：宋×成，男，43岁，汉族，××省××市人，××市××机床厂职工，现住××市××区兴安街32号。

　　因宋×霞诉宋×成遗产继承纠纷一案，提出答辩如下：我与原告宋×霞因遗产继承发生纠纷受到宋×霞的指控，向人民法院提起了民事诉讼。我收到了宋×霞提交的起诉状副本，其起诉状中所述事实不符合实际，诉讼请求不合理。

　　父亲病逝后，确实留下两居室住房一套和一些电器、家具。宋×霞确来索要多次，我没有答应和她共同分配遗产。我这样做的原因是：父亲病重时，曾对我说，因他曾替宋×霞还债近万元，所以把住房给我，至于电器和家具，要我与宋×霞一起商量处置。父亲立此遗嘱时，有我堂兄宋×田和王××医生在场作证。父亲病逝后，我原准备与宋×霞商量如何处置父亲遗留的电器和家具，即得知父亲生前1万元债权已由宋×霞向债务人白××收回，而宋×霞却只字不提，所以我才未与她商量，独自处置了这些电器、家具。

　　根据《中华人民共和国继承法》第五条的规定，有遗嘱的应按遗嘱继承，且父亲的口头遗嘱是符合法律规定的，因而，原告宋×霞要求共同继承父亲遗留住房是没有法律依据的。至于住房以外的其他遗产的分配，如果原告将父亲的1万元债权拿出来与我一起分配，那我愿将我所处置的遗产与她一起分配。

　　请求人民法院查明事实，依法予以公断。

　　　此致

××市××区人民法院

　　附：1.本答辩状副本×份；

　　　　2.堂兄宋×田、××医院医生王××书面证言各一份。

　　　　　　　　　　　　　　　答辩人：宋×成

　　　　　　　　　　　　　　　××××年××月××日

第三节　上诉状

上诉状是诉讼当事人或其法定代理人不服地方各级人民法院第一审尚未生效的裁决或判决，依法提请上一级人民法院撤销、变更原审裁定或判决或者发回原审法院重新审理的文书。上诉状属于第二审程序的诉讼文书，根据诉讼性质的不同，分为民事上诉状、刑事上诉状和行政上诉状三种。上诉状在写作上具有很强的针对性和驳辩性特点。

一、民事上诉状概说

民事上诉状是民事诉讼当事人或其法定代理人不服地方各级人民法院第一审尚未生效的裁决或判决，在法定期限内，请求上一级人民法院撤销或变更原审裁定或判决，或者发回原审法院对案件重新审理的书状。

根据我国《民事诉讼法》的有关规定，提起民事上诉是当事人和第三人的权利，民事上诉是其行使上诉权的手段。民事上诉必须能够引起第二审程序的发生。民事上诉状有助于人民法院公正处理民事纠纷，维护当事人和第三人的合法权益。

二、民事上诉状的格式与写法

根据内容需要，民事上诉状格式及基本写法如下：

1.首部

首部应依次写明：标题即"民事上诉状"、上诉人和被上诉人基本情况、原审案情及案由。

原审案情及案由一般另起一行，用概括说明的写法："上诉人因……一案，不服××人民法院××××年××月××日民初字第×号判决（或裁定），现提出上诉。"

2.上诉请求和上诉理由

（1）上诉请求要写明上诉人请求第二审人民法院依法撤销或变更原审裁定或判决，以及如何解决民事权益争议的具体要求。上诉请求必须合法、明确、具体，条理清晰，应当针对一审判决主文的错误内容及其"错因"提请上一级人民法院作出相应处理决定。

（2）上诉理由应当针对原审裁定或判决的错误决定及其"错因"进行具体驳辩，即明确提出原审裁定在认定事实、适用法律、诉讼程序等方面的错误或不当之处，以确凿的事实和证据反驳原审裁定或判决的不实之词，用法律、法规、政策及事理常情指驳原审裁定或判决结论的非法性，有针对性地阐明自己的上诉请求是合法的。

3.尾部

尾部应依次写明致送上一级法院名称、上诉状副本数（与对方当事人、第三人人数相应）、上诉人签名。

三、民事上诉状的写作要求

（1）提起上诉须持慎重态度，应符合我国《民事诉讼法》一百七十条关于改判或发回重审的（二）、（三）、（四）项规定的情形。

（2）语言要准确、恳切，避免言辞激烈，切忌"过头话"。

（3）不可把一审法院列为被上诉人，因为案件纠纷的实质是当事人之间的利害之争，而不是法院与当事人之间的利害之争。

［范式3］

民事上诉状

上诉人：姓名、性别、出生年月日、民族、籍贯、职业或工作单位和职务、住址等。

法定代理人：姓名、性别（与上诉人关系）、年龄、民族、籍贯、职业或工作单位和职务、住址等。

委托代理人：姓名、性别、年龄、民族、籍贯、职业或工作单位和职务、住址等（律师只写姓名、工作单位和职务）。

被上诉人：姓名、性别、年龄、民族、籍贯、职业或工作单位和职务、住址等。

上诉人因对×××（案由）一案不服××人民法院××××年××月××日民初字第×号判决（或裁定），现提出上诉。

上诉请求：

上诉理由：

　　此致

＿＿＿＿＿＿＿人民法院

附：1.本上诉状副本＿＿＿＿＿＿份；

　　2.证据材料＿＿＿＿＿＿份。

上诉人：

＿＿＿＿＿＿年＿＿＿月＿＿＿日

［例文八·三］

民事上诉状

上诉人（原审原告）：谢×，女，35岁，汉族，××省××市人，现在美国纽约州留学。

被上诉人（原审被告）：陆××，男，38岁，汉族，××省××市人，××市××旅游公司职员，现住××市××区××路41号。

上诉人因离婚一案，不服××市××区人民法院××××年××月××日〔2008〕×民初字第×号判决，现提出上诉。

上诉请求：1.变更××区人民法院〔2008〕×民初字第×号判决；

2.改判由上诉人抚养孩子陆×。

上诉理由：

上诉人因与被上诉人陆××感情不和，于××××年××月××日向××区人民法院提起诉讼，要求与陆××离婚，并由上诉人抚养孩子陆×。一审法院判决：准许上诉人与被上诉人离婚，但认为：上诉人在美国留学，不便抚养孩子，故将陆×判由被上诉人抚养。

上诉人同意一审判决中关于准许离婚及财产分割部分的判决，但上诉人认为：一审法院对陆×抚养权的判决所依据事实和理由不正确，上诉人虽然在美国留学，但现在已有一份稳定的工作和较优厚的收入，生活条件优裕，完全有经济能力独立抚养陆×，而且，美国的教学条件和学习环境较国内来说相对要优越一些，更有利于陆×的学习和成长。而被上诉人陆××平时工作繁忙，经常出差，根本没有足够的时间和精力照顾陆×的学习和生活。

基于上述事实，从有利于陆×的成长教育角度考虑，请求人民法院依法改判，由上诉人抚养陆×。

　　此致
××市人民法院

附：1.本上诉状副本×份；
　　2.上诉人在美国收入证明×份。

上诉人：谢×

××××年××月××日

第四节　申诉书

申诉书又称申诉状或再审申请书，是指案件的当事人或法定代理人认为已经产生法律效力的判决、裁定有错误而向人民法院提出申诉，要求复查纠正或重新审理的书状。

一、民事申诉状概说

申诉状的性质、作用和上诉状基本相同，它们的不同点是：

（1）范围不同。申诉状是对已经产生法律效力的判决、裁定提出上诉的书状，不仅包括一审判决、裁定，还包括二审的终审判决或裁定，甚至正在执行和已经执行完毕的判决或裁定；上诉状则是针对尚未产生法律效力的一审判决或裁定提出上诉的书状。

（2）时限不同。申诉状不受时间的限制，申诉人不论判决或裁定是否经过上诉，也不论这些判决或裁定是否已执行完毕，都可以提交申诉状。上诉状则有时限规定。

（3）条件不同。申诉状能否引起审判监督程序的发生，是有条件的。经法院审查确有理由的,才予受理,无理由的则不予受理。换言之,申诉状只能被视作决定是否引起重新审判程序的参考材料,不一定能引起重新审判程序的发生。提交申诉状未被受理,不影响判决、裁定的执行。而上诉的提出对引起二审程序的发生是无条件的,只要上诉人对判决或裁定不服,在上诉期限内提交上诉状,不论其理由正确与否,法院都应受理。

二、民事申诉状的格式与写法

根据内容需要,民事申诉状由首部、请求事项、事实与理由和尾部四部分构成。

1.首部

首部包括标题、申诉人身份信息和案由。

标题应为"申诉状"或"经济纠纷案申诉状"。

申诉人身份信息,包括姓名、性别、年龄等。因为申诉状是针对原审法院判决、裁定有误而要求复审改判的,所以状头可不写"被申诉人"一项。

案由的写法模式如:"申诉人×××对人民法院××××年×月×日×字第×号判决不服,提出申诉。"

2.请求事项

其一般写法是,先请求撤销原生效裁定或判决,然后请求改判,如:"请求××省人民法院撤销××市法院的裁定,予以重审,依法公正判决。"

3.事实与理由

这部分是申诉书的重点和核心,要陈述新的事实与新的理由,二者缺一不可,否则法院很难受理。与上诉书要求写明"上诉理由"有所不同,申诉书必须写明新事实、新证据或新的法律依据。具体应注意以下几点:

(1)申诉理由应符合法定条件。根据法律规定,申诉书应指出原审判决的错误,从证据、所运用的法律、审判员的职守等方面提出异议。要强调"新",一般不宜重复上诉书的理由。

(2)针对原判的关键事实错误进行辩驳。

(3)针对原判定性不准、法律依据不当进行辩驳。

(4)针对原判证据不足、强行结案的错误进行辩驳。

4.尾部

尾部写明主送司法机关名称,原审生效裁定或判决文书的复印件,申诉的有关证据名称、件数、申诉人签署。

三、民事申诉状的写作要求

(1)对申诉的事实务必求全、求真。原审裁判如果不是依据全面事实裁判的,申诉状应从案情事实、原来的处理经过及处理结果等方面进行归纳叙述,阐明原审裁定的不当之处。

（2）要实事求是。对原审裁定中对的、属实的处理，应承认其恰当而不应反驳，做到实事求是。

（3）尽量列示例证。应将与请求目的相符的人证、物证、书证等在申诉状里明确列示，并加以说明，以实证服人。如能提供有助于说明申诉事实的新证据，将更具说服力。

[例文八·四]

民事申诉状

申诉人（原审原告）：××电脑硬件公司　　　　地址：××市××路××号

法定代表人：×××　　　　　　　　　　　　职务：经理

被申诉人（原审被告）：××网络公司　　　　　地址：××市××路××号

法定代表人：×××　　　　　　　　　　　　职务：经理

案由：硬件购销合同纠纷

申诉人对××市××区人民法院××××年××月××日×字第×号判决不服，特向人民法院提起申诉。

请求事项：

1.撤销××市××区人民法院×字第×号判决；

2.退还货款××万元人民币并支付违约金××万元人民币。

事实和理由：

（应详述，此处略。）

基于上述事实，特向人民法院提起申诉，请求人民法院重新审理本案，撤销原判决，判令××网络公司返还货款××万元人民币并支付违约金××万元人民币，以维护申诉人合法权益。

　　　此致

××省高级人民法院

附：1.原审判决书一份；

　　2.申诉人与被申诉人硬件购销合同一份。

　　　　　　　　　　　　　　申诉人：××电脑硬件公司　（盖章）

　　　　　　　　　　　　　　　　法定代表人：×××

　　　　　　　　　　　　　　　　××××年××月××日

[例文八·五]

申诉状

申诉人：××省A县××银行某信用社

地址：A县××街××号

法定代表人：×××主任

被申诉人：×××××××

案由：申诉人A县××银行某信用社因与B县××银行贷款纠纷一案，对××省高级人民法院××××年××月××日×字第×号经济纠纷案判决不服，现提出申诉。

请求事项：

请求重新审理A县××银行某信用社与B县××银行贷款纠纷案，纠正××省高级人民法院××××年××月××日×字第×号经济纠纷判决。

事实与理由：

一、你院终审判决认为，我方并不是与借贷人个体户于某串通，骗取B县××银行的贷款，也不是明知个体户于某拿B县××银行的贷款来抵贷，因而收贷时并没有过错。但事后知道此还贷之款系B县××银行的贷款，就应该退还B县××银行，而保留向个体户于某追收贷款的权利。我方认为，既然收贷时没有过错，就应该保护我方合法的收贷行为，保护我方的合法权益。

二、B县××银行在向个体户于某放贷时，没有进行资信调查，也没有令其提供贷款担保单位，就将大笔款项借贷给他，事后又不监督其用贷，有很大过错。依照法律规定，有过错的一方对造成的经济损失也应承担一定的经济责任。而终审法院令我方全数归还B县××银行贷款，没有体现B县××银行因过错而负经济责任的法律要求，这样使得早一步积极清贷、控制不法分子于某行为的我方反而大受损失，在国家已经收紧银根的时候仍毫无顾忌地向不法分子于某贷款的B县××银行，反而不承担丝毫经济损失，违反了有过错则有责任的基本法律原则。

根据上述理由，请求再审此案，作出公正合理的裁判。

此致
××省高级人民法院
附：1.×××××
　　2.×××××

申诉人：A县××银行某信用社（盖章）

法定代表人：×××

××××年××月××日

第五节　授权委托书

一、授权委托书概说

授权委托书是当事人把代理权授予委托代理人的证明文书。它可分为民事诉讼代理的授权委托书和民事代理的授权委托书。

（一）民事诉讼代理的授权委托书

民事诉讼授权委托书是民事诉讼当事人为把代理权授予委托代理人而制作的一种法律文书。当民事诉讼当事人要提起诉讼，但感觉自己缺少法律知识或诉讼经验，想请律师作代理人时，首先要与律师所在的律师事务所签订民事诉讼委托代理协议，然后出具民事诉讼授权委托书，表明自己授予律师的权利范围。民事诉讼授权委托书是代理律师行使权利、履行义务的依据，也是衡量代理律师是否越权、是否尽到代理职责的依据，所以，民事诉讼当事人对民事诉讼授权委托书要予以高度重视。

（二）民事代理的授权委托书

民事代理的授权委托书是非诉讼性的委托代理文书，由被代理人委托代理人在一定权限范围内作出民事法律行为，如委托他人出卖、管理房屋等。它同样是根据被代理人的授权而成立的文书。委托人委托的代理权限应当具体明确，不能笼统含糊。

二、授权委托书的格式与写法

（一）民事诉讼授权委托书的格式与写法

民事诉讼授权委托书包括名称、委托人与受托人的个人基本情况、正文、结尾四部分。

1.名称

委托书名称应写明"授权委托书"。

2.委托人与受托人的个人基本情况

其包括姓名、性别、年龄、民族、籍贯、职业、工作单位和住址。如果委托人是法人，则应写明法人的全称、地址、法定代表人姓名等。

3.正文

（1）委托事项。写明案件名称，如继承案或经济合同纠纷案等。

（2）说明授予代理人的权限范围。这是代理人实施代理行为的有效依据，委托人写时或律师代书时一定要注明。在民事诉讼代理中，委托代理权分为两种：①一般委托，即委托代理人只能代当事人履行一般的诉讼行为，如代写诉状、出庭、收集和提出证据、辩论、申请财产保全、证据保全等。②特别委托，即除委托代理人履行一般的诉讼行为外，还委托代理人施行某些重大的涉及委托人实体权利的诉讼行为，如委托代理人代当事人承认、变更、放弃诉讼请求；提起上诉或反诉；与对方当事人和解等。如果是特别委托，必须具体写明委托事项，否则在司法实践中按一般委托对待。《最高人民法院关于适用〈中华人民共和国民事诉讼法〉的解释》（法释〔2015〕5号）第八十九条规定："当事人向人民法院提交的授权委托书，应当在开庭审理前送交人民法院。授权委托书仅写"全权代理"而无具体授权的，诉讼代理人无权代为承认、放弃、变更诉讼请求，进行和解，提出反诉或者提起上诉。"

（3）写明委托的期限和起止时间。

4.结尾

委托方和被委托方签字盖章，并注明具文时间。

（二）民事代理授权委托书的格式与写法

民事代理授权委托书也由四部分组成：

1.名称

写明"委托书"或"×××委托书"。

2.委托人和受托人的基本情况（同上）

3.所规定的权限内容和范围

如果是一次性有效的委托，应当规定实施某一特定行为的权限；如果是专门委托书，应当规定在某一时期内实施同一行为的权限（如某企业委托某人出卖产品的委托书）；如果是全权委托书，应当规定由于经营财产所产生的各种法律行为的权限（如全权代理处理房产的委托书）。

4.结尾

委托人和受托人签名并盖章，注明具文日期。

[例文八·六]

民事诉讼授权委托书

委托人：吴××，男，××岁，辽宁省××市人，汉族，××市工商银行××区办事处主任，住本市××路××号

受托人：郑××，××市××区法律顾问处律师

为追索中国农业银行××区办事处拖欠我处的建筑工程垫款，我处已向××市××区人民法院提起诉讼。现自愿委托××市××区法律顾问处郑××律师及我处张××同志为本案诉讼代理人。代理人全权代表我处出庭诉讼，并有放弃或变更诉讼请求、进行和解及提起上诉的权限。

特此授权

委托人：××市工商银行××区办事处（章）

法定代表人：吴××（章）

受托人：张×× 郑××（章）

二○××年××月××日

[例文八·七]

民事代理授权委托书

委托人：姓名、性别、年龄、民族、籍贯、职业、工作单位和住址、身份证号

被委托人：姓名、职务、工作单位

本人因工作繁忙，不能亲自办理×××的相关手续，特委托×××作为我的合法代理人，全权代表我办理相关事项，对被委托人在办理上述事项过程中所签署的有关文件，我均予以认可，并承担相应的法律责任。

委托期限：自签字之日起至上述事项办完为止。

委托人：（签名、盖章）

被委托人：（签名、盖章）

二○××年××月××日

第六节　经济仲裁申请书

一、经济仲裁申请书概说

经济仲裁申请书是经济纠纷当事人一方（即申请人或申诉人）为维护自己的合法权益，向仲裁机构提交的请求仲裁自己与他方当事人（即被申请人或被申诉人）的经济纠纷的申请文书。

经济仲裁机构为各级工商行政管理局设立的经济仲裁委员会。仲裁机构不行使经济审判权，不按司法程序解决争议，而主要采用协商、调解的方式处理经济合同纠纷。

在当今的经济活动中，当经济合同出现当事人无法解决的纠纷时，当事人一般都会选择仲裁方式解决。仲裁申请书是带有法律性质的文书，是仲裁机构进行仲裁的主要依据之一。

二、经济仲裁申请书的特点

（1）申述性。经济仲裁申请书具有陈述经济纠纷事实、申述理由的特性。

（2）参证性。经济仲裁申请书提供的事实和理由，能为仲裁机构开展协商、调解提供参考依据。

（3）启动仲裁程序性。递交经济仲裁申请书本身就是启动仲裁程序的第一步。

三、经济仲裁申请书的格式与写法

（1）标题。首页居中写"仲裁申请书"。

（2）当事人基本情况。其包括当事人的姓名、性别、年龄、职业、工作单位和住所以及法定代表人的姓名、职务、电话等。

（3）案由。概括写明因为何事申请仲裁。

（4）仲裁请求。写明申请仲裁的具体事项、要求达到的最终目的。

（5）事实和理由。概括叙述经济纠纷的事实经过，说明请求仲裁的法律依据，指出有关证据、证据来源、证人姓名和住所等。

（6）尾部。尾部包括呈送仲裁机构名称，按信函格式写"此致""×××仲裁委员会"；署名、签章和日期；附件，包括本仲裁申请书；书证；物证；证人姓名、住址。

四、经济仲裁申请书的写作要求

（1）叙述事实纠纷要实事求是，条理清楚，准确简练，申请理由必须以事实为依据。

（2）通过仲裁达到的目的应当合情、合理、合法。

（3）语言要得体，避免使用过激言语，以免进一步激化矛盾。

[例文八·八]

仲裁申请书

申诉方：××县××镇××村村委会

法定代表人：钱××，村长

被诉方：××县××厂；地址：××县城关镇长江路11号

法定代表人：奚××，厂长

案由：被诉方单方终止合同

请求事项：

1.继续履行协议；

2.赔偿申诉方经济损失。

事实与理由：

20××年3月5日，申诉方与被诉方签订"联办农具厂协议书"，约定双方共同投资建厂。申诉方投资为1/3，被诉方投资为2/3，投产后利润按投资比例分成。协议书第12条规定："本协议签订后，双方信守协议，不得以任何理由单方终止。任何一方终止协议，一切后果由提出终止协议方负责。"

双方于20××年5月筹建施工。申诉方与被诉方各投资10万元，计划20××年元月底建成投产。不料被诉方于20××年8月突然提出："经请示县经计委，不再给农具厂投资。"为此，申诉方多次找被诉方协商，同时主动向县经计委申明情况，希望督促被诉方履约。但被诉方不予理会，公然单方面终止协议，不但不承担任何经济损失，还无理要求申诉方承担被诉方全部投资款项。此外，被诉方还在申诉方不知情的情况下，函告县电力局，要求停止使用用电补贴，故意给筹建工作设置障碍。申诉方多次规劝其继续履行协议，但被诉方却根本不听，置《合同法》和双方签订的协议书于不顾，一意孤行。申诉方在经多方努力毫不见效的情况下，为了维护国家的法律尊严，保护自身的合法权益不受侵害，特向贵会提出仲裁申请，请求依法裁决。

　　此致

××县工商行政管理局经济仲裁委员会

　　附：1.本申请书副本一份；

　　　　2.协议书一份（复印件）；

　　　　3.被诉方擅自终止合同的函件一份。

申诉方：××镇××村村民委员会（盖章）

20××年4月1日

研讨与练习

一、下面的语句均摘自法律文书，请找出其用词方面的不妥之处。

1.被告一向不务正业，偷鸡摸狗，横行乡里，民愤极大。

2．成千上万元的人民币被张×贪污挪用。

3．刘××对我进行无中生有的控告，使我声名狼藉。

4．孙×共窃得脚踏车25部。

5．被告为达到进城告状之目的，竟然在公路上站立，大声喊叫，拦截公共汽车，无理取闹，以致造成汽车晚点的严重后果。

6．陈××在火车上书写标语。

二、简答题

1．民事起诉状的事实部分应写明哪些内容？

2．民事起诉状应如何阐明起诉的理由？

3．上诉请求的写作要求是什么？

4．写作答辩内容应注意哪两点？

5．什么是授权委托书？它主要分哪两种？

6．民事诉讼授权委托书的写作要注意什么问题？

7．什么是一般委托？什么是特别委托？

8．简述授权委托书的写作格式。

9．什么是经济仲裁申请书？它有什么特点？

10．简述经济仲裁申请书的写作格式。

三、根据下列案情材料，拟写一份行政起诉状。

2008年4月28日，××工厂在××地扩建厂房，由杜×龙的××工程队承包。在施工中，杜×龙未经王×良（被处罚人）同意，便在王×良的责任田东南角挖池拌灰，直接影响王×良责任田小麦生长。王×良多次劝阻，但杜×龙等人置之不理，继续施工，并说挖池拌灰"没有在你的地里，你管不着！"为制止杜×龙的非法侵害，王×良与杜×龙发生口角，并相互撕扯。同年6月5日，××县公安局依据《中华人民共和国治安管理处罚法》的相关规定，以王×良殴打他人，造成杜×龙轻微伤害为由，对王×良处以50元罚款。王×良不服，向××县人民法院提起行政诉讼。

王×良认为县公安局认定他干扰杜×龙正常施工与事实不符。杜×龙在王×良责任田东南角半米处挖池拌灰，大量石灰粉尘不仅散落在小麦上，而且拌灰时溢出的石灰水直接流进麦田，使小麦受害，导致部分小麦枯黄。王×良说："要求杜×龙改变施工地点，以停止不法侵害，这是保护自身权益的正当行为，根本不存在干扰杜×龙正常施工的问题。"王×良还认为县公安局认定他打人，造成杜×龙轻微伤害，不是事实。在制止杜×龙非法侵害中，双方发生争吵，有过拉扯现象。但双方均未被打伤，在场劝架的群众李×江、赵×景、胡×生均可以证明。杜×龙谎称自己受伤，既无医院诊断书，又无其他证据能够证实。据此，王×良向××县人民法院起诉，要求撤销××县公安局对他的处罚决定。

四、下面是一则病文，试分析其优点与存在的毛病。

经济纠纷答辩状

答辩人：永耀灯饰有限公司　　　　地址：某市人民路48号　　　　邮政编码：××××××

法定代表人：李××，经理

委托代理人：张××，天平律师事务所律师

答辩人因华天灯饰制造厂（下简称"华天"）诉新颖灯饰有限公司（下简称"新颖公司"）还款一案，现提出答辩如下：

华天与新颖公司曾签订3万元灯饰的购销合同，由答辩人对有关的款项进行担保，答辩人也在合同上确认了这一点。但是，这种担保只是一般担保，而不是连带担保，按照我国《担保法》的规定，被告新颖公司是有还款能力的，不应由答辩人承担担保责任。而且原、被告曾就还款事项修改过合同内容，又没有通知答辩人，因此答辩人不应承担担保责任。请法院考虑上述原因，作出公正的判决。

　　此致
××区人民法院

答辩人：永耀灯饰有限公司

法定代表人：李××

20××年×月×日

第九章　新闻报道

新闻是对通过报纸、电台、电视台、互联网等媒体途径所传播的信息的一种称谓。"新闻"这个词实际有三个含义：一是新闻的实质特征，指对新近发生的重要事实的报道；二是指新闻体裁的总称，包括消息、通讯、特写、新闻评论、专访等；三是专指消息，包括简讯、电讯等。本章研究几种常用新闻文体的写作。

第一节　消　息

一、消息概说

消息是对新近发生的具有传播价值的事实进行简明扼要、迅速及时报道的新闻文体。

传播价值即新闻价值，其构成要素有：事件的重要性、时效性、新鲜感、接近性、异常性（包括趣味性、人情味儿）、显著性。新闻报道体裁中最常用、最主要的形式就是消息。在现代社会里，国内外大事的报道，工作情况的交流，各种政治、经济、文化信息的传播，都离不开消息。随着信息社会的到来，消息与人类社会的联系愈来愈紧密，对人类社会的影响也愈来愈广泛和深入。

按消息的内容划分，有时事新闻（消息）、社会新闻、娱乐新闻、体育新闻、经济报道、法制新闻等。

按篇幅的长短划分，有长消息、短消息、简讯、一句话新闻和标题新闻。

按媒体分，有报刊消息、广播消息、电视消息、网络消息等。

从写作角度来划分，有动态消息、综合消息、经验消息、述评消息和深度报道。

（一）动态消息

动态消息又称动态新闻，是对客观事物新近变动的信息的报道，以即时事件和突发事件为主，包括对正在发生变动的事实的连续报道，是消息文体中最基本、最大量的报道形式。

（二）综合消息

综合消息是把发生在不同地区或部门的具有类似性质的事件综合为一体的报道。它鸟瞰式地反映全局性的情况、成就、趋势、动向或问题，对大量的具体材料作分析综合，反映出具有共同性的主题思想。它具有报道面宽、逻辑性强、点面结合、舆论性强的特点，是一种全方位、立体的"组合式"报道。

（三）经验消息

经验消息也称典型报道，是对具有普遍意义的典型经验或典型人物的报道。它主要反映具体单位、部门、行业在工作、学习、生产中取得的成功经验，以及某人在某项工作中取得某项新成果的典型做法，用以提供样板，带动全局。

（四）述评消息

述评消息也称新闻述评，它抓住当前社会的"热点""焦点"，围绕新闻事实加以分析、评论，是一种边叙边议、评述合一的报道。述评消息评价新闻事实的性质，揭示事件的内涵与发展趋势，有助于人们对重大社会问题的认识，是导向性较强的一种消息报道。

（五）深度报道

深度报道是揭示新闻事实内部联系的一种连续性报道。除报道新闻事实外，还揭示和说明新闻事实产生的原因及结果，透视"新闻背后的新闻"，解释事件的含义及社会影响，也包括对事件的发展做出预测和展望。深度报道一般反映重大的社会题材，社会意义深远，其表现形式突破了"一事一报"，多是连续报道、系列报道、组合报道。

二、消息的特点

（一）真实准确

消息必须完全真实，真实是新闻的生命，也是消息写作的根本原则。事实第一性，消息第二性，没有事实就没有消息。新闻事件要讲清楚故事、小说、戏剧必备的6个要素，即"5W1H"：谁（Who）、何时（When）、何地（Where）、何事（What）、为何（Why）、结果如何（How）。

如果这6个要素串起来，概括为一句话，就是：某人某时在某地为什么做了某事出现了某种结果。

消息中的6个要素要真实，细节也必须真实，所引用的资料、数据必须有可靠的来源，核对清楚，准确无误。

（二）导向鲜明

消息报道针对性强，所报道的事实都是人们普遍关注或急需解决的问题。消息的采写总是带有鲜明的社会导向性，绝非毫无选择的"有闻必录"，毫无导向性的消息是不负责任的。

（三）新鲜及时

新闻是新鲜的信息。新闻贵新，消息报道的事实必须能给人们带来新信息、新情况、新变化。及时是消息报道在时间上的要求。消息要在第一时间迅速报道事件及其变化，只有及时才能确保新闻内容的新鲜性，才能体现新闻的"新"价值。

（四）短小精悍

消息是新闻报道中的主角，是传递新闻事实最便捷、最迅速的手段。消息要快速传递变动的信息，迟了就失去了生命。因此，消息的制作必须简短。随着信息社会的发展，人们获取信息的节奏加快，新闻要素齐全、短小精悍的消息更适合时间节约性原则。因此，消息报道中以短消息居多，甚至出现了一句话新闻、标题新闻。

三、消息的结构与写法

（一）消息的结构

倒金字塔结构就是先把最重要的事实（常常是结果）概述出来，放在消息的最前面，然后是事件的展开，按重要性递减的顺序排列，背景材料往往放在最后。这样的新闻简洁明了，重点突出。大多数新闻都是按这种"倒金字塔式"来组织材料的。它的长处是突出了基本事实，读者、观众、听众能很快理解，并随时可以停止阅读或调换频道，因为从开头部分已了解了事件的内容梗概；同时，也便于编辑选择、取舍。它的局限性是程序固定、单调，易流于形式，生硬、呆板，如掌握不好，标题、导语极易重复。倒金字塔结构适用于时效性强、事件单一的新闻。

消息不一定非用倒金字塔结构。现在，不少消息开始采用"华尔街日报体"。其特点是：从某一具体事例（或人物、场景、细节）写起，经过过渡段，进入新闻主体部分，叙述完毕后又回到开头的事例（或人物、场景、细节），有时也用总结、悬念等方式结尾。这种方式从小处落笔，向大处开拓，引导读者从感性到理性地了解新闻事实。它常为西方报刊所采用。

金字塔结构也叫编年体结构，即按事情发生发展的时间顺序组织材料，有头有尾地、完整地叙述新闻事实的原委和过程。事件的开头就是新闻的开头，事情的结局放在最后。这种纵式结构可以使报道朴实自然，脉络清楚。金字塔结构适合于表现故事性较强的新闻事件。

复合结构是一种纵横交织的综合式结构，重大报道、全景式报道往往采用这种形式。从纵的方面显示事件的发展过程，以贯通首尾的时间发展为线索；从横的方面突出事件的几个侧面，根据新闻事实的内在逻辑联系来叙述事实。纵横交织，相互支撑，既能展示清晰的发展变化的时间顺序，又能展示事件在不同发展阶段、不同侧面的重大问题，能够拓展报道的深度。

（二）消息的写法

消息通常包括标题、消息头、导语、主体、背景、结语几个部分。

1.标题

俗话说，"读书看皮，读报看题"。标题的质量如何，会直接影响新闻报道的效果。好的标题能准确揭示新闻的主要内容，同时也能吸引读者阅读。标题拟得不好，则易使读者忽略重要的新闻或可能感兴趣的新闻。

消息标题的写作非常灵活，常见的有单一型标题与复合型标题两大类。

单一型标题是只有主题的标题，包括一行题（如《我国黄金产量正式解密》）和双行题（无辅题）（如《油价攀新高　股市大跳水》）。单一型标题必须是实题，以叙事为主，能够准确地概括新闻的主要事实或主题。

复合型标题由主题与辅题组成。辅题，包括引题和副题两种。复合型标题分引题-主题型、主题-副题型和引题-主题-副题型三种。不论采用何种类型，其中一个必须是实题，其余可虚可实。

引题又叫肩题或眉题，主要用来介绍新闻背景、烘托气氛、揭示主题意义、引导主题。引题位于主题之前，文字简短，以一行为宜。

主题又叫正题或大标题，用来说明新闻中最重要或最引人注意的事实或思想。主题是消息标题的核心部分，含义确切，文字简练。

副题又叫子题或下辅题，用来进一步补充交代事实、问题，说明主题的来源、结果，或者对主题进行补充、印证和注释。副题位于主题之下，宜实不宜虚。例如：

铁路大提速成振兴经济催化剂	（引题）
火车拽着东北飞	（主题）
昨晚6时：终圆亿吨大港梦	（主题）
大连港年货物吞吐量首次突破亿吨大关	（副题）
涉及20多个省市区	（引题）
非法吸存450亿元	（主题）
涉案金额最大金融证券案德隆案开审	（副题）

2.消息头

消息头有"讯"与"电"两大类。

（1）"讯"，又称讯头，主要是指递交或邮寄到新闻部门的报道。凡是报社通过自身的新闻渠道获得的本埠消息，都冠以"本报讯"；若报道稿件是从外埠寄来的，则应标明发布新闻的时间和地点，如"本报南京9月18日专讯"。

（2）"电"，又称电头，主要是指通过电报、传真、电话或电子邮件等向新闻部门传递的新闻报道。各家通讯社向新闻部门传递的新闻信息，多采用这类形式。电头一般由发布新闻的单位名称（简称）、发布新闻的地点、发布时间和发布形式四部分组成，如"新华社北京10月1日电"。

消息头的作用：第一，消息的标志，用以区别于其他新闻文体；第二，"版权所有"的标志，表明此消息是新闻发布单位独家采集的；第三，表明消息的来源，以利于读者作出判断；第四，明确责任，新闻发布单位承担发布该消息的责任。

3.导语

导语是消息的开头，一般是消息的第一句或第一段。它以简要的文句，突出最重要、最新鲜、最富有个性特点的事实，或发出精辟的议论，揭示新闻主旨。

导语简要写出新闻的主要事实或意义，或引出主题，吸引受众注意，最大限度地激发受众的阅读兴趣。如2015年9月29日《人民日报》题为《习近平美国之行"成绩单"：9大成果10大红包》的导语：

在过去的七天时间里，习奥会再次上演，中美达成49项成果；习近平首次走上联合国讲台，阐述中国发展理念，展示中国发展成就。

常见导语的写法：

（1）叙述式，即用叙述的方法，简明扼要地写出新闻中最新鲜的事实，开门见山地给受众留下直接印象。这是消息导语最常见的方式。

（2）描述式，即针对新闻的主要事实或事实的某个有意义的侧面，作简练而有特色的描写，给受众以具体生动的印象。如：

晚上正在吃饭，手机响了，是在河北农村老家务农的妈妈打来的。"我想问问，今年应该种点啥？""您都这么大岁数了，还为这事操心哪！""是村里的乡亲们让我打听的，大伙都听说，中央今年发了一号文，文里老百姓都成宝贝疙瘩了，大伙让我问问咋样在咱的田间地头落实……"我心头一热，忙挑最要紧的告诉妈妈。

（3）提问式，即将新闻的主要事实或主题思想用提问的方式鲜明地提出来，而后用事实加以回答，以引起受众的注意和思考。如：

几乎是一夜之间，繁华的中山路两侧便插满了数百面写有"车缘"字样的广告小旗，昨日的星海会展中心大堂，更成了"车缘"巨大的展台。"车缘"为何物？缘何会在第六届国际汽车暨零部件展上备受关注？几番打探下来，才得知"车缘"是市商业银行汽车消费贷款的品牌。

（4）评论式，即在报道的开头对新闻事实直接加以评论，揭示事实的本质和意义。如：

"宁可不增速度也不欠技术水平的账，宁可不上项目也不搞低水平重复建设。"近年来，天津工业致力于推进结构调整、技术创新和对外开放，积极发展对经济增长有突破性带动作用的高新技术产业；注重运用高新技术和先进适用技术改造提升传统产业；高度重视资源节约与综合利用和环境保护，努力提高经济增长的质量和效益，在新型工业化道路上迈出了坚实的步伐。据中国科学院可持续发展战略研究组综合分析，在全国新型工业化程度方面，2000年和2001年天津已经连续两年走在全国前列。

导语的写法除了以上介绍的几种外，还有引语式、对比式、悬念式、结论式等。

导语要抓住最主要的新闻事实，反映消息的核心和精华，不能把附属内容、琐碎细节塞进导语；要讲究可读性，不要将枯燥的数字、名词术语、人物头衔、单位名称等塞进导语；遇到专业性概念，应作通俗化的表述，写得尽可能形象、新颖、简短、精练。

4.主体

主体是对导语简要提到的事实的展开叙述，补充解释导语中未提到的新闻要素，使新闻事实更清楚、更具体，从而深化新闻主题。一篇消息可以没有导语或背景，但不可以没有主体。

常见的主体展开式有：

（1）按内容重要性递减的顺序展开，即表现为倒金字塔结构。

（2）按事件发展的时间顺序展开，即表现为金字塔结构。

（3）按事物内在的逻辑顺序展开。这是根据事物内在的联系或问题的逻辑关系来组织安排材料。各部分之间可以是因果关系、递进关系、并列关系，也可以是主从关系、点面关系、对比关系等。这种写法有利于反映事物的内在规律，揭示事物的本质特点与意义。它多表现为复合式结构。

主体写作要注意与导语照应。导语是主体的提要和浓缩，主体是导语的展开和深化，二者相辅相成。一是要围绕主题组织材料。主题要集中明确，材料要典型充分，结构要层次分明。二是要适当变换角度，叙述要生动活泼，行文要尺水兴波，讲求曲折多变，顺应受众阅读心理，激发受众阅读兴趣。

5.背景

消息背景又称新闻背景，是与新闻事实相关的历史和环境材料。新事物、新现象层出不穷，其发生都有客观原因、历史原因，新闻报道往往需要对其中的人物关系或事件缘由作适当的交代和补充。新闻背景能够提供比消息本身更深刻的东西，因此被称为"新闻背后的新闻"。常见的新闻背景材料有：

（1）说明性材料，指用来说明新闻事实产生的原因、条件、环境、政治背景、历史演变以及新闻人物出身、经历、身份、特点的材料。

（2）注释性材料，指用来注释、解说有关科学技术、名词术语、物品性能特点的材料。

（3）对比性材料，指与报道事实进行前后、新旧、正反等方面对比的材料，从比较中突出事物和人物的意义。

新闻背景能帮助受众理解新闻事实，便于作者客观而巧妙地表述自己的观点，使新闻的内容充实饱满，富有立体感，增强说服力和感染力。

使用背景材料要从表现主题的需要出发，从受众的需要出发，切忌节外生枝、喧宾夺主。背景材料在消息中没有固定的位置，它可能先行于标题之中，可以穿插在导语中，可以紧接导语独立成段，可以杂糅于整篇消息中，也可放在最后。

6.结语

结语是消息也是文章的最后一段话或一句话。阐明消息所述事实的意义，使读者对消息的理解、感受加深，从中得到更多的启示。消息的结尾方式有小结式、评论式、希望式等。有的消息，事实写完，文章就止住了，结尾就在事实之中。

四、消息的写作要求

消息的写作要求是：

1.真实准确

消息是报道受众不知、应当知、愿意知道的事实，即有新闻价值的事实。受众期望知道事实真相，所以报道首先要求客观真实。报道者要端正态度，提高责任感，不作虚假报道，不添加个人主观臆断成分。消息要真实，报道者就要调查研究，或实地考察，或查阅资料，核实证据，了解真相。如叙事的5W1H，都要一一核准，有根有据，清楚明白，不夹带任何"想当然"的成分。

消息要真实，就必须准确。虽然真实才能准确，但反过来说也成立：准确才能真实。准确是反映客观真实的条件。"只见树木不见森林"，只报道"树木"，不报道"森林"，虽真实，却是低等真实，因为没有反映整体。只有反映树木和森林，才算准确，才算高等真实。片鳞只爪，望风捕影，盲人摸象，偏听偏信，都不算准确，因而也不算真实。片面性、表面性、主观性，使思想认识受到局限，不能准确地反映实际，就不能客观真实地进行报道。所以，准确是真实的前提。报道者应当充分调查研究，占有大量的正反两方面的材料，深入研究材料的种种发展形态，并探究出材料间的内在联系。只有在准确地掌握事实整体真相的基础上，才能作出客观、全面、真实的消息报道。

2.简短迅速

消息报道要传递给受众新近发生的事实信息。在信息社会，受众每天接收的信息量巨大，过于冗长显然不合时宜，简短明快才合受众的胃口。简短还要明了，在短小篇幅中叙述一个事件整体，详描细写显然没有空间，概括叙述才是适当方式。

受众需要及时了解身边和世界发生的事情，所以报道必须迅速。迅速才能及时，简短才能迅速。简短和迅速是及时报道的重要条件。抓住主要事实，用简洁精练的文字概述其要，快速成稿，快速发文，是消息本身的性质所决定的。

3.用事实说话

受众最想知道的是事实真相，而不是你的一家之言，所以消息报道要用事实说话。用事实说话，就是在报道中客观地叙述5W1H，客观地报道事实过程，让受众自己去判断事件本身说明了什么，自己去得出结论。用事实说话，不添加个人观点和感情色彩，不刻意引导受众的理解方向，尽管报道者本人对事实及其意义可能已有自己的倾向和观点。

[例文九·一]

着眼全局　内外兼修
——业内人士解读国有文化企业"两效统一"指导意见

新华社北京9月14日电（记者许晓青、史竞男、蒋芳）近日，中办、国办正式印发《关于推动国有文化企业把社会效益放在首位 实现社会效益和经济效益相统一的指导意见》。部分地方党委宣传部负责人、国有文化企业负责人等接受新华社记者采访时认为，推动国有文化企业"两个效益相统一"是一个系统工程，涉及文化改革发展的方方面面，需要着眼全局、内外兼修。

"坚持把社会效益放在首位，社会效益和经济效益相统一，是文化体制改革的基本原则，是国有文化企业生存发展的一根基本准绳。"上海市委宣传部副部长朱芝松说。

他分析，指导意见的印发，体现了中央对有关问题始终高度重视。在去年的文艺工作座谈会上，习近平总书记特别强调，一部好的作品，应该是把社会效益放在首位，同时也应该是社会效益和经济效益相统一的作品；文艺不能当市场的奴隶，不要沾满铜臭气。

在我国文化产业发展和文化市场繁荣的大背景下，此次印发的指导意见指出，"同时也要看到，一些国有文化企业改革还没有到位，两个效益相统一的问题还没有很好地解决，片面追求经济效益、忽视社会效益现象时有出现"。

对此，受访人士表示，指导意见的下发十分及时，将有助于正确处理社会效益和经济效益、社会价值和市场价值的关系，进一步明确了"越是深化改革、创新发展，越要把社会效益放在首位"。

针对今后一个时期"怎么办"，指导意见重点就国有文化企业改革发展中有关内部组织架构、绩效和薪酬考核、股份制改造、兼并重组、资产监管运营、干部人才管理等，提出了具体的部署。

资料来源　许晓青，史竞男，蒋芳.着眼全局，内外兼修——业内人士解读国有文化企业"两效统一"指导意见［EB/OL］.［2015-09-15］. http://news.xinhuanet.com/culture/2015-09/15/c_128229094.htm.

［例文九·二］

浙江鼓励自主创业 放宽服务业准入门槛

新华网杭州1月7日电（记者屈凌燕）为鼓励自主创业，浙江省工商局日前出台了降低注册资本等新政策，进一步放宽服务领域市场准入。

浙江省工商局出台的《关于促进全省民营企业平稳较快发展的若干意见》共19条，也被称为"新经济政策"。政策规定，对一般性服务业企业降低注册资本最低限额，除法律、行政法规和依法设立的行政许可另有规定的外，一律降低到3万元人民币。凡允许外资经营的都允许内资经营；凡允许本地企业经营的都允许外地企业经营；凡法律、行政法规未禁止个体私营等非公有制经济经营的服务行业和项目，都允许其经营。

同时，"新经济政策"围绕推进产业转型升级，对现代服务业、先进制造业、现代农业在注册资本、企业名称、经营范围、取冠省名、组建集团、认定品牌等方面放宽政策。如高新技术、农民专业合作社取冠省名的，注册资本放宽到200万元。文化、旅游、农业开发机构、中介服务企业和拥有自主知识产权的科技型企业组建企业集团，其母公司最低注册资本放宽到1 000万元，母公司和子公司合并注册资本放宽到3 000万元。

最新发布的浙江省民营企业生存状况及发展态势报告显示，浙江个体工商户数量持续增长，截至2008年年底，总量达到191万户，创历史新高，同比增长6.2%。2008年，新设个体工商户达31.7万户，平均每天净增加1 000个创业主体。

资料来源　屈凌燕.浙江鼓励自主创业 放宽服务业准入门槛［EB/OL］.（2009-01-07）. http://news.xinhuanet.com/fortune/2009-01/07/content_10617538.htm.

[例文九·三]

我校首届校园管乐节圆满成功

本报讯 5月15、16两日，悠扬而动感的音乐打破了校园的沉寂。由校团委主办的以"迎农大七十周年庆，展校园管乐风采"为主题的我校首届校园管乐节成功举办。

15日晚，管乐节专场音乐会在大礼堂开幕，会场嘉宾云集。南昌大学军乐团、城市学院交响管乐团及韩籍教授李根浩应邀出席，我校副校长王华林教授、廖为明教授，校长助理胡春晓教授、徐斌华教授及我校上千师生观看了演出。

本次专场共安排有18首精彩曲目，伊始军乐团一队队员以其精湛的技艺、高超的水平演奏《鼓乐》《春天的故事》等四首曲目。16日下午，一位去观看的学生还对我说："我现在脑海里一直回荡着《喜悦组曲》的旋律，真是余音绕梁，三日不绝啊！"

在铜管乐器演奏《双鹰旗下》时，台下听众不由自主地拍手为其伴奏。演出过程中，不断有大人带着小孩进来观看，而当《烟花易冷》及《蝶恋》上演时，台下顿时安静了，连小孩的喧闹声也停止了。

演出结束时，李根浩教授上台发言，他说我们的乐团的演奏具有相当高的水准。一位观众对我说："我很庆幸自己来欣赏了他们的演出，真是视觉和听觉的盛宴。谢谢他们！"

16日上午，管乐节的露天展演活动正式拉开序幕。乐团队员预先布置好了一个个设展帐篷。10点左右，南区门口乐团队员为大家露天演奏。由于天气原因，演奏时下起了雨，但是队员们还是坚持为大家演奏完毕。每个帐篷里都吸引了不少同学赏玩乐器，其中尤以动感劲爆的打击乐声部的帐篷人气最旺。展演活动一直持续到12点结束，同学们充分感受到了音乐艺术的魅力。

第二节 通 讯

一、通讯概说

通讯是以叙述和描写为主要表达方式，对有新闻价值的人物、事件进行真实、详细、形象的报道的一种新闻体裁。

通讯和消息在文体上有着明显的不同：消息的标题常有引题、正题和副题，通讯一般只有一个正题，有时在正题下设有副题，用破折号引起，说明记写的对象；消息只进行简要客观的报道，一般没有详细的描述，而通讯的描述相对详细，作者可以站出来发表议论、抒发情感；消息的开头有消息头和导语，通讯则没有。

在通讯写作中，作者往往借鉴叙事散文的细节描写和文体结构，利用"立体观察，曲线描写"的表现手法，进行深层次报道，弥补消息报道的不足。一件突发事件，要求快见报，往往先发消息，然后再发通讯。

通讯形式多种多样，有特写、速写、侧记、集纳、访问记、巡礼、札记、小故事、见闻等。从内容上，可以划分为人物通讯、事件通讯、工作通讯、风貌通讯、新闻故事五种。

（一）人物通讯

人物通讯是详细、生动地报道新闻人物思想事迹的一种通讯。它以有新闻价值的典型人物为对象，通过对人物的思想、言行、经历、事迹的叙述描写，展现人物的精神风貌，揭示人物的思想境界，给人们以教育和启示。

（二）事件通讯

事件通讯是以典型事件为对象的通讯。它围绕有重大社会意义和思想意义的新闻事件展开情节，记述事件的发生发展过程及最终结局，挖掘事件蕴含的意义，揭示事件的社会本质，反映时代的风貌。

（三）工作通讯

工作通讯是以介绍工作成绩或经验为主要内容的通讯。它要求介绍的经验具有典型性，能够以点带面，借以指导面上的工作。

（四）风貌通讯

风貌通讯又称旅途通讯，是以反映某一行业、某一地域、某一单位的新气象、新面貌、新成就为主要内容的通讯。报刊上常见的"纪行""巡礼""散记"等都属于这一类。它常常通过若干侧面，或点面结合的方法来反映整体面貌的变化，给人以鸟瞰式的印象。

（五）新闻故事

新闻故事又称小故事、小通讯，是一种情节生动、篇幅短小的小型通讯。它采用讲故事的方式描述生活中新近发生的某一事件或某一人物活动的片断。

新闻故事虽然具有故事性，但绝非虚构，必须写真人真事，而且要以小见大，主题集中，有一定的情节性，富有吸引力。

二、通讯的特点

（一）新闻性

通讯虽有形象细节描写，但与消息一样，要求内容完全真实，不能失实，不允许有任何虚构的东西存在。通讯所反映的都是新近发生的事实和最近时期的新闻人物。只有这样，通讯才具有新闻价值。

（二）形象性

"多用形象说话"是通讯的重要特征。通讯选择富有形象性的新闻事例，运用多种表现手法，通过塑造生动形象的人物和描绘生动具体的情节，来反映社会现实。

（三）评述性

评述性是指通讯中可以直接发表议论，表达作者的思想情感，揭示事件的意义，这是通讯的又一显著特征。通讯塑造真实而鲜明的形象，并在此基础上直抒胸臆，作画龙点睛式的评议，这有助于引导受众正确地理解人物或事件，达到预想的宣传教育效果。

三、通讯的格式与写法

通讯的格式比较自由，与一般的记叙文类似，没有固定格式。

（一）标题

通讯多采用文章式的单行标题或双行标题，如《如何看待目前负利率现象》《中国市场：人人都想分享的蛋糕》《让中国融入世界——写在世界经济发展宣言大会闭幕之际》。

通讯的双行标题，其正标题多用来揭示主题，比较讲究文采；副题多用来对正题作限制或补充，宜突出事实。有些长通讯在文中常插用若干小标题，提示章节内容。

（二）正文

1.开头

开头，即通讯情节的开端或导入。其写作要领是视角新颖，生动活泼，富有吸引力，能扣动受众心弦，以便引导下文。

2.主体

主体，即通讯的主干部分，主要是把情节逐层推向高潮，或将事实的本质予以有主有次的展示。其写作要领是注重生动具体，环环紧扣，详略得当，层层深化。主体的结构方式有三种：

一是纵式结构，即按照事件发生、发展的时间顺序来安排层次。许多故事性较强的事件通讯、人物通讯和一些风貌通讯都采用这种结构形式。

二是横式结构，即按照事物的内部联系、事物的性质来组织层次。有些工作通讯和人物通讯适合用这种结构。

三是纵横式结构，即以时间的变换和空间的变换交叉起来安排层次。这种结构方式适用于报道的事件较多、涉及的空间较广、篇幅较大的通讯。

3.结尾

结尾是通讯的尾声，要求自然而有力地收束全文。其写作要领是简洁凝重，合乎情理，富有启迪性并有助于深化主题。

四、通讯的写作要求

通讯应具有思想深度和可读性。要写好通讯，应注意以下几个方面的问题：

（一）提炼反映时代精神的主题

提炼反映时代精神的主题，一是要站在时代的高度，分析人物、事件的时代意义，认清事件发展的趋势；二是要反映人民群众的意愿，回答人民群众关心的问题；三是要视角新颖，敏锐发现、捕捉新闻人物与新闻事件所反映的新矛盾、新特征、新内涵和新侧面，揭示其个性特征，发掘出新鲜而不落俗套的主题。

（二）选取具有典型意义的材料

通讯所选的材料，必须是既富有鲜明个性，又富有舆论意义的典型材料。获取典型材料的前提，是深入、细致的采访。现实生活丰富多彩，只有通过深入采访，掌握大量确凿可靠的材料，才能在比较中选择出典型事例。采访一要广，二要细。广，就是尽可能全面地占有材料，从广阔的背景中估量材料的意义；细，就是不放过任何微小的细节。一件小事、一句话、一个动作、一个神态，看似微不足道，却往往包含着很高的新闻价值，深入发掘，运用得当，会增加文章的分量，甚至能使全文熠熠生辉。

（三）运用多种表达方式

要写出生动形象的通讯，就要灵活运用多种表达方法，突出表现人物的精神世界，揭示事件的深刻内涵。与消息相比，通讯篇幅长，发挥空间大，能更为自如地运用叙述、描写、议论、抒情等多种表现手法。

1.叙述事实生动感人

通讯中的叙述应当直接、具体，把有关的人物、事件、时间、地点和事情的原委交代清楚，忌抽象、笼统。如《世纪大阅兵》的开篇部分：

军号齐鸣，引出一段高亢的旋律。恢宏雄浑的乐曲像骤然而至的海潮，汇成震天动地的交响曲——

"向前，向前，向前，我们的队伍向太阳……"

10月1日上午，北京。激昂的《中国人民解放军军歌》奏响了世纪大阅兵的序曲。

一辆红旗牌检阅车驶出天安门。检阅车上，站立着中共中央总书记、中华人民共和国主席、中央军委主席江泽民。

车过金水桥，阅兵总指挥、北京军区司令员李新良上将驱车迎上前去："主席同志，受阅部队列队完毕，请您检阅！"

此刻，代表着共和国武装力量构成的42个方队整齐列阵东长安街。这蜿蜒2公里长的受阅队伍，是1万多官兵和400多辆战车组成的钢铁巨阵。

千人军乐团高奏阅兵曲，江泽民乘检阅车徐徐向东。

这是党的第三代领导核心第一次在天安门广场检阅三军部队。

这是共和国本世纪最后一次国庆盛大阅兵。

全文的序曲通过对丰富材料的果断取舍，简要交代了新闻要素，拉开了全面报道的序幕。叙述笔法凝练、利落而又气势磅礴。

2.描写形象、贴切、传神

通讯中的描写要写出现场感，注意抓住特征，恰当地运用比喻、拟人、象征等修辞手法，将描写的事物栩栩如生地展现出来，如闻如见。如《吃休克鱼，长三只眼——访海尔集团总裁张瑞敏》文中有一段对话：

记者：听说海尔有一个三只眼的理论，能否讲一下？

张瑞敏：这三只眼主要是说明企业如何把握各种变化，抓住机遇。计划经济时代，企业只需有一只眼睛盯着政府，按指令办事就可以了。市场经济发展到一定水平时，就需要有两只眼，一只眼盯着内部员工，保证最高的工作效率；另一只眼盯着市场、盯着用户，以争取更大的市场份额。在计划经济向市场经济转轨时期，企业必须是三只眼，不仅要盯员工、盯用户，还要盯政府、盯市场变化⋯⋯

这是一段实录，将记者与被采访者的对话如实道来，真实写出了新闻人物的声音，极有现场感、真实感。

3.巧妙地运用细节

用细节描述事件，可以使事件活灵活现，真切感人；用细节刻画人物，可以使人物形象鲜明，血肉丰满；用细节描写介绍环境、渲染气氛，要比单纯的概述给人留下的印象更为深刻。如《永恒的瞬间——中葡澳门政权交接仪式纪实》在"永恒的瞬间"刚刚过去后写道：

掌声如潮。主席台上，观礼台上，人们为澳门的顺利回归而庆贺，此时此刻，作为中国政府代表团一员的卓琳难以抑制眼角的泪水。两年前，她曾带着邓小平"到自己的土地上走一走、看一看"的愿望，出席了香港政权交接仪式。今天，81岁的她来到澳门，替邓小平同志到澳门的土地上走一走、看一看。可以告慰邓小平的是，由他精心设计的"一国两制"蓝图，又在祖国南海之滨的濠江付诸实施。

生动的细节描写，看似信手拈来，但却是新闻背景的适时穿插，伟人的遗憾和后人对他的告慰，就像点睛之笔，令人百感交集，回味悠长，也使这篇通讯内容更丰富，主题更深刻，突出了时代和历史意义。

4.适当地运用抒情、议论

通讯中的抒情、议论因事而发，要密切结合新闻事实，注意抓住火候。议论、抒情要实在，要画龙点睛。通讯中常常把议论和抒情结合起来，二者往往很难分开。如1997年7月1日新华社发的通讯《向着国旗敬礼——香港回归后天安门广场十万群众观升旗》中有这样几段：

在太阳从共和国东方地平线升起的时候，升旗手面向天安门城楼，左手用力向空中一抛——鲜艳的五星红旗在高昂奋进的国歌旋律中冉冉升起。军人们"唰"地立正，向国旗敬礼！广场上的10万群众"唰"地立正，向国旗行注目礼。在"⋯⋯前进、前进、前进、进——"的吼声中，10万人的心潮随着国旗的上升而澎湃。

这是一面浸透了千万英烈鲜血、展示中华民族尊严与荣誉的旗帜；

1949年10月1日15时，中华人民共和国第一面五星红旗在这里由毛泽东主席亲自升起；

1984年，五星红旗第一次在国际奥林匹克运动会赛场上空升起；

1996年，五星红旗首次搭载中国自行研制的返回式卫星遨游太空；

五星红旗还曾在地球之巅——珠穆朗玛峰，在地球南、北极的上空飘扬⋯⋯

就在1997年7月1日零点钟声敲响的时刻，五星红旗第一次在香港的上空升起。

　　显然，没有这样的议论和抒情，五星红旗的价值就难以显现，香港回归带来的自豪之情与伟大意义就无以言表，通讯的思想力量和感情力量也会大不相同。

　　[例文九·四]

惊心动魄35分钟
——空军特级试飞员梁万俊成功迫降某新型国产科研样机纪实

　　2004年7月1日13时40分，成都某机场被紧张的气氛所笼罩。

　　塔台上，机场边，飞机设计单位领导、空军某试飞大队领导、飞机总设计师、科研技术人员……数百人一起把焦灼的目光投向骄阳似火的万里晴空。

　　此刻，一架失去动力的战机在万米高空正以极大的俯角高速向机场滑降而来！

　　这不是一架普通的飞机。它是我国正在研制的一种新型战机的科研样机，价值上亿元人民币。

　　这不是一次普通的飞行。它是该型飞机在定型关键阶段的一次试飞，结论对飞机改进意义重大。

　　这更不是一次普通的降落。飞机在1.2万米高空试飞，因意外情况燃油漏光，飞机发动机停车。为保全科研样机，试飞员决定从距机场20多公里远的地方空滑迫降。

　　下落航线与跑道呈70度夹角，下降速度400公里/小时左右，一旦失误，该机就可能冲出跑道坠毁。

　　惊天一落，危险空前。驾驶战鹰迫降的，就是空军某试飞大队副大队长、特级试飞员梁万俊。

　　"近了，近了……"转眼间，梁万俊驾驶战机俯冲直下。地面上，所有的人一起屏住了呼吸。

　　13时44分，战鹰陡然降落，在进跑道450米处接地。在接近跑道的一刹那，机头一昂，轮子和水泥跑道剧烈摩擦，划出两条刺眼的火龙！

　　500米、800米、1 000米……飞机一气冲出1 700米，在距离跑道尽头300米处戛然停住。

　　"成功了！"欢呼声震动机场。梁万俊走下座舱，飞机总设计师与他紧紧拥抱，激动地说："你创造了世界航空史上的奇迹！"

　　惊天一落救新鹰！

　　这一落，挽救了价值上亿元的科研样机；这一落，为试飞员处理类似险情创造了成功先例；这一落，飞出了新机优异的空滑性能。

　　让我们把时钟倒拨35分钟。

　　这一天13时09分，梁万俊驾驶着该型国产科研样机跃升到1.2万米高空。当他按照预定的科研试飞计划刚刚做完一个规定动作后，突然发现油泵指示灯快速闪烁。紧接着，油量表指针一路下跌。两分钟之内，指针指向"0"刻度。

梁万俊报告："发动机空中停车！"

一级空中特情！空军相关条例规定：此时，作为试飞员梁万俊可以视情况做出不同选择——跳伞或迫降。

面对这种极为罕见的危险情况，跳伞无可指责，只需0.01秒，便能远离危险。但是，凝聚科研人员无数心血的战鹰就会坠毁，故障原因就难以准确查找，新机型的改进就缺乏依据……没有任何犹豫，梁万俊便做出抉择：危险再大，也要尽一切可能把科研样机保住。

决心下定，梁万俊很快镇定下来，他娴熟而机敏地调整飞机的位置和高度，以争取每一秒的时间。

飞机像大铁砣似的向机场上空逼近。机场上，所有应急车辆全部到位，所有人的心都吊到了嗓子眼。指挥塔台里静得让人窒息，只听见指挥员下达指令的声音："保持好飞机状态，控制高度、速度，做好迫降准备。"

梁万俊心里很明白，要想将飞机空滑回去，必须准确地通过高度来换取速度，用势能来换取动能。他根据地面指挥员的命令，随时判断飞机状态，修正速度和高度偏差。

飞机滑到机场1 100米上空。梁万俊下降飞机高度加入航线，在跑道头3公里，放起落架，操纵飞机对正跑道，100米、50米……

"准备迫降！""明白！"天地间，惊人的默契。

于是，机场上出现了惊心动魄的成功一落！

英雄壮举绝非偶然。仰望蓝天，人们看到了梁万俊出生入死、挑战试飞极限的一道道闪光航迹。

1998年，拥有丰富飞行经验的梁万俊，从成空某飞行团副团长的岗位上来到空军某试飞大队。

这是一个英雄辈出的群体，承担着我国自行研制的新型战机科研试飞重任，曾有多名试飞员壮烈牺牲。梁万俊自觉学习老一辈试飞员迎难克险的大无畏战斗精神，每次执行高难度高风险试飞、参加飞行表演等重大任务时，都主动请缨。几年来，他先后自学了飞行力学、空气动力学、航空发动机、自动控制、航空电子等多个学科专业，成为一名能够熟练驾驶多种机型的高素质试飞员。在试飞中，他先后遇到惯导故障、航电故障、供氧故障等险情数十次，都以过硬的心理素质和精湛的飞行技术化险为夷，圆满完成了国产最新型战机火控系统定型、某型系列战机鉴定、国产某新机首飞等数十项重大科研试飞任务，先后荣立二等功2次、三等功4次。

此次，梁万俊成功处置国产某新型科研样机重大特情，成都军区空军党委为他报请一等功，并做出向他学习的决定。军委首长称赞他是"一个思想、技术双过硬的优秀试飞员"。

资料来源　谭洁，张金玉.惊心动魄35分钟——空军特级试飞员梁万俊成功迫降某新型国产科研样机纪实〔N〕.解放军报，2004-11-08.

第三节　新闻评论

一、新闻评论概说

新闻评论是社会各界对新近发生的新闻事件所发表的言论的总称。新闻和评论，构成报刊的两大文体。新闻评论是就社会生活中新近发生的、带有倾向性、代表性乃至全局性的事件、问题和现象，运用分析和综合的方法，就事论理，就实论虚，有着鲜明的针对性和指导性的一种议论文体。简言之，新闻评论是就有价值的新闻事实和社会现象发表意见以指导实践的一种文体。

新闻评论和消息报道是新闻体裁中最常用的两种文体。消息报道传递新闻信息，用无形的意见影响受众；新闻评论则直抒胸臆，旗帜鲜明地评断是非曲直，表明赞成什么、反对什么，以有形的意见指导人们的思想、工作和行动。

按照评论的内容，可分为政治评论、经济评论、文化评论、社会评论等。

按照评论的形式，可分为社论、评论员文章、短评、编者按语、编后语、专栏评论、述评、思想评论、言论、随笔、广播评论、电视评论等。

日常生活中所常见评论的栏目、题头是多种多样的，如《人民论坛》《今日谈》《新世说》《一夕谈》等。新闻评论使用什么形式要根据它的内容、背景等因素而定。一般来说，重大事件、重大问题的评论，多用社论、评论员文章；一事一议的意见评述，多用短评；编者对报道进行提示、评论或表明编者态度的，多用编者按语、编后语；比较普遍、群众性的评论则多用思想评论、言论、随笔等。

二、新闻评论的特点

新闻评论的功能在于发表意见，阐明观点。新闻性、政治性和群众性是它的主要特点。

（一）显著的新闻性

和其他新闻体裁一样，新闻评论的首要特征是它的新闻性，这是由新闻传播工具的性质所决定的。新闻评论总是针对当前具有新闻价值的事件和问题进行议论和分析，发表意见和主张。新闻评论的内容具有迫切的现实意义，它所关注的都是实际工作中迫切需要解决的、人民群众最关心、最感兴趣的问题。

（二）鲜明的政治性

新闻评论具有鲜明的政治性，这主要表现在它围绕社会现实问题发表意见和看法时，直接地反映党和政府的宣传意图，明确地贯彻党的基本路线和方针政策，旗帜鲜明地阐明党和政府的立场和主张。

（三）广泛的群众性

新闻评论论述的内容是实际工作中的重要问题和广大群众最关心、最感兴趣的问题，反映的是人民群众的要求和呼声，是与人民群众的切身利益息息相关的，因而具有广泛的群众性。

三、新闻评论的写法

写新闻评论，一般有立论、选择论据和进行论证三个步骤。

（一）立论

立论，就是确定文章所需要论证的观点。立论一定要做到明白、正确、深刻。立论含糊，就无法论证；论点错了，越论证越远离真理；论点见解肤浅，论文必然浮泛。

确立正确的论点，既要有正确的立场、观点、方法，还要具备相当的文化、思想与品德修养。因而，在论点话语的选择上，一定要高瞻远瞩，并拥有鲜活的精神内涵与价值内涵。

（二）选择论据

论据，就是阐明论点的证据。论据越充分，论点就越能立稳，越有说服力，对错误论点的批驳也就越有力。论据一般可分为事实材料和理论材料。

事实材料一要真实，二要典型。

理论材料即经过实践检验的原理、观点，如科学经典论述、语录，民间格言、警句等。

（三）进行论证

论证方法可分为直接论证和间接论证。归纳推理、演绎推理、类比论证等属于直接论证；反证法、淘汰法属于间接论证。

反证法是假定某一个判断是正确的，那么必然可推出一个结果，而这个结果并不是事实，因而那个判断就是错误的。如：

不要相信那些黑心咨询公司让你赚大钱的许诺，如果真能赚大钱，他们早就自己去炒股了，不会苦口婆心地劝你接受他们的指导了。

淘汰法是针对某一个问题或某一事物的认识，先摆出几种可能的不同观点，然后逐一加以剖析，逐个地把错误的认识排除掉，从而证明只有最后剩下的一种认识才是正确的。

四、新闻评论的写作要求

（1）要中心论点突出，切忌不得要领。"立片言以居要，乃一篇之警策。"一篇评论，中心论点突出鲜明，高屋建瓴，而分论点又紧紧围绕中心，层层展开，就可以收到纲举目张、主次分明的效果。

（2）要材料剪裁得当，切忌贪多求全。要写好一篇评论，必须进行充分的调查研究，掌握大量的论据材料，但是在运用这些材料时，一定要分清主次轻重，根据需要进行适当的剪裁。

（3）要波澜起伏，切忌平铺直叙。新闻评论要把道理讲清，这是起码的要求。要使读者接受所讲的道理，还有一个能否吸引读者、感染读者、说服读者的问题。"文似看山不喜平"，就是要求文章不仅要道理明白，而且要波澜起伏，引人入胜。

（4）要相互照应，切忌顾此失彼；要首尾连贯，前后要呼应，过渡转换自然；章节段落要大体匀称，不要畸长畸短、畸轻畸重。

[例文九·五]

广厦千万　小户安在

据建设部统计，截至4月底，40个重点城市可售商品住房总量约100万套，应该说供应充足，但是在100万套商品房中，面积在80平方米以下的仅23万套，只占两成多。另据北京市建委统计，北京市目前未售商品房的每套平均面积超过150平方米，而北京这样经济发达地区的广大消费者的购房需求面积却是80~120平方米。

以上两组数据说明一个问题，如今的房地产市场是"已得广厦千万间，但庇不得天下寒士"。面对平均面积超过150平方米的"广厦"，广大"寒士"还是"望房兴叹"。所以，一旦有中低价位的房源出现，就会出现数千人扛上铺盖卷昼夜排队抢购的火爆局面。

最近，国务院出台了调控房市的六项措施，其中第一条就是要求调整住房供应结构，加大中低价位和中小户型以及经济适用房、廉租房的供应。此举应该说切中目前国内楼市的要害，也是为广大普通消费者切身利益考虑的利民之举。

一项好措施的关键在于落实。目前，我们不得不面对这样一个现实，嫌贫爱富成为包括房地产开发商在内的几乎所有商家共同遵守的"准则"。房地产开发商热衷于为少数富人建设动辄数百万元甚至上千万元一套的豪宅，银行对小额账户收费……在此社会风气下，如何把国务院的利民政策真正落实到开发商，看来是问题的关键。

因为，对于商家嫌贫爱富，你可以从道义上予以谴责，但商家这样做并不违法。商家固然要讲社会责任，但更重要的目标是要谋取利润最大化。如果建豪宅有市场、有利润，在此利益驱动下，商家必然会趋之若鹜。因此，笔者认为，要切实调整住房供应结构，有关政府主管部门还必须出台具体的可实施的配套措施，对房地产开发商的行为加以规范。

当然，如果市场无形之手能起决定性作用，让开发商觉得为普通消费者建房比为少数富豪建房更有利可图，即使你不要求，他也会大建中小户型。但这只手至少目前还没有完全发挥作用，因此调控之手就不能缺位。如果没有调控这只手，而仅仅是倡导，寄希望于开发商的良知，让他们主动放弃建设利润高的"广厦"而为天下"寒士"建中小户型，恐怕"大庇天下寒士俱欢颜"也只能是一种理想。

还是那句话：国务院的政策虽好，而各地的落实更重要。在天下"寒士"欢呼国家政策的同时，我们也更期待着各地的具体措施，要让老百姓不再为买得起的住房扛铺盖卷排队。

资料来源　冉永平.广夏千万　小户安在［N］.人民日报，2006-05-22（6）.

［例文九·六］

跨行查询收费我行我素，"真牛"？

从6月1日开始，银行卡跨行查询收费终于在争议之中实施，工、农、中、建四大银行境内跨行查询每笔收取手续费0.3元。5月25日，新华社曾就此发文提出质疑（《跨行查询收费是哪门子国际惯例》），但这些质疑并未阻止跨行查询收费的如期实施。

笔者注意到，不仅新华社发文质疑，而且《中国证券报》《中国青年报》等主流新闻网站等媒体，也纷纷发表专家意见，对此提出质疑，特别是对所谓的国际惯例进行分析、驳斥。但是，今天看来这些都是枉然，依然阻止不了银行卡跨行查询收费的脚步。我们只能慨叹一声：银行真牛！

这件事情给我们提出了一个大大的疑问，那就是在市场经济中如何破解垄断和垄断行业价格定价的问题。市场经济条件下一般商品的价格是在完全竞争的条件下形成的。在这样的条件下，需求和供给双方就会通过竞争而慢慢靠近，最后形成一个均衡点，在这个均衡点上的价格，被称为均衡价格，这是一个需求和供给双方都满意的价格，是一个公平的价格。但是，如果存在垄断情况就完全变化了。所谓垄断，就是一个供给者或者少数几个商品供给者可以影响和左右价格。例如，银行卡跨行查询收费业务是由中国银联和几家大银行说了算，就属于此类。

那么，如何破解呢？根本之策就是打破垄断。西方特别是美国之所以在打破垄断上下那么大功夫，就是为了维护市场经济秩序和公平，保障其健康发展，保护消费者和同类产业中的弱小生产者。比如，银行卡系统网络机构问题，美国就不像中国只发展中国银联一家，而是至少发展两家以上。

在打破垄断之前，对于垄断部门产品的服务的定价问题，决不能由垄断部门自行确定。例如，银行卡收费、水电煤气收费、旅游景点等公共服务收费，必须通过召开由主管部门、垄断单位、消费者代表、律师以及社会各界人士参加的听证会，来确定价格，达成共识。

目前，我国垄断行业还很多，希望有关部门在垄断行业产品和服务定价问题上深入研究，尽快出台具体管理办法，再也不能谁想收多少就收多少，谁想什么时间收就什么时间收了。

资料来源　余丰慧.跨行查询收费我行我素，"真牛"？［EB/OL］.［2006-06-02］.http://news.xinhuanet.com/comments/2006-06/01content_4632174.htm.

第四节　编者按

一、编者按概说

编者按也称按语，是编者对新闻报道或其他文章所加的意见、评论等，常常放在文章或消息的前面。编者按可以表明编者的态度和意见，也可以提示要点，还可以交代背景、补充材料或借题发挥，一般起强调重点、表明态度的作用。

编者按言简意赅，观点鲜明，是编者用来强化新闻效果的一种手段。

编者按一般都放在新闻报道的标题或栏目之下、正文之前，但也有的插入文中或加在文后的。在现代传媒中，编者按的作用日趋明显，它可以引导读者做出自己的价值判断，对事物形成自己的独特理解。

根据其作用和功能，编者按可以分为指导性按语、强化性按语、提示性按语、点睛式按语、思考式按语等。

二、编者按的特点

（一）依附性

编者按不是独立的评论文章，而是为一则新闻、一篇文章、一组报道或一个新闻栏目配发的评论性文字，具有一定依附性。

（二）导读性

当一则新闻报道反映了党的路线、方针、政策的贯彻落实情况，而读者对它的重要性有可能认识不足，或者读者对于有关新闻的背景材料缺乏了解时，按语都会起到提示和导读作用。

（三）论理性

编者按通过简要的说明、议论，往往能抓住新闻事件中带有指导性或倾向性、苗头性的问题，揭示出事物的本质和规律，因此具有较强的论理色彩。

三、编者按的格式与写法

编者按的结构比较单一，没有标题，仅由文种名称和正文两部分组成。

（一）文种名称

一是在第一行，空两格标示"编者按"，后面用冒号，以示领起正文；二是在文章最后，空两格或另起一行标示"编后语"。

（二）正文

编者按的正文一般包括提出问题、展开问题、解决问题这几层内容。编者按的篇幅短小，主旨鲜明，内容集中，富有哲理性和逻辑性，能够帮助读者打开思路、拓宽视野。

四、编者按的写作要求

（1）编者按是代表编辑部表态的，应该加在重要的、具有指导意义的新闻报道中，不可滥用。

（2）编者按的观点要正确、鲜明、集中，对是非曲直要褒贬分明，并要正确地体现党的路线、方针、政策和国家的法律、法规精神，否则就会失去正确的导读作用。

（3）突出读者意识。新闻报道的对象是人民大众，哪条新闻需要加按语，在什么地方加按语，以及加什么内容的按语等，都要从读者的角度去考虑。

[例文九·七]

编者按：当前，各地正以创新精神，按照"生产发展、生活宽裕、乡风文明、村容整洁、管理民主"的要求，稳步推进社会主义新农村建设。本报从今天起开设"建设新农村"专栏，陆续刊登本报记者深入农村一线采写的鲜活报道，推介各地在新农村建设中的探索、实践。陕西省旬邑县建设社会主义新农村的见闻，是开栏第一篇，敬请读者关注。

资料来源　张建军.小小苹果托起座座新村——陕西省旬邑县社会主义新农村建设见闻[N].经济日报，2006-05-17.

第五节　广播稿

一、广播稿概说

广播，是现代传媒工具之一。在现代都市生活中，其鲜明的时效性和独特的便捷性体现得更加充分。广播和报纸、电视有很多相同之处，比如报刊上经常采用的新闻体裁也大量地应用于广播。但作为一种文体，广播稿又具有不同于其他媒体稿件的特点。广播稿的特点，简要来说有以下几点：一是声音；二是速度；三是广泛的群众性。

广播稿的形式主要有以下几种：

（一）录音讲话

录音讲话是直接传播讲话人的原声讲话，是一种重要的广播报道形式。它或者是播放领导在会议上、在某些特殊场合的讲话，或者是播放被采访者的讲话。录音讲话的优点是能直接传达讲话人的思想感情，富有感染力。

（二）录音报道

这是以新闻发生的现场音响和记者的叙述（或写文字稿由播音员播读）为手段的一种广播形式。由于内容不同和宣传主旨的需要，录音报道又可分为录音新闻、录音通讯、录音特写、录音访问等。它给人以强烈的现场感，听其言，闻其声，如临其境。但由于录音报道受题材和技术的限制比较大，因而凡是缺少现场音响和捕捉不到典型场面的事物，就不适于录音报道。

（三）录音新闻

这是一种比较简短、时间性强、利用现场音响进行报道的广播形式。它应该具备广播新闻所具备的一切要素。报道的事实必须具有新闻属性，必须具有音响场面。在播出时，录音新闻是由音响和文字两部分共同来表现主题的，因而除了应注意一般新闻稿件写作的基本要求之外，还应注意文字和音响之间的配合。

（四）口头报道

这是一种目击性的报道，只要是记者所到之处，就可以把那里发生的值得报道的事件用口头播报的形式报道给听众。这种传播方式比录音新闻及其他形式的录音要简单得多、迅速得多、亲切得多。

（五）录音通讯

这是一种运用典型音响进行报道的广播通讯。它跟文字通讯一样，不但有事件过程的叙述，还有一些生动的场面和细节的描写。它要求有比较丰富的音响材料，包括人物讲话录音、人物活动以及一些生动场面的实况音响。录音通讯所反映的问题比录音新闻要细致深刻，应用范围也要广泛些。

二、广播稿的写法

（一）文字解说

其作用是说明现场（交代时间、地点、人物），叙述事件，提示主题。由于仅通过现场音响效果和人物谈话还不足以使听众明了所报道事件的时间、地点和人物概念，而关于事件的过程及意义，也不是实况录音所能完全表现的，因此在录音报道中必须穿插文字解说。

解说词要简明、生动，不要赘述。比较理想的方法是，在需要解说背景时，由采访者逐步引导被采访者，用一问一答的形式说出来，或用介绍现场情况的形式来说明，还可用实况作陪衬加以必要的解说。如果现场实况的录音素材在报道中能够说明问题，就无须再加解说。另外，文字解说要和音响效果、人物讲话恰当地穿插起来，给人以行云流水、波澜起伏的感觉。

（二）音响和配乐

音响是广播报道的有机组成部分，能反映事物的特征，展现典型的环境，并能配合文字展开情节和表现主题。因此，要善于在复杂的现场中选录最有特点、最有意义、最能揭示人物精神风貌、最能深刻表现主题的音响素材。为了发挥广播的声音特点，有些广播报道（常见于录音通讯）还可以配乐。配乐起的是陪衬作用，可以烘托气氛，表现人物感情，更好地深化主题。

（三）人物谈话

广播报道应该充分体现广播的优点，录好人物的谈话。谈话内容要能够直接表达主题，而不能不加选择，不能录多少，用多少。人物谈话要言简意赅，亲切自然。

三、广播稿的写作要求

（一）要通俗化、口语化

报纸是给人看的，广播是给人听的。看起来顺眼的文章，听起来不一定顺耳。看起来清楚的句子，说起来不一定好懂。因此，写广播稿，最基本的要求就是通俗化和口语化。

通俗，不是庸俗，而是要求朴素自然，不要装腔作势。口语化，不是使用方言土语，而是要求写的稿子大家都能听得懂。口语化也不是照稿说话，而是要简短明白，合乎语法。

（二）要有音响上的特点

报纸的态度，反映在版面上；电视的态度，反映在形象上；而广播，则要在它的音响上做文章，如恰当选择人物谈话、现场音响及制作后期的配音、配乐等。

（三）要新、快、短

新，即要理解新精神，研究新情况，抓住新问题，传播新经验，宣传新人物，给受众以新的观点及新的启发。快，即要发挥广播的优势，快出新闻，快立思路，快播稿件，在各个环节上都要先"声"夺人。短，即要短小精悍，在有限的时间内为听众提供尽可能多的信息。

［例文九·八］

鸟语花香的陆家嘴金融贸易区

［实况：鸟鸣……］（渐隐）

这些鸟鸣不是在浦东的田间地头，而是在高楼林立的陆家嘴金融贸易区的中心绿地里，这里已经建成和在建的大楼有160多幢，就是在这寸土寸金的地方辟出的一块10万平方米的"中心绿地"，被上海市副市长兼浦东新区管委会主任赵启正称为陆家嘴的"绿肺"。

记者在这块目前上海最大的绿地上采访了几位正在散步的市民：

［实况：（甲）我姐姐住在浦东，当时她从浦西的市中心搬到浦东，还很不情愿，但现在这个概念就完全不同了。（乙）真没想到在这么多高楼中间辟出了这么大的一块绿地，别说是双休日来走走，就是平时路过了看看也很舒服，很满足啊！］

赵启正副市长谈起了建造这块中心绿地的初衷：

［实况：在浦东开发之初，甚至在浦东开发之前，在考虑浦东开发的时候，那时江泽民同志、朱镕基同志还在上海，就有一个比较完整的规划。既然是全社会的进步，当然包括浦东的环境在内，环境中很大一部分是通过绿化来表现的。］

的确，浦东开发在资金紧张、惜土如金的情况下，毫不动摇地搞绿地，这块中心绿地上原来有3 500户棚户简屋，为了动迁就花了6亿多元人民币，再加上1亿多元人民币的建设费，一共花费了近8亿元人民币。行家计算过，陆家嘴金融贸易区每平方米的楼面价在200~500美元左右，紧靠东方明珠广播电视塔的这块10万平方米的绿地如果用于建高楼，楼价至少高达20亿元人民币！

浦东绿化还有一个大手笔，就是在未来浦东的行政中心花木地区建造中央公园，它相当于浦西的上海动物园的两倍。

负责中央公园投资建设的浦东土地发展控股公司的副经理朱纯宏说，随着中央公园的部分建成，周边的土地已变得奇货可居。

［实况：中外客商纷纷要求在公园周围置买土地，在目前房地产开发处于低谷的状态下，这种态势的发展是非常令人可喜的。］

这其中就包括日本的三菱商事，该公司已决定把中国总部从浦西繁华的南京路迁到浦东中央公园的边上，三菱商事的中国副总代表武田胜男先生操着一口十分流利的中国话：

［实况：选择一个这方面环境好的地方，想来想去我觉得浦东最好。］

这种绿色效应在陆家嘴的中心绿地得到了有力证明，周边数幢大楼的租售率已经在80%左右。

资料来源 上海人民广播电台1997年12月16日播出。

［例文九·九］

学院大学生辩论赛广播稿（节选）

阳光明媚，春风和煦，伴随着这样美好的天气，由院团委、院学生会主办的第五届校园辩论会正如火如荼地进行着。辩手们以他们独特的口才为我院的校园文化生活增添了一抹亮色。通过系部选拔赛，产生了一批才华横溢、思维敏捷以及具有丰富潜力的优秀辩手。伴随着紧张的氛围，接下来的内容是各系即将面临的半决赛。经抽签决定，半决赛的第一场——计算机系代表队VS经管系代表队，他们将对"网络使人们更亲近or网络使人们更疏远"进行激烈辩论。第二场——机电系代表队VS外语系代表队，他们将对"在校大学生积累知识更重要or在校大学生塑造人格更重要"进行精彩辩论。此外，建筑系代表队在这次抽签中轮空。接下来，我们将开辟为期三天的系列追踪报道，敬请关注。

……

追踪报道五：5月15日——建筑系

5月15日，建筑系学生会在时间短暂的情况下，迅速组织成员举办了辩论会。建筑系辩手的实力很强，他们知识面广、幽默风趣、反应敏捷、思路清晰，注重团队配合，从深度、广度去分析问题，将自己的核心观点表达出来。他们在赛场上侃侃而谈，引经据典，迅速总结陈词，博得了场下观众的阵阵掌声。最后，××、××等五位同学因表现突出，而作为建筑系的优秀辩手，并组成代表队参加半决赛。

通过紧张的选拔，各系代表队已初步形成。在即将进行的半决赛中，机电系代表队和外语系代表队将对"在校大学生积累知识更重要or在校大学生塑造人格更重要"这一辩题展开讨论。机电系和外语系强强对话，狭路相逢勇者胜。这两个系在半决赛上的表现究竟如何？想知道，别忘了给他们加油助威哦！

资料来源　佚名.学院大学生辩论赛广播稿［EB/OL］.［2011-10-19］.http：//www.ybask.com/yanjiang/guangbogao/201110/299925.html.

[例文九·十]

校园广播稿（节选）

我们每个人都从幼年一步步走向成熟，就像沿着一条河流逆流而上。

年少时，我们都曾有过一些美妙、绮丽而又略显天真和不切实际的幻想，就像河流边那些五光十色的鹅卵石，我们都曾陶醉于那些绚丽的颜色中。渐渐地，我们长大了，目光由脚边的鹅卵石移向前方。河流的源头，屹立着一座雄伟高峻的雪山，令人神往。我们把它称之为理想——一个最美的字眼！

理想，包含着我们对未来的向往，对未来的希望，对未来美好的憧憬。

金色的童年，沉淀着儿时的快乐，沉淀着淡淡的稻香。就像陈年的女儿红，愈久愈香，愈久愈让人不满足于回味。小时候的我，最大的理想就是爸爸妈妈能多给我买一些玩具和好吃的。现在看来，才觉得儿时的我多么天真。

长大后，才渐渐地明白："理想，不在于一朵娇嫩的鲜花，需要我们渴望的目光去滋润，更需要我们用真挚的心灵去呵护。"

的确，每个人都有理想，但要让这美好的理想变成现实，关键还要看自己。在失败中振作，在振作中奋发，在奋发中取胜，这才是我们要的精神。俗话说："有志者，事竟成。"我相信，只要我们努力踏实地学习，一定会使自己的理想成真！

理想是石，敲出星星之火；

理想是灯，照亮夜行的路。

理想是火，点燃炮灭的灯；

理想是路，引你走向黎明。

当然，理想也是一股动力，推动着我们前进，永不气馁。

让我们为理想插上永恒的翅膀，让我们一起放飞自己的理想！

每一条走过来的路都有不得不这样跋涉的理由，每一条要走下去的路都有不得不这样选择的方向。人各有志，而"既然已经选择了远方，便只顾风雨兼程"。勤奋是舟，勤奋是帆，勤奋是路，勤奋是大智慧。勤奋所及，无不芬芳漫溢。大至人类社会的丰功伟绩，小至个人的每一次飞跃；远达漫漫人生的价值体现，近则只是在校的学业。我相信，辛勤的付出一定会回报给我们一个无比灿烂的笑容！

资料来源　佚名.放飞理想——希望的萌动［EB/OL］.［2012-06-12］.http：//zuowen.juren.com/news/201206/298390.html.

第六节　电视新闻稿

一、电视新闻稿概说

电视新闻，是运用现代电子技术，通过电视荧屏，形象地向观众传递新闻信息的一种报道。具体来讲，它是通过电视摄影、记者采访、镜头设计、拍摄、剪辑、写解说词、配音等环节综合而成的，它可以系统地、形象化地报道事物发展的过程。

电视新闻稿件作为文字解说，是一种说明性语言，目的是使电视新闻真正做到以形象为主，并使形象与声音色彩、文字融为一体，以增强形象的穿透力与感染力。其特征如下：

（一）较强的新闻性

电视新闻的题材是一个时期内社会政治经济生活中重要的新闻人物及其事迹，或重大的新闻事件，因而具有显著的新闻价值与传播意义。

（二）报道词与画面的有机结合

电视新闻的报道词是与画面相互补充的，而在大多数情况下，报道词担负着叙述新闻人物事迹与事件过程、组织串联画面的作用。因此，除了要处理好声画关系外，还必须讲究报道词本身的写法。

（三）带有深厚的文化历史内涵和审美属性

有些电视新闻片是纪录片，带有文献性；有些电视新闻片的题材涉及民俗风情、历史文物、名胜古迹、文化艺术、典故逸闻、科学技术等，因而带有较深厚的文化、历史内涵和审美属性。

二、电视新闻稿的结构与写法

电视新闻稿，或称新闻报道词，作为独立的新闻稿，其与报纸消息、广播消息的写作基本相似。

在结构形式上，电视新闻稿分导语、背景、主体、结尾四部分；简单的电视新闻稿只有导语与主体，有的甚至将导语与主体合成一段。

（一）导语

导语一般指开头第一段，通常表述最新鲜、最重要、最吸引人的事实。它或概括全篇，或提纲挈领，或揭示要点，起到开门见山、引人入胜的作用。导语还应与电视新闻的第一个画面相结合，成为与画面统一的电视新闻导语。

电视新闻导语与报刊消息导语类似，有叙述型、议论抒情型、描写型等。每种类型文字都要与画面形象吻合，互相补充，相得益彰，从而收到良好的提示效果。

（二）主体

主体即是导语的展开段落，应精心选择事实材料，并讲究结构严谨。

首先是精选典型事实，这是"用事实说话""用事实说理"的关键。优秀的电视新闻《南浦大桥成为上海人民心中的丰碑》，其报道词主体部分用了三个典型人物事例：一位盲人，在亲人的搀扶下，用双手摸着桥的路径，逼真地反映了人民对大桥的关心。一位在河岸边住了几十年的老太太，是历史的见证人，她兴奋地说："原来是小舢板、小轮渡，现在啊，大桥，这大桥啊，我像站在云里……"她激动得不知怎么说了。另一位是为造桥而病逝的大桥设计师的爱人徐为龙，这位中年妇女说："张介望（即大桥的设计师）过早地去世了，没有看到他日夜盼望的大桥通车，他如果知道我能参加大桥的通车仪式，那他在九泉之下也会笑的。"这深沉的话语，几分悲壮，几分豪情，增添了电视新闻的思想深度与感染力度。这条电视新闻只有3分钟时间，画面简洁，语言精辟，信息量丰富，主要得益于精选的典型事实。

其次是讲究结构严谨。报道词主体的结构讲究逻辑联系，或是因果关系，或是点面关系，或是对比关系，等等。电视新闻《"老井"已不是那个〈老井〉》报道词的主体，精心安排事实材料，结构十分严谨，依次报道了老井村的用水、用电、住房、日常生活、观念形态、教育、收入、商品经济意识等方面的巨大变化，层层深入挖掘，既有点面材料的结合，又有今昔对比关系，把采访对象、新闻事实的逻辑表述与背景文化有机地交织在一起，又将报道词主题与图像、字幕、特技处理的叠化形象、背景资料等结合在一起，大大丰富了新闻信息量。

（三）结尾

结尾，是电视新闻报道词的最后一段或最后一句。从结尾方式看，可以有归纳总结式、自然收尾式、展望式、论证式、批驳式、提问式、引语式、对比式、提供信息式等。其作用，或首尾呼应，照应全篇；或概括全篇，补充点题；或引申启迪，留有余味，发人深思。

三、电视新闻稿的写作要求

（一）讲究新闻根据

新闻根据又称新闻由头，指最新事实发生的时间或出处、来源，显示这一事实和与此关联的事实所以成为新闻的根据。交代新闻根据，可以增加新闻的时间性和可读性。有些事实具有新意，但错过了报道时机，如果能找到此事的新变化、新动态作为新闻根据，就能把有新意的往事连带报道出去。这里指电视新闻稿所讲述的事实一定要新鲜和富有意义，也指新闻报道的契机与来源一定要真实可靠。

（二）要简明扼要

电视新闻稿的句式要短小精悍，表意要简洁，避免繁琐。电视新闻报道的时间极有限，解说词精短是必然要求的。

（三）突出新近点

电视新闻稿，尤其是动态新闻类的新闻报道词，要强调新近的时间（今日、即时），新近的距离（本省、本市），新近的心理（与观众切身利益相关的，能满足观众迫切需要的，在心理上密切相关的），以引起观众的普遍关注，增强新闻的传播效果。

（四）语言风格的口语化

电视新闻报道词要适合电视新闻的口头播报，突出口语化色彩，通俗易懂；要配合画面，做到画面与声音的和谐统一。

[例文九·十一]（见表9-1）

表9-1　　　　　　　　　　　　　　　　空中联欢会

画　面	报　道　词
专机上，空姐在合唱	（歌声、掌声）
江泽民主席等热烈鼓掌	（同期声）各位观众，我们现在是在欧洲一万米的高空。作为主持人，我有幸主持并向大家报道一场别开生面的联欢会
江主席手握空姐的话筒唱歌	（同期声）江泽民主席唱歌
主持人	此时此刻是葡萄牙午夜12：30，北京时间7：30，葡萄牙在静静地熟睡，北京在悄悄地苏醒。刚刚结束了美国、古巴、巴西、葡萄牙四国之行的江泽民总书记与随行人员正用歌声、笑声洗掉十几天积下的疲劳，带着友谊飞向北京
钱其琛副总理讲笑话	（同期声）钱其琛副总理的诙谐和幽默引来了机舱内阵阵笑声和掌声
江主席与大家共唱《歌唱祖国》	这是一个难忘的不眠之夜，正如外交部刘华秋副部长所说，机舱里聚集了世界上最欢乐的人群。14天的紧张出访，传播了友谊，增进了了解。此刻，专机正满载着歌声和笑声飞回祖国
	这是中央电视台报道的

　　资料来源　周建国.1993年度中国电视获奖新闻作品选评［M］.北京：中国广播电视出版社，1994.

[例文九·十二]（见表9-2）

表9-2　　　　　　　　　　　　邯钢跨地区兼并部署企业舞钢

画　面	报　道　词
俯拍钢城（全景、中景）	中国冶金行业大型钢铁企业间跨地区、跨权属兼并首开先例。9月8日，河北邯郸钢铁公司兼并了地处河南平顶山市的舞阳钢铁公司。冶金部副部长徐大铨在舞阳宣布了这项决定
轧板车间（全景）、生产车间（中景）、炼炉车间（中景）、炼钢工人（近景）、生产车间（近景）	舞阳钢铁公司是冶金部直属的特种钢铁企业，装备技术在国内具有一流水平。但由于国家投资体制的变化和管理等方面的原因，舞钢年年亏损，银行负债总额达14.5亿元。邯钢兼并了舞阳钢铁公司的全部债权和债务
刘汉章（近景）	（同期）邯钢集团董事长刘汉章："兼并联合以后，邯钢的钢铁产量可以达到100万吨到120万吨。在中国能够生产100万吨钢模的，并且生产钢板的厚度由6毫米到250毫米的，而且能够生产各种品种的钢板的，我看在中国是第一家。"
生产车间（全景）	邯钢如果新上一条特厚生产线，需要投资50亿元，而如今仅需要十几亿元就实现了规模扩大、产品结构优化、资本运营快速高效的目的。舞钢则利用国家鼓励兼并的优惠政策，减债增资，盘活存量有效资产。邯钢兼并舞钢后，邯钢先进的企业管理优势和舞钢一流的设备优势实现了互补，形成了强大的竞争实力
	这是本台报道的（河北电视台1997年9月12日）

　　资料来源　孟建合.广播电视新闻范文评析［M］.北京：新华出版社，2001.

研讨与练习

一、简答题

1．什么是消息？什么是通讯？简述消息与通讯的共同点和不同点。

2．如何选取具有典型意义的通讯材料？

3．新闻评论与消息报道有何不同？

4．新闻评论与编者按有哪些异同？

5．广播稿为什么要强调文字解说与音响效果的同步性？

6．电视新闻稿为什么要强调字、音、画的统一？

二、请给下面素材写一个新闻导语并制定一个新闻标题。

8月1日，受8号台风"桃芝"减弱后形成的低气压影响，青岛市普降特大暴雨，防汛形势严峻，青岛市党政军民纷纷投入到与暴雨和狂风的战斗中。1日下午，狂风暴雨扑向岛城，市区10多条主要交通干道出现积水，100多棵大树被风刮倒在地，造成交通堵塞，近10条公交线路被迫停运。汛情就是战情，青岛市安全生产委员会办公室立即发出紧急通知，要求防汛减灾，安全生产。山东省委常委、青岛市委书记张惠来等市领导冒雨察看汛情，并与有关部门负责人到现场办公，指挥处理紧急情况。北海舰队、青岛警备区等驻青部队和武警青岛支队的广大官兵也奋力抢险。狂风暴雨中，当北海舰队接到防汛指挥部抢险救灾的求援电话后，舰队首长亲自坐镇指挥，官兵们拿着铁锹，冒着倾盆大雨迅速赶到崂山北宅和崂山水库，和群众肩并肩投入到抢险救灾的战斗中。面对即墨、城阳、崂山、黄岛等受灾地区的求援，青岛警备区共出动500余名官兵，驾驶冲锋舟投入到各受灾区域。在受灾较重的毕家村，青岛警备区司令员姚春阳亲临现场，指挥村民和某海防团近200名官兵在水中抢险。在即墨市，警备区船运大队派出的冲锋舟迅速救出被困在水中的20名群众。各个市区的人民武装部也火速组织民兵、预备役人员分赴受灾点抢险。

三、分析下列消息，说明主体是否回答了读者要提出的问题，应该回答哪些问题。

我国合资铁路达万余公里

本报讯　截至1999年年底，我国的合资铁路已达1.2万余公里，占中国6.9万公里铁路总里程的近五分之一。

20世纪90年代以来，中国积极出台鼓励铁路建设投资多元化政策，使中国的各类合资铁路有了巨大发展。现有合资铁路100多余条，最长的北疆铁路2 000多公里，最短的南京城北环线12.9公里。

据新华社消息，到1999年年底，中国正式开通运营的合资铁路达4 776公里，完成年货运量7 295.9万吨，年客运量527.5万人次，且75%的周转量进入了国家铁路网。

（2000-08-30）

四、阅读下面这两则新闻报道，然后回答问题。

［文1——消息］

国际油价一举登上每桶71美元台阶

新华社纽约5月23日电　受美国飓风季节即将来临等因素影响，市场对石油供应的担忧加剧，国际原油期货价格23日明显上涨，一举登上每桶71美元台阶。

纽约商品交易所7月份交货的轻质原油期货价格上涨1.80美元，收于每桶71.76美元；伦敦国际石油交易所7月份交货的北海布伦特原油期货价格上涨1.65美元，收于每桶71.00

美元。

另外，纽约商交所6月份交货的取暖油期货价格当天上涨6.63美分，收于每加仑1.9989美元；6月份交货的汽油期货价格上涨5.06美分，收于每加仑2.1080美元；6月份交货的天然气期货价格下跌1.8美分，收于每1 000立方英尺（1立方米约合35立方英尺）6.258美元。

据报道，美国有关气象部门的负责人日前表示，今年美国飓风季节的天气虽不会像2005年那样恶劣，但相对活跃，预计今年美国将面临8~10场飓风。2005年，美国经历了较为严重的自然灾害，其中"卡特里娜"飓风给灾区经济带来了严重的损失。

此外，由于美国夏季汽油消费高峰即将来到，市场对美国汽油供应前景也日益关注。

资料来源　卢怀谦.国际油价一举登上每桶71美元台阶［M］.［2006-05-24］.http：//world people.com.cn/BIG5/41217/4398620.html.

　　［文2——通讯］

空调涨价："狼"来不来还要看天色

铜价疯涨，成本猛增，空调涨价势在必行。这句话被厂家接连喊了两年之后，"狼"似乎真的就要来了：本周内，美的、格力、海尔等空调巨头宣布全面提价，涨幅从3%到15%不等。

对于生产厂家的涨价，采购商直言不讳：涨价难以持久。而持续的低温大风天气，似乎也不大支持涨价行为。空调旺季的来临，铜价上涨的题材，给了生产商造势的绝好借口。但生产商的涨价美梦能否实现，恐怕还要看"老天"的脸色。

铜价飞涨：空调涨价不再"羞答答"

今年以来，铜价飞涨，已从去年4.3万元/吨上涨到8万元/吨。据专家分析，平均每台空调机需用铜6~7公斤，仅此一项，每台空调机的成本就上涨100~200元。

这一残酷的市场现实，终于让生产厂家撕下了"温情的面纱"。面对涨价，他们不再"羞答答"。"五一"黄金周过后，一些空调巨头采取联合行动，集体喊"涨"，并将全线产品的调价通知单纷纷发给各大卖场，而这只是"照会"并非"协商"。

记者从北京各家电卖场获悉，美的、格力、海尔三大空调巨头本周将全面上涨价格。其中，美的价格上调5%，格力涨幅为3%~10%，海尔最高，涨幅将达到15%。格兰仕、海信、三菱重工、松下、志高、LG、科龙、奥克斯等其他品牌也联合报出3%~15%的涨幅。

铜价上涨非自今日始，但生产商如此赤裸裸地高调喊"涨"，在近年来的空调界实属罕见。过去，制造商在各种场合反复宣称由于原材料价格上升、能效标准出台等因素，空调价格必然上涨，但在惨烈的市场竞争面前谁也不敢公开提价，更多的是"羞答答"地以新品提价、新功能提价等方式"曲线救国"。

苏宁电器空调事业部总经理夏建双认为，过去空调涨价都会放在商品推出之时，像今年在销售旺季来临时，众多厂家如此扎堆涨价，表明制造商们真的吃不消了，生存已经代替发展成为空调生产厂家的首要目标。

市场饱和：采购商不敢轻言"涨"

对于制造商的涨价行动，采购商的表现并不积极。苏宁电器华北地区管理总部执行总裁范志军直言不讳地认为，厂家的涨价行为很难持久。

范志军的论据有两点。一是空调企业的巨大库存压力。根据权威市场研究公司GFK对全国65个城市空调市场的监测，虽然今年一季度空调市场价格同比上涨5%，但不少厂家却还存在着巨大库存。有资料显示，2005年，全国共有800多万台空调库存。二是空调市场接近饱和。国务院发展研究中心市场研究所副主任陆刃波说，我国大城市的空调市场已经饱和，国内空调市场需求总量增长幅度连续三年呈下降趋势，预计2007年空调需求量首次出现负增长。陆刃波预计，今年市场需求总量增长将由去年的8%下降至6%，而在2003年，增长幅度高达12%。

虽然有充分的不涨价的理由，但流通商依然为制造商的涨价做了充分的准备。苏宁、国美、大中等家电卖场纷纷采取措施"平抑"空调价格，以吸引更多消费者。苏宁电器3月初即签订了三批600万台年度采购大单，目前还有200万台计40多亿元的平价空调库存，苏宁将在销售旺季集中投放市场，按照年前平价统一销售，以平抑涨价势头。

涨不涨要看"天"行事

空调是个"看天吃饭"的行业。近几年来，在销售旺季来临之际，空调厂家吹起的一个又一个涨价"泡沫"，都被老天爷"温和"地戳破。

历史常有惊人相似的一幕。2005年年初，各空调厂家借国家推出能效标志及原材料涨价的"东风"，开始了或明或暗的涨价之旅。到2005年5月末，空调厂家实际上已经形成了一个"涨价联盟"，声称2005年空调平均单价比上年同期上涨10%~15%。但去年纵贯南北的绵绵雨带，让空调厂商苦盼了一年的商机就这样悄悄溜走了。所以，6月未过，一些定力不足的生产厂家在销售商的"策反"下，开始密谋"降价起义"。

老天的事谁也说不准。今年的时令已经过了农历小满，南方一直阴雨绵绵，北方虽然晴朗，但大风不断、气温不高，或许今年又是一个"凉爽年"。

回头再看看2005年厂家和商家说的那些话，简直和今年说的如出一辙，甚至连涨幅的高低都像预谋过似的"惊人相似"。难道这是厂商联手制造的又一个"促销蓝图"？假如，今年的天气依然不热，那么，那些拍着胸膛签订"涨价联盟"的空调企业，明年还会找出哪些理由制造涨价的噱头呢？

资料来源　令伟家.空调涨价："狼"来不来还要看天色［N］.经济参考报，2006-05-25.

请回答：

1．从这两则报道看，消息与通讯的标题制作有何不同？

2．［文1——消息］采用哪种结构形式？背景材料是什么？有什么作用？

3．从［文2——通讯］看，通讯的表达手法有何特色？

4．从这两则报道看，消息和通讯的写作有何不同？各自的报道优势是什么？

五、从近期报纸上找出优劣导语各5条，并说明认定其优劣的依据。

六、本章消息部分的例文是按照"倒金字塔"结构写成的新闻稿（也可用报纸上同类结构的例文），试从尾部删起，看看如果逐段去掉后面的段落，是否影响文章的整体结构。

七、消息导语的写法各具特色。试比较本章例文中几篇消息的导语，说说它们的异同。

八、阅读下面这则新闻稿件，为这篇稿件加一个编者按，然后再写一篇300~500字的新闻评论。

跨国公司连称"上海太贵"　　二三线城市成投资新宠

在30日召开的第二届亚太区制造业圆桌会议上，美国ITT工业公司亚太区总监艾保罗表示，"在中国建厂的成本已经不那么廉价了"。公司开始考虑到越南、泰国、印度等国家进行零部件供应，而中国的二三线城市现在成为建立生产制造基地最好的选择，"当地政府提供了很多优惠政策"。

据《中国青年报》报道，艾保罗在会上连称，"上海（的成本）太贵了"。他现在的工作地点是江苏无锡，虽然现在ITT公司在上海有两个制造基地，但公司已把新的生产基地设在了无锡。

　　仲量联行最新发布的白皮书《中国新兴工业前沿》指出，在中国，一些二三线城市成为工业投资亮点，目前对跨国公司最具吸引力的城市包括成都、苏州、大连，天津、重庆、哈尔滨和武汉等城市也名列前茅。影响工业选址的关键因素可以归为：经济、劳动力、基础设施、政府、业务环境和房地产。

　　根据这份白皮书，在综合工业类中，尽管成本较高，上海、北京和广州仍具吸引力，紧随其后的是一些已成气候的热点城市，如天津、苏州、大连和青岛。在研发类中，研发的最佳地点包括一些成熟城市，如上海、广州，海外投资水平较高的新兴城市，以及拥有大量廉价劳动力的城市，如武汉和西安。在低成本制造类中，低价值、大批量制造业务的理想地点是提供较低成本的城市，包括哈尔滨、济南和南昌等在境外不太知名的城市。

　　根据这份报告，哈尔滨、成都和大连适合相对低成本的业务，业务成本处于中流水平的企业可考虑选择青岛和天津，而上海则是高成本业务中最"物有所值"的城市。

　　资料来源　周凯.跨国公司连称"上海太贵"二三线城市成投资新宠［EB/OL］.［2006-05-31］.http：//www.chinanews.com/news/2006/2006-05-31/81737437.shtml.

　　九、阅读下面一则广播稿，然后分析其写作特点。

　　各位听众，在农村帮贫济困中，基层党组织如何发挥战斗堡垒作用？先富起来的湖南桃源县明月村党总支五年如一日帮助山河村的事迹，给人以深刻启示。

　　中央台从今天起，分两次播送录音专稿《明月照山河》，由中央台记者黄溪云采写。今天播送上篇。

　　在湖南省桃源县西北角，流淌着一条清澈的明月溪，溪畔坐落着两个村，溪南明月村和溪北山河村。早些年，两个村子过得差不多，一样穷。可到了1992年，情况就大不一样了。明月村由党总支书记刘永山挑头干，立足本地资源，种果木，办工厂，日子越过越红火，成了桃源的首富村。而山河村呢，面貌未改，山河依旧。全村800多号人，集体经济等于0，还欠下一屁股债。站在低矮的土屋门下，看着溪那边一栋栋高耸的楼房，山河人不禁长吁短叹：假如山河也像明月一样，那该多好啊！

　　山河人的叹息声，惊动了明月村的刘永山。这位瘦削汉子的心被刺痛了。他也是第二次感受到这种痛楚了。改革开放刚兴起那年，他开了家小商店，率先富了起来。一天，几位村民在一起聊天。一位村民说，老刘，你是党的干部，如今富了，可不能黄牛角、水牛角，各顾各呢！村民话不多，分量不轻。就为这句话，刘永山放弃了小商店，一门心思扑在党总支的工作上，扑在带领全村人致富的路上。也就是从那以后，"共产党姓共，图的是大家共同富裕"，便成了他常挂在嘴边的口头禅。刘永山抽了一条烟，想了三昼夜，决意伸出手帮山河村一把。他的想法得到了县里、乡里的支持，却遭到了村里人的反对。也难怪人们反对。当时明月村虽然富了，可年产值仅2 200多万元，人均纯收入也不过1 200元，并不是富得到处流油！人们担心种了别人田，荒了自家地。刘永山力排众议，喊出了至今仍在桃源村广为流传的一句话："尽管自己还在半山腰上爬，也要伸手拉后面的人一把。"

　　（出自刘永山讲话，混播）

　　刘永山说，为什么带山河村？明月村总支认为，我们是共产党人，共产党姓共，姓共就必须使人共同富裕。举一个简单的例子，就是明月村人吃肉，不能眼看着山河村人喝粥。我们有责任帮助山河村发展经济，劳动致富。

　　明月帮山河，帮什么？帮钱帮物，不如帮人。经报请乡党委同意，明月村决定抽派一名党员去山河村担任村支部书记。派谁去？刘永山早已看中一个人，那就是他的副手、总支副书记王桂兰。王桂兰做事有两个特点：一是细致，村上好几对寻死觅活闹离婚的，经她三说两说，全都和好如初；二是泼辣，村里党支书记、突击队长、妇女主任，甚至民兵营长，文的武的，她全干过。那年生头个孩子，临产前5分钟，她还腆着大肚子在工地上凿石开河。然而，当刘永山提出派王桂兰去山河村时，王桂兰急得直摇手。她的娘家就在山河村。她对那里太知根知底了：全乡倒数第一的"空壳村"，已连续10年没完成上交提留。村干部走马灯一样，你方唱罢我登场，轮到1992年换届，18个党员死活都不肯出来当村里的头儿。

（出自王桂兰讲话，混播）

王桂兰说，组织上要我去山河村，作为我个人来讲，不想去，因为山河村那么一个烂摊子，我一个人怎么能把那里建设好呢？刘永山代表明月村总支做我的工作，意思是说，你是明月村派出的代表，背后还有明月村总支、明月村的群众做后盾，支持你的工作。1991年深秋，肩负着明月村的重托，王桂兰跨过明月溪，踏上了通往山河村的那条黄土路。明月带山河，究竟如何带？且听中央台下篇报道。

十、阅读"电视新闻稿"一节中的［例文九·十一］，回答下列问题。

1．［例文九·十一］体现了电视新闻稿的哪些特色？

2．［例文九·十一］中字、音、画三者之间的协调关系是如何表现的？

3．从［例文九·十一］中看，电视新闻稿的写作有哪些要求？

十一、如果就校园某个热点问题（如课外阅读、消费、社团活动等）确定一个课题，通过采访写一篇综合消息，你将怎样采访？请你设计一个采访方案。

十二、电视新闻的画面和解说词是相互配合的。试以［例文九·十一］为例，说说画面和解说词是怎样对应的，解说词对画面有怎样的补充作用。

十三、试把本章的电视解说词改写成一篇消息，并分析一下报纸和电视新闻在表现方式上有什么不同。

十四、模拟记者身份，试针对某个社会热点问题或人们关心的问题进行一次采访。

实施建议：

1．确定采访对象，了解采访对象的大致情况，明确采访目的。

2．制订采访计划，设计提问的内容和方式。

3．对采访对象进行采访，视采访具体情况及时调整计划，准确记录对方谈话的要点。

4．根据笔记和录音整理记录，写出访谈录。

5．和同学交流采访情况和心得。

十五、写一则本地或本校消息。就本地或本校新近发生的、有传播价值的事情写一则消息。要求如下：

1．标题要准确、鲜明、生动、简洁，形式不限。

2．导语要精练，概括出最主要的事实或主题，引人注目。

3．主体部分材料充分，事例典型，展开导语中已点明的事实。

4．如有必要，适当运用背景材料，加上结语。

十六、对学校某个活动做一次现场采访或做一个人物专访，写一篇广播稿。

要求：要点明确，现场感强，注意文字解说与现场音效（背景音响、人物谈话）相结合，适合广播报道。

十七、由几个同学一同讨论、策划一个校园电视新闻片的制作报道活动，并安排设计采访、拍摄、编排计划，付诸实施。将成果演示给同学，请大家评价得失。

十八、选择自己感兴趣且有条件调研的新近事件，制订计划，系统调查这一事件产生的原因和发展的过程，尝试作一次深度报道。

十九、采访本市（校）报刊的编辑、记者或通讯员，了解他们是怎样"抢"新闻，"挖"新闻的，领悟新闻采写的要旨，了解新闻工作者应具备的职业道德和素养。

二十、在近期发生的国内外重大新闻事件中，找出自己最感兴趣的事件，通过各种途径收集资料，整理出该事件的来龙去脉：事件的由来、现状及与此相关的或连带发生的事件。在分析资料、形成观点的基础上写一篇时事短评。文中可对该事件的未来发展趋势作出自己的预测。

二十一、"狗咬人不是新闻，人咬狗才是新闻"（来源于英国汤普森基金会《新闻写作基础知识》）这句话对吗？

二十二、通过报纸、广播、电视、网络等，搜集近期的重大新闻事件或本地生活的热门话题，挑选其中一件作为话题，展开讨论。对这一事件发生的影响发表自己的看法时，要有一定的分析。在此基础上写一篇新闻评论。

二十三、把你新近看到的一个事件写成一条新闻，然后在计算机老师指导下制作成一个网页发布。

二十四、任选一篇社论，就文章的写作特点，写一段200字左右的分析结论。

二十五、任选最近报纸上或广播、电视上的一个新闻事件，写一篇简短的评论。可以几个人一组共同商量，确定好评论的由头，然后分别写作。完成后，小组内交流阅读，自评或互相评价。

二十六、评论一个社会现象，如明星崇拜、过洋节、家教成风、围观坏事无人管、城市堵车严重等。提示：

1. 以要评论的社会现象为由头，引出明确的观点，奠定评论的基础。

2. 不要就事论事，可以用"析因论果"的方法展开论证。研究事物发展的前因后果，可以全面地判断事物，认识事物的本质，从而找到解决问题的方法。

二十七、评论一种在部分人中流行的观点，如：命八尺，难求一丈；各人自扫门前雪，莫管他人瓦上霜；养生方法，动不如静；有钱能使鬼推磨；等等。

分析提示：

1. 先摆出错误的观点，然后明确地提出自己的观点。

2. 可以用"辩证论理"的方法深入分析。所谓辩证论理，就是运用对立统一的规律，对构成事物的内部诸要素以及事物之间的外部联系，进行一分为二的分析。

第十章 文教应用文

第一节 读书笔记

一、读书笔记概说

（一）什么是读书笔记

笔记有狭义和广义之分。狭义的笔记即读书笔记，它是人们在阅读书籍、报刊时，根据自己的感想、理解或需要而记录下来的文字，这种文字有时还被加工整理成文章。无论是这种片断文字，还是整理而成的完整文章都是读书笔记。广义的笔记泛指随笔记录的所见、所闻、所读、所感，是一种不拘体例的作品。我们这里所说的笔记是指狭义的笔记——读书笔记。

（二）做读书笔记的作用

做读书笔记是一个极好的学习方法，它的意义和作用可归纳为以下几个方面：

（1）可以加深理解。读完一本书或一篇文章，觉得已经理解了，可是拿起笔来做读书笔记，却往往又写不下去。这就促使你不能不去深入钻研一番，进一步掌握书的主要内容。做笔记的过程，也就是加深理解的过程。

（2）可以加强记忆。做笔记，首先要求对书籍或文章的内容按照自己的认识和习惯的方法进行组织、整理，形成一个简明的知识系统。这样，就自然地加强了记忆。

（3）可以积累资料。知识是一点一滴积累起来的。平时做读书笔记，注意积累资料，知识面就会越来越宽，对事物的认识也就会越来越深。这是做工作、做学问必须下的一个基本功。

（4）可以练习写作。做读书笔记，不是简单地抄抄写写，而是要对学到的知识进行加工整理，这本身就是一种写作训练。勤能生巧，只要勤于动笔，文章就会越写越好。

二、读书笔记的种类和写法

读书笔记有多种形式。采取哪一种，要由读者的水平和所阅读书籍的性质来决定。

（一）做记号

如果书是自己的，在阅读时可以在书上标（画）出各种各样的符号，也就是做记号。

记号有许多种，最常见的是在字旁圈点或画线。

1.圆点（·）或圆圈（。）

标出着重点，一般是标记全句或全段中最重要的部分。

2.画线（单线———、双线＝＝＝、波浪线～～～等）

这也是人们常用的一种方法，目的和着重点一样。

有时为了标明内容的层次，还可以在每一个段落的前面加上"一、二、三、四……"或"1、2、3、4……"或"A、B、C、D……"等字样。

在似懂非懂或是有怀疑的地方，可以用铅笔在书上画一个问号，等把问题弄清楚了，再用橡皮把问号擦掉。

除了用各种符号，还可用红、蓝、黑等不同颜色来做记号，其作用也一样。

（二）眉批、旁注

眉批多是对某一段落的评论，如"好""绝妙""有道理"等。它和记号的作用差不多，但比记号更具体，更明确。旁注是用以解释字句或内容的，也可以写简单的心得、体会、评语、疑问或是内容提要等。

（三）摘录

摘录是把书中的要点照抄下来。读书时，常常会碰到许多重要材料、重要论点，自己欣赏、感受最深的段落，以及名言警句等，为了便于复习或运用，就要依据自己的需要把原文摘录下来。这种摘录，不能改动任何字句和标点。如果需要节录一段中的几句，前后或中间不需要摘录的文字，可以用省略号表示；如果所摘录的原文文字过长，也可以简略地写清这段原文的意思，然后在笔记本上做个索引，以备日后查考。

摘录原文，最好写在卡片上，前面冠以题目（可以用书上的题目或自拟题目）。作资料卡片，一定要把原文作者的姓名、书名以及篇名、页码、出版时间等写在卡片上，以便日后查考。卡片要分门别类地记录储存，如按政治、历史、经济、文化、自然科学、社会生活、格言、谚语、歇后语等分类排列。

［例文十·一］

我从来不把安逸和享乐看作是生活目的的本身——这种伦理基础，我叫它猪栏的理想……人们所努力追求的庸俗的目标——财产、虚荣、奢侈的生活——我觉得都是可鄙的。

——人为什么活着

（摘自爱因斯坦《我的世界观》，载于1981年2月8日《中国青年报》）

［例文十·二］

（卡片）

狼孩（豹孩、熊孩，略）　　　　　　　　　　　　　目：语言学理论	

最有名的事件发生在印度加尔各答东北的一个小城米德纳波尔（1920年）。一个牧师打死了一只母狼，在洞穴的深处，找到了两只小狼和两个裸体的小女孩。一个大约七八岁，另一个大约两岁。两个狼孩被送到孤儿院。一个叫卡玛拉，

一个叫阿玛拉。阿玛拉两年后死了，卡玛拉活到 1929 年……1922 年她才会直立，1926 年才学会独立走路。在她的一生中，她一直没有学会说话，四年内只学词，能听懂几句问话，七年内只学会四十五个词……

（摘自《知识就是力量》1957 年第 5 期，何雷译自捷克《青年科学与技术》1956 年第 4 期）。

（四）摘要

摘要就是把书中的要点用自己的话写出来，也可以说是原文的缩写。当然，必要时也可抄些具有关键意义的原文，对一般句、段就简缩改写。

做摘要必须注意以下几点：

（1）要吃透原文。做摘要必须深刻理解原文的内容，准确把握原文的精神实质。

（2）要尊重作者原意。摘要是摘原文之要，所以务必要客观，不能主观曲解或随意发挥。

（3）要善于选择内容。要根据"切实有用"的原则，确定取用哪些，舍弃哪些；何处多写，何处少写，何处不写。可以更换一些词语，甚至改变一些句式和段落，但不可把原文完全打乱，不能面目全非。

（4）要注意原文的结构和逻辑关系。

总之，摘要无论怎么写，都必须反映出原文的主旨和重点。

（五）概述

概述就是把文章或全书内容用自己的话扼要地概括出来。它比提纲详细，比原文简要。这种笔记既可以检查对读过的书是否真正理解，又能锻炼写作能力。写得好的概述，应该是全书的缩影。洋洋数十万言的长篇巨著，可以概述；短篇小说、报告文学、政治论文……同样也可以概述。

［例文十·三］

《复活》故事情节概述：

《复活》，据说也有托尔斯泰少年生活的影像在内。从总体上说，这是象征托尔斯泰精神生活历程的作品。年轻的主人公聂赫留朵夫做武官的时候，曾在偶然过访的姑母家里诱惑了一个年轻美貌的使女卡秋莎：她原是好人家女儿，不过由于孤苦，便在老夫人那边陪伴老夫人，且是在老夫人家里长大的。聂赫留朵夫原不过满足一时的兽欲冲动，事后他到军队里去了，很快便把这个情人忘得精光。但是卡秋莎却怀孕了，事发后被主人逐出，就此开始堕落。她过了七年的娼妓生活，已经是没有灵魂的人，却又因被诬偷了狎客的钱，且犯有毒毙狎客的嫌疑被押解到法庭。不曾想，从前种了她堕落之根因的聂赫留朵夫恰好正做了陪审官，认出这阶下囚就是从前可爱的卡秋莎（做娼妓的她已经换了名字），一时间备受良心的谴责。

聂赫留朵夫为了减轻灵魂上的重荷，力主这名女犯无罪，但是他的同僚不答应。他又到牢里探视卡秋莎，在她面前忏悔他的罪过。但是，失去了灵魂的卡秋莎已经不是从前的卡秋莎了，她的感情已经麻木，她只有对任何男子献媚求利的习惯，现在她亦同样地对付着掏出良心来给她看的聂赫留朵夫。凄惨生活的折磨已使她完全忘记了从前的事，便是回忆起来也等于她无数次地出卖肉体话剧中的一幕而已。这使得聂赫留朵夫非常痛苦。他明明知道从前天真纯洁的卡秋莎实际上已经不存在了，而他还是决心要拯救这个没有了灵魂的顶着玛丝洛娃名字的堕落到不可救药的女子。他要救她出牢和她结婚。

他经过了灵魂上的痛苦挣扎，把自己的灵魂净化，立定主意走新的生活的路。

他请了律师给卡秋莎辩护，又预备请愿书，求皇帝特赦卡秋莎。他用尽了他的力量，但是卡秋莎终于被判决流放到西伯利亚做苦工。聂赫留朵夫经过了极大的自我斗争，终于毅然不顾贵族的地位和财产，单身跟随卡秋莎一伙囚犯同往冰天雪地的西伯利亚。

但是卡秋莎最初对于聂赫留朵夫的行为是不理解的。她以习惯的对付狎客的虚伪狡诈对待聂赫留朵夫的真情。她以恶骂回答聂赫留朵夫含着眼泪说的他决定要倾家荡产弄她出牢并且正式和她结婚的话。她以为聂赫留朵夫是怕自己的灵魂入地狱所以才如此，所以还是自私的。不错，聂赫留朵夫相信，只有卡秋莎灵魂得救，他自己的灵魂也才能得救，尽管他好像还是自私的，但他这种自私已经成了博大的基督殉道似的精神，他一直也是这样认为的。

在赴西伯利亚的途中，卡秋莎果然又变回了当初的纯净的卡秋莎。她不再是感情麻木、没有灵魂的人了。她与同行中的一个政治犯有了爱情。明白了这一点的聂赫留朵夫抛弃了最初想和她结婚的念头，并把保护卡秋莎的重任托给了那个政治犯，他决心要为卡秋莎以外无数受苦人的幸福牺牲自己。他要把原始的基督教教义还原过来，引导人类走上救赎的路。

《复活》就是这样充满了说教的精神，社会意义自然不及《战争与和平》那么大了。

资料来源　茅盾.世界文学名著杂谈［M］.北京：百花文艺出版社，1980.

这是茅盾写的关于托尔斯泰的著名小说《复活》的故事情节概述。《复活》全书共40万字，这里仅用1 200字左右就把它的故事情节概述清楚了。

（六）写心得

做读书笔记除了摘抄外，还要对摘抄的内容加以评注，写出心得。其中，比较容易做的就是对读过的诗文进行分析评论。

1.对摘抄的内容作一点分析

写作的本质在于创造，而创造要有基础，要有深厚的根底。"九层之台，起于垒土。"在体育运动中，成套的技术动作是由单个的基本技术动作组成。高难度动作，往往是基本技术动作的综合和提高。战术，也是在基本技术的基础上形成的。如果体力不够，则什么技术也发挥不了。因此，运动员要攀高峰，凌绝顶，破前人纪录，夺世界冠军，就必须首先掌握牢固、扎实的基本功。同时，古今中外大凡有突出成就的人，在其成长过程中都离不开基本功。优秀的售货员要熟悉商品知识，懂得顾客心理，学会营业礼仪。文学家要深入社会生活，锤炼文字技巧。表演艺术家要天天吊嗓子、练身段。从基本功起步，在苦练基本功中成长，也就是在科学的基础上循序渐进，这是培养造就各类人才的共同规律。

（摘自1980年12月19日《北京日报》社论）

[分析]这段文字从体育动作和战术说起，然后说到售货员、文学家、表演艺术家，由这些个别的、特殊的事例推论出一个共同的结论：从基本功起步，在苦练基本功中提高，在科学的基础上循序渐进，这就是培养造就各类人才的共同规律。这段文字主要使用了归纳推理的方法，可以作为写议论文的借鉴。

2.从摘抄的诗文引起联想

幽兰在山谷，本自无人识。

只为馨香重，求者遍山隅。

（摘自人民文学出版社1977年出版的《陈毅诗词选集》中的《幽兰》）

[联想]前几天在街上遇到卖兰花的人，他手握一束兰花叫卖，夸说是真正的福建兰花。人们纷纷围了过去，我也好奇地挤进人圈。原来久负盛名的兰花生着浓绿细长的叶子，并没有艳丽的外表，看起来平淡无奇。人们为什么这样喜爱它呢？"只为馨香重，求者遍山隅。"这首诗里蕴含着做人的哲理：华美的衣着、漂亮的言辞都是次要的，最重要的是要有真才实学，能为人民放出"馨香"。

3.写出文章的结构提纲

每看一篇文章都要认真分析它的思路，弄清各段的意思和相互之间的联系，弄清文章的主干是什么，全文表现了怎样的中心思想。古人说："读书破万卷，下笔如有神。""破"，首先是解破文章构思的谜，会搭作文的"架了"，然后才是进一步修饰语言。我们只有多分析比较各类文章的构思，才能逐渐达到"下笔如有神"的境界。下面是散文《荷叶咏》的结构提纲：

（1）写荷塘景色：由远及近，先写荷香，再写荷塘景色；先写荷花的色彩（粉色、白色）和形态，再写荷叶的色彩、形态。

（2）联想古人对荷花的吟咏。

（3）过渡：为荷叶鸣不平。

（4）文章的主干：荷叶的特点、用处、风格。叙述了它陪衬荷花、护持荷花的特点和对人类的益处，点明它的风格是不争名、不求利、不出风头、不论地位，总是默默地工作。这正是人民的伟大精神的象征。

（5）抒情点题。

（七）编目录

写读书笔记，天长日久积累多了，就要进一步学会编辑整理的工作，其中以编写目录最为重要。目录可以这样编写：

《读书笔记》（一）（1991.1——1991.12）

三、读书笔记的写作要求

要记好笔记，应具备这样几个条件：

（1）要有明确的目的。要根据自己的情况来记，是详细还是简略，是写摘录还是写心得，都要从实际情况出发，不要盲目地模仿别人。

（2）对所记的内容要经过分析、思考。要在消化、理解的基础上记，抓住重点，找到"文眼"，切忌盲目抄书。

（3）内容要言简意赅，字迹要清晰、工整。要根据内容适当地分节、分段，以便于复习、阅读。

附：速读八法

速读能力的自我训练可采用以下几种方法：

一、闪示印象回忆法

要提高阅读速度，必须从按字、按词阅读的习惯中走出来，逐步发展到按句、按行阅读。

二、搜捕法

在扩大视觉幅度的基础上，可以通过扫视，在文章中搜捕自己所需要的内容。一目横扫，务必抓住目标。

三、对照法

许多文章每段的主要内容往往在一段的首和尾，首尾对照，然后迅速地在脑子中归纳出中心意思。

四、摘要法

有的文章可以事先列表或确定摘记纲要，在速读时，要通过扫视迅速理出文章的要素。

五、循序法

有些文章的条理很清楚，速读时可以循着文章脉络，标出文章的要点。

六、衔接法

在具有相当速度的基础上，就可以先读内容提要，然后在一页或两页上扫视两三处，把即刻形成的印象与前面获得的印象衔接起来，逐步拼凑文章。

七、详略法

读长篇文章时，可以在一般速读过程中选择重要章节再仔细阅读，采取大部分略读与部分详读相结合的方法。

八、跳读法

有的书籍，可以先把扫视的注意力放在发现文章布局谋篇的构思上，尤其要注意文章要点出现的规律。掌握了这个规律，有的地方就可以跳过不看，同样能够掌握要点或获得所要的东西。

第二节　财经论文

一、财经论文及其作用

财经论文是探讨与揭示财政经济规律，表述财经领域学术研究成果的文章体裁，具体研究领域包括财税、金融、财务会计、工商管理、投资经济、经济法、保险、经济管理等。

　　财经学科属于社会科学的范畴，在当今社会主义市场经济体制建立并逐步趋于完善的时期，财经论文从理论上的指导、宣传方面参与了这一重大历史进程，因此具有重要意义。

二、财经论文的种类

　　财经论文的种类繁多，根据不同的角度可以分为不同的类型。按学科来分，有财政、金融、会计、税务、保险、经济法、工商管理、投资经济等；按照经济理论体系的层次来分，有宏观经济论文和微观经济论文；按照作者的身份来分，有调研论文、学级论文和学位论文；按照论文发表的载体和场合来分，有报刊论文、学术年会论文、汇编论文（论文集）等。

　　宏观经济论文是从价格理论入手，处理通货膨胀、失业、国债、国民收入、汇率、对外贸易等问题。微观经济论文分析产出、竞争、垄断、价格分歧等问题。近年来，不少经济学者运用报刊媒体，发表经济随笔，以普通市民的身份、经济学家的视角，在简练的文笔中揭示生活中的经济规律，在社会转型期及时地向大众普及经济知识。

三、财经论文的特点

（一）学术性

　　在科学的逻辑起点上，从一定的角度深入探索社会经济的客观规律，忌重复选题，体现出前沿性追求，是财经论文的显著特点。不过，目前的学术带有"生产"的特点，不少是大量的"复制"。

（二）理论性

　　财经论文既要有理论的提升，又要有理论的分析和概括，而不是就事论事，停留在经济现象的直录、材料的堆砌，仅谈感想、心得体会上。常常见到有的论文读来平淡无奇，这就是缺少理论的提升。所谓理论，即人们由实践概括出来的关于自然科学和社会科学知识的有系统的结论。这一结论，来源于实践，又反过来指导实践。理论的高度是作者认识世界、能动地发展经济的标志。所以，理论性也是财经学术论文的重要特点之一。

（三）现实性

　　中国目前正处于市场经济的发展建设时期，又时值经济全球化时代，经济问题层出不穷，急需理论的指导。现实性自然是财经论文的一大属性。例如《经济全球化正负效应论》一文，就"经济全球化给发展中国家带来的是福还是祸"这个课题，在搞清全球化经济规则的基础上，运用经济理论，进行了有深度的分析。

四、财经论文的格式与写法

（一）财经论文的基本结构

　　财经论文一般包括：标题、内容提要、关键词、正文、结论或结语、注释和参考文献。现择其难点、重点分述如下：

1.内容提要

内容提要是把论文的主要信息，包括研究的问题、方法、角度、主要观点以及研究意义，以简练的文字完整准确地概括出来，便于读者快速浏览及把握论文情况，一般不超过200字。

2.关键词

关键词是为文献标引或检索而从论文中选取出来，能表达论文研究对象与主要观点的词。通常选取3~7个词作为关键词，另起一行标在摘要的左下方。

3.正文

正文通常包括两个部分：导言（或导论、引言、前言）和本论。

（1）导言。这方面内容必须说明：研究意义和目的；有关研究概况；研究假设；运用的理论和方法。

（2）本论。本论是展开论证、充分表达作者观点的部分，是论文的主体。

写作时应注意以下两点：

第一，论点是文章的灵魂，是内容的核心，也是决定论文学术质量最重要的指标。所以在材料搜集整理之后，就必须下大力气提炼基本论点，并初步设定相关的论据。论点的提炼与形成必须实事求是，遵循科学的态度，不是主观预设，而是通过对大量材料的深入分析研究，用科学的理论方法，进行"去粗存精，去伪存真，由此及彼，由表及里"的加工。现今常看到有些论文不是从材料和事实的分析中自然提升出来的，而往往是为了"做文章"，甚至不惜把简单的问题说得复杂，这样写都是违背科学原则的。

第二，要考虑中心论点与各个层面小论点的罗列组合。要注意每一个小论点前后相关的逻辑联系，比较重要的小论点也可以作为文章的小标题，通常这是比较难的一步。先梳理出思路的线索和组成线索的几个重要的"点"，然后再不断充实和论证这些"点"的存在及其与中心观点的联系。

4.结论或结语

常见的结论有如下几种：

（1）总结型。这种结论是作者在对本论部分做了充分分析之后，对立论给出的肯定的回答。

（2）科学预见型。这种结论是作者在对文中提出的问题做了一番分析、研究之后，根据其规律所得出的某种预见式的结论。这样的结论常常是在文章分析过程中对过渡性结论的逻辑延伸，通过分析揭示规律，然后根据规律预见发展的趋向，乃至提出促进或抑制的措施。这种科学预见型的结论常常具有指导性。

（3）提出问题型。这种结论是作者在文中解决了某种问题后，根据这个结论，按其逻辑延伸出的另外几个新的问题，而这些问题不是该文所要回答的，它可能是作者今后的研究方向，也可能为同行指明研究的新领域。

例如：

充分利用农村经济生活中出现自然灾害及意外事故的时间差、空间差、地域差，从更大范围的保险基金中予以及时足额的补偿和给付。显然，保险所具备的这种保障优势是家庭、集体所无法比拟的。

5.注释

注释包括脚注和尾注两种。长篇专著、学位论文通常采用单页脚注方式，以便于阅读。一般期刊论文则要求集中尾注。注释内容主要是说明引用的资料、理论根据的来源，以及相关知识背景、研究情况，通常依照下列顺序准确标明：

作者/编者/译者；

书名/文章题目；

出版地；

出版社/杂志/报纸；

卷期/出版年；

页码等资料用阿拉伯数字统一编码。

注释是体现学术规范的一项重要指标，除了准确，涉及前人已有的成果，必须注明出处。

（二）财经论文的写法

1.选题

课题选择正确与否，是决定论文成功与否的关键。德国著名的科学家海德堡甚至认为："提出正确的问题往往等于解决了问题的一半。"而且，科研选题本身就是一项科学研究。

学术研究的基本目标是创新，创新应包括多方面：创立新理论、提出新观点、开辟新领域（填补空白）、建构新方法、建立新概念、做出新分析、寻求新材料等。一项研究成果，必须至少包含其中的一项，较理想的研究成果往往包含其中的多项。因此，在选择研究题目时，要充分考虑前人没有解决或没有完全解决的具有一定学术意义或实用价值的课题。我们在平时的学习中一定会碰到各种各样的问题，有许多是常识性的，或者是前人早已解决了的，只是我们一时没有弄懂而已。这一类问题的解答不具备学术意义，不宜作为学术论文的课题。选题类型一般有如下几种：

（1）学术界少有关注、前人从未研究或较少研究过的问题，即"填补空白"类型。这类选题虽然是以前有人关心或写过的课题，但研究得不完善、不充分，还有补充与深入探讨的余地。

（2）先前的理论或文献材料解决不了的问题。选这一类课题，要有新的材料，或者能形成新的研究角度，使用新的理论方法，这样才能真正有所突破。

（3）学术界有分歧的问题。由于学术观点或者研究方法上的差异，对一个问题的研究可能存在不同的意见，有时甚至分歧很大。如果选择这一类课题，必须将各种不同的意见进行比较鉴别，找出分歧的实质或焦点，并掌握新的材料，或采用新的视角，科学地反驳与扬弃偏颇的、错误的意见，建立起自己的观点，把研究向前推进。

要较为顺利地完成一篇论文，选题一般要遵循以下原则：

第一，尽可能地了解所涉及的学科和研究领域的历史与现状，避免重复选题。当确定大致的研究方向后，应懂得学科史上提出过哪些相关的问题，这些问题的研究已经取得了什么成果，问题解决得怎么样。与这些问题相关的学术观点有没有分歧，研究这些课题的难点、重点在哪里等。我们只有了解学科的历史与现状，才能决定哪些课题有学术意义，可以做；哪些课题已经谈过很多，不值得再去重复。

第二，选题的视野要开阔一些，关注有现实意义的问题，即在选择研究题目时要考虑社会现实的需要，尤其是那些迫切的应用性问题。

第三，选题要适合自己的能力。每个人的能力、水平不同，知识结构以及个性与兴趣也可能有差异。虽然有些课题不错，但有些人能做，有些人不见得能做。要量力而行，充分考虑自己的知识结构和研究能力，扬长避短，充分发挥自己所掌握的知识，做力所能及的课题；同时也要考虑个人的兴趣和性格，喜欢做基础研究的就做基础研究，喜欢做应用研究的就做应用研究，喜欢做开发性研究的就做开发性研究。某些课题特别需要材料的发掘运用，而客观条件又限制了材料的利用，因此即使对题目有兴趣，也不宜去做。总之，选题应当充分考虑某一个课题的性质和难易程度是否适合自己，应选择那些最能充分发挥自己特长与能力的课题来做。

第四，选题要难易适中，初次做论文最好"小题大做"。刚开始写论文的同学往往喜欢题目大一点，这很有可能流于空泛，因此最好选择比较具体的"小题目"，这样便于结合自己学习的实际，容易搜集材料，形成观点，使自己在论文写作中切切实实地受到学术训练。

2.研究步骤

选题初步确定之后，就可以着手论文撰写的前期准备工作了。

第一，要制订一个时间表。什么时候搜集材料、初拟提纲，什么时候进入写作，什么时候修改、定稿，都要有安排。写毕业论文的同学，因为忙于找工作或者考研，应及早动手，力戒前松后紧。

第二，围绕问题搜集材料。资料是学术研究的基础。任何一项学术研究，都必须首先从搜集资料开始，然后才有可能进行分析和探讨，最后得出结论。一般情况下，搜集材料的过程是：首先搜集第一手资料，其次实地调查资料，最后搜集有关的观点和理论。

第三，撰写论文提纲。熟悉研究情况并搜集了一定的资料之后，就必须撰写论文提纲。当然，有些人可能对有关研究情况比较熟悉，也可以先撰写论文提纲，再根据提纲去搜集资料。论文提纲一般应当包括如下几方面：

选题的价值与意义；

前人相关的研究状况；

论文准备解决的基本问题；

研究的主要角度与理论方法。

五、财经论文的写作要求

财经论文的写作要求包括：

观点正确全面，材料充分贴切，章节安排均衡合理，段落之间的衔接紧密有序，论述层次清晰，引文和数据准确规范，结构完整。

例文参见：

"2012年中国经济走势预测"（本书［例文六·三］）

"上市公司会计信息披露规范化问题的调查研究"（本书第三章中"调查报告"例文）

附一：开题报告

一、开题报告及其作用

开题报告是在课题选定之后，向科管部门报送的关于课题的意义和主要内容的书面报告，以便获得主管部门的认可，取得研究资金等方面的支持。

二、开题报告的写作

一般由标题、正文、结尾三部分组成。其中正文包括以下内容：

课题研究的目的和意义。

国内外与该课题有关的研究现状和水平。

研究的主要内容。

研究的方法、步骤、进度。

预期成果和提供成果的形式。

实现本课题的目标所具备的条件。

研究经费预算。

三、写作注意事项

（一）选题的价值

开题报告能否得到科研主管部门的认可，关键在于课题的价值。

（二）体现一定的科研能力

正确评估自身完成课题的主客观条件。

（三）表达明确具体

列出具体探讨的问题，体现出对该课题的把握能力。

附二：电脑写作与做学问三境界

安泠

电脑写作，是指运用电脑这一信息媒介，以键盘、电子笔、语音输入器（乃至触觉、视觉和心理感应方式）作为新的书写工具，以电脑界面为新的信息显示界面，以移动存储器（软盘、闪存、移动硬盘）或硬盘为新的信息承载体，所进行的信息记录、交流和传递活动。

电脑写作有如下的特点：

1.非线性。由于电脑的超级链接功能，作者能随意地从文本的一点跳到另一点，从而打破了线性写作的传统规律。

2.网络性。作者借助电脑的链接功能和丰富表现力，在不同的媒体、文字间穿梭往来，不同的因素相互影响和交叉，形成网状结构，大大拓展了思维的自由空间。

3.自主性。它指电子文本表达媒体和形式自主选择的丰富性，以及不断复制增长的自我控制能力，改变了传统文本的写作方式。

一、电脑写作与传统写作

在电脑写作中，拼音输入法、五笔输入法、剪切、粘贴、变换字体、自由组合排列，保留修订标志、双版本对照修改等，都给写作带来了极大便利。有这样的便捷工具而不利用，仍用手写笔耕，犹如不知用收割机而用镰刀，未免落后于时代。荀子曰：假舟楫者，非能水也，而绝江河。君子生非异也，善假于物也。但传统工具是否可以就此完全抛开？回答是否定的。笔墨工具仍应充分利用，不能废弃。近现代文章大师，没有电脑，皆用笔墨完成鸿篇巨著。即使在电脑化的现代，若用笔已成习惯，文思如行云流水，畅行无阻，改为敲击键盘，反觉不便，则仍应适当地使用笔墨，至少在电脑上用手写输入法。手写输入法还有个好处，就是可防止提笔忘字，传承汉字书法文化瑰宝。

即使已养成利用电脑来写作的年轻人，亦不应完全不动笔墨。一般来说，动笔列出提纲，再在电脑上起草。打印出初稿，用笔修改，再在电脑上定稿，效率会更高。传统读本和笔墨功夫是第一文化，电脑语言和键盘工具是第二文化。第一文化是第二文化的基础。根深才能叶茂，源远始流长。人脑是电脑的本源，也是电脑的操作者。人脑的本质功能是思维和语言。提高人脑思维的素质和语言文字水平，是提高电脑写作水平的根本途径。

传统笔墨写作与现代电脑工具相结合，两条腿走路，可收到事半功倍之效。不丢根本，不忘源泉，该返璞归真时，就手写笔耕，才不失为大聪明大智慧。

二、电脑写作与做学问三境界

电脑写作是一个大概念，包括网络写作。网络写作依托互联网环境，借助电子化、数字化工具来完成，写作文本为电子文本（包括文字、图像、声音、动画等），写作成果在广阔自由的网络空间传递。网络写作属于电脑写作的高级范畴，是电脑写作的高级形态。

网络世界提供了无比丰富的信息资源。书生坐在电脑旁，能知古今天下事。不利用网上资源，只在书斋中冥索苦想，会真正成了桃源中人，不知秦汉，无论魏晋。那样去写论文，等于与世隔绝，闭门造车。费了偌大气力，耗了多日光阴，其作品可能世间早已有之，或早已过时淘汰。所以，应当先看一下车展，了解一下当前车情。在此基础上借鉴、改制、创制出新的车型，才可能被世人认可，才有价值。如此，才能避免重复旧作，徒劳无功。在科研上，立下一个课题后，首先要上网浏览，搜索前人和今人关于此课题的全部成果。"昨日西风凋碧树，独上高楼，望尽天涯路"（做学问的第一境界）。只有了解人类关于这个问题的全部研究成果，再进一步探索，才是有价值的研究。一般说来，确定选题后，最好先独立构思，拿出自己的观点，包括分论点，列出个提纲，写出草稿，这样更有利于发掘独立思考的潜力。然后，再通过网络查寻，补充或订正你的观点和材料，去掉那些前人已有定论的不必要写的内容。站在前人的肩上，才会看得更远。

选定课题，搜索材料，确立观点，是一个艰苦的探索过程。经过搜集、选择、比较、借鉴，将有关材料联系起来，有目的地思考，下一番艰苦的探索研究功夫，甚至废寝忘食。经过"衣带渐宽终不悔，为伊消得人憔悴"（做学问的第二境界）的艰辛甚至痛苦的过程，才有可能形成自己的观点，表达出不同于前人的新见解。

经过艰辛探索，终会有豁然开朗之日，这就是行进到科研的最关键阶段："众里寻他千百度，蓦然回首，那人却在，灯火阑珊处"（做学问的第三境界）。在探索研究中产生顿悟，有所发现，形成自己的独到见解，即渡过了科研的难关。对于一个有独立思考习惯的人来说，科研并非难事，不是如登天之难，不必视之为畏途。论文写作是创作，创作有各种层次。毫无借鉴吸取，完全独立创新，比较罕见。通过独立思考形成自己的观念，往往也包含着此前学习中吸取和积累的前人的知识因素。但只要是经过自己独立思考，有自己的见解，发前人所未发，就可以认为这是一篇研究成果。反之，如果没有自己独到的新意，通篇只是剪辑组合，这样的文章只是资料汇总，不能算是科研论文或科研成果。

网络资源的浩瀚无边给写作者提供了空前丰富的信息资源，但也给懒惰者提供了抄袭的空间。懒惰者如不讲文德，做掩耳盗铃的蠢事，通常会被查出。因为网络提供资源，同时也给审查者提供了扫描抄袭的雷达。中国古人有以抄袭或重复前人观点为耻的科学严谨精神，一旦发现自己的见解与前人雷同，便忍痛割爱。我们要学习古人这种高尚的科学精神，做老实人，以文德自律，以严谨求实精神对待科学研究，而远离拾人牙慧和抄袭之嫌。

第三节　申　论

一、申论概说

（一）申论的由来

2000 年，中央国家机关公务员录用考试出现了一门新科目——申论，以取代传统形式的作文考试。"申论"即申述、论证，是根据所给材料引申开来，展开议论。

2000 年，《中央、国家行政机关公务员录用考试大纲》规定：申论考试"主要测查应试者对给定资料的阅读理解能力、分析归纳概括能力、提出和解决问题的能力以及文字表达水平"。概言之，申论是对应试者综合分析写作能力的考核。

2002 年，《中央国家机关公务员录用考试大纲》规定得更加具体：申论"主要通过应试者对给定材料的分析、概括、提炼、加工，测查其运用马克思主义哲学、邓小平理论、法律、行政管理等理论知识解决实际问题的能力，以及阅读理解的能力，全部为主观性试题，考试时限 150 分钟，满分 100 分"。本项考试给定一篇 2 500 字左右的背景材料，内容涉及社会、经济、文化等方面。从考试形式和要达到的测评功能看，它是古代策论和现代给材料作文的有机融合。

（二）申论的特点

1.背景材料的普遍性与基础性

"申论"提供的背景材料一般都是应试者工作、生活中经常碰到的问题，或是某一时期众所关注的社会热点。如 2000 年"录用考试"，"申论"选择"PPA 在全球引起的风波"事件，提供政府、民众、社会各界的不同反应和评价的背景材料。"PPA"问题事关用药安全和人身健康，是当时民众关注的热点，稍微注意时事的人都会知道。申论背景材料对所涉及的方方面面的知识都不作专业性的深入探究，只是提供基础性的内容。语言表述准确规范、清楚明白，不会产生阅读理解方面的歧义。

2.考查目标的全方位性与综合性

"申论"的考查目标众多，而且彼此间紧密衔接。

以阅读论，背景材料纷繁复杂，内容可以涉及政治、经济、文化、法律等诸多方面，要求应试者必须有足够的知识储备，否则就可能面对试题"束手无策"。考生必须在很短的时间内（一般不超过 40 分钟）理出头绪，找出主线索与主要问题，并初步完成环环相扣、层层递进的三个问题的构思：（1）对主要问题的概括；（2）针对主要问题的对策，即可行性方案；（3）紧扣背景材料及其所反映的主要问题，阐述对问题的基本看法和解决问题的方法。

以写作论，申论多层次、综合性的特点更加突出。首先，它考查的不仅是文字表达水平，还包括驾驭材料的能力。其次，申论写作的三部分即"概括""方案"

"论述"，各自独立又紧密关联。最后，申论写作还能够表现出一般考试无法比拟的表达方式的多层次和综合性。概括部分要运用叙述和说明，方案部分主要是说明，论证部分以议论为主，辅以叙述、说明。

二、申论的格式与写法

申论的写法可以分为四个步骤：第一，要求应试者在认真阅读试卷给定资料的基础上理解其性质和本质，并作整理、分析和归纳；第二，用简要的文字，准确概括出资料所反映的主要问题；第三，针对主要问题提出解决问题的对策和可行性方案；第四，紧扣资料及第二、第三环节所反映的问题，申明、论述应试者对问题的基本看法和解决问题的方法。

申论写作的关键是编好提纲。提纲编写的程序如下：

（一）拟制标题

材料作文要自定题目。

标题类型：应当采用直接标明主题的标题，即标题就是主题，如《……是（动词）……》和《……要……》的判断句模式；还可以采用指出内容范围的标题，如《论……》或者《……论》的标题模式。

（二）写主题句

主题，又称中心论点或者总论点，是应试者自己产生的政论文的核心，表现为一个判断句（10个字左右），只有一个谓语。

主题句最基本的层次是客观层次，即准确地反映所给资料的本质；较高一层的认识是具有科学文化深度和广度的认识；更高一层的认识是具有哲理意味的认识。主题句在论文中的位置应是明晰的。标题大多写出主题句即中心论点这句话。正文的开头，一般要在段尾写出主题句，也可以只写出与主题句相关的论题。正文的中间，在靠后处突出主题句。正文的结尾，重申主题句，可以在字句上变化，或者意义上更深入一步。论文不但要围绕着而且要穿插着主题句来写，要有一个"提出—强调—重申"主题句的三段式过程。

（三）简述内容

它包括主题、层意以及要点，计30字左右。

（四）结构形式

1.并列式

提出几个小论点，结合资料对主题横向分析。各层次独立性强，但共同为说明主题服务。往往运用第一层序码"一、二、三"。此法的好处是概括面广，条理性强。

2.递进式

结合资料对主题进行纵向深入论证。例如，一是问题的危害，二是问题的原因，三是解决问题的对策。层层递进，每一层次都不可缺少，前后顺序也不能颠倒。此法的好处是逻辑严密，能说明问题。

在一篇文章中，两种结构形式可以交叉运用，即以一种形式为主，在某一层次中用另一种形式。

（五）标明层意

层意的写法包括：一是标题写法，二是句子写法。两种方法最好交替使用，在简单明了的地方用标题写法，在复杂的地方用句子写法。这是全文的纲。

（六）写段意及要点

申论行文中多用规范段。规范段犹如小论文，前后都有论点句（后一个有变化），中间论证（或分析，或举例，或引证）。

首先，申论写作一定要编写提纲，有时限于时间而不写草稿，但提纲应该详细编写。其次，参考论文模式，政论文结构一般有论点、论证、结论三部分，通称"三段式"。

［标题］大多写出主题句即中心论点。

［开头］（1）极其简要地复述资料，要有所强调，即突出与论点有关的部分。（2）引出尽可能深刻、新颖的论点——判断句（有一个谓语），约100字。

［中间］（1）分析法为主，围绕资料分析"为什么"和"怎么办"，各分两三条即可。（2）穿插其他论证方法，如例证法、引证法。（3）揭示资料所反映的社会普遍现象的深刻含义，联系社会现实，强调、突出中心论点——小中见大，约1 000字。

［结尾］概括或者重申论点，可以在字句上变化，或者更深入一步——发出感慨，约100字。

三、申论的写作要求

（一）写作步骤和方法要得当

申论的整个答题过程可以分为阅读材料、概括主题、提出对策、阐述观点四个步骤，按此顺序答卷才是正确合理的。

阅读材料是申论考试的基础环节。应试者只有通读全部资料，才能把握事件的全貌和内容实质，才能区分复杂事件中各方面的主次轻重，才能准确概括主要问题。不少考生常犯的毛病是急于求成，匆匆浏览一遍，没有理解更没有深入思考就仓促动笔，结果欲速则不达，不是写不下去，不得不回头来重新看材料，就是概括不准，结果偏离材料的主旨。

概括主题在申论写作中是承上启下的环节。一方面，它是对阅读步骤的小结；另一方面，它又是对策和立论的依据和基础。概括主题如果稍有偏差，对策和立论就不可能正确，因此要慎之又慎。

提出对策是申论写作的关键一环。它旨在考察应试者的思维开阔度以及解决实际问题的能力。应试者应尽可能自出机杼，提出解决方案。有两点应特别注意：其一，对策是针对背景资料反映主要问题的，有很强的限制，一定不能超出资料给定的范围和条件。其二，方案应切实可行，要做到这一点，除了应与材料吻合外，还要考虑到国情、民情、政策、法律等综合因素。

阐述观点是申论写作的最后环节。在一定意义上，这才是名副其实的"申论"。应试者应充分利用给定的资料，切入问题要害，阐述见解，论证方案的合理性。这部分字数多、分值高（占总分的60%以上），是申论的核心，而且论证是否有力还关系到方案能否被认可。应试者在阐述观点时应拟一个简要的提纲，这样有利于文思畅通、逻辑严密。

（二）文风要质朴

申论的写作完全以实用为目的，与此相适应，文风要力求质朴。这要求文章结构要条理清楚，语言要朴实简明。一切套话、空话、浮华的辞藻都应戒除，拟人、夸张之类的修辞手法也不宜使用。叶圣陶先生曾说："公文……必须写得一清二楚，十分明确，句稳词妥，通体通顺，让人家不折不扣地了解你说的是什么。"

除了上述两大要领之外，应试者还应注意时间的合理分配，以防止先松后紧，导致无法完成三项写作任务，或者虎头蛇尾、草草收场。写作字数的限制性要求也应注意。申论规定：概括问题不超过150字；解决方案不超过350字；论证分析1 200字左右。前两部分的字数以不少于规定字数的10%为宜，字数再少则不容易讲清问题。议论部分的字数应在规定字数的10%上下。字数少于10%要扣分；超过10%，增加写作量，必然会占用时间，进而影响写作的质量。

附：2015年国家公务员考试《申论》真题卷
市（地）以下综合管理类和行政执法类

（满分100分　时限180分钟）

题号	（一）	（二）	（三）	（四）	（五）	总分	核分人
得分							

一、注意事项

1. 申论考试与传统的作文考试不同，是分析驾驭材料的能力与表达能力并重的考试。

2. 仔细阅读给定的资料，按照后面提出的作答要求依次作答在答题纸指定位置。

3. 答题时请认准题号，避免答错位置影响考试成绩。

4. 作答时必须使用黑色钢笔或圆珠笔，在答题纸有效区域内作答，超出答题区域的作答无效。

二、给定资料

1. 1867年，约瑟夫在加利福尼亚一个牧场工作，常常一边放羊一边看书。在他埋头读书时，牲口经常撞倒放牧的铁丝栅栏，跑到附近田里偷吃庄稼。牧场主对此事十分恼怒，威胁要将他辞掉。约瑟夫经过观察发现，羊很少跨越长满尖刺的蔷薇围墙。于是，一个偷懒的想法浮上心头：何不用细铁丝做成带刺的网呢？他把细铁丝剪成小段缠在铁丝栅栏上，并将铁丝末端剪成尖刺。这下，想要偷吃庄稼的羊只好"望网兴叹"，约瑟夫再也不必担心会被辞退了……

约瑟夫恐怕做梦也没有想到，他的小发明竟然造就了这样宏大的景观，也没想到他最初用来限制羊的带刺铁丝网，不久就被用来限制人了：带刺铁丝网除了在监狱、集中营、战俘营中用来圈住人外，还在战场上得到了广泛应用。有人把这种铁丝网列为"改变世界面貌的七项专利之一"，因为这项技术的创新，带来了制度的创新。有经济学家说，铁丝网催生了美国西部的早期产权制度（铁丝网帮助牧场确定了边界，并因此推动了经济和社会的发展），这才是铁丝网最大的贡献。

铁丝网的发明也由此启示人们，新技术的创意和发明，与人们的生活方式以及制度的改变，都有直接的关联性。

近百年来，人类的科技只能用突飞猛进这样的词汇来形容，如果让一个1900年的发明家来看今天的世界，他会认得汽车、电话、飞机，也能想象出宇宙飞船、深海潜艇，但他绝对会对计算机、互联网、基因工程、核能一无所知。现在，知识爆炸给人类带来前所未有的自信和乐观，有位作家这样写道："我真诚地相信，我们生活在人类历史上最伟大的知识时代，没有任何事物我们不了解……只要是人能想到的事，总有人能做到。"20世纪是科学技术空前辉煌的世纪，人类创造了历史上最为巨大的科学成就和物质财富。这些成就深刻地改变了人类生产和生活的方式及质量，同时也深刻地改变了人类的思维、观念和对世界的认识，改变并继续改变着世界，也使人类思考的方向有所变化。由此带来的，是对人类不断创新的深刻认识。而技术的更新具有一种加速的特质，尤其是新世纪以来电子产品例如电脑、手机等的更迭，更是呈现出几何级数的速度，更新换代往往在两三年内就得以完成。以致有人认为：新技术是一种创造性的毁灭力量。

习近平在2014年6月9日召开的中国科学院第十七次院士大会、中国工程院第十二次院士大会上强调，我国科技发展的方向就是创新、创新、再创新。实施创新驱动发展战略，最根本的是要增强自主创新能力，最紧迫的是要破除体制机制障碍，最大限度解放和激发科技作为第一生产力所蕴藏的巨大潜能。要坚定不移走中国特色自主创新道路，坚持自主创新、重点跨越、支撑发展、引领未来的方针，加快创新型国家建设步伐。习近平强调，今天，我们比历史上任何时期都更接近中华民族伟大复兴的目标，比历史上任何时期都更有信心、有能力实现这个目标。而要实现这个目标，我们就必须坚定不移贯彻科教兴国战略和创新驱动发展战略，坚定不移走科技强国之路。科技是国家强盛之基，创新是民族进步之魂。中华民族是富有创新精神的民族。党的十八大作出了实施创新驱动发展战略的重大部署，强调科技创新是提高社会生产力和综合国力的战略支撑，必须摆在国家发展全局的核心位置。这是党中央综合分析国内外大势、立足我国发展全局作出的重大战略抉择。面对科技创新发展新趋势，我们必须迎头赶上、奋起直追、力争超越。历史的机遇往往稍纵即逝，我们正面对着推进科技创新的历史机遇，机不可失，时不再来，必须紧紧抓住。

2.（标题）_____

9月28日上午，在××博览中心，第七届大学生I-CAN物联网创新创业大赛中国总决赛颁奖仪式举行。本次比赛共有来自全国63所学校的267支队伍参加了角逐，野战"活点"沙盘、意世界、笔记本防护装置、蜜蜂之家等作品获得了特等奖，另外，全息3D成像、仿生鲶鱼、防丢宝、煤气智能报警系统、安全小车系统、太阳光雨水发电等颇为接"地气"的作品获得一二三等奖。据主办方介绍，今年参加大赛的作品涉及面更广，专业领域包括了家居、医疗等多方面，并且评委在评分中更加注重作品的市场潜力和应用价值。

（小标题一）_____

上午9点，颁奖仪式如约举行，依次颁发了60个三等奖、40个二等奖、15个一等奖与5个特等奖。一个个充满活力的年轻获奖队员鱼贯上台领奖，对于他们来说，更多的是一种团队参赛的快乐和创意成真的成就感。某工程大学的一位参赛选手告诉记者：这次参赛他们从创意设计到做成成品总共花费了8个月的时间，前前后后少不了同学们通宵达旦的钻研，"在团队合作中，大家都听队长的，对自己分工的活儿认真仔细，遇到难题一起研究。现在获得了三等奖，非常有成就感。"

而在会场上，也有不少企业代表对这些创新技术非常感兴趣。一位企业家表示，年轻人有梦想，感想敢干，看好他们作品的市场前景，鼓励他们创业，如果有机会会与大学生团队开展合作。

（小标题二）_____

"太阳光雨水发电器，非常适合多雨的南方。""交通事故警报APP，发生事故后，软件会自动发信息给你的家人。"看到这些品种繁多的获奖作品，真让人有种只有你想不到，没有你做不到的感觉。记者在采访中发现，今年的获奖作品中出现了不少新颖有特色、生活味道十足的作品，不仅有防丢钥匙的智能锁，还有各种趣味盎然的新发明。北京某大学的发明团队发明了一款"M-Fish智能鱼缸"，使用者可以通过手机发送信号，控制鱼缸的充氧量，精确把握鱼食喂养。

某大学分校的参赛团队研发的"舒心电风扇"，是利用物联网技术制造的感应风扇，如果人体皮肤靠近，风扇就会自动关停，这样可以预防小孩子不小心将手伸进电风扇之中受伤，或者距离太近造成感冒。太原某大学团队设计的煤气智能报警系统，通过计算煤气流量等指标，能够及时发现煤气有没有泄露，从而报警。

（小标题三）_____

获奖作品中，那些与人身安全相联系的几款作品尤为引人注目。获得一等奖的是由湖北某师范学院团队研发的安全校车系统，就是从新闻中校车闷死儿童的事件出发，研发出的一款防止在校车中遗落儿童的软件。据获奖团队介绍，他们4个伙伴用四五月的时间，从多套方案中挑选了2套，这款作品应用了物联网技术，根据探头、座椅压力等信号综合计算，判断车内是否有人遗落，而且批量生产的成本低，很适合市场推广。

具有市场潜力并且经过市场验证的作品更是脱颖而出，获得特等奖的一款"蜜蜂之家"作品是某科技大学团队研发的。他们曾经将自己的作品带到田间地头，"我们去湖北的蜂农农场住了3个月，就是想实地检测一下这款产品到底有没有用。"团队队长小程说，他们通过实地检验，发现作品真的可以解决蜂农养蜂中的温度控制问题。该作品的实用性得到了评委的一致好评，成功摘金。

3. 长三角地区生猪的重要产区P市，其养猪业正处在转型升级的关键期。记者走进P市，探寻信息化时代这种后养殖模式究竟改变了什么。

"村里以前有34 000到35 000头猪，每天都有猪仔出生、肉猪出栏、病猪死去，具体多少就不清楚了。"P市某村村委会李主任说。

该村有2 000多户村民，位置比较偏僻。养殖业是村里的传统产业，也是不少农户的收入来源之一。以前村民随意倾倒猪粪，随意处理病死猪，村里环境越来越差。要恢复环境，拆除违建猪舍，起码要知道村里有多少头猪。这个简单的问题，却难倒了很多村委会主任。

据P市畜禽养殖污染治理办公室工作人员林先生解释，以前，如果上面要求统计生猪养殖的某一项数据，他们就要将任务派到各镇、街道，镇、街道再把任务派到村、社区，由村、社区的工作人员到每个养殖户家中询问状况，汇总统计之后，逐级上报。一般来说，完成一项统计最快也要1个月。

除了费时费力，准确度也是个问题。等到各村农户一家家跑下来，数据交上去，时间情况总会和报上去的不太一样，因为生猪养殖是动态的。要对生猪养殖户进行管理，还涉及诸多相关的问题：猪舍面积多少，沼气池、沼液池、三格式化粪池建设情况如何，是否按照生猪数量收取养殖污染处置费……必须利用现代化信息技术，对生猪养殖进行精细化管理。

下午2时，该村村委会工作人员小徐来到二组村民老曹家。猪舍里，一窝刚生下来没几天的小猪仔见到生人来了，吓得挤成一团。

"一、二、三……"小徐一只只数了起来。前两天，老曹家的母猪生了12头仔猪。而一周前来统计的时候，这窝猪仔还没出生。

跑了十几家农户的猪舍后，小徐回到村委会，登录进入电脑上的"P市生猪信息化管理系统"，找到老曹家的档案。档案里，农户基本信息、联系方式、治污设施、猪舍面积、养殖规模、存栏头数、出栏、出生、仔猪、母猪、肉猪情况等清清楚楚。

小徐动动鼠标和键盘，将仔猪数量从"0"改成了"12"。接着根据刚刚走访了解到的情况，逐户进行修改。随着老曹家仔猪数量的变化，全村、全镇、全市仔猪数量也随之发生了变化。"现在实时更新，效率高，更准确，而且每家农户都建立了一个档案，方便管理。病死多少，出栏多少，存栏多少等一清二楚。"林先生对新系统赞不绝口。

截至目前，系统里有"一户一档"养殖基本信息2.45万户，其中，现有存栏生猪养殖户0.94万户，退养户1.51万户。而整个系统里包括养殖生出管理、动物防疫管理、动物检疫管理、流通监管、溯源管理五个模块，涵盖50类数据情况的记录统计，还能实时导出线形图和柱状图，变动情况也很明晰。

为了配合这套系统的实施，P市在人员配置方面建立了市、镇、村三级网络，96个行政村里，村村都有1名专职管理人员，负责基础信息的收集、更新。从上到下，构建起一张信息网。

除了一些类似于"人口统计指标"的基本情况，生猪养殖业要减量提质，生猪养殖污染和养殖安全问题必须要解决。这套系统在这方面也大有作为。

生猪养殖污染曾经让老百姓苦不堪言。根据"谁污染谁治理"的原则和"村规民约"的要求，村民们按照自家养殖的生猪数量，向村里缴纳费用来治污。养多少头猪、交多少钱。虽然已经有"村规民约"的约束，但由于以前生猪数量不明晰，因此在执行上存在一些问题。

现在，通过将缴费信息录入系统，对照养殖户的生猪存栏数等基本情况，一旦出现数字对不上的情况就能及时发现，杜绝村民随意处置病死猪和畜禽废弃物的可能性，确保了制度的全面推行和长效管理。

小徐向我们展示了一张生猪养殖污染处置费缴纳证明，在系统里，记者看到，和纸质证明相对应的，该农户的收费金额、存栏头数、收费标准、收费凭证编码等很清楚。继续点开，还能看到该农户在这段时间的所有养殖行为详情，比如母猪产下猪仔情况，出栏前检疫证明情况等，都可以随时查看。

最近一个月，系统内记录了1 053户养殖户的生猪养殖污染处置费缴费登记信息、57户养殖户能繁母猪的收费登记信息，同时由于数据实时更新，系统基本实现了从仔猪出生免疫、出售检疫、屠宰检疫的全程实时动态管理，为相关部门提供翔实可靠的决策依据。

此外，该系统已与农业部动物追溯系统联网，能最大限度地保证猪肉来源的可靠，一旦出现问题，也能更准确、迅速地追溯到源头。

4. 如果说50后、60后是"广播一代"，70后是"电视一代"，那么80后、90后则是"网络新一代"。有人说，与他们的"前辈"相比，"网络新一代"其实是更有希望的一代。

过去很多做父母的可能都有这样的经历，小孩子稚气地向你提问："我是怎么来的?"而今天，向家长提出这种问题的小孩子已经越来越少了，因为"网络新一代"更愿意在网上寻找答案。实际上，自主的社会观察是"网络新一代"的普遍特点。网络给青少年提供了自由探索的渠道，也培养了他们自由探索的思维方式，因此，他们更愿意对社会现象和公共事件形成自主的观察。

无疑这是一种社会进步的表现，但同时也给青少年的教育引导工作带来了巨大挑战。"网络新一代"生活在一个传统与现代交替、民族文化与外来文化激荡的时代，这种社会现实为当代青少年提供了多元价值观的选择。同时，社会上存在的一些弊端尚未得到有效治理并暴露在网上，在这种情况下，在青少年中建构起来的主流价值体系、道德观念将受到冲击。

"网络新一代"可以毫无顾虑地在网上批评任何人任何事，毫不掩饰自己的观点。他们在网络上善于用最直白的语言来表达自己的思想，而且在思想表达上形式活泼，善于使用讽刺和调侃。他们用自编或改编的歌曲、视频以及网络签名等方式来表达自己的观点和态度。他们创作的许多段子在诙谐幽默中闪耀着智慧的光芒，表达出对人对事的鲜明态度，让人拍案叫绝。

同时，正因为网络表达的自由随意，"网络新一代"在网络表达中偏激言论较多，甚至使用网络暴力语言。有些人发帖时使用的过激言论和污言秽语，其恶俗程度让人震惊。

在有"印度硅谷"之称的班加罗尔，有一家世界知名的软件企业印孚瑟斯信息技术有限公司，该公司现有员工12万多人，平均年龄只有26岁。我国的互联网行业也是如此，腾讯是世界排名第三的互联网企业，其1万多名员工，平均年龄也不过26.8岁。许多互联网企业的创办者和管理层都是20多岁的年轻人。可以说，互联网是真正由"网络新一代"所掌握的产业。

在农业社会和工业社会，承认具有明显的体力优势和社会经验优势。而在信息社会中，对信息和新技术的掌握已经成为比体力、经验更为重要的资源和力量，成人的经验和体力优势在青少年的信息和技术优势面前，其比较优势弱化甚至丧失了。相对于父辈，青少年在互联网应用方面的水平普遍更高。

在近些年的一系列公共事件中，"网络新一代"都显示了自己的力量。在青少年经常使用的一些网站论坛上被顶起来的帖子，很快就会被几十万、几百万人看到，并迅速向整个互联网传播开来。随身携带的手机或其他手持电子设备可以使青少年随时随地上网，任何时候都可以发出声音、表明态度，并汇聚成强大的公共意见。

进入新世纪以来，我们已经看到"网络新一代"多次利用互联网进行的成功动员。现在，网上活跃着数不清的规模不一的青年自组织QQ群、论坛、网络游戏等。"网络新一代"形成的新动员方式对我们的挑战是巨大的，但也提供了难得的机遇。

5. 塑料的发明曾经给人的生活带来了相当大的便利，但也带来了一系列的环境问题。塑料在垃圾中占相当一部分比例，而且大大增加了垃圾处理的难度和费用。由于废塑料几百年都难以降解，若丢弃在自然环境中，会给蚊子、苍蝇和细菌提供生存繁育的温床；若埋在地下，则容易污染地下水，妨碍植物根系生长，破坏土壤品质；若焚烧处理，将产生多种有毒气体。"白色污染"已成为危害环境的一大公害。

汽车的尾气、空调和电冰箱中的氟利昂都在破坏大气层。埃博拉病毒的爆发和流行也使全世界更加关注生物安全问题，并将其作为国家安全的组成部分。全球数以万计的原子弹更是高悬在人类头上的达摩克利斯之剑。

　　20世纪的信息技术将人类活动的效率提升到了一个新的高度，但是另一方面，就像著名学者刘易斯·芒福德指出的那样，为了获得更多、更丰富的物质，人们牺牲了时间和当前的快乐，只是将幸福简单地与拥有汽车、浴缸和其他机械产品的数量画上等号，芒福德将之称为"无目的的物质至上主义"。在计算速度越来越快、人工智能程度越来越高的潮流之下，人类的个性开始被故意忽略和遮蔽，陷入的是追求更高、更快、更强的单向度技术目标的误区。有评论家因此指出："当发展着的物质科技生产力忽略、脱离开民众精神力的时候，就会丧失它应受人控制并为人服务的真正本质，而变成与人对立的异化力量。"

　　观察家认为，未来科技最关键的发展方向是走人性化之路。闪烁着"人性"之光的产品将越来越多地出现，高科技产品也将被进一步赋予灵动的生命，在科技和人性之间架起桥梁。人性化的科技反映的是人类以下的思考：科技产品如何为人服务？它给人们的生活带来了怎样一种新的积极的变化？科技如何人性化？在盲目的物质化导向这一危途中，人性化之路将赋予高科技产品以新的价值观，那就是用大写的人性的光芒去逼视高科技这一之前高贵神秘、自视甚高的怪兽，使其形秽，让普通人也能看到这中间的无知和愚蠢来。

　　人性化的科技因此是在科技和人文、个性化与大众化、商业目标和社会使命之间去追求平衡，这种平衡不仅是一种美，也是一种智慧和态度。

　　6. 日前，世界知名未来学家，《连线》杂志创始主编，被看作是"网络文化"的发言人和观察者的凯文·凯利接受了采访。其间，凯利围绕着自己的《科技想要什么》等在技术思想领域的重要著作，回答了"新技术"与"人性"的关系等一系列问题，现摘要整理如下：

　　A. 在《科技想要什么》中我想表达的是，我对技术本质的疑虑以及人与技术的矛盾关系。世界上每天都有新的技术诞生，但我们还没有理论和框架，让我们来理解科技面对的是什么。我们一直在发展科技，但我们是否要考虑：我们会不会有一天被科技征服？科技是宇宙的一部分吗？它是好的那部分吗？我们是该限制它还是要发展它？

　　B. 正如哲学家海德格尔对于技术的批判理论所描述的那样：这种貌似宿命的技术现实，本质上是人所无法控制的，但获得拯救的机会也恰在于此："救赎即植根发育于技术的本质之中。"技术元素向共生性发展，这种发展也推动我们去追逐一个古老的梦想：在最大限度发挥个人自主性的同时，使集体的能力最大化。

　　C. 技术是进化的延伸，就像进化是宇宙的延伸那样，我们会认为技术对生命是种挑战，但事实上科技也是一种生命。技术也有像进化一样的历程，毕竟技术对宇宙、对生命都有积极的好处。技术具有生命的普遍特征，理解了技术的理论也就能理解进化论。

　　D. 技术元素的确准备操纵物质，包括人类，重组各种内部结构，但是技术将为其注入感知能力和情感，注入更多"非工具性"的东西。我认为我们应该培养科技的感情。目前科技还不具备感情，但我认为今后我们会赋予科技感情。"科技的生命化",已成为现实世界无法根除的特征,科技将具备人性。

E. 科技是一种"新文化",或者说,"科技是第三种文化",这意味着科学家们可以直接和大众进行对话,而不是通过人文知识分子。传统知识分子所占领的媒体一直控制着舆论方向——他们说:"人文是精彩的,科学是呆板的。"今天,倡导"科技是第三种文化"的思想家们却更倾向于绕过中间人,致力于用关注知识的读者们能够理解的形式,向公众传达他们最深邃的思想。

F. 在过去二十年,互联网给人类的生活和知识带来方便。而现在,是另一个起点。而今天是人类历史上最好的时代,之前的所有成果都是今天的基础,我想激励年轻人现在就是创造新事物最好的时代,不仅是互联网,对所有领域来说,现在都是创造新事物的最好时代,创造新事物,离不开技术创新。我在《科技想要什么》一书中,特别强调一句话:科技想要的,就是人类想要的。

三、作答要求

(一)结合给定资料1,谈谈你对文中画线句子"新技术是一种创造性的毁灭力量"的理解。(10分)

要求:(1)准确、全面;(2)不超过150字。

【参考答案】

技术进步不仅推动了人类物质生产力的迅猛发展,也深刻地改变着人类生产、生活的方式和质量。新技术对人类的思维、观念、制度模式以及人类对世界的认识都会带来显著的变化,并从整体上推动世界和人类思考方向的变化,它所带来的是一种创造基础上的革新,因此可以说是一种创造性的毁灭力量。

(二)阅读给定资料2,在横线处填入这则资料的标题和三个部分的小标题。(10分)

要求:(1)准确、精练;(2)标题和三个小标题须分条写,小标题要标注序号;(3)每条不超过20字。

【参考答案一】

标题:大学生展出物联网创新作品 小发明解决大问题

小标题(一):大学生敢想敢干 企业乐抛橄榄枝

小标题(二):获奖作品接地气 创意翻新贴近生活

小标题(三):人身安全领域获关注 产品实用受市场好评

【参考答案二】

标题:中国大学生物联网创新创业大赛硕果累累

小标题(一):学生创意硕果累累 企业鼓励愿寻合作

小标题(二):创意作品花样翻新 实用智能贴近生活

小标题(三):实践检验出真知 解决疑难市场宽

(三)P市某村的生猪养殖进入了信息化时代。假如你是该村驻村干部,要向其他市县养殖村的管理人员介绍经验,请根据给定资料3写一篇在经验交流会上的

讲话稿。（20分）

要求：（1）全面准确、符合实际；（2）语言得体、有感染力；（3）不超过500字。

【参考答案】

信息化助推转型升级 养殖产业实现新突破

尊敬的各位来宾：

大家好！

很荣幸能与大家交流我村利用信息化网络实现养殖业转型升级的做法。

大家都了解，过去的养殖粗放落后，小打小闹还行，一旦规模上去，各种数据统计和污染管理等问题，处理起来费时费力不说，只要中途有任何一丁点儿的纰漏和变化，就会造成大面积的返工、延误和错误，很多工作效果不佳，甚至难以开展，管理起来非常困难。而自从利用信息网络技术，实现了精细化管理之后，这些问题统统得到了解决。在网络上，各种数据一目了然，而且变动非常方便，大幅度降低了管理难度，提高了管理的效率。

生猪信息化管理系统，实行一户一档，涵盖50类农户养殖的数据统计，只要配合村里专职的信息管理人员，就可以将详细的信息数据分类汇总，这样不仅可以方便掌握各种具体数据，而且统计直观、方便，可以实现动态管理，为决策提供了准确依据。过去因为数据不准确而老大难的污染费用征缴和随意丢弃病死猪的问题也迎刃而解。我们还与农业部动物追溯系统联网，对养殖质量进行了严格的监控。

如今，各行各业都在利用先进技术，我们养殖业也不能落后，希望大家都能利用好信息网络，实现腾飞，共同富裕。

谢谢大家！

（四）为了清除社会上对"网络新一代"的疑虑，某报特邀市科协工作人员为该报"时评"栏目撰文。假如你是这位工作人员，请根据给定资料4为该报写一篇题为"正确看待'网络新一代'"的短文。（20分）

要求：（1）观点明确，简洁有力；（2）紧扣材料，层次分明；（3）语言流畅，有逻辑性；（4）不超过500字。

【参考答案】

正确看待"网络新一代"

"网络新一代"以80后、90后为主，他们的学习和日常生活，与互联网紧密相连。与"前辈"相比，他们在遇到问题时候，不会向他人询问，而是直接从网上找到答案。由此培养了自由的思维方式，对社会问题也能进行自主的思考。

当前，我们生活在一个传统与现代交替、本土文化与外来文化激荡的时代。网络的虚拟性让"新一代人"在表达观点时自由过度，对事件也缺乏正确的是非判断。在网络用语中偏激者居多，甚至一些人使用网络暴力语言。这不利于青少年身心的健康发展，也对教育引导工作产生巨大的挑战。

疑虑本是一种关爱，但也不必过分。互联网的发展是时代的进步。网络只是一个思想交流的平台，只要善用网络、管好网络就可以化解矛盾。一方面要弘扬正确的价值观，做好对青少年的教育和引导；另一方面要加大对网络的管理，净化网络空气，让网络成为推动科技发展和社会进步的一个有效平台。

当前，"网络新一代"是互联网产业的领军者和主力军，这个新产业已经产生了巨大的经济效益。同时他们也推动了技术的创新和发展。除此之外，他们利用互联网技术，有效汇聚公共力量，从而能快速地解决社会问题。"网络新一代"，是充满希望的新生代。

（五）给定资料6中画线句子写着："人文是精彩的，科学是呆板的。"请结合你对这句话的思考，联系历史和现实，自拟题目，写一篇文章。（40分）

要求：（1）自选角度，立意明确；（2）参考结合给定资料，但不拘泥于给定资料；（3）思路清晰，语言流畅；（4）总字数1 000~1 200字。

【参考范文】

还原科学的精彩才能迎来真正的科学昌明

如果你对一个毫无审美情趣的科学匠人说"我的忧愁像漆黑的夜晚，浓得化不开"，他一定觉得你不通逻辑、不可理喻，然而这样的比喻在文学上确是司空见惯的，倘若不这样类比，文学的趣味恰恰会降低很多。从科学的逻辑上来说，"异类不比"，这是一个最基本的常识性公理，而从文艺的角度来看，异类之比却能比出绝妙的审美意境。从上述分析来看，确实正应了那句话——人文是精彩的，科学是呆板的。科学的呆板来自于其求真的天然属性，在科学的世界里容不得半点含糊，严格的逻辑性界定清楚了科学的边界——世界原本客观，人类当然要以客观的态度和方式去面对它。

然而，真正面对物质世界的，始终还是人自身，科学充其量只应扮演中介性的工具角色。人类所需要的终究还是"精彩"，而非"呆板"。从这个意义上来说，科学原本也该是精彩的，呆板的科学只是其一重属性，甚至是次要属性。当医生把人体单纯看作一个物体而以所谓"科学"的态度去对待、当核物理学家只服从于核弹的杀伤等级、当生物学家跃跃欲试于克隆出完整的人时，科学的呆板甚至显得有点可怕，因此，科学的"精彩"已经不纯是科学所具备的修饰，而成了科学发展的必需，否则，当科学沿着自身演进的逻辑阔步前进而将"呆板"进行到底时，可能也就是科学终结之日。而何时能彻底还原科学原本的"精彩"之日，也就是科学真正昌明之时。

科学的精彩需要为其注入人文的色彩，科学的发展需要人文的护佑。人类所追求的终极目标就是自由，科学只是人在面对自然世界时寻求自由的工具，因而本质上科学就该是人文性的。在科学发展的过程中，始终要坚持人性的标准和底线，正如法国科学家巴斯德所言："科学无国界，科学家有祖国"，其实就是揭示了科学具有人性底线的一个方面。科学研究不仅要追求真，要尊重自然的规律，更要追求美和善，也要尊重社会的规矩和审美取向。

科学的精彩还需要通俗地传达。科学不应该是象牙塔里的思维游戏，其工具属性决定了它要走向大众。科学家在向大众传达科学的成果时，要采取通俗易懂的语言和形式，剥去术语和名词为科学带上的冷艳面具，让科学变得可亲近、有温度、走入寻常百姓家。只有这样，科学才能真正赢得普罗大众的广泛共鸣，获取最为宽广的群众基础。

时至今日，人类的异化已十分深刻，不得不说，在这其中科学发挥了举足轻重的作用。在"手机低头族"无处不在、转基因争议日甚一日、中医存废众说纷纭，甚至"文科生"成为一个轻贬义词的今天，讨论科学的"精彩"问题显得正合时宜，而这或许正是当今社会诸多重要问题能够得以破解的希望所在吧。

第四节　博　客

一、博客概说

博客，英文为 Blog 或 Weblog，字面意思是网络日记。它是一种由个人管理、不定期张贴新的文章的网站。

博客上的文章即博文，新写的列在前面，整体上呈倒时序排列。

许多博客属于个人的日记；其他博客则是在特定的课题上提供评论或各抒己见的平台，能够让读者以互动的方式留下意见。通过博客，博主可以简易、迅速地发布自己的心得，及时、轻松地与他人进行交流。

一个典型的博客结合了文字、图像、其他博客或网站的链接，以及其他与主题相关的媒体，是集丰富多彩的个性化展示于一体的综合性平台。

由于沟通方式比电子邮件、讨论群组更简单和容易，因此博客已成为家庭、公司、部门和团队之间越来越盛行的沟通工具。

博客是互联网时代的必然，是人类的天然需求，是社会进步的体现。博客大军高举"思想共享"的大旗，倡导"博客写作方式"，乃是人类信息表达方式迎合并适应网络时代诉求而发生的崭新变革。

（一）博客写作的特点

文字表达是我们在互联网中表现自己存在的基本方式。博客作为信息交流的网站或平台，读者甚众，传播迅捷，与以往各种媒体的沟通方式有质的区别。鉴于此，在博客领域，我们应该超越传统的写作观念、写作方式和写作目的，而倡导全新的博客写作。

和传统写作不同，博客写作具有如下特点：

1.全民写作或超职业写作

写作不再是少数人的特权，不再是一种特定的职业，也不再需要特别的天赋。在网络空间中，写作可以超越职业，是一种自然写作。写作是自我存在的表现方式，任何人都以写作表达自己、展现自己、发展自己。当然，全民写作不等于说每个写博客的人都是记者、作家，犹如唱歌的人不都是歌手，开车的人不都是司机一样。

2.超商业写作或生活写作

文字"出版"不再是或不单纯是按斤论两计价的商品，不再是或不单纯是兑现利益的手段。写作可以成为生活的一部分，超越商业目的。我们每天习惯了看书、看电视、做家务，而从来不问报酬，因为这是生活的一部分。博客写作也将成为许多人生活的一部分，成为一种生活方式。

3.业余写作或快乐写作

我们把每天 8 小时献给商业，支持着经济社会的运转和一个人基本生存的需要，但是我们还有双倍的时间留给自己。业余写作也可以成为自己的风景线。为了自我的兴趣和爱好而写作，是快乐的源泉，也是终极的回报。

4.率性写作

博客写作没有时间限制，没有题目限制，想写什么就写什么，任意发挥，随意而为。晒晒心情、晒晒琐事、寄托思念都可以，不需要顾虑编辑、顾虑媒体取向、顾虑各种现实约束。博客写作从自己内心出发，以性情为本，"嬉笑怒骂，皆成文章"，是回归自我的写作。

5."农民式"写作

发博文和发帖子都是发文章，但是有很大的不同。博文发在博客上，而博客的知名度要高一些，相当于你一个网络上的家，知道你家地址的都能来看。发帖子通常是在一些论坛或公共网站上，这就好比你加入了一个组织，在这个组织里发言，只有知道这个组织的人才能看到，范围小一些。博客是互联网上新兴的"农民群落"，耕作既是劳动也是生活，既是生产也是消费。博客写作就是与"包产到户"一样的一种写作方式。

6.三位一体写作

博客的作者是编辑，也是自己博客的读者（而不是媒体的读者）。博客写作就是作者、编辑和读者的三位一体，是一种全新的体验模式。

7.增值写作

互联网的内容异常丰富，而且每天都在积累。因此，博客写作无须全部自己码字，无须刻意搜罗自己的思想，而可以坦然地站在别人的肩上，以互联网中的各种资源为素材，通过推荐、整理、点评和综合，产生和展现新的价值。

8.互联网写作

互联网是巨大的素材资源库，也是我们自己巨大的版面。没有互联网，就不可能实践博客写作。没有互联网，博客作品就会失去表现力、失去生命力、失去源代码、失去读者群。

9.链接式写作

链接是指与其他内容相关的网站地址，点击就可以进入查找相关内容，也称友情链接。我们无须四处复制搬运，浪费时间和精力，只要通过链接就可形成关于某个主题的丰富多彩的集体创作。

（二）博客的作用

（1）作为网络个人日记，博客是抒发个人思想感情的地方。它既可以记录一些日常琐事和自身心情，也可以有自己的故事、小说、照片等。

（2）言论自由，不受限制，个人可以自由表达。

（3）知识过滤与积累，也可以转载其他博客上自己感兴趣的博文。

（4）展示自己某个方面的特长与爱好，让更多人了解你。这是网络上深度沟通的新方式，是学习交流的地方，是网络交友的平台。

（5）博客营销。博客的概念要比日记大得多，它不仅仅记录关于自己的点点滴滴，还注重提供的内容能够帮助别人，能让更多人知道和了解。博客永远是共享与分享精神的体现。通过博客，企业可以展示自己的企业形象或商务活动信息。

（6）话语权。一个优秀的博客就像一家媒体、一面旗帜，其出镜率、感召力、影响力不容小觑。

（三）博客的分类

根据用户的不同，博客可分为个人博客和企业博客。

根据存在方式的不同，博客可分为托管博客、自建独立网站的博客、附属博客和独立博客。

根据形式或文章长短的不同，博客可分为基本博客和微型博客。

1.基本博客

基本博客是最简单的形式，是单个作者对于特定的话题提供相关的资源，发表简短的评论。这些话题几乎可以涉及人类的所有领域。

2.微型博客

微型博客即微博，即微型网络日记，是目前全球最受欢迎的博客形式。微博作者不需要撰写很复杂的文章，只需要抒写140字以内的文字即可。这顺应了当代人信息焦虑的特点，即要在最短的时间内获取众多的信息。

此外，按内容性质的不同，微博软文可分为广告式、分享式、炒作式和创意式。

1.广告式

这种微博软文常见于各商家的官方微博，它是站在商家的角度，广告式地宣传商家最新推出的产品及最新推出的活动。

2.分享式

与上一种方式不同，这种微博软文一般是站在第三方的角度，通过分享的方式来宣传某件商品，这点有些类似于论坛软文的操作方法。

3.炒作式

这类微博软文通过挑衅的方式，甚至是对骂的方式来提高网友的关注度，引起网友对微博的转发，最终达到广泛传播的目的。

4.创意式

这类微博软文一般具有新鲜、有趣、好玩的特点，一眼看上去不像广告，更像是一则笑话，或者是一篇微型小说。这类微博软文的关注度非常高，而且网友都乐意转发这种微博。

二、博客写作的思路与技巧

通过阅读大量优秀博文，并参考一些探讨博客写作技巧的论文，经过归纳整理，我们提炼出如下八个要点：

（一）知我所当言，有的放矢

知己所欲言，悉彼所欲知，综合二者而确定吾所当言。

（1）知己知彼，择言而录，靶向发文。

（2）写微博时，要平衡"你想要大家看的"和"大家想看的"，既不要把微博变成纯粹的个人流水账，只顾写些别人不感兴趣的内容，也不要纯粹根据大家的喜好来写，丢掉了自己的个性特点。一个有效的做法是：在符合自己个性特点的前提下，多发些大家想读的内容，同时在里面穿插一些你想让他们读的内容。

（3）你需要了解读者有什么需求，他们都对什么样的话题感兴趣，这样你才可以提供他们想要的内容。要提供有价值的内容给你的读者，而不是你认为有价值的内容给读者。

（4）首先应该了解自己的目标用户在哪儿？而营销就得顺着这个方向，并告诉自己的潜在用户"应该"知道什么。

（二）选择人们关注的话题

老生常谈，陈词滥调，在信息爆炸的时代，实难夺人眼球。当前的大事件、奇闻与异事、利害之攸关等，都极易引起人们的关注。

吸引人的主题可分为以下几类：

1.争议型热门话题

写热门话题，当然引人注目，但有时还要改变写法。例如，一个重大事件出来当天，一位博主写了一篇客观的评论，结果反响平平。于是，第二天他写了一篇争议型评论，里面融入了惊世骇俗的阴谋论观点，引用了网友不专业的分析及与大众观点完全相反的观点，同时融入了可给人启迪的哲学理念，结果博文发后迅速火爆了起来。

关键点：

（1）话题要有争议；

（2）留下可被攻击的漏洞。

2.故事案例型话题

新鲜的、典型的故事和案例，总是引人关注的，因为有情节，有悬念，内容鲜活，生动形象，能满足人们的好奇心，并给人提供具体的感性材料。从心理学角度上讲，故事和案例在吸引人的方面比空头理论有着天然的优势。

例如，某博客早先写的内容都是一些有特点的、让人震撼的，同时给人启发的故事和案例，结果都异常火爆。特别是一篇《中国最××的个人网站××××××》，更是引起了整个互联网业界的关注。

关键点：

（1）故事要与众不同；

（2）故事要有启发性。

3.经验分享型话题

谁都想早日从别人的经验教训中吸取一些有用的东西，让自己少走弯路。

例如，某博客过去几年写的大部分都是《如何××××》或者《××××的策略》，都是他个人的实战经验分享，这类文章虽然不会异常火爆，但是可以获得非常巨大的转载量。又如，《新手如何做英文网站赚美元》这篇文章在过去两年，已经给他带来了超过1万美元的收入。

关键点：

（1）应该是许多人需要的经验；

（2）内容要朴实，有启发性。

4.评比排名类话题

大部分人的攀比心都比较强，所以也喜欢看评比类的话题文章。例如，中国十大美女排行、2015年十大关键词、四大恶事、四大牛人、十大案件等。只要你去搞一下评比，就会吸引非常多的目光。

关键点：

（1）围绕大众关注的焦点来评；

（2）适当地制造一些争议让人讨论。

（三）凸显个性，展示自我，与众不同

优质的博客需要有个性，有表现欲，会表达并展示自我。

（1）很多人写文章，为了严谨，总写得像八股文一样，枯燥无味。其实，只要你表现出一种个性，肯定会有人喜欢，当然也会有人骂。很多人总怕别人骂自己，其实没啥怕的，一个人最重要的是需要自己来肯定自己，然后去影响周围的人，这样的人才是一个快乐的人。但是有非常多的人，总希望从别人的肯定中去找到自己，这种人肯定会活得非常累，时常烦恼，自己折磨自己。

（2）要有自己的观点，要有自己的脊梁，不用怕自己的观点是如此与众不同，不要重复那些浅显老套的东西，要勇敢地表达自己的思想，因为这是你自己的地盘。当然，这不是说要你钻牛角尖，傲慢自大显然是丑陋的。

（3）文章好不好看，除了内容好与差之外，还要在字里行间融入一种情绪和倾向。这样，不管你的观点正确与否，别人在看你的文章时，都可能被你的情绪所感染，自然而然地喜欢读下去，而且读完之后可能还会帮你转载，甚至和其他朋友分享讨论。

（4）古人云：情生文。文章要有情绪，有性情，方能感动人。

（5）多参考优秀的博客，看看别的博客都在做些什么，发现优秀博客的套路和方法，再联系自己的特点和优势，然后另辟蹊径，做一些别人没有做过的尝试。

（6）选取一个独特的利益领域或者一个小小的主题，使自己与众不同，突出自己。博客的成功经验是"越专越好"，没有必要去链接那些随处可见的内容。这并不是说你什么都要创新，而是要有自己的选择性，并且加入自己的特色。内容广泛芜杂，是博客之大忌。

（7）企业微博的自我介绍需要深思熟虑，最好能用一句话来表达整个企业的文化或者气质。如果自我介绍能幽默或者具有标志性那最好不过；需要时，自我介绍还可以给出公司的网址链接。

（四）生动有趣，求新趋时

语言要有趣，内容要更新，紧跟上时势。

（1）你的博文不要写得很沉闷，应当让它生动活泼，不要把自己当成一个教书先生。行文力避呆板教条，沾染八股腔，枯燥无味。

（2）出语清新，富有情趣，字里行间融入诙谐，富有幽默感。

（3）最好能提供有价值的甚至是独家的信息，并切记每天要更新，至少要经常更新。

（4）时不时地张贴一些你自己的原创内容，这是一个很好的方式，人们会很慷慨地给予你赞美。

（5）跟记者打打交道，挖掘一些没有报道过的内容，发掘一个新颖的角度，寻找主流媒体的空白，报道一下。

（6）链接一些新颖的信息源，同时与别人一起共享，尤其是其他博客。当然，你也可以给自己留一手，但是应该拿出一些你自己的好东西。

（7）微博的灵魂是文字表达。通常企业在选择微博的写手时会注重两点：专业度和热情度。百思买就是让2 500名"最热情、最有产品知识的员工"来建设微博。对人要善于沟通，对物则要具备专业知识。

（8）企业微博的内容需要尽量与时下的热点相结合。像IT公司，就可以多与"互联网+"等热点相结合；而快销产品则可以搭载广告明星、社会热点、公益事件等。

（9）了解一下读者最近都在谈论什么话题。

（五）布局合理，短小精悍

首句标其目，卒章显其志。立片言以居要，乃一篇之警策。

（1）有好主题和好标题，你就成功了90%。

（2）大家在浏览微博的时候都是根据标题来选择是否点击阅读，可见文章的标题是至关重要的因素，并因此有了"标题党"的出现。当然，只有诱惑人的标题，没有吸引人的主题，一样无法真正火起来。

（3）140字如何布局也是能否引起关注的重要因素。微博达人们总结的攻略颇有道理：第一句话和最后一句话最为关键。第一句话应当直入主题，语气不能过于平淡；最后一句话最好用问句来结束，这样更能引导用户积极参与。

（4）每条微博最好单独说明一个观点，如无非常特殊的情况，不要通过两条或三条微博说一个问题。文字尽可能简洁明了，少用长句、偏僻的字词，内容不应有歧义。转发的观点和自己的观点之间要有明显的区别，便于读者分辨。

（5）微博之所以流行，是因为它迎合了现代人信息焦虑的需求：在短时间内迅速了解自己身边及整个世界正在发生的事情，得到一种信息的满足。所以，微博虽然不是小说的肥沃土壤，却可以是发表评论的绝佳地盘。一句极具概括性的总结，一种犀利独到的观点，都可以快速引起共鸣，而以这种共鸣为动力催生的"转发"行为，也会使个人的发现成为集体的声音，从而起到制造舆论的效果。此外，参与舆论制造带来的快感，会让每个微博用户更加乐此不疲，这是阅读微博小说永远不能带来的。

（六）他山之石，可以攻玉

独创固然重要，但封闭自己、孤芳自赏就会走向反面。Blog 被译为"博客"，即赋予了广博与好客之意。博采众家是写好博客的捷径。

（1）"博客"有较深的含义："博"为"广博"；"客"不单是"Blogger"，更有"好客"之意。看博客的人都是"客"，而在中国台湾，其则被音译成"部落格"（或"部落阁"）及"部落客"，认为博客本身有社群的含义。凭借博客，我们可以将网络上的网友集结成一个大博客，成为另一个具有影响力的自由媒体。

（2）应充分利用微博的话题功能、群功能及其他分类功能，聚焦相关主题，也可通过微博搜索相关的博主（人）或博文内容（目前主流的微博平台都提供搜索服务，搜索网站也提供微博内容的搜索）。

（3）微博内容可以是各种主题、各种外观布局和各种写作风格，但是文章内容必须以"超链接"作为重要的表达方式，可以充分提炼和精选其他网站其他作者的精彩观点。这是真正的"Web Inside"。

（4）博客精神就是信息共享。链接是博客的生命，而不仅仅是工具。如果有人因为你链接了他，也友情地回报一个链接，这样的博客当然值得尊敬。但是，最好还是不要期望有任何回报，为了获得链接而链接是一件可怜的事情。给别人的链接，最好是那些名气还不大，但的确很有价值的博客。

（七）利用视觉效果

利用图片、音乐等形式，赋予信息以直观的形象，是提高传递效果的有效手段。

（1）在你的文章中，尽可能多插入图片，这样你的文章会更诱人，更吸引读者的注意力。

（2）可用图形、相关链接、相关视频、相关音频以及网盘等作为补充。但应注意，即使不点开链接，也不影响阅读的完整性，读者也能根据其他内容对其中包含的内容有一定的了解。

（八）要有思想深度，并耐得住寂寞

古人云：文以意为先，意犹帅也；无帅之兵，谓之乌合。文章的光彩首先在于思想发光，由此可见意在文先的重要性。

（1）当然，并不是坚持每天更新博文就能成为知名博客，博主的文章还得有思想，有深度，文笔也要好。建议一些初写博客的朋友，在没有超强文笔和行业经验的情况下，最好别追求每天更新，与其每天更新一篇质量不高的，还不如一周更新一篇质量有保证的博文。

（2）重要的是质量而不是数量。张贴好内容远比每天都张贴更重要，这当然不是说你可以经常偷懒，而是说不必勉强。

（3）名博通常都包含这些因素：原创；常更新；文笔好；有思想、有深度。

（4）做专业微博，要有平常心。专业就意味着小众，选择圈内交流，就不应该过分追究转发数、评论数，有效回复比转发次数要有价值得多。

（5）许多优秀的网站都门庭冷落，都被人低估，甚至无人发现。好酒不怕巷子深，只要有特色、有新意，总会有人注意的。即使你的博客无人光顾，也要自得其乐。

另外，博客写作的布局、排版也有许多小技巧。由于篇幅所限，这里从略。

上面所列八条，不要奉为圭臬，不要被限制，不要变成规则的奴隶。文无定法，可以打破一些规则。古人讲，做文章要如风行水上，自然成文，这极有道理。做文章就是要不拘一格，因题制宜，因时制宜，因语境制宜，博客写作更是这样。例如，"篇终接混茫"是一种含蓄的写法，指结尾留有寓意，给人启迪，引发哲学思考，但不可篇篇如此。"卒章显其志"，其意思明了，干净利落，无须再费心琢磨，是更常见的写法。总之，看菜吃饭，量体裁衣，取法自然，形式多样，到什么山上唱什么歌，才能渐臻文章妙境。

上面归纳的这些写作思路和技巧，很多是微博达人们在实战中总结出来的经验。其中有些是为了夺人眼球，提高访问率或转载率而采取的一些特殊手段。如评比排名、别出心裁、标新立异等，这类技巧或可适当选取，但不能滥用。那种片面追求点击率的做法并不可取，虽可能得意于一时，但若舍本逐末，甚至故弄玄虚，必定是昙花一现，难以持久。文章内容的真、善、美才是第一位的。内容真实、有深度、有价值，才经得起时间和历史的考验，这是做文章乃至做人的根本态度。态度不同，取法各异。追求真理、坦诚率真，方能从根本上解决思路或技巧问题。

三、博客写作的注意事项

首先，博文的内容应当有选择性，不可有文必录。博文中的某一类文章，虽然看似写日记，但其实还是想给人看的。既然想让人看，就要让人家有所收获，不要言之无物，故弄玄虚。若使人读了就后悔，感到"可怜无补费精神"，那就是无端地浪费人家的时间，就等于鲁迅所说的"谋财害命"。因此，博客写作要尽可能多地使人受益，就要在选材、立意和文字斟酌上多下功夫，就要"有真意、去粉饰、少造作、勿卖弄"。博文要表现出自己的水平，至少应爱惜自己的羽毛。

此外，博客写作还应当注意：

1.时常更新

时常更新不仅是因为读者喜欢新鲜的内容，还可以增加搜索引擎的偏好度，可以让你的博客经常被列入搜索的结果中。不断更新，一旦让搜索引擎信赖，便能提高博客在搜索结果中的排名。

2.多和其他博主交流

应主动关注行业内的博主，只有相互关注，才有交流的机会，才能擦出"思想的火花"。

（1）在开设专业微博时，应限定微博谈论的领域，可以适当定得广一点；如有需要，也可以适当延伸范围，但核心领域不应变化太大，因为很多粉丝就是冲着这些领域来的。限定领域后，尽可能少发与关注领域关系不大的内容，更不要刷屏。

（2）与专业人士（包括兴趣爱好相同的一群人）交流，更能发挥微博的价值，打破时间和空间的界限，实现思维的碰撞。

（3）建立利益同盟是企业或个人成功经营博客的关键。对大部分企业而言，这个同盟中混杂着博客写手、新资源、业界有影响力的人士，以及员工、合作伙伴、供货商及顾客等。对个人而言，你的利益同盟是你的朋友和与你有相同兴趣爱好的人。大家通常发现新博客的一种方式就是通过共同的链接，如果可以参与其中，便能获得更多的流量，就能与其他博客写手及他们的读者建立关系。

3.积极回应评论

在每篇文章的下面提供评论框，可以鼓励读者评论你的文章。要通过电子邮件或在自己的评论框中回应他们的意见，以进一步讨论，让访问者意识到你非常重视他们的意见。

（1）主动参与专业圈内的讨论，回复圈内博主的问题，最好明确说出自己的看法。考虑到回复、转发的方便，字数在50字以内为佳。

（2）对于博文的评论（或回复），如果观点有价值，最好给予积极的回应；如果是谩骂、粗俗的内容，不用理会即可。千万别对骂，否则可能被人"死缠烂打"，浪费时间。除非特别恶劣的、只为人身攻击的微博，否则不要拉黑。多拉黑一个圈内人，就少了一个沟通渠道。

（3）其他博主在博文中向你提出专业问题时，不必像即时通信工具那样需要马上回复，可以延迟一小段时间。回复前要注意发问的环境，注意措辞，在有限的字数内，简单明了地说出你的观点。如果自己不清楚，可直接表示这个问题不清楚；如果确实不好回答，也可不回答，切勿使用模棱两可的回答。

4.随时纠正错误

如果发现自己的观点有错误，或引用内容有误，应第一时间修正，最好不要删除此前已有网友讨论过的博文。

5.开放权限

多与好友交换友情链接，扩大自己的博客圈子。与好友交换友情链接，不仅可以获得更多的直接访问量，还可以扩大博客交往圈子。交换链接的意义实际上已经超出了是否可以直接增加访问量这一范畴。

6.让访问者很容易Digg（掘客）

诸如Digg等网站，可以让读者给自己喜爱的博客和文章投票评论。在每篇文章的底部都包含这些网站的链接，使访问者能够轻松地将文章提交给这些网站并进行投票评论。一旦你的文章被Digg到这些网站，就有更多的人看到，并可以对你的文章进行投票和评论。你可以加入一个网页说明如何订阅，并附上大多数博客都使用的橘色XML图标，表示这个网站是可以订阅的。应该让读者有权自行决定是否订阅，尽可能减少障碍，使访客变成读者。

四、结束语

博客是一种由个人管理、不定期张贴新的文章的网站。博文是在这种网站上发的文章的统称。所以，博文不是一种文体，博文中的许多文章都不是应用文，如随感类的抒情或议论文字，以及诗歌、小说等文学体裁。由于博文不是一种文体，更不是应用文，所以从逻辑划分上来讲，博文不在本书讨论之列。

但博文这个概念的外延中有很多都是应用文，这一点从本节前述博客的作用上即可以看出。很多博文都具有直接应用性，属于应用文字。例如，本书第四章第六节中引用的4篇微简历，就是应用文。那些大学生正是通过微博得到相应的职务的，你能说那些博文不是应用文吗？

而且，由于现在是网络时代，博文盛行，世界上每天都在产生着数不胜数的博文，用以记录、表达、沟通、交流，其使用频率之高，影响之大，远远超过了传统纸质媒体。一些博文甚至形成舆论势力，对人们的日常生活乃至政治和经济都产生着重大的影响。所以，博文的实用性的确不可低估，应当专门研究它的写作方式和写作规律。

博客写作研究，既可以是研究博文中某一类文体的写法，如博客日志、微博求职信等的特点、格式与写法（由于博文信息的沟通平台与传统的交流方式不同，因此博文中的应用文体在格式、写法上也与传统的文体有所不同），也可以是研究出现在共同场景，即网站的各种博文的抽象的、共同的特点、格式与写法。博文这个大类虽不是一种文体，也没有相对固定的格式，但特定场景决定了好的博文还是有其共性特征和形式规律可循的。我们通过研究大量优秀博文的一些共性特征，就可以归纳出如何才能写好博文，如何才能取得最佳沟通、交流的效果，即归纳整理出博客写作的一般规律和技巧。

"定体则无，大体须有"，这是古人对文学创作规律的总结。这句话用于博文研究也完全适用。研究各类博文的内容或形式的特点，分析各类博文及普通博文在立意、选材、结构或语言上的特色，归纳总结出具有指导意义的博客写作原则或较具体的规律技巧，可以迅速提高博主们的写作水平，从而提炼更好的主题，找到更好的表现形式，使思想感情得到更广泛、更快捷的传播，这应当是一种极有价值的探索。

　　关于博客，由于它是新生事物，是一种正在蓬勃发展中的网上信息交流形式，而且由于其内容的广泛性、复杂性，形式的多样性、灵活性，因此，对其写作规律和技巧的探索也十分复杂和艰难。虽然在这方面已经有不少研究，诸多博客达人也多有论述，但见仁见智，良莠不齐。由于笔者经验有限，因此所归纳、整理、提炼出的前述写作常规，尚需在实践中检验和充实，谨供博主们在写作时参考。

　　需要提及的是，博文虽然只有百余字，但也应当有主题，有起承转合。麻雀虽小但五脏俱全，由于博文也是文，因此传统写作的基本知识，如本书提及的写作概念、规律与技巧，博客写作也应当用得到。

研讨与练习

　　一、请结合你的读书经验，谈谈写读书笔记的方法和价值，并形成一篇千字文章。

　　二、读新近出版的《人民文学》中的一篇小说，写一篇读书心得。

　　三、论文选题类型与选题原则有哪些？

　　四、论文导论或引言部分主要有哪些内容？

　　五、就自己感兴趣的问题写一篇研究心得。

　　六、什么是申论？申论写作包括哪几个环节？

　　七、申论写作要求写作者具备哪些素质？请结合自身谈谈如何提高这些素质。

　　八、解释下列名词：博客、博文、微博、链接、思想共享。

　　九、与传统写作不同，博客写作有哪些特点？

　　十、从不同的角度考虑，博客的分类有哪些？

　　十一、博客写作的思路与技巧有哪些？

　　十二、博客写作要注意哪些问题？

　　十三、下面选录了几段微博作品，其中不乏机敏和幽默。试分析每段话的写作特色。（括号内的话是解读原文的一种提示）

　　1.微博段子

　　搞笑大作战：钱包里有1 800元钱，老婆看到后说，我帮你凑个整吧，我说好啊，然后她就拿走了800元……

（话语的双向解释：歧义）

　　我们爱讲冷笑话：国庆放假，在亲戚家看到小朋友在做作业，小朋友拿着作业本问我一道题怎么做。我看了看，一元二次方程，便问他是不是每次假期功课都超多，是不是觉得自己的时间太少，是不是觉得学校和家庭的压力太大，是不是好想痛痛快快玩几天？小朋友瞅了我一眼：你是不是不会做啊？

（小朋友也幽默）

　　微博语录总汇：十一前几天在家上网，一位久不联系的大学同学突然间QQ、微信都在线了，还给我发了个祝福短信。我的第一反应就是这家伙要结婚了，于是我果断地编了个理由回他短信："哥们儿，我十一订婚，你来不来参加我的订婚宴啊？"果不其然，他回答："不好意思，我十一结婚，看样子你也来不了了。"省了500元。

（以攻为守，吝啬也有技巧）

新青年网站：今天吃完饭，胃痛。同学叫我一起去买东西，我说："不去了，我觉得有点恶心。"同学说："是吗？我早就觉得你恶心了。"

（骂人的话不要说，双关例外）

2.微博语录

5号0：44的车票，我5号23：00到火车站，等指针指到0：00时，悲剧的事情发生了，日期就这么跳到了6号。

（误解，很可能发生的故事）

"你吃了膨大剂了吗？""不，我只是放了个假。"

（言简意赅，切勿贪食）

3.有感于旅途拥挤而晒晒心情的微博

世上本来有路，走的人多了，也就没了路。

（推陈出新，变换也是机敏）

国庆长假回家，看买的是站票，遂自作聪明带了个小板凳。结果十几个小时，全程把小板凳顶在头上回来了。

（人多、车挤、行路难，小中见大）

4.冷笑话精选

学生：啥叫浪漫主义？

老师：看到美女就有写诗的欲望，这就是浪漫主义。

学生：啥叫现实主义？

老师：看到美女便算计兜里还有多少钱，够不够吃顿饭，这就是现实主义。

学生：啥叫批判现实主义呢？

老师：看到美女就想她是不是整过容？这就是批判现实主义。

学生：这道理讲得深入浅出啊，真是个好老师！

十四、博客吸引人的方法之一是讲故事。一段故事比一个观点更能打动人。增强故事性的一个技巧是使用对话。请看下面的例子：

护士走进病房扔给我一个尼龙兜，里面装5袋汤药和一袋豆腐干状的东西。我问："这是啥？"

护士摇摇头说不知道。我拎药走进医生办公室，问："这是治啥病的？"医生盯着汤药看了半天说："治你妈病的吧。""这又是啥东西？"大夫瞪着眼看了半天说："好像是黄芪吧。"

（摘自李希光微博　2011年1月6日）

写一个你经历过的故事，也可以是虚构的故事，如住院，医生给你开了一堆药；节日游园，人山人海。利用对话，突出你亲历的具有感染力的细节。

十五、下面是一些最新网络语录，你认为它们的思想性和艺术性如何？试分析它们各用了什么修辞手法。

1.知识就像内裤，看不见但很重要。

2.作为失败的典型，你其实很成功。

3.昨天接到一短信，让我速把钱汇入农行一账号。我回答说：别急，我马上烧（捎）给你。

4.八戒，别以为你站在路灯下就是夜明猪了。

5.没有不透风的墙，没有不能上吊的梁。

6.孔子不能解决的问题，老子帮你解决。

7.我对你的每一次想念是一粒沙，所以世界上就有了撒哈拉。

8.女人最爱两种花，一是有钱花，二是尽量花。

9.该忘记的就忘记，该放弃的就放弃。

10.我想早恋，可是已经晚了。

11.爱情很短，叹息很长。

12.与其祈求生活平淡点，还不如祈求自己强大点。

13.远看是美景，近看想报警。

14.有心才会累，无心无所谓。

15.每天都是新的，烦恼痛苦不过夜。

16.当爱已成为负担，我们都学会放弃。

17.生命，总会有一些令人回眸的空白。

18.人生，总有些黑暗的隧道需要自己穿越。

19.生活一直都很简单，但是我们也一直都忍不住要把它变得很复杂。

20.我要勇敢给你看，我要坚强给你看。

21.爱情和回忆像氧气一样，沁透你的心肺。

22.用街灯倒数，我们的倒计时。

23.知道你过得不好，我就安心了。

十六、电脑写作与传统写作方式有什么不同？二者有什么关系？怎样利用网络进行科学论文的写作？本章第二节附二《电脑写作与做学问三境界》，系一家之言，谈谈你的看法。

十七、你对网络语言怎么看？下面是一篇关于这方面的短文，系一家之言。阅读后，请你就网络语言问题发表一下自己的看法。也可在班级组织一次专题讨论会，深入地探讨一下电脑写作、网络写作及网络语言等问题。

网络语言的定位

安泠

网络语言是从网络中产生并应用于网络交流的一种语言，包括中英文字母、标点、符号、拼音、图标（图片）和文字等多种组合。这种组合，往往在特定的网络媒介传播中表达特殊的含义。20世纪90年代初，上网者为了提高网上聊天的效率或出于诙谐、幽默等特定需要而采取各种方式创造的"话语"，久而久之就形成特定语言了。进入21世纪后，随着互联网技术的革新，这种语言形式在互联网媒介的传播中得到了快速发展。目前，网络语言越来越成为人们生活中必不可少的一部分，甚至学界已有"网络语言学"的学科研究。

网络语言是网络环境下的产物，它作为交际符号的使用是建立在社会语言系统基础上的。正如中国社科院张铁文先生所说，网络语言会经过一个自然选择的过程。有些符合一定规则的实用的词语，经过约定俗成，会进入社会共同语词汇系统中。如"给力""点赞""粉丝"等，已出现在报刊上。有些词语，如"美眉""屌丝"等，其未来命运如何，尚须经过时间检验，或存留或淘汰。更多的网络词语，将被局限在特定网络语境下使用，不会进入社会共同语。如"果酱"（过奖）"9494"（就是就是）"GF"（女朋友）"红苹果"（赤裸裸）之类。借用数字、字母等符号，混合使用，违背构词法，包括不雅词语，作为省字、调侃等的产物，只能在有限的网友圈子里使用，不可能进入共同语中。这类数字或符号组合，只有用传统语言给以解释，才能确定其意义和被理解，所以是社会共同语的派生品。

　　当然，语言不是静止的，而是发展的。语音、语法变化缓慢些，但也在变化。如近年来一些词类活用现象，在过去是被看作词类误用或滥用，但现在已在报刊上司空见惯。语言本来就是约定俗成的符号系统。相对而言，词汇的变化更快。即使不是网络时代，每天也都会有新词语在孕育和诞生。网络交际方式是对传统交际方式颠覆式变革，在网络交际中产生的网络语言层出不穷，日新月异，势必对传统语言产生较大的冲击。但网络语言毕竟是网络交际的产物，大都是网友们借助网络交际环境的戏谑性创制。我们可以将网络语言定位为主要是利用借代等方式创制的、限于在网络表达方式中使用的、起到辅佐交际作用的局域性语言。在自然选择过程中，不少鲜活的词语，将会渐渐地融入社会共同语中。我们并不反对使用网络语言，更不是简单地采取一概排斥的态度。但我们坚信传统的正规语言和网络语言是社会与局域、本与末、源泉主流与浪花涟漪的关系。最重要的，是传统的正规写作不应受到网络语言的干扰和影响。

　　语言，作为社会交际的基本工具，其体系应当是相对稳定的，符号组合应当是规则严谨的，不宜各种符号混杂、不伦不类，否则将会弱化其作为社会交际工具的基本功能。青少年应当把主要精力放在传统语言工具的深度学习和把握上，从本源上提高思维能力和语言能力，从根本上提高写作能力。切不可盲目地一味追求时髦，舍本逐末，以致弱化了正宗本体语言的学习，更不可让网络语言影响或侵蚀了正规写作。

主要参考文献

[1] 叶圣陶.叶圣陶语文教育论集 [M].北京:教育科学出版社，2015.

[2] 何坦野.中国写作观念史略 [M].北京:清华大学出版社，2014.

[3] 胡双宝.语文随笔 [M].北京:语文出版社，2014.

[4] 语文出版社教材研究中心.语文 [M].北京:语文出版社，2009.

[5] 人民教育出版社课程教材研究所.语文 [M].北京:人民教育出版社，2006.

[6] 朱光潜.谈文学 [M].合肥:安徽教育出版社，2006.

[7] 霍唤民.财经写作教程 [M].北京:高等教育出版社，2005.

[8] 霍松林.古代文论名篇详解 [M].上海:上海古籍出版社，2002.

[9] 谢志礼,李德龙.写作思维训练学 [M].北京:语文出版社，1998.

[10] 胡奇光.文笔鸣凤:历代作家风格章法研究 [M].北京:语文出版社，1990.

[11] 中央人民广播电台理论部.现代思维与改革 [M].北京:中国广播电视出版社，1986.

[12] 汪景寿,胡双宝.实用公文写作教程 [M].北京:北京大学出版社，1985.

［13］陈宗明.逻辑与语言表达［M］.上海:上海人民出版社，1984.

［14］葛信益.提高文字表达能力的途径［M］.北京:原子能出版社，1984.

［15］刊授大学.中国实用文体大全［M］.上海:上海文化出版社，1984.

［16］潘述年.写作掌故杂谈［M］.成都:四川人民出版社，1983.

［17］周振甫.文章例话［M］.北京:中国青年出版社，1983.

［18］张定远.作文教学论集［M］.天津:新蕾出版社，1982.

［19］南京大学，等.古人论写作［M］.长春:吉林人民出版社，1981.

［20］郭绍虞.中国历代文论选［M］.上海:上海古籍出版社，1979.

［21］陈望道.修辞学发凡［M］.上海:上海教育出版社，1976.

附录一：

写作概念、规律与技巧

章节	概　念	规律与技巧
绪论	应用文；应用写作的研究对象 应用写作的综合性 应用文的性质（实用性、工具性、程式性、时效性、简明性） 中西写作理论的主要差异 逻辑形式：推导性思路 思维习惯；思维品格的提升	写作"三化"律 （意化律、序化律、形化律） 写作上的真功夫 权威著作思路分析法 以读者为中心作文法 修改文章的方法
第一章 第一节	写作基础训练 造句因素 成分异同；词序；构造层次；结构关系；潜在关系；重音语调	 歧义分化与消除： 添加语境法；变换句式法
第二节	词义辨析 词义、义项；词语的理性意义；感情色彩 同音词、多义词 同义词、反义词	 结构分析比较法 因文定义法 语境考察替换法 反义对照推究法
第三节	语病与逻辑 主客颠倒 属种并列 划分不当 判断不周 判断的绝对化	 同一律 充足理由律 语感审读法 主干紧缩法 逻辑分析法 仿造类比法
第四节	语境与修辞 语境；上下文语境；社会语境 修辞的原则；消极修辞；积极修辞	 切合题旨；适合情景 语境的解释功能 语境的恰当运用
第二章 第一节	党政机关公文 概说 狭义公文；广义公文 公文特点；公文格式 行文关系；行文方式；行文规则 发文办理；收文办理	 事信言文的原则 公文的文体感悟 公文的结构：起承转合 公文的语言要求

续表

章节	概　念	规律与技巧
第二节	公告 重要事项公告 法定事项公告 专业性事项 公告	公告的写作要求: 简洁准确；通俗庄重；注意文种的选择
第三节	通告 告知类通告 禁令类通告 缘由；事项；结语	通告的写作要求: 政策性；法令性；分条列项；条理清楚 通告与公告的区别
第四节	通知 颁布性通知；指示性通知；周知性通知； 会议通知	通知的构成: 依据、事项、要求；事项要素构成法 会议通知六要素
第五节	通报 表彰性通报；批评性通报；情况通报	通报的构成: 事件的真实性、典型性、教育性；通报事 项表达法
第六节	报告 工作报告；情况报告；答复报告	材料选择安排法 处理好点与面的关系；事与理的关系；详 与略的关系
第七节	请示 政策性请示；工作请示 请示缘由；请示事项；请示语	请示层次诉求法 理由充分；事项明确；语言得体
第八节	批复 批复格式 批复根据 批复意见	写作要求:态度明朗；措辞庄重
第九节	函 公函；便函；来函；复函；商洽函；请 批函	换位思考法；因人造语法 对不同的行文对象采用不同的语气
第十节	纪要 会期 议题 决议	写作要求:真实、正确、鲜明、清晰

章 节	概 念	规律与技巧
第三章	事务文书	
第一节	计划	
	指令性计划；指导性计划	计划正文三要素的安排
	规划；纲要；打算；设想；要点；方案；安排	掌握好计划的预见性、可行性，注意留有余地
	目标；步骤；措施	
第二节	简报	
	简讯；公文摘编；工作研究	围绕工作热点、难点选材；编写的简报快、简、新、准
	报头；版面；报尾；按语	
第三节	调查报告	
	反映情况的调查报告；总结经验的调查报告；揭露问题的调查报告；推广新生事物的调查报告	全体调查法；抽样调查法；个案调查法；典型调查法；专家调查法；跟踪调查法；问卷调查法
	调查报告主体部分的结构形式	针对性；新颖性；真实性；典型性
第四节	总结	
	综合总结；专题总结	从事实中找规律；观点与材料的统一；总结的一般层次结构
	工作回顾；经验；差距；教训；今后意见	
第五节	会议记录	
	会议概况；会议议题；会议决议	如实记录；详细记录与摘要记录相结合
		合法合度；分条列项；严谨清楚
第六节	法规、规章	
第四章	日常应用文	
第一节	条据	
	借条、收条、请假条	简明、精确、周全；数字汉字化
第二节	启事	
	个人启事；公务启事	告知性；明确性；简洁性；多样性
第三节	海报	
	文字海报；图文海报	广告特色
		宣传性；号召性；艺术性
第四节	赠言	
	赠语；赠诗；赠文	根据对象题写；文笔简练；质朴真挚；合宜得体
第五节	书信	
	普通书信，专用书信	格式与要求
		称谓；缘起语；主体文；祝颂语

章节	概　念	规律与技巧
第六节	个人简历 个人基本信息 经历；自我评价 求职愿望 第三方推荐 微简历	 简历类型：循序法；倒序法 突出个性；展现风采 个性化三原则 自荐信的广告艺术 个人简历写作六忌
第七节	日记 备忘式；记实式；随感式	 时间性；主体性；真实性；灵活性
第八节	对联 对联与矛盾 正对；反对；串对；横批 对联四忌	 对联的写作要求 分节奏；调平仄 对联的修辞技巧
第五章	演说类文体	
第一节	演讲稿 演说三要素：有声语言；态势语言；演说的时空环境 演讲稿的社会性、声传性、临场性、整体性；开场白；正文；结束语 逻辑性与形象性 即兴演讲 即景生情；有感而发；时境感强；借题发挥	 "上口"与"入耳"；演讲内容、语言风格与听众心理趣味相符；演讲稿的富于变化和感情色彩；开场白的吸引力；高潮的设计；结束语的警策性 开场白与听众迅速建立联系；事、理、情有机融合；文气充沛
第二节	致词 欢迎词；答谢词；祝酒词	 口语化；看人弹琴；感情真挚；措辞得体
第三节	开幕词、闭幕词	对会议的宏观把握；语言富于鼓舞性
第四节	竞职演说 竞职条件；施政目标 竞职演说内容的程序性（五部曲）	 围绕主旨展开 总结性；号召性；竞争性；鼓舞性
第五节	述职报告 工作职责；履职过程和思路；履职能力	 客观全面；分清主次；个性鲜明
第六节	辩论稿 辩题；立论；驳论	 辩题透彻；立论充分；针对性强；破与立的对立统一；驳论的技巧

续表

章节	概　念	规律与技巧
第六章	财经应用文（一）	
第一节	市场调查报告 市场；环境调查；供需关系调查；技术调查；产品调查；竞争对象调查	围绕"商品与消费者"进行调查；掌握市场因素；以叙为主，叙议结合
第二节	经济预测报告 预测判断；宏观经济预测；微观经济预测	以经济理论、市场调查为依据；运用专业分析法
第三节	可行性研究报告 项目可行性；技术评估；经济评估；社会评估	全面、精确地考察项目；经济效益与社会效益并重
第四节	经营决策方案 经营目标；决策预案	预设几种方案，通过分析比较，综合评估，筛选最佳方案
第五节	意向书 导语；主体；结尾 意向书与协议的区别	协商性；灵活性；简略性；临时性
第六节	协议书 契约性 目的和依据	协议的三原则 协议与合同的区别
第七节	招标书、投标书 招标方式；招标条件；招标合同；招标方案；投标标价	明确项目标准及技术规格，针对招标书拟订基本内容
第八节	经济合同 法人；民事主体；权利；义务；合同主要条款；标的；协议书；购销合同；租赁合同	合同条款的审慎写作 确定标的的数量与质量；明确当事人的责任、权利、义务；指明违约责任
第七章	财经应用文（二）	
第一节	经济活动分析报告 经济活动 分析资料 宏观与微观 检验性与指导性	综合分析；专题分析；简要分析 对比分析法；因素分析法；连锁替代法 分析原因；对策可行

章节	概　念	规律与技巧
第二节	审计报告 审计目标；审计情况；审计意见	对各种可能情况要充分估计；目标要有必要的弹性
第三节	资产评估报告 资产；评估；历史同期比较	准确、真实
第四节	验资报告 验资范围、依据、程序；审核意见	实事求是；客观公正
第五节	商品广告 广告文案的结构 广告标题；广告口号；广告正文	广告文案的写作原则 广告语言的风格
第六节	商品说明书 解说性说明书 介绍性说明书 说明的内容	说明书的表达艺术 多样性与灵活性 面向需求，因品制宜
第七节	商务函电 商务事宜 商洽函；联系函 商务信函的特点	格式化中有情味；规范化中讲礼仪 主题明确；换位思考；诚恳谦恭；简洁朴实
第八章	法律书状	
第一节	起诉状 诉讼当事人事项 诉讼请求；事由与理由；反诉状	事实清楚；援引法律准确
第二节	答辩状 案由；答辩请求；答辩理由	驳论为主，立论为辅；针对性
第三节	上诉状 原审案情和案由；上诉请求；上诉理由	针对"错判及错因"进行驳辩
第四节	申诉书 申诉理由；新事实，新证据	找出关键事实；富有论辩性
第五节	授权委托书 委托代理协议 代理授权委托书 专门委托书 全权委托书	委托事项明确；代理权限清楚 一般委托；特别委托；一次性有效委托

章节	概　念	规律与技巧
第六节	经济仲裁申请书 经济仲裁机构 当事人；他方当事人 案由；仲裁请求 事实和理由 协商调节的方式	仲裁申请的特点： 申述性；参证性 启动仲裁程序性 实事求是；条理清楚 合理合法；语言得体
第九章	新闻报道	
第一节	消息 动态消息；经验消息；综合消息 消息头；导语；主体；背景；结尾 新闻真实；新闻价值；新闻导向	消息六要素：5W1H 用事实说话；导语引人注目；主体富于概括性；用背景丰富消息内涵；新鲜及时；简短精悍；倒金字塔结构；金字塔结构；复合结构
第二节	通讯 新闻事件；新闻人物	用形象说话；叙议结合；提炼时代主题；选取典型材料；灵活运用多种手法
第三节	新闻评论	形象论述；深度导读
第四节	编者按	依附性；导读性；读者意识
第五节	广播稿	口语化；声文并茂；短、新、快
第六节	电视新闻稿	新闻切入点；声、色、文一体
第十章	文教应用文	
第一节	读书笔记 眉批；旁注；摘录；摘要；概述；心得 阅读提纲；读书笔记目录	提要勾弦法；采花酿蜜法
第二节	财经论文 宏观经济论文；微观经济论文；内容提要；关键词；导言；本论；注释	选题的原则；材料研究法；论证展开法；综合结论法 电脑写作；做学问三境界
第三节	申论 主观性试题；申论三部曲：概括、方案、论证；考核综合分析写作能力	阅读、归纳、概括的方法；对策因素的综合思考；具体分析；对症下药；古代策论和现代材料作文的融合

章节	概　念	规律与技巧
第四节	博客	
	博客；博文	博客写作特点
	网站；思想共享	广告式；分享式；炒作式；创意式
	基本博客；微博	知我所当言，有的放矢；
	互联网写作；链接	选择人们关注的话题；
	博客营销；话语权	凸现个性，展示自我，与众不同；
	搜索引擎	生动有趣，求新趋时；
	网络语言	布局合理，短小精悍；
		他山之石，可以攻玉；
		利用视觉效果；
		要有思想深度，耐得住寂寞

附录二：

"作文要诀"十二句缩略韵语及相关文论采要

这次修订，对"作文要诀"做了梳理、增删，仍璧合为十二句，视为写作真言。要诀，系编者多年写作教学实践的经验总结。其归纳整理，自然也受到古今文论的启迪。为阐释内涵，引申其要义，今将各要诀缩略为四字格韵语，以标其目，然后按图索骥，从浩瀚的古代文论中，精选相关的重要语录，分类排序，对号入座，列为附录，以飨读者。这些隽语箴言，经典地诠释了作文要诀的蕴涵，揭示了立其要之所以然，以及如何达到要诀要求的途径和方法。鸳鸯绣取，金针度人。这些见道之言，均是古代文章大家的真经要术。其内容，虽有的是针对诗文创作而发，但所论及的指导原则和基本方法，并不限于文学，可谓放之各体而皆准，甚至更适合于应用写作。品读这些语录，徜徉陶醉其间，你会深深感到，中国古代文论中的瑰宝，真是言简意赅，博大精深。即使对于现代写作学体系的构建，也极具启发性和参考价值。我们应当万分珍视，奉为圭臬，认真继承，灵活运用到今天的写作实践中。

1.原则

中心明确，思想健康。

●凡作一篇文，其用意俱要可以一言蔽之。扩之则为千万言，约之则为一言，所谓主脑者是也。

（清）刘熙载《艺概·经义概》

●常谓情志所托，故当以意为主，以文传意。以意为主，则其旨必见；以文传意，则其词不流。然后抽其芬芳，振其金石耳。

（南朝·宋）范晔《狱中与诸甥侄书》

●虞舜教夔，曰诗言志。胡今之人，多辞寡意？意似主人，辞如奴婢。主弱奴强，呼之不至。穿贯无绳，散钱委地。开千枝花，一本所系。

（清）袁枚《续诗品·崇意》

●或问：君子言则成文，动则成德，何以也？曰：以其弸中而彪外也。

（汉）杨雄《法言·君子》

●灯下看杜诗而悟作文之法。盖作文不在辞句之工，而在性情之正……杜诗意在前，诗在后，故能感动人；今人诗在前，意在后，不能感动人。盖杜遭乱，以诗遣兴，不专在诗，所以叙事、点景、论心，各各皆真，诵之，如见当时气象，故称"诗史"。今人专意作诗，则惟求工于言，非真诗也。

（明）王文禄《诗的》

●词以境界为最上。有境界则自成高格，自有名句。五代、北宋之词所以独绝者在此……境非独谓景物也。喜怒哀乐，亦人心中之一境界。故能写真景物、真感情者,谓之有境界。否则谓之无境界。

(清)王国维《人间词话》

2.立意

立意精深,出语寻常。

●老坡作文,工于命意,必超然独立于众人之上……皆于世人意外别出眼目,其平日取舍文章多以此为法。

(宋)范温《潜溪诗眼》

●文固要句句字字受命于主脑,而主脑有纯驳、平陂、高下之不同,若非慎辨而去取之,则差若毫厘,谬以千里矣。

(清)刘熙载《艺概·文概》

●诗最争意格。词气富健矣,格不清高,可作而不可示人;格调清高矣,意不精深,可示人而不可传远。

(清)潘德舆《养一斋诗话》

●凡我见闻所及,有与古今人雷同者,人有佳语,即当搁笔,或另构思,切忌拾人牙慧;人无佳语,我当运以精心,出以果力,眼光所注之处,吐糟粕而吸菁华,略形貌而取神骨,此之功也淘洗。

(清)许印芳《与李生论诗书跋》

●《漫斋语录》曰:"诗用意要精深,下语要平淡。"余爱其言,每作一诗,往往改至三五日,或过时而又改。何也?求其精深,是一半工夫;求其平淡,又是一半工夫。非精深不能超超独先,非平淡不能人人领解。

(清)袁枚《随园诗话》卷八

●以鄙见论之,意之极新反不妨词语稍旧。尤物敝衣,愈觉美好。且新奇未睹之语,务使一目了然,不烦思绎。若复追逐字句而后出之,恐稍稍不近自然,反使玉宇琼楼堕入云雾,非胜算也。

(清)李渔《窥词管见》

3.取材

言之有物,虚饰不尚。

●文以意为主,辞以达意而已。古之人不尚虚饰,因事遣词,形吾心之所欲言者耳。

(金)赵秉文《闲闲老人滏水集·竹溪先生文集引》

●实诚在胸臆,文墨著竹帛,外内表里,自相副称,意奋而笔纵,故文见而实露也。

(汉)王充《论衡·超奇》

●古人询于刍荛,博采童谣,狂夫之言,犹在择焉。

(晋)葛洪《抱朴子外篇·省烦》

●自登朝来,年齿渐长,阅事渐多,每与人言,多询时务,每读书史,多求理道,始知文章合为时而著,歌诗合为事而作。

(唐)白居易《与元九书》

●理不可以直指也，故即物以明理；情不可以显出也，故即事以寓情。即物以明理，《庄子》之文也；即事以寓情，《史记》之文也。

（清）刘大櫆《论文偶记》

●美物者贵依其本，赞事者宜本其实。

（晋）左思《三都赋·序》

●曲之佳处，不在用事，亦不在不用事。好用事，失之堆积；无事可用，失之枯寂。要在多读书，多识故实，引得的确，用得恰好，明事暗使，隐事显使，务使唱去人人都晓，不须解说。又有一等事，用在句中，令人不觉，如禅家所谓撮盐水中，饮水乃知咸味，方是妙手。《西厢》《琵琶》用事甚富，然无不恰好，所以动人。《玉玦》句句用事，如盛书柜子，翻使人厌恶，故不如《拜月》一味清空，自成一家之为愈也。

（明）王骥德《曲律》

4.构思

凝神结想，层次有纲。

●恒患意不称物，文不逮意。其始也，皆收视反听，耽思傍讯，精骛八极，心游万仞。其致也，情瞳昽而弥鲜，物昭晰而互进。倾群言之沥液，漱六艺之芳润。

（晋）陆机《文赋》

●写竹者必有成竹在胸，谓意在笔先，然后着墨也。惨淡经营，诗道所贵。倘意旨间架，茫然无措，临文敷衍，支支节节而成之，岂所语于得心应手之技乎？

（清）沈德潜《说诗晬语》卷下

●何谓附会？谓总文理，统首尾，定与夺，合涯际，弥纶一篇，使杂而不越者也。若筑室之须基构，裁衣之待缝缉矣。

（梁）刘勰《文心雕龙·附会》

●大起大落，大开大合，用之长篇，比如黄河之百里一曲，千里一曲一直也。然即短至绝句，亦未尝无尺水兴波之法。

（清）刘熙载《艺概·诗概》

●起、承、转、合四字，起者，起下也，连合亦起在内；合者，合上也，连起亦合在内；中间用承用转，皆兼顾起合也。

（清）刘熙载《艺概·经义概》

●起处须有峻嶒之势，收处须有完固之力，则中二联愈形警策。如摩诘"风劲角弓鸣，将军猎渭城"。倒载而入，笔势轩昂。"草枯"一联，正写猎字，愈有精神。"忽过"二句，写猎后光景，题分已足。收处作回顾之笔，兜裹全篇，恰与起笔倒入者相照应，最为整密可法。

（清）施补华《岘佣说诗》

●凡作人贵直，而作诗文贵曲。孔子曰："情欲信，辞欲巧。"孟子曰："智譬则巧，圣譬则力。"巧，即曲之谓也。崔念陵诗云："有磨皆好事，无曲不文星。"

洵知言哉!

（清）袁枚《随园诗话》卷四

5.首尾

首句标目，显志卒章。

●首句标其目，卒章显其志，诗三百之义也。

（唐）白居易《新乐府序》

●太白发句，谓之开门见山。

（宋）严羽《沧浪诗话》

●乔梦符吉博学多能，以乐府称，尝云："作乐府亦有法，曰凤头、猪肚、豹尾六字是也。"大概起要美丽，中要浩荡，结要响亮。尤贵在首尾贯穿，意思清新。苟能若是，斯可以言乐府矣。

（元）陶宗仪《南村辍耕录》

●凡起句当如爆竹，骤响易彻；结句当如撞钟，清音有余。

（明）谢榛《四溟诗话》

●起句须庄重，峰势镇压含盖。得一篇体势……结句大约别出一层，补完题蕴，须有不尽远想，大概如此，不可执着。结句要出场，用意须高大深远沉着，忌浅近浮佻凡俗。

（清）方东树《昭昧詹言》

●如不能字字皆工，语语尽善，须择其菁华所萃处，留备后半幅之用。宁为处女于前，勿作强弩之末。大约选词之家，遇前工后拙者，欲收不能。有前不甚佳而能善其后者，即释手不得。闱中阅卷亦然。盖主司之取舍，全定于篇终之一刻，临去秋波那一转，未有不令人消魂欲绝者也。

（清）李渔《窥词管见》

6.剪裁

重点突出，剪裁得当。

●是以草创鸿笔，先标三准：履端于始，则设情以位体；举正于中，则酌事以取类；归馀于终，则撮辞以举要……美材既斫，故能首尾圆合，条贯统序。若术不素定，而委心逐辞，异端丛生，骈赘必多。

（梁）刘勰《文心雕龙·镕裁》

●画山于一幅之中，先作一山为主，却从主山分布起伏，余皆气脉连接，形势映带。

（元）饶自然《绘宗十二忌》

●将事中节目分开，各一段陈述之，则事意分明，听者无杂乱之患。

（宋）吕本中《童蒙诗训》

●删繁就简三秋树，领异标新二月花。

（清）郑板桥

●东房言："作文者，善改不如善删。"此可谓学简之法。然句中删字，篇中删句，集中删篇，所易知也。善作文者能于将作时删意，未作时删题，便省却多少笔墨。能删题，乃真简也。

（清）魏禧《日录论文》

●尧舜以来，其文可得而见，然其辞致抑扬上下，与时而变，不袭一体。盖言以道为主，而文以言为主。当其所值时事不同，则其心气所到，亦各成其言，以见于所序，要皆不违乎道而已。

（宋）吕南公《灌园集·与汪秘校论文书》

7.起草

行云流水，创中有仿。

●袖手于前，始能疾书于后。

（清）李渔《笠翁曲话》

●吾文如万斛泉涌，不择地而出。在平地，滔滔汩汩，虽一日千里无难；及其与山石曲折，随物赋形，而不可知也。所可知者，常行于所当行，常止于不可不止，如是而已矣。

（宋）苏轼《文说》

●大抵作文，办料识格，在于平日。及作文之日，得题即放胆，立定主意，便布置间架，以平日所见，一笔扫就，却旋改可也。如此则笔力不馁。

（元）程端礼《程氏家塾读书分年日程》

●行文之道，神为主，气辅之。曹子桓、苏子由论文，以气为主，是矣。然气随神转，神浑则气灏，神远则气逸，神伟则气高，神变则气奇，神深则气静，故神为气之主。至专以理为主者，则犹未尽其妙也。

（清）刘大櫆《刘海峰文集》卷端

●作文岂可废雕琢？但须是清雕琢耳。功夫成就之后，信笔写出，无一字一句吃力，却无一字一句率易；清气澄澈中，自然古雅有风神，乃是一家数也。

（清）吴德旋《初月楼古文绪论》

●本之《书》以求其质，本之《诗》以求其恒，本之《礼》以求其宜，本之《春秋》以求其断，本之《易》以求其动，此吾所以取道之原也；参之谷梁氏以厉其气，参之孟荀以畅其支，参之庄老以肆其端，参之《国语》以博其趣，参之《离骚》以致其幽，参之太史公以著其洁，此吾所以旁推交通而以为之文也。

（唐）柳宗元《答韦中立论师道书》

●或问："文章有体乎？"曰："无。"又问："无体乎？"曰："有。""然则果何如？"曰："定体则无，大体须有。"

（金）王若虚《滹南遗老集·文辩（四）》

●是以学文之事，可授受者，规矩方圆；其不可授受者，心意营造。

（清）章学诚《文史通义·文理》

●规矩备具，而能出于规矩之外，变化不测，而亦不背于规矩也。

（宋）吕本中《夏均父集序》

8.语言

造语清新,陈言涤荡。

●意贵透彻,不可隔靴搔痒,语贵脱洒,不可拖泥带水。

(宋)严羽《沧浪诗话·诗法》

●作诗易于造作,难于自然。坡公尝言:"能道得眼前真景,便是佳句。"余尝在灯下诵前人诗,每有佳句,辄拍案叫绝。……吾所取者,正为自然也。

(清)钱泳《履园丛话》

●大家之作,其言情也必沁人心脾,其写景也必豁人耳目。其词脱口而出,无矫揉妆束之态。以其所见者真,所知者深也。诗词皆然。持此以衡古今之作者,可无大谬矣。

(清)王国维《人间词话》

●古人不废炼字法,然以意胜而不以字胜,故能平字见奇,常字见险,陈字见新,朴字见色。近人挟以斗胜者,难字而已。

(清)沈德潜《说诗晬语》

●用前人字句,不可并意用之。语陈而意新,语同而意异,则前人之字句,即吾人之字句也。若蹈前人之意,虽字句稍异,仍是前人所作,嚼饭喂人,有何趣味?

(清)薛雪《一瓢诗话》

●昌黎尚陈言务去。所谓陈言者,非必剿袭古人之说为己有也,只识见议论落于凡近,未能高出一头,深入一境,自结撰至思者观之,皆陈言也。

(清) 刘熙载《艺概·文概》

9.总术

意正辞从,警策亮相。

●意若贯珠,言如合璧。

(明)胡应麟《诗薮》

●凡作一文,皆须有宗有趣,终始关键,有开有阖;如四渎虽纳百川,或汇而为广泽,汪洋千里,要自发源注海耳。

(宋)黄庭坚《豫章黄先生文集·答洪驹父书》

●若统绪失宗,辞味必乱;义脉不流,则偏枯文体。

(梁)刘勰《文心雕龙·附会》

●故诗文美者命意必善。文字者,犹人之言语也。有气以充之,则观其文也,虽百世而后,如立其人而与言于此,无气,则积字焉而已。意与气相御而为辞,然后有声音节奏高下抗坠之度,反复进退之态,采色之华。故声色之美,因乎意与气而时变者也,是安得有定法哉!自汉、魏、晋、宋、齐、梁、陈、隋、唐、赵宋、元、明及今日,能为诗者殆数千人,而最工者数十人。此数十人,其体制固不同,所同者,意与气足主乎辞而已。

(清)姚鼐《答翁学士》

●启行之辞，逆萌中篇之意，绝笔之言，追媵前句之旨；故能外文绮交，内义脉注，附萼相衔，首尾一体。

（梁）刘勰《文心雕龙·章句》

●或文繁理富，而意不指适。极无两致，尽不可益。立片言而居要，乃一篇之警策。虽众辞之有条，必待兹而效绩。亮功多而累寡，故取足而不易。

（晋）陆机《文赋》

●揭全文之指，或在篇首，或在篇中，或在篇末。在篇首则必后顾之，在篇末则必前注之，在篇中则前注之，后顾之。顾注，抑所谓文眼也。

（清）刘熙载《艺概·文概》

10.风格

神气独具，风格明朗。

●集大成也者，金声而玉振之也。金声也者，始条理也；玉振之也者，终条理也。

《孟子·万章下》

●故辞理庸俊，莫能翻其才；风趣刚柔，宁或改其气；事义浅深，未闻乖其学；体式雅郑，鲜有反其习；各师成心，其异如面。若总其归途，则数穷八体：一曰典雅，二曰远奥，三曰精约，四曰显附，五曰繁缛，六曰壮丽，七曰新奇，八曰轻靡。

（梁）刘勰《文心雕龙·体性》

●言气质，言神韵，不如言境界。有境界，本也。气质，神韵，末也。有境界而二者随之矣。

（清）王国维《人间词话》

●作诗不可以无我，无我，则剽袭敷衍之弊大。韩昌黎所以"惟古于辞必己出"也。北魏祖莹云："文章当自出机杼，成一家风骨，不可寄人篱下。"

（清）袁枚《随园诗话》

●性情面目，人人各具。读太白诗，如见其脱屣千乘；读少陵诗，如见其忧国伤时。其世不容我，爱才若渴者，昌黎之诗也；其嬉笑怒骂，风流儒雅者，东坡之诗也。即下而贾岛、李洞辈，拈其一章一句，无不有贾岛、李洞者存。

（清）沈德潜《说诗晬语》

●周、秦间诸子之文，虽纯驳不同，皆有个自家在内。后世为文者，于彼于此，左顾右盼，以求当众人之意，宜亦诸子所深耻与！

（清）刘熙载《艺概·文概》

●太白诗以《庄》《骚》为大源，而于嗣宗之渊放，景纯之俊上，明远之驱迈，玄晖之奇秀，亦各有所取，无遗美焉。

（清）刘熙载《艺概·诗概》

11.修改

朗读品味，讨论抑扬。

●老杜云："新诗改罢自长吟。"文字频改，工夫自出。近世欧公作文，先贴于壁，时加窜定，有终篇不留一字者。

（宋）吕本中《童蒙诗训》

●凡人为文，私于自是，不忍于割截，或失于繁多。其间妍媸，益又自惑。必待交友有公鉴无姑息者，讨论而削夺之，然后繁简当否，得其中矣。

（唐）白居易《与元九书》

●永叔谓为文有三多：看多，做多，商量多也。

（宋）陈师道《后山诗话》

●是以将阅文情，先标六观：一观位体，二观置辞，三观通变，四观奇正，五观事义，六观宫商。斯术既形，则优劣见矣。

（梁）刘勰《文心雕龙·知音》

●故吾每为文章，未尝敢以轻心掉之，惧其剽而不留也；未尝敢以怠心易之，惧其弛而不严也；未尝敢以昏气出之，惧其昧没而杂也；未尝敢以矜气作之，惧其偃蹇而骄也。抑之欲其奥，扬之欲其明，疏之欲其通，廉之欲其节，激而发之欲其清，固而存之欲其重。此吾所以羽翼夫道也。

（唐）柳宗元《答韦中立论师道书》

●凡操千曲而后晓声，观千剑而后识器。故圆照之象，务先博观。阅乔岳以形培塿，酌沧波以喻畎浍，无私于轻重，不偏于憎爱，然后能平理若衡，照辞如镜矣。

（梁）刘勰《文心雕龙·知音》

12.润色

换位推敲，形神流芳。

●形存则神存，形谢则神灭。

（南北朝）范缜《神灭论》

●五味舛而并甘，众色乖而皆丽。近人之情，爱同憎异，贵乎合己，贱乎殊途。夫文章之体，尤难评赏。苟以入耳为佳，适心为快，少知忘味之九成，雅颂之风流也。

（晋）葛洪《抱朴子外篇·辞义》

●夫铅黛所以饰容，而盼倩生于淑姿，文采所以饰言，而辩丽本于情性。故情者文之经，辞者理之纬；经正而后纬成，理定而后辞畅，此立文之本也。

（梁）刘勰《文心雕龙·情采》

●文之不可绝于天地间者，曰明道也，纪政事也，察民隐也，乐道人之善也。若此者有益于天下，有益于将来，多一篇多一篇之益也。

（清）顾炎武《日知录》

●其明必足以周万事之理，其道必足以适天下之用，其智必足以通难知之意，其文必足以发难显之情。

（宋）曾巩《南齐书序》

●文之要二：主意要纯一而贯摄，格局要整齐而变化，字句要刻画而自然。

（清）刘熙载《艺概·经义概》

●顷岁孙莘老识欧阳文忠公，尝乘间以文字问之。云："无他术，唯勤读书而多为之，自工；世人患作文字少，又懒读书，每一篇出，即求过人，如此少有至者。疵病不必待人指摘，多作自能见之。"此公以其尝试者告人，故尤有味。

（宋）苏轼（见汤云孙辑《东坡志林》卷一）